STATISTICAL YEARBOOK YICHANG

宜昌统计年鉴

宜昌市统计局 编

2006

（总第26期）

中国统计出版社
China Statistics Press

(京)新登字041号
图书在版编目(CIP)数据
宜昌统计年鉴. 2006 / 宜昌市统计局编. —北京：中国统计出版社，2006. 7
ISBN 7-5037-4936-9
Ⅰ. 宜...
Ⅱ. 宜...
Ⅲ. 统计资料-宜昌市-2006-年鉴
Ⅳ. C832.633-54
中国版本图书馆CIP数据核字(2006)第027718号

宜昌统计年鉴 2006

YICHANG STATISTICAL YEARBOOK

宜昌统计年鉴（2006）

作　　者 / 宜昌市统计局
责任编辑 / 蔡启新
E-mail / yearbook@stats.gov.cn
责任校对 / 谢春荣
封面设计 / 潘旭丽
出版发行 / 中国统计出版社
通信地址 / 北京市西城区三里河月坛南街75号　中国统计出版社
邮　　编 / 100826
电　　话 / (010)63376907
印　　刷 / 湖北枝江市印刷厂
经　　销 / 新华书店
开　　本 / 890×1240毫米1/16
字　　数 / 80.5万字
印　　张 / 32.5印张
印　　数 / 3000册
版　　别 / 2006年9月第1版
版　　次 / 2006年9月第1次印刷
书　　号 / ISBN 7-5037-4936-9/F·2283
定　　价 / 160.00元

《宜昌统计年鉴》编辑委员会

《宜昌统计年鉴》编辑部

编 辑 说 明

《宜昌统计年鉴－2006》以丰富、详实的统计数据客观真实地反映了“十·五”期间宜昌市国民经济和社会发展所取得的成就，是一部内容丰富，信息量大，使用性强的大型资料性年刊和工具书。

全书的编辑坚持全面、实用、方便、服务的宗旨，突出了为领导决策，为经济建设服务，为社会公众服务的功能。全书在编辑体例、内容结构、指标体系、统计口径等方面保持了连续性，以尽可能地方便读者分析比较。

本书编辑的统计数据以2005年为主，主要统计指标列示了近五年的数据。

全书的主要内容包括特载、市情和统计资料三部分。其中统计资料包括综合、人口与计划生育、财政金融、劳动就业和职工工资、物价指数、人民生活、农村经济、工业和能源交通、投资建筑、中小企业、贸易外经、科技教育、社会事业、服务业十四个类目。

本书中“#”表示其中数，平行指标和分组指标以字号、字体或位置表示。

《宜昌统计年鉴》资料容量大，涉及面广。在编辑过程中得到了各级领导、市直各部门和企事业单位的关心与支持。值此，编委会谨致谢忱，并恳请读者提出宝贵建议，以期更臻完善。

目录

特　　载

专　　文

统计资料

一、综合

CONTENTS

目 录

CONTENTS

目 录

CONTENTS

特　　载

TE ZAI

宜昌市统计局二〇〇五年大事记

1月12日　宜昌市统计局编印的《宜昌统计年鉴》在国家统计局地方统计年鉴的评比中获得了2等奖。

1月13日　全局召开干部职工大会,在全局开展为海啸捐赠活动。

1月14日　市政协副主席景学镇同志来我局视察工作。

1月28日　市目标管理考核小组一行4人来局检查考核目标责任制完成情况。

2月2日　省局副巡视员郭所林同志一行来宜昌调研。

2月4日　宜昌市统计局召开保持共产党员先进行性教育活动动员大会,局长童孔玲和宜昌市委督导组组长分别作了动员讲话,并传达了市委保持共产党员先进性教育活动有关文件。

3月7号　局长童孔玲在保持共产党员先进性教育活动中为统计局干部职工讲党课。全局党员重温入党誓词。

3月9日　宜昌市统计局在"双争"活动中被市直机关工委评为"文明机关"称号。

3月14日　宜昌市常务副市长郑广玉到市统计局检查指导工作。

3月16日　宜昌市人民政府办公室下发"宜府办发[2005]27号文件成立宜昌市1%人口抽样调查领导小组。"

3月18日　宜昌市统计局被市委办公室评为"2004年度全市党委信息工作先进单位。"

4月5日　全省城调工作会议在秭归县召开。省统计局局长刘凯、省城调队队长马俊贤同志参加会议。

4月6日　省统计局局长刘凯同志来局检查指导工作。

4月11日　宜昌市统计局局长童孔玲在宜昌市人民广播电台"行风热线"栏目与市民进行热线交流,热情回答市民提出的有关问题。

4月12日　宜昌市统计系统民主评议行风动员大会召开,统计局局长童孔玲与各县市区统计局局长签订"行风评议目标责任书"。

4月13日　国家统计局档案中心陈处长在湖北省统计局档案中心主任愈

希农的陪同下到宜昌市统计局检查指导档案管理工作。

4月17日　国家统计局总统计师李强，在省经济普查办公室常务副主任、省统计局总统计师赵继华的陪同下，来我市检查经济普查工作。

4月19日　省统计局党组成员、总统计师赵继华同志在市统计局局长童孔玲的陪同下，前往远安县调研。

4月25日　市直机关工委组织三人篮球赛，我局组队参加。

4月27日　省企调队队长徐世铎一行来我局调研。

5月4日　宜昌市政府常务副市长王传豪同志来统计局视察工作。

5月13日　宜昌市统计局组织共青团员到长阳县乌钵池村帮困扶贫，为其送去了书籍、电脑等帮扶物资。并对当地生产经营情况进行了调查研究。

5月22日　宜昌市统计局为做好行风评议活动到夷陵广场宣传统计局行风评议工作情况，宣传统计工作。

5月25日　省农调队副队长陈小青同志带队到秭归县检查农调基础工作。

5月26日－30日　省经济普查事后质量检查验收组来我市。

6月8日　省统计局人口处处长赵玉梅来宜检查1%人口抽样调查试点工作。并到铁路坝社区检查指导1%人口抽样调查工作。

6月9日　贸易科科长刘万玲、工交科副科长李凡在参加完全省组织的对荆州经济普查检查回宜昌的途中，发生交通事故，刘万玲、李凡均受伤，李凡伤势严重。

6月9日　宜昌市委常委、宣传部长赵举海等同志，在市统计局局长童孔玲、市城调队长徐亮等陪同下前往省统计局汇报争创全国文明城市事宜。

6月10日　湖北省统计局党组成员赵继华、省贸易处处长夏席珍、省工交处处长李良华、省人口社会科技处处长赵玉梅等领导到潜江医院看望伤员刘万玲和李凡。

6月11日－13日　省城调队队长马俊贤同志带队，来我市检查验收全国文明城市创建工作。市委副书记乔余堂、市委常委、常务副市长王传豪，市委常委、宣传部长赵继海等领导同志陪同接待。

6月21日　省农调队队长范传强、省统计局人事处副处长邓国祥来我局考察市农调队长拟任人选。

6月24日　召开县市区统计局局长参加的全市半年经济形势分析会，省统计局副局长杨海涛同志莅临会议指导。

7月1日　宜昌市统计局组织党员干部到福绥路社区参加“万名党员结对帮扶”活动,为社区贫困党员送去温暖。

7月9日　省1%人口抽样调查领导小组副组长、省统计局局长刘凯在市政府副秘书长刘灿,统计局局长童孔玲、副局长刘三水的陪同下分别深入四个试点居(村)视察试点工作。

7月17日　省统计局副局长叶青同志来宜昌对少数民族县的教育情况进行调研。

7月18日　省农调队队长范传强同志一行到五峰土家族自治县对党政一把手整村扶贫推进工作责任制落实情况进行检查验收。

8月2日　宜昌市委副书记余幼明到宜昌市统计局视察行风评议工作。

8月9日　全省1%人口抽样调查业务培训会议在宜昌市峡州宾馆召开。

8月15日　宜昌市委、市政府命名表彰2003－2004年度全市精神文明创建工作先进单位,统计局获得先进单位称号。

8月16日　宜昌市机关工委领导来我局检查调研“双争”活动工作情况。

8月26日　市委常委、政法委书记王厚军同志来局检查指导工作。

9月15日　全市非公有制经济统计研讨会在夷陵区召开,各县市区统计局长和有关专业统计人员参加了会议。

9月19日　市政府在夷陵饭店召开全市政风行风现场评议大会,对市统计局等七家市直机关政风行风进行现场评议,局长童孔玲同志向大会作了陈述发言。

9月23日　国有统计局党组成员、纪检组长章国荣同志一行来宜调研。省统计局副局长杨海涛同志来宜陪同。

9月26日　国家统计局在三峡坝区召开全国统计系统省、市人事工作会议,国家统计局人事司赵司长,省统计局局长刘凯参加了会议。

9月27日　国家统计局下派任鄂州市副市长耿勤同志来宜接待国家统计局工交司司长任才方同志。

10月27日　荆州市统计局局长胡荆玲同志一行来宜看望受伤的李凡、刘万玲同志。

11月1日　2005年1%人口抽样调查在我市开始入户登记。

11月3日　宜昌市政府办公室下发《市人民政府办公室关于加强和规范部门统计工作的通知》(宜府办发[2005]153号)。就进一步加强和规范部门统计工作做出具体要求。

11 月 3 日　宜昌市政府下发《关于做好全市第二次农业普查工作的通知》（宜府发[2005]31 号）。

11 月 18 日　宜昌市统计局召开城区在地统计改革研讨会。

11 月 21 日　省统计局副局长杨海涛局长一行来宜调研。

11 月 24 日　宜昌市纪委、监察局副局长张顺洪等一行检查组到统计局检查党风廉政建设工作情况。

11 月 29 日　宜昌市统计局局长童孔玲带队到长阳县磨市镇乌钵池村调查当地农业发展情况。

12 月 4 日　制作统计宣传展牌到夷陵广场参加全市组织的法制宣传日活动。

12 月 22 日　市委常委、常务副市长王传豪、政府副秘书长刘灿及市直有关部门负责人参加全省服务业统计电视电话会议。

12 月 24 日　市政府副秘书长刘灿、统计局局长童孔玲在北京人民大会堂参加国家统计局百强城市新闻发布会。宜昌市在全国百强城市中排第 76 位。

12 月 28 日　宜昌市统计局召开县市区统计局长会议。

12 月 30 日　宜昌市统计局召开迎新年联欢会。

12 月 30 日　宜昌市统计局干部职工为灾区人民捐款捐物支援长阳县磨市镇乌钵池村，共捐现金 3000 元，衣物 317 件。

中华人民共和国统计法

（1983年12月8日第六届全国人民代表大会常务委员会第三次会议通过
根据1996年5月15日第八届全国人民代表大会常务委员会第十九次会议
《关于修改〈中华人民共和国统计法〉的决定》修正）

第一章 总 则

第一条 为了有效地、科学地组织统计工作，保障统计资料的准确性和及时性，发挥统计在了解国情国力、指导国民经济和社会发展中的重要作用，促进社会主义现代化建设事业的顺利发展，特制定本法。

第二条 统计的基本任务是对国民经济和社会发展情况进行统计调查、统计分析，提供统计资料和统计咨询意见，实行统计监督。

第三条 国家机关、社会团体、企业事业组织和个体工商户等统计调查对象，必须依照本法和国家规定，如实提供统计资料，不得虚报、瞒报、拒报、迟报，不得伪造、篡改。

基层群众性自治组织和公民有义务如实提供国家统计调查所需要的情况。

第四条 国家建立集中统一的统计系统，实行统一领导、分级负责的统计管理体制。

国务院设立国家统计局，负责组织领导和协调全国统计工作。

各级人民政府、各部门和企业事业组织，根据统计任务的需要，设置统计机构、统计人员。

第五条 国家加强对统计指标体系的科学研究，不断改进统计调查方法，提高统计的科学性、真实性。

国家有计划地加强统计信息处理、传输技术和数据库体系的现代化建设。

第六条 各地方、各部门、各单位的领导人领导和监督统计机构、统计人员和其他有关人员执行本法和统计制度。

统计工作应当接受社会公众的监督。任何单位和个人有权揭发、检举统计中弄虚作假等违法行为，对揭发、检举有功的单位和个人给予奖励。

第七条 各地方、各部门、各单位的领导人对统计机构和统计人员依照本法和统计制度提供的统计资料，不得自行修改；如果发现数据计算或者来源有错误，应当提出，由统计机构、统计人员和有关人员核实订正。

各地方、各部门、各单位的领导人不得强令或者授意统计机构、统计人员篡改统计资料或者编造虚假数据。统计机构、统计人员对领导人强令或者授意篡改统计资料或者编造虚假数据的行为，应当拒绝、抵制，依照本法和统计制度如实报送统计资料，并对所报送的统计资料的真实性负责。

统计机构、统计人员依法履行职责受法律保护。任何地方、部门、单位的领导人不得对拒绝、抵制篡改统计资料或者对拒绝、抵制编造虚假数据行为的统计人员进行打击报复。

第八条 统计机构和统计人员实行工作责任制，依照本法和统计制度的规定，如实提供统计资料，准确及时完成统计工作任务，保守国家秘密。

统计机构和统计人员依照本法规定独立行使统计调查、统计报告、统计监督的职权，不受侵犯。

第二章 统计调查计划和统计制度

第九条 统计调查必须按照经过批准的计划进行。统计调查计划按照统计调查项目编制。

国家统计调查项目，由国家统计局拟订，或者由国家统计局和国务院有关部门共同拟订，报国务院审批。

部门统计调查项目，调查对象属于本部门管辖系统内的，由该部门拟订，报国家统计局或者同级地方人民政府统计机构备案；调查对象超出本部门管辖系统的，由该部门拟订，报国家统计局或者同级地方人民政府统计机构审批，其中重要的，报国务院或者同级地方人民政府审批。

地方统计调查项目，由县级以上地方各级人民政府统计机构拟订，或者由县级以上地方各级人民政府统计机构和有关部门共同拟订，报同级地方人民政府审批。

发生重大灾情或者其他不可预料的情况，县级以上地方各级人民政府可以决定在原定计划以外进行临时性调查。

制定统计调查项目计划，必须同时制定相应的统计调查表，报国家统计局或者同级地方人民政府统计机构审查或者备案。

国家统计调查、部门统计调查、地方统计调查必须明确分工，互相衔接，不得重复。

第十条 统计调查应当以周期性普查为基础，以经常性抽样调查为主体，以必要的统计报表、重点调查、综合分析等为补充，搜集、整理基本统计资料。

重大的国情国力普查，需要动员各方面力量进行的，由国务院和地方各级人民政府统一领导，组织统计机构和有关部门共同实施。

进行经常性抽样调查，应当在调查前查明基本统计单位及其分布情况，按照经批准的抽样调查方案，建立科学的抽样框。

发往基层单位的全面定期统计报表，必须严格限制。凡通过抽样调查、重点调查、行政记录能取得统计数据的，不得制发全面定期统计报表。

第十一条 国家制定统一的统计标准，以保障统计调查中采用的指标涵义、计算方法、分类目录、调查表式和统计编码等方面的标准化。

国家统计标准由国家统计局制定，或者由国家统计局和国务院标准化管理部门共同制定。

国务院各部门可以制定补充性的部门统计标准。部门统计标准不得与国家统计标准相抵触。

第十二条 对违反本法和国家规定编制发布的统计调查表，有关统计调查对象有权拒绝填报。

禁止利用统计调查窃取国家秘密，损害社会公共利益或者进行欺诈活动。

第三章 统计资料的管理和公布

第十三条 国家统计调查和地方统计调查范围内的统计资料，分别由国家统计局、县级以上地方各级人民政府统计机构或者乡、镇统计员统一管理。

部门统计调查范围内的统计资料，由主管部门的统计机构或者统计负责人统一管理。

企业事业组织的统计资料，由企业事业组织的统计机构或者统计负责人统一管理。

第十四条 国家统计局和省、自治区、直辖市的人民政府统计机构依照国家规定，定期公布统计资料。

各地方、各部门、各单位公布统计资料，必须经本法第十三条规定的统计机构或者统计负责人核定，并依照国家规定的程序报请审批。

国家统计数据以国家统计局公布的数据为准。

第十五条 属于国家秘密的统计资料，必须保密。属于私人、家庭的单项调查资料，非经本人同意，不得泄露。

统计机构、统计人员对在统计调查中知悉的统计调查对象的商业秘密，负有保密义务。

第四章 统计机构和统计人员

第十六条 县级以上地方各级人民政府设立独立的统计机构，乡、镇人民政府设置专职或者兼职的统计员，负责组织领导和协调本行政区域内的统计工作。

第十七条 县级以上地方各级人民政府统计机构和乡、镇统计员的管理体制由国务院具体规定。

地方各级人民政府统计机构的人员编制由国家统一规定。

第十八条 国务院和地方各级人民政府的各部门，根据统计任务的需要设立统计机构，或者在有关机构中设置统计人员，并指定统计负责人。这些统计机构和统计负责人在统计业务上并受国家统计局或者同级地方人民政府统计机构的指导。

第十九条 企业事业组织根据统计任务的需要设立统计机构，或者在有关机构中设置统计人员，并指定统计负责人。

企业事业组织执行国家统计调查或者地方统计调查任务，接受地方人民政府统计机构的指导。

企业事业组织应当设置原始统计记录、统计台帐，建立健全统计资料的审核、交接和档案等管理制度。

第二十条 国家统计局和地方各级人民政府统计机构的主要职责是：

（一）制定统计调查计划，部署和检查全国或者本行政区域内的统计工作；

（二）组织国家统计调查、地方统计调查，搜集、整理、提供全国或者本行政区域内的统计资料；

（三）对国民经济和社会发展情况进行统计分析，实行统计监督，依照国务院的规定组织国民经济核算；

（四）管理和协调各部门制定的统计调查表和统计标准。

国家统计局管理国家的统计信息自动化系统和统计数据库体系。

乡、镇统计员会同有关人员负责农村基层统计工作，完成国家统计调查和地方统计调查任务。

第二十一条 国务院和地方各级人民政府的各部门的统计机构或者统计负责人的主要职责是：

(一)组织、协调本部门各职能机构的统计工作，完成国家统计调查和地方统计调查任务，制定和实施本部门的统计调查计划，搜集、整理、提供统计资料；

(二)对本部门和管辖系统内企业事业组织的计划执行情况，进行统计分析，实行统计监督；

(三)组织、协调本部门管辖系统内企业事业组织的统计工作，管理本部门的统计调查表。

第二十二条 企业事业组织的统计机构或者统计负责人的主要职责是：

(一)组织、协调本单位的统计工作，完成国家统计调查、部门统计调查和地方统计调查任务，搜集、整理、提供统计资料；

(二)对本单位的计划执行情况进行统计分析，实行统计监督；

(三)管理本单位的统计调查表，建立健全统计台帐制度，并会同有关机构或者人员建立健全原始记录制度。

第二十三条 统计机构、统计人员有权：

(一)要求有关单位和人员依照国家规定，如实提供统计资料；

(二)检查统计资料的准确性，要求改正不确实的统计资料；

(三)揭发和检举统计调查工作中的违法行为。

统计人员依照前款规定执行职务，依法对统计调查对象进行统计调查时，应当出示县级以上人民政府统计机构颁发的工作证件。

第二十四条 统计人员应当坚持实事求是，恪守职业道德，具备执行统计任务所需要的专业知识。统计机构应当加强对统计人员的专业培训，组织专业学习。

第二十五条 国务院和地方各级人民政府的统计机构、各部门和企业事业组织，应当依照国家规定，评定统计人员的技术职称，保障有技术职称的统计人员的稳定性。

第五章 法律责任

第二十六条 地方、部门、单位的领导人自行修改统计资料、编造虚假数据或者强令、授意统计机构、统计人员篡改统计资料或者编造虚假数据的，依法给予行政处分，并由县级以上人民政府统计机构予以通报批评。

地方、部门、单位的领导人对拒绝、抵制篡改统计资料或者对拒绝、抵制编造虚假数据行为的统计人员进行打击报复的，依法给予行政处分；构成犯罪的，依法追究刑事责任。

统计人员参与篡改统计资料、编造虚假数据的，由县级以上人民政府统计机构予以通报批评，依法给予行政处分或者建议有关部门依法给予行政处分。

第二十七条 统计调查对象有下列违法行为之一的，由县级以上人民政府统计机构责令改正，予以通报批评；情节较重的，可以对负有直接责任的主管人员和其他直接责任人员依法给予行政处分：

(一)虚报、瞒报统计资料的；

(二)伪造、篡改统计资料的；

(三)拒报或者屡次迟报统计资料的。

企业事业组织、个体工商户有前款违法行为之一的，由县级以上人民政府统计机构予以警告，并可以处以罚款。但对同一当事人的同一违法行为，已按照其他法律处以罚款的，不再处以罚款。

第二十八条 违反本法规定，篡改统计资料、编造虚假数据，骗取荣誉称号、物质奖励或者晋升职务的，由做出有关决定的机关或者其上级机关、监察机关取消其荣誉称号，追缴物质奖励和撤销晋升的职务。

第二十九条 利用统计调查窃取国家秘密或者违反本法有关保密规定的，依照有关法律规定处罚。

利用统计调查损害社会公共利益或者进行欺诈活动的，由县级以上人民政府统计机构责令改正，没收违法所得，可以处以罚款；构成犯罪的，依法追究刑事责任。

第三十条 统计机构、统计人员违反本法规定，泄露私人、家庭的单项调查资料或者统计调查对象的商业秘密，造成损害的，依法承担民事责任，并对负有直接责任的主管人员和其他直接责任人员依法给予行政处分。

第三十一条 国家机关违反本法规定，未报经审查或者备案，擅自制发统计调查表的，由县级以上人民政府统计机构责令改正，予以通报批评。

第六章 附 则

第三十二条 民间统计调查活动的管理办法，由国务院规定。

中华人民共和国境外的组织、个人在中华人民共和国境内进行统计调查活动，须事先依照规定报请审批。具体办法由国务院规定。

第三十三条 国家统计局根据本法制定实施细则，报国务院批准施行。

第三十四条 本法自 1984 年 1 月 1 日起施行。1963 年国务院发布的《统计工作试行条例》即行废止。

中华人民共和国统计法实施细则

（1987年1月19日国务院批准　1987年2月15日国家统计局发布
2000年6月2日国务院批准修订　2000年6月15日国家统计局发布
根据2005年12月16日《国务院关于修改〈中华人民共和国统计法实施细则〉的决定》修订）

第一章　总　　则

第一条　根据《中华人民共和国统计法》（以下简称《统计法》）的规定，制定本细则。

第二条　《统计法》所指的统计，是指运用各种统计方法对国民经济和社会发展情况进行统计调查、统计分析，提供统计资料和统计咨询意见，实行统计监督等活动的总称。

国民经济和社会发展的统计项目分类，由国家统计局规定、调整。

第三条　国家有计划地用现代信息技术装备各级人民政府统计机构，建立健全国家统计信息自动化系统。国务院各部门根据工作需要，有计划地用现代信息技术装备本部门及其管辖系统的统计机构。

县级以上各级人民政府应当将国家统计信息工程建设列入发展计划。国家统计信息工程建设，由国家统计局统一领导，县级以上地方各级人民政府统计机构分级负责。

第四条　统计机构和统计人员实行工作责任制，实行考核和奖惩制度，不断提高工作质量和工作效率。

统计机构和统计人员依法独立行使下列职权：

（一）统计调查权——调查、搜集有关资料，召开有关调查会议，检查与统计资料有关的原始记录和凭证。统计调查对象应当依照《统计法》和国家有关规定，如实提供统计资料和情况，不得虚报、瞒报、拒报、迟报，不得伪造、篡改。

（二）统计报告权——将统计调查取得的统计资料和情况加以整理、分析，向上级领导机关和有关部门提出统计报告。任何单位或者个人不得阻挠和扣压统计报告，不得篡改统计资料。

（三）统计监督权——根据统计调查和统计分析，对国民经济和社会发展情况进行统计监督，检查国家政策和计划的实施，考核经济效益、社会效益和工作成绩，检查和揭露存在的问题，检查虚报、瞒报、伪造、篡改统计资料的行为，提出改进工作的建议。有关部门和单位对统计机构、统计人员反映、揭露的问题和提出的建议，应当及时处理，作出答复。

第五条　县级以上地方各级人民政府、各部门、各企业事业组织，应当根据国家统计任务和本地区、本部门、本单位的需要，在下列方面加强对统计工作的领导和监督：

（一）领导和支持统计机构、统计人员和其他有关人员执行统计法规和统计制度，准确、及时地完成统计工作任务，加强统计工作现代化建设；

（二）吸收和组织统计人员参加讨论有关政策和计划、研究经济和社会发展问题的会议，发挥统计的服务和监督作用；

（三）根据国家统一部署，组织实施重大的国情国力普查；

（四）按照规定审批统计调查计划，切实解决经批准的统计调查需要的人员和经费。

第六条　国家统计局及其派出的调查队、县级以上地方各级人民政府统计机构是国家执行统计法规和统计制度的机关，负责监督检查统计法规和统计制度的实施，维护统计机构和统计人员的职权，依法查处违反统计法规和统计制度的行为。

县级以上地方各级人民政府统计机构依法查处本行政区域内发生的统计违法行为；在国家统计局派出的调查队组织实施的统计调查中发生的统计违法行为，由组织实施该项统计调查的调查队负责查处。

第二章　统计调查计划和统计制度

第七条　县级以上各级人民政府统计机构和有关部门

按照下列三类情况，分别建立统计制度，编制统计调查计划，按照规定经审查机关批准后实施：

（一）国家统计调查，是指全国性基本情况的统计调查，包括国家统计局单独拟订的和国家统计局与国务院有关部门共同拟订的统计调查项目。国家统计调查计划中新的、重大的统计调查项目，由国家统计局报国务院审批；经常性的、一般性的统计调查项目，由国家统计局审批。

各地方、各部门、各单位必须严格按照国家统计调查方案实施国家统计调查。

（二）部门统计调查，是指各部门的专业性统计调查。部门统计调查计划和统计调查方案，由该部门的统计机构组织本部门各有关职能机构编制。其中，统计调查对象属于本部门管辖系统内的，由本部门领导人审批，报国家统计局或者本级地方人民政府统计机构备案；统计调查对象超出本部门管辖系统的，报国家统计局或者本级地方人民政府统计机构审批，其中重要的，报国务院或者本级地方人民政府审批。各部门统计调查管辖系统的划分办法，由国家统计局会同国务院有关部门提出，报国务院批准后实施。

（三）地方统计调查，是指地方人民政府需要的地方性的统计调查。地方统计调查计划和统计调查方案的报批办法，由省、自治区、直辖市人民政府统计机构规定，报国家统计局备案。

第八条　部门统计调查和地方统计调查不得与国家统计调查重复、矛盾。

国家统计调查与部门统计调查、地方统计调查的分工，由国家统计局会同国务院有关部门和省、自治区、直辖市人民政府统计机构具体商定。

第九条　县级以上各级人民政府的综合协调部门需要的统计资料，应当从本级人民政府统计机构和有关部门搜集；确实需要直接进行统计调查的，应当编制统计调查计划和统计调查方案，依照《统计法》和本细则的有关规定，经批准后实施。

县级以上各级人民政府有关部门组织实施的部门统计调查，应当及时向本级人民政府统计机构报送基本统计资料或者综合统计资料。

国家统计局和县级以上地方各级人民政府统计机构，应当定期、无偿地向本级人民政府部门提供有关综合统计资料。

第十条　统计调查计划按照统计调查项目编制。统计调查项目，是指一定时期内为实现特定统计调查目的而组织实施的统计调查。统计调查项目的计划应当列明：项目名称、调查机关、调查目的、调查范围、调查对象、调查方式、调查时间、调查的主要内容。

编制统计调查计划，必须同时编制统计调查方案。统计调查方案应当包括下列内容：

（一）供统计调查对象填报用的统计调查表和说明书；

（二）供整理上报用的统计综合表和说明书；

（三）统计调查需要的人员和经费及其来源。

第十一条　县级以上各级人民政府统计机构、各部门统计机构对送审的统计调查计划和统计调查方案的必要性、可行性、科学性应当进行严格审查；对不符合本细则规定的，应当退回修改或者不予批准。编制和审查统计调查方案，应当遵循下列原则：

（一）在已经批准实施的各种统计调查中能够搜集到资料的，不得重复调查；

（二）抽样调查、重点调查或者行政记录可以满足需要的，不得制发全面统计调查表；一次性统计调查可以满足需要的，不得进行经常性统计调查；按年统计调查可以满足需要的，不得按季统计调查；按季统计调查可以满足需要的，不得按月统计调查；月以下的进度统计调查必须从严控制；

（三）编制新的统计调查方案，必须事先试点或者征求有关地方、部门和基层单位的意见，进行可行性论证，保证切实可行，注重调查效益；

（四）统计调查需要的人员和经费应当有保证。

第十二条　国家建立周期性的普查制度。周期性普查由国务院和地方各级人民政府统一领导，组织统计机构和有关部门共同实施，所需要的经费由中央和地方财政共同负担。

进行经常性抽样调查，应当通过基本统计单位普查和行政记录的方式，查明基本统计单位及其分布情况，建立科学的抽样框，按照随机原则在调查总体中选取足以代表总体的样本单位，减少抽样误差。

第十三条　按照规定程序批准的统计调查表，必须在右上角标明表号、制表机关、批准或者备案机关、批准或者备案文号、有效期限。

对未标明前款所列内容或者超过有效期限的统计调查表，有关统计调查对象有权拒绝填报，统计机构有权废止。

第十四条　统计调查方案所规定的指标涵义、调查范围、计算方法、分类目录、调查表式、统计编码等，未经批准该统计调查方案的机关同意，任何单位或者个人不得修改。

第三章　统计资料的管理和公布

第十五条　各地方、各部门、各单位应当健全统计资料的审核制度，保障统计资料的准确性和及时性。

各部门、各企业事业组织提供的统计资料，由本部门、本单位领导人或者统计负责人审核、签署或者盖章后上报。有关财务统计资料由财务会计机构或者会计人员提供，并经财务会计负责人审核、签署或者盖章。县级以上各级人民政府统计机构和乡、镇统计员提供的统计资料，由本级人民政府统计机构负责人或者乡、镇统计员审核、签署或者盖章后上报。

第十六条　各级领导机关制定政策、计划，检查政策、计划执行情况，考核经济效益、社会效益和工作成绩，进行奖励和惩罚等，需要使用统计资料的，必须依照《统计法》第十三条的规定，以统计机构或者统计负责人签署或者盖章的统计资料为准。

第十七条　县级以上各级人民政府统计机构必须做好统计信息咨询服务工作，充分利用可以公开的社会经济信息为社会公众服务。

符合国家有关规定，在《统计法》和统计制度规定之外提供统计信息咨询，实行有偿服务。具体办法由国家统计局会同国务院价格主管部门制定。

第十八条　各地方、各部门、各单位必须执行国家有关统计资料保密管理的规定，加强对统计资料的保密管理。

第十九条　各地方、各部门、各单位必须建立统计资料档案制度。统计资料档案的保管、调用和移交，应当遵守国家有关档案管理的规定。

第二十条　国家建立健全统计资料定期公布制度。

国家统计局统计调查取得的统计数据，由国家统计局公布。国务院有关部门统计调查取得的统计数据，由国务院有关部门公布；其中，与国家统计局统计调查取得的统计数据有重复、交叉的，应当在同国家统计局协商后，由国务院有关部门公布。国务院有关部门公布统计数据，应当自公布之日起10日内报国家统计局备案。

县级以上地方各级人民政府统计机构和有关部门公布其统计调查取得的地方统计数据，比照前款规定执行。

第二十一条　国家建立健全统计数据质量监控和评估的制度，加强对各省、自治区、直辖市重要统计数据的监控和评估。

第四章　统计机构和统计人员

第二十二条　国家统计局履行下列职责：

（一）根据有关法律、行政法规和国家有关政策和计划，制定统计工作规章，制订统计工作现代化规划和国家统计调查计划，组织领导和协调全国统计工作，监督检查统计法规和统计制度的实施；

（二）健全国民经济核算制度和统计指标体系，制定全国统一的基本统计报表制度；制定或者与有关部门共同制定国家统计标准，审定部门统计标准；

（三）在国务院领导下，会同有关部门组织重大的国情国力普查，组织、协调全国社会经济抽样调查；

（四）根据国家制定政策、计划和进行管理的需要，搜集、整理、提供全国性的基本统计资料，对国民经济和社会发展情况进行统计分析、统计预测和统计监督；

（五）审查国务院各部门编制的统计调查计划和统计调查方案，管理国务院各部门制发的统计调查表；

（六）检查、审定、管理、公布、出版全国性的基本统计资料，定期发布全国国民经济和社会发展情况的统计公报；

（七）统一领导和管理国家统计局派出的调查队；

（八）组织指导全国统计科学研究、统计教育、统计干部培训和统计书刊出版工作；

（九）开展统计工作和统计科学的国际交流。

国家统计局派出的调查队承担国家统计局布置的各项调查任务，依法独立开展统计调查，独立上报统计资料。

第二十三条　县级以上地方各级人民政府统计机构履行下列职责：

（一）完成国家统计调查任务，执行国家统计标准，执行全国统一的基本统计报表制度；

（二）制订本行政区域内的统计工作现代化规划、统计调查计划和统计调查方案，统一领导和协调本行政区域内包括中央和地方单位的统计工作，监督检查统计法规和统计制度的实施；

（三）根据本行政区域内制定计划和进行管理的需要，搜集、整理、提供基本统计资料，对本行政区域内国民经济和社会发展情况进行统计分析、统计预测和统计监督；

（四）审查本行政区域内各部门的统计调查计划和统计调查方案，管理本行政区域内各部门制发的统计调查表；

（五）按照国家有关规定，检查、审定、管理、公布、出版本行政区域内的基本统计资料；省、自治区、直辖市人民政府统计机构定期发布本行政区域内国民经济和社会发展情况的统计公报；自治州、县、自治县、市、市辖区人民政府统计机构按照本级人民政府的决定，发布本行政区域内国民经济和社会发展情况的统计公报；

（六）组织指导本行政区域内各部门、各单位加强统计基础工作建设，加强统计教育、统计干部培训和统计科学研究工作；对本行政区域内人民政府统计机构干部和乡、镇统计员进行考核和奖励。

县级以上地方各级人民政府统计机构受本级人民政府和上级人民政府统计机构的双重领导，在统计业务上以上级人民政府统计机构的领导为主。

第二十四条 乡、镇统计员执行乡、镇综合统计的职能，履行下列职责：

（一）完成国家统计调查和地方统计调查任务，执行国家统计标准，执行全国统一的基本统计报表制度，执行统计法规和统计制度，监督检查统计法规和统计制度的实施；

（二）按照国家有关规定，搜集、整理、分析、提供和管理本乡、镇的基本统计资料；

（三）组织指导本乡、镇各有关单位、人员加强农村统计基础工作建设，健全本乡、镇的统计台账制度和统计档案制度，组织乡、镇以下的统计业务工作。

乡、镇人民政府应当根据《统计法》等有关规定和统计工作的需要，设置专职的或者兼职的统计员，建立健全乡、镇统计信息网络。乡、镇统计员和乡、镇统计信息网络在统计业务上受县级人民政府统计机构的领导。

村的统计工作，由村民委员会指定专人负责，其在统计业务上受乡、镇统计员的领导。

第二十五条 县级以上各级人民政府有关部门的统计机构或者统计负责人执行本部门综合统计的职能，履行下列职责：

（一）组织指导、综合协调本部门各职能机构（包括生产、供销、基建、劳动人事、财务会计等机构）的统计工作，共同完成国家统计调查、部门统计调查和地方统计调查任务，执行统计法规和统计制度，监督检查统计法规和统计制度的实施；

（二）制订本部门的统计工作现代化规划、统计调查计划和统计调查方案，组织指导本部门及其管辖系统内企业事业组织的统计工作，加强统计队伍和统计基础工作建设；

（三）按照国家有关规定，向上级领导机关和本级人民政府统计机构报送和提供本部门的基本统计资料，会同计划和其他有关职能机构对本部门执行政策、计划和经营管理效益的情况，进行统计分析、统计预测和统计监督；

（四）管理本部门制发的统计调查表和基本统计资料；

（五）会同本部门的人事教育机构，组织指导本部门的统计教育和统计干部培训；对本部门统计人员进行考核和奖励；加强本部门统计科学研究工作。

县级以上各级人民政府有关部门统计机构的设置，应当根据实际需要，本着精简、效能的原则，依照《统计法》的规定执行。

第二十六条 企业事业组织的统计机构或者统计负责人执行本单位综合统计的职能，履行下列职责：

（一）组织指导、综合协调本单位各职能机构和下属机构的统计工作，共同完成国家统计调查、部门统计调查和地方统计调查任务，制订、实施本单位的统计工作计划和统计制度，执行统计法规和统计制度，监督检查统计法规和统计制度的实施；

（二）按照国家有关规定，报送和提供统计资料，对本单位计划的执行情况和经营管理的效益，进行统计分析和统计监督；

（三）管理本单位的统计调查表和基本统计资料；

（四）会同本单位有关职能机构完善计量、检测制度，建立健全原始记录、统计台账和核算制度。

企业事业组织的统计机构或者统计负责人在统计业务上，受所在地人民政府统计机构或者乡、镇统计员的指导。

中小型企业事业组织不单设统计人员的，可以指定人员专门负责统计工作。

第二十七条 统计负责人，是指代表本部门或者本单位履行《统计法》规定职责的主要责任人员。不设统计机构的，一般应当由具备相当统计专业技术职务条件的人员担任统计负责人。

第二十八条 各地方、各部门、各单位应当根据国家有关规定和工作需要，设置统计专业技术职务。

第二十九条 具有统计专业技术职务的人员的调动，应当分别征求本地区、本部门、本单位统计机构或者统计负责人的意见；其中，具有中级以上统计专业技术职务的人员的调动，应当征得上级统计机构的同意。

县级以上地方各级人民政府统计机构主要负责人的调动，应当征得上一级人民政府统计机构的同意。乡、镇统计员的调动，应当征得县级人民政府统计机构的同意。

各部门和企业事业组织统计负责人的调动，应当征求上级主管部门和所在地人民政府统计机构的意见。

第三十条 国家统计局和县级以上地方各级人民政府统计机构，应当有计划地对统计人员进行培训，加强对统计人员的职业道德教育，提高统计人员的业务素质。

国家统计局和县级以上地方各级人民政府统计机构增加和补充统计人员，应当从具备统计专业知识的人员中选调。

第五章 奖励和惩罚

第三十一条 县级以上各级人民政府统计机构、各部门、各企业事业组织，应当依照国家或者企业事业组织的规定，对有下列表现之一的统计人员或者集体，定期评比，给予奖励：

（一）在改革和完善统计制度、统计方法等方面，做出重要贡献的；

（二）在完成规定的统计调查任务，保障统计资料的准确性、及时性方面，做出显著成绩的；

（三）在进行统计分析、统计预测和统计监督方面，有所创新，取得重要成绩的；

（四）在运用和推广现代信息技术方面，取得显著效果的；

（五）在改进统计教育和统计专业培训，进行统计科学研究，提高统计科学水平方面，做出重要贡献的；

（六）坚持实事求是，依法办事，同违反统计法规和统计制度的行为作斗争，表现突出的；

（七）揭发、检举统计违法行为有功的。

奖励分为：通令嘉奖、记功、记大功、晋级、升职、授予荣誉称号，并可以发给奖品、奖金。奖金按照国家或者企业事业组织的规定在有关经费中开支。

第三十二条 下列行为，属于《统计法》第二十七条第一款所称情节较重的违法行为：

（一）虚报、瞒报、伪造、篡改统计资料数额较大或者占应报数额的份额较多的；

（二）虚报、瞒报、伪造、篡改或者拒报统计资料，二年内再次发生的；

（三）虚报、瞒报、伪造、篡改、拒报或者屡次迟报统计资料，被责令改正而拒不改正的；

（四）虚报、瞒报、伪造、篡改、拒报或者屡次迟报统计资料，造成严重后果或者恶劣影响的；

（五）在接受统计检查时，拒绝提供情况、提供虚假情况或者转移、隐匿、毁弃原始统计记录、统计台账、统计报表以及与统计有关的其他资料的；

（六）使用暴力或者威胁的方法阻挠、抗拒统计检查的；

（七）国家统计局依法认定的其他行为。

第三十三条 企业事业组织有《统计法》第二十七条第一款所列违法行为之一的，由县级以上人民政府统计机构或者国家统计局派出的调查队予以警告，并可以处5万元以下的罚款。

个体工商户有《统计法》第二十七条第一款所列违法行为之一的，由县级以上人民政府统计机构或者国家统计局派出的调查队予以警告，并可以处1万元以下的罚款。

第三十四条 任何单位或者个人有《统计法》第二十九条第二款所列违法行为的，由县级以上人民政府统计机构责令改正，没收违法所得，并可以处违法所得1倍以上3倍以下的罚款；没有违法所得的，可以处3万元以下的罚款。

第六章 附　　则

第三十五条 中华人民共和国境外的组织、个人需要在中华人民共和国境内进行统计调查活动的，应当委托中华人民共和国境内具有涉外统计调查资格的机构进行。

统计调查范围限于省、自治区、直辖市行政区域内的，应当持有关证明文件和统计调查方案，向省、自治区、直辖市人民政府统计机构提出申请，由省、自治区、直辖市人民政府统计机构审批；统计调查范围跨省、自治区、直辖市行政区域的，应当持有关证明文件和统计调查方案，向国家统计局提出申请，由国家统计局审批。

第三十六条 本细则自发布之日起施行。

湖北省统计管理条例

（1997年12月3日湖北省第八届人民代表大会常务委员会第31次会议修改通过）

第一条 为保障统计资料的准确、及时和全面，发挥统计在了解国情国力、指导国民经济和社会发展中的重要作用，适应社会主义市场经济和社会发展的需要，根据《中华人民共和国统计法》及其实施细则，结合本省实际，制定本条例。

第二条 本省行政区域内的国家机关、社会团体、企业事业组织、各种联合经济组织和个体工商户，外资、中外合资和中外合作经营的企业事业组织，港澳台同胞、华侨投资经营的企业事业组织，以及我省在外省、港澳台地区和国外投资经营的企业事业组织，必须依照国家统计法律、法规和统计制度，准确及时地提供统计资料。

基层群众自治组织和公民，有义务如实提供统计调查所需要的情况。

任何单位和个人，有权抵制和检举统计违法行为。

对在统计工作中取得显著成绩的单位和统计人员，按照国家统计法律法规的有关规定给予表彰和奖励。

第三条 各级人民政府、各部门和各企业事业单位的领导人，对统计部门和统计人员依照统计法律、法规和统计制度提供的统计资料，不得擅自修改，也不得授意、强迫统计人员或其他人员伪造、篡改、虚报和瞒报。

统计人员有权抵制和检举统计违法行为。

第四条 县级以上人民政府统计部门，是同级人民政府统计工作的主管部门，负责本行政区域内国民经济和社会发展情况的统计调查、统计分析、统计监督管理和提供统计资料。

第五条 乡镇人民政府设置统计站，配备与统计任务相适应的专职统计人员。乡镇所属有关单位的统计人员为统计站成员。乡镇统计站执行综合统计职能，其行政工作由乡镇人民政府领导，统计业务接受县统计主管部门指导。

第六条 村民委员会的统计工作，由村会计人员具体负责。其职责是：收集、整理、分析、提供和保管各项统计资料，建立统计调查户分户台帐，完成乡镇统计站布置的统计调查任务。

第七条 企业事业组织根据统计任务的需要，设立统计机构或配备统计人员。统计机构或统计人员负责调查、收集、整理、分析、提供本单位的统计资料，执行本单位的综合统计职能。

第八条 保持统计人员相对稳定，实行统计人员持证上岗制度。凡进入统计岗位的人员，除统计及相近专业的大学本科、专科和中专毕业生以外，都应经过统计资格考试，取得《统计员资格证》后，持证执行统计任务。对不具备统计专业知识的现有统计人员，应当组织专业培训，经考试仍不合格的，应调离统计业务岗位。

第九条 除统计部门按照国家、地方统计制度和调查计划制发统计报表外，其他部门因工作需要制发统计报表，应先拟定统计调查计划及方案。其调查对象为本部门管辖系统内的，由部门领导批准，报同级统计部门备案；调查对象为本部门管辖系统外的，报同级统计部门审批。

临时办事机构制发统计调查报表，应经同级统计部门批准。

有关部门需向外资、中外合资和中外合作经营的企业事业组织制发统计调查报表的，应报同级统计部门批准。

第十条 统计报表的统计指标及调查、计算方法，由制发统计报表的部门负责解释，其他单位和个人不得自行解释或自定计算方法。

未经批准或备案的统计调查表，任何单位或个人有权拒绝填报，统计部门有权制止。

第十一条 建立统计登记制度。新组建的单位和新开工的固定资产投资项目，应当在注册或者成立和核准登记之日起三十日内，到当地统计部门办理统计登记。已经成立或者开工尚未办理统计登记的单位，应向当地统计部门补办统计登记。

改变统计隶属关系或经营性质发生变化的单位，应按前款要求办理统计变更登记。

因破产、被撤销或其他原因终止活动的单位，由其主管部门到原登记部门办理统计注销登记。

个体工商户和私营企业的统计登记、变更和注销，按本条规定办理。

第十二条 国家统计调查和地方统计调查的统计资料，由各级统计部门储存保管，并建立数据库。凡涉及辖区内的综合统计资料和重要数据，必须由同级统计部门提供或公布。

政府各部门向社会公开发表本系统的统计资料，应经同级统计部门核准。法律法规另有规定的，从其规定。

新闻媒体发表尚未公布的国民经济和社会发展基本统计资料，应经同级统计部门核准。

第十三条 各级人民政府及其部门以及部门归口管理的单位，制定政策、计划、检查政策、计划执行情况，确定工作任务，考核工作实绩，进行奖励和惩罚等，需要使用统计资料时，必须以同级统计部门提供的统计资料为依据。

第十四条 各级统计部门应利用可以公开的统计资料为社会提供咨询服务。在统计制度规定之外提供的统计信息咨询，可实行有偿服务。有偿服务的收费办法，按《湖北省行政事业性收费管理办法》执行。

第十五条 县级以上统计部门设统计检查机构并配备专职统计检查员，县级以上人民政府主管部门和乡镇统计站配备专（兼）职统计检查员。统计检查员由省统计主管部门发给《统计检查证》，统计检查机构或统计检查员，在规定的职权范围内行使统计检查权。

第十六条 县级以上统计部门的统计检查机构和统计检查员，有权对本行政区域内提供与使用统计资料的部门、单位和个人进行监督检查。

统计检查机构和统计检查员在规定的职权范围内执行监督、检查任务时，有权发出《统计检查查询书》，被查询单位和个人应按要求提供有关资料，并在十五日内对所查询的情况据实答复。拒不提供资料或逾期、拒绝答复的，按拒报论处。

第十七条 有下列违法行为之一的，分别情况，给予罚款或行政处分：

（一）各级各部门行政领导人授意或者强迫统计人员和其他人员提供不真实统计资料的，根据情节轻重，给予行政处分。

（二）虚报、瞒报、伪造、篡改统计资料的，对直接责任人和有关领导人给予行政处分。对单位处以二千元以上三万元以下罚款。

（三）拒报或屡次迟报统计资料的，对直接责任人和有关领导人给予行政处分，对单位处以一千元以上一万五千元以下的罚款。

（四）未经法定程序批准，自行制发统计报表，擅自公布统计资料的，对单位处以一千元以上一万元以下罚款。造成失密、泄密的，按有关保密法规的规定处理。

（五）逾期不办理统计登记、变更登记的，对单位处以一千元以上一万元以下罚款。

（六）阻挠统计部门和统计人员依法行使职权，对检举、揭发人员进行刁难、打击报复或防碍统计检查人员依法执行公务的，对直接责任人和有关领导给予行政处分，并对单位处以二千元以上二万元以下罚款。

（七）个体工商户和私营企业有违反本条（二）、（三）、（五）、（六）项所列行为之一的，处以一百元以上五千元以下罚款。

第十八条 统计部门及统计工作人员不按规定处理统计资料或处理统计资料多次发生错漏，造成严重后果的，应进行通报批评或给予行政处分；统计检查人员徇私舞弊、滥用职权的，应调离统计监督检查岗位，并视情节轻重给予行政处分。

第十九条 对以虚报、瞒报或伪造、篡改统计资料等方式骗取荣誉或奖励的单位和个人，除按本条例第十七条有关规定处罚外，并由县级以上统计部门提请有关主管部门撤销其荣誉称号，收回奖品和奖金。

第二十条 违反本条例构成犯罪的，由司法机关依法追究刑事责任。

第二十一条 违反本条例，应给予罚款处罚的，由县级以上统计部门决定执行。统计部门在作出行政处罚决定之前，应告知受罚单位和个人作出行政处罚决定的事实、理由及依据，并应向受罚单位和个人发出《行政处罚决定书》。受罚者应在收到《行政处罚决定书》之日起十五日内缴款。逾期不缴的，从期满之日起每日按罚款数额的百分之三加处罚款。

各级统计部门管辖统计违法案件的分工，由省统计主管部门规定。

应予行政处分的，由县级以上统计部门按管理权限分别向被处分者所在单位或上一级主管部门、监察部门发出《统计违法行为处理意见书》，有关单位和部门应在三十日内作出处理，并将处理结果抄送同级统计部门。

第二十二条 当事人对处罚决定不服的，可在接到处罚通知之日起十五日内，向作出处罚决定的行政机关的本级人民政府或者上一级主管部门申请复议，也可以直接向当地人民法院起诉。期满不申请复议或不起诉又不履行的，作出处罚决定的机关可申请人民法院强制执行。

第二十三条 本条例应用中的问题由省统计主管部门负责解释。

第二十四条 本条例自公布之日起施行。1992 年 4 月 27 日湖北省人民政府发布的《湖北省统计管理规定》同时废止。

中华人民共和国2005年
国民经济和社会发展统计公报

2005年,全国各族人民在党中央、国务院的领导下,以邓小平理论和“三个代表”重要思想为指导,以科学发展观统领经济社会发展全局,认真贯彻落实加强和改善宏观调控的各项政策措施,国民经济和社会发展取得明显成效。经济保持平稳较快增长,重要领域和关键环节的改革有所突破,就业和社会保障工作进一步加强,城乡居民生活不断改善,对外开放继续扩大,各项社会事业得到加强,实现了年初确定的国民经济和社会发展的预期目标,较好地完成了“十五”时期的主要任务,为“十一五”时期经济社会发展奠定了良好基础。但经济结构不合理、增长方式粗放等问题仍比较突出。

一、综合

初步核算,全年国内生产总值182321亿元,比上年增长9.9%。其中,第一产业增加值22718亿元,增长5.2%;第二产业增加值86208亿元,增长11.4%;第三产业增加值73395亿元,增长9.6%。第一、第二和第三产业增加值占国内生产总值的比重分别为12.4%、47.3%和40.3%。

图1 “十五”时期国内生产总值与增长速度

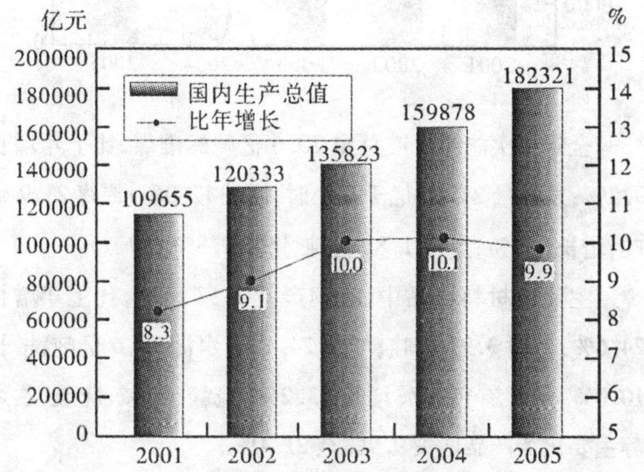

全国居民消费价格总水平比上年上涨1.8%(见表1),其中服务价格上涨3.3%。商品零售价格上涨0.8%。工业品出厂价格上涨4.9%。原材料、燃料、动力购进价格上涨8.3%。固定资产投资价格上涨1.6%。农产品生产价格上涨1.4%。70个大中城市房屋销售价格上涨7.6%。

表1 2005年居民消费价格比上年上涨情况

单位:%

指　　标	全　国	城　市	农　村
全国居民消费价格总水平	1.8	1.6	2.2
食　品	2.9	3.1	2.5
其中:粮食	1.4	1.5	1.3
烟酒及用品	0.4	0.3	0.5
衣　着	-1.7	-2.0	-0.9
家庭设备用品及服务	-0.1	-0.3	0.3
医疗保健及个人用品	-0.1	-0.4	0.5
交通和通信	-1.0	-1.6	0.3
娱乐教育文化用品及服务	2.2	1.3	3.8
居　住	5.4	5.6	5.2

年末全国就业人员75825万人,比上年末增加625万人。其中城镇就业人员27331万人,新增加970万人,净增加855万人。年末城镇登记失业率为4.2%,与上年末持平。

年末国家外汇储备达到8189亿美元,比上年末增加2089亿美元。2005年7月21日,对人民币汇率形成机制进行了改革,年末人民币对美元汇率为8.0702,比上年末升值2.56%。

全年各项税收收入30866亿元(不包括关税和农业税),比上年增加5148亿元,增长20.0%。全国规模以上工业企业实现利润14362亿元,比上年增长22.6%;销售利润率为5.9%,比上年降低0.1个百分点。

二、农业

全年粮食种植面积10427万公顷,比上年增加267万公顷;棉花种植面积506万公顷,减少63万公顷;油料种植面积1431万公顷,减少12万公顷;糖料种植面积156万公顷,减少1万公顷;蔬菜种植面积1774万公顷,增加18万公顷。

全年粮食产量48401万吨,比上年增加1454万吨,增产3.1%;棉花产量570万吨,减产9.8%;油料产量3078万吨,增产0.4%；糖料产量9551万吨，减产0.2%。蔬菜、水果在品种优化的基础上平稳发展（见表2）。

表2　2005年主要农产品产量

单位：万吨

产品名称	产量	比上年增长%
粮食	48401	3.1
夏粮	10627	5.1
早稻	3179	-1.3
秋粮	34595	2.9
油料	3078	0.4
花生	1434	0.0
油菜籽	1305	-1.0
棉花	570	-9.8
糖料	9551	-0.2
甘蔗	8760	-2.5
甜菜	791	35.2
烤烟	241	11.5
茶叶	92	9.8
水果	16076	4.8
蔬菜	56284	2.2

图2　"十五"时期粮食产量与增长速度

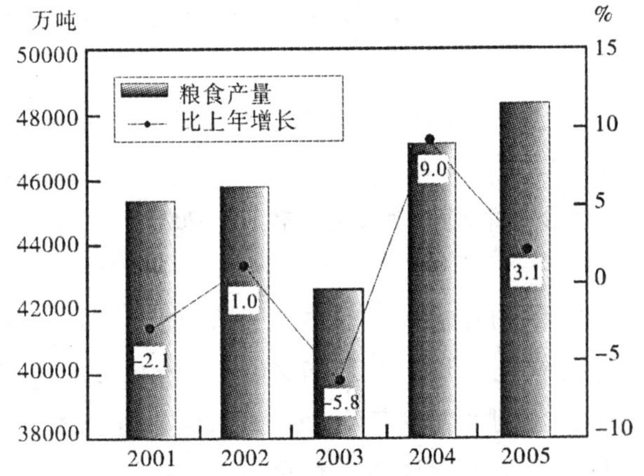

全年肉类总产量7700万吨，比上年增长6.3%。其中，牛、羊肉分别增长5.6%和9.3%。全年水产品产量5100万吨，增长4.0%。

全年木材产量4746万立方米，比上年减少8.7%。

全年新增有效灌溉面积102万公顷，新增节水灌溉面积123万公顷。

三、工业和建筑业

全年全部工业增加值76190亿元，比上年增长11.4%。规模以上工业增加值66425亿元，增长16.4%（见表3）；产品销售率98.1%，与上年持平。

表3　2005年规模以上工业增加值主要分类情况

单位：亿元

指标	增加值	比上年增长%
规模以上工业	66425	16.4
其中：国有及国有控股企业	26063	10.7
其中：集体企业	2581	12.4
股份制企业	32173	17.8
外商及港澳台投资企业	18977	16.6
其中：私营企业	11807	25.3
其中：轻工业	20585	15.2
重工业	45840	17.0

图3　"十五"时期工业增加值与增长速度

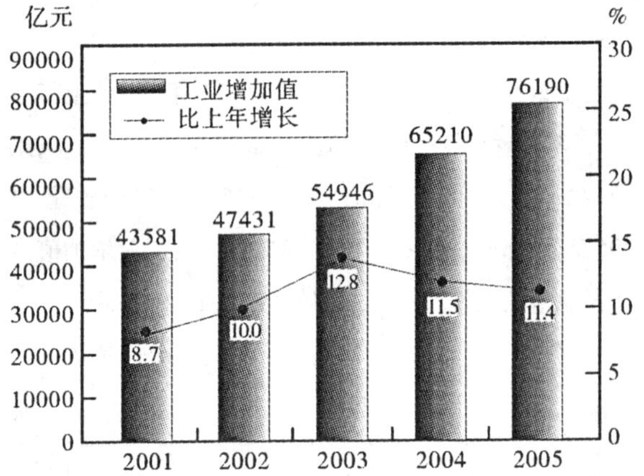

全年一次能源生产总量20.6亿吨标准煤，比上年增长9.5%；发电量24747亿千瓦小时，增长12.3%；原煤21.9亿吨，增长9.9%；原油1.81亿吨，增长2.8%。

主要原材料产品中，粗钢产量3.52亿吨，比上年增长24.6%；钢材3.97亿吨，增长24.1%；水泥10.6亿吨，增长10.0%；十种有色金属增长13.2%；硫酸、纯碱、烧碱、乙烯等主要化工产品增长9.9%至21.4%。

汽车产量570万辆，比上年增长12.1%，其中轿车277万辆，增长19.7%。

程控交换机、移动通信手持机、微型电子计算机等高技术产品产量分别比上年增长1.3%至35.3%（主要工业产品产量见表4）。全年规模以上工业中，高技术产业增加值7839亿元，比上年增长19.8%。

表4　2005年主要工业产品产量

产品名称	单位	产　量	比上年增长%
纱	万吨	1440	11.5
布	亿米	470	11.9
化学纤维	万吨	1618	13.6
成品糖	万吨	903	-12.6
卷烟	亿支	19560	4.4
彩色电视机	万台	8283	11.5
家用电冰箱	万台	2986	-0.7
房间空气调节器	万台	6765	5.9
一次能源生产总量	亿吨标准煤	20.6	9.5
原煤	亿吨	21.9	9.9
原油	亿吨	1.81	2.8
天然气	亿立方米	500	20.6
发电量	亿千瓦小时	24747	12.3
其中:火电	亿千瓦小时	20180	12.4
水电	亿千瓦小时	4010	13.4
粗钢	万吨	35239	24.6
钢材	万吨	39692	24.1
十种有色金属	万吨	1635	13.2
其中:精炼铜(铜)	万吨	260	18.1
电解铝	万吨	779	16.4
氧化铝	万吨	851	21.9
水泥	亿吨	10.6	10.0
硫酸	万吨	4529	15.3
纯碱	万吨	1467	9.9
烧碱	万吨	1264	21.4
乙烯	万吨	756	20.0
化肥(折100%)	万吨	5220	8.6
发电设备	万千瓦	9200	28.9
汽车	万辆	570	12.1
其中:轿车	万辆	277	19.7
大中型拖拉机	万台	16.2	42.7
集成电路	亿块	266	12.9
程控交换机	万线	7721	1.3
移动通信手持机(手机)	万台	30354	6.4
微型电子计算机	万台	8084	35.3

全年规模以上工业企业中,国有及国有控股企业实现利润6447亿元,比上年增长17.4%;集体企业实现利润551亿元,增长32.0%;股份制企业实现利润7420亿元,增长28.7%;外商及港澳台投资企业实现利润3967亿元,增长6.9%;私营企业实现利润1975亿元,增长47.3%。

全年全社会建筑业实现增加值10018亿元,比上年增长11.9%。全国具有资质等级的总承包和专业承包建筑业企业实现利润818亿元,增长13.8%;上缴税金1099亿元,增长17.4%。

四、固定资产投资

全年全社会固定资产投资88604亿元,比上年增长25.7%。其中,城镇投资75096亿元,增长27.2%;农村投资13508亿元,增长18.0%。

图4　"十五"时期固定资产投资与增长速度

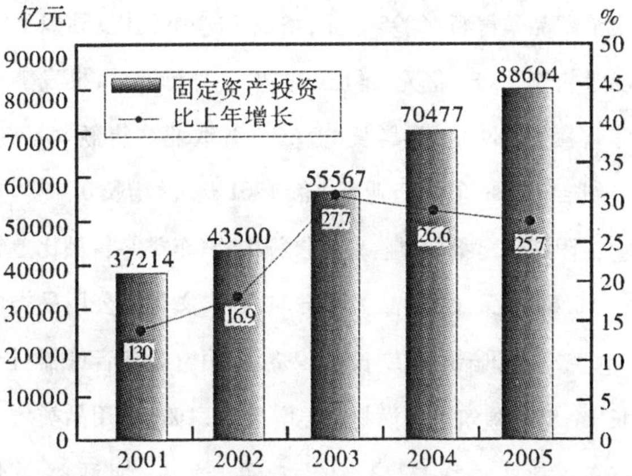

在城镇投资中,国有及国有控股投资40047亿元,比上年增长17.5%。第一产业投资823亿元,增长27.5%;第二产业投资31598亿元,增长38.4%;第三产业投资42675亿元,增长20.0%。分行业看,煤炭开采及洗选业投资比上年增长65.6%;电力、热力的生产与供应业投资增长33.7%;石油和天然气开采业投资增长29.7%;铁路运输业投资增长45.7%;交通运输设备制造业投资增长51.1%;纺织业投资增长38.0%;教育投资增长8.4%;卫生投资增长28.9%。

全年房地产开发投资15759亿元,比上年增长19.8%。商品房竣工面积48793万平方米,增长14.9%。商品房销售额18080亿元。其中,现房销售额占35.5%,期房占64.5%。

表5　"十五"时期固定资产投资新增主要生产能力

指　标	单位	2001-2005年累计	其中:2005年
新增发电机组容量	万千瓦	17655	6326
11万伏及以上变电设备	万千伏安	40666	15306
新建铁路投产里程	公里	7063	1203
增建铁路复线投产里程	公里	3556	486
电气化铁路投产里程	公里	5494	863
新建公路	公里	351173	129748
其中:高速公路	公里	23964	6457
港口万吨级码头泊位新增吞吐能力	万吨	45232	18989
新增局用交换机容量	万门	23254	4608
新增光缆线路长度	万公里	214	53
新增数字蜂窝移动电话交换机容量	万户	35148	8598

三峡电站工程已投产运行14台发电机组,累计发电

940 亿千瓦时；西电东送北通道、中通道、南通道共形成输送能力超过 3250 万千瓦；青藏铁路全线铺通，结束了西藏地区不通铁路的历史；南水北调东、中线一期工程累计完成投资 38 亿元；治淮骨干工程累计完成投资 250 亿元。

五、国内贸易

全年社会消费品零售总额达到 67177 亿元，比上年增长 12.9%，扣除价格上涨因素，实际增长 12.0%。分城乡看，城市消费品零售额 45095 亿元，增长 13.6%；县及县以下消费品零售额 22082 亿元，增长 11.5%。分行业看，批发零售业零售额 56589 亿元，增长 12.6%；餐饮业零售额 8887 亿元，增长 17.7%；其他行业零售额 1701 亿元，增长 0.4%。

在限额以上批发零售业零售额中，汽车类零售额比上年增长 16.6%，石油及制品类增长 34.4%，文化办公用品类增长 11.4%，通讯器材类增长 19.9%，家用电器和音像器材类增长 14.8%，建筑及装潢材料类增长 22.1%，日用品类增长 11.9%，家具类增长 13.3%，食品、饮料、烟酒类增长 13.6%，服装类增长 19.6%，化妆品类增长 19.1%，金银珠宝类增长 13.9%。

图 5 "十五"时期社会消费品零售总额与增长速度

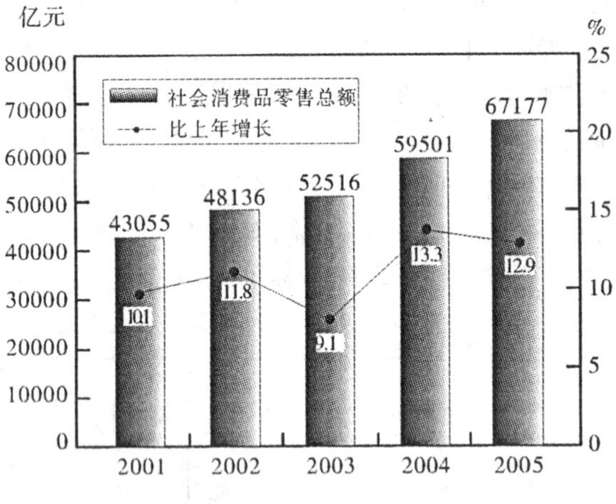

六、对外经济

全年进出口总额 14221 亿美元，比上年增长 23.2%。其中，出口 7620 亿美元，增长 28.4%；进口 6601 亿美元，增长 17.6%。出口大于进口 1019 亿美元(见表 6)。在全国进出口总额中，外商投资企业的进出口额为 8317 亿美元，比上年增长 25.4%。其中，出口额 4442 亿美元，增长 31.2%；进口额 3875 亿美元，增长 19.4%。

表 6 2005 年进出口主要分类情况

单位:亿美元

指 标	绝对数	比上年增长%
进出口总额	14221	23.2
出口额	7620	28.4
其中:一般贸易	3151	29.3
加工贸易	4165	27.0
其中:机电产品	4267	32.0
进口额	6601	17.6
其中:一般贸易	2797	12.7
加工贸易	2740	23.6
其中:机电产品	3504	16.0
出口大于进口	1019	
其中:一般贸易	354	
加工贸易	1425	

表 7 2005 年对主要国家和地区进出口情况

单位:亿美元

国家和地区	出口额	比上年增长%	进口额	比上年增长%
美国	1629	30.4	487	9.1
欧盟	1437	34.1	736	5.0
中国香港	1245	23.4	122	3.6
日本	840	14.3	1005	6.5
东盟	554	29.1	750	19.1
韩国	351	26.2	768	23.4
中国台湾	165	22.2	747	15.3
俄罗斯	132	45.2	159	31.0

图 6 "十五"时期进出口情况

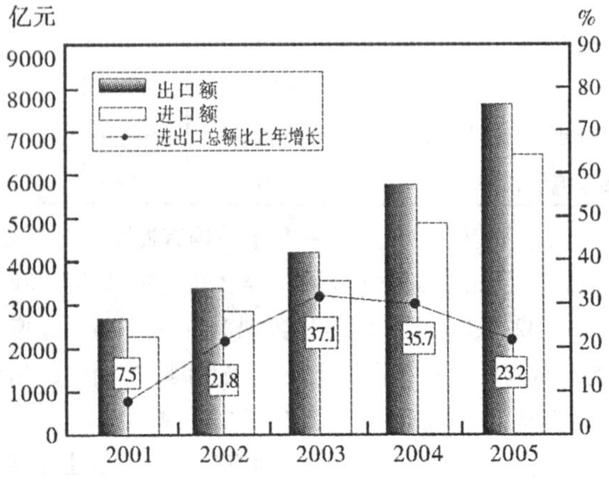

全年批准外商直接投资项目44001个，比上年增长0.8%；实际使用金额603亿美元，下降0.5%（见表8）。在实际使用外商直接投资金额中，制造业和房地产业所占比重分别为70.4%和9%，分别比上年下降0.6和0.8个百分点；租赁和商务服务业、交通运输仓储和邮政业所占比重分别为6.2%和3%，分别上升1.6和0.9个百分点。

图7 "十五"时期实际使用外商直接投资与增长速度

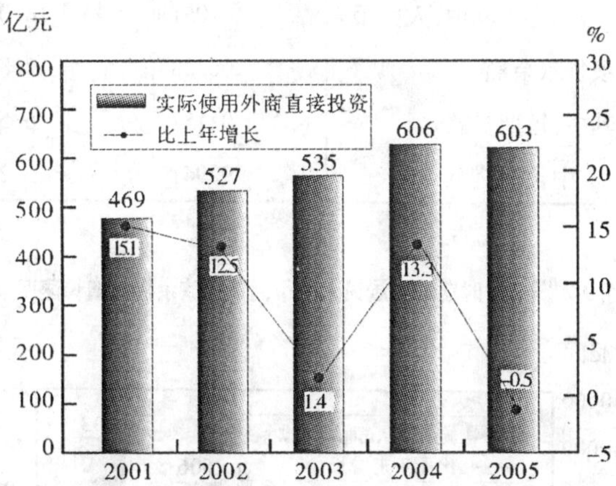

表8 2005年外商直接投资分行业情况

金额单位：亿美元

行业名称	合同项目（个）	比上年增长%	实际使用金额	比上年增长%
总　　计	44001	0.8	603.2	-0.5
农、林、牧、渔业	1058	-6.4	7.2	-35.5
采矿业	252	-9.7	3.5	-34.0
制造业	28928	-4.8	424.5	-1.3
电力、燃气及水的生产和供应业	390	-14.3	13.9	22.7
建筑业	457	11.2	4.9	-36.5
交通运输、仓储和邮政业	734	15.1	18.1	42.4
信息传输、计算机服务和软件业	1493	-8.0	10.1	10.7
批发和零售业	2602	53.1	10.4	40.4
住宿和餐饮业	1207	2.8	5.6	-33.4
金融业	40	-7.0	2.2	-13.0
房地产业	2120	20.0	54.2	-8.9
租赁和商务服务业	2981	12.0	37.5	32.6
科学研究、技术服务和地质勘查业	926	47.2	3.4	15.8
水利、环境和公共设施管理业	139	-15.2	1.4	-39.3
居民服务和其他服务业	329	31.1	2.6	64.6
教育	51	-13.6	0.2	-53.8
卫生、社会保障和社会福利业	22	4.8	0.4	-55.1
文化、体育和娱乐业	272	0	3.1	-31.8
公共管理和社会组织			0.04	105.6

全年对外直接投资额（非金融部分）69亿美元，比上年增长25.8%。

全年对外承包工程完成营业额218亿美元，比上年增长24.6%；对外劳务合作完成营业额48亿美元，增长27.5%。

七、交通、邮电和旅游

全年交通运输、仓储及邮电通信业增加值13805亿元，比上年增长12.4%（见表9、表10）。

表9 2005年各种运输方式完成货物运输量

指　　标	单　位	绝对数	比上年增长%
货物运输总量	亿吨	183.7	7.7
铁路	亿吨	27.0	8.2
公路	亿吨	132.9	6.7
水运	亿吨	21.1	12.8
民航	万吨	306.7	10.8
管道	亿吨	2.7	10.6
货物运输周转量	亿吨公里	78329.8	12.8
铁路	亿吨公里	20730.5	7.5
公路	亿吨公里	8573.8	9.3
水运	亿吨公里	48057.6	16.0
民航	亿吨公里	78.9	9.9
管道	亿吨公里	889.0	12.4

表10 2005年各种运输方式完成旅客运输量

指　　标	单　位	绝对数	比上年增长%
旅客运输总量	亿人	184.2	4.2
铁路	亿人	11.6	3.4
公路	亿人	169.2	4.2
水运	亿人	2.0	3.6
民航	万人	13827.0	14.1
旅客运输周转量	亿人公里	17473.0	7.1
铁路	亿人公里	6061.8	6.1
公路	亿人公里	9299.1	6.3
水运	亿人公里	67.1	1.3
民航	亿人公里	2044.9	14.7

全年港口完成货物吞吐量49亿吨,比上年增长17.7%,其中外贸货物吞吐量13.6亿吨,增长18.0%。

年末全国民用汽车保有量达到4329万辆(包括三轮汽车和低速货车1149万辆),比上年末增长20.6%。年末私人汽车保有量2365万辆,增长22.0%。

全年完成邮电业务总量12199亿元,比上年增长24.6%。其中,邮政业务总量624亿元,增长10.1%;电信业务总量11575亿元,增长25.4%。全年新增局用交换机4608万门,总容量达到4.7亿门。新增固定电话用户3868万户,年末达到35043万户。其中,城市电话用户23977万户,农村电话用户11066万户。新增移动电话用户5860万户,年末达到39343万户。年末全国固定及移动电话用户总数达到74386万户,比上年末增加9728万户。电话普及率达到57部/百人。

图8 “十五”时期各年年末电话用户数

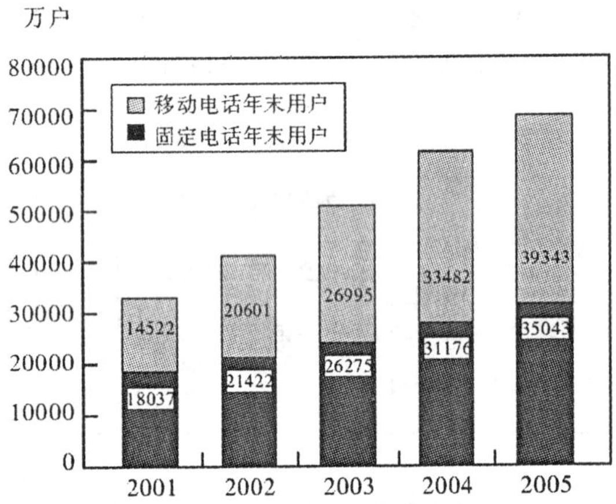

全年入境人数12029万人次,比上年增长10.3%。其中,外国人2026万人次,增长19.6%;香港、澳门和台湾同胞10003万人次,增长8.6%。在入境旅游者中,过夜人数4681万人次,增长12.1%。国际旅游外汇收入293亿美元,增长13.8%。全年国内出境人数达3103万人次,增长7.5%。其中因私出境2514万人次,增长9.4%,占出境人数的81.0%。全年国内出游人数达12亿人次,增长10.0%;国内旅游总收入5286亿元,增长12.2%。国际国内旅游总收入7686亿元,增长12.4%。

八、金融、证券和保险

年末广义货币供应量(M2)余额为29.9万亿元,比上年末增长17.6%;狭义货币供应量(M1)余额为10.7万亿元,增长11.8%;流通中现金(M0)余额为2.4万亿元,增长11.9%。年末全部金融机构本外币各项存款余额30.0万亿元,增长18.2%;全部金融机构本外币各项贷款余额20.7万亿元,增长12.8%(见表11)。

表11 2005年全部金融机构本外币存贷款情况

单位:亿元

指　　标	年末数	比上年末增长%
各项存款余额	300209	18.2
其中:企业存款	101751	13.8
城乡居民储蓄存款	147054	16.5
其中:人民币	141051	18.0
各项贷款余额	206838	12.8
其中:短期贷款	91157	6.5
中长期贷款	92941	16.2

图9 “十五”时期城乡居民人民币储蓄存款余额与增长速度

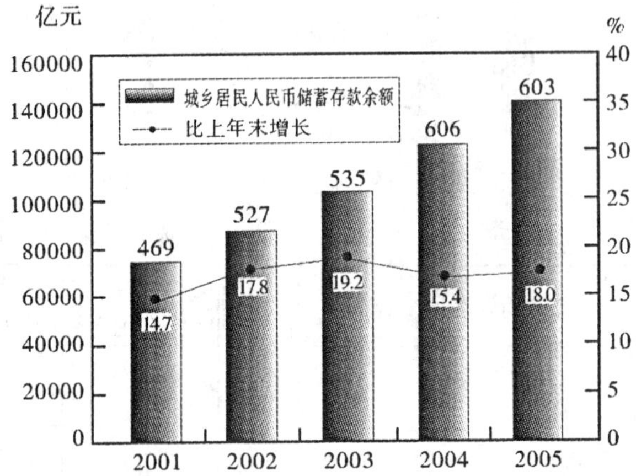

全年农村金融合作机构(农村信用社、农村合作银行、农村商业银行)人民币贷款余额2.2万亿元,比上年末增加3451亿元。全部金融机构人民币消费贷款余额2.2万亿元,增加1996亿元。其中个人住房贷款余额1.84万亿元,增加2444亿元。

全年企业通过证券市场发行、配售股票共筹集资金1883亿元,比上年增加363亿元。其中,发行A股(包括增发及可转债)20只,配股2只,筹集资金338亿元,减少498亿元;发行H股24只,筹集资金1545亿元,增加887亿元。年末境内上市公司(A、B股)数量由上年末的1377家增加到1381家,市价总值32430亿元,比上年末减少12.5%。全年发行一年期以上企业债券654亿元,比上年增加332亿元。

全年保险公司保费收入4927亿元,比上年增长14.0%,其中寿险业务保费收入3244亿元;健康险和意外伤害险业务保费收入453亿元;财产险业务保费收入1230亿元。支付各类赔款及给付1130亿元,其中寿险业务给付307亿元;健康险和意外伤害险赔款及给付151亿元;财产险业务赔款672亿元。

九、教育和科学技术

全年普通高等教育招生505万人，在校生1562万人，毕业生307万人。普通高中招生878万人，在校生2409万人，毕业生662万人。普通小学招生1672万人，在校生10864万人，毕业生2020万人（见表12）。

表12 “十五”时期各类教育发展情况

单位：万人

指　　标	2005年招生	2005年在校生	2001－2005年累计毕业生	其中：2005年
研究生	37	98	60	19
普通高等教育	505	1562	971	307
中等职业教育	647	1559	1919	403
普通高中	878	2409	2391	662
初中	1988	6215	9864	2123
普通小学	1672	10864	11171	2020
特殊教育	4.9	36	23	4.3
学前教育	1356	2179	5470	1025

全年研究与试验发展（R&D）经费支出2367亿元，比上年增长20.4%，占国内生产总值的1.30%，其中基础研究经费135亿元。年末国有企事业单位共有各类专业技术人员2720万人。全年国家安排了288项科技攻关计划课题和911项“863”计划课题。新建国家工程研究中心19个。新安排国家重点实验室改造项目16项，累计达到143项。国家认定企业技术中心达到361家。全年共取得省部级以上科技成果3.6万项。全年受理国内外专利申请47.6万件，其中国内申请38.3万件，占80.5%；受理国内外发明专利申请17.3万件，其中国内申请9.3万件，占53.8%。全年共签订技术合同26.5万项，技术合同成交金额1510亿元，比上年增长13.2%。全年成功发射卫星5次。神舟六号载人航天飞行取得圆满成功，标志着我国在一些重要科技领域达到世界先进水平。

年末全国共有产品检测实验室18932个，其中国家检测中心293个。全国现有产品质量、体系认证机构177个，已累计完成对4.7万个企业的产品认证。全国共有法定计量技术机构4037个，全年强制检定计量器具3491万台（件）。全年制定、修订国家标准1304项，其中新制定673项。全国共有各类气象台站9881个，其中自动观测站7246个；天气雷达观测站点258个，卫星云图接收站点440个。全国共有地震台站1253个，地震遥测台网31个。全国共有8376个海洋观测站、监测站位。测绘部门公开出版地图1667种，测绘图书497种。

十、文化、卫生和体育

年末全国共有艺术表演团体2577个，文化馆2868个，公共图书馆2736个，博物馆1556个。广播电台273座，电视台302座，教育台50个。全国有线电视用户12569万户，有线数字电视用户413万户。年末广播综合人口覆盖率为94.5%；电视综合人口覆盖率为95.8%。全年生产故事影片260部，科教、纪录、美术片42部；生产特种影片14部。出版各类报纸404亿份，各类期刊27.5亿册，图书64亿册（张）。年末全国共有档案馆4012个，已开放各类档案6016万卷（件）。

年末全国共有卫生机构30万个，其中医院、卫生院6万个，妇幼保健院（所、站）2964个，专科疾病防治院（所、站）1470个。医院和卫生院床位307.0万张。卫生技术人员445.6万人，其中执业医师和执业助理医师193.8万人，注册护士134.0万人。全国疾病预防控制中心（防疫站）3592个，卫生技术人员16.1万人；卫生监督所1925个，卫生技术人员3.8万人；乡镇卫生院4.0万个，床位65.3万张，卫生技术人员84.8万人。截至2005年9月底，全国共有671个县（市）开展了新型农村合作医疗试点工作，有1.77亿农民参加了合作医疗。全年共有13个省区发生高致病性禽流感疫情；人感染高致病性禽流感累计发病7人，死亡5人。

全年我国运动员在世界锦标赛、世界杯赛的22个项目中获得106个世界冠军。全年共有8人2队21次创15项世界纪录。全民健身运动更加活跃。

十一、人口、人民生活和社会保障

年末全国总人口为130756万人，比上年末增加768万人（见表13）。全年出生人口1617万人，出生率为12.40‰；死亡人口849万人，死亡率为6.51‰；自然增长率为5.89‰。

表13 2005年人口主要构成情况

单位：万人

指　　标	年末数	比重（%）
全国总人口	130756	100.0
其中：城镇	56212	43.0
乡村	74544	57.0
其中：男性	67375	51.5
女性	63381	48.5
其中：0－14岁	26504	20.3
15－64岁	94197	72.0
65岁及以上	10055	7.7

全年农村居民人均纯收入3255元，扣除价格上涨因素，比上年实际增长6.2%；城镇居民人均可支配收入10493元，

实际增长9.6%。农村居民家庭恩格尔系数(即居民家庭食品消费支出占家庭消费总支出的比重)为45.5%,城镇居民家庭恩格尔系数为36.7%(见表14)。按年人均纯收入低于683元的标准,年末农村贫困人口为2365万人,比上年末减少245万人;按年人均纯收入684-944元的标准,年末农村低收入人口为4067万人,比上年末减少910万人。

表14 "十五"时期城乡居民生活改善情况

指　　标	单位	2001	2002	2003	2004	2005
城镇居民人均可支配收入	元	6860	7703	8472	9422	10493
农村居民人均纯收入	元	2366	2476	2622	2936	3255
城镇居民家庭恩格尔系数	%	38.2	37.7	37.1	37.7	36.7
农村居民家庭恩格尔系数	%	47.7	46.2	45.6	47.2	45.5

年末全国参加城镇基本养老保险人数为17444万人,比上年末增加1091万人。其中参保职工13082万人,参保的离退休人员4362万人。全国参加城镇基本医疗保险的人数为13709万人,增加1305万人。其中参保职工9959万人,参保退休人员3750万人。全国参加失业保险的人数为10648万人,增加64万人。全国参加工伤保险的人数为8390万人,增加1545万人。

年末全国企业参加基本养老保险离退休人员4002万人,实现了基本养老金全部按时足额发放;全年进入再就业服务中心的下岗职工全部按时足额领到了基本生活费,并由中心代缴了社会保险费;年末全国领取失业保险金人数为362万人。全年共有2233万城镇居民得到政府最低生活保障,比上年增加27.8万人。

年末全国各类收养性社会福利单位床位150万张,收养各类人员116万人。城镇建立各种社区服务设施17万个,其中综合性社区服务中心9705个。全年销售社会福利彩票411亿元,筹集社会福利资金144亿元,直接接收社会捐赠款29亿元。

十二、资源、环境和安全生产

全年实际建设占用耕地13.9万公顷,比上年减少4.1%。灾毁耕地5.4万公顷。生态退耕39万公顷,因农业结构调整减少耕地1.2万公顷。查出往年建设未变更上报的建设占用耕地7.3万公顷。土地整理复垦开发补充耕地30.7万公顷。当年净减少耕地36.2万公顷。

全年水资源总量27430亿立方米,比上年增长13.7%;人均水资源2098立方米,增长13.0%。全年平均降水量628毫米,增长4.6%。年末全国454座大型水库蓄水总量2227亿立方米,比上年末增加283亿立方米。全年总用水量5578亿立方米,比上年增长0.5%。其中,生活用水增长6.9%,工业用水增长3.7%,农业用水减少1.6%。万元GDP用水量357立方米,下降8.7%。全国人均用水量为427立方米,与上年持平。全年曾有2163万人口、1969万头大牲畜发生临时性饮水困难。

国土资源调查及地质勘查新发现大中型矿产地169处,其中,能源矿产地40处,金属矿产地58处,非金属矿产地64处,水气矿产地7处。有72种矿产新增查明资源储量,其中,石油9.43亿吨,天然气5263亿立方米,原煤698亿吨。

全年完成营造林面积637万公顷。六大林业重点工程营造林面积543万公顷,占全年营造林面积的85.2%。全国共批准国家级生态示范区166个,自然保护区达到2349个,其中国家级自然保护区243个,自然保护区面积14995万公顷,占国土面积的15%。国家地质公园达138个,其中新批准53个。新增综合治理水土流失面积4.4万平方公里,新增实施水土流失地区封育保护面积6.3万平方公里。

初步测算,全年能源消费总量22.2亿吨标准煤,比上年增长9.5%。其中,煤炭消费量21.4亿吨,增长10.6%;原油3.0亿吨,增长2.1%;天然气500亿立方米,增长20.6%;水电4010亿千瓦小时,增长13.4%;核电523亿千瓦小时,增长3.7%。主要原材料消费中,钢材4.0亿吨,增长20.1%;氧化铝1561万吨,增长21.7%;水泥10.5亿吨,增长9.0%。万元GDP能耗1.43吨标准煤,与上年持平。

图10 "十五"时期能源消费总量

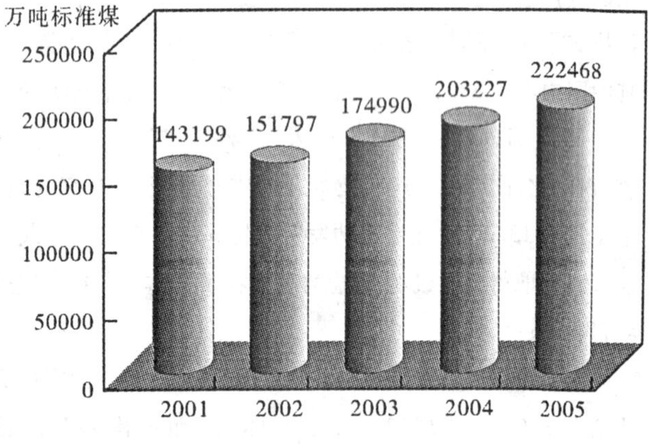

七大水系的411个水质监测断面中,有41%的断面满足国家地表水3类标准,比上年下降1个百分点;32%的断面为4~5类水质,上升2个百分点;超过5类水质的断面比例占27%,下降1个百分点。

全国近岸海域293个海水水质监测点中,达到国家一、二类海水水质标准的监测点占67.3%,比上年上升17.7个百分点;三类海水占8.9%,下降6.5个百分点;四类、劣四类海水占23.8%,下降11.0个百分点。全国海域未达到清洁海域水质标准的面积为13.9万平方公里,比上年减少17.8%,其中,严重污染海域面积约为2.9万平方公里。对18个海洋生态监控区监测表明,主要海湾、河口及滨海湿地生态系统均处于不健康或亚健康状态。

在监测的523个城市中,有344个城市空气质量达到二级以上(含二级)标准,占监测城市数的65.8%;有133个城市为三级,占25.4%;有46个城市为劣三级,占8.8%。在监测的350个城市中,城市区域声环境质量为重度污染的占0.9%,中度污染的占1.7%,轻度污染的占33.1%。

全年城市污水日处理能力达8091万立方米,比上年增长9.5%;城市污水处理率达到48.4%,提高2.8个百分点;集中供热面积22亿平方米,增长3.2%;建成区绿化覆盖率达到33.0%,提高1.4个百分点。

全年各类自然灾害造成直接经济损失2042亿元,比上年上升27.4%。全年农作物受灾面积3882万公顷,上升4.6%。其中,绝收460万公顷,上升5.4%。全年发生特大森林火灾3起,因森林火灾造成受害森林面积7.3万公顷,下降48.4%。全年因海洋灾害造成直接经济损失约332亿元,增加5.1倍。全年发生赤潮82次,减少14次;累计赤潮面积约27070平方公里,上升1.7%。全年共发生造成人员伤亡或直接经济损失50万元以上的地质灾害854起,共造成直接经济损失36.5亿元。全年共发生5级以上地震13次,受灾人口208万人,受灾面积15040平方公里,造成直接经济损失26亿元。

全年生产安全事故死亡12.7万人,比上年下降7.1%。亿元GDP生产安全事故死亡人数为0.70人,下降18.5%;工矿商贸企业从业人员生产安全事故10万人死亡人数为3.85人,下降6.8%;煤矿百万吨死亡人数为2.81人,下降8.7%。全年共发生道路交通事故450254起,造成9.9万人死亡、47.0万人受伤,直接财产损失18.8亿元;道路交通万车死亡人数为7.60人,下降23.7%。

2005年湖北省经济和社会发展统计公报

2005年,在省委、省政府的正确领导下,全省上下以邓小平理论和“三个代表”重要思想为指导,认真贯彻党的十六大和十六届四中、五中全会精神,坚持以科学发展观统领经济社会发展全局,抢抓“促进中部崛起”的战略机遇,不断开拓进取,扎实工作,全省经济社会保持稳定、快速、协调发展的良好态势。

一、综合

2005年,全省完成生产总值6484.5亿元,按可比价格计算,比上年增长11.4%,是1998年以来增幅最高的一年。其中:第一产业完成增加值1069.81亿元,增长4.0%;第二产业完成增加值2774.37亿元,增长13.7%;第三产业完成增加值2640.32亿元,增长11.8%。三次产业结构由2004年的18.1:41.2:40.7调整为16.5:42.8:40.7。在第三产业中,金融保险业增长4.3%,批发零售贸易和餐饮业增长9.2%,房地产业增长3.5%,其他服务业增长16.6%。

居民消费价格总指数为102.9,涨幅比上年回落2个百分点,其中:城市上涨2.7%,农村上涨3.3%。分类别看,食品类价格上涨4.2%,衣着类价格上涨0.1%,医疗保健及个人用品类价格下降1.9%,娱乐教育文化用品及服务类价格上涨3.6%,居住类价格上涨5.7%。工业品出厂价格上涨4.5%,原材料、燃料、动力购进价格上涨7.0%,农业生产资料价格上涨15.1%。

年末全省从业人员3537万人,比上年末增加30万人,其中城镇就业人员1271万人,比上年末增加26万人。据省劳动和社会保障部门统计,全年全省城镇新增就业65.4万人,比上年增加4.9万人。年末城镇登记失业率为4.33%,比上年末上升0.13个百分点。

经济和社会发展中存在的主要困难和问题有:农业基础仍很脆弱,农民增收难度加大;工业调整和发展面临着较大的压力;煤电油运等瓶颈制约仍然十分突出;粗放式经营亟待改变;社会发展中还存在不少突出问题等。

二、农业

全年农林牧渔业增加值按可比价计算比上年增长4.0%。粮食种植面积392.68万公顷,比上年增加21.44万公顷;棉花种植面积39.03万公顷,减少1.8万公顷;油料种植面积145.06万公顷,减少7.56万公顷。粮食总产量2177.38万吨,比上年增产77.26万吨,增长3.7%;棉花总产量37.50万吨,减产2.04万吨,下降5.2%;油料产量

293.90 万吨，减产 20.48 万吨，下降 6.5%（主要农产品产量见表 1）。

2005 年全省主要农产品产量

表 1　　　　单位：万吨

产品名称	产量	比上年增长%
粮食	2177.38	3.7
夏粮	302.49	11.5
早稻	206.87	4.2
秋粮	1668.02	2.3
油料	293.90	-6.5
花生	60.19	-4.8
油菜籽	219.15	-6.8
棉花	37.50	-5.2
苎麻	4.45	1.6
烟叶	11.14	13.4
茶叶	8.50	11.5
水果（不含果用瓜）	260.79	6.0
蔬菜	2916.91	-2.3

全省造林面积 18.64 万公顷，与上年基本持平。林产品和竹木采伐量保持增长，主要林产品如生漆、油桐籽、竹笋干、板栗产量分别增长了 1.7%、14.5%、16.5% 和 9.9%；木材采伐量 136 万立方米，增长 7.5%。

畜牧、水产业稳步增长，肉类总产量 342.63 万吨，比上年增长 5.2%；水产品产量达到 318.2 万吨，增长 5.4%，再创历史新高。

农村用电量 68.45 亿千瓦时，比上年增长 5.6%；化肥施用量 283.63 万吨，增长 0.6%。

三、工业和建筑业

工业生产保持较快增长，全省国有及年产品销售收入 500 万元以上的非国有工业企业完成增加值 2007.89 亿元，按可比价格计算，比上年增长 19.3%。其中：国有及国有控股企业完成增加值 1143.83 亿元，增长 14.5%；国有企业增加值 506.65 元，增长 7.0%；集体企业增加值 46.88 亿元，增长 2.9%；股份合作企业增加值 14.62 亿元，增长 34.5%；股份制企业增加值 925.52 亿元，增长 21.3%；外商及港澳台投资企业增加值 418.86 亿元，增长 26.2%；其他经济类型企业增加值 95.36 亿元，增长 7.6%。轻工业增加值 541.89 亿元，增长 13.7%；重工业增加值 1466 亿元，增长 21.6%。轻重工业结构由 2004 年的 26:74 变为 27:73。

工业产品结构改善，高技术产业增长较快。全省高技术产业增加值 533.92 亿元，比上年增长 23.5%，占规模以上工业增加值的比重达 26.6%（主要工业产品产量见表 2）。

2005 年主要工业产品产量

表 2

产品名称	单位	产量	比上年增长%
纱	万吨	89.82	13.6
布	亿米	20.89	15.3
化纤	万吨	11.74	7.2
卷烟	亿支	1123.17	5.9
家用电冰箱	万台	20.26	-9.6
房间空调器	万台	239.93	169.0
一次能源生产总量	万吨标准煤	1600.00	12.7
原煤	万吨	478.07	10.2
原油	万吨	78.11	-0.1
发电量	亿千瓦小时	1257.18	14.5
钢	万吨	1571.41	16.3
钢材	万吨	1585.85	17.7
十种有色金属	万吨	44.30	23.9
其中：铜	万吨	19.53	20.0
水泥	万吨	4512.53	21.8
硫酸	万吨	440.34	27.2
纯碱	万吨	71.13	17.0
烧碱	万吨	41.02	27.6
化肥（折 100%）	万吨	375.49	7.6
发电设备	万千瓦	362.48	38.0
汽车	万辆	46.38	26.2
轿车	万辆	21.61	79.8
移动电话机	万部	586.89	32.3

工业产销衔接较好，经济效益继续提高。全省工业完成销售产值 5835.19 亿元，比上年增长 18.7%，工业产品销售率为 97.6%。工业经济效益综合指数为 166.12，比上年提高 13.38 个百分点，经济效益综合指数及增幅均为近几年来最好水平。工业企业实现利润 335.76 亿元，比上年增长 22.7%；其中国有及国有控股企业实现利润 232.99 亿元，增长 12.8%。

建筑业发展步伐加快，全年资质以内建筑企业完成施工产值 1256.84 亿元，比上年增长 12.2%；实现利润 31.32 亿元，增长 10.6%；税金 40.8 亿元，增长 6.1%。建筑单位新开工房屋建筑施工面积 6911.2 万平方米，其中招投标承包面积 5764.63 万平方米，招投标面为 83.4%。建筑企业劳动生产率为 11.14 万元/人，增长 5.1%；房屋建筑施工面积 13890.36 万平方米，增加 2118.05 万平方米。

四、固定资产投资

全社会完成固定资产投资 2834.75 亿元，比上年增长 20.3%，其中房地产开发投资 477.95 亿元，增长 32.8%。按经济类型划分，国有经济投资1095.71亿元，增长15.1%；集体经济投资79.47亿元，下降24.4%；城乡个体投资554.27亿元，增长27.1%；其他经济投资1105.3亿元，增长28.0%。按产业划分，全省三次产业投资分别为92.88亿元、1088.05亿元和1653.82亿元，分别增长19.8%、19.2%和21.1%。

全省64个重点建设项目完成投资495亿元，占城镇以上项目投资的24.1%。新增的主要生产能力有：热轧钢材50万吨/年、原煤开采119.78万吨/年、发电机组容量276万千瓦、炼钢336万吨/年、新建高速公路296.14公里、程控电话交换机3.43万线/年等。

五、国内贸易

全年实现社会消费品零售总额2964.58亿元，比上年增长13.2%。分城乡看，城市实现零售额2057.65亿元，比上年增长14.0%；县及县以下实现零售额906.93亿元，增长11.4%。分行业看，批发零售贸易业实现零售额2402.35亿元，比上年增长12.6%；餐饮业386.65亿元，增长17.5%；其他行业175.58亿元，增长11.4%。

六、对外经济

全年实现外贸进出口总额90.92亿美元，比上年增长34.3%，其中：出口44.5亿美元，增长31.5%；进口46.42亿美元，增长37.0%。新批外商直接投资项目520个，其中总投资在1000万美元以上的外商投资企业104家。全年外商直接投资及其他投资26.5亿美元，比上年增长12.4%。其中，外商实际直接投资21.85亿美元，增长5.5%；外商其他投资4.65亿美元，增长63%。国外经济合作业务完成营业额3.18亿美元，新签合同额3.6亿美元，分别增长16.3%和15.5%。截止2005年年底，全省经商务部批准仍在运营或即将开业的境外非贸易型企业68家，总投资额0.92亿美元，其中中方投资0.76亿美元，占83.0%。

七、交通、邮电和旅游

全年完成货物周转量1669.3亿吨公里，比上年增长6.9%；旅客周转量801.64亿人公里，增长5.0%。

邮电通信业完成邮电业务总量370.9亿元，比上年增长26.9%。长途光缆线路总长度19847公里；新增局用交换机20万门，达到935万门；新增固定电话用户162万户，达到1236万户，其中：城市电话用户900万户，乡村电话用户336万户；新增移动电话用户271万户，达到1401万户。全省电话普及率为43.9部/百人。计算机互联网用户392.8万户。

全年国内旅游人数7630.8万人次，比上年增长11.4%；国内旅游收入450.76亿元，增长14.3%。湖北入境旅游人数82.57万人次，比上年增长35.0%。其中：外国游客62.68万人次，增长24.9%；港、澳、台胞19.89万人次，增长80.8%。国际旅游外汇收入2.76亿美元，增长43.6%。

八、财政、金融和保险

全年完成地方一般预算收入374.18亿元，比上年增长20.6%。其中，工商税收263.28亿元，增长28.1%；工商税收占地方一般预算收入的比重达到70.4%，比上年提高4.2个百分点。全年财政支出774.52亿元，比上年增长20.7%。

年末全省金融机构各项存款余额8184.96亿元，比年初增加1087.22亿元。其中：城乡居民储蓄存款余额4465.79亿元，增加600.09亿元。金融机构各项贷款余额5649.67亿元，比年初增加684.37亿元。其中：短期贷款余额2381.77亿元，增加164.43亿元；中长期贷款2787.77亿元，增加394.3亿元。

全年保费收入144.48亿元，增长17.9%。其中，财产险保费收入36.34亿元，增长25.9%；寿险保费收入108.14亿元，增长15.4%。支付各类赔款及给付39.15亿元，同比增长7.4%，其中，财产险赔款19.29亿元，同比增长1.6%；寿险赔款及给付19.86亿元，同比增长13.7%。

九、教育和科学技术

年末全省普通高等教育招生31.56万人，在校生101.27万人，毕业生18.79万人；研究生招生2.63万人，在校研究生7.33万人，毕业生1.47万人；各类中等职业教育招生27.38万人，在校生60.6万人，毕业生10.94万人；普通高中招生45.86万人，在校生129.45万人，毕业生38.34万人；普通初中在校生317.24万人，小学在校生429.19万人，幼儿园在园幼儿59.4万人。

科学研究和技术开发取得新的成果，全年共取得省部级以上科技成果717项。其中，基础理论成果15项，应用技术成果669项，软科学成果33项。全年共签订技术合同11131项，技术合同成交金额50.18亿元，比上年增长7.2%。

全省科学研究与实验发展(R&D)经费支出66亿元，比上年增长16.3%，占生产总值的1%。全年安排国家级54项科技公关和42项"863"计划项目，争取国家高技术产业发展项目22个，项目总投资11.3亿元，安排国家资金1.92亿元，银行贷款4.45亿元。

全省具备向社会出具检测报告的产品质量监督检验机构有130个，其中国家产品质量监督检验中心4个。现有产品质量、体系认证机构1个。累计有3786家企业通过ISO9000体系认证；企业获得强制性认证证书2567张。法定计量技术机构有117个，强制检定计量器具135万台件。

全省天气雷达观测站点有8个，卫星云图接受站点14个。地震台站9个，地震遥测台网3个。

十、文化、卫生和体育

全省共有艺术表演团体98个，文化馆128个，公共图书馆104个，博物馆98个，电影放映管理机构93个。广播电台11座，电视台12座，有线电视用户507.6万户。全年出版全国性和省级报纸19.56亿份，各类期刊1.96亿册，图书

2.08亿册(张)。

全省共有卫生机构9285个,卫生技术人员21.38万人,病床床位13.78万张;卫生防疫、防治机构276个,卫生技术人员1.16万人。

全省运动健儿在国际比赛中共获得8枚金牌、4枚银牌和5枚铜牌。在全国比赛中,有24人夺得第1名,23人夺得第2名,27人夺得第3名。全民健身运动蓬勃发展。

十一、人口、人民生活和社会保障

年末全省总人口为6031万人(其中常住人口5710万人),全年出生人口52.6万人,出生率为8.74‰;死亡人口34.3万人,死亡率为5.69‰,人口自然增长率为3.05‰。

城乡居民收入继续增加,城镇居民人均可支配收入8786元,比上年增长9.5%;农民人均纯收入3099元,增长7.2%。

社会保障进一步加强,年末全省参加基本养老保险人数805.3万人,比上年增加24.7万人,其中:在职职工598.8万人,离退休人员206.4万人;参加失业保险人数391.5万人;参加医疗保险人数502万人。年末全省企业参加基本养老保险离退休人员195.1万人,100%实现了养老金按时足额发放;在再就业服务中心的国有企业下岗职工,全部按时足额领取了基本生活费和代缴了社会保险费;领取失业保险金人数25.1万人。全省城镇居民最低生活保障对象146.1万人,农村居民最低生活保障人数7.3万人,农村定期救济对象80.1万人。

社会福利事业不断发展,年末全省各类社会福利收养床位18.3万张,收养16.9万人,城镇社区服务设施5700个。全年销售社会福利彩票27.81亿元。

十二、资源和环境

长江干流水质总体较好,11个监测断面的水质全部符合水环境功能区划要求,为Ⅱ类。与上年相比,长江水质总体无明显变化。

全省17个市、州、直管市、神农架林区中,按二氧化硫、二氧化氮、总悬浮颗粒物或可吸入颗粒物年均浓度综合评价,神农架林区空气质量符合国家一级标准,占重点城市的5.9%;10个城市符合国家二级标准,占重点城市的58.8%;5个城市符合国家三级标准,占重点城市的29.4%;1个城市空气质量劣于三级,占重点城市的5.9%。全省达到一级、二级标准的城市占64.7%,比上年上升了17.7个百分点。

全省已发现矿种138种,已查明资源储量的矿种89种。国土资源调查及地质勘查新发现大中型矿产地1处。

全省各级环境监测机构96个,环境监测人员1974人。全省自然保护区达到62个,其中国家级生态示范区7个;省级自然保护区13个,自然保护区总面积108.64万公顷。全年完成环境污染限期治理项目259个,总投资3.4亿元。全省绿色工程计划第二期当年竣工项目27个,竣工项目完成投资9.33亿元。全省建成烟尘控制区176个,控制区总面积12.86万公顷;建成环境噪声达标区191个,环境噪声达标区总面积10.66万公顷。

2005年宜昌市国民经济和社会发展统计公报

2005年,在市委、市政府的正确领导下,全市上下认真贯彻党的十六大和十六届四中、五中全会精神,坚持以科学发展观统领经济和社会发展全局,全市经济快速协调发展,各项社会事业全面进步,为全面建设小康社会、创建世界水电旅游名城和省域副中心城市奠定了坚实的基础。

一、综合

全市经济继续保持较快增势。初步核算,全市实现生产总值(GDP)608.06亿元,按可比价格计算,比上年增长13%。其中,第一产业增加值84.98亿元,增长3.5%;第二产业增加值310亿元,增长16.1%;第三产业增加值213.08亿元,增长11.5%。三次产业的比例关系调整为14.0:51.0:35.0。

宏观经济效益稳步提高。2005年全市实现全地域财政总收入105.5亿元,比上年增长32.4%。其中地方财政一般预算收入22.5亿元,可比增长23.2%;地方财政一般预算支出47.39亿元,增长20.8%。

市场物价小幅上升。全年居民消费价格总水平上涨2.6%,涨幅比上年回落2.2个百分点。其中,食品、衣着、家庭设备用品及维修服务、娱乐教育文化用品及服务、居住分别上涨3.1%、4.9%、0.9%、2.2%和5.8%,烟酒及用品价格与上年持平;医疗保健和个人用品、交通和通讯分别下降2.6%和0.2%。主要工业品出厂价格上涨4.5%;原材料、燃料、动力购进价格上涨7.2%。

二、农业

全市粮食种植面积303.29千公顷,增长2.4%,产量145.62万吨,与上年持平;棉花种植面积17.16千公顷,减少2.3%,产量2.24万吨,增产2.3%;油料种植面积104.52千公顷,增长1.5%,产量21.33万吨,减产0.7%;蔬菜种植面积82.79千公顷,增长1.4%,产量218.45万吨,减产1.7%;年末果园面积71.47千公顷,增长18.4%,全年园林水果产量96.86万吨,增产17.8%;年末茶园面积26.6千公顷,增长16.1%,全年茶叶产量1.61万吨,增产22.2%。

全年完成造林面积14.7千公顷,减少11.4%。全年完成幼林抚育面积18千公顷,增加129%。

全年出栏生猪431.04万头,增长11.2%;出栏牛3.07万头,减少7.5%;出栏羊78.64万头,增长5.8%。

全年水产品总产量12.02万吨,增长8.3%。其中养殖产量10.53万吨,增长9.2%。

农村基础设施和生产条件明显改善。2005年末,全市自来水受益村达755个,全市拥有农业机械总动力183.88万千瓦,农用拖拉机5.83万台。农村用电量3.62亿千瓦时,增长7.9%。地膜覆盖面积40.51千公顷,增长4.4%。

三、工业

2005年全市国有及年产品销售收入500万元以上的非国有工业企业(以下简称规模以上工业企业)完成增加值246.63亿元,增长31.1%。其中,国有及国有控股企业完成174.22亿元,增长29.1%;集体企业完成2.17亿元,增长53.9%;外资及港澳台企业完成19.81亿元,增长17.4%。轻工业增加值40.69亿元,重工业增加值205.93亿元,分别增长29%和31.7%,轻重工业的比例为16.5:83.5。全年高新技术产业增加值24.26亿元,比上年增长22.5%。

规模以上工业部分主要产品产量如下:发电量707.78亿千瓦时,增长15.2%;磷矿石500.22万吨,增长23.1%;三聚磷酸钠17.31万吨,增长1.4%;季戊四醇5.25万吨,增长34.6%;活性干酵母2.3万吨,增长10.9%;平板玻璃796.35万重量箱,增长15.7%;丁基橡胶瓶塞19.9亿只,增长58.7%。

规模以上工业运行质量显著提高。实现销售收入535.75亿元,增长37.2%;实现利税总额131.77亿元,增长17.4%;利润90.99亿元,增长14.1%。工业经济效益综合指数为245.92,比上年提高31.62点。

四、固定资产投资

2005年完成全社会固定资产投资295.8亿元,增长9%,其中市县属投资165.29亿元,增长23.5%。分产业看,第一产业投资10.08亿元,比上年增长16.8%;第二产业投资202.47亿元,增长2.3%,第三产业投资83.25亿元,增长28.7%。

全市房地产投资31.7亿元,比上年增长57.2%。各类房屋施工面积328.65万平方米,增长19%;竣工面积130.24万平方米,增长53%。商品房现房销售面积44.7万平方米,下降51.6%。

五、国内贸易

全年实现社会消费品零售额226.5亿元,增长12.7%。分城乡看,城市市场实现零售额158.4亿元,增长13.7%,农村市场实现零售额68.1亿元,增长10.5%。分行业看,批发零售贸易业实现零售额187.89亿元,增长13.1%;餐饮业实现零售额34.01亿元,增长13.2%;其它行业实现零售额4.6亿元,下降2.8%。

商品交易市场规模扩大。全市商品交易市场14处,实现成交额35.3亿元,比上年增长7.1%。

六、对外经济

2005年实现外贸进出口总额4.4亿美元,增长3.5%。其中,出口额3.2亿美元,增长24.5%;进口额1.2亿美元,下降28.6%。

利用外资稳步提升。全年共批准利用外资项目28个,合同外资1.31亿美元,其中外商直接投资达到1.05亿美元,增长12.8%。

七、交通运输、邮电和旅游

全年各种运输方式完成客运周转量54.98亿人公里,增长9.9%;货运周转量51.47亿吨公里,增长22.6%。航空运输保持稳步增长,全年航空旅客吞吐量达到42万人次,增长20%;航空货邮吞吐量3704吨,增长275.6%。

全年完成邮电业务总量15.08亿元,增长18.9%。其中邮政业务总量1.55亿元,增长16.5%;电信业务总量13.53亿元,增长19.1%。网络信息技术不断普及和提高,2005年末互联网用户9.45万户,增长45%。年末固定电话用户达到100万户,其中新增13.41万户;全市移动电话发展到116.87万户,其中新增26.46万户。

全市旅游总收入57亿元,增长19.8%。其中国内旅游总收入53.8亿元,增长19.5%;旅游创汇收入3857万美元,增长25.4%。全年共接待国内外游客880.3万人次,增长9.4%。其中国内游客862.1万人次,增长9%;海外游客18.2万人次,增长29.8%。

八、金融和保险

年末金融机构人民币存款余额594.98亿元,比年初增加73.11亿元。其中城乡居民人民币储蓄余额334.71亿元,比年初增加48.84亿元。各项贷款稳定增长,金融机构人民币贷款余额493.73亿元,比年初增加66.61亿元。在人民币贷款中,农业贷款余额22.27亿元,比年初增加4.3亿元。

全年各类保险公司实现保费收入12.93亿元，增长5.3%。其中财产保费收入3.55亿元，增长26.3%；人寿保费收入9.38亿元，下降0.9%。赔款支出金额2.88亿元，下降19.8%。其中财产险赔付金额1.9亿元，下降4.4%；人寿险赔付金额0.98亿元，下降38.8%。

九、科学技术和教育

2005年全市共取得省级以上重要科技成果52项。高新技术企业46家，其中国家级高新技术企业5家。全年专利申请量802件，授权专利580件，分别增长3%和14%。

2005年末，全市共有普通高校2所，在校学生3.62万人，增长34%。普通中学222所，在校学生23.6万人，减少8%；小学559所，在校学生21.5万人，减少7.7%。学龄儿童入学率100%。各类幼儿园336所，在园儿童5.9万人。

十、文化、卫生和体育

全市共有各类文化机构206处。其中，文化馆（站）117处，博物馆8处，公共图书馆10处，艺术表演团体11个。广播覆盖率95.2%，电视覆盖率95.7%。

年末全市共有卫生机构1568处，其中，医院、卫生院147处，疾病预防控制中心11个，妇幼保健机构8处。年末各类卫生技术人员1.72万人，其中执业医生7398人。全市拥有医疗床位1.14万张，其中医院、卫生院床位1.09万张。

体育事业取得新的进步。在全省青少年网球、柔道、射击、举重等14个项目的比赛中，共获得金牌51枚，银牌62枚，铜牌60枚。群众体育和全民健身运动广泛开展，举办县级运动会132次，各类体育场地达到3062个。

十一、人口、人民生活和社会保障

年末全市总人口404.9万人，其中户籍人口398.78万人。

全市城镇居民人均可支配收入8156元，增长7.4%。其中城区城镇居民人均可支配收入8711元，增长7.9%。人均消费性支出6642元，增长7%，城市恩格尔系数37.6%。农民人均纯收入3108元，增长5.8%，人均生活消费支出2571元，增长13.4%；农村恩格尔系数48.9%。在岗职工平均工资11826元，增长11.1%。

社会保障水平不断提高。2005年末全市参加基本养老保险人数为41.1万人，参加失业保险人数为35.6万人。城市低保对象11.12万人，累计发放低保金1亿元；农村特困家庭2.63万户7.14万人全部纳入救助范围，发放资金468.4万元。年末全市城镇登记失业率为4.3%。

2005年全市各类社会福利院167个，床位1.31万张。建立各类社区服务设施194个。

十二、资源与环境保护

全年平均降水量1018.9毫米，比上年减少10.8%。人均水资源2987立方米，下降10.9%。

全市森林面积1136千公顷。森林覆盖率为55.3%，提高6.8个百分点。活立木总蓄积量3985万立方米，增长22.6%。

全年建设项目环保审批147项，环保投资3.1亿元，完成建设项目环保投资1.52亿元。新增废水处理能力11409吨/日，新增废气处理能力409743标立方米/时。建成区人均占有公共绿地8.87平方米，生活垃圾无害化处理率88.54%，污水处理率60.55%。

专　文

ZHUAN WEN

走科学发展之路
建湖北经济强市

中共宜都市委书记　宋文豹
宜　都　市　市　长　庄光明

宜都位于长江与清江交汇处，辖4乡5镇两个管委会1个街道办事处、123个村、21个社区，总人口39.3万人，其中农村人口27.8万人，国土面积1357平方公里，是湖北省38个山区县市之一。近几年，全市认真贯彻科学发展观要求，牢牢把握第一要务，按照省委省政府提出的"走'一主三化'路子，深化改革，扩大开放，创新体制，调整结构，优化环境，强化服务，奋力开创县域经济发展新局面"的指导思想和"三年有明显变化，五至七年有大变化"的工作要求，大力实施工业立市和项目强市战略，努力构建和谐社会，使市域经济步入快速、健康发展的轨道。

"十五"期间，全市主要经济指标实现两位数增长，其中财政收入、市属固定资产投资、规模工业产值和增加值等指标以20%以上的速度递增。2005年，实现生产总值54.5亿元，比上年增长15.1%，比2000年增长81.4%，年均增长12.6%；区域财政收入5.76亿元，比上年增长28.6%，比2000年增长218.6%，年均增长26.1%；一般预算收入2.02亿元，比上年增长22.1%，比2000年增长96.5%，年均增长14.5%；市属固定资产投资18.9亿元，比上年增长31.9%，比2000年增长205%，年均增长25.1%；规模工业产值54.4亿元，比上年增长42.8%，比2000年增长278.9%，年均增长30.5%；规模工业增加值18.73亿元，比上年增长27%，比2000年增长288.9%，年均增长31.2%；城镇居民可支配收入8485元，比上年增加771元，比2000年增加2028元，年均增长5.6%；农村人平纯收入3491元，比上年增加328元，比2000年增加1063元，年均增长7.5%；城乡居民年末储蓄存款余额23.58亿元，比年初增加2.77亿元，比2000年增加13.5亿元，年均增长18.4%。2003年，全省发展县域经济现场会在宜都市召开，县域经济发展水平连续四年居宜昌各县市前列，获"全省2003年－2004年度县域经济发展先进县（市）"、"全省2005年度县域经济发展先进县（市）"和2005年度"全省工业经济先进市"荣誉。

一、发展抓什么

宜都是一个内陆山区县市，宜都经济要发展，出路在工业，关键在项目，必须坚定不移地走工业立市、项目强市的路子。

（一）强力招商引资。着力把交通、资源、政策优势通过招商引资转化为项目优势，不断创新招商方式方法。

一是优化招商主体，推行专业化招商。改变以往个个单位定目标、人人肩上压任务的全员招商格局，大力推行专班招商、中介招商，促进招商工作向专业化方向发展。

二是构筑发展平台，推行园区招商。把工业园区当作承接项目的最佳载体，不断整合园区资源，加快园区建设。根据已有项目和企业区域分布特点，按照功能分区、相对集中、可持续发展的原则，规划建设了宜都工业园区，在此基础上，又规划建设了"宜都创业园"，鼓励和引导外来投资项目和本地民营企业向园区聚集。

三是打破用地"瓶颈"，推行"零地招商"。在国家宏观政策调控力度加大，土地政策收紧的情况下，从内部挖潜入手，利用国营三线厂矿闲置资产，实行"零地"招商，培植新税源；利用原电石厂存量土地及资产引进了投资1.6亿元的鄂中化工公司，并实现当年开工当年投产。

四是立足资源优势，市场对接招商。将矿产资源优势、水电能源优势、存量资产优势与市场对接，引进华新水泥、唐山惠达陶瓷、深圳东阳光、湖北宜化、浙江丰岛等大企业、大项目，有力地促进了全市经济结构的战略性调整，工业经济从根本上改变了"五小"的格局。

五是发展循环经济，实施产业招商。在招商引资中，紧扣资源循环利用流程，围绕产业集群、产品配套、"三废"利用抓引进，将优势产业链向纵深扩展延伸，着力发展"链式"特色产业，先后引进30多个配套项目，促进了循环经济发展。

六是打造开放品牌，优化环境招商。坚持一手抓硬环境建设，一手抓软环境改善，在为投资者提供优惠政策的同时，把营造优质高效的服务环境作为打造持久竞争力来抓，探索并积极推行人性化服务，用真感情吸引投资者。市政府组建市行政服务中心，实行"一个窗口办事，集中统一收费，规定期限办成"的"一站式"服务。对重点项目，市乡村三级成立服务专班，实行全方位、贴身、跟踪服务。

七是推进理性招商。坚持质量与效益、引资与引智、资源开发与节约、抓大与促小"四个并重"，坚持土地不赠送、税费不减免、就业不特殊、环保不让步的"四不"原则，促进招商引资可持续发展。

五年来，全市累计引进规模项目182个，到位资金49亿元，其中引进过亿元的投资项目达到26个；累计利用外资4575万美元，比"九五"时期增长230%。华新水泥、海南欣龙、深圳东阳光、湖北宜化等5家上市公司和马来西亚中甫、唐山惠达、浙江丰岛等一批知名企业或名牌相继落户宜都。

（二）培育支柱产业。围绕把宜都建成全国知名的化工基地、全国最大的化成箔生产基地、全省最大的新型建材生产基地的目标，我们确立并强化了化工医药、新型建材、新型电子材料、食品加工四大新兴产业和纺织、机械、能源三大传统产业“4＋3”的主导地位，举全市之力，重点扶持，优先发展。

一是优化结构，提档升级。按照发展循环经济、建设节约型社会的要求，加速产业内部产品结构、技术结构调整，提高资源综合利用率，降低产品成本，鼓励技术开发、工艺革新。

二是发挥优势，促进扩张。充分发挥支柱产业的行业竞争优势，延长产业链，形成系列配套产品，提高市场占有率。对具备一定规模、扩张前景较好的企业，帮助引导其通过资本扩张、增资扩股、联合兼并等多种形式，实现裂变式、突变式发展，打造成为产业的“航母”或“旗舰”，形成了以磷化工、医药化工为主的精细化工产业群，以高标号水泥、中高档卫生洁具和墙地砖为主的建材产业群，以化成箔为主的新电子材料产业群，以水果罐头、茶多酚、黄姜加工、水产品加工为主的农副产品加工产业群。

三是坚持品牌带动，培植骨干。充分发挥骨干企业技术成熟、人才聚集的优势，形成了楚星磷铵、惠宜陶瓷等一批拥有自主知识产权的国内、省内驰名品牌。目前，全市共拥有中国名牌产品1个、省级名牌产品8个、著名商标2件，6家企业被认定为省级高新技术企业。2005年，全市规模工业企业达到59家，比2000年增加30家，其中当年销售收入过亿元的企业12家，宜化楚星、东阳光两个企业集团当年的销售收入分别达到18亿元和16亿元。纳税过千万元的企业5家，其中东阳光集团的税收为8000万元，华新和宜化楚星的税收也分别达到4000万元和3500万元。规模工业税收2.8亿元，占当年税收总额的73%。四大支柱产业的总产值达到46.2亿元，占规模工业的85.9%；销售收入42.2亿元，占规模工业的87.9%；税收2.43亿元，占规模工业的86.8%。

（三）激活中小企业。近几年，围绕重点项目——支柱产业——板块经济模式，大招商，招大商，支柱产业、骨干企业的支撑作用、龙头作用凸显。我们在培植“大树”的同时，也注重栽好“小树”，使大中小企业协调发展，我们出台了《宜都市创业园规划建设及管理暂行办法》，为中小企业发展创业搭建平台。截止目前，已有39个投资业主与创业园达成投资协议，协议投资额达7.4亿元。这些项目建成后可安排就业3619人，实现年销售收入13亿元、税金6180万元。创业园已签约的项目中，既有外来客商投资的新项目，也有本地民营业主扩大生产规模、调整产业结构的项目。全市招商引资政策日臻成熟和完善，实现了对外招商和对内激活的统一。

（四）全力构建融资平台。坚持把改善融资环境作为加快县域经济发展的重要措施来抓，着力打造“诚信宜都”，连续两届获“全省最佳金融信用县市”荣誉。

一是打造诚实守信的信用环境。先后制定了《中小企业信用担保管理办法》、《中小企业贷款评审实施细则》等多项规范性文件，成立了中小企业信用促进会，对企业进行信用评价，对不同信用等级的企业，市政府在政策、开行在信贷投入上分别给予不同的待遇。在全省率先成立了投资咨询担保公司，为中小企业提供融资担保。

二是加强银政合作。组建“宜都市国通投资有限责任公司”并以此为融资平台，加强与国家开发银行湖北省分行合作，授信额度达3.5亿元，融资主要投向重点招商引资项目配套、园区基础设施建设、城市基础设施建设等领域。

三是引导金融机构加大信贷支持力度。通过银政联席会、项目推介会等形式，引导金融机构加大信贷投入。2005年，全市金融机构各项贷款211783万元，比年初净增37967万元，增长21.84%。剔除政策性因素后，全市贷款净投入52024万元。

二、发展为什么

经济发展的根本目的，是造福老百姓，加快发展的落脚点一定要放在不断满足人民群众日益增长的需求上，必须切实关注人民群众的生产生活。

（一）完善基础设施。

一是兴修水利。先后投资1.69亿元，整治堤防险段1万多米，整治病险水库23座。完成四大灌区渠道“三面光”整治226公里，整治后的渠道输水率由0.45提高到0.90。加强人口饮水解困工程建设，使3.19万人的饮水困难得到根本解决。深化小型水利设施产权制度改革，探索并推广“受益户共有制”小型水利设施产权制度改革模式。全市10个乡镇已有84个村开展了改革，已改革的工程占全市小型水利工程总数的40%，涉及5万多个农户，受益的灌溉面积达到7万亩。

二是硬化道路。累计投入资金9980万元，其中本级财政投入4000万元，硬化村级道路530公里，全市123个村有101个村通了硬化路，99%的组通了晴雨路，98%的村通了客车。

三是改造农网。累计投资2.5亿元改造农网，结束了农村电价过高、用电不稳的历史，农村用电与城镇用电全部实现同网同价。农村用电量总量在幅提升，农副产品加工业蓬勃兴起，从电价角度计算共减轻农民负担近1000万元。

（二）健全社会保障。

一是促进充分就业。一方面通过招商引资、项目建设增加就业岗位，另一方面创造性地落实政策支持鼓励创业。累计筹集使用基本生活保障和再就业资金7519万元，发放“四项补贴”1439万元，为下岗职工减免各种税费4511万元，认真落实提高税收起征点的规定，凡月营业额达不到5000元的一律免收税费。同时我市还在全省范围内率先破解了小额担保贷款的难题。在启动不到两年的时间里，共建立小额贷款担保基金200万元，为433名下岗失业人员提供担保贷款780.7万元，带动了近1000人就业与再就业。其三是开展技能培训。以阳光工程培训为重点，以职业技术学校、劳动力就业训练中心和农广校三大培训基地以及本市内经营状况较好的企业为依托，有组织有计划的开展职业技能培训工作。“十五”期间全市共培训49761人，3506人通过职业鉴定取得了职业资格证书。

二是关注失地农民。2004年初，市委、市政府在认真调查研究的基础上，连续制定出台了“六份文件”，即《关于建立被征地农民基本社会保障制度（试行）的通知》、《宜都市被征地农民基本养老社会保险试行办法》、《宜都市被征地农民发放基本养老生活补助试行办法》、《宜都市被征地农民医疗补助试行办法》、《宜都市被征地农民职业技能培训实施办法》、《宜都市被征地农民 < 再就业优惠证 > 发放管理办法》，系统地构建起了宜都被征地农民基本社会保障政策体系。2005年初，市财政划拨资金137万元建立起失地农民保障基金，确保了各项保障政策的落实到位。目前，全市共有14592人被认定为首批被征地农民基本社会保障对象。1888人申请办理了《再就业优惠证》；1812人申报办理了基本养老保险，2394人享受基本养老生活补助；963人办理了城镇低保，9338人进入医疗补助体系。

三是替农民工维权。2005年我市农村外出务工劳动力共计7.7万人，占农村劳动力总数的49.9%。2004年以来，我市在全省率先建立了工资保障金制度、施工资格准入制和工资直达制度。建立了劳动保障监察大队，依托大队对企业落实职工合法权益的情况进行监督。自成立以来，市监察大队先后为农民工追讨血汗钱301.4万元，督退巧立明目的“锁脚费、保证金、押金”共40多万元，督促企业与职工签定劳动合同3000余份，督促办理养老及失业保险5800份。

四是为特困群体解难。我市现有农村特困户8166人、农村五保户1577人，城市低保户16099人。为解决弱势群体就业、就医、住房、子女入学等方面的问题。全市制定出台了《对国有集体企业大龄下岗失业困难人员实行社会保险补贴或社会保险援助暂行办法》、《城乡贫困群体大病医疗救助实施办法》、《城镇特困家庭廉租房管理办法》、《弱势群体司法援助办法》、《宜都市义务教育阶段贫困学生资助管理办法》、《宜都市资助贫困学生就读大学、重点高中管理办法》等10项弱势困难群体救助办法，实现了特困救助全覆盖。2005年全市共为4377名符合条件的对象发放社保医保补贴496.8万元。新建政府廉租房4400平方米，77个特困户搬进新居，103个特困户享受了住房补贴。同时，市财政拿出150万元建立了“贫困党员关爱资金”和“退职村干部补贴资金”，98名贫困党员结合自己的脱贫项目申请了无息借款，1972名退职村干部享受到了退职补贴。全市共资助贫困学生11000名，并开展了关爱留守子女活动，全市无一人因贫困而辍学。政府出资买断公益性岗位667个，在下岗失业人员中聘请交通协管员、网吧监督员等安置“4050”人员。还出台优惠政策鼓励下岗职工从事社区服务，到目前为止，全市下岗失业人员，已有2729名得到妥善安置。采取政府投一点、联系单位帮一点的方法，为全市580个危房户建成新居，全市5659户16099人办理了城市低保，2848户、8166名农村贫困户享受到特困救助，1345名五保户实现集中供养，城乡贫困人口救助率100%。同时，我们还积极争取到农村推行新型合作医疗试点单位的机会，目前全市农民参合率达到了92%。

（三）创新便民服务机制。

2001年，宜都率先在全省进行合乡并村和税费改革试点。2004年底，为切实解决合村后给群众生产生活带来的不便，我市探索建立了为民办事全程代理制度。一年来，我们通过建立服务网络、健全规章制度、优化工作机制，有效提高了为民办事服务水平，大大方便了群众办事，为全市经济社会发展营造了一个稳定和谐的环境。2005年，全市各代办分中心、室、点共接待群众来访3299人次，群众反映问题2255件，已解决2137件，为民办实事374件，办证6068件，到市政府上访人次同比减少38.4%。

三、发展靠什么

扩大民主是加强党的先进性建设的本质要求，是加强基层组织建设和提高执政能力的重要保障，是推动社会经济发展的活力之源。

（一）官由民选，实现民主选举的全覆盖。

一是层次上从低到高。坚持从最基层抓起，五年实现了“从农村到乡镇、到市直”的大跨越。2000年，在全市村级党组织、村委会换届选举中普遍实行“两推一选”。2001年，在姚家店乡成功开展了乡镇领导班子换届“两推一选”试点，随后在全市10个乡镇全面推开。2003年，作为省委确定的县市党代表大会常任制试点单位之一，成功开展了市党代表直选和市委委员推选。2004年，开展了城市社区班子“三推一选”。2005年，又结合保持共产党员先进性教育活动，开展了市直机关和企事业单位党组织领导班子“两推一选”，实现了基层民主选举领域的全覆盖。

二是范围上由内到外。坚持将党内民主选举的成功经验拓展到党外，营造浓厚的党内民主选举氛围，带动党外民主，实现党内选举与党外选举的有效对接。近年来，借鉴各级党组织“两推一选”的经验，在全市范围内民主选举产生了20多名中小学校校长、乡镇卫生院院长，还对政府工作部门领导班子成员组织届中投票评议，对群众不满意率超过三分之一的5名负责人提请市人大依法进行了罢免。

三是方法上由点到面。坚持“先实践再完善、先试点再规范”的原则,每项选举大范围推开前,先认真抓点,定课题、定领导、定责任、定目标,组织专班实施,预期目标达不到绝不推广,经验不成熟绝不推广。去年在市直机关党组织负责人“两推一选”前,选择市一中先行试点,在达到预期效果、取得成功经验后,才在全市57个市直单位慎重、稳妥推开。近几年我们在继承中勇于创新,逐步探索形成了“两推一选”、“公推直选”和“无候选人直选”等多种行之有效选举方式,党员群众参与民主政治建设的激情得到空前释放,激发了干事创业的热情,提高了班子的整体水平。

(二)事由民议,民主集中制得到很好落实。落实科学发展观必须最大程度地凝聚民心、开启民智、激发民力。在推进基层民主的进程中,民主决策处于关键环节。市委依靠民意作决策,将经济社会发展中的重大事项、事关全局的重大问题和群众普遍关注的热点难点问题由人民群众决定,改变了过去决策“一言堂”、“拍脑壳”的状况。为推进重大决策走向科学化、法制化,我们早在2003年就建立了市级党代会常任制,规范党代会、市委全会、常委会的职权,规定1000万元以上的国有资产处置及投资预案、500万元以上的公共支出预案必须由全委会票决。同时,在乡级重大事项决策上建立了人民代表大会票决制。我们还注重制度创新,围绕党代表大会常任制,探索了《党内民主参与制度》、《党代表质询制度》等九项制度成果,在全市得到了很好的落实。

(三)绩由民评,切实树立科学的政绩观。

我们高度重视改进和完善党政领导班子和领导干部实绩考核评价工作,从建立干部实绩考评体系和考评机制入手,全面、准确、客观地评价领导班子和领导干部的工作实绩,凭实绩选拔任用干部。我们认真总结前些年的实践经验和存在的问题,组织专班,深入调研,广泛征求意见,制定出台了实绩考核评价办法及细则,形成了实绩考核评价的一系列相关制度。在具体工作中,我们确定了“定量加定性、下级评上级、群众评干部、社会评部门”的基本考评模式。扩大群众参与面。坚持扩大民主、群众公认原则,树立群众满意是最好的实绩的观点,尊重群众、相信群众、保障群众的权利。在考评过程中,扩大群众的参与范围,加大群众评议的份量,强化群众监督。对乡镇、村级和市直部门领导班子及成员的实绩考核,对领导班子和主要负责人的群众评分分别按30%或40%的比例计入综合得分,对副职成员的群众评分按100%的比例计入综合得分。对市级领导干部的考核评价,我们让市级领导直接接受干部群众民主测评,加强了对市级领导班子和成员的监督。绩由民评促进权为民用,使全市的党群和干群关系更紧更亲。

“十一五”期间,我们将按照“三个三”的发展思路(即“三市”目标:建设湖北工业强市、国家园林城市、现代化中等城市,“三个加快”:加快推进新型工业化、加快推进社会主义新农村建设、加快城镇化建设步伐,“三个提高”:提高经济发展质量,提高人民生活水平,提高社会和谐程度),确保全市经济发展速度和综合经济效益高于全省、宜昌市平均水平。到2010年,生产总值达到120亿元,年均增长15%;市属固定资产投资总额169亿元,年均增长20%;财政收入14.3亿元,年均增长20%;一般预算收入4.43亿元,年均增长17%;城镇居民可支配收入12759元,年均增长8.5%;农民人平纯收入5000元,年均增长7%。

坚持工业立市战略
推动农业大市向工业强市跨越

中共枝江市委书记　王松华
枝 江 市 市 长　黄金龙

近年来,枝江市始终坚持科学的发展观,坚定不移地走“一主三化”之路,大力实施“工业立市、项目强市”发展战略,市域经济持续快速健康发展,推动了枝江由农业大市向工业强市的跨越。

——市域综合实力显著增强。2005年,全市实现生产总值59.8亿元,同比增长16.1%;固定资产投资总额达到26.2亿元,同比增长38.8%;全地域财政收入达到4.95亿元,同比增长32.4%,其中地方一般预算收入达到1.75亿元,可比增长44%;全社会消费品零售总额达25亿元,同比增长2.5%;农民人均纯收入达到3970元,同比增长8.7%,稳居全省前列;2005年全省县(市)经济综合评价考核排名第7位,在国家中部六省百强县(市)排名中位列第66位。

——经济结构不断优化。2005年,全市三次产业比重由“九五”期末的26.4:33.1:40.5调整到19.3:46.5:34.2,第二产业的比重增加了13.4个百分点,占据了市域经济的“半壁江山”,其中工业增加值占GDP总量的比重达到42.1%;工业与农业的融合度进一步提高,初步形成了粮食、棉花、油脂、果蔬、水产品五大农产品加工产业群,带动农业基地建设50多万亩;工业对服务业的带动能力进一步增强,形成了多种市场主体、多种商业业态、多种流通体系的服务网络。呈现出一产调优、二产调强、三产调活的良好形势。

——工业经济整体素质大幅提升。工业经济实力明显增强,2005年全市规模工业企业完成总产值51.1亿元,同比增长43.9%;工业增加值达到32亿元,同比增长31.9%;全市工业企业达到2770家,其中规模以上工业企业达到

103家。企业生产效益大幅度提高，规模以上工业企业利税总额达到13.3亿元，同比增长51.2%，其中利润1.3亿元、税金2万亿元，同比分别增长97.3%、30.9%，全市年税收过100万元企业达30家，年税收过1000万元企业达到4家。工业竞争力不断增强，全市科技型企业发展到17家，其中省经级高新技术企业发展到3家，高科技产品达到30多个，工业经济增长中的科技贡献率达到51.7%。全市拥有全国名牌产品1个，国家免检产品3个，省级名牌产品7个。枝江大曲被认定为全国驰名商标。

——*发展后劲显著增强*。招商引资和项目建设成效明显，2005年全市新开工及上年结转项目59个，完成投资19.69亿元。"十五"期间累计完成全社会固定资产投资74.3亿元，是"九五"期间投资总额的1.7倍，其中项目建设完成投资54亿元。一批重大招商引资项目相继竣工投产，一批重点改造项目全面完成，成为市域经济新的增长点。

一、坚持扶优壮强，突出发展集群工业

(一)发挥比较优势，推进产业集群。

坚持用产业集群的思路指导工业发展，重点扶持壮大食品酿造、化工、纺织三大支柱产业，突出抓好支柱产业的延伸和为龙头企业的配套，形成了符合枝江发展实际、体现集聚效应和协调一致、布局合理的工业产业新格局。2005年，全市三大支柱产业的产值分别达到16.4亿元、15.1亿元、6亿元，同比分别增长33.4%、55%、37.9%，以枝江酒业、华润啤酒、鸿新食品、隆华食品为龙头的食品酿造及农副产品加工产业，聚集规模以上企业33家，枝江酒业已发展成一家企业集团，在全国拥有70多家协作单位，在市内拥有16家配套企业；以奥美、稳健、旺家、朝阳、大江、帝元为龙头的纺织产业，聚集规模企业23家，发展棉花加工、纺纱、织布、卫材加工及相关包装、印刷等配套企业100多家，形成了从棉花种植到卫材生产的企业群；以湖北化肥、三宁、开元、香青为龙头的化工产业，聚集规模以上企业达12家。

(二)培植骨干企业，做强工业主体。

按照规模化经营、品牌化拓展的思路，选择一批食品酿造、化工、建材、纺织、电子材料等产业领域具有一定规模和实力、带动力强的企业，从政策、资金、技术、人才等方面给予重点扶持，积极引导骨干企业通过技术改造、结构调整、扩大投资和市场开拓，不断提高市场竞争力。2005年，枝江酒业、三宁化工、宜昌奥美、南辉科技、中冶重工、湖北金叶、开元化工等13家企业年产值过亿元，枝江酒业、三宁化工已进入全省100家重点民营企业行列。

(三)加强技术改造，推进发展集约。

积极引导企业不断加大技改投人，运用高新技术改造传统产业，一批重点技改项目全面完成。2005年，全市工商领域共完成技改投资18亿元，同比增长14.6%，其中枝江酒业投资过亿元的万吨优质枝江大曲扩建工程竣工投产，白酒年生产能力达到6万吨，2005年枝江酒业实现产值9.5亿元，人库税金1.1亿元，白酒产量位居全国第四位，综合效益连续4年跻身全国白酒行业前十强，成为鄂酒领头羊；三宁公司年产30万吨复合肥项目顺利投产，累计完成投资1.2亿元；开元公司技改扩规项目总投资1.5亿元，目前已完成投资6050万元，项目建成后每年可新增6000吨对苯二酚的生产能力。着力引进联合，培植高新技术企业。南辉公司、开元公司、香青公司被认定为省级高新技术企业。以信息化带动科技创新，枝江酒业公司被列入全国首批"促进专利技术产业化示范工程"，成为湖北省专利技术明星企业。大力实施精品名牌战略和新产品开发战略，组织市属重点企业研究开发新产品，积极申报国家、省级精品名牌。枝江牌白酒、三宁牌过磷酸钙及复混肥、长江牌化学肥料及混合肥料、红旗牌铅酸蓄电池、三峡星牌食用植物油被评定为"湖北省著名商标"。三宁牌过磷酸钙、长江牌尿素、九龙牌大米被认定为国家免检产品。

二、强攻招商引资，着力发展新兴工业

始终把招商引资作为经济工作的重要抓手，进一步健全招商机制，实行宽领域招商引资，全方位扩大开放，借外力加快发展，着力培育新的经济增长点。2005年全市签约项目29个，合同投资25.42亿元，实际利用外资达到510万美元，同比增长20.9%。

一是创新招商引资方式。充分利用枝江在区位、交通、水电等方面优势，把长三角、珠三角、港澳台地区作为重点招商地区，把国际国内500强企业作为重点招商对象，采取组建专班、常年招商，突出重点、上门招商，设立窗口、定点招商，包装项目、定向招商，网上推介、电子招商，亲商扶商、以商招商，联络友人、感情招商，聘请中介、委托招商，广泛宣传、活动招商等有效的方法，着力提高招商引资效率。2005年，全市进一步建立和完善了上海、江苏、温州、宁波、绍兴等20多个招商窗口，各招商专班共外出招商134批次，拜访企业300多家，接待客商考察211批次。先后组织参加了"2005香港湖北周"经贸洽谈会、浙江宜昌周、三峡旅游节投资洽谈会、日韩招商等一系列大型招商活动。

二是拓展招商引资领域。在大力引进工业项目的同时，立足全市丰富的粮、棉、油、水果、生猪等农产品资源，着力引进和培育农业产业化龙头企业。2005年，全市共引进农产品加工项目6个，计划总投资3.37亿元，累计完成投资1.65亿元。新引进的湘宜水产品有限公司已经顺利建成投产，年可加工鱼回鱼2.7万吨，生产鱼片1万吨，是宜昌市第一家水产品加工龙头企业。近几年，全市先后有香港奥美、稳健、台湾鸿新、浙江隆华、湖南亚华等一批发展前景好、产业竞争力强、辐射带动面广的农业产业化龙头企业落户我市。全市

农业产业化龙头企业达到57家，其中省级龙头企业达到5家，宜昌市级龙头企业达到19家，2005年全市农业龙头企业加工各种农产品70多万吨，完成总产值25.8亿元，入库税金1.55亿元，分别占市属规模企业总产值和入库税金的61.9%、77.5%。

三是提高项目建设质量。坚持"顶天立地"与"铺天盖地"相结合，大小项目一起抓，既着力引进投资过亿元、利税过千万元的大项目，又着力引进与现有产业和企业相配套的小项目，形成了大小项目并兴的格局。对新引进的项目安排专班，建立健全政府领导、部门领导及企业主"三位一体"的项目建设责任制，帮助企业解决电力、资金、用工等困难，着力提高项目履约率、资金到位率和开工投产率，确保项目按期开工，按期竣工，发挥效益。对新开工的项目，从投资完成率和责任目标完成率等方面建立考核制度，定期督办，及时通报，促进了项目建设进度的加快。2005年签约的三宁公司扩建、华润雪花啤酒一期工程、南辉二期工程、湘宜水产品加工、奥美纺织卫材、旺家纺织、中冶重工等一批大项目相继竣工投产；美高家俱、开元精细化工等投资过亿元的项目相继开工建设。

三、构筑园区载体，大力发展园区工业

坚持把工业园区建设作为板块经济发展的载体，吸引各类投资入园创业，引导企业向园区集中，提高了产业的集中度。

一是突出特色，统筹规划建设工业园区。依托产业基础、资源、交通、区位等有利条件，结合城市总体规划修编，高标准规划建设枝江经济开发区和安福寺工业园。确立了园区主导产业，即把枝江经济开发区建成高科技、高附加值的新型工业化园区，规划面积8.8平方公里，目前已建成6.2平方公里；努力把安福寺工业园建成农产品加工密集园区、湖北最大的果蔬食品加工基地和乡村工业示范园区，规划面积1.2平方公里。

二是加大投入，完善园区基础设施。坚持多渠道筹资，加快工业园区基础设施建设步伐。一方面，坚持政府引导投入。按照统一规划、综合开发、分步建设、滚动发展的思路，每年由市财政安排3000－4000万元资金用于园区基础设施建设。另一方面，积极争取省、市对园区建设的资金、用地、税收等方面的优惠政策。近几年全市共投入资金9.3亿元用于园区基础设施建设和入园项目的配套建设。为与枝江经济开发区建设相配套，2005年全市投资4000多万元高标准完成了迎宾大道改造、团结路改造、城区天然气建设、城区路灯改造等一系列重点工程。同时，大力加强交通网络建设，打造园区与外部联接的快速通道。2005年投资5003万元完成了以境内318国道、通乡油路为重点的公路路网建设工程。同时按照投资者要求，在安福寺工业园建成了标准化的厂房，采取先租后购的方式提供给投资者使用。两大工业园区正逐步朝着道路硬化、设施配套、环境美化的方向发展。

三是创新机制，引导工业项目向园区聚集。打破行政区域界限，按照"谁招商、谁投资、谁收益"的原则划分项目收益，引导各镇招商项目向园区集中，实行产业链式发展，推动产业聚集。截至目前，落户在枝江经济开发区和安福工业园的项目达到59个。枝江经济开发区已形成食品酿造、纺织、化工、电子材料四大产业，落户企业达37家，其中以奥美、稳健、大江、帝元为代表的纺织企业就已聚集11家，卫生材料年出口总值达2亿元，成为湖北省重要的卫生材料生产基地。安福寺工业园成功引进了一批外向型、深加工型、劳动密集型龙头企业，其中引进果蔬食品加工企业达到6家，全部建成后可实现年销售收入7亿元、利税7000万元。

四、扩大外贸出口，加快发展外向型工业

以推进外贸出口为着力点，全力扶持企业走出去参与国际竞争，努力提高外贸企业的国际竞争力，全市外贸出口逐年攀升。2005年，全市完成外贸出口额1407.3万美元，同比增长46.5%。

一是做好出口主体多元化文章。帮助外贸企业转变营销观念，既要扩大国内市场，又要抢占国际市场；加快外贸人才的培养和引进，推进企业产品的科技创新，尽快开辟国际市场；充分发挥外贸流通企业的作用，实现外贸出口数量与速度同步提升。目前，全市已取得进出口权的企业发展到24家，有出口业绩的发展到14家，初步形成了自营出口企业群体，本地生产企业、三资企业和外贸企业构成了全市三大出口主体力量。

二是做好出口产品多元化文章。坚持"以国际市场为导向，稳步发展传统出口产品，重点发展新兴出口产品，突破性发展优势出口产品"的思路，对服装、医用敷料等传统出口产品，加大技术改造力度，争创出口品牌，使产品由低附加值向精加工、高附加值升级；对于化工产品出口，加快技术创新步伐，努力提高产品科技含量，大力促进产品外销；对于优势农业产业化龙头企业，突出罐头食品这一重点，加快应用农产品标准化生产、加工技术和质量检测技术，努力扩大出口规模。积极扶持机械电子类企业发展，实现机械电子类产品出口迅速增长。目前，我市已基本形成医用纺织、精细化工、食品罐头类三大产导产品，2005年全市化工产品出口占自营出口总额的11.3%，食品出口占50.4%，纺织品出口占31.3%。出口产品有医用敷料、服装、食品罐头、龙虾、对苯二酚、碳酸锰、蓄电池、二氧化锰等十几个产品150多种规格，彻底改变了以往出口商品结构较为单一的格局。

三是做好出口市场多元化文章。抢抓各种机遇，大力开拓国际市场。在巩固和稳定港澳台和东南亚传统市场的同时，鼓励外贸企业通过组团参展、贸易小组推销和设立经营网络等多种途径开发新兴市场。目前，全市产品已出口到14个国家和地区，美国、日本、韩国、欧盟及东南亚国家已成为枝江出口企业的主要市场。

"十一五"时期，全市将坚持以科学发展观为统领不动摇，坚持抓好发展第一要务不动摇，坚持走"一主三化"发展道路不动摇，坚持"工业立市、项目强市"的发展战略不动摇，坚持改革开放、调整结构、转变经济增长方式不动摇，着力打造平安枝江、建设诚信枝江、构建和谐枝江。力争到2010年，全市街道总体年均增长15%以上，人均生产总值年均增长14%，固定资产投资规模在"十五"期末基础上翻一番，全地域财政收入年均增长15%，社会消费年均增长12%以上，外贸出口年均增长23%，努力将枝江建设成湖北省新兴工业强市。

坚持科学发展观 推进和谐社会进程

中共当阳市委书记 杨保平
当阳市市长 袁卫东

一、综合实力不断提升

2005年，全市实现生产总值57.7亿元，同比增长9.3%；实现财政收入5.86亿元，其中地方一般预算收入完成18780万元，同口径比上年增长12%；完成固定资产投资总额12.49亿元，同比增长21.2%；实现社会消费品零售总额24.97亿元，同比增长10.3%；城乡居民储蓄存款余额达到32.97亿元，比年初净增3.67亿元，增长12.53%；城镇居民人均可支配收入、农民人均纯收入分别达到7586元和3815元，同比分别净增456元和307元；城镇失业率控制在4.5%以内，人口自然增长率为0.67‰。

二、三次产业齐头并进

加快推进新型工业化，工业经济发展后劲不断增强，形成了建材、食品、能源化工、轻纺四大支柱产业。全年完成规模以上工业企业总产值42亿元，同比增长23.2%；实现工业增加值11.79亿元，同比增长19.8%。项目建设步伐加快。纳入宜昌市考核的三峡新材公司400T/D浮法生产线冷修改造项目、华强化工公司"12·20"技改项目、大地陶瓷公司三期高档陶瓷地板砖生产线项目均已建成投产。全年协议利用外资8.48亿元，其中，5000万元以上的项目11个，实际到位资金5.4亿元。全年合同利用外资580万美元，实际利用外资716万美元，自营出口达114万美元。农业产业结构调整成效明显，畜牧、林果、蔬菜三大特色产业加速发展，优势农产品板块基地进一步壮大。全市专业村达到83个，种养专业户达到2.5万户。以柑桔为主的优质水果面积达到13.45万亩，跻身长江流域柑桔种植大县（市）行列。农业产业化步伐加快，引进、新上了新世纪食品公司、中昊油脂公司、翔鹤食品公司等一批龙头企业。引导、鼓励建立农产品产销协会和中介组织100多个，培植农村经纪人6500多人，网络农户6.8万户。全年完成通村公路硬化384公里，全市通村公路硬化总里程达到610公里。硬化末级渠系110公里。突出发展文化旅游业，第三产业的拉动作用不断增强。全年共接待游客73万人次，同比增长20.7%；实现旅游综合收入2.25亿元，同比增长23%，旅游接待人次和旅游综合收入均创历史最好水平。房地产业加快发展。怡景嘉园、城中雅苑已全面完工，天泽苑、柳中苑、锦绣江南销售形势趋好。邮政、电信、移动和联通通信等基础设施明显改善。

三、社会事业协调发展

劳动和社会保障工作卓有成效。共组织农村劳务输出6433人，帮助下岗失业人员再就业5092人。全市享受低保待遇人数达到4172户9614人，累计发放低保金690万元。在城区9个村建立了被征地农民基本社会保障制度，为975人办理养老保险，将2821人纳入了生活补助范畴。在宜昌市率先启动城乡贫困群众重大疾病医疗救助工作。健全完善了科技创新体系，全面提升了科技工作对经济工作的贡献率。认真巩固和提高"普九"教育成果，九年义务教育完成率达到98%，积极发展高中阶段教育，高考质量RSR综合评价居宜昌各县市之首。深入开展"三下乡"活动，大力弘扬先进文化。农村新型合作医疗制度进一步健全，29.7万农民参保，在国务院召开的全国新型农村合作医疗工作会议上，当阳市作了典型发言。坚持保护与开发并重，积极发展循环经济。

四、城市建设日新月异

完成了《当阳市城市总体规划》修编，城市功能分区更加合理。城镇建设力度进一步加大，市文化体育中心工程、临沮公园延伸段建设进展顺利，长坂路综合改造主体工程、广洲路延伸段工程、城区排水改造工程及城区相关景点改造建设基本完工，城区电网改造全面启动。城镇管理水平不断提高，进一步理顺了城管体制，加大了城市交通、卫生、供水、绿化等管理力度，无证、无序乱建得到有效遏制，市容市貌有了较大的改观。

五、综合改革取得新突破

扎实开展了镇处综合配套改革，全市9个镇处改革后保留了74个单位1004人，减少74个机构，分流587人。镇处事业单位改革后，保留延伸单位定员297人，转制为中介服务机构人员245人，主动分流287人。稳妥进行了草埠湖国营农场综合配套改革，撤销事业机构14个，机关工作人员由原来的128人减少到68人，对12家企业进行了转制，771名职工转变了身份，共发放工龄补偿金200多万元。积极推进了市直机构改革，对市行政服务中心、安全生产监督管理局、建设局、环保局、城管局、交通局等相关机构及职能进行了适当调整，使机构职能更加清晰，职责更加明确。

六、精神文明建设和民主法制呈现新局面

大力弘扬"师德楷模"郑琦的精神，郑琦同志先进事迹报告团先后在人民大会堂和全国5个省进行了巡回报告。全年共送戏下乡300余场次，送书6万余册，送电影30余场次，举办各类科技培训班80余场次。深入开展社会治安综合治理活动，在全市范围内开展了以"防矛盾激化、防盗窃抢劫、防安全事故、攻大案命案"为主要内容的社会治安百日会战，严厉打击了各类违法犯罪行为，连续3年实现了命案必破。积极探索维护农村社会稳定的新路子，全面推进"治调中心户"建设，有效维护了农村社会和谐稳定。

加快推进"二次创业"建设山区绿色经济强县

中共远安县委书记　刘学甫
远　安　县　县　长　郑廷贵

远安地处鄂西，属全省37个山区县市之列，县域面积1752平方公里，辖6镇1乡、111个村、8个居委会、537个村民小组，总人口20万，其中农业人口15.7万。

"十五"以来，我们坚持以科学发展观为指导，以建设全省山区绿色经济强县为目标，充分利用历届县委政府的良好工作基础，努力克服整体不对外开放和三江集团主体调迁所带来的影响，坚持从大处着眼、从实处入手，始终抓住事关远安长远发展的基础性、根本性、全局性重大问题，努力探索不开放条件下发展县域经济的新路子。从"十五"以来的发展态势看，远安已走出三江集团主体调迁后的发展低谷，并呈现出良好的加速发展态势。"十五"期末，全县生产总值达到21.16亿元，年均增长10.8%；全地域财政收入达到2.16亿元，年均增长16.6%，其中地方一般预算收入达到0.78亿元，年均增长13.9%；全社会固定资产投资五年累计完成20.7亿元，年均增长15.6%；城镇居民人均可支配收入达到7607元，年均增长8.4%；农民人均纯收入达到3318元，年均增长7.1%。

近几年来，先后荣获全国生态建设示范县、全国生态林业建设先进县、全国村民自治模范县、省级园林城、城市楚天杯、省级双拥模范县等荣誉称号。

一、市场取向改革不断深化。始终坚持用市场的理念、改革的办法突破制约发展的体制性、机制性障碍。一是企业产权制度改革全面完成。坚持以民营化为取向，按照"一步到位、两个置换"（改革一步到位，彻底置换职工身份、彻底置换企业产权）的总体思路，突出安置职工、置换产权、化解债务、盘活资产四大重点，对全县所有国有集体企业进行了产权制度改革。到2005年，全县国有集体企业已全部实现民营化，县域经济以民营经济为主体的格局全面确立，并开始产生巨大的体制效应：一批民营企业迅速成长，全县纳税过100万元的民营企业达到32家，其中过1000万元的2家、过500万元的1家。二是乡镇综合配套改革提前完成。从2002年农村税费改革开始，我们针对农村工作的新形势、新特点，积极主动地进行了"招标农业"、农业科技体制、小型水利设施产权制度和畜牧兽医服务体制等八个方面的改革。以此为基础，2005年初提前按照省委的总体要求和具体规定，进行了规范化改革，领导职数、机构设置、人员配备、事业单位转制等全部按政策落实到位。在改革中，始终把工作重点放在创新"三农"服务的长效机制上，坚持农村公益性服务以市场化、社会化为取向，创造性地探索建立了以"会员制"为主要特征、以"政府招标、市场运作"为基本途径的农村公益性服务新机制，在农村产生了明显的效果，并得到了省市的充分肯定。《人民日报》、《农民日报》、《湖北日报》等媒体对此给予了重点报道，省改革调查组专程到远安进行了系统调查总结，并将远安改革的主要作法编录入《湖北省乡镇综合配套改革典型材料》一书。三是事业单位改革扎实推进。坚持以"养事不养人"为取向，从2003年开始对县直事业单位分期分步分系统推行了以单位领导公开选聘制、职工全员竞聘制、岗位效益工资制为重点的改革。到2005年，改革面已达到90%。与此同时，推行事企分离，剥离经营性职能，撤销和转制了52个县直事业单位，分流安置在编在职人员995人。

二、特色产业培育步伐加快。坚持以经济建设为中心，坚定不移走"一主三化"的县域经济发展之路，立足于远安的特色优势资源，着力培育主导产业，全面构筑绿色经济强县的产业支撑。

*（一）"工业立县"战略加速实施。*坚持以资源深度开发利用为主线，以招商引资和扶优壮强为途径，以工业园区为载体，走配套式、集约式、资源深度开发式的新型工业化道路。一是远安工业园建设全面启动。按照一园多区的总体思路，以科学规划、着力建设、强化管理为手段，全力开发建设远安工业园。目前，园区建设的总体规划已基本完成，园

区项目建设已初见成效:辽宁盼盼集团50万套室内套装门、湖北稻花香陶土制品、湖北万山轻客、宜昌远安化工10万吨磷精细化工、武汉武星1100万平方米防火复合板、江苏绿陵化工等12个工业项目已落户园区。二是“416”工程强力推进。立足于远安的资源优势和传统工业基础的发挥,推进工业立县战略“416”工程,即做大做强磷化工、机械加工、新型建材和农产品加工等4大产业,培育10个亿元企业,使工业增加值占GDP的比重达到60%以上。特别是2005年以来,我们认真贯彻省市关于磷矿资源开发利用的战略部署,围绕“把远安建成全省重要磷化工产业基地”的总体目标,大力实施磷矿资源可持续开发利用战略,在短时间内产生了明显效果:省属重点化工企业祥云集团和江苏绿陵化工集团分别与远安县内的10家磷矿企业合作,在江北工业小区投资5.4亿元兴建共150万吨规模的选矿厂,目前项目建设态势良好,预计2010年可基本形成“332”(年加工能力300万吨、产值30亿元以上、税收2亿元以上)的产业格局。三是市场主体培育力度加大。坚持对外招商与现有企业做大做强相结合、企业内源提升与外延扩张相结合,加大政策引导、优质服务的力度,支持企业向规模型、科技型、品牌型、外向型方向发展,着力培育一批支撑远安发展的骨干企业。到2005年,全县已建成和在建的投资过亿元的工业项目7个、投资过5000万元的5个;县属规模内工业企业达到23家,其中年销售收入过亿元的2家、过5000万元的3家。

(二)促进农民稳定增收的长效机制开始形成。充分发挥远安丰富的特色资源优势和长期形成的产业基础,深入实施“34111”(建设沮西桑蚕、沮东食用菌、沮中优质米三大产业带,培育食用菌、桑蚕、养殖、优质米四大主导产业,建设100个专业村,发展1000个农村经营大户、10个龙头企业)的农业结构调整工程,食用菌、桑蚕、养殖、优质米四大主导产业特色鲜明,森源、德中、等龙头企业的辐射带动作用逐步增强,全县新发展各类专业村98个,新增产业基地面积6万余亩,培育产业化龙头企业10家、专业大户1056个、专业合作组织32个,农民增收的长效基础基本建成。

(三)以旅游业为龙头的第三产业发展加快。坚持以嫘祖文化为灵魂、绿色生态为特色的思路,完善旅游规划,整合旅游资源,加快旅游项目开发、建设和营销的步伐。引进三江旅游公司购买了鸣凤山风景区资产,新开发建设了灵龙峡漂流、三江军事博览园、省级地质公园等景区景点。推出远安宗教朝圣、奇洞探幽等特色旅游线路,借助媒体大力开展旅游促销,外来游客人数和旅游综合收入逐年增加。旅游业的成长壮大带动了商贸服务业等的加快发展。“十五”期末,全县社会消费品零售总额达到9.6亿元,年均增长9.5%。

三、经济发展环境进一步优化。一是设施建设步伐加快。以提升县城品位为重点,筹资4亿多元,高质量地建成了鸣凤城区水源取水工程、沮河防洪堤工程、核心区老街改造、污水处理厂、垃圾填埋场等20余项重点基础设施,鸣凤城区的人居环境明显改善。以提高农业综合生产能力为重点,大力争取和实施了农业综合开发、末级渠系、农村能源、通村公路硬化工程等一批建设项目,农业生产和农民生活条件不断改善。以优化发展要素为重点,全面建成了远当一级公路远安段、城网改造、广播电视“村村通”等一批工程项目,制约远安发展的瓶颈因素得到有效缓解。二是服务环境进一步优化。全面建立了以行政服务中心为重点的“三个中心”的服务体制,对20家重点企业实行“一挂”(县级干部挂点)、“两员”(经济联络员、治安联络员)制度,为市场主体提供保姆式服务。已连续两年对县直50多个职能部门进行了“优化环境、服务中心”民主评议活动。三是管理机制不断创新。围绕主导产业,合理划分和完善经济主管部门的职能定位,健全科学合理的经济工作考核评价机制,完善乡镇和县直部门的经济工作目标责任制,有针对性地搞好协调服务,真正实现工作重心的转移和工作手段的创新。

四、和谐社会建设扎实推进。一是积极发展社会事业。优先发展教育事业,全面落实义务教育“以县为主”的管理体制,全县中小学由“十五”期末的97所调整为40所,基本消除中小学危房,九年义务教育完成率和高中阶段教育普及率分别达到93.7%和65.5%。全面发展卫生事业,乡镇卫生院“县办县管”的体制全面理顺,新型农村合作医疗稳步推进,村级卫生室全部达到甲级标准,突发公共卫生事件应急、医疗救治、疾病预防控制、卫生监督体系基本完善。在乡镇卫生院,实行“一院两部”(公共卫生部和基本医疗部)的运行机制,引导其将工作重心切实转到为农民实施公共卫生服务上来。与此同时,文化、科技、计生、民政、城管等各项工作均得到长足发展。二是切实维护群众利益。坚持多渠道直接与基层群众接触与沟通,先后推行县级领导定期和包案接待群众信访、县级领导定点下访、送政务下乡、网络民声民情、民声电子邮箱等制度和亲民举措,建立健全了与群众沟通的“绿色通道”。特别是在2005年,针对乡镇综合配套改革后农村工作新形势,创新开展了“送政务下乡”(领导下访、政务下乡、服务下村)活动,并以制度的形式予以固定,长期坚持。三是深入开展扶贫帮困。在全县广泛开展了“千人送温暖、万人帮贫困”活动,帮助困难弱势群体解决生产生活中的实际困难。近几年来,全县80多个县直单位、2000多名机关干部与40多个贫困村、1500多户贫困户结成帮扶对子,先后为贫困村和贫困户捐款捐物500多万元,兴办各类好事实事400余件(次)。四是基层民主建设不断加强。以保障人民群众的知情权、参与权、管理权、监督权为重点,大力加强基层民主政治建设,全面推进了村务公开、政务公开和厂务公开。特别是在推行村务公开、实施民主管理工作中,坚持从完善制度入手,先后制订完善各类规章制度30余项150多条,严格按制度办事。大力推进村民自治,促进农村社会和谐。五是全力维护社会稳定。推进法制建设,加强信访工作,加大社会治安综合治理,高度重视安全生产,荣获"省级平安创建示范县"称号。六是大力实施人才强县战略。以实施"百千万"工程(每两年选拔一百名县管专业技术拔尖人才,储备一千名高层次后备人才,到2010年使远安各类人才总量达到1万人以上)为重点,建立县级领导联系人才制度和人才津贴制度,县财政每年安排80万元资金建立人才开发专项基金,形成了各类人才充分涌流、竞相创业的局面。

今后五年,全县将致力把远安建设成为经济健康发展、生态环境良好、人民生活宽裕、社会文明和谐,走在全省山区县市前列的绿色经济强县。到2010年,力争全县生产总值达到42亿元,年均增长12%以上;全地域财政收入、地方一般预算收入分别达到3.8亿元、1.4亿元,年均增长12%以上;全社会固定资产投资总额达到44亿元,年均增长15%以上;社会消费品零售总额达到13.8亿元,年均增长11%以上;城镇居民人均可支配收入达到11200元,年均增长8%以上;农民人均纯收入达到4600元,年均增长7%以上。围绕上述目标,我们将坚持以邓小平理论和"三个代表"重要思想为指导,坚持以科学发展观统领经济社会发展全局,坚持以发展为第一要务,坚持以经济建设为中心,坚持用发展和改革的办法解决前进中的问题,牢固坚持资源开发、园区突破、项目支撑、协调发展四大战略要点不动摇,着力实施"工业立县"核心战略,着力建设社会主义新农村,着力解决事关人民群众切身利益的突出问题,抢抓机遇,转变观念,创新方式,提高质效,实现全县经济社会全面协调可持续发展。主要在以下几个方面着力:

一、致力把远安建设成为全省山区工业强县。坚持以新型工业化为方向,以园区建设为载体,以招商引资和项目建设为抓手,强力推进"416"工程,加快构筑山区工业强县的产业支撑。一是全力打造园区平台。坚持政府引导、整体规划、市场运作、引资建设的思路,以规划为先导,以引资建设和增加对基础设施配套投入为手段,努力把远安工业园建成功能完善、布局合理、特色鲜明、山区一流的省级开发区。二是发展壮大优势产业。立足县内资源的科学开发、深度加工、循环利用和特色产品优势的发挥,集中力量打造以磷化工产业为主导,新型建材业、机械加工业、农产品加工业为支撑的工业格局,力争把远安建成全省重要的磷化工产业基地、宜昌重要的食品生产加工基地。三是培优培强市场主体。以资源、土地、资本为纽带,以政策引导、优化服务、招商引资为手段,以园区吸引、资源派生、企业裂变、产业延伸为途径,重点培育一批自主创新能力、产品竞争力和产业带动力强的优势企业和集团。到2010年,全县培育销售收入过10亿元、税收过5000万元的大集团1家,销售收入过5亿元、税收过1000万元的大企业2家,销售收入过1亿元、税收过500万元的优势企业7家以上,规模以上企业突破50家。

二、致力把远安建设成为全省山区绿色经济富县。坚持工业反哺农业、城市支持农村和多予、少取、放活的方针,坚持以建设社会主义新农村为总抓手,加大对农业农村的投入,促进农村经济社会全面发展。利用丰富的绿色资源优势,坚持"34111"农业结构调整思路不动摇,加快建设优势农产品板块基地,培植壮大龙头企业,扶持发展农业专业协会、农村合作经济组织和专业大户,进一步完善龙头企业与农民的利益联接机制,大幅增加农民现金收入。坚持将农村"五改三建"(改路、改水、改厨、改厕、改圈,建沼气池、建庭院经济、建生态家园)、乡村道路、农村饮水安全、广播电视"村村通"等项目集中捆绑契入新农村建设,不断完善公共卫生、文化、通讯等配套设施,大幅改善农业生产、农民生活和农村生态环境。5年内,全县力争有50个以上的村在新农村建设上有长足发展。以培育新型务工农民和产业农民,增强农民科技致富能力、市场竞争能力和自主发展能力为目标,以农村实用技术、务工职业技能培训为主要内容,全面实施农民知识化工程,努力造就一批有文化、懂技术、会经营的新型农民。

三、致力把远安建设成为全省山区生态旅游名县。立足于把生态资源优势转化成旅游产业优势,积极呼应宜昌建设世界水电旅游名城的发展格局,彰显绿色生态,突出抓好鸣凤山核心景区建设,深度开发灵龙峡景区,加快省级地质公园建设,盘活龙潭河景区,着力打造精品名牌,建设集道教朝觐、自然与人文观光、休闲娱乐于一体的生态休闲旅游区。强化旅游宣传促销,加强同周边地区的合作,重点推出生态游、地质游、军工游等项目,全力打造"绿色远安,嫘祖故里"新形象,努力把远安建成"三峡后花园"。充分利用远安是全国生态建设示范县、湖北省园林城市和省级可持续发展试验区的有利条件和示范效应,切实保护和开发利用好远安良好的生态资源,着力构建山水园林城市特色,改善人居生态环境,实现人与自然的协调发展,建设"绿色远安",实现经济社会与人口、资源、环境的协调发展。

鹰击天风壮,鹏飞海浪春。全县人民正在励精图治,真抓实干,开拓进取,乘势而上,为把远安建设成为全省山区绿色经济强县和小康社会而努力奋斗。

全面落实科学发展观
推进经济社会快速发展

中共兴山县委书记 罗 毅
兴 山 县 县 长 陈 华

2005年,全县人民在县委、县政府的正确领导下,以邓小平理论和“三个代表”重要思想为指导,树立和落实科学发展观,认真贯彻中央的各项方针政策和县委的具体部署,正确处理改革、发展、稳定的关系,求实创新,扎实工作,经济社会发展取得了新的重大成就。

一、国民经济平稳较快发展

全县实现生产总值18.5亿元,同比增长12%;完成财政收入1.85亿元,增长10.1%;外贸出口7796万美元,增长3.42%;完成全社会固定资产投资6.6亿元,同比增长0.8%;农民人均纯收入2560元,增长9.4%;社会消费品零售总额6.78亿元,增长36.04%。

(一)农业农村工作稳步推进

特色产业健康发展。突出五大特色产业,着力推进产业化经营,拉动农民收入实现较快增长。以生猪为主的畜牧业经受住了市场低迷的考验,保持平稳发展;加大了烤烟生产的科技投入和基础设施建设力度,烟叶产量和收入创1997年以来最好水平;强力推进柑桔综合品改,积极组织标准化生产,柑桔产量创历史新高,柑农收入大幅增加;蔬菜、药材等产业稳步发展。五大特色产业收入占农业总收入的比重达70%以上。

农村面貌不断改善。全县硬化村级道路105.8公里,占年计划的105.8%;建设户用沼气池3000口,占计划的100%;解决农村安全饮水760人;实现了广播电视县乡光纤联网;5个非移民乡镇集镇建设规划正抓紧进行;40个村级卫生室达到了甲级卫生室标准;城乡困难群众和贫困学生救助体系基本建立,5209名城镇低保对象、6420名城乡困难群众、5447名困难学生得到救助。

农村政策全面落实。实行农业税全免,粮食直补、水稻良种补贴、农机具购置补贴、退耕还林补助等惠农政策全部兑现。依法完善农村土地二轮延包,保障了农民的土地经营权。平稳推进乡镇综合配套改革,村级债务化解工作取得新进展,农民负担监管机制进一步完善,农村税费改革成果得到巩固和发展。

(二)工业经济效益大幅增长

全县规模以上企业实现销售收入25亿元,增长92.69%,利税1.96亿元,增长84.53%。

产业优势进一步显现。大力推进技术创新和机制创新,黄磷、五钠、六偏磷酸钠、次磷酸钠、肉制品等主要产品产量大幅增长,磷化工和食品加工等主导产业健康发展,产业优势更加明显。兴发集团实现销售收入16.4亿元,增长33.2%;宜昌双汇屠宰生猪110万头,实现销售收入7.8亿元,分别增长43.1%和52.7%。

区域经济合作取得新进展。加强与神农架林区、保康县、猇亭区、夷陵区等地的经济交流与技术合作,提高了矿产资源的综合开发利用率。兴发集团在保康县兴建的国内最大的万吨黄磷电炉建成投产;猇亭精细化工园建设进展顺利,相关项目正在建设之中。

(三)财政金融稳健运行

财政收入稳步增长,财政收入质量进一步提高。全年实现地方一般预算收入7698万元,按可比口径计算,增长14.9%。

支出结构不断优化。严格控制一般性财政支出,确保工资按月发放、机关正常运转和社会保障等重点支出,保证了各类专款及时足额到位。

财政改革稳妥推进。国库集中收付制度改革进一步完善;对93个县直单位实行了部门预算;政府采购和“收支两条线”管理进一步规范。按照建立公共财政和乡镇综合配套改革的要求,平稳推进了乡镇财政体制改革。

二、项目建设取得新进展

在建项目实现预期目标。全县当年在建各类项目83个。保康万吨黄磷电炉、二甲基亚砜和五硫化二磷技改、白沙河和楚磷公司环境综合治理、峡口污水处理厂和垃圾填埋场等一批项目建成投产或投入使用。209国道昭君桥至白沙河二级路改造、兴保线三级路改造、宜兴公路峡口大桥至平邑口段改造全面完工。寒溪口至古洞口二级电站路面缺陷整治工程完成工程量的50%,209国道白沙河至桦场垭段和游峡段6座中型桥梁、古洞口至观音河段油路铺装、平邑口大桥等项目正抓紧施工,邓家坝至古洞口接线工程已进入招标程序。新建校舍8000多平方米,县医疗中心住院部等项目建设进展顺利。

招商引资取得新成效。积极参加省市组织的招商活动,洽谈和启动项目6项,落实对口支援资金1250多万元,到位无偿资金700多万元。

三、三期移民全面推进

高阳集镇建设进展顺利。一期工程区域房屋拆迁全部结束,二期拆迁已经展开,筑堤造地一期工程最高海拔已达175.6米。完成了集镇迁建性详规。

专项工程建设有序推进。高峡移民复建公路路基基本贯通;香溪河右岸交通功能恢复勘测设计基本完成。二期地灾治理工程通过国家终验,三期地灾治理全面展开。高阳和峡口旧城镇功能恢复、香溪河右岸及龚家村至七里峡交通功能恢复、教育搬迁补助等移民搬迁个案、三峡库区产业发展基金和地质灾害治理等项目争取工作成效显著。移民安置区内20个已治理和18个未治理的高切坡、26个地质灾害应急项目纳入国家治理规划,制订并上报了库周农村交通规划。

移民搬迁安置完成年度计划。完成农村搬迁安置60户150人,划地建房和签订搬迁合同150户520人,龚家村居民小区建设竣工,耿家河、泗湘溪、利方岩等安置小区建设进展较快。启动了农村移民挂钩安置土地和柑桔园改造。搬迁销号企业15家,安置关破企业职工2610人。

库底清理全面展开。坚持边搬迁边清库,已拆除建构筑物35万平方米,卫生清理完成50%以上。

四、社会事业全面进步

社会保障体系进一步完善。社会保险覆盖面进一步扩大,扩面新增1677人。依法征缴社会保险费,社保经费足额支付并略有节余。新建经济适用住房266套,较好地解决了关破企业职工安置用房问题。加大社会救济救助和扶贫工作力度,残疾人等弱势群体的权益得到保障。积极开发就业岗位,多途径安置下岗失业人员2881人,城镇登记失业率控制在4.3%以内。全面落实再就业优惠政策,启动了第二批再就业小额贷款。实施"阳光工程"和"春风行动",培训农民工5500多人,新转移农村劳动力3200多人。

科技、教育、卫生和文化体育事业健康发展。科技创新取得新进展。基础教育管理体制进一步巩固和完善,妥善安置超编教师,加强师德师风教育,教师队伍建设得到加强,办学条件进一步改善。积极推进乡镇卫生院管理体制改革,健全基层公共卫生预防体系,增强了公共卫生事件应急处理能力。群众性文体活动丰富多彩。

人口、资源、环境协调发展。全面落实人口和计划生育的各项政策,在全省率先实行企业退休职工计划生育奖励,倡导科学文明的生育文化,稳定低生育水平。深入开展土地市场、矿产开采、河道采砂等专项整治,积极推进资源综合利用。加强生态环境建设和保护,生态环境质量明显改善。

文明创建成果丰硕。深入开展群众性文明创建活动,城乡文明程度进一步提高。今年共创省级文明单位7个、市级文明单位35个,新县城荣获"全国文明村镇创建先进单位"和湖北省文明县城。

县城建设和管理得到加强。县城规模不断扩大,市政功能不断完善,管理水平不断提高,荣获湖北省城镇规划建设"楚天杯"。

在充分肯定成绩的同时,我们也清醒地看到,当前经济社会生活中仍面临不少突出矛盾和问题,一些长期积累的深层次矛盾还没有根本解决,经济运行中也还存在着一些不容忽视的新情况新问题。一是新的经济增长点不多,发展后劲不足,缺乏投资规模大、带动力强的龙头项目;二是农民增收的长效机制尚未完全建立,持续增收的基础不牢。农业基础仍很脆弱,农业增效的变数很大,农民持续增收的难度加大;三是财政收入增幅变缓,政策性减收因素增加,财政支出刚性增长,收支平衡的压力大;四是社会事业发展相对滞后,还需要付出坚持不懈的努力。城镇就业压力大,社会保障体系还不健全,社会保障压力大,下岗职工、城乡低收入群众的生活还比较困难。化解社会矛盾、维护社会稳定的任务十分繁重;五是机关作风建设有待加强,思发展、谋发展的氛围不浓,经济发展环境有待进一步改善。

2006年是全面贯彻党的十六届五中全会精神的第一年,也是"十一五"的开局之年,做好今年的各项工作,保持县域经济社会良好发展势头,具有十分重要的意义。

今年全县经济社会发展的总体要求是:以邓小平理论和三个代表重要思想为指导,全面贯彻党的十六届五中全会精神,坚持以科学发展观统领经济社会发展全局,紧紧围绕"两个走在前列"和建设和谐社会的奋斗目标,进一步加大改革开放力度,加大经济结构调整和经济增长方式转变力度,加大自主创新工作力度,加快推进新型工业化,加快建设社会主义新农村,加快三期移民进程,加快发展社会事业,切实把经济社会发展转人科学发展的轨道,确保实现"十一五"的良好开局。

根据这个总体要求,今年全县经济社会发展的主要预期目标是:生产总值增长12%以上;全社会固定资产投资达到7.5亿元;财政收入增长8.2%,达到2亿元,其中地方一般预算收入达到8000万元;社会商品零售总额增长6.3%以上,达到7.5亿元;外贸出口达到7500万美元;城镇居民人均可支配收入增500元以上,达到8000元,农民人均纯收入增加200元,达到2760元。

实现上述目标,我们必须坚持以人为本,着力推进和谐社会建设;必须坚持把发展始终作为第一要务,促进县域经济快速健康发展;必须切实转变经济增长方式,加快建设资源节约型、环境友好型社会;必须大力实施科教兴县战略,努力提高自主创新能力;必须统筹城乡协调发展,积极推进社会主义新农村建设;必须进一步深化改革,为经济社会发展提供强大动力。

围绕上述目标,我们将着力抓好以下八个方面的重点工作:

一、加快推进新型工业化

优化经济结构。强化创新意识,支持企业引进消化吸收先进适用技术,加速开发高新技术产品,提高企业自主创新能力和核心竞争力，使高新技术产品收入在工业收入中的比重再提高10个百分点。大力扶植中小型科技型企业，加大生产性项目的投资，培植工业经济增长后劲。

壮大优势产业。加大对兴发集团等优势企业的政策扶持力度，通过生产要素的优化配置，促进企业做大做强，今年兴发集团销售收入达到20亿元，利税2亿元，出口创汇7500万美元，力争“十一五”期内实现产值、收入、增加值、利税、出口创汇再翻一番。依托宜昌双汇，带动我县食品工业快速发展。

加强项目建设。刘草坡1万吨黄磷、猇亭6000吨草苷膦和5万吨湿法磷酸、保康2万吨六偏、白沙河1万吨饲料磷酸钙等项目上半年建成投产。开工建设保康50万吨选矿、刘草坡1万吨甲酸和2万吨六偏、平邑口10万吨湿法磷酸等重点项目。全面启动玉泉河流域开发。高起点建设宜昌、猇亭、平邑口三个工业园。加快省管经济技术开发区建设，搭建招商引资新平台。加强招商引资和对口支援工作，加大重点项目争取申报力度，争取有更多的项目列入国家投资计划。

发展循环经济。全面推进清洁生产，鼓励企业采用新工艺、新材料，提高资源利用率。全县规模以上企业万元生产总值综合能耗下降5%以上。

规范矿产资源管理。加强矿产资源开采和营销秩序管理，严厉打击滥开滥采，严格实行产销对接，促进矿产资源向优势企业集中，确保矿产资源合理开发和有效利用。

二、积极推进社会主义新农村建设

按照生产发展、生活宽裕、乡风文明、村容整洁、管理民主的要求，科学规划，因地制宜，积极试点，注重实效，扎实稳步推进社会主义新农村建设。

千方百计增加农民收入。深入推进农业结构调整，努力提高五大特色产业收入占农业总收入的比重。积极推广科学养猪新模式，大力发展草食畜，生猪和山羊出栏分别达到35万头和8万只；柑桔品改1.9万亩，实现产量3万吨；进一步完善烟叶产业发展政策，加强配套设施建设，扩大烟叶种植规模，实现面积4万亩、产量10万担、烟农收入5000万元；大力发展订单蔬菜和城郊时令蔬菜；积极发展中药材和核桃、板栗等林果业。突破性发展农产品加工，力争在柑桔、蔬菜、中药材的产后加工上有新突破。加强农业科技推广服务体系建设，加快新型农机具推广，推进农业标准化生产和品牌化建设，提高农业综合生产能力。

继续扎实办好八件实事。一是硬化村级道路120公里；二是解决安全卫生饮水3000人；三是新建户用沼气池3000口；四是完成5个非移民乡镇集镇中心区建设规划和5个原乡集镇修建性详细规划；五是健全城乡困难群众救助体系；六是深入推进贫困学生助学工程；七是加快农村公共卫生和医疗服务体系建设；八是实施搬迁扶贫100户。

大力发展农村公共事业。科学制定全县新农村建设总体规划，选择2－3个不同类型的村开展新农村建设试点。加快发展农村教育事业，巩固九年义务教育。加强农村劳动力培训，提高农民的科技种养水平和转移就业能力，新增转移农村劳动力2000人。加强农村文化基础设施建设。扩大农村通信和广播电视覆盖面。加强农业防灾减灾能力建设，扩大农业保险覆盖面。积极争取国家项目和政策支持，力争全年农村投入8000万元以上，其中本级财政投入1000万元以上。

三、加快发展第三产业

加快发展民营经济。进一步放宽市场准入，加大环境整治力度，促进民营经济快速发展，扩大民营经济总量。

加快发展旅游业。积极引进投资主体，加大旅游基础设施建设和旅游产品开发力度，着力挖掘和开发具有兴山特色的旅游资源，提升旅游景点的文化品位；大力发展旅游服务业，提高旅游业的附加值。

加快发展交通事业。加快国省干线公路建设，完成209国道古夫至观音河段油路铺装、邓家坝至古洞口接线路基工程；加快移民复建公路建设，宝峡路和平邑口大桥建成通车；加快香溪河二期航道整治和高阳水陆客运中心建设。加大工作力度，营造良好环境，积极为神兴旅游公路建设搞好服务，配合省市做好沪蓉高速兴山段开工前的准备工作。

加快发展现代服务业。加快高速信息传输网络建设，努力提高经济和社会信息化水平。积极发展现代物流、房地产、社区服务和中介服务业。

四、切实抓好三期移民和城镇建设与管理

加快高阳集镇建设。力争今年6月份居民开始划地建房，筑堤造地一期工程6月底结束，7月开工二期筑堤工程。

抓好移民搬迁安置。搬迁安置农村移民150户520人，外迁安置23户72人，4月底以前全面完成三期移民搬迁和库底清理，确保一次性通过国家验收。

加快复建工程建设。确保宝峡路6月底以前通车，龚家村至七里峡复建公路竣工。香溪河右岸交通功能恢复争取年底开工，全面实施高切坡治理和三期地质灾害治理工程。

努力提高移民安置质量。积极争取和认真落实移民后期补助政策，加大对口支援，全面实施农村移民挂钩安置柑桔园改造，加强移民培训，促进库区经济社会发展。

加强县城建设与管理。开展新县城总体规划修编。完成梅苑小区公共绿地建设，实施桔苑小区环境综合治理，完成城东区修建性详细规划，启动城东区市政基础设施建设。进一步完善市政功能，加强市政设施管理，提高城市综合管理水平，争创“全国文明村镇”。

五、进一步做好财政金融工作

加强财源建设。优化财政资源配置，用好现有财税优惠政策，通过财政资金的导向作用，支持企业自主创新，支持新型工业化，激活民间资本，扶持发展第三产业，促进地方税收较快增长。高度重视乡镇财源建设，提高财政收入质量和水平。积极争取国家支持，力争全年到位各类专项资金2.2亿元以上。

强化税收征管。依法加强税收和非税收入征管，积极组织收入，做到应收尽收，均衡入库，不断增强财政实力，努力提高财政收入占GDP的比重、地方一般预算收入占财政总收入的比重和工商税收占地方一般预算收入的比重。

优化支出结构。严格预算管理，确保法定支出，增加对“三农”、社会事业、社会保障和公共服务领域的投入。

推进银政银企合作。积极支持金融机构优化信贷结构，加大对新型工业化、循环经济、技术创新、节约型社会建设的信贷支持。加强信用环境建设，营造良好的经济金融环境。支持发展商业保险。

六、积极推动和谐社会建设

坚持以人为本，着力解决关系人民群众切身利益的突出问题，促进社会和谐、稳定、繁荣。

积极扩大就业。大力发展就业容量大的产业和各类所有制企业，积极开发就业岗位。全面落实再就业优惠政策，鼓励自主创业、自谋职业和灵活就业。加大就业培训力度，提高就业能力。全年就业培训5000人，城镇新增就业1000人。

完善社会保障体系。依法扩大社会保险覆盖面，提高非公有制企业的社会参保率。进一步增加社会保障投入，多渠道筹措社会保险基金。提高城镇低保水平，增加特困救助投入，帮助城镇低收入家庭解决居住、上学、看病等特殊困难。出台全县经济适用住房政策，启动全县经济适用房建设。

加快发展社会事业。围绕重点领域和优势产业，组织实施科技攻关、科技推广，提高科技对经济社会发展的贡献率。切实加强人才队伍建设，高度重视各类创新人才的培养、引进和使用；进一步完善鼓励人才创新创造的激励机制，优化创业环境，激发各类人才的创新创造活力。全面推行素质教育，大力发展职业教育，努力提高劳动者素质，办人民满意的教育。继续加强村级卫生室和乡镇卫生院基础设施建设，完善公共卫生体系；加强对食品药品安全和农村医疗卫生市场的监管，高度重视艾滋病、结核病、高制病性禽流感等重大疫病的防控，确保人民身体健康。以创建人口与计生优质服务县为抓手，全面落实计划生育奖励政策，不断提高计生服务水平。加强基层文化、体育和广播电视设施建设，丰富群众文化生活。

加强精神文明建设。进一步创新群众性文明创建活动的机制，深入开展多种形式的文明创建活动，提高居民素质和城乡文明程度。

加强生态环境建设。高度重视生态环境保护，重点抓好天然林保护、退耕还林和水土保持综合治理工程。进一步抓好县城周边绿化。加大环境监察力度，加强库区水污染防治和香溪河流域环境综合治理。

加强安全监管。健全和完善安全生产监管体制，严格安全执法，切实抓好道路交通、煤矿、非煤矿山、化工等高危行业的安全生产，高度重视消防安全和食品卫生安全，防止重特大事故发生。

维护社会公正公平。整顿和规范市场经济秩序，建立诚实守信的信用环境，促进各类市场主体平等竞争。坚决纠正部门和行业不正之风，治理乱收费，切实维护人民群众的合法权益。完善信访督察督办机制，畅通诉求渠道，建立兴山县群众来访接待中心，健全县、乡、村三级矛盾纠纷排查调处网络，加强矛盾纠纷排查调处工作。建立健全社会预警体系和应急救援、社会动员机制，提高处置突发事件的能力。加强城区居委会和社区建设。全面启动“五五”普法。坚持“打防结合，预防为主”的方针，强化社会治安基层基础防范工作，依法打击各种犯罪活动，推进平安兴山建设。

继续加强民政、人事、审计、民族宗教、外事侨务、方志、档案、防震减灾、残疾人等工作。切实抓好全民国防教育、国防动员和民兵预备役工作。关心、支持驻兴部队建设，充分发挥他们在地方经济建设和社会稳定中的作用。认真做好第一次经济普查、1%人口抽样调查的数据整理与利用，全面开展第二次农业普查。

七、积极稳妥推进各项改革

深化推进农村改革。高度重视和研究解决免征农业税后出现的新问题，深化乡镇综合配套改革，探索建立乡镇综合配套改革后机关运转的长效机制和农村公益性服务体系。鼓励和引导农民发展专业合作经济组织，提高农业的组织化程度。

深化财政金融改革。完善乡镇财政体制改革。从2006年1月1日起全面实行“乡财乡用县管”财政管理模式，县乡干部职工工资由县财政直达个人工资帐户。扩大部门预算编制范围，县直所有部门和乡镇全面推行部门预算。全面实行国库集中收付，所有财政性资金支出都要采取财政直接支付和财政授权支付方式。探索建立财政支出绩效考评机制。进一步扩大政府采购范围和规模，规范政府采购行为，强化财政监管，提高政府采购的透明度。进一步推进收支两条线改革，强化非税收入收支管理，全面实行收缴、罚缴分离和银行代收代缴，取消罚没收入返还政策。积极推进财政与编制政务公开。进一步深化农村信用社改革。

稳妥推进事业单位改革。全面落实人事聘用制度，积极推进分配制度改革。

进一步深化企业改革。继续深化企业产权制度改革，坚定不移地推进国有企业民营化改革进程。支持兴发集团积极稳妥地推进股权分置改革，加快建立健全现代企业制度，完善国有资产监管体制和出资人制度，促进企业按现代企业制度和国际惯例运作。继续做好库区工矿企业结构调整工作。完善社会化服务体系，促进中小企业发展，新增2家规模以上企业。进一步深化林业企业改革。

当前，兴山的发展正处在一个新的历史起点上，正处在加快发展的重要时期，机遇不可错失，形势催人奋进。让我们更加紧密地团结在以胡锦涛同志为总书记的党中央周围，高举邓小平理论伟大旗帜，以“三个代表”重要思想和科学发展观为指导，深入贯彻落实党的十六届五中全会精神，在县委的坚强领导下，进一步唱响“树正气、讲团结、求发展”的主旋律，同心同德，艰苦奋斗，求真务实，扎实工作，为全面完成今年的各项工作任务，实现“十一五”良好开局而努力奋斗！

用科学发展观统领经济社会发展全局 加快推进社会主义新农村建设步伐

中共秭归县委书记　罗平煅

秭 归 县 县 长　刘晓华

“十五”期间，我们坚持以科学发展观统领经济社会发展全局，实现了“一个提前”（提前两年实现到2010年GDP在2000年基础上翻一番的进度目标），“两个跨越”（国民经济比重中工业首次超过农业、人民生活总体上由温饱跨入小康），“三个突破”（年全地域财政收入突破2亿元、年固定资产投资突破10亿元、年旅游接待人数突破100万人次），“四个圆满”（交通“四路”建设圆满完工、社会发展“创先工程”目标圆满实现、二期移民搬迁清库圆满结束、一二期地质灾害治理工程圆满完成）。

——*经济发展大跨越*。农业和农村经济稳步发展，农业产业化取得较大进展；工业经济走出搬迁调整后的低谷，增长速度加快，工业经济“腿短”的局面开始得到扭转；旅游业发展迅猛，旅游产业体系逐步完善，荣获“湖北省优秀旅游县”称号。2005年，全县生产总值达到26.5亿元，比2000年增长59.5%；人均生产总值达到6743元，比2000年增加2571元；全地域财政收入突破2亿元，比2000年增长99.45%；旅游接待人数超过121万人次，实现旅游总收入4.88亿元。五年来，第一产业增加值年均增长5.49%，第二产业增加值年均增长11.05%，第三产业增加值年均增长11.02%，三次产业结构由“九五”期末的23.95:36.40:39.65调整为“十五”期末的19.62:38.49:41.89。累计完成固定资产投资42.24亿元，比“九五”时期增长15.95%。

——*人民生活大提高*。2005年，城镇居民人均可支配收入达到7173元，比2000年增加1310元；农村居民人均纯收入达到1999元，比2000年增加352元；社会保险人数与征缴社保费分别达到6.5万人、6298万元，比2000年增长5.6倍、3.5倍；城镇低保人数达到6377人，实现了应保尽保。高质量完成“八七”扶贫攻坚任务，稳步实施新阶段扶贫开发工作，五年累计减少贫困人口2万多人，搬迁扶贫2000余户，实施“五改三建”3000多户。大力实施“福星工程”、“再就业工程”、“阳光工程”，五年新增农村集中供养“五保”人员1200多人、城镇就业人数1.5万人，累计转移农村剩余劳动力15万余人次，城镇登记失业率控制在4.2%以内。实施了农村特困家庭救助和城乡特困群众大病医疗救助。

——*础设施大改善*。新修公路680公里，铺设油路、水泥路352公里，陡茅路、聚卜路、归泄路、归水路等干线公路全面完工，通乡公路全面硬化，实现了“村村通公路、乡乡通油路”的目标。解决了8.5万人的饮水困难，治理水土流失面积163平方公里，农田有效灌溉面积达到8.9万亩。城镇基础设施日益完善，城镇功能质量和水平不断提高。完成了电网改造工程，新修各类电站28座，总装机达到7.8万千瓦，100%的村解决了用电问题。实施了广播电视“村村通”工程、有线电视联网工程，广播电视综合覆盖率达到95%，有线电视入户率达到31%。全面推进“村村通电话”工程，100%的村通了电话，本地电话用户达到35172户，移动电话用户达到84000户。积极推进城镇和村庄建设，“十五”期末城镇化水平达到24%。

——*库区移民大稳定*。圆满完成了二线、三线水位以下的移民搬迁任务，五年累计完成移民搬迁2.9万多人，其中外迁8000人。提前完成了二线、三线水位以下的建构筑物、林木、固体污染物等拆迁和清理任务，确保了三峡工程提前蓄水、发电、通航目标的实现。扎实有效地处置了千将坪、树坪、莲花沱、梅坪等突发性地质灾害，妥善安置了灾区灾民的生产生活，确保了灾区群众的稳定。及时申报和实施了三峡库区产业发展基金项目、高切坡治理项目、库周交通复建项目和地质灾害防治项目，改善了基础环境和库区生态。

——*改革开放大突破*。进一步推进工交、商贸、供销、粮食等企业的改革，基本形成了多元化的市场格局和充满活力的竞争机制。科学实施乡村体制改革，稳步推进农村税费改革，积极探索农村社区建设，稳妥进行党政机构改革和行政审批制度改革，扎实推行乡镇综合配套改革，认真实施政务公开、行政审批制度、社会保险制度、县直事业单位人事制度、教育体制、卫生体制、财政体制等各项改革，完善了运行机制，提高了行政效能，减少财政供养人员4000余人，财政供养系数提前达到省规定的控制指标。对外开放迈出新步伐，形成了全方位对外开放格局，五年实际利用外资921.5万美元，接受无偿援助资金4900万元，经济合作项目33个，到位资金18574万元。

——社会事业大进步。科普网络逐步健全，科技开发能力不断增强，科技进步对经济增长贡献率达到50%。全面完善了学校调点布局，顺利通过了国家和省"普九"复查，教育教学质量迈上新台阶。食品药品监管全面加强，医疗卫生条件显著改善，实现了人人享有初级卫生保健的目标。建立了计划生育利益导向机制，计划生育率连续保持在98%以上，出生人口性别比例正常，荣获"全国计划生育优质服务先进县"称号。文化事业健康发展，群众体育蓬勃开展，被评为"全省文化先进县"、"全国群众体育先进县"。民主与法制建设全面推进。文明创建成绩斐然，县城获中国人居环境范例奖，跨人省级文明城、国家级卫生城行列，连续两届获"楚天杯"。沙镇溪、归州镇分别获第二届、第三届"楚天杯"。

秭归县既是一个库区移民县，又是一个山区贫困县。在"十一五"期间，特别是在"十一五"的起步年里，要继续按照科学发展观的要求，以建设社会主义新农村为重点，促进经济、社会、环境的全面、协调、持续发展。

第一、在建设社会主义新农村上迈出新步伐。重点围绕七大支柱产业抓调整，加快农产品基地建设。全年新发展柑桔1万亩、茶叶和干果1万亩，种植烤烟3万亩、蔬菜18万亩、魔芋3万亩，力争新增多经面积5万亩，总面积达到45万亩。加快畜牧养殖业发展，力争全年生猪出栏38万头、家禽出栏45万羽，新增水产养殖布网面积5000平方米，全县网箱总面积达到3万平方米。重点支持维维、帝元、花蕾、正富丰、利添、惠农等农产品加工龙头企业发展，重点围绕柑桔、蔬菜、肉食品等优势农产品的储藏、加工、销售引进龙头企业。巩固劳动力转移培训成果，建立劳务输出服务网络，全面落实免征农业税、退耕还林、粮食直补、良种补贴等惠农政策。抓好农村道路、电力、通讯、广播、电视、水利等配套设施建设，重点实施好改路、改水、改厕、改厨、改圈、通路、通电、通水、通沼气、通信息"五改五通"工程。搞好村庄建设规划，按照"百镇千村"的建设要求，重点抓好示范村镇建设，推广郑家岭村村庄建设经验，引导农民由分散居住向交通干线集中，因地制宜地建设具有屈乡风情的民居民宅。加强植树造林、封山育林和水土保持工作，抓好节水、节柴、节煤工作，加大环境保护监测力度，改善农村生态环境。广泛开展农村实用技术培训，培育一批星火带头人和科技示范户，加强乡镇文化站、村文化室、文化科技中心户建设，开展丰富多采的农村文化活动和家庭美德、社会公德、个人品德教育，破除陈规陋习，加快农民由体能型向技能型、知识型转变，培养有文化、懂技术、会经营的新型农民，提高农民整体素质。加强和完善农村社区建设，发展和扩大农村基层民主，建立健全充满活力的村民自治机制，完善"一事一议"制度，健全农民自我管理、自我服务、自我教育、自我监督的机制，教育引导农民依法行使民主权利。不断增强集体经济服务功能，发展"民管、民办、民受益"的农民合作经济组织。

第二、在推进新型工业化上迈出新步伐。采取规划引导、要素倾斜、政策扶持等措施，加速产业集聚，加快企业扩张，增强支柱产业和重点企业的支撑作用，力争森达鞋业、维维乳业、帝元罐头、华扬太阳能、木林森电子等5家企业工业总产值过亿元。扎实开展"项目突破年"活动，加速建设观音堂水电枢纽工程、板桥河流域水电开发项目，确保花蕾魔芋、正富丰魔芋二期、屈原酒业、大坝线缆、洛兹二期、华扬三期、鸿翔包装、佳特电子等项目正式投产，做大做强能源、化工、轻工、新型建材等优势产业。围绕"立足长三角、开拓珠三角、放眼全世界"的招商思路，广泛开展经济技术合作，把对口支援工作的着力点放在招商引资上，力争全年新签约8个工业招商项目，引进1家投资过亿元的工业项目。重点抓好日产2500吨新型干法水泥熟料、年产12万吨PVC、年产5万吨有机硅、年产30亿支高中档发光二极管、年产5万吨箱板纸、年产200万件服装加工和屈姑食品、园区供热等项目的招商，重点策划好新型节能照明、食品、医药、医械、硅系列开发项目。突破电力、能源、原材料、资金、土地等要素"瓶颈"，积极争取合同电价，组织协调用煤大户与煤矿签订中长期供销合同，改善银企关系，做好工业项目用地规划调整。进一步理顺开发区体制，建设民营经济创业园，为民营企业家搭建创业平台。建立人才引进、培训、考核、激励机制，切实培养一批懂经营、善管理的企业家队伍和熟练技术工人。

第三、在发展现代服务业上迈出新步伐。加快凤凰山景区建设，竣工屈原文化艺术中心，开工建设屈原祠仿古、木鱼岛和平湖运动休闲区项目，加强九畹溪、链子崖等景区深度开发，力争九畹溪景区创4A、链子崖景区创3A。加快乐平里景区招商步伐，加大特色旅游商品开发力度，做大"屈姑牌"等系列产品。积极开展宾馆饭店"创星工程"，全年新创三星级饭店两家，实现四星级饭店零的突破。加强以泗溪生态健身游、九畹溪漂流探险游和峡谷观光游、链子崖——"归州三项"高峡平湖游、香溪——乐平里楚汉风情游为重点的旅游策划包装，加强区域合作，切实巩固省内旅游市场，强力拓展省外客源。加大长江物流中心建设力度，规范港口运营秩序，畅通内外联运、江海直达的大通道。抢抓翻坝机遇，巩固和发展货运滚装、客运滚装，倾力打造水—陆、水—

陆一水物流模式。加强曲溪锚地建设,不断完善道路、供水、供电、供油等配套设施,积极发展船舶维修、货运、包装、装卸、配送等新型产业,培育港口经济增长点,初步形成依港而立、拥港而兴的港区经济特色。进一步激活城乡商贸流通,积极争取"万村千乡"市场工程项目,鼓励超市向农村布点。加快农村消费品市场和农业生产资料市场建设,健全农村商品零售网络。充分发挥银行支持地方经济发展的职能作用,增强金融服务功能,加强金融风险监测,创建全省最佳金融信用县。

第四、在移民工作和基础设施建设上迈出新步伐。为了确保今年10月初三峡工程实现三期蓄水156米,全县今年要完成农村移民搬迁300人,其中外迁200人;完成城镇移民搬迁200人。按照清库时间安排,在5月底以前要全面完成156米水位线下建(构)筑物、卫生、林木和固体废物清理任务。坚持"资金到项目,受益到农户"的原则,突出抓好移民的生产扶持,积极稳妥地实施好坝区移民二次外迁农业安置。全面完成库区移民生产资料调整,开发、改造土地500亩,新建水池1万立方米,修建库区农村公路35公里,配套完善农村移民居民点5个。抓住国家对三峡库区的扶持政策机遇,认真做好库区产业发展基金项目、库周交通项目、移民后期扶持项目和库区迁建学校资金缺口补助的争取工作。实施好三期地质灾害防治和高切坡防治项目,完善库区地质灾害监测预警机制,制定三期蓄水应急预案,确保库区生态安全和人民群众生命财产安全。在抓好移民工作的同时,以通乡油路维护和通村水泥路建设为重点,全面改善路网结构,提高通达深度和通畅水平。建成投产县城二水厂,完工卡子湾大桥、屈峡路、七里峡大桥主体工程和卜文路、归水路、归泄路整治、配套等交通建设工程。同时做好宜巴路改造和香溪长江大桥、江南路、库周公路等重点项目的争取工作。进行县城新一轮总体规划修编,加强平湖运动休闲区、港口物流区、经济开发区基础设施建设,动工江苏二路、迎宾路,完成郑家花园道路改线工程,启动兰惠二路、金缸城环城北路、花园路、金缸城片区供水设施建设。巩固卫生城创建成果,实施县城美化绿化工程,搞好县城凤凰路、建东大道等区段的绿化,启动桔苑广场二期建设。推进广播电视"村村通"工程,新建电信通信基站7个、移动通信基站9个、联通通信基站27个,无线网络信号覆盖率达到95%。

第五、在构建和谐社会上迈出新步伐。继续实施整村推进、产业化扶贫、劳动力转移培训、扶贫搬迁等工程建设,努力改变贫困地区生产生活条件。认真落实国家支持就业的各项政策,鼓励和支持自主创业和灵活就业。加大对困难群体的帮扶力度,重点帮扶"零就业家庭"、"零转移农户"。积极抓好职业培训,努力提高就业技能。继续做好城镇职工和灵活就业人员养老、失业、医疗、工伤、生育等保险扩面工作。认真落实民政优抚政策,切实解决好困难群众、弱势群体、灾区人民的生产生活困难。县一中努力争创"省级示范学校",启动三峡职教城建设,积极筹建县城第三小学,基本普及高中阶段教育,完善贫困学生救助制度,扩大农村义务教育"两免一补"受助范围,积极创建"人民满意教育县"。以实施新型农村合作医疗为重点,逐步解决农民看病难、看病贵的问题;以公共卫生管理为重点,提高疾病预防控制、公共卫生监督和应急处置能力;以农村卫生为重点,重点扶持边远贫困地区卫生基础设施建设。着力打造屈原文化之乡,推进文化遗产保护工程,创编反映秭归文化的舞台艺术精品,大力推介"秭归花鼓舞"。全面推动群众健身活动,办好全国第二届自然水域九畹溪漂流大赛,启动龙舟基地项目,加速发展体育产业。巩固全国计划生育优质服务先进县成果,规范奖励扶助制度,抓好利益导向政策的督办落实,加强流动人口计生管理。加强退耕还林、天然林保护、野生动植物及自然小区保护工作;开展"长治七期"治理工作,完成综合防治面积25平方公里;加强工业污染防治,竣工第三批库区集镇水污染防治项目,完成茅坪河流域水污染治理前期工作。认真抓好社会治安综合治理,依法严厉打击各类刑事犯罪行为、社会丑恶现象和法轮功、旷野窄门等邪教组织,确保社会秩序稳定。整顿和规范矿产资源开采秩序,强化安全生产责任制,坚决遏制重特大事故,努力减少一般安全事故。扎实实施食品药品放心工程,加强食品药品市场监管,保障人民群众健康安全。

克难奋进谋发展
求是创新添佳绩

中共长阳土家族自治县县委书记　王新祝
长阳土家族自治县人民政府县长　马尚云

"十五"时期,长阳处于经济社会转轨转型的关键时期,是突围的五年,也是崛起的五年。五年来,县委、县政府在市委、市政府的正确领导下,带领全县各族人民,坚持以科学发展观统领经济社会发展全局,抢抓机遇,克难攻坚,求是创新,成功应对了非典疫情和洪涝、干旱、冰雹等多种自然灾害的挑战,有效抑制了经济运行和社会发展中出现的不稳定不健康因素,实现了经济社会的持续、快速、协调、健康发展。

一、县域综合实力增强,发展速度明显加快

"十五"期初,受国家宏观调控、经济结构调整、严重自然灾害等多种因素影响,特别是传统工业经济举步维艰,使全县经济发展陷入困境，发展速度与“九五”时期相比明显减缓。2001－2003年县属生产总值年均增长速度为6.2%，财政收入年均增长仅为2%，2001年县属固定资产投资下降15.4%，2002年也仅增长8.4%。县委、县政府在认真反思、深入探讨的基础上，提出了“突出发展工业支柱，调整优化农业结构，整合旅游文化资源”的发展思路，在注重协调发展的同时，重新确立了工业经济的主导地位。自2002年起，县委、县政府致力于打基础，抓长远，坚持以项目建设为抓手，着力建设优良发展环境，狠抓对外开放和招商引进，不断调整经济结构，努力培植经济支柱，取得了显著成效，长阳经济呈现出高速发展的态势。2005年实现生产总值31.2亿元，同比增长12%；2005年实现财政收入1.8亿元，同比增长22%，比2000年增长50%；2003年县属固定资产投资完成4.1亿元，同比增长24.1%，2004年增速高达66.3%，达到6.8亿元，2005年达到8.2亿元，同比增长20%；2005年社会消费品零售额10.2亿元，比2000年增长51.6%，年均增长8.7%。产业结构进一步优化，三次产业增加值构成由“九五”期末的22.7:54.5:22.8调整为2005的23.2:32.8:44，第三产业比重上升。

二、农业生产稳步发展，产业化经营初显成效

县委、县政府突破传统农业发展模式，用新型工业化理念谋划农业，提出了构建特色农业大县的奋斗目标和“拓展特色基地，创建绿色品牌，培植优势龙头”的兴农富民思路，大力发展高产、优质、高效、生态、安全农业，推进农业产业化建设，农业综合生产能力明显增强。一是进一步调整优化农业内部结构。“十五”时期，粮食种植面积逐年调减，多种经济作物面积逐年扩大。“十五”期末，全县粮食作物面积由“九五”期末的4.89万公顷减少到4.04万公顷，而蔬菜、茶叶、柑桔等多种经济作物的面积则由“九五”期末的1.52万公顷增加到2.18万公顷，产量也由23.86万吨增加到35.14万吨，增加了11.28万吨。养殖业优势凸现。通过五年的精心经营，现已形成了畜牧、水产两大特色板块。2005年全县牲猪出栏达到了33.33万头，比“九五”期末增长7.2%。水产品产量达到了6504吨，比“九五”期末的2880吨翻了一番多。二是农业产业化进程不断加快。以专业村建设和贫困村整体推进为重点，培育了菜、鱼、羊、果、茶、药等特色产业，全县优势特色农产品基地不断拓展壮大，达到48万亩。引进和培育了中国(湖北)绿色食品控股有限公司等一批优势农产品生产和加工龙头企业，全县各类农产品加工企业达到200多家，其中市级重点企业达到7家。大力推进农产品标准化生产，打造了一批精品名牌。有14个农产品获得国家无公害食品认证、6个产品获得国家A级绿色食品认证、1个产品获得国家有机食品认证、12个农产品产地获得国家无公害产地认证。三是大力发展农村劳务经济。坚持把农村劳务经济作为一个大产业和促进农村经济发展的战略举措来抓。通过几年的发展，2005年全县外出务工人员已达到8.2万人，实现劳务收入4.5亿元，全县农民人平实现劳务收入1300元，劳务经济已成为农民增收的重要渠道。

三、工业经济快速增长，发展后劲明显增强

“十五”时期，县委、县政府提出了“打造水电龙头、构建矿业支柱、培育轻工后劲”的兴工富县思路，通过大力开展招商引进和项目建设，一大批工业项目相继开工并陆续建成投产，基本形成了以招徕河水电站为代表的水电业、以三源水泥为代表的建材业、以长阳锰业集团为代表的矿产业、以泰榕生态药业为代表的轻工业等四大工业支柱，工业经济实力明显增强，工业“腿短”的局面已从根本上扭转。2005年，长阳锰业集团、三源水泥公司、招徕河水电站全年共完成工业产值2.83亿元，占规模内工业总产值的40.9%；实现利税6702万元，占规模内利税总额的64.5%。进一步加大了对传统产业的技术改造力度，电力公司、长发矿机、清煤公司、清江化工等骨干企业进一步发展壮大，经济效益大为好转。到2005年，县属规模内工业实现增加值2.5亿元，比“九五”期末的0.58亿元增长了3.3倍。全县实现利税过百万的工业企业达到15家，其中过500万元的有4家，过1000万元的有2家。

四、旅游资源得到充分整合，文化旅游业发展实现新突破

坚持以“文化带动山水”，提出了“整合旅游资源，加快提档升级，建设旅游名县”的兴旅活县思路，通过整体提升清江旅游对外形象，促进了文化旅游业的突破性发展。加大旅游项目建设力度，在对武落钟离山、天柱山、民俗文化村、丹水漂流等景点景区进行规范、调整、改造和提高的基础上，新建了温泉山庄、财苑山庄、清江奇石苑、兰草谷、愚人岛、奇石文化村、石柱观等景点景区，建设了隔河岩旅游码头，启动了清江画廊度假村、巴国古都等项目建设，整体推出了清江画廊旅游度假区，推行了清江画廊旅游一票制，清江旅游被纳入全省“一江两山”核心旅游圈。突出文化主题，打造了《梦幻土家》、《清江比兹卡》和《下里巴人》等文化旅游精品，成功举办了武汉“长阳土家文化周”、《金钱豹与美洲狮》特种邮票首发式、“清江画廊杯”全国冬泳邀请赛和湖北首届民族文化论坛等重大文化旅游活动，旅游与经济、文化、体育等产业的融合进一步加快。2005年实现旅游接待人数80.1万人，比“九五”期末增长13%；实现旅游综合收入2.76亿元，比“九五”期末增长26.3%。

五、固定资产投资规模扩大，基础设施日趋完善

“十五”时期，全社会固定资产投资(剔除隔河岩)累计达到25.6亿元，是“九五”时期的1.1倍。全县电力、交通、通信等基础产业和基础设施建设步伐加快。完成了农村电网改造工程和城镇电网改造工程，实现了城乡同网同价，用电质量得到很大提高。“王渔”路改造全面完成，宜长高速公路建成通车，“乡乡通油路”目标基本实现，农村公路硬化工程开始启动，沪蓉西高速公路、宜万铁路建设全面展开，全县交通状况大为改善。“十五”期末，全县公路通车里程已达3541公里，比2000年增长2.1% 。城镇建设快速发展，建成了县城进出口大通道、县城防护大堤、滨江大道、文化广场、环城中路，打通了南门巷等10条清江路至滨江路的纵向通道，城区天然气管网建设正在紧张施工，市政设施日趋完善。2005年建成区城镇人口达6.7万人，城市化水平达16.2%。2005年全县拥有固定和移动电话用户分别为3.7万户和10.5万户，比2000年分别增长60.7%和22倍；国际互联网络用户达5559户，比2000年增长13倍；全县邮电业务总量达9217万元，增长4.6倍。

六、人民生活水平显著提高，社会事业全面进步

大力推进扶贫开发“一体两翼”工作，基本消除了茅草房，完成扶贫搬迁694户2677人，减少绝对贫困人口1.4万人。深入开展以“三改一建”为主要内容的农村新家园建设，新建沼气池13862口、饮水池4168口、集中引水工程49处，解决了112个村、10992户、4.57万人的饮水困难。加大移民政策的争取、落实力度，进一步改善移民生产生活条件，共对口改田建园10655亩，发展网箱5652口，对隔河岩库区缺乏生产资料的144户577个移民对象实施了二次搬迁，移民生活水平进一步提高。高度重视就业再就业工作，新增城镇就业人员16635人，介绍安置城镇下岗职工12980人。进一步完善社会保障体系，确保了国有企业下岗职工基本生活费、离退休人员基本养老金、失业人员保险金和城镇贫困居民最低生活保障金按时足额发放。“十五”时期，全县农民人平纯收入由1808元增加到2095元，年均增长3%；城镇居民人均可支配收入由5714元增加到7580元，年均增长5.8%。全县农民人平消费支出由1485元增加到1944元，年均增长5.5%；城镇居民人平消费支出从4676元增加到6169元，年均增长5.7%。

大力实施“五项工程一项计划”，促进了社会事业的全面发展。每年筹资800多万元实施了“新型农村合作医疗工程”，全县农民参与人数达27.7万人，参与率达88.7%，较好地解决了农民就医难的问题。每年筹资300万元实施教育“助学启智工程”，每年救助贫困学生2万余人，有效缓解了贫困学生读书难的问题。每年投人近100万元实施“民族民间文化抢救与保护工程”，组织专班对民间故事、优秀民间艺人的山歌、民歌以及道教音乐进行搜集整理，促进了民族民间文化的挖掘、保护、传承和创新，文化体育事业继续繁荣，人民群众精神文化生活更加丰富。长阳巴山舞获得全国第十届“群星奖”广场舞蹈比赛金奖，并被国家体育总局列为重点体育健身项目向全国推广。每年投资500万元实施了计划生育“民福工程”，全县有79200人享受计划生育基本免费服务，有1582人享受农村部分计划生育奖励扶持政策，有效地解决了农村计划生育家庭困难问题。筹资1200万元实施“城乡贫困救助工程”，对城镇低保户、流浪乞讨人员、农村重灾户、农村五保户、特困户、特困优抚人员以及政府认为必须救助的其他特殊困难群体进行大力救助和帮扶，基本解决了城乡弱势群体生产生活难的问题。投资100多万元实施了“科技富民计划”，加快了科技创新和科技成果的转化应用，提高了科技成果对经济增长的贡献，提高了农民学科技、用科技的意识和能力，增加了农民收入。

从容应对自然灾害
加快社会经济健康发展

中共五峰土家族自治县县委书记　邹正金
五峰土家族自治县人民政府代县长　陈　亮

2005年是完成“十五”计划、承接“十一五”规划的重要一年。春节前后，五峰发生历史罕见的冰冻灾害，导致电力、交通、通信等基础设施遭受重大损失，越冬农作物大面积受灾，人民群众的生产生活受到严重影响。面对突如其来的重大自然灾害，县委、县政府充分发挥组织协调作用，积极争取省、市各级领导及社会各界的支持，最大限度地降低灾害造成的损失，夺取了抗灾救灾工作的全面胜利。2005年，全县地域生产总值达到13.59亿元，比2000年增长45.5%；地域财政收入达到10700万元，比2000年增长79.8%；“十五”时期全社会固定资产投资总额达到14.7亿元，比“九五”时期增长44.9%；城镇居民收入由2000年的4904元提高到6485元，增长32.2%；农民人平纯收入由2000年的1438元增加到1798元，增长25%。

（一）高度重视“三农”工作，促进农业农村经济持续健康发展。认真贯彻落实各项农村政策，依法完善农村土地二轮延包工作，全面取消农业税，严格落实“三项补贴”政策，进一步调动了广大农民的生产积极性。加大农业结构调整力度，不断扩大优势特色产业规模。全县茶园总面积达到12.1万亩，其中2005年新建高标准茶园2.4万亩，茶叶总产达到4606吨，茶农收入达到7000万元，分别比上年增长24.1%、27.1%和12.9%；烟叶面积达到25344亩，总产达到9万担，比上年增长4.9%和20%；商品蔬菜面积达到6万亩，比上年增加1万亩，增长20 %；生猪出栏达到25.01万头，比上年增加5.5万头，增长27％。着力培育壮大龙头企业。采花毛尖茶叶公司被列为全省重点扶持的农业产业化龙头企业，仁和坪天蓬公司被确定为宜昌市重点农业产业化龙头企业。以争创“湖北省第一名茶品牌”为契机，采花毛尖、天麻剑毫等优势企业自愿走向联合，组建湖北采花茶业有限公司，推动了茶叶品牌整合。狠抓农村扶贫开发，全面实施16个重点贫困村的整村推进工作，完成移民搬迁360户1285人。积极抓好农业综合开发、“一池三改”、饮水解困、国土整治和退耕还林工程建设，农民的生产生活条件进一步改善。2005年，全县农民人平纯收入达到1798元，比2004年增加100元。

（二）咬定全年工作目标，千方百计提高工业企业生产经营效益。2005年春节期间发生的特大冰冻灾害，导致我县电力输送网络一度瘫痪，致使县内骨干工业企业普遍推迟开工近一个月。面对重重困难，县人民政府强化领导，及时研究解决企业在生产经营过程中存在的突出困难和问题，确保企业正常生产经营。2005年，全县完成工业总产值13.2亿元，比上年增长16.7％。其中规模内企业总产值达到4.5亿元，比上年增长21.6％。亚泰公司当年实现销售收入1.5亿元，成为我县第一个年销售收入过亿元的工业企业，跻身宜昌市50家重点企业行列。新桥公司获得国家认证认可监督管理委员会颁发的出口食品生产《卫生注册证书》。恒大化矿、五东薯业、骏王公司等企业的生产经营效益得到提高，呈现出良好的发展态势。积极稳妥地推进企业改革，骏王公司整体并购长峡酒业；天池茶叶机械厂、山山人造板公司破产案终结；雅佳公司、乡镇企业供销公司、商业总公司、永康药业公司的改革遗留得到妥善处理。外贸出口取得新的成绩，全县获得自营出口权的企业达到6家，实现外贸出口70万美元。

（三）强化财政收支管理，努力确保财政金融平稳运行。完善乡镇财政管理体制，狠抓财源建设，强化税收征管，全面推行财政“四项改革”，进一步规范财政资金管理。在政策性减收因素进一步增多的情况下，全县完成地域财政收入10700万元（含社保基金），占调整预算计划的100％，按可比口径比上年增长7％，扣除农业税减免政策因素影响后，比上年增长9.3％；地方一般预算收入完成3636万元，占年初预算计划的101％，比上年增长11％，扣除农业税减免政策因素影响后，比上年增长22％。以“保工资”为重点，全县安排资金1000万元用于发放政策性津补贴和兑现调资政策，广大干部职工的工资待遇进一步提高。全县财政总支出预计达到23646万元，比上年增长18％，其中一般预算支出预计达到20989万元，比上年增长20％。加强信用环境建设，稳步推进农村信用社改革，金融运行保持平稳。全县金融机构期末存款余额达到8.57亿元，贷款余额达到4.42亿元，存款余额比上年期末增长16％，剔除农业银行剥离不良贷款因素后，贷款余额实际比上年期末增长15.8％。

（四）狠抓重点项目建设，着力培育新的经济增长点和发展后劲。坚持一手抓招商引资，一手抓对上争取，一批重点项目成为拉动经济增长的“助推器”。全县累计完成全社会固定资产投资3.83亿元，比上年增长21％。2005年，全县在建招商引资项目总数达到63个，到位资金2.93亿元，其中当年引进项目23个。交通建设投入力度进一步加大。陆渔一级公路被纳入全省交通建设“十一五”规划；325省道砂子垭隧道工程顺利开工；五牛公路改造采花至牛庄段黑色化工程完工并通过验收；王渔二级公路改造完成路基工程11公里；柴埠溪旅游公路马场湾段7.1公里公路完工；完成农村公路黑色化（硬化）工程50.4公里，新修农村公路27.9公里。水电开发项目建设进度加快。全县新增水电装机容量1.03万千瓦。南河流域水电开发项目建设进展顺利，预计今年5月可投产运行；泗洋河、渔泉河、王家河流域水电开发项目超额完成年度投资计划。宜五110KV输电线工程楼渔线正在抓紧组织施工，预计今年3月底以前可以完工。工业招商项目和技改项目取得新突破。湖北地大煅烧高岭土有限公司落户宜昌开发区猇亭工业园，实现了“走出县境办工业、借地生财谋发展”的突破。亚泰化工有限公司两台10000KVA黄磷电炉新建工程、恒大化矿有限公司高光钡生产线扩建工程、新桥公司二期扩建工程、宜昌千叶绿色蔬菜有限公司相继投产。

（五）注重全面协调发展，不断推动各项社会事业再上新台阶。加强精神文明建设，广大干部群众的文明素质得到提高。深入宣传贯彻《民族区域自治法》和《国务院实施〈民族区域自治法〉若干规定》，全县人民的民族意识进一步增强。积极稳妥推进中小学校点布局调整，县实验初中组建并挂牌，全县中小学校点总数由86所调整为76所；多渠道筹集资金实施中小学危改工程、寄宿制工程、捐资援建工程和现代远程教育试点项目，教育基础设施建设条件进一步改善。加强公共卫生体系建设，县疾病预防控制中心、第二人民医院建成投入使用，新型农村合作医疗试点县项目顺利启动实施。文化体育工作取得新进展，全国首批非物质文化遗产申报项目“唐祭仪式”顺利通过省级专家评审。积极推进“村村通”广播电视工程，广播电视覆盖率和转播质量得到提高。计划生育管理水平进一步提升，人口继续保持低水平增长。旅游开发成效显著，柴埠溪大峡谷风景区被评定为AAAA级景区，县内各景区景点全年接待游客27万人次，门票收入达到207万元，旅游综合收入达到4913万元，分别比上年增长46％、143％和52％。

打造特色新区
保持经济社会和谐发展

中共夷陵区委书记　王国斌
夷陵区区长　熊伟

2005年,夷陵区委、政府认真贯彻落实党的十六届四中、五中全会精神,以科学发展观总揽全局,围绕建设长江中上游经济强区、国内一流旅游名区、宜昌市特色新区的"三区"目标,着力实施工业主导发展、项目带动发展、城乡统筹发展、环境带动发展"四大"战略,抢抓机遇,开拓创新,奋力拼搏,保持了经济加速、社会和谐发展的良好态势。

——*区域经济实力不断壮大*

2005年,全区完成地区生产总值63.37亿元,同比增长15.6%;实现全地域财政收入7.63亿元,在全省县市区总量第二、人均第一,其中一般预算收入2.17亿元,同比增长21.2%;全年完成全社会固定资产投资23.2亿元,同比增长23.9%;规模工业产值达到44.1亿元;城镇居民人均可支配收入达到8236元,比上年增530元,农民人均纯收入达到3703元,比上年增加320元。2005年区域经济总量位居宜昌市各县市第一位,被评为湖北省县域经济发展前"五强"。

——*项目建设和招商引资成效突出*

全年完成全社会固定资产投资23.2亿元,同比增长23.9%。全年引进引进投资过亿元的项目1个,投资5000万元以上项目6个,投资500万元以上项目64个,协议总投资37.8亿元,完成投资10.4亿元,竣工投产项目15个,新增工业生产能力超过20亿元。实际利用外资912.7万美元,落实对口支援资金2000万元。稻花香"151"工程、三峡国际旅游茶城一期、弘健公司2000吨PE塑料管件项目等一批重点项目建成投产;长江线缆、长江市场二、三期工程、丰扬新型建材等一批重点项目建设步伐加快。区域工业经济核心竞争力显著增强。2005年,全区规模工业达到77家,规模工业产值达到44.1亿元,食品、机电、化工医药、建材、包装五大支柱产业进一步壮大,生产能力超过100亿元。

——*农业产业化水平明显提高*

柑桔、茶叶、畜牧优势产业不断壮大。新发展柑桔2.3万亩,产量达22.4万吨,同比增5.9万吨;新发展茶叶1.3万亩,产量达4500吨,同比增680吨;生猪出栏69万头,同比增10万头。龙头企业发展迅猛。新增省级农业产业化龙头企业2家,市级龙头企业2家;桔瓣罐头加工能力达5万吨;年产50吨以上的茶叶加工厂超过10家;娃哈哈、汇源、均瑶、荣盛、嘉源、萧氏等骨干龙头企业的产销能力达到60亿元。农业标准化生产得到加强。建成微生态果园5万亩,有6个产品获得绿色食品认证,"邓村"绿茶、"晓曦红"柑桔等品牌成为知名优质绿色农产品品牌。农民组织化程度不断提高。新发展农村专业协会43家,网络农户7万户。培训农村劳动力10500人,农民务工收入超过2亿元。2005年,全区实现农业总产值21.5亿元,同比增长12.1%。

——*以旅游业为龙头的第三产业突破性发展*。2005年,全区旅游固定资产已达4亿多元。全区接待中外游客135万人次,实现门票收入3500万元、综合收入6.27亿元,创历史最好水平。三峡人家、三峡观坝景区被评为国家4A级景区;旅游业的发展带动了商贸流通、房地产业快速发展,全年实现社会消费品零售总额28.1亿元,增长11%;各类专业市场发展到33家,大型连锁市场、商城发展到21家。全年完成房地产开发投资3.1亿元,同比净增1.5亿元;销售商品房22.6万平方米,销售总额3.05亿元。2005年底,全区金融机构各项存款达49.5亿元,贷款余额达21.2亿元。

——*城乡面貌显著变化城市骨架进一步拓展,城市功能不断完善,城乡面貌显著变化*。实施了夷兴大道、发展大道、丁家坝大桥改造等城市骨架拓展工程;完成了三峡国际茶城、长江市场等区域10个供水工程项目,确保了城区正常供水;完成了32条小街小巷硬化和亮化;新增城市绿地7万平方米,城市环境明显改善。交通建设投资1.1亿元,完成了土峡路、邓大路、雾樟路等八大干线路网改造重点工程,改造和新修山区公路210公里,硬化村级公路154公里;新建了太平溪港码头,启动了靖江溪码头建设。实施了三峡库区绿化带项目建设,完成退耕还林及天保公益林建设8万多亩。投资2400万元基本完成了23家企业实施污染治理任务。农村用电条件有较大改善,实现了城乡电网同价。

——*社会事业全面进步*。各项社会事业发展呈现出投入不断加大、改革全面深化、功能日益完善的积极态势。素质教育全面推进,农村寄宿制学校建设得到加强,基本消除中小学D级危房,"普九"工作顺利通过国家复查,高职中扩招1522人,在全省率先实行残疾儿童全免费义务教育。落实科技三项经费540万元,实施科技计划项目31个,以"科普之春"、"科技周"和"青少年科技节"为载体的科普活动广泛开展。完成了体育馆、图书馆维修等文化体育设施建设;下堡坪乡民间故事、宜昌丝竹成功入选首批国家级非物质文化遗产;群众文化活动及全民健身运动蓬勃开展。城镇社区卫生服务体系建设得到加强,农村医疗卫生条件不断改善,艾滋病、结核病、血吸虫病等重点传染病的防控水平进一步提高;"复明工程"使280名白内障患者重见光明;高致病性禽流感等重大动物疫病防控扎实有效;医疗市场及食品卫生监督执法工作得到加强。严格人口与计划生育“一法四规”,落实计划生育家庭奖励扶助对象1330人79.8万元。新建10个光纤网络村,完成了64个自然村的“村村通”工程。以养老、失业、工伤、医疗、生育保险等为主要内容的社会保障体系初步建立。全年净增就业岗位6215个,城镇登记失业率为4.3%;社会保险扩面征缴取得新成绩;城乡社会救助体系不断完善,落实城市低保5459户10946人,农村特困对象救助3859户9398人;实施了城乡特困群众大病医疗救助;圆满完成“福星工程”建设任务。整村推进和搬迁扶贫工作顺利推进,完成扶贫搬迁79户299人。

全力打造新西陵
努力实现新跨越

中共西陵区委书记　郭俊苹
西陵区区长　周青

2005年,全区人民在区委、区政府的正确领导下,坚持以“三个代表”重要思想为指导,深入贯彻党的十六届三中、四中、五中全会精神,树立和落实科学发展观,继续深化改革,加快结构调整,完善城市功能,改善人民生活,全区经济社会事业迈出新步伐。

(一)区域经济快速健康发展。2005年,实现全区生产总值65.13亿元,增长13.51%。实现区域财政收入4.67亿元,增长15.39%。实现地方一般预算收入7888万元,可比增长20.2%。实现社会消费品零售总额41.7亿元,增长13.5%。完成市县属固定资产投资16.97亿元,增长48.01%。实现外贸出口6824万美元,增长18%,农民人均纯收入4550元,增长5.8%。区域经济发展呈现五大特点:

区域经济统筹发展的工作格局基本形成。成立了区、街两级区域经济发展促进会和协调委员会,组建了西陵区企业家协会,充分发挥工商联、同业商会等组织的桥梁纽带作用,形成了区域经济协调发展的组织网络体系,为辖区各单位资源共享、合作共赢提供了平台。建立了与市区财税体制相适应的在地统计制度和协税护税机制,出台《加快区域经济发展奖励办法》等政策措施,拿出100万元重奖辖区纳税大户、精品名牌。全区服务市场主体的主动性、积极性和工作水平进一步提高。

商贸商务和旅游服务功能不断增强。均瑶国际广场建设和商业步行街拆迁工作积极推进,新世纪尚城、雅斯葛洲坝广场等一批大型商贸项目相继开业,改造新增商贸营业面积6.1万平方米。“百城万店无假货”示范街创建活动荣获全市第一,消费环境进一步优化。按照“规模发展商业地产、集中发展商务地产、引导发展商住地产”的思路,推进房地产业健康发展,实现房地产投资13.03亿元,增长53.76%。新增中环广场、3e商务大厦、勤业大厦等商务楼宇3万多平方米,旅游广场竣工,楼宇经济成为区域经济的重要增长点。盈嘉酒店、维斯快捷酒店等一批特色酒店相继开业,二马路老街娱乐休闲片区、三峡鱼街等旅游经济板块活跃。圆满完成了第六届中国三峡国际旅游节开幕式、第四届宜昌三峡旅游商品设计大赛的相关工作,服务旅游经济的能力进一步增强。

工业经济质量和效益明显提高。船舶制造、日用化工、机械电子、生物医药、服装食品、包装印刷等优势产业发展势头良好,规模以上工业企业完成工业增加值16.86亿元,增长20.8%。企业技术改造力度和技术装备水平不断加强,新美国际、宜昌船舶柴油机厂、宜昌船厂、丽豪彩印等企业完成技改投资近亿元。运用科技扶持政策,大力引导企业自主创新,新增晶石电子和民康药业2家省级高新技术企业,科技型企业和高新技术企业已成为全区企业自主创新的排头兵,都市工业的发展后劲进一步增强。

农村经济稳步发展。加大农村基础设施投人,完成了黑虎山水库一期除险加固工程和柑橘打蜡生产线、柑橘大棚建设等农业项目,加快“二建三改”(建沼气池、垃圾池,改厕、改厨、改圈)生态家园建设,后坪滑坡搬迁工程竣工通过验收。着力发展优质高效农业和精品果生产,农业生产科技含量不断提高,窑湾乡获“全省无公害柑橘生产基地”称号。实施“阳光工程”,组织农民就业技能培训300人。建立动物疫病防控机制,有效防控了禽流感等疫情。农村经济保持稳定增长。

开发区基础设施建设步伐加快,重点项目和招商引资工作进展顺利。2005年,是开发区基础设施建设大投入、大变化的一年。投入1700多万元完成了发展大道石板段、黄河路二期改扩建工程,筹资2300多万元收储项目建设用地1546亩,新增标准厂房3万平方米。积极做好三峡大学征地等重点项目建设的搬迁和协调服务工作,规划在建和续建石板、茶庵2处村民集中居住小区,沙河污水处理厂建成并投入试运行。提前完成了欧莱雅增资扩产、丽豪彩印迁建等市政府考核重点项目。区政府重点考核的33个项目已竣工18个,完成投资5.54亿元。积极参与香港·湖北周、浙江·宜昌周、三峡国际旅游节等招商推介活动,全区新引进投资额过500万元的项目24个,实际到位资金6.6亿元,完成市政府下达目标任务的165%。直接利用外资2033.43万美元,完成市政府下达目标任务的101.7%。

(二)企业改革和农村改革取得新突破。积极协调争取市直有关部门支持,营造良好的改革环境。有效化解企业债务，引资2亿多元盘活改制企业资产，完成东风旅游公司等4家企业改革任务，安置职工1950人。全区58家国有集体企业已完成改制55家，剩余3家企业的职工安置方案已经职代会讨论通过。坚持耐心、细致、反复做工作，依法依规，有情操作，有访必接，有难就帮，全力化解各类矛盾和问题。筹资1896万元妥善解决了原市袜厂、电热电器厂等一大批历史遗留问题和100多件职工权益纠纷。圆满完成叉车厂等改制企业200多亩存量土地附着物的拆迁安置工作。全区企业改革取得了决定性成果。免征农业税，农村土地二轮延包顺利通过验收，乡镇综合配套改革等各项改革稳步推进。

（三）城市管理与社区建设取得新进展。完成东山三路前期规划，协调编制东山片区分区规划，为我区合理布局项目、增强发展后劲奠定了基础。积极配合市“两路一段”黑化及绿萝路改扩建工程。筹资200余万元，对红星巷、汪家巷、桃花岭等15个社会型小区和小街小巷进行了改造，拓宽了西坝和平路船厂段，安装排水设施及路灯，铺设人行道、硬化翻修道路1.45万平方米，新建和改建绿地3200平方米。坚持实施市容环境综合治理，严格纠正出店经营、违章占道、乱摆摊点，协助拆除违章建筑1.5万平方米，市容环境得到明显改观。四方堰等社区、气象台等10个小区分别被命名为宜昌市首批“绿色社区”和“安静居住小区”。

稳步推进社区规范化建设，规范政府部门及街道办事处对社区工作指导行为。建立“三制一评”民主管理新机制，加强基层自治组织建设，社区工作向“居务公开让民知、社情事务让民管、重大事项让民议”的民主管理迈进。加强社区平台建设，筹资800余万元，完成云集街道社区事务受理中心及康庄路、山庄路等6个社区办公活动用房建设，夷陵路、解放路等4个社区办公活动用房在建，新增面积3400平方米。落实了23个部省属企事业单位达标居委会的区级经费。大力推进“一居一特”创建，学院街办的“三助一扶”活动、云集街办的“五扶”活动、西陵街办的“爱心救助”以及二马路、土街头、气象台、四方堰社区开展的系列特色服务取得了良好的社会效果，社区服务水平进一步提高。

（四）就业再就业和社会保障工作成效显著。加大就业扶持、政策落实力度，广辟就业渠道，全年新增就业8549人，下岗失业人员实现再就业6057人，完成社会保险扩面8061人。发放再就业优惠证8134本，为下岗职工减免税收和行政性收费4198人次279.45万元。全面启动城乡贫困群众救助工作，出台《西陵区城乡贫困群众医疗救助实施细则》，成立了扶贫助残慈善联合会，筹措救助资金47万元。进一步规范城市低保管理，对全区低保对象4084户10258人发放低保金1101.4万元，我区被授予全省首批“城市低保工作规范化管理A类单位”。

（五）精神文明建设和各项社会事业全面进步。全面加强精神文明建设，文明单位、文明社区、文明小区创建整体推进，以“孙万清平台”建设为载体的未成年人思想道德建设经验得到中央文明委肯定和推广。我区荣获“市级文明城区”称号，辖区15个单位被表彰命名为省级文明单位和最佳文明单位，社会文明程度和市民的文明意识进一步提高。坚持科教兴区战略，加强科技成果转化，与三峡职业技术学院建立了果蔬栽培产学研合作关系，与三峡大学、华中农业大学的合作水平进一步提高。科普阵地建设及科普活动进一步深入，我区获得“全省科普工作先进集体”称号，通过了全国科技工作先进区复查验收。加强教育基础设施建设，完成了铁路坝小学教学楼等16个改扩建项目，改善了办学条件，推进了全民义务教育均衡发展。大力实施“名师工程”，公开招聘骨干教师，加强教师队伍建设。严格执行义务教育“一费制”，免收进城务工农民子女借读费107.5万元，人民群众满意度不断上升。大力发展文体事业，“两馆一中心”装修改造工程全面启动。广场文化和全民健身等群众性文体活动蓬勃开展，顺利通过全省文化先进区复查验收。加强公共卫生体系建设，全面落实艾滋病等重大疾病防治工作。新型农村合作医疗制度健康发展，爱国卫生运动稳步推进。深化人口与计划生育综合改革，落实农村部分计划生育家庭奖励扶助政策，社区计生工作新机制基本建立。我区先后被评为首批“全国社区残疾人工作示范区”、“全国青年中心建设试点工作示范区”和“广州军区征兵先进单位”，人民武装、双拥、优抚、妇儿、档案、侨务、民族宗教等各项工作取得了新进展，各项社会事业呈现良好发展态势。

（六）民主法制建设和和谐社会建设全面加强。105件人大代表、政协委员建议和提案见面率、办复率为100%，满意和基本满意率达98%以上。努力为人民群众办实事，2005年八件实事已全面完成。坚持“打防结合、预防为主、专群结合、依靠群众”的方针，深入开展“平安西陵”创建活动，深化“严打”整治斗争和“天网”行动，全面构建社会治安防控体系。坚持领导信访接待日、领导包案制和信访责任追究制，畅通信访渠道，依法有序接访，认真调处矛盾纠纷，一批社会热点、难点问题得到妥善解决。完成村委会换届选举，顺利通过“四五”普法检查验收。健全和完善安全生产监督管理体制，层层落实安全生产责任制，强化专项整治，保持了安全检查的经常化，加大消防安全、食品安全、校园安全等公共安全的监管力度，整改了一批安全隐患，保持了辖区安全稳定。我区被省委、省政府授予全省首批“平安县市区”称号。

（七）党的建设不断推进。2005年，区委根据中央、省委、市委的统一部署和安排，扎实开展了保持共产党员先进性教育活动。在先进性教育活动中，区委坚持高标准、严要求、较好地保证了学习教育活动各个批次、各个阶段、各个环节的高质量。通过保持共产党员先进性,全区的党员理想信念进一步坚定,宗旨观念进一步增强,凝聚力、向心力、战斗力显著提高。2005 年 7 月,全市街道社区先进性教育活动经验交流会在我区召开,区委及学院街办、国贸集团、四方堰社区、樵湖岭社区等单位党组织的先进性教育经验及成果在全市推广,学院街办、国贸集团被市委授予“第二批保持共产党员先进性教育活动先进单位”的光荣称号,区委先进性教育活动办公室被评为“第一、二批保持共产党员先进性教育活动宣传工作先进单位”。加强对人大、政协工作的领导,充分发挥人大、政协的作用,人大工作受到市人大的充分肯定,并推广了我区“人大代表进社区”经验。区委中心学习小组探索的“破题式”学习方法,在全市县级中心组理论学习经验交流会上进行了交流,并省委宣传部在全省进行了推广。区委主动适应经济转轨、社会转型给党的基层组织建设带来的新情况和新要求,着眼于巩固党的执政基础、提高党的执政能力,立足于服务居民群众、构建和谐社会,大胆探索,不断加强社区党建工作。西陵区、学院街道、二马路社区三级分别被省委组织部评为第一批“全省社区党建工作示范区”。我区在推进社区民主政治建设中创造的“三推一选”、“三制一评”经验在全省、全市被推广。强化纪委监察的职能作用,继续抓好政风行风评议,不断巩固和完善政府采购、综合招投标制度,积极推行领导干部职务消费货币化改革,廉政建设、行风评议和源头治腐进一步深化。

加快经济发展 构建和谐伍家

中共伍家岗区委书记 蔡建国
伍家岗区区长 张鹏

2005 年,全区人民在区委、区政府的正确领导下,以邓小平理论和“三个代表”重要思想为指导,树立和落实科学发展观,紧紧围绕建设新型工业强区、商贸物流大区、商住旅游服务新区的目标,大力实施“科教兴区、环境立区、项目强区、开放活区”战略,克难奋进,全区经济快速协调发展,各项社会事业全面进步,实现了年初确定的国民经济和社会发展的预期目标,较好地完成了“十五”时期的各项任务,为“十一五”时期经济社会发展奠定了坚实的基础。

一、国民经济继续强劲增长

2005 年,全区实现地区生产总值 41.5 亿元,同比增长 12.6%;实现全地域财政收入 3.3 亿元,增长 17.7%,其中,地方一般预算收入达到 5008 万元,增长 22.5%;全社会固定资产投资完成 16.3 亿元,增长 24.9%。

工业经济在调整中快速增长。完成全口径工业总产值 40.8 亿元,增长 11.9%;规模以上工业企业完成产值 34.9 亿元,增长 18.2%。运行质量不断提高,实现规模以上工业增加值 8.8 亿元,增长 16.2%。工业规模进一步壮大,规模以上企业达到 38 家,资产总额超过 53 亿元。结构不断优化,生物食品、纺织服装、橡胶化工、电子仪表及机械制造业成为重要支撑。企业技术改造力度加大,全年技改资金投入达到 3.4 亿元,新丰化纤、安能热电、永鼎红旗、猴王焊丝、宝塔纸业等一批技术改造项目顺利实施。三峡民科园建设取得新的进展,入园企业达到 26 家,年创产值 4 亿元,实现税收 2000 万元。劲森电子、燕狮科技等民营科技型企业加快发展。

第三产业发展活力增强。实现三产业增加值 23.0 亿元,增长 12.8%。实现社会消费品零售总额 33.2 亿元,增长 13.3%,居各县市区前列;限额以上商贸企业完成营业总额 6.83 亿元,增长 25.4%。房地产业蓬勃发展,开工面积达到 60 万平方米,竣工 32 万平方米,南北天城、长江画廊、长江帝景等一批项目正在加快建设。旅游业起步良好,旅游综合收入达到 9277 万元。现代物流业逐步成为新的经济增长点。

农村经济发展态势良好。实现农村经济总收入 18.4 亿元,同比增长 14.2%。农业基础设施建设力度加大,农业抗御自然灾害的能力进一步增强。灯光诱蛾、测土配肥等农业新技术广泛应用。生态家园建设扎实推进。重大动物疾病防治取得成效,有效防止了禽流感等疫情的流行和传播。龙头项目对种养业的带动作用更加突出,农村经济结构不断优化。

二、改革开放迈出新步伐

各项改革纵深推进。国企改革取得突破,在完成 32 家企业改制的基础上,11 家待改制企业中 9 家企业改制取得实质性进展,其中 4 家企业改制基本完成;共筹集职工安置资金 1.1 亿元,分流安置职工 3414 人,盘活存量资产 9418.5 万元,化解企业债务 4.2 亿元。任务最重的中南集团改制工作已经启动。农村税费改革进一步深化,全面免征农业税;顺利完成土地二轮延包工作;乡镇综合配套改革取得实效。探索实施城市综合管理改革,逐步建立了城管工作新机制。部门预算、国库集中收付、“收支两条线”、政府采购等改革举措全面推行,财政四项改革考核指标位居全省前列。

招商引资成效明显。全年引进项目和经济实体 290 个,实际到位资金 6.5 亿元。其中投资规模 3000 万元以上的项目 23 个。在引进重大项目上实现历史性突破,总投资达7.8

亿元的宜昌现代商贸物流中心目前已经奠基开工。裕波纺织、天瑞叉车、国贸万寿购物广场、长江画廊等一批项目的引进建设,为经济发展注入了新的活力。向上争取资金、项目取得新成绩,12个项目纳入国家、省、市计划,争取扶持资金1800多万元。

外向型经济快速发展。具有自营出口权的企业达到35家,出口创汇3938万美元,增长38.4%;实际利用外资832万美元,增长33.9%。成立了外派劳务服务中心,加强外派劳务培训与服务,开辟了劳动力转移新渠道。

三、城市建设取得重大突破

城市建设和管理进一步加强。认真做好重点工程的建设服务工作,保证了工程建设顺利进行。宜万铁路及宜昌新火车站建设全面开工;沿江大道延伸段竣工通车,城东大道动工前的各项准备和服务工作全部完成。积极参与城市规划。城东生态新区控制性详规、村民集中安置居住小区规划通过评审,宜昌新火车站至白沙路沿线街景设计方案初步完成。兴建了江海路,维修了中南路。重点对三峡民科园、桔城路和东山大道沿线进行了绿化。积极开展"五城联创",加强市容环境综合整治,城市管理水平不断提高。生态环境保护和污染治理进一步加强。创建了航道小区等4个"四化"小区,人居环境进一步改善。

社区建设水平不断提高。组织开展社区述职评议活动,进一步完善了以"选聘分离"为主要内容的新型社区管理体制。完成"社区300工程"15个,22个社区基本实现了办公和活动场所300平方米以上的目标。认真落实政务类服务,积极开展公益类服务,努力探索社区服务产业化路子,社区服务水平不断提高。

四、各项社会事业全面进步

科技创新成效显著。共立项各级各类科技计划项目12个,申请专利60件,授权38件。积极争取国家、省、市科技专项资金,安琪集团、劲森电子、燕狮科技获得国家新产品技术开发资金支持。科技进步考核名列全市榜首,再次被评为全国科技进步先进区。

教育事业蓬勃发展。"普九"成果得到巩固,中小学布局调整稳步推进,多元化办学体制改革不断深化,教育教学质量进一步提高。505子弟学校移交地方管理平稳过渡。在全市县市区党政领导教育工作目标考核中被评为优秀,被省政府确定为"人民满意教育县市区"考核入围对象。

其他各项社会事业全面进步。基层文体设施建设力度加大,文体活动广泛开展,青少年竞技体育实力增强,文化市场繁荣有序。突发公共卫生事件应急体系逐步完善,艾滋病、结核病等重点传染病得到有效防治,基础计划免疫工作不断规范,万寿医院、伍家医院条件进一步改善。人口与计划生育"街乡创优、村居创特"的做法得到省市肯定,农村部分计划生育家庭奖励制度全面推行,出生人口性别比专项治理活动扎实开展,全区人口自然增长率5.13‰。第一次经济普查被推荐为全国先进单位,在地统计规范运行。联网审计在全市率先启动。国防教育、征兵工作和国防后备力量建设不断加强。《伍家岗区志》编纂工作全面推进。监察、档案、妇女儿童、老龄人、残疾人等事业都取得了较好成绩。

人民群众生活不断改善。城镇居民可支配收入达到8711元,增长7.9%;农民人均纯收入达到4594元,净增229元。居民消费水平不断提高,消费结构渐趋合理,生活质量进一步改善。就业再就业工作成效明显,初步构建了帮扶困难群体再就业的长效机制,城镇新增就业8410人,帮助下岗失业人员再就业6949人,帮助困难人员再就业2950人,城镇登记失业率控制在4.4%以内。社会保障体系不断健全。低保动态管理进一步规范,全年发放低保金1587万元,15700多人的基本生活得到保障;城镇基本养老、医疗、失业、生育、工伤等保险覆盖面进一步扩大;实施城乡困难群众大病医疗救助,189人次得到及时援助;农村特困救助实现了救助范围扩大一倍的目标。

五、精神文明和民主法制建设扎实推进

精神文明建设进一步加强。全面落实《公民道德建设实施纲要》,深入开展保持共产党员先进性教育活动,营造"人心齐、抓机遇、求发展"的良好氛围,为实现跨越式发展提供强大精神动力。扎实开展文明城市创建活动,我区再次被评为市"文明城区",为宜昌市创建国家级文明城市活动做出了积极贡献。

民主法制建设力度加大。自觉接受区人大及其常委会监督,主动听取区政协、民主党派和人民团体的意见。高度重视人大代表建议和政协委员提案办理工作,共办理议案、建议和提案136件,办复率、见面率、满意和基本满意率均达到100%。加大《行政许可法》宣传贯彻力度,依法行政水平有所提高,政务、村务、厂务、校务公开全面推行。深入开展"四五"普法,公民法制意识不断增强。加强基层政权建设,圆满完成村级换届选举工作。坚持开展反腐败斗争,廉政建设得到加强。积极推进电子政务建设,政府门户网站运行质量进一步提高。

社会稳定工作得到加强。深入开展"平安伍家"创建活动。认真对待群众来信来访,妥善处理各种社会矛盾,保证了各项重点工程建设的顺利实施,杜绝了赴省进京越级上访现象。全面落实社会治安综合治理的各项措施和制度。严厉打击抢劫、盗窃等多发性犯罪,坚决查禁"黄赌毒"等社会丑恶现象,社会治安环境进一步好转。"社区矫正"试点取得实效。安全生产管理不断加强。

承继"十五"辉煌 开创"十一五"伟业

中共点军区委书记　吴康年
点 军 区 代 区 长　周正英

点军因传说三国蜀汉名将关羽在此点阅兵马而得名。点军区位于东径111008'－18'、北纬130034'－46'之间，地处长江三峡西陵峡右岸，是宜昌中心城区的一部分，2001年6月在宜昌重新进行行政区划划分后，点军区现下辖联棚、土城、桥边、艾家四乡镇和点军街道办事处，总面积550平方公里，全区常住人口10.7万人。

"十五"期间，是点军区具有划时代意义的五年。土城、桥边、艾家三乡镇整体划入，夷陵长江大桥建成通车，宜万铁路点军段开工建设，为点军成为宜昌建设世界水电旅游名城的重要拓展带奠定了坚实的基础。全区经济和社会事业健康发展，"十五"计划预期目标任务全面完成。

——国民经济综合实力显著增强。"十五"末，全区生产总值实现11.53亿元，比"九五"末增加6.17亿元，年均增长16.5%，高于全国、全省、全市平均水平。其中：第一产业增加值2.67亿元，年均增长2.9%；第二产业增加值5.65亿元，年均增长29.0%；工业增加值4.06亿元，年均增长32.4%；第三产业增加值3.2亿元，年均增长16.9%。财政收入完成7238万元，年均增长20.7%，其中地方一般预算收入完成1227万元。社会消费品零售总额达到4.27亿元，年均增长10.7%。

第一、农业和农村经济特色鲜明。"十五"末，农民人平纯收入达到3295元，比"九五"末增加753元。全区蔬菜、水果、畜禽、茶叶、桑蚕等五大产业已具规模，泉水蜜柚、车溪翠芽等农特精品享誉省内，农业科技含量明显提高，专业协会的带动作用日益增强；农村能源、生态家园、天然林保护、退耕还林等德政工程的实施，为农业发展提速注入了强大的动力。

第二、工业主导产业基本形成。"十五"末，工业总产值实现14.72亿元，比"九五"末增加11.56亿元，增长3.7倍。构建了以桥边、紫阳、谭家河为核心的工业发展平台，全力探索并争取电力直购政策，形成了铝加工、电子材料、生化医药、电气电缆、机械轻工等主导产业。

*第三、旅游经济蓬勃发展。*以"梦绕江南、绿色点军"，"江南风光、健康之旅"为主题的点军休闲旅游蓬勃兴起。车溪民俗风景区晋升为国家4A景区、全省十佳景区，紫阳龙洞度假区晋升为国家3A景区，文佛山、石门洞旅游开发初显成效，磨基山森林公园、青龙峡风景区成为我区旅游经济新的后劲所在，民俗风情游、宗教文化游、农家休闲游三条特色旅游线路基本形成。

*第四、招商引资和项目建设取得历史性突破。*五年来，先后成功引进各类项目48个，总投资44.3亿元，其中工业项目35个，投资总额34亿元，实际到位资金17.6亿元，全面投产后，可实现年产值45亿元、税收1.5亿元。2004年，全区利用外资1500万美元，外贸出口3036万美元，在全省名列第11位，全市第2位。全区社会固定资产投资五年累计完成23.4亿元，比"九五"时期增加17.7亿元，增长3倍。

——基础设施建设实现新突破。在"十五"期间，夷陵长江大桥建成通车，323省道改造全线竣工，五联路、土三路等通乡公路顺利完工，乡村公路硬化达到286公里，谭艾路路基改造进展顺利，宜万铁路点军段开工建设，江南翻坝运输公路正在立项，全区公路网络基本建立。城网改造、农网改造全面完成，有线电视光纤网络覆盖面不断增加，城乡基础设施大为改善。

——社会事业和民主法制建设全面进步。在"十五"期间，点军一中建成开学，英杰外国语学校等民办教育发展迅速。计划生育保持低生育领先水平。群众就医条件明显改善。城乡社会救助体系逐步建立。"四五"普法顺利通过省级验收。扶贫开发和移民工作扎实有效。国防建设和依法行政工作不断加强。人事、劳动、社会保障和社会治安综合治理力度加大。安全生产、民政、审计、土地、规划、工商、信访、档案等工作卓有成效。

——各项改革进展顺利。在"十五"期间，乡镇机构综合配套改革全面完成，农村税费改革圆满成功，财政四项（国库集中收付、收支两条线、部门预算、政府采购）改革有序推进，国有集体企业转制基本结束，教育、卫生、医保等改革工作顺利实施。

*"十一五"时期，点军区经济和社会发展的指导思想是：*高举邓小平理论伟大旗帜，以"三个代表"重要思想为指导，全面落实科学发展观，坚持以发展为主题，以转变发展观念、创新发展模式、提高发展质量为主线，以培育壮大工业支柱、建设社会主义新农村、整合优化旅游资源、推进城市化进程为重点，以促进人的全面发展作为根本出发点和落脚点，加快建设"宜昌新型工业区、现代农业示范区、三峡休闲旅游区、生态型城市新区"，努力构建经济协调快速发展，社会全面进步的和谐点军。

*点军区未来五年的总体目标是：*人均生产总值在"十五"末的基础上翻一番，单位生产总值能耗比"十五"末下降20%。经过五年的努力，把点军建成宜昌争当湖北"中部崛起"排头兵的重要增长极，建成创业环境优良、生态环境优美、人民生活富裕的新城区。

"十一五"时期全区经济社会发展的主要目标是：

——经济实力进一步增强。到2010年，全区生产总值达到26亿元，年均增长17.7%。其中：第一产业增加值达到3亿元，年均增长2.4%；第二产业增加值达到17亿元，年均增长24.7%；第二产业中工业增加值达到15亿元，年均增长29.9%；第三产业增加值达到6亿元，年均增长13.3%。三次产业结构调整为11.54:65.38:23.08。固定资产投资规模累计达到36亿元；社会消费品零售总额达到6亿元，年均增长7.0%；出口总额达到5000万美元，年均增长5.6%；全口径财政收入达到1.8亿元，年均增长20%，其中一般预算收入达到3000万元，年均增长19.6%。

——人民生活质量进一步提高。到2010年，全区人口达到13万人左右；人口自然增长率控制在3‰以内；人均期望寿命达到79岁；城镇居民人均可支配收入达到11935元，年均增长8%；农民人均纯收入达到4500元，年均增长6.4%；城镇居民恩格尔系数下降到35%以内；城镇人均居住面积达到35平方米；全区五年城镇新增就业岗位5000个，转移农村剩余劳力2万人，城镇登记失业率控制在4.5%以内。

——社会事业进一步发展。到2010年，城镇化水平达到50%左右；教育功能基本完善，部分中小学初具城市教育雏形；建立覆盖城乡、功能完善的疾病预防控制体系、农民就医保障体系、贫困人群医疗救助体系、医疗救治服务体系和卫生执法监督体系；积极推行农村新型合作医疗制度，逐步建立和形成突发公共卫生事件应急救治机制；建立较完善的社会保障体系；广播电视覆盖率达到99%。

——生态环境进一步改善。到2010年，全区森林覆盖率提高到55%；全区人均公共绿地达到11平方米；城市空气质量达到国家Ⅱ级标准；城区污水集中处理率达到70%，垃圾无害化处理率达到95%以上；工业用水重复利用率达到65%以上，工业固体废弃物综合利用率达到85%以上；资源综合利用水平进一步提高，努力达到同行业、同产业国内先进水平。

"十一五"时期的主要任务和主要措施是：

（一）推进经济发展，增强综合经济实力。

——加快推进新型工业化进程，突出工业主导地位。坚持突出工业主导地位，走新型工业化道路，大力发展高新技术产业，做大做强支柱产业，用先进实用技术改造传统产业，加快产业结构优化和升级，整体提升工业竞争力。一是搭建工业发展平台。全力争取审批成立点军开发区，明确开发区应享受的各种优惠政策，解决规划、城建、土地等各种矛盾，使点军开发区成为推动全区新型工业化进程的发展平台。积极争取直购电政策，发挥宜昌水电资源优势，顺应国家电力体制改革发展方向，努力将点军纳入国家直购电试点范围。二是突出载电特色产业。加强与长江电力股份公司的合作，积极探索和研究将三峡电站和葛洲坝电站的发电量，争取一部分电量留在点军，开展大用户向发电企业直接购电试点，重点将长江铝业做大做强，使其达到年产26万吨规模，配套发展上下游产品，延伸产业链，聚集产业群。三是培植高新技术产业。重点发展以电子材料、生化医药等产业为主的高新技术产业。以凯普松电子为基础，建成全国闻名的化成箔、腐蚀箔生产基地。积极扶持三峡制药加快技改步伐，建成世界有影响的硫酸新酶素原料药生产基地，并加大开发氨基酸原料药进度。积极争取引进单晶硅、多晶硅和高品质光学水晶等项目，发展电子信息产业。四是大力发展轻工、机械制造产业。以环高乐器为载体，建设钢琴、小提琴、古筝等乐器产品，努力打造中国乐器制造基地；支持永鼎红旗，发展多种电力电缆和通讯电缆，实现设备和产品升级换代，不断扩大生产经营规模，建成全国知名的电力电缆、通信电缆生产基地；支持红光港机重点发展国内沿海和长江沿线各港口及其它行业所需的各种起重机、平板车、集装箱等港口机械设备；建设精密钢管项目，重点研发生产冷拔管、金属穿管、汽车零部件等产品，建设中南地区最大的精密钢管生产基地。

——加快推进城郊现代农业进程，建设社会主义新农村。按照"生产发展、生活宽裕、乡风文明、村容整洁、管理民主"的要求，加快推进城郊现代农业进程，建设社会主义新农村，是构建和谐点军的重要战略任务。一是突出特色产品，壮大优势产业。加大时令菜、精细菜、秋淡菜和名优品种菜发展力度，扩大无公害蔬菜种植规模，建设低山、半高山、高山三大地带优质商品菜基地；以优质宽皮柑桔、泉水蜜柚及小杂水果的发展为重点，形成点军的水果特色和品牌；以生猪的规模养殖、生态养殖和家禽的绿色养殖为重点，加快养殖基地建设；进一步壮大现有的农产品加工企业。二是健全组织体系，提高服务水平。要充分发挥乡镇农技水利水保服务中心的经济和社会效益，要继续以农产品行业协会和专业合作经济组织建设为重点，进一步发挥农村专业协会的社团服务组织功能，提高农民的组织化程度，促进农产品的生产、加工、流通一体化经营，有效规避农业市场风险；三是推进科技创新，促进生产发展。以推进农业科技创新为重点，加快新品种、新技术在农业领域的推广应用。继续抓好农民工培训，不断提高农民的科技素质和职业技能，重点示范推广20项农业先进适用技术，增强城郊农业竞争力，提高农副产品标准化生产水平，搞好农副产品商标注册和品牌建设，力争科技对农业增长的贡献率达到60%以上；四是加快农业设施建设，改善生产生活环境。大力实施生态家园工程，因地制宜搞好社会主义新农村建设的具体部署，切实改善农村卫生医疗条件，不断丰富农民文化生活。

——加快推进旅游新区建设进程，全面提升第三产业水平。树立“三产兴区”意识，加快发展旅游业、仓储物流业、商贸流通业、房地产业、社区服务业，促进第三产业全面发展。到2010年，三产业增加值达到6亿元，年均增长13.3%。重点发展产业：一是旅游业。进一步完善车溪民俗旅游区，努力打造车溪旅游圈；积极引导“农家乐”向规模化、特色化集聚，形成沿江休闲走廊；积极支持文佛山开发建设，引导石门洞加大开发力度，初步形成楠木溪宗教旅游圈。进一步加大景区整合和市场营销力度，着力推出车溪民俗圈旅游线、环楠木溪宗教旅游线和沿江休闲旅游线。抢抓江南城市开发机遇，积极引导宾馆饭店、农家旅馆发展和旅游商品开发，把点军建设成为全省“农家乐”示范地、巴楚民俗文化代表地、三峡休闲旅游度假最佳地、宜昌市水电旅游名城形象展示地，初具“旅游新区”形象。二是仓储物流业。抓住宜万铁路和三峡翻坝公路建设机遇，充分利用好长江黄金水道，整合资源，调整布局，扩大开放，启动物流基础设施和信息化建设，促进水陆空等各种运输方式合理配置。重点建设宜昌江南物流园、桥边综合物流园，基本建成交通运输便捷、仓储物流配套、信息网络快捷等功能完善的现代物流体系。兴建宜昌南站、货运中心、五龙客运中心、樱桃园码头客货中转站，以大江南农副产品批发中心为载体，运用现代物流技术和管理方式，加快建立点军农副产品分销网络。支持建成1个在全省有影响的现代物流企业。三是商贸流通业。按照“政府引导、市场运作、多方投资、共同建设”的原则，重点建设好6个专业市场和相关配套服务网点。依托农副产品资源优势，在五龙片区建设大江南农副产品批发中心。依托旅游资源优势，在土城集镇建设旅游产品批发市场。依托载电工业园区内大企业和宜万铁路优势，在朱市街、桥边镇建设2个综合集贸市场。同时新建紫阳、艾家社区级商业中心。在铁路、省道沿线、沿江、码头和其它集镇配套发展9家商业零售网点。加快发展金融保险业，不断开拓金融及商业保险业务。在五龙片区立项建设年交易额在3－5亿元的大型农副产品综合批发市场，配套建设城乡集贸市场、超市、连锁店等农产品零售市场，形成江南农副产品集散中心。四是房地产业。启动经济实用房、中高档商品房并举的住宅建设，逐步使房地产业成为我区新型产业，努力把我区建设成为宜昌的高尚居住区。以建设宜昌南岸沿江生活岸线为目标，重点建设朱市街、五龙片区、孝子岩商住区，开发三峡关景观房、经济实用房，加快规划实施村民集中建房。五是社区服务业。坚持社区服务社会化、产业化、市场化发展原则，拓展服务领域，完善服务功能。加快社区服务设施和网点建设。多渠道筹集资金，鼓励下岗职工围绕方便居民，提高生活质量，创办各种便民利民的社区服务企业。

（二）完善基础设施，增强发展保障能力

——加快推进点军城市化进程，逐步完善基础设施建设。加快完善基础设施体系，改善经济和社会发展支撑条件。继续加大能源、交通、市政等基础设施的建设力度，基本解除基础设施对经济和社会发展的瓶颈制约，构建起生态型城市新区的支撑平台。一是加快道路交通建设。以公路建设为骨架，以港站建设为枢纽，加快干线公路建设步伐，拓展点军交通主骨架，进一步完善区域综合交通网络，提高通达深度和快捷程度。二是加快电力电信发展。抓住三峡工程外送通道建设机遇，结合我区工业发展的需要，做好近、中、远期电力分层分区的供电规划。完善农网改造。积极争取三峡电力直供，抓好直供专线网络建设。积极争取电信、移动、铁通、联通等通讯和网络公司加大投入，基本实现固定电话组组通、移动电话网络无缝隙覆盖。三是完善供水供气。完善适应点军经济发展和人口增长需要的城市供水保障体系，在充分利用现有的供水设施基础上，进一步完善区内供水环状网络，提高供水质量。抓住“西气东输”机遇，新建点军区天然气利用工程。积极鼓励使用以天然气为主的清洁能源，改善城区居民生活质量。四是加大环保环卫建设力度。有效控制环境污染和生态破坏，推进清洁生产和绿色消费。

——加大招商引资和项目建设力度，扩大对外开放。“十一五”期间，要重点突出招商引资和项目建设工作，提高对外开放水平，增强点军经济综合实力。一是拓展招商引资领域。充分发挥我区的政策优势、区位优势、资源优势和产业优势，精心推介工业、农业、城建、旅游等方面的优质项目，采取多种途径和方式，吸引各类资本前来参与开发建设。二是增强招商引资实效。加大力度引进一批经济效益好、能够提供较多就业机会的骨干项目，引进一批能够增强区域经济综合实力、提升点军整体形象的名优项目，引进一批节能、环保、消耗资源少的加工项目。三是提高对外开放水平。积极发展对外贸易，培育壮大外向型企业，着力提高对外贸易的质量和效益。

（三）统筹社会事业发展，着力构建和谐点军

——积极推进科技创新。建立健全以高科技产业化为方向、企业为主体、高校和科研院所为支撑、中介机构为桥梁的科技创新体系，着力实施“高新技术产业化、科技兴农”两大工程，鼓励企业自主创新，提高研发能力，实现高新技术产品开发和成果转化、高新技术龙头企业培育、传统产业的高新技术改造、高新技术产业集群等四个方面的新突破。

——着力提高人口素质。一是实施人才强区战略。坚持以人为本，以党政人才、经营管理人才、专业技术人才三支人才队伍建设为重点，抓住人才引进、培养和使用三个环节，构建人才引进平台，健全人才培育体系，完善人才激励机制，实现人才在更大空间范围的有效整合，全面实施人才强区战

略。二是实施教育兴区战略。以“办人民满意的教育”为基本宗旨,加快教育教学改革,全面实施素质教育。采取市场化运作方式,加大教育投入,科学配置教育资源,促进基础教育、成人教育、职业技术教育和学前教育持续、健康、协调发展,不断增强教育综合实力。三是大力发展文化体育事业。优化全区文体发展环境,大力发展社区、校园、企业、老年、农村体育事业,推进全民健身工程。努力建设和完善文体设施网络,提高文体设施覆盖率。四是加强计划生育工作。进一步建立完善“依法治理、村(居)民自治、优质服务、政策推动、综合治理”和责任追究相结合的人口与计划生育工作新机制,加强计划生育基层工作,加强对流动人口的管理,强化对出生人口性别比的治理,稳定保持低生育水平,不断提高新生儿素质。

——努力提高生活质量。一是加强医疗卫生体系建设。积极推行以大病统筹为主的农村新型合作医疗制度和医疗救助制度,努力构建与建设小康社会相适应的医疗救治服务体系、疾病预防控制体系和卫生执法监督体系,逐步形成突发公共卫生事件应急机制。二是加大扶贫开发开力度。到2010年,彻底解决贫困人口的温饱问题,消灭贫困乡和贫困村。三是高度重视安全生产工作。坚持“安全第一、预防为主、综合治理”的方针,全面落实安全生产责任制,强化安全生产责任,健全安全生产监管体系,加强安全生产设施建设,严格安全执法。重点加强对非煤矿山、道路交通、食品安全的监管,有效遏制重特大事故,保障人民群众健康安全。

——致力构建保障体系。一是促进劳动力就业。健全就业服务体系,开展多层次职业技能培训,广辟就业渠道,实现城市化进程中农村劳动力向非农产业的有序转移。二是做好社会保障工作。完善和规范社会基本养老保险制度、下岗职工基本生活保障和失业保险制度、城市居民最低生活保障制度,进一步做好扩面征缴工作,提高参保率和基金征缴率,基本建立起以养老、医疗、失业、工伤、生育保险为主要内容的社会保障体系。

抢抓机遇谋发展 克难奋进建新区

中共猇亭区委书记 黄 克
猇 亭 区 区 长 杜 伟

2005年,是实施“十五”计划的最后一年,也是猇亭经济社会发展取得显著成就的一年。一年来,猇亭区委、区政府紧紧抓住发展第一要务,牢牢把握全市发展城区经济、实施“沿江突破”战略和开发区调整合并等重大机遇,围绕创建现代化新城区和工业新区的宏伟目标,开拓进取,扎实工作,较好地完成了“十五”计划主要目标。全区经济发展呈现速度加快、效益提高、活力增强的良好态势,各项社会事业全面进步,精神文明建设与民主法制建设不断加强,人民生活水平明显提高。

*经济实力明显增强。*2005年,全区实现生产总值18.23亿元,比上年增长96%;完成区域内财政收入2.02亿元,比上年增长19.97%;完成区本级一般预算收入3097万元,比上年增长36.4%,增幅位居全市第二;农民人平纯收入达到3759元,比上年净增252元。经济结构日趋合理,第二产业快速增长,三次产业结构由“九五”期末的13:72:15调整为5.3:78.5:16.2。

*工业新区初具规模。*围绕工业新区的发展定位,坚持大办工业,办大工业,工业经济快速增长,工业发展进入了历史最快时期。2005年,完成工业总产值56.56亿元,比上年增长89.4%;完成工业增加值13.3亿元,比上年增长99.85%,工业经济总量及增幅跃居全市县(市、区)前列。全区初步构建了以宜化、楚磷、新洋丰为代表的化工产业,以葛洲坝机械船舶、宜都机电为代表的机械船舶制造产业,以亚元、兴勤为代表的电子信息产业等新型产业发展格局。高新技术产业不断壮大,2005年高新技术产业产值和增加值分别达到5.52亿元、1.55亿元。

*招商引资和项目建设成效显著。*积极改进招商方式方法,着力改善投资环境,大力吸引投资、培育投资和促进投资,先后引进了宜化大江复合肥、泰盛化工草甘膦及有机硅、三新磷化TCP等一批投资大、市场前景广的重点项目,全年共引进过千万元的项目30个,其中过亿元的项目10个,计划总投资37.1亿元。按照“开工一批、建成一批、投产一批”的思路,不断加大项目协调服务与征地拆迁安置力度,全年开工建设投资过100万元的项目37个,其中已建成投产的项目27个。完成固定资产投资8.62亿元,同比增长89.87%,增幅位居全市第一。投资结构不断改善,工业项目完成投资7.69亿元,占投资总额的89.2%。

*城市建设步伐加快。*不断强化城市规划的科学指导和调控作用,完成了猇亭中心区控制性详规修编并正式实施。开工建设了猇亭新水厂、先锋南路、迎宾大道延伸段、金岭路延伸段、机场路扩建等一大批基础设施项目,全年在建、续建基础设施项目20个,完成投资1.3亿元。安猇路全线贯通,新建通村公路13.6公里,实现了村村通硬化路的历史性跨越。中心区道路市政配套设施建设得到加强,城市功能进一步完善。深入开展城市“五创”活动,大力开展环境综合整治,城市管理水平明显提升,市容环境得到有效改观,在全市环卫作业综合考评中位居前列。

*改革开放取得新进展。*国有企业改革稳步推进,宜都机

电集团改革改制取得重大进展，三棉下岗职工完成了解除劳动合同的有关手续，基本化解了四塑历史遗留问题。农村税费改革全面完成，连续三年获得全省优秀等次，全面取消了农业税。农村土地二轮延包工作顺利完成。村级债务化解工作成效显著，截止 2005 年底，21 个居（村）通过多种途径化债 2887 万元，化债率为 54%。财政四项管理制度改革、事业单位改革不断深化，探索实施了人才派遣制。干部职务消费货币化改革稳步推进。对外开放不断扩大，直接利用外资在上年增长 139% 的基础上，达到 1405 万美元，增长 75%；实现外贸出口 4651 万元美元，比上年增长 15.5%。

*各项社会事业协调发展。*科技事业进一步发展，科技对经济发展的贡献率日益提高，2005 年首次参加并顺利通过全国科技进步考核。“普九”工作高质量、高水平通过省级复查验收，义务教育实现“零辍学”，猇亭成为全市第一个“零辍学区”，教育目标市级考核获得优秀等次。文化体育工作得到加强，群众性文体活动蓬勃开展。公共卫生服务体系进一步健全，高致病性禽流感、艾滋病、血吸虫病等传染病防治工作不断加强。人口与计划生育综合改革不断深化，人口自然增长率为 1.63‰，符合政策生育率达 100%，在全市保持了领先水平。就业再就业和社会保障工作得到加强。城镇新增就业 1268 人，帮助困难人员再就业 213 人，开发公益性岗位 45 个。实施“阳光工程”培训，转移农村劳动力 1266 人。落实城乡居民最低生活保障制度，全区低保人数达到 1066 户 2508 人，实现了动态管理下的应保尽保；农村五保户集中供养率达 85.5%。探索解决失地农民养老问题，在全市率先出台实施被征耕地人员养老生活补助试行办法，近 1500 人开始享受养老生活补助。耕地、水资源和生态环境保护与治理得到加强。监察、审计、统计、人防、国防动员、民兵预备役工作以及档案保密、妇女儿童、地方志、民族宗教等各项工作都取得了新的成绩。

*精神文明与民主法制建设得到加强。*认真贯彻落实《公民道德建设实施纲要》，广泛开展文明单位、文明村（居）等精神文明创建活动，市民素质和文明程度得到提升。进一步规范政府行为，坚持依法行政、科学行政、民主行政，自觉接受民主监督、法律监督、工作监督和舆论监督。大力推进决策科学化、民主化，规范了行政决策程序，成立了政府咨询委员会，初步建立了公众参与、专家论证和政府决定相结合的决策机制。深入推进普法依法治理，“四五”普法顺利通过市级考核验收，干部群众的法制观念明显增强。扎实开展法律进社区和民主法制示范村建设，完善居民自治和村民自治，基层民主法制建设稳步推进。认真做好人民调解和信访工作，全区信访办结率达 98% 以上。加强社会治安综合治理，深入推进“平安猇亭”创建活动，落实安全生产责任制，加强了对重点单位和重大危险源的安全监管及专项整治，较好地维护了社会稳定。

“十一五”时期，区委、区政府将继续坚持以邓小平理论和“三个代表”重要思想为指导，以科学发展观统领经济社会发展全局，以推进经济社会发展为主线，按照立足加快发展，着力开拓创新，完善体制机制，构建和谐社会的基本原则，大力实施“工业兴区”战略、工业发展和城市建设互动战略、科教兴区战略和协调发展战略，大幅提升城市聚集与辐射能力、创新能力和可持续发展能力，积极推进新型工业化、管理现代化和区域一体化；不断深化管理体制改革，营造适宜创业居住的城市环境，促进人的全面发展和社会全面进步，率先全面建成小康社会，率先基本实现现代化。力争经过五年的努力，把猇亭初步建成先进产业基地、现代交通枢纽、自主创新聚集园、循环经济示范区，成为宜昌工业经济的龙头和现代化生态型新城区。

创新发展模式　提高发展质量
实现发展新跨越

中共宜昌经济技术开发区工委副书记
宜昌经济技术开发区管委会副主任　蒋光明

2005 年是宜昌开发区实施“一区多园”的第一年。全区上下围绕年度工作目标狠抓招商引资和项目建设，呈现出速度加快，效益提高、后劲增强、发展和谐的良好态势，圆满完成了全年的各项工作任务，被评为湖北省工业经济先进单位。

*经济持续快速增长，经济效益稳步提高。*全年实现地区生产总值 22.4 亿元，按可比价格增长 25%；技工贸总收入 90.85 亿元，同比增长 51.2%；工业总产值 72.4 亿元，同比增长 55.6%；完成全社会固定资产投资 18.23 亿元，同比增长 18.6%；东山园区财政收入 2.21 亿元，同比增长 22.8%，其中，一般预算收入 4796 万元，同比增长 36.7%，自然增长率增幅居全市第一。

*招商引资成效显著，项目建设突飞猛进。*全年新签约项目 26 个，合同投资总额 44.5 亿元；在建项目 74 个，完成投资 17.93 亿元，其中工业项目 32 个，完成投资 10.8 亿元；新开工项目 47 个，其中工业项目 20 个；建成投产项目 27 个，其中工业项目 14 个，三产项目 13 个。全年新开工工业项目有 FR－4 暨覆铜板及新型非金属管道、TCP、超细高岭土、草甘膦、96 万吨复合肥、车用电子、贝因美、三峡药业、金三峡印务三期、太平鸟服饰二期，欧达机电设备制造等 14 个项目；新投产工业项目有力华商品砼、太平鸟服饰一期、黑旋风科技园一期、光盛纺织一期、光电产业中心、人福药业三期、

世纪嘉华塑业、FR－4暨覆铜板及新型非金属管道等8个项目。

*主导产业地位巩固，产业集聚效应初显。*经过十多年的发展，东山园区已初步形成生物医药、新材料、轻工食品、机械电子等主导产业。2005年，新材料方面新引进了FR－4暨覆铜板及新型非金属管道、镁晶材料等项目，轻工食品方面新引进了光盛纺织基地、茶叶深加工、菌体蛋白深加工等项目。机械电子方面新引进了数字漆包线、机电设备制造、输电线路实时监控系统等项目。主导产业的优势进一步巩固，产业集聚初显端倪。已形成以宜化集团、新洋丰、三新磷化、楚磷化工等为主的化工企业群；以人福药业、三峡药业、贝因美等为主的生物医药企业群；以华强科技、黑旋风锯业、弘讯管业、富连江新材料、永固科技、华润科技等为主的新材料企业群；以三八八厂、长江科技、葛洲坝造船等为主的机电企业群；以太平鸟、光盛纺织、金宝乐器、金三峡印务、双汇食品等为主的轻纺企业群；以创业中心在孵企业为主的中小科技企业群；以金东山市场、鑫昌大市场、东山家私市场、康龙家居广场、家家美橱具广场和众多汽车4S店为主的专业市场群。

*创新能力不断增强，高新产业发展提速。*不断放大国家级创业中心的品牌效应，新引进24家科技型中小企业。加快高新技术研究开发和成果转化，培育了一批具有自主知识产权的高新技术企业。通过创业中心实施高新技术产业化项目和科技型中小企业创新基金项目，培育一批后劲足、成长性好的高新技术企业，金雀定位、永固科技、华润科技、五环钻机等一批科技型中小企业发展迅速。全年争取科技部创业基金340万元，为全市历年来的2倍；创业中心获得部、省、市科技部门资金支持70万元。

*基础设施日益完善，区域环境更趋优化。*东山园区完成了汕头路上段、北海路隧道进口段道路建设，北海路隧道全线贯通，完成了中心区、工业区、三峡大学校区的热力管网铺设；完成了北海路箱涵建设，完善了大连路隧道；完成了金三峡印务、灵芝多糖、贝因美、三峡药业一期、金宝乐器一期等工业项目和重要公共设施项目广电中心的征地拆迁和场平工作，进行了南苑、东苑安置房的建设和青岛路中、下段道路工程建设；完善了发展大道、大连路水景工程，完成了大连路隧道口、大连路、汕头路光盛纺织段的绿化；共拆迁房屋145栋25960平方米，搬迁桔树、经济林木53895株，动迁人口580人，均为建区以来之最。猇亭园区完成了FR－4暨覆铜板及新型非金属管道、上海欧达机电设备制造、超细高岭土等项目的征地拆迁和场平，迎宾大道延伸段、先锋南路、金岭路和第二水厂、开闭所等重要基础设施均已开工建设，完成征地1080亩，拆迁房屋19000平方米。以先进性教育为契机，以行政效能为重点，以机关作风转变为突破口，建立投资环境绿色通道，强化对进区企业、项目的全过程、全方位、全天候服务和零距离、零障碍、零缺陷服务；继续实行领导联系项目制度、联络员制度、重点项目重点调度制度、重点企业重点保护制度，积极为项目建设、区内企业排忧解难；进一步完善"四个中心"建设，推进"四项改革"、完善"四项制度"、坚持"四个公开"，严肃认真对待企业投诉，机关服务意识进一步增强，亲商便民氛围更加浓厚，得到投资者一致好评。

*着力构建和谐社会，各项事业协调发展。*2005年，全区农村经济总收入达27206万元，完成年计划的112.6%；集体经济总收入390万元，同比增长9%；农民人均收入3760元，高出全市672元，同比增长4.1%。社区工作逐步规范。科学规划，解决了管理中的交叉和空白问题，充实了社区居委会和社区专职工作者，多方筹集资金改善了办公和活动条件。就业再就业成效明显。全区新增就业1126人，安置下岗失业人员642人，安置管理区失地农民438人，新增农村劳动力跨地区就业505人，城镇登记失业率控制在4.1%以内。文教卫事业进一步强化。企业子弟学校接收和区属学校资源整合基本完成，实验小学的征地拆迁积极推进；医疗机构管理进一步规范，医疗网点布局不断优化，疾病预防网络初步形成，"防艾"、"爱卫"、"防禽流感"工作顺利推进。平安开发区建设稳步推进。认真贯彻《信访条例》，加大信访工作力度，全年未发生大的群体性突发事件，未发生赴京、进省上访情况，信访结案率100%；加强安全生产监督管理，全年未发生重大安全事故；加强对重点区域违法犯罪活动打击力度，确保了全区人民群众生命财产安全。

*先进性教育扎实有效，党的建设不断加强。*全区分两批在全体党员中开展了保持共产党员先进性教育活动，上半年为区直机关、东山公安分局，下半年为区属其他基层单位，全区有83个基层党组织、1176名党员参加。通过先进性教育活动，党员素质明显提高，基层党组织明显加强，机关干部作风明显转变，党员队伍中的一些突出问题和群众反映的热点难点问题得到初步解决，群众满意和基本满意率100%。干部队伍建设取得新进展。修改完善了《宜昌开发区干部管理办法》，加大了对《干部任用条例》的贯彻落实力度，加强了后备干部工作和老干部管理工作。基层组织建设又上新台阶。新成立了实验小学、创业服务中心等6个基层党组织，部分社区党支部改建为党总支，认真实施了"安家工程"，42名失去联系的党员找到了党组织，社区党建、非公企业党建工作也都取得了新的成效。群团组织作用进一步发挥。工会、共青团、妇联结合开发区实际积极开展活动，维护了职工、居民的合法权益，丰富了群众的文化生活。精神文明建设进一步强化。不断推进公民道德建设、未成年人思想道德建设，深入开展以文明城市创建为龙头的群众性精神文明创建活动，进一步优化了开发区发展环境，提升了开发区

整体形象。

加强党风廉政建设，反腐败工作全面推进。坚持和完善了统一领导、齐抓共管、组织协调、各负其责、依靠群众支持和参与的反腐败领导体制和工作机制。严格部署、督办落实、检查考核、表彰先进，党风廉政责任制建设落到实处。严格执行了“两个务必”，“四大纪律、八项要求”，“八个坚持、八个反对”，“五个不许”等规定和要求；加强了对区直机关新购车辆、区直机关及事业单位工作人员、区属企业负责人投资入股矿产等问题的监督检查；区直机关部分党员干部上交和拒收礼金、有价证券和礼品折合人民币44668元。认真贯彻落实《实施纲要》，组织广大党员干部学习了《实施纲要》，完善了党风廉政的各项制度，加强了对规建系统落实党风廉政情况的监督检查。认真查处违纪违法案件和信访件，查处了一起违反教育受费的问题，受理的信访件全部得到妥善处置。

中等城市向世界水电旅游名城的嬗变

“十五”时期是宜昌综合实力大幅度提升、城乡面貌快速变化、人民生活稳步提高的一个时期，是宜昌改革开放和现代化建设取得重大突破的五年。五年来市委市政府紧抓三峡工程这一重大历史机遇，科学确立了城市发展目标和战略，实现了经济社会全面、协调和可持续发展，迈出了由中等城市向世界水电旅游名城嬗变的第一步，全市社会经济已经站在一个新的战略平台上。

一、国民经济快速发展，综合实力不断增强

这五年，综合经济实力在湖北省内超过襄樊市列第二位，在全国地级以上城市中综合实力居76位。通过五年的努力，一个勃勃生机的宜昌，一个奋发有为的宜昌，展现在人们面前。

综合经济实力不断壮大，经济总量和增长质量两翼齐飞。“十五”时期宜昌市国民经济呈现快速、均衡增长态势，生产总值（GDP）各年比上年的增长率分别为9.2%、8.7%、9.5%、17.5%和13%，2005年生产总值达到658亿元，按可比价格计算，比“九五”期末的2000年增长72.6%，是1995年的4.5倍，“十五”时期年均增长11.53%，超过“十五”计划年均增长10%的目标。全市区域财政总收入首次突破100亿元，达到105.5亿元，年均增长31.9%。财政收入占GDP的比重由“九五”末的6.9%提高到19.9%。其中地方一般预算收入22.5亿元，年均增长12.7%，高于GDP年均增幅。

省域副中心城市地位初步确立。三峡电厂开始发电以后，宜昌经济总量迅速增长，2004年，宜昌生产总值在省内城市中首超襄樊市，列第二位。2005年宜昌生产总值658亿元，是襄樊的1.06倍。地方一般预算收入22.5亿元，是襄樊的1.22倍。

二、产业结构更加优化，工业主导地位突出

“十五”时期，是全国范围内经济结构大调整，产业资源再配置的重要阶段，市委市政府充分发挥本地资源优势和产业优势，以推进新型工业化为重点，大力实施农业产业化带动农村发展，以旅游带动三产业发展，总体上形成了以二产业为主导，三产业极具潜力，一产业基础地位巩固的产业格局。

特色农业和农业产业化双剑合璧，共同劈开农村经济发展大道。“十五”以来，全市重点发展畜牧、水果、蔬菜、水产、茶叶、中药材六大特色农业，获得明显成效，2005年六大特色农业完成产值98.34亿元，占全市农林牧渔业总产值的70.95%。围绕六大特色农业，培植了一大批农产品加工企业。至2005年底，宜昌市农产品加工企业达到3652家，规模以上的产业化龙头农产品加工企业达148个，比推进产业化前增加了近一倍。2005年全市农产品加工企业实现工业产值93.08亿元，实现销售收入81.33亿元，利税总额5.95亿元，出口交货值7.62亿元。通过五年建设，发展了一批农产品加工园区，形成了一批生产基地配套、特色鲜明的加工产业群，创立了一批农产品品牌。全市现已注册的农产品品牌128个，119个评为国家级、省级名牌，17个获得国家A级绿色食品证书，11个获国家无公害农产品认定。特色农业和产业化的发展带动了农村经济大发展，五年农林牧渔业总产值年均增长7.67%，增加值年均增长6.7%，增速分别比“九五”时期快4.1和3.75个百分点，是历史上发展最快的时期之一。

新型工业化成为宜昌工业经济连上台阶的助推器。“十五”以来，全市强力实施工业强市，加快推进新型工业化，以水电、化工、食品、医药、建材为重点，培育壮大优势产业，初步建成了全国综合实力最强、效益最好的磷酸盐工业，全球最大的季戊四醇基地和全国最大的尿素基地。形成了全国最大的电子材料化成箔生产基地。形成了全球第六，亚洲第一的高活性干酵母生产基地。全省最大的软饮料生产基地，全省产量最大、效益最好的优质白酒基地。浮法玻璃、卫陶产品产量居全省第一位，新型干法水泥产量居全省第二位。优势产业的壮大助推全市工业经济连上两个百亿元台阶，进一步突出了工业的主导地位。五年来宜昌规模以上工业增加值由2000年的78亿元猛增到如今的243亿元，增长2.1倍，年均增长25.4%，比“九五”快15.7个百分点，增加值占GDP的比重由2000年的20.6%提高到39.9%，总量在省内位次由第三位上升到第二位。五年来工业经济效益大大改善，经济效益综合指数由2000年的102.2提高到245.9。2005年全市规模内工业企业实现销售收入503.5亿元、利税129.7亿元，利润90.3亿元，年均分别增长21.7%、37.7%和57.3%，

旅游业为三产业发展插上了腾飞的翅膀。“十五”期间，全市以把旅游做成大支柱产业为总思路，以创建水电旅游名城为契机，创立了“金色三峡、银色大坝、绿色宜昌”的旅游城市形象，使宜昌旅游产生了质的飞跃。“十五”前三年宜昌接待海外游客和旅游创汇连续保持80%的高速增长，是全国和全省平均速度的6倍和2倍，2002年全市接待海外游客首次超过省城武汉。五年来，累计接待国内外游人3812万人次，综合收入235.67亿元，其中海外游客107.83万人次，创汇2.22亿美元。旅游业的迅速发展，带动了三产业各行业的快速发展。“十五”期全市第三产业增加值年均增长11.7%，高于全省增幅约1.7个百分点。

三、投资步入良性循环，结构调整成效显著

伴随三峡工程的兴建，全市固定资产投资总量一直走在沿江城市和省内市州前列，投资—发展—吸引投资—再发展的良性循环初步形成，全市经济增长的后劲进一步增强。

项目建设发挥重大作用，借力发力走上发展之路。“十五”时期，全市紧抓三峡工程机遇，大打三峡牌，开展项目年活动，用项目吸引投资，以投资带动经济，成功地走出了一条借力发力的路子。2005年完成固定资产投资295亿元，五年累计完成投资1330亿元，年均增长5%。在三峡工程建设末期中央投资逐步减弱的情况下，狠抓市县属，成功扭转了一度出现的投资负增长的局面。“十五”时期全市共完成市县属投资达572.1亿元，年均增长11.7%，高于全省11.3%的增速。“十五”期间共竣工项目4082个，项目投产率达72%，竣工项目比“九五”多481个，投产率高4.9个百分点，有了支撑了经济发展。

投资结构调整明显，制造业投资、房地产投资快速增长。分产业产业看，“十五”累计完成一产业投资51.11亿元，占3.8%；二产业投资968.78亿元，占72.8%；三产业投资310.49亿元，占23.4%。二产业增长最快，年均增长5.3%，所占比重比“九五”提高了4.9个百分点。从二产业的内部结构看，发展最快的是制造业。“十五”时期制造业共完成投资投资226.75亿元，年均增速达29.4%，比“九五”高13.9个百分点，所占比重由13.8%提高到23.4%。冶金、电子、纺织、化工、建材等行业得到了快速发展，年均增速都超过了“九五”时期。房地产投资在“十五”期间快速增长。以2000年为拐点，我市的房地产市场持续保持快速发展势头。“十五”期间，全市房地产投资达79.03亿元，年均增长29.6%，比“九五”时期多投44.99亿元；房地产投资占全社会投资的比重由“九五”时期的3.5%上升到5.9%。“十五”期间共竣工商品房434.95万平方米，实现销售323.82万平方米，销售额44.2亿元。

四、各项改革取得突破，对外开放硕果累累

这五年，阻碍全市经济发展的各种壁垒被一一打破，有效解开了经济快速发展中生产关系与上层建筑不相协调的结，为宜昌的发展增添了活力。这五年，不断扩大对外开放，宜昌的国际知名度和接受度不断提高，开放的宜昌步向更加开放。

改革成为经济社会和谐运转的强效润滑剂。一是国有企业改革初步完成。从2002年10月开始，宜昌市启动了以“政府转让产权，职工转变身份；企业转换机制”为主要内容的国有企业改革，走出了一条既能有效防止国有资产流失，又能有效吸引外来资本，妥善安置职工，促进企业扭亏脱困的新路子。到2005年底，国有资本已基本从县（市）国有工业中退出，市直工业企业基本完成改制。二是农村村税费改革扎实推进。取消了农业税和除烟叶以外的农业特产税，各项配套改革逐步启动。2005年全市农民人平税费支出32.08元，比2000年人均减少57.28元。三是行政管理体制不断深化。全面落实依法行政，行政审批项目大大减少，成立了行政服务中心，最大限度地减少了投资准入条件和程序，最大限度地减少了政府对微观经济活动的干预。实行了部门预算、国库集中收付、政府采购，进一步降低了行政成本。四是事业单位改革逐步推开。通过改革，政府服务功能得到加强，企业市场主体地位更加明晰，农民负担合理减轻，经济社会发展更加和谐高效。

对外开放取得新实破，为宜昌走向世界铺开了道路。“十五”期间，宜昌市投资环境明显改善，对外开放成效显著，先后与五十九个国家和地区建立了经济、科技、教育、文化交流合作关系，与五个国家的六个城市结为友好城市，经济外向度由九五末的2.1%提高到“十五”末的5.2%。“十五”时期对外开放的主要成绩有:.一是利用外资规模扩大。2005年实际利用外资1.05亿美元，比2000年均长%，“十五”年均增长%，增幅比九五加快个百分点。二是外贸出口增长迅速。重点扶持了以船舶及其零部件为主的机电产品出口基地、以五钠为主的磷化工产品出口基地、以棉纱棉布为主的纺织品出口基地、以活性酵母和水果罐头为主的食品出口基地及以化成箔为主的电子元器件出口基地等五大出口基地。不断优化出口市场结构，大力发展加工贸易，进一步扩大了农产品出口。五年累计实现外贸出口10.61亿美元，比“九五”增长2.3倍。三是开放领域逐步拓宽。旅游业、商贸领域的对外开放力度进一步扩大，金融、科技、教育、文化、卫生等方面的对外交流与合作得到进一步加强。

五、城乡消费市场繁荣，人民生活明显提高

"十五"时期，全市商品市场供应充足，以超市、连锁店、集购物休闲为一体的新兴商业业态大大改善了宜昌消费环境。这五年，全市消费物价基本稳定，居民收入明显提高，人们正由小康生活向更加殷实的生活大步迈进。

老百姓"钱袋子"越来越鼓。2005 年全市城镇居民人均实现可支配收入 8156 元，比 2000 年增长 39.76%，"十五"年均增长 6.9%，高于"九五"时期 0.8 个百分点。其中城区城镇居民人均实现可支配收入 8711 元，比 2000 年增长 48.8%，年均增长 8.3%，城区收入水平在全省地级以上城市中仅低于武汉和十堰位居第三。2005 年全市农民人均纯收入 3108 元，年均增长 5.6%。"十五"末城乡居民储蓄存款 335.6 亿元，比"九五"末增加 185.7 亿元，增长 123.9%:

以汽车、住房为代表的消费热点形成。"十五"以来，居民收入不断增长，恩格尔系数逐年下降，消费价格基本稳定，人民生活持续改善。以汽车、住房为代表的新的消费热点成为"十五"居民消费的重要亮点。2005 年全市汽车类实现零售额 6.7 亿元，比 2000 年增长 25.3 倍，年均增长 485.4%。住宅销售额由 2000 年的 4.1 亿元猛增到 2005 年的 8 亿元，增长了 95%。私人购房比重由 2000 年的 56% 提高到 2005 年的 96%。全市城镇居民人均住房建筑面积达到 22.1 平方米，比 2000 年末增长 49.2%。

市场蛋糕的扩大使消费在三驾马车中力量渐长。伴随经济的快速增长和居民收水平提高，全市消费规模不断扩大，2005 年全市社会消费品零售总额达到 226.5 亿元，比 2000 年增长 62.9%，年均增长 10.3%。"十五"期间，城乡消费市场共同成长，城市消费品市场实现社会消费品零售额 158.4 亿元，年均增长 11.9%；农村消费品市场实现社会消费品零售额 68.1 亿元，年均增长 6.8%。"十五"以来，全市形成了 17 家年销售额超亿元的综合性、专业性的商品交易市场，其中营业面积在一万平方米的市场 8 家，年成交额超 2 亿元以上的市场 8 家，超 5 亿元以上 1 家，商品辐射范围扩大到恩施、神农架一带。2005 年经济增长中消费拉动约为 81%，是"三驾马车"中力量最大的一驾。

六、城市建设日新月异，城乡面貌焕然一新

五年来，生活在宜昌的市民每天都在感受到变化。最适宜人居的城市由当初一幅镜花水月，只能想象的图画逐步变成了现实。城在林中，街在绿中，人在画中是如今宜昌面貌的最好写照。"国家园林城市"称号的获得实至名归。

城镇化水平的不断提高为统筹城乡发展提供了平台。"十五"以来，全市小城镇建设得到长足发展，城乡一体、相互推进、共同繁荣的格局初步形成，城镇化水平由 2000 年的 38.4% 提高到 41%。城镇基础设施建设正逐步朝着道路硬化、街道美化、环境净化、设施配套的方向发展，城镇功能日益完善。"十五"末，全市城镇中心区道路全部实现硬化，人均道路面积 14.11 平方米，城镇供水普及率达 98.4%，燃气普及率 87.9%，排水设施覆盖达到 5.97 公里/平方公里，城镇人均居住面积 22.1 平方米，所有城镇均开通了程控电话和有线电视，城镇绿化覆盖率达 33.6%，人均公共绿地 8.37 平方米。初步形成了县城城关镇为中心、重点镇为骨干、一般镇为支撑、中心村为网络的县市城镇发展体系。

城乡面貌的巨变体现出以人为本的宗旨。"十五"以来，全市城市路网建设得到极大完善，五年来全市累计完成交通投资 40.71 亿元，年均增长 13%，高于"九五"时期 6.7 个百分点。五年间共新建公路 1006.96 公里，改建公路 3337.17 公里，新建桥梁 26 座，新建港口码头泊位 30 个，新建客运站 3 个，立体交通架构进一步完善。完成了以宜昌长江公路大桥、夷陵长江大桥、云集隧道为典型的 50 多项重点工程，启动了沿江大道延伸段、商业步行街等一批重大项目。新建、改建、扩建发展大道、东山大道等多条城市道路和人行道长度达 88.51 公里，市民出行更加方便、快捷、舒适。供水、燃气、排水等公用设施进一步配套，城市生态环境和人居环境得到改善。农村基础设施建设投入加大，解决了 400 多个村不通公路的难题，完成了农村电网改造任务。全市生态状况明显改善，森林覆盖率达到 48.5%，公路通车里程达到 1.1 万公里。宜万铁路、荆宜高速、沪蓉高速宜万段、川气东输等重大工程相继开工建设，推进了城乡面貌的加速变化。

回首过去，成绩斐然。然而"十五"经济和社会发展中仍存在一些不容忽视的问题：一是经济增长的方式还需进一步转变，万元 GDP 能耗有待进一步降低，经济增长中科技和信息含量有待进一步提高；二是城区整体功能水平的提升受到限制，夷陵、猇亭、点军还不能完全融入主城区，城区龙头地位有待进一步彰显；三是农民收入增长的基础还不稳固，城乡居民收入比由 2000 年的 2.4:1 扩大到 2005 年的 2.6:1，且有进一步扩大的趋势。

展望未来，信心满怀。综合各方面因素看，接下来的五年是宜昌发展的最佳机遇期，宜昌正如一支刚离弦的箭，在下一个五年里必将飞得更稳，飞得更远。

农村经济协调发展 农民生活不断改善

在市委、市政府的正确领导下，全市各地通过认真落实党的各项农村富民政策，科学地调整农业生产结构，极大地调动了农民的生产积极性，使农村经济得到了健康地发展，农民收入得到了实实在在地提高，农村社会环境更加协调，全市农业生产和农民收入水平不断提高。

宜昌农村经济“十五”回顾

一、农业生产发展步伐明显加快

2005 年宜昌农林牧渔业总产值（现价）达到 138.6 亿元，比 2000 年增长了 44.7%，年平均增长 7.67%；第一产业增加值（现价）达到 84.98 亿元，比 2000 年增长了 38.28%，年平均增长 6.7%；农民人均纯收入达到 3108 元，比 2000 年增长了 31.53%，年平均增长 5.63%；农林牧渔业总产值、增加值比“九五”期间年均增长速度分别提高了 4.07 和 3.75 个百分点，农业逐步摆脱了 1998 年以来长期低速徘徊的局面，发展步伐明显加快。

二、农林牧渔齐头并进，养殖业发展势头强劲

“十五”期间，宜昌主要农产品除粮食、油料因结构调整和供求平衡的需求有所下降外，其他农产品均保持了良好的发展势头。到 2005 年底，全市棉花产量 2.24 万吨，比 2000 年增长 33.31%，年均增长 5.92%；蔬菜产量 218.45 万吨，比 2000 年增长 2.74%，年均增长 0.54%；茶叶产量 1.61 万吨，比 2000 年增长 74.09%，年均增长 11.73%；园林水果产量 96.86 万吨，比 2000 年增长 59.48%，年均增长 9.78%；生猪出栏 431.04 万头，比 2000 年增长 40.39%，年均增长 7.02%；肉类总产量 37.77 万吨，比 2000 年增长 37.51%，年均增长 6.58%；禽蛋产量 3.70 万吨，比 2000 年增长 0.64%；水产品产量 12.01 万吨，比 2000 年增长 30.95%，年均增长 5.54%。农林牧渔业主要农产品的竞相发展，极大地丰富了人民生活，满足了市场供给。

2005 年从气候条件看虽然不如上年，但整体上没有较大的自然灾害，目前生产状况比较正常，主要农产品除粮食、油料、蔬菜因灾害或面积调减等因素影响减产外，都继续保持增长的态势。

2005 年主要农产品产量

		2005 年	2004 年	+ -%
粮食	万吨	145.62	145.64	-0.01
棉花	万吨	2.24	2.19	2.27
油料	万吨	21.33	21.48	-0.69
蔬菜	万吨	218.45	222.31	-1.73
园林水果	万吨	96.86	82.24	17.78
生猪	万头	431.04	387.67	11.19
水产品	万吨	12.01	11.1	8.26

三、国家粮食政策调整使粮食综合生产能力得到一定的恢复

90 年代以来，由于结构调整和市场供需平衡的需求，宜昌不断主动调减粮食种植面积，1990 年 - 2003 年间，全市粮食种植面积下降了 152.72 万亩，年均下调 2.28%。粮食产量也由 1990 年的 158.7 万吨下降到 2003 年的 131.45 万吨。2004 年以来，由于国家粮食安全的需要和国际粮食库存趋紧的影响，国家出台了一系列刺激粮食生产的优惠政策，同时粮食市场价格出现转机，宜昌粮食生产得到了一定的恢复。2004 年宜昌粮食种植面积达到 444.11 万亩，比 2003 年增加了 6.62 万亩，粮食产量达到 145.64 万吨，比 2003 年增产 14.19 万吨，增长 10.8%。到 2005 年，宜昌粮食种植面积进一步得到扩大，达到 454.94 万亩，粮食产量虽受到天气灾害的影响，仍达 145.62 万吨。

四、农业结构调整成效逐步显现，并进一步向纵深推进

农业产业结构的战略性调整可以说是“九五”“十五”期间唱响宜昌农业的主旋律，但“十五”与“九五”相比又有鲜明的特点，增添了新的内容。

一方面宜昌农林牧渔业的产业结构和品质结构进一步优化。到 2005 年，农业产值（现价）达到 77.86 亿元，比 2000 年增长 34.46%，年平均增长 6.10%，其中多经作物的产值比重达到 69%，比 2000 年提高了 4 个百分点，多经作物已经成为种植业的主体，粮棉油良种面积比重均达 95% 左右；林业生产逐步从“砍伐型”林业生产向“生态型”林业转变，2005 年全市造林面积达到 22.09 万亩，林业产值（现价）达到 2.28 亿元，依托全市“七山二水一分田”山地资源，实施长防工程、天保工程、退耕还林，进行林产品的种植和开发，发展珍贵动物特种养殖和森林旅游等，正在实现生态林业的转型；畜牧业中，生猪三元改良、牛羊“一推三改”和家禽禽蛋“土化工程”进展顺利，牧业产值（现价）达到 49.61 亿元，比 2000 年增长 73.54%，年平均增长 11.67%；渔业中，优质鱼占养殖鱼的比重达到 55%，比 2000 年提高近 5 个百分点，名特优水产品养殖面积达 12 万多亩，占水产养殖面积的 40% 左右，渔业产值（现价）达到 8.16 亿元，比 2000 年增长 51.50%，年平均增长 8.66%。

另一方面宜昌农业开始向规模化、专业化、区域化的方向迈进，形成科学合理的农业生产格局，畜牧、水果、蔬菜、水产、茶叶、中药材等六大特色农业产业发展迅速，2005 年六大特色产业完成现价产值 98.34 亿元，占全市农林牧渔业现价总产值的比重达到 70.95%，农业结构调整向纵深推进。

五、农业生产率进一步提高，综合效益不断提升

“十五”期间，宜昌农业总量不断增长的同时，农业综合效益也得到明显提高。2005 年，每亩耕地提供的种植业总产值（现价）达到 2281 元，比 2000 年的 1498 元提高了 783 元，年均增长 8.77%。每个农林牧渔业劳动力创造的第一产业增加值达到 9324 元，比 2000 年的 6668 元提高了 2656

元,年均增长6.94%。每个农林牧渔业劳动力提供的蔬菜、园林水果、肉类、水产品产量分别达到2397公斤、1063公斤、414公斤、132公斤,分别比2000年增长了3.90%、61.30%、38.91%、32.56%。粮食、油料、蔬菜、水产品的单产也保持了较高水平,特别是水产品,养殖单产由2000年的300公斤/亩提高到2005年的386公斤/亩,增长了28.67%。5年来,虽然全市人口不断增加,耕地日益减少,但农产品的市场供给且更为充足。

六、农业机械化水平的不断提高加快了农业现代化进程

"十五"期间,宜昌农业的现代化进程也开始加快。2005年全市农业机械总动力达到183.88万千瓦,比2000年增加了72.81万千瓦,年均增长10.61%,大中小型拖拉机达到5.83万台,比2000年增加了3.25万台,年均增长17.65%。农村用电量达到36199.97万千瓦时,比2000年增加3589.05万千瓦时,年均增长2.11%。化肥施用量(折纯量)达到28.04万吨,比2000年增加7.11万吨,年均增长6.02%。

七、农业产业化进展顺利,促进了宜昌农业的健康发展

宜昌市从1997年开始有组织地推进农业产业化经营,经过几年的努力,产业化已初具规模并逐步走向成熟,到"十五"期间,中央一号文件明确将农业产业化经营作为促进农民增收的重要措施之一,使农业产业化的发展步伐进一步加快。目前宜昌产业化的组织形式日益成熟,龙头企业的实力日益增强,农业专业化生产区域日益形成,纳入产业化经营的农户日益增多,农产品市场化的程度日益提高,产业化经营为宜昌农业的健康发展和农民增收起到了重要的促进作用。

据统计到2005年底,宜昌市农产品加工企业达到3652家,规模以上的产业化龙头农产品加工企业达148个,比推进产业化前增加了近一倍,其中,销售收入过5亿元的企业宜昌市有1家(宜昌双汇),销售收入3-5亿元的企业有1家(宜昌均瑶);2005年宜昌市农产品加工产值与农业产值之比达到0.87:1。

宜昌农业产业化龙头企业在数量不断增多的同时,自身实力也在日益增强,据调查,2005年规模以上农产品加工企业资产总额达76.16亿元,全市农产品加工企业实现工业产值93.08亿元,实现销售收入81.33亿元,利税总额5.95亿元,出口交货值7.62亿元,其中自营出口3.60亿元。

八、农村税费改革成效显著,宜昌农业得以轻装上阵

"十五"期间,农村税费改革成为宜昌农村工作的重中之重,宜昌从2002年开始全面开展农村税费改革,经过几年的努力,农村税费改革成效显著。一是减轻了农民负担,到2005年全市免征农业税,农民彻底告别了种田纳粮的传统;二是规范了涉农收费,随着"三个取消"和"公示制"的逐步落实,面向农民和农村集体经济组织的行政事业性收费、集资得到有效遏制,各种涉农收费规定逐步具体明确,农民有了"护身符",农村"三乱"行为大幅减少;三是改善了农村干群关系,改革促进了基层干部工作思路和工作作风的转变,现在基层干部精力集中到社会管理、公共服务和发展经济上来。农村干群关系的改善,对巩固农村基层政权,促进农村经济和社会全面发展起到了十分重要的作用;四是拉动了经济增长,近几年,我国宏观经济呈现通货紧缩,一个重要因素就是农村市场启而不动,随着农村税费改革的不断推进,农民的收入不断增加,农村市场也逐渐激活。

九、农民收入增长提速,农民生活进一步改善

从1998年开始,宜昌农业显现出结构性矛盾突出,农民负担过重,农产品市场价格长期低迷,农业投入不足等问题,再加上自然灾害频发,农民收入的增长一度陷入徘徊不前的境地。1998年-2001年的4年间,宜昌农民人均纯收入仅增加了184元,年均增长2.68%。进入"十五"以后,农业结构战略性调整使宜昌农业的结构性矛盾得到缓解,农村税费改革使农民从繁重的负担中解脱出来,农产品市场价格出现转机极大地刺激了农民的积极性,各项惠农政策的出台为农民增收锦上添花,同时气候条件也出现好转,农民收入的增长开始提速。2005年,宜昌农民年人均纯收入达到3108元,比2000年增加了745元,年均增长5.64%。

农民收入的增长使农民生活也得到进一步改善。市农调队的农村住户抽样调查资料显示,虽然"十五"期间农民家庭人均年生活消费支出逐年增加,到2005年已经达到2570.57元,比2000年增加了935.79元,年均增长9.47%,但反映生活消费支出占总支出比重的恩格尔系数反而呈逐年下降趋势,到2005年达到了48.86%,比2000年的53.81%下降了近5个百分点,这从一个侧面反映出了宜昌农民收入水平和生活质量的提高。"十五"期间农民主要食品消费中,粮食、豆制品、蔬菜出现下降的趋势,而肉类、蛋奶、水产品不断上升。农民家庭每百户拥有的冰箱、摩托车、移动电话、彩色电视机、影碟机的数量也由2000年的3.96台、27辆、1部、32台、12台上升到2005年的9.13台、50辆、50部、75台、43台。

当前宜昌农业存在的问题

"十五"期间宜昌农业实现了农业发展和农民增收的提速,农业的生产环境得到了改善,农民生活质量得到了提高,但我们仍应当清醒的认识到"十五"农业的大好形势主要得益于"政策好、价格优、天帮忙、人努力"四大因素。从长远看,政策扶持的空间越来越有限,农产品市场价格继续上升的余地也越来越狭窄,气候环境更是难以预料,宜昌农业要保持这种良好的发展态势，还有一系列的问题需要解决。

一、农民增收的长效机制有待进一步建立

农民收入的增长要获得历史性的突破，如果仅仅局限于农业是根本不可能的，只有使大量的农村劳动力从根本上离开土地，离开第一产业，转移到二、三产业中，真正做到减少农民，农民收入的增长才可能有根本性的改观。2005年，宜昌农村劳动力中第一产业劳动力为91.14万人，占整个农村劳动力的比重仍高达62.61%，进一步加快农村剩余劳动力的有序转移，在农村二、三产业仍有巨大的发展空间，区域经济的工业化水平不高，仍将是制约农民收入增长的根本矛盾。

二、乡村债务沉重，成为束缚农村经济发展的突出因素

随着农村税费改革的一步步深入，我市村级债务化解工作取得了一定的成效，如锁定债权债务，防止新的债务产生，对老债进行了核定，但应看到，化解债务仍没有实质性进展。据调查，全市大部分村均有负债，少的十多万元，多的达上百万元，有的县市村负债面达99%，而且目前还没有一条化解乡村债务的有效途径。乡村集体经济不强，没有资金来源，农业的投资主体受到削弱，而且债主时常上门追债，农业要想依靠乡村自身改善基础设施，增加农业投入、挖掘农业潜力已变得越来越困难，乡村债务已越来越成为制约农村经济发展的突出因素。

三、农业基础设施薄弱，矛盾日益突出

宜昌现有的农田水利设施大部分为上世纪70年代修建，年久失修，严重老化，有的完全损毁不能使用，有的勉强可用但其维护成本极高，有的排灌设施不配套，有的重建轻管，而且乡村两级无钱维修加固。

乡村道路设施等级偏低，广大山区乡村道路甚至没有等级，运输车辆难于进入，大量优质农产品不能及时运出去，不仅影响农民的增产增收，也严重制约了农业结构的进一步调整和农村经济的持续发展。

宜昌是一个自然灾害频发的地区，农业基础设施的薄弱已成为制约宜昌农业发展的“瓶颈”。

四、农村科技服务网络建设的滞后对农业发展的影响逐步显现

由于资金、技术等多方面原因的制约，农业科技服务网络不够健全，灾害预防、疫情预报、病虫害预防往往不能及时到位；优良品种的种植、推广、新技术的普及常缺乏科技人员的指导，名优产品的宣传、销售缺乏畅通的渠道。农村科技服务网络建设的滞后对宜昌农业持续健康发展的影响逐步显现。

五、农资价格普遍上涨，农民从政策得到的实惠部分被抵消

农业生产资料价格不断上升，生产成本不断提高，这个问题各地反映日益突出。从前年起农资价格就不断上涨，直接增加了农民生产投入的成本，对农民增收极为不利。今年起部分品种价格上涨幅度更是超过了往年，去冬今春以来，化肥、农药、种子、农膜、柴油、饲料等农资价格一路上涨，据5月份农业调查显示，国产尿素价格达1900元/吨，比上年同期上涨了16.6%，过磷酸钙价格达360元/吨，上涨20.0%，农用柴油价格达4350元/吨，上涨15.7%，猪配合饲料价格达2.8元/公斤，上涨55.6%。今年农民种植一亩小麦比上年要多支出20元，而今年由于减免农业税和粮食直补平均每亩政策实惠近60元，扣除农资涨价因素，农民实际得到实惠40元，也就是说有三分之一的政策实惠被农资涨价抵消。

宜昌工业”十五”大跨越

当新千年的第一声钟声响彻全球，第一抹阳光照亮神州之际，机遇与挑战一起降临到我们面前：科技日新月异，突飞猛进，主宰世界经济的发展格局，更是经济引擎；世贸组织使经济全球化浪潮席卷全球……。虽然发达国家的技术垄断、资源价格话语权垄断给中国经济造成了一些障碍，但岂能阻止中国人民埋头苦干、奋力拼搏、推进中国科技、经济快速平稳发展的势头——神舟飞船载人飞天，圆中国人千年梦；三峡大坝截断巫山云雨，三峡电站投产发电，圆中国人百年梦；我国人民以积极心态加入世贸，使世界体会”中国制造”的魅力；我国人民以实事求是的科学态度，战胜肆虐的“非典”，使“非典”对人民的生命、健康和经济的损害降低到最低限度……。

奋进的宜昌，开放的宜昌，踏着“十五”铿锵的脚步，迈向世界水电旅游名城。宜昌工业经济五年跨越发展的历程，是中国工业经济发展的缩影，更是全国工业化进程的折射。

“十五”宜昌工业大提升

“十五”期间宜昌规模工业实现了历史跨越：一是工业增加值由70多亿连跨两个台阶，突破200亿元大关，达242.83亿元；二是实现利税达129.66亿元，实现利润90.28亿元，工业增加值、利税和利润总额由全省第三名跃升至全省17个地市州中仅次于武汉市，列全省第二位。与“九五”比较，宜昌工业显现出以下特征：

一、工业经济跨越发展，支撑作用越来越强。

“十五”时期，宜昌市重点培植了电力、化工、食品医药、机械电子、纺织化纤、新型建材等优势产业和一批有经济实力,有市场竞争力的重点企业及产品,大力调整产业和产品结构、工业经济总量迅速扩张,结束了"九五"时期规模工业增加值在70亿元上下的徘徊局面,2003年工业增加值一举突破100亿元大关,达106.72亿元,2004年达188.13亿元,2005年突破200亿元,达242.83亿元,列全省第二位,比"九五"期末提高一个位次。"十五"时期工业增加值年均增长25.40%,比"九五"的9.68%年均增长率快15.72个百分点。

1、"十五"期末,宜昌工业对全市经济的贡献更加巨大,工业化进程加快。

2005年完成工业增加值242.83亿元,比2000年的78.29亿元增长210.17%,

占全市GDP608亿元的39.94%,比2000年提高了19.30个百分点。

2、"十五"期末,宜昌工业在全省的份量更重。2005年宜昌工业增加值占全省工业增加值的比重为12.09%,比"九五"期末7.74%提高4.35个百分点;利润总额占全省的比重为26.89%,比"九五"期末8.81%提高18.08个百分点;税金总额占全省比重10.48%,比"九五"期末提高1.35个百分点。

宜昌工业经济的跨越发展主要得益于三峡电厂投产发电带来的巨大增量。2003年7月10日三峡电厂第一台机组投产发电,当年先后有6台70万千瓦机组投产发电,共发电86.07亿千瓦时,缓解了华东、华中和重庆电力紧张状况,实现销售收入18.37亿元,为宜昌2003年工业增加值突破100亿元,达106.72亿元起到了关键作用。2004年三峡电厂又有5台70万千瓦机组投产发电,加上2003年的6台机组,共有11台70万千瓦机组投产发电,2004年发电391.55亿千瓦时,占宜昌市水电总量的64.9%,拉动全市工业增长46.5个百分点。2005年9月16日,三峡左岸电厂最后一台70万千瓦机组——9号机组正式投人运行,2005年三峡电厂3台机组投产,这标志着三峡左岸电站14台机组全部并网发电,提前一年实现了投产运行。总装机容量980万千瓦,发电490.90亿千瓦时,实现销售收入108.92亿元,为宜昌在"十五"期末工业增加值突破200亿元大关,达242.83亿元起到了至关重要的作用。

剔除三峡因素,"十五"期末宜昌工业增加值为158.31亿元,比"九五"期末78.29亿元增长102.21%,五年平均增长为15.12%;实现利润15.99亿元,比"九五"期末的9.38亿元增长70.47%,五年平均增长为11.26%。

3、优势产品、新产品高速增长拉动了全市工业经济的高速增长。宜昌工业分布于39个大类行业中,可批量生产6000多种产品,其中高浓度化肥、磷精细化工、酵母系列、化成箔、医药、食品等一批产品从无到有,从小到大,形成了一定规模。全市30种重点产品产量中,有25种增长。其中:罐头65300吨,"十五"期间年均增长88.64%;发电量达707.78亿千瓦时,年均增长27.73%;丁基橡胶瓶塞199015万只,年均增长27.70%;化学原料药2065吨,年均增长27.08%;布28900万米,年均增长24.63%;平板玻璃796.35万重量箱,年均增长22.47%;活性干酵母22946吨,年均增长20.91%;食用植物油149358吨,年均增长19.57%;尿素66.36万吨,年均增长19.48%等。

有7种是"十五"期间新开发生产的产品,其中2002年开发的产品有:化成箔、磷酸氨肥、季戊四醇,2005年产量分别为2408.46万平方米、60.54万吨和52470吨,年均增长分别为121.71%、76.56%和54.16%。2003年开发的产品有:六偏磷酸钠,2005年产量35068吨,年均增长20.82%;酵母味素3874吨,增长82.20%;中高档卫生陶瓷378.14万件,增长17.78%。2004年的新产品有NPK复合肥300473吨,增长183.59%。

这些优势产品和新开发的产品不仅拉动了全市工业经济的高速增长,而且给企业带来了高效益。

一些产品产量在全省占有重要地位。全省公布的48种主要产品产量中,水电宜昌占86.54%、发电量占56.30%、平板玻璃占48.96%、原煤占27.80%、乳制品占32.93%、白酒占34.27%、烧碱占32.59%、农用化肥占28.13%、氮肥占39.16%、尿素占70.71%、磷酸铵肥占64.80%、化学纤维占47.25%。

二、工业经济质量显著提高

1、资产、净资产规模成倍扩张。"十五"期末,宜昌规模工业资产总额达2134.42亿元,比"九五"期末资产总额462.88亿元增长361.12%;净资产达1081.55亿元,比"九五"期末的167.76亿元增长544.70%。

2、2005年全市规模工业完成销售收入503.53亿元,实现利税129.66亿元,实现利润90.28亿元,"十五"期间年均增长分别为21.75%、37.74%和57.28%,比"九五"期间年均增长率分别提高16.82、29.00和43.48个百分点。

利税总额和利润总额在全省17个地市州中由"九五"期末的第三位,提升至第二位。

3、2005年全市规模工业经济效益综合指数达245.92,比2000年的102.20提高143.72点,年均提高28.74点。

"十五"时期,宜昌规模工业生产高速增长,工业经济效益大幅提高。规模以上工业企业实现增加值242.83亿元,同比增长29.20%;实现利税129.66亿元,同比增长34.27%;实现利润90.28亿元,同比增长45.92%;工业经济效益综合指数高达245.92,在全省市州中排第一位,比全省综合指数166.12高79.8点;比2000年的102.20提高146.

8点,年均提高29.36点。

构成工业经济效益指数的七项子指标变动如下:2005年总资产贡献率7.55%,比2000年的7.06%上升0.49个百分点;资本保值增值率119.06%,比2000年的107.41%上升11.65个百分点;资产负债率49.33%,比2000年的63.63%下降14.30个百分点(资产负债率我国以60%为评判标准:负债率低于60%为正拉动,高于60%为负拉动);流动资产周转1.39次,比2000年的1.13次加快0.26次;产销率97.07%,比2000年的97.95%下降0.88个百分点;成本费用利润率高达21.38%,比2000年的5.10%提高16.28个百分点;全员劳动生产率158952元/人,比2000年的42859元/人提高116093元/人,上升270.87%。特别是后两项指标增幅最高,贡献最大。由此可见,全市规模以上工业企业在提高生产效率、减少劳动投入、增盈扭亏、提高经济效益方面取得了显著成效。

三、工业经济结构不断优化

1、产业结构向优势行业集中。

通过全力支持三峡工程建设和中省工业企业做大做强,大力推进产业结构优化升级,电力、食品、化工、机械电子等优势产业得到发展壮大;运用高新技术、先进适用技术改造提升纺织、建材等传统产业;对效益低下、浪费资源、污染环境的300余家工业企业实行"关、停、并、转"。

2、产品结构趋向名优。

全市可批量生产6000多种产品,其中650种产品获得国家、部、省优质产品称号,50种产品获省精品名牌产品称号,4种产品获国家免检资格。"安琪" 和"稻花香"商标被认定为中国驰名商标,宜化集团"楚星牌"磷酸一铵被评为中国名牌。通过招商引资和对口支援,引进了一批名牌产品。娃哈哈、汇源、均瑶、维维、森达、海尔等50多个国内知名品牌来宜落户。

3、企业规模不断扩大。

2005年,全市规模内工业企业501家,其中大型企业6家,中型企业81家;年销售收入过5亿元的企业有14家;过10亿的有5家。全年利税过千万元的企业有62家,其中利税过亿元的企业有7家。

4、所有制结构趋向民营化。2005年规模企业501家,其中国有独资企业63家、国有控股企业101家,分别比2000年的112家和170家减少49家和69家,比例分别下降19.25和28.14个百分点。集体企业24家,比2000年的80家减少56家。2005的港澳台商投资企业和外商投资企业分别为33家和11家,实现销售收入分别为349663万元和71168万元,比2000年分别增长286.23%和355.04%。

四、工业投资持续高速增长,自主创新能力加强。

"十五"期间,全市完成工业固定资产投资297.44亿元(不含三峡工程),建成投产投资过千万元项目301个。工业固定资产投资占全市的比重逐步提高。从2000年占全市固定资产投资(不含三峡工程)的31.54%,提高到2005年的43.63%,增加12.09个百分点。其中化工、医药、纺织、机械、电子、建材、食品、电力(不含三峡工程)共完成投资251.52亿元,占全市工业投资的84.56%。

2005年全市共有33家企业被认定为湖北省高新技术企业。其中安琪酵母、恒达石墨、金叶玉阳、黑旋风锯业、宜昌人福药业等5家企业获得国家火炬计划重点高新技术企业称号。2005年,全市高新技术企业实现销售收入63.55亿元,增加值24.76亿元,利税6.71亿元。

全市设立国家级技术中心1个,省级技术中心19个,各类研发机构50个左右,引进消化吸收世界先进技术200多项,研制开发高新技术产品260多种,主要涉及新材料、生物医药、光机电一体化、电子信息、环境保护、新能源高效节能等高新技术领域。其中,活性干酵母及制品、石墨制品、丁基胶塞、金刚石锯片基体、电力自动化设备等一批高新技术产品成为国内知名品牌。

"十五"期间,全市工业共申报专利2837件,授权1935件,全省地市州中仅次于武汉市,列全省第二位。

五、区域环境质量得到改善。

按照国务院和省政府有关的决定,全市环境治理"一控双达标"工作稳步开展,加大污染源限期治理力度,对重点污染企业列出了限期达标时间表,并在新闻媒体上公布限期治理企业名单,加大监督检查力度,关停污染严重企业,努力促进市域内所有工业污染企业达标排放。总量控制计划全面完成。"十五"期间,宜昌通过污染治理、产业调整、科技进步,努力减少污染物排放量,各种污染物排放量较"九五"时期有了较大幅度的下降。

六、部分行业在全国、全省占有一席之地。

宜昌市工业结构经过多年的努力,特别是近几年坚持高新技术产业化、用高新技术改造传统产业,化工、机械、医药等传统产业得到进一步发展;电子、新型建材唤发了青春;食品、生物工程行业异军突起。

化学工业宜化是全球最大的季戊四醇生产厂家,占有国内40%以上的市场份额;兴发集团综合实力居全国无机盐行业第一位,主导产品生产能力和产量居国内外前列;六偏磷酸钠产量居全世界第一;三聚磷酸钠、黄磷产量居全国第一;次磷酸钠产量居全国第二。

机电行业是宜昌的传统产业,各项经济指标在全省同行业中处于第三位。宜都东阳光、凯普松电子、湖北南辉等企业的落户,使宜昌中高压化成箔生产能力达到3000万平方米,成为全国最大的化成箔生产基地。电力电缆、大型废钢加工处理设备、数控插齿机、船舶、金属打包机、埋刮板输送机械、音频变压器、背景光源、PTC元器件及粉料、半导体器件、电子石英晶体等十几个产品在全国比较具有一定的竞争优势。

生物工程及新医药前景向好。全市规模内医药工业企业14家，综合实力位居全省前三名。宜昌人福药业是国内定点生产麻醉药品的三大基地之一，国内市场占有率达到30%；三峡药业的硫酸新霉素为世界第二、亚洲第一，氨基酸原料药异亮氨酸、缬氨酸产量、规模居全国第一，国内市场占有率超过30%；民康药业的速效伤风胶囊、VC银翘片等产品占据了省内大部分市场，普腹舒、泰瑞特胶丸国内市场占有率分别达到50%和35%；华强科技的药用丁基橡胶瓶塞在国内市场占有率达35%以上；宜都东阳光生化制药公司为国际上大环内脂类抗生素—红霉素及衍生物最大生产企业。高活性干酵母生产能力已达2.5万吨，是亚洲最大的酵母生产基地，国内市场占有率达60%以上。特种高活性干酵母系列属国内首创，独家生产。

建材行业具备了一定的规模。华新水泥宜昌公司、湖北三源水泥年产150万吨新型干法水泥工程，三峡新材公司日产600吨浮法玻璃、惠宜年产60万件中高档卫生洁具项目的竣工投产，宜昌浮法玻璃已达到年产1100万箱、年产300万吨新型干法水泥生产能力，在全省占有重要地位。

食品行业是县域经济的支柱，已初步形成了产品有品牌、销售有市场、竞争有实力的区域优势。涉及食品加工、食品制造、饮料制造、烟草加工等四类的近四十个小类。夷陵区进入全国食品工业强县44强，枝江酒业股份公司、稻花香集团有限责任公司白酒产销量连续居全省领先地位。全市食品工业一批知名品牌正在快速发展壮大，枝江大曲、稻花香、喜旺乳品、五峰银针、采花毛尖、峡州碧峰、宜红茶等品牌在全省乃至全国都有较高的知名度。娃哈哈、汇源、均瑶、蒙牛乳业、湘宜、荣盛、帝元、亚华等一大批引进的知名品牌在宜昌开花结果，成为宜昌食品工业重要的生力军，走出了一条借力发力、强市富民的经验之路。

宜昌工业当克难奋进

宜昌工业在取得跨越发展，实力明显增强的同时，不可避免地伴随着发展中的问题：

（一）科技创新严重不足，工业企业缺乏核心专利技术，自有知识产权产品少，制约了新型工业化的发展。

宏观上我国重大科技创新严重不足，工业企业缺乏核心专利技术，自有知识产权产品少，使我国处于国际分工的低端，陷于国际打工仔的地位，导致的后果是：

1、存在引进——落伍——再引进——再落伍的恶性循环现象。改革开放20多年到现在，我国100%的光纤制造设备、80%以上的集成电路芯片制造装备和石油化工装备、70%的轿车制造、数控机床、纺织机械被进口产品占领。有的装备被反复引进。严酷的事实告诉我们，真正的核心技术是买不到引不来的。只有全国人民，尤其是广大科技工作者要坚定树立赶超世界先进水平的雄心壮志，埋头苦干，创造大批的专有技术和自主知识产权，才能在国际产业分工和全球经济格局中占据战略制高点，才能真正迈向新型工业化的道路。

2、自主知识产权产品和自创名牌少，产品价格低。物美价廉——中国产品的代名词，在国际贸易中易引发争端。我国是彩电生产大国，但九成彩电出口贴牌。在加工贸易中，跨国公司一端掌握核心技术和关键部件，另一端拥有销售渠道，我国则在加工制造、装配环节赚取少许利润。我国出口一台DVD，交给外国的专利费是18美元，成本13美元，企业利润1美元；出口一台79美元的MP3，国外拿走45美元的专利费，成本32.5美元，企业得利1.5美元。我国用840万双鞋才能换回一架飞机，西班牙的烧鞋事件，让我们领略了争端的残酷。

在这种宏观背景下，宜昌在大量利用国外技术的同时，全市多数企业的创新能力并没有相应提高，自主创新能力严重不足是一个不容忽视的事实。原始创新不多，集成创新不强、消化吸收再创新能力不足。高科技含量的关键装备基本上依赖进口，引进技术的消化吸收不足，全市企业研究与开发经费占销售收入的比重不到2%，不少企业不足1%。没有自主知识产权和知名品牌，企业竞争力就失去了内涵和载体，企业就会在竞争中处于被动地位。

3、产品价格低，导致收入水平低。一只手机，如果掌握了核心技术，利润就是几百元，否则利润可能只有几分钱。由于我国核心专利技术少，导致企业利润少，直接的后果是我国人均收入低。2004年我国人均GDP为1490美元，为美国40100美元的3.72%，为日本34000美元的4.38%。

作为内地省份的湖北，2004年城镇单位在岗职工平均工资为11855元，在全国31个省、市、自治区中排最后一位；宜昌城镇单位在岗职工平均工资为10636元，低于全省水平。

众所周知，劳动力费用低会带来竞争优势。但是一个国家和地区劳动力费用长期低下，一是留不住人才，招不来人才。人往高处走，水往低处流，乃自然法则；二是廉价劳动力即劳工收入低，无法对自己和下一代投资，劳动力素质无法提高，最终的结果，是劳动生产率的停滞。三是劳动力过于廉价，企业宁愿通过降低生产体系的技术含量来追求效益，这一"低技术陷阱"，使企业缺乏技术创新的动力。四是劳动力过于廉价，第三产业发展必然受到限制，从而抑制就业。

（二）能源生产地与供给矛盾并存。能源、原材料价格

高涨严重影响工业经济健康发展。煤炭价格同比上涨了38%至60%，电力每千瓦时上涨8.82%，造成高耗能企业亏损或利润下降。如全市26家水泥制造企业实现利润4900万元，利润仅增长13.98%，26家企业中仅有6家盈利；三峡新材利润下降88.04%。磷矿石价格同比上涨了80至100元，兴发集团因原煤、工业用电和磷矿石价格上涨，生产成本上升11.15%。

近几年来，随着全市工业经济的发展，尤其是化工、建材、冶金等高耗能企业的迅猛发展，能源消费总量已达725万吨标准煤。全市煤、油等能源原材料占能源消费总量的60%以上，并以外购为主。今夏，耗能大户煤炭合理库存严重不足，几近断炊。水电受季节因素和三峡电力外送的影响，电力供应也十分紧张，拉闸限电时有发生。

宜昌规模工业企业用电过快增长。2005年，全市规模工业企业用电量同比增长28.9%，这与全市工业企业创新能力严重不足、新型工业化程度不高密切相关。

据测算，全市规模工业仅因煤炭、磷矿石价格上涨，全年将增支减利6至8.2亿元。在资源价格高涨的同时，受市场因素的制约，水泥、平板玻璃、化成箔、黄磷、五纳、pvc六种产品销价下降，减利5.51亿元。

（三）工业增加值增长与财政收入增长不同步。

2005年，宜昌工业增加值同比增长29.20%，规模和增幅均列全省第二；而地方一般预算收入只增长23.20%，列全省第六位，比全省17.0%平均水平低2.7个百分点。其直观原因是：三峡电站增加值成为宜昌工业巨大的增量，而三峡电站的入库税金宜昌只能得到15.67%。

（四）工业吸纳就业的功能弱化。

“九五”期间，宜昌规模工业企业全部职工平均人数一般在20万人以上，2000年为171847人。随着工业企业改革改制的不断深入，减员增了效，但工业作为吸纳就业的功能弱化，“十五”期间全市规模工业全部职工平均人数降为15万人左右，2005年全部职工平均人数为152771人，比2000年减少19076人，下降11.10%。

新的时期当有新的发展举措

根据国家“十一五”规划：在优化结构、提高效益和降低消耗的基础上，实现2010年人均国内生产总值比2000年翻一番；资源利用效率显著提高，单位国内生产总值能源消耗比“十五”期末降低20%左右；形成一批拥有自主知识产权和知名品牌、国际竞争力较强的优势企业的要求，宜昌工业应成为科技创新，节约资源，防治污染，建设和谐宜昌的排头兵。

一、宜昌工业企业必须提高自主创新能力

今后一个时期，宜昌市工业企业科技工作的重要任务是，以提高自主创新能力实现科技发展的战略性转变为突破口，大力实施科技人才战略、知识产权战略，走新型工业化道路，紧紧依靠科技进步和提高劳动者素质，全面推进全社会的创新能力，把科技资源转化为经济优势，提升核心竞争力。

第一、加强创新体系建设，促进企业尽快成为技术创新的主体。企业是科技与经济的主要结合点，是科技转化为产品、转化为生产力的载体。要进一步加大改革力度，充分激活各类科技资源，建立有利于技术创新和科技成果产业化的体制和机制，拓展有利于技术创新和科技成果产业化的途径和办法，使企业真正成为技术创新的主体。要在企业内部形成以技术创新求生存、以产品开发谋发展的内在动力机制，全面提高企业的技术创新和产品开发能力。

第二、推进科技人才工作的创新，大力开发人才资源。科技人才是第一生产力的开拓者，是科技成果的创造者。要建立公平竞争、合理流动，人尽其才、才尽其用，创新人才脱颖而出的科技人才管理机制。建立健全一套有利于发现、培养、使用、凝聚优秀科技人才，促进创新人才特别是年轻人才脱颖而出的激励机制，盘活现有人才资源存量，做好资源整合。为科技人才的创新活动创造良好的工作环境、学术环境、人文环境、生活环境和法制环境，广泛吸引各方面有专长的人来宜昌发展创业，贡献聪明才智；要着眼于未来发展，有计划、有重点地培养和选拔各行业、各学科带头人，使他们尽快走上关键岗位，在实践中增长才干，快出成果，多作贡献。要积极推进知识和技术的资本化，尽快完善科技人员分配制度，使其收入体现劳动创造的价值，最大限度地调动广大科技人员的积极性。总之，要努力使宜昌成为优秀人才的汇集地，人才生根开花的沃土，人才大有作为的舞台。

第三、推进环境建设的创新，完善落实政策法规。一个科技成果的转化既需要科技成果，需要资本，还需要企业，就是金融家、企业家、科学家三者的结合，才能尽快转化成现实生产力。应进一步完善创新的支持体系，实现科技和生产的紧密结合。政府有关部门要加强引导，发挥市场配置资源的基础作用，加强公共服务平台的建设，完善科技创新体系，逐步推动公共服务平台向社会化和市场化过渡。集中力量整合资源，切实搞好科技研发、创业孵化、成果转化、中介服务、科技融资五大公共服务平台建设。在科技投入上，建立多元化投融资体系，形成以政府投入为主导、社会投入为主体、银行贷款为支撑的多渠道、多层次的投入机制。要进一步加强科技的基础设施建设，提高科技资源的利用效率，克服公共科技资源在部门、地区、产学研之间分割，以及创新要素缺乏互动机制等突出问题。注意搞好统筹规划，组织引导，保证前期的投入，建立长效管理运行机制，提升各类创新资源的整合效率。要进一步完善和落实导向、激励性政策，加大对成果孵化、创新投资、人才中介等重视环节的扶持力度，制定、落实、促进和保护创新的法规、制度，更好地为中小型企业特别是高新技术企业、民营科技企业提供企业诊断、技术评估、技术产权交易、信息咨询、企业策划等综合服务。

第四、加强扶持和引导，做大做强民营科技企业。民营科技企业具有民营企业的体制和科技企业的技术优势，是宜昌市科技发展中的重要组成部分。今后要把鼓励民营科技企业做大做强，加快发展，作为全市的重点工作抓好抓实。一是进一步优化环境，营造良好的发展氛围。要进一步完善民营科技企业发展的扶持政策，用好用活市政府扶持中小企业和民营经济的专项资金，为民营科技企业提供融资担保、信息网络服务、技术创新、国内外经济合作等专项服务。同时，要吸引外地民营科技企业到宜昌创业，在宜昌形成万商云集、万众创业的氛围。二是继续扶优扶强，促进产业集群发展。鼓励和支持有条件的民营科技企业增强技术创新能力，不断开发技术含量高的新产品，扩大经营规模，力争在3至5年内培育一批产值超亿元甚至上10亿元的民营科技企业。通过扶强做大骨干企业和龙头企业，带动、辐射整个行业，吸引中小企业配套发展，催生企业集群，形成完整的产业链条。

第五、狠抓重大科技项目的落实工作，加大产业化培育度。重大科技项目，特别是具有自主知识产权的重大项目是一个城市和地方科技成效、经济质量和综合竞争力的重要体现，对推进产业结构升级具有重要示范和带动作用。要创办科技创业担保公司，启动建设服务于高新技术产业的研发中心或实验室。要进一步扩大开放，加大重大科技项目的引进力度，落实目标责任制，切实抓好跟踪服务。通过重大科技项目的建设，带动产业系统集成，全面提升全科技创新能力。

第六、大力推动中省企业与地方企业的科技融合。充分利用中省企业的人才优势、技术优势，实现技术的嫁接和联合，人才的共享。在当前市场经济形势下，需要研究新的合作形式，开拓新的合作领域，找准切入点，实现优势互补，互利互惠，共同发展。

一是充分发挥中省企业的科技人才优势。中省企业拥有两万多名各类专业的科技人员，是宜昌科技兴市发展高科技产业的宝贵资源，需要地方与中省企业共同努力，发挥各自优势。推进用人和分配制度改革，提高人才待遇，稳定骨干人才，用事业留人。建立中省企业科技人才库，每年至少举行一次中省企业科技人员联谊会，相互交流，相互沟通，为中省企业和地方经济服务。

二是合作上项目。有的企业有资金，需要寻找合作项目。有的企业(包括地方和中省企业)有好的项目和产品，缺少资金，可把双方的优势结合起来，再争取国家的政策支持，一起上项目，利益共享，风险共担，实现共同发展的双赢局面。

三是利用中省企业的高新技术改造传统产业，以信息化带动新型工业化。710所与稻花香酒厂合作，将白酒勾兑实行电脑自动化控制，产品合格率稳定在99%以上，产量提高6倍以上，有关专家鉴定，该项工程具有国内领先水平。该所还参与枝江酒厂、当阳玻璃厂、宜昌三峡烟厂、当阳烟厂等企业的技术改造，都取得了比较好的效果。地方很多传统产业，其设备技术相对落后，如果利用中省企业的高新技术进行改造，投资少、见效快。

二、缓解能源、原材料供求矛盾和价格上涨因素对宜昌工业企业生产经营影响的思考

当前国内出现的能源、原材料供应紧张状况，从经济发展的中长周期来看仍是阶段性、结构性的“短缺”，这中间既有管理体制不畅、产业结构和能源消费结构不科学的原因，也有对经济加速发展时期能源、原材料供应估计不足的因素。更有国际资本和势力炒高能源、原材料价格，客观上干扰了我国经济的发展。为此，我们提出以下几点建议：

1、坚持走新型工业化道路，切实推进经济增长方式转变，围绕建设世界水电旅游名城的目标，进一步调整产业结构。要考虑宜昌能源市场目前实际和市情，各有关部门在抓项目的同时，要认真分析研究局部地区和个别行业投资过热的情况，严格控制高耗能、争能源、拼资源、低水平工程的建设，避免造成新的能源供求矛盾。

2、坚持科学发展观，把节能降耗、提高效率、提高经济效益作为缓解资源瓶颈制约的有效手段和途径。要加快淘汰落后用能设备，大力推广资源节约和节能新技术、新产品，突出抓好节煤、节电、节油、节水和降低重要原材料的消耗工作，提高全社会的资源利用水平。生产企业必须依靠科技进步，进一步提高产品科技含量，采取降低能耗、降低费用、提高劳动生产率、提高产品合格率、批量采购、薄利多销，生产适销对路的产品、开拓新市场等措施减少涨价带来的压力。

3、要做好资源综合利用工作，大力发展循环经济，要坚持开发与节约并举，把节约使用资源放在优先位置，创建节约型社会，全面推进宜昌循环经济的发展。

4、要加强重点用能行业和企业的节能监管力度，不断提高能源利用效率，加强对全市高能耗行业及重要设备依法进行监督检查。

5、加大区域之间生产要素和资源的整合力度。转变市场管理体制，强化政府服务意识，营造有序的政策环境、市场环境、法治环境，积极发展循环经济、集约经济，使有限的资源得到充分合理的利用，更好地发挥市场对于资源配置的基础性作用。

6、加大能源和电力投资，增加供应。扩大能源和电力供应是解决宜昌能源紧缺的根本途经。要根据宜昌的具体实际，在全力支持三峡工程建设的同时，大力发展地方水力发电，做到经济起飞电力先行。

三、防治污染，建设和谐宜昌

宜昌市的节能工作在近年来取得了比较明显的成绩，全市万元工业产值能耗连年下降，2004 年为 1.36 吨标准煤，在国内处于较好水平。但随着经济和各项社会事业的快速发展，能源消费总量攀升，近三年来以 15% 的速度增长，能源需求急剧扩张。全市工业生产的增长对能源需求的依存度偏高，工业用能居高不下，占全市能源消费总量的 80% 以上，工业生产高速增长以消耗大量资源为代价的状况仍没有得到明显改善，能源“瓶颈”状况已经出现。能源消费以煤为主，环境问题日益突出，有近 300 万吨原煤直接燃烧，年排放二氧化硫近 4 万吨，造成我市空气质量恶化，酸雨频发。防治污染，刻不容缓。

让我们一起为使宜昌的“天更蓝、水更清、地更绿、人更爽”，打造水电旅游名城的美好形象，共同努力。

“十五”时期宜昌投资结构调整明显　经济发展后劲显著增强

“十五”期间，宜昌固定资产投资克服了三峡工程部分竣工投产，投资额大幅减少因素的影响，仍然保持了年均增长 5% 的增速。同时利用其独特的水电、矿山资源，大打三峡牌，加大了招商引资的工作力度，发展了一大批符合宜昌实际的化工、冶金、建材、食品等工业项目，经济增长后劲进一步增强，基础设施建设得到了极大的改善，房地产开发红红火火，城市面貌焕然一新。回顾五年的发展历程，固定资产投资对宜昌经济的拉动作用及投资结构调整的特点主要表现在以下几点：

一、随着三峡工程的陆续竣工投产，投资对经济增长的贡献率逐步降低。1994 年，三峡工程在宜昌正式开工建设，“九五”时期投资额逐年增高，这一时期宜昌的投资率达到了 61.8%，投资对 GDP 的贡献率高达 58.9%。2003 年，三峡工程有 6 台机组投产发电，当年减少投资 29.8 亿元，影响宜昌投资比 2002 年下降了 5.6%，2004 年又减少投资 16.6 亿元，2005 年又减少 5.2 亿元。由于三峡工程投资逐年下降的影响，“十五”期间我市的投资率逐年降低，由 2000 年的 60.5% 降到 2004 年的 46.1%，投资对 GDP 的贡献率由 2000 年的 52% 降为 2004 年的 21.8%，“十五”前四年的平均贡献率为 20%，比“九五”时期降低了 26.1 个百分点。投资对经济的拉动作用越来越弱。

二、“十五”期间投资结构调整的特点：

1、市县属投资逐年增长，年均增幅超过中央、省属投资增幅。“十五”期间，正是三峡工程陆续建成投产之时，2003 年，有 6 台机组投产发电，三峡工程投资额当年减少了 29.8 亿元，影响全市投资在 2003 年下降了 5.6 个百分点，其后两年逐年减少。全市“十五”时期共完成投资 1330.38 亿元，年均增幅只有 5%，比“九五”时期低了 7.9 个百分点。“十五”时期中央省属单位投资 758.3 亿元，年均仅增长 0.7%。但三峡工程的建设给宜昌带来了极大的发展机遇，市委、市政府采取各种措施，制定优惠政策，大打三峡牌，积极招商引资，实施“项目年”活动，市县属投资呈逐年增长态势。“十五”时期投资达 572.08 亿元，年均增长 11.7%，比“九五”略低 0.5 个百分点，高于中省单位平均增速 11 个百分点，高于全省 11.3% 的增速。2005 年全市市县属完成投资 165.29 亿元，比 2004 年增长了 23.5%。

2、非国有投资快速增长，所占比重加大，自主投资能力进一步增强。“十五”时期，全市非国有经济完成投资 382.9 亿元，年均增长 11.1%，高于国有投资增速 8.3 个百分点；非国有经济投资所占比重由“九五”时期的 25.6% 提高到 28.8%。在非国有经济投资中，尤以外商和港澳台商经济发展较快，共完成投资 204.16 亿元，年均增速达到 22.2%，比“九五”高 4.7 个百分点。

投资经济结构的变化，带来了资金结构的变化。从资金来源看，多元化趋势明显。“九五”时期，我市投资资金主要依靠国家投资为主，国家预算内资金占 31.2%，国内贷款资金占 30.6%，而外资、自筹、其他资金分别只占 2.6%、18.8% 和 10.3%。而“十五”时期，资金来源结构发生了很大变化，外资、自筹及其他资金比重迅速上升。“十五”时期，全市利用外资 85.45 亿元，年均增长 40.3%，占比提高了 3.3 个百分点；自筹资金 366.49 亿元，年均增长 29.3%，占比提高了 6.7 个百分点；其他资金 259.12 亿元，年均增长 54.7%，占比提高了 7.7 个百分点。而国家预算内资金及国内贷款资金比重比“九五”分别下降了 6.3 和 14 个百分点。

3、投资产业结构调整明显，二产业增速最快，所占比重上升。从产业结构来看，一产业完成投资 51.11 亿元，年均下降 1.7 个百分点，占 3.8%；二产业投资 968.78 亿元，年均增长 5.3%，占 72.8%；三产业投资 310.49 亿元，年均增长 5.2%，占 23.4%。所占比重与“九五”相比，二产业上升了 4.9 个百分点，一产业上升了 0.1 个百分点，三产业下降了 5 个百分点。比重和增速的变化表明我市“十五”期间投资的重点放在二产业上。

从二产业的内部结构看，发展最快的是制造业。依据宜昌的自然资源和依托三峡的独特地理条件，市委、市政府把化工、冶金、电子、纺织、食品等作为全市重点发展的行业，围绕这一中心开展了招商引资工作，取得了很大的成绩。成功引进了汇源、娃哈哈、蒙牛、双汇、小护士、森达、雅倩、均瑶等国内知名品牌在我市落户。从“十五”时期的投资情况看，制造业共完成投资226.75亿元，年均增速达29.4%，比“九五”高13.9个百分点，所占比重由13.8%提高到23.4%。

从制造业分类看，冶金、电子、纺织、化工、建材等行业得到了快速发展，年均增速都超过了“九五”时期。“十五”时期冶金工业共完成投资20.54亿元，年均增速达145%，而“九五”时期投资平均下降了6.2%。这一时期主要发展了有色金属冶炼和加工业，陆续建设了宜都阳之光化成箔生产线、枝江南辉科技公司化成箔生产线、点军凯普松公司化成箔生产线、点军十三万吨电解铝、长阳古城锰业公司电解锰等项目，目前已形成的年生产能力主要有：电解铝7万吨、电解锰3万吨、化成箔2400万平方米、铝加工能力2091吨、金属硅4500吨等。

电子工业是我市发展的重点，“十五”时期共完成投资11.39亿元，年均增速达131%，是“九五”时期投资总额的78.9倍，占工业投资的比重由0.2%提高到1.2%。这一时期主要建设了湖北艾玛网络技术公司网络电子产品生产线、猇亭亚元科技等项目，已形成的主要年生产能力有：高频变压器1080万个、网络电子产品12万只等。

纺织工业在经过了压锭，改造落后工艺、设备的阵痛后，近年来新工艺、新产品的投资在全市又掀高潮。“十五”时期共完成投资17.1亿元，年均增速达32.8%。这一时期主要建设了宜都清河纺织集团技改项目、宜昌思宇服装公司服装项目、开发区光盛纺织七万吨棉纱、枝江长源纺织品公司棉纱、夷陵区气流纺纱项目等，已形成的年生产能力有：棉纺锭18.88万锭、棉印染布3605万米、服装1420万件等。

化学工业一直是我市重点发展的工业，在宜化、兴发两大化工企业集团的带动下，在“九五”期间年均增速23.8%高速发展的基础上又上新台阶，“十五”增速达到了44.9%。五年共完成投资77.99亿元，比“九五”投资多49.65亿元。这一时期的建设主要有两大化工集团开发新产品、进行老产品的技术改造，三峡药业、人福药业等医药集团的GMP改造，引进了宜都东阳光集团制药项目、斯帕尔集团化肥项目等。通过技改，宜化、兴发两大化工集团开发了五硫化二磷、二甲基亚砜、磷酸轻钙、六篇磷酸钠、烧碱、季戊四醇、乙烯、乙醛、硫酸等一系列化工产品。由于加大了投资力度，企业迅速发展壮大，运用有限的资源，以较高的效率创造出了尽可能多的财富，增强了企业的发展后劲，取得了良好的经济效益。兴发集团投资1.9亿元兴建的五硫化二磷、二甲基亚砜扩产项目，2003年6月投产，新项目投产后，兴发集团的生产装置和工艺水平居全国同行业领先地位，磷化工主导产品居国内外同行业前列，企业跻身中国化工500强、中国无机盐20强、中国磷酸盐最强，成为宜昌重点骨干企业和纳税企业；宜化集团在2002年初和2003年，对合成氨、尿素节能及季戊四醇进行技术改造，工艺流程更加先进，大大降低了合成氨的生产成本和能源消耗，产品质量得到保证，大大提高了企业的经济效益。

通过五年建设，全市年新增的化工生产能力主要有：塑料树脂及共聚物7.22万吨、氮肥37.07万吨、磷肥119.85万吨、合成氨19.9万吨、乙烯10.04万吨、硫酸126万吨、烧碱7万吨、五硫化二磷1万吨、二甲基亚砜1万吨、六篇磷酸钠2万吨、化学原料药8568吨、化学药片剂150万片、胶囊10000万粒等。

建材工业“十五”时期完成投资25.98亿元，年均增速为27.5%，比“九五”高7.4个百分点。这一时期主要建设了宜都华新水泥、长阳三源水泥、宜都惠宜陶瓷、当阳三峡新材等项目。形成了年新增生产能力主要有：水泥464.5万吨、平板玻璃859万重量箱、水平钢化玻璃100万平方米、卫生陶瓷15万件、墙地砖1910万平方米等。

农副产品加工、食品等轻工业是实施农业产业化的发展途径，也是我市发展工业的重点，虽然“十五”年均增速18.8%低于“九五”时期45.1%的速度，但是是在“九五”高速增长基础上的发展。五年共完成投资43.05亿元，比“九五”时期多27.3亿元。这一时期主要引进了椰风、汇源、娃哈哈、双汇、均瑶、蒙牛等国内知名品牌建立分厂；稻花香、枝江酒业两大集团的技改、扩建；当阳金龙油脂、枝江黑五类快点河粉、宜昌嘉源橘子罐头等项目的建成，不仅使我市农副产品提高了附加值，也增加了农民收入。通过建设，已形成的年生产能力主要有：白酒9.76万吨、啤酒10万吨、乳制品2200吨、饮料7.55万吨、奶制品1000吨、肉制品10万吨、罐头509.7万吨、食用植物油（精炼）7214吨等。

能源是国民经济发展的基础，宜昌拥有得天独厚的地理条件，三峡工程的兴建给宜昌带来了前所未有的发展机遇。2003年，三峡工程有6台机组投产发电，2004年又有5台机组投产，2005年又有3台机组投产，整个三峡左岸14台机组全部实现了投产发电，新增水力发电装机980万千瓦；五年间，又有兴山古洞口一、二级电站，三堆河电站，秭归升平电站，长阳招徕河电站等小水电开工建设，累计完成投资（不含三峡）55.47亿元，新增水电装机167.55万千瓦。

4、交通、水利等基础设施建设长足发展，教育、卫生等社会发展投资全面得到加强。“十五”期间，在国家国债资金的支持下，宜昌的交通和水利设施建设得到了加强。五年累计完成交通投资40.71亿元，年均增长13%，高于“九五”时期6.7个百分点。修建了猇亭长江公路大桥，搬迁建设了茅坪、太平溪、峡口港，村村通公路建设形成了四通八达的公路网。五年间共新建公路1006.96公里，改建公路3337.17公里，新建桥梁26座，新建港口码头泊位30个，年吞吐量908万吨，新建客运站3个，宜昌已成为拥有水、陆、空交通立体网的现代化城市。

水利是农业的命脉，我市向上积极争取国债资金，向下多方筹措地方财力进行水利设施的建设，陆续开工了枝江百里洲堤防工程，东风渠、官庄水库改扩建工程，沮漳河堤防工程等，五年投资10.68亿元，年均增长12.3%。新建的城市防洪堤长度达27.12公里，新增有效灌溉面积3.7万亩。

为构建社会主义和谐社会，我市也加大了对教育、卫生、城市服务等社会发展方面的投资。教育是百年大计，随着三峡大学的升级、宜昌职业技术学院的成立，进一步提升了我市的教育档次，同时国家也加大了对我市教育的投入，市一中教学楼、三峡大学大学生活动中心、30多项中小学危房改造项目争取到了国债资金。五年共完成投资15.66亿元，年均增长21%，比“九五”高15个百分点。三峡大学集中建设了大学生活动中心、图书馆、现代教育技术中心、临床医学教学楼、逸夫楼、理科试验楼、文科教学楼及20多幢学生公寓，我市又修通了与之配套的东园路，开通了直达学院的公共汽车，一座颇具规模的新型大学城已拔地而起；市一中、夷陵中学、六中、九中、十二中、十三中等中学的教学楼建设使全市招生规模进一步扩大。五年建设新增的教学能力有：大学生席位45930个，中学生席位27459个，小学生席位15251个，新增教学楼56.91万平方米。宜昌的招生规模、教学能力上了一个新台阶。

卫生事业的发展直接关系到人民的身体健康，“非典”以后国家也加大了对卫生防疫方面的投入，五年间我市卫生投资6.83亿元，年均增长56.9%，比“九五”高9.8个百分点。新增病床1901张，病房面积4万多平方米。

为了实现市委、市政府提出的把宜昌建设成为世界级旅游城市的目标，我市加大了城市建设的力度，加大了全市旅游环境投资，提升城市的整体功能。五年来用于旅游及城市基础设施和社会服务业的投资50.22亿元，年均增长18.3%，比“九五”投资多22.3亿元。夷陵长江大桥的建成通车将宜昌城区两岸紧紧相连，天堑变通途，扩大了宜昌的城市骨架，大桥本身也成了一道靓丽的风景线。新建了发展大道、西陵一路延伸段、胜利三路延伸段、沿江大道下半段等多条城市道路，进行了西陵一路、东山大道、云集大道、绿萝路等多条道路和人行道的改建，长度达88.51公里；新建改建了五一广场、白龙岗公园、和平公园、儿童公园、滨江公园等多处公共绿地9.64万平方米；新建了黄家湾、秭归、兴山、太平溪等垃圾处理厂，日处理垃圾615吨；新建了沿江乡镇20多处污水处理厂，日处理污水20.2万吨；修建了黄牛岩、泗溪、车溪、三峡人家、百宝寨、柴埠溪等风景区，宜昌正逐步成为颇具魅力的旅游城市。

5、房地产投资快速增长，人居环境得到改善。“九五”时期，受东南亚金融风波的影响，泡沫经济的危害显现，房地产开发陷入低潮，大量的商品房空置无人购买，多栋乱尾楼矗立街边，房地产投资以年均19.7%的速度下降。2000年，我市的房地产开发开始出现转机，当年出现购销两旺的局面。“十五”期间，全市房地产投资达79.03亿元，年均增长29.6%，比“九五”时期投资多44.99亿元；房地产投资占全社会投资的比重由“九五”时期的3.5%上升到5.9%。“十五”期间共竣工商品房434.95万平方米，实现销售323.82万平方米，销售额44.2亿元。世纪欧洲城、畔山林语、山水芙蓉、南北天城、东方花园、香居丽景等一个个各具特色的住宅小区为人们提供了可供选择的购房空间。同时，小区建设更注重人性化设计，亭台楼阁、小桥流水、绿树成荫，居住环境得到了极大的改善，人均居住面积由2000年的14.49平方米提高到了25.25平方米。

2005年全市完成投资295.8亿元，比2004年增长了9%，增幅比2004年提高了0.5个百分点，这是在三峡工程投资减少5.2亿元、下降4.6%的基础上取得的成绩，是全市上下团结一心，共同努力的结果。整个“十五”期间全市共完成投资1330.38亿元，超额完成1304亿元的“十五”投资计划。其中市县属投资达572.08亿元，超过552亿元的“十五”投资计划。“十五”期间共竣工项目4082个，项目投产率达72%，竣工项目比“九五”多481个，投产率高4.9个百分点。

三、“十五”期间投资存在的问题及“十一五”投资发展的建议。

1、一产业投资下降，农业基础投入减弱。“十五”时期，全市一产业投资51.11亿元，年均下降了1.7%。从结构来看，一方面农业50万元以上项目投资年均下降了0.4%，项目主要依靠国家投入为主，如退耕还林、天然林保护、人畜饮水等；另一方面农民私人购买生产性固定资产的的投入也逐年减少，2005年只有3.17亿元，比2000年下降了12.6%，“十五”平均下降3.3%，这是一个值得注意的问题。

2、应严格控制小矿山的建设，有效防止环境污染。“十五”期间，全市采掘工业迅猛发展，各种小煤矿、小金矿加速建设，锰、铅锌、铁、铜等金属矿开采也开始发展，但大多数的年生产能力都很低，冶炼加工缺少必要的环保措施，对自然资源造成了一定的破坏，也对环境造成了污染。五年间，采掘工业完成投资10.45亿元，是“九五”时期投资额的9.95倍，年均增速达到了99%。应采取资源整合的办法，变分散为集中，最大限度的利用好自然资源。

“十一五”时期，是我国全面建设小康社会，促进经济与社会全面发展的承前启后的重要时期。宜昌的经济建设应紧紧围绕全面建设小康社会的宏伟目标，以人为本，坚持全面、协调和可持续的科学发展观，注重统筹兼顾，促进经济与社会协调发展。以市场需求为导向，促进投资和消费协调发展；以启动社会投资、规范政府投资为重点，实现资源的优化配置，推进国民经济跨越式发展。

一是在考核各级政府绩效时，要正确引导各级政府把工作的重心放在改善投资结构、提高投资效益上来，以促进投资与消费协调发展。

二是把握三峡工程全面投产的机遇，利用宜昌独特的地理优势，继续打好三峡牌，扩大招商引资的工作力度，扩大投资规模，减少三峡投资继续下降对全市经济产生的影响，使固定资产投资继续成为宜昌经济的拉动力。重点是要引进一批高附加值、环保型的高科技企业。同时，要重点抓招商过程中承诺条件的落实，使引进项目能尽快的竣工投产，发挥效益。

三是全面支持宜昌优势企业集团的技术改造，坚持用高新技术和先进适用技术促进企业技术进步和产业升级，扩大现有企业优势产品的市场占有率。

四是积极培养一批有市场竞争潜力的产品，引导社会资源向市场竞争潜力大的产品配置，控制低水平重复建设，逐步形成优势产品、优势企业和优势产业。

持续、快速、健康发展的消费品市场

"十五"时期，在国家一系列扩大内需、活跃经济的宏观调控措施的持续作用下，宜昌市消费品市场规模进一步扩大，新型流通方式不断创新，商品供应充裕，城乡居民购买力不断增强，消费结构升级明显加快。在城乡收入持续较快增长的基础上，城镇居民家庭买车、买房已成为新的需求亮点，交通、通讯、文化、旅游、娱乐等方面的消费增加较快；农民家庭在食品、服装、家电等方面的消费也不断扩大。消费领域进一步得到扩展，人民生活水平明显提高。到2005年全市社会消费品零售总额达到226.5亿元，比2000年增长62.9%，年均增长10.3%，成为拉动全市国民经济增长重要的支撑力量。

一、消费品市场运行的主要特点

（一）市场销售保持稳定增长，市场运行质量明显提高

"十五"时期，全市消费市场继续保持了平稳增长势头。"十五"时期，市委市政府相继出台了一系列具体开拓市场、扩大消费政策措施，取得明显成效。主要是：一方面增加机关、事业单位职工工资，提高中低收入者收入水平等，城镇居民收入增加，消费者收入预期明显改善，增强了消费信心，带动了城市市场的繁荣；另一方面，加大农村基础设施建设的投资力度，加快农村小城镇建设的步伐，基础设施得到明显改善，使农村在交通、通讯、用水用电等方面的条件明显改观。尤其是"十五"后期，随着党中央、国务院一系列惠农政策的贯彻落实，农村税费改革成果的进一步巩固，农民收入大幅度提高，增强了购买能力，农村消费品市场发展有所加快。同时，通过加大市场开拓力度、举办一系列促销活动、发展现代营销方式和新型流通业态等措施，促进了消费市场稳步增长。2005年全市实现社会消费品零售总额226.5亿元，绝对额居全省第3位。2005年全市城市实现消费品零售额158.4亿元，农村实现消费品零售额68.1亿元，与2000年相比，年均增长11.9%和6.8%，

"十五"时期，在市场保持平稳增长的同时，市场运行质量明显提高。主要表现在两个方面：一是市场运行平稳，波幅减小。平稳是近年来市场运行的主要特征，与"九五"时期形成鲜明对比。"九五"时期，增幅最高的1996年增长高达18.2%，最低的1999年为8.02%，增幅落差达10.2个百分点。而"十五"时期，每年大体保持在10%－13%的增长速度，市场在较小的波幅区间内平稳运行，消费品市场对经济的促进作用及贡献率逐步增强。二是消费者的消费心理趋于成熟，消费行为更加理性，"黄金周"效应逐步释放。"十五"时期，为建立和完善社会主义市场经济体系的需要，国家相继深化了住房、医疗、教育等多项改革措施，并逐步建立起了城镇职工养老保障体系，下岗职工最低生活保障体系以及住房贷款制度，拓宽了城镇居民的消费领域，消费品的消费量也得到稳步提高。2005年全市城乡居民人均消费品零售额为5683元，比2000年的3498元增长62.5%，五年间人均每年净增加消费品零售额437元。

（二）商品供应日益丰富，消费市场繁荣活跃

"十五"时期，随着全市经济的不断发展，经济结构调整的不断深入，全市工农业生产势头良好，市场上吃穿用各类商品琳琅满目。不论是工业品还是农副产品，商品品种更加丰富多彩，质量档次明显提高，极大地满足了居民消费。"十五"期间，随着经济的发展，市场上供不应求的商品逐渐被供大于求和供求平衡的商品所取代，供不应求的商品目前在市场上已消失。长期以来困扰我们的商品短缺时代一去不复返了，买方市场占主导地位的市场格局得到确立，消费者在购物消费方面的自由度和选择空间达到了前所未有的高度。市场有效供给不断增加，特别是以手机、计算机为代表的IT商品，用于改善人们居住条件和生活质量的住房装饰商品、家用电器等商品大量增加，使市场商品供求结构更趋合理。

（三）消费结构升级明显加快，消费亮点相继呈现

"十五"时期，随着全市综合经济实力的日益增强，城乡居民收入不断增长，到2005年城镇居民人均可支配收入已达到8156元，农村居民人均纯收入3108元，同比增长7.4%

和5.8%，城乡居民购买力不断增强。居民收入增加，引起消费结构的改善，生活质量得到了提高。消费结构升级明显加快，以汽车、住宅、通讯为主的消费热点已经形成。“十五”时期，随着人们生活水平的不断提高，居民的消费结构发生了很大改变，消费结构升级明显加快。

1、汽车成为高收入人群消费热点已形成

“十五”时期，随着国民经济快速发展和居民收入水平的提高，以及汽车的降价及汽车消费贷款的增加激活了车市，汽车销售活跃，汽车消费成为亮点。许多价格合理，款式新颖的轿车深受消费者青睐。据对限额以上批发零售贸易企业统计，2005年全市汽车类实现零售额6.7亿元，同比增长39.7%，比2000年增长25.3倍，增长幅度在所统计的38个商品分类中遥遥领先，成为“十五”时期增长幅度最快的商品，汽车已由生产资料变成生活消费品。

2、住房热销带动相关产业快速发展

“十五”时期，随着居民收入增加，购买住房，改善居住条件，成为很多居民生活的重要目标，住宅消费形成了日益升温的消费热点。2000年宜昌市的住宅销售额仅为4.1亿元，2005年达到6.5亿元，增长了58.5%。据住户调查资料显示，2005年末全市城镇居民人均住房建筑面积达到22.1平方米，比2000年末增长49.2%，五年间人均净增加7.3平方米。住房需求的增加带动了消费品市场中相关商品销售升温，2005年建筑及装潢材料类、化工材料分别比上年增长84.2%和71.6%。

3、以移动电话为主的通讯器材销售大幅增长

随着通讯费用降低，手机新款不断推出，手机消费成为“十五”时期又一大消费热点。据统计，2005年全市限额以上批发零售贸易企业通讯器材类实现零售额543.1万元，同比增长92.3%，比2000年增长4.68倍。据住户资料反映，2005年全市城镇居民每百户家庭移动电话拥有量达到152部。由于移动电话科技含量不断提高，款式、品种、功能不断增多，同时，价格不断下调，移动电话持续旺销。另外，率先购买移动电话的消费群体已进入手机更新换代的新一轮消费周期，使市场需求量进一步扩大，市场普及率大幅度提高，城乡居民的人均占有率迅速增长。手机已由奢侈品成为居民生活必需品。

上述结构变化显示，目前，宜昌市居民消费结构升级势头强劲，以汽车、住宅、通讯为主的新型消费热点已经形成。

4、餐饮业零售额快速增长成为拉动消费增长的重要因素

“十五”时期，全市消费品零售额继续保持稳步增长走势，在相当程度上取决于餐饮、旅游等服务性消费的快速增长，餐饮业成为消费品市场一大亮点。伴随着人民群众生活水平的提高、生活节奏的加快、生活方式的创新，餐饮业营业收入一路走高，持续增长，呈现淡季不淡、旺季更旺的销售局面。餐饮业在各行业中领先发展。2005年全市实现餐饮业零售额34亿元，同比增长13.2%，比2000年增长78.9%，年平均递增12.4%。餐饮业零售额占消费品零售总额的比重由2000年的13.6%，上升到2005年的15.0%，五年上升了1.4个百分点。飞速发展的餐饮业将人们从厨房中逐渐解放出来，其背后的支撑正是城乡居民收入的日益提高，折射出的正是解决了温饱，大步奔向小康的百姓生活。

(四)购物环境好转，新型业态蓬勃发展

“十五”时期，在城市一座座具有时代气息和多种服务功能的大型综合商厦不断涌现，精美的装潢，一流的设施，丰富的商品，优质的服务，使广大顾客在购物的同时，享受着现代生活的时尚。以国贸大厦、时代广场、宜昌商场、九州购物广场为代表的大型综合百货商场，适应中高档人群的消费。随着流通领域的深化改革，商业经营形式发生巨大变革，多种零售业态共同发展，如超级市场、便民店、专卖店、购物中心、仓储式商场、无店铺销售等，显示了强大的生命力。原有的百货店等业态，逐渐摆脱旧的模式，焕发出新的生机。尤其是被称为现代商业“第二次革命”的连锁经营，是体现社会化大生产的现代流通方式。“十五”时期，连锁商业从少到多、从小到大，逐步发展壮大起来，出现了经营规模不断扩大、多业态持续发展的良好势头。对改造传统商业模式、发展现代化大型超市、推动现代流通业的发展、扩大内需、拉动经济增长起到了积极的促进作用。“十五”时期，市委、市政府把扩大内需作为发展经济的一项重要工作，加大招商引资力度，引进了一批全国知名的连锁超市。如家润多、赛马特、武汉工贸、中北仓储、双汇超市纷纷落户宜昌，它们以规模大，商品丰富，质量可靠，价格适中，满足不同消费层次的需要，赢得了消费者的亲睐，为市场经济的发展注入了活力。据统计数据显示，2005年全市共有限额以上连锁总公司(总店)10家，连锁分店71家，比2000年增加9家，从业人数35003人，销售总额2.8亿元，比2000年增长2.5倍。目前，大型连锁超市已成为城市居民购买食品和其他日常生活用品的主要场所。在连锁经营呈现快速发展的同时，其他新型商业业态也在迅速兴起，给全市流通业带来了现代经营理念、新的营销方式、新的管理手段。零售业态层次更加明显，营销手段多样化，极大地方便了居民生活。

(五)假日经济、会展经济带动了全市城乡消费品市场的繁荣活跃

“十五”时期，以旅游、娱乐、餐饮、购物为主要特征的假日经济，有力地扩大了消费需求，促进了经济的增长。城乡居民节假日休闲娱乐消费逐渐成为新的消费时尚，假日消费成为“十五”时期市场发展中一道新的亮丽的风景线。假日消费为零售市场带来了巨大商机。2005年“黄金周”所在的5月和10月，全市社会消费品零售总额增长13.9%和13.6%，形成了上下半年的两个增长高峰。旅游拉动消费，据统计，2005年全年春节、“五·一”、“十·一”三个“黄金周”共接待海内外游客141.67万人次，同比增长12.4%，占前三季

度旅游总数的20%左右；旅游总收入4.46亿元，同比增长10.7%。据调查，大型零售企业国贸大厦、宜昌商场、时代购物广场在“黄金周”期间销售额占全月销售额的50%。近五年来随着商品经济的发展，各种类型的商品展销会蓬勃发展，对活跃消费品市场也起到了重要的促进作用。2005年各种形式的展销会50场。吸引了众多居民和外地客商，人气足，市气旺，现场零售增长迅猛。这些会展活动，不仅宣传了宜昌，打造了宜昌品牌，而且给旅游、餐饮、零售业带来了巨大的商机，有力地拉动了社会消费品零售总额的增长。

二、消费品市场发展面临的问题

“十五”时期，宜昌市消费品市场运行总体上保持了良好的态势。但同时从消费品市场运行情况看，仍然面临着不少问题。突出表现在三个方面：

1、全市消费率偏低。根据相关统计资料测算显示，“十五”时期，宜昌市消费率增长偏低，消费率呈现徘徊趋势。2001年至2005年，全市消费率（社会消费品零售总额/生产法GDP）均在37%左右，低于全省平均水平6个百分点。

2、缺乏现代化的物流产业，物流辐射作用薄弱。“十五”时期大型商品交易市场快速发展，但是物流产业的发展受到多种因素的制约，这与产业的特殊性有关。物流产业有两个重要的组成部分：交通运输和货物仓储。我市交通运输水、陆、空条件便利，有利于物流产业的发展。但是货物仓储业发展落后，还没有形成规模较大的货物集散市场，因此物流运载方式未能有效利用，在一定程度上制约了地区经济的发展。同时缺乏现代化的物流企业，导致商品辐射川东鄂西，乃至省内周边市州的能力薄弱。

3、市场的规范化程度不高。具体表现为：一是市场竞争行为不够规范，降价促销愈演愈烈，这对生产经营者的后续发展十分不利。二是消费市场秩序混乱，消费安全无保障，假冒伪劣商品，特别是危及人们生命安全的食品药品等屡禁不止，严重影响了居民的消费信心，抑制了消费需求。同时大城市消费瓶颈问题越来越突出，如交通堵塞、电力和水资源紧张、公共消费设施不配套等问题影响了消费结构升级。三是市场的布局规划还不够规范，零、乱、散的现象还比较突出，缺乏必要的监管制度。特别是广大农村市场，市场容量较小，商业网点分布极不均衡，且流通成本高，农村居民对大件商品的“买难”还普遍存在。四是消费环境也是制约消费需求的另一重要因素。如目前农村广播电视转播设施落后及缺电、缺水等原因，造成家用电器等耐用消费品难以在农村普及。

三、“十一五”宜昌市消费品市场发展展望

展望“十一五”，全市消费市场发展面临新的机遇与挑战。平稳较快发展，稳中有升，市场规模明显扩大，将构成市场运行的总基调。根据各方面因素分析，全市社会消费品零售额将继续保持增长。随着市场化程度的不断提高，经济增长的活力进一步增强，内需将会进一步扩大，消费政策、消费体制、消费环境也会得到进一步改进，这些都将为消费增长带来巨大潜力，国内市场将迎来新一轮消费热潮。

第一，调整收入分配格局有利于城市居民购买力水平总体提高，从而促进消费需求的实现和市场规模的扩大。今后一段时期，国家将逐步完善社会保障体系，创建和谐社会，进一步完善城市居民最低生活保障制度，切实保障困难群体的基本生活，整顿和规范收入分配秩序，合理调整国民收入分配格局，有利于消费总水平的提高。

第二，农村市场可望得到较快增长。在统筹城乡发展的大背景下，今后一段时期，国家继续加大“三农”的支持力度，改善农村生产生活条件，提高农业综合生产能力，促进粮食增产和农民增收，切实减轻农民负担和保护外出务工农民的合法权益，这些政策措施将有利于提高农村居民消费信心和农民收入的逐步提高，为农村市场发展提供坚实的基础，将会带动农村市场加速发展。

第三，控制投资总规模，调整投资与消费的关系有利于提高消费率。中央经济工作会议提出，要调整投资结构，努力增加城乡居民收入，提高购买力，完善消费政策，改善消费环境，培育和扩大消费热点，积极促进消费增长。宜昌在经济增长中，消费需求具有非常重要的作用，在经济发展到一定阶段，支撑经济增长的投资需求和出口需求增长都将逐渐降低，而消费需求增长率则保持在一个较高的水平上，从而消费需求成为经济增长的主发动机。

第四，城市化进程的加快将带动消费需求的扩张。人口的自然增长必然将对消费需求产生一定程度的拉动作用。从人口城乡结构来看，随着城市化、城镇化进程的加快推进，城镇人口所占全市人口比重逐步提高，这对扩大消费需求创造了新的增长空间。

第五，消费结构升级将促进消费需求的增长。随着经济的发展，居民消费行为和消费结构将发生重要变化。城乡居民消费需求的重点和结构从传统的满足基本生活消费的温饱型开始向以追求提高生活质量和发展为主的小康型转变，围绕住、行和消费者身心发展与健康的消费支出开始成为消费需求的重点。

从房地产市场看，随着房价的逐步稳定和经济适用房建设规模的扩大，住房消费仍将保持高速增长。住房消费的增长将带动建材、装饰、家居、家电等相关领域消费的增长。

从汽车消费看，近两年，汽车才开始大量进入普通家庭，与电脑、移动电话等耐用消费品的拥有量相比有很大差距，而且，发达国家的发展也证实，汽车将拉动经济增长20-30多年，因此居民消费结构升级将在较长一段时间内支撑消费品市场增长。

通讯、信息消费进一步成为新的消费热点，手机消费仍将保持快速增长。

旅游消费成为消费热点。按照国际经验，人均GDP达到800——1000美元时，旅游消费将进入快速增长期。从旅游市场看，随着各级政府对旅游业扶持开发力度的加大，旅游业将成为宜昌的一大优势产业、富民产业和生态产业，加上城乡居民收入水平的不断提高，旅游休闲消费将日益成为人们日常生活的重要组成部分。旅游消费也将成为宜昌市消费品市场的主要推动力量和新的消费亮点，对整个消费的拉动将逐渐增强。

餐饮消费正在兴起。餐饮消费的兴起，是经济发展和社会文明进步的又一个重要标志。在"十一五"时期，其发展速度将会更快。举家外出就餐已经不是什么新鲜事情了，将来在外就餐的频率将会更多，消费水平将会更高。

保健和健康消费起步。现在人们对健康越来越重视了，投入保健和健康方面的资金正在迅速增长。近年来，人们更加重视保健品和健康类商品的消费，特别是绿色食品备受欢迎。

此外，随着零售业的对外开放，各种便利、优惠、快捷的新兴业态和服务方式，以及消费环境的进一步优化都为消费提供了便利，也将给消费品市场的发展注入新的活力。现代流通方式的推进和流通体制改革的完善将为市场发展提供良好的外部环境。

四、发展对策与建议

随着国民经济的快速发展和城乡居民收入水平的不断提高，消费品市场发展的宏观环境日渐趋好。可以预见，"十一五"时期的消费品市场面临着巨大的发展机遇，但同时也面临着严峻的挑战。因此，面对激烈的市场竞争和日益增长的市场需求，如何采取相应的对策措施，抓住发展机遇，应对挑战，我们认为重点要采取以下措施：

1、千方百计扩大就业，增强消费者信心。就业是民生之本，是改善分配关系、缩小收入差距、实现共同富裕的重要前提。为增加城镇居民收入，要努力做好就业再就业工作，大力发展社区服务、餐饮等劳动密集型产业，鼓励中小企业和非公有制经济的发展。

2、努力提高居民收入，增强消费能力。消费是收入的函数，收入提高，必然会扩大消费需求，消费水平会相应提高。推动居民消费增长，要以科学发展观为指导，体现以人为本，着眼于改善人民生活，促进经济增长方式转变，实现经济社会发展的良性循环。

3、尽快完善社会保障体系，促进居民购买力的实现。社会保障制度的完善是改善人们消费取向，提高居民购买力实现程度的关键。继续巩固"两个确保"，规范和完善城市"低保"工作。扩大社会保险覆盖面，提高个体私营等非公有制企业的社会保险参保率，完善灵活就业人员的参保办法。

4、处理好投资与消费的比例关系。解决投资率较高，投资与消费的结构失衡的问题，关键不在于简单地压投资，而在于通过积极地调整收入分配政策，切实不断提高各阶层居民的收入水平，使不断扩大消费建立在居民收入增长与经济增长相匹配的基础上，使消费增长真正成为拉动经济增长的主要动力，尽快实现经济增长方式由投资拉动型向消费主导型的重大转变。

5、加快建立健全社会信用体系，积极发展信贷消费。社会信用体系建设，要立足省情，借鉴国际经验，形成以道德为支撑、产权为基础、法律为保障的社会信用制度。信贷消费发展潜力很大。利用信贷促进消费，要从改变居民消费观念入手，普及信贷消费知识，同时提高信贷消费吸引力，确定合理的利率水平，简化贷款手续，延长贷款年限，增加贷款种类，从而吸引更多的消费者利用信贷进行消费。

6、大力发展消费品市场。适应消费需求发展趋势，搞好城乡零售市场的规划布局。合理布局城市商业中心，形成能够带动消费升级和创造都市商业氛围的消费中心。以小城镇建设为依托开拓农村消费品市场，鼓励各类投资主体投资农村商业设施建设，支持国内外大中型流通企业向小城镇延伸经营网络，采取直营连锁和特许经营等方式改造提升农村集贸市场和代销店，形成以县城为重点、乡镇为骨干、村为基础的农村消费品零售网络。

7、继续培育和扩大新的消费增长点，激发大众消费热情。"十五"时期，住房、汽车、电子通讯、旅游等新消费热点的快速增长对推动消费结构升级和消费需求稳定增长发挥了重要作用。但从整体来看，一方面这些新的消费热点在整个消费中所占比重较小，另一方面还没有形成广泛的大众消费效应。为了进一步扩大消费需求，加快消费结构升级，必须继续努力培育和保护新的消费增长点效率兼顾的目的，发挥住房、汽车等新的消费热点在拉动消费结构升级中发挥着重要作用。

8、加大整顿和规范市场经济秩序的工作力度。加快研究制定规范市场的地方性法规和规章，加快商业诚信体系建设，尽快建立和完善统一公平、规范有序的市场体系，营造公平合理的竞争环境，保障消费者的合法权益。

十五期间宜昌城区居民生活水平显著提高

十五期间，随着宜昌国民经济快速、协调发展，居民收入连续五年保持平稳的增长势头，消费结果进一步改善，物质生活更加殷实，精神生活更加丰富，生活方式发生变化，生活水平继续得到提高。据宜昌市城调队对全市550户居民家庭的抽样调查资料显示：2005年，全市城镇居民人均实现可支配收入8156元，比2000年增39.94%，平均年递增6.95%，其中城区居民人均实现可支配收入8711元，增长48.80%，在全省大中城市中排名第三；全市人均消费性支出6642元，比2000年增长38.39%，平均年递增6.71%，其中城区居民人均实现消费性支出7458元，年递增8.61%；基本保持了收支的同步增长。

一、十五期间城区居民收入的主要特点

十五期间，城区居民人均实现可支配收入8711元，比上年增长7.84%，比2000年增长48.80%，年递增8.30%。

1.收入全面增长，但随着产业结构的调整，引起了收入结构的变化。职工工薪收入、个体经营者的劳动收入和离退休人员的养老金是居民可支配收入的三大主要来源。2005年，三大主要收入来源比2000年均有较大幅度的增长，为可支配收入的增加提供了强力支撑。抽样调查资料显示：国有、集体和其它所有制职工人均工薪收入高达15518元，比2000年增长83.47%；个体经营者劳动收入为12909元，增长60.60%；平均每一个离退休人员养老金9842元，增长了51.53%。三大收入来源的全面增长，体现了收入增长的全面性和同步性，说明城镇居民收入步入了良性发展的轨道。

但是近几年我市加大了企业改革步伐，通过兼并、改制、破产等一些行之有效的办法，整合了一批有发展潜力的企业，淘汰了部分失去竞争力的单位，从而优化了产业结构。产业结构的调整，使职工的所有制结构发生了变化，从而引起收入结构的相应变化。据抽样调查资料显示：2005年，城区国有经济单位职工占全部职工的比重为81.21%，比2000年下降了11.34个百分点，但其主导作用仍然存在；其它经济类型的职工占全部职工的比重为9.09%，提高了3.71个百分点，取得长足发展；同时，离退休人员也有所增加，占总人口的8.87.%，提高了1.16个百分点。职工所有制结构的变化，引起了收入结构"两增一降"的变化，即国有、集体和其它所有制职工的工薪收入占家庭总收入的比重将由2000年的83.16%提高到 88.07%，提高了4.91个百分点。

2.各收入层次可支配收入的增长速度发展不够平衡，低收入层次居民的收入没有得到更快的增长。我们利用抽样调查资料，把城镇居民人均可支配收入按从高到低的顺序进行排队，从而观察各收入层次之间的收入水平和增长幅度，从而判断收入增长的合理性。到2005年，在城区居民收入的增长过程中，高收入层的发展速度快于低收入层，造成贫富差距进一步扩大。资料显示：各占10%的最高收入组和高收入组分别比2000年增长44.99%和49.31%；而占10%的低收入组和占10%的较低收入组分别比2000年增长了40.99%和46.63%。

3.财产性收入下降较快。近几年商品房市场日趋火爆，加上今年物价水平一路走高，从源头上占用了居民的投资资本；银行持续维持较低的利率水平、股票市场一路走低、其它投资渠道不够规范堵塞了居民的投资渠道，从而造成财产性收入快速下降。资料显示：今年人均财产性收32元，比2000年下降了69.81%。

二、十五期间城区居民消费的主要特点

1、生活水平显著提高。一是城区居民2005年人均实现消费性支出7458元，比2000年增长51.15%，年递增9.61%，与同期收入增长幅度大致相当，反映居民消费信心有所增强。二是八大消费呈现"七增一降"，提高生活质量的开支得到优先的增长。2005年，人均食品、衣着、医疗保健、交通通讯、娱乐文化教育及服务、居住和杂项商品及服务的开支分别达到2814、1026、393、750、1160、656、652和203元，分别比2000年增长51.86、94.32、52.92、91.82、62.46、56.56和0.10%。只有设备用品及服务略有下降，下降了19.96%。

2、消费结构进一步改善，生活方式发生变化。

一是食品支出占消费性支出的比重，在经历了大幅下降后保持稳定，恩格尔系数保持在37%左右。这五年间，恩格尔系数没有继续下降，但居民的饮食结构不断优化，生活的日益富足，使越来越多的居民家庭开始接受和追求高蛋白、低热量、低脂肪的膳食结构，各种保健食品、营养食品、绿色食品深受市民欢迎。到2005年，人均消费肉禽蛋和水产品达到54.1公斤，比2000年增长7.3公斤；人均消费瓜果53.9公斤，增长5.9公斤；人均消费奶制品22.3公斤，增长11.5公斤，说明居民在保证食品消费得到满足的情况下，其它消费进一步得到增加。通过消费结构的变化，正在逐步朝全面小康生活水平迈进。传统观念下吃、穿、用支出顺序随着居民的消费观念的更新，一种更高水平的消费模式正在形成。

二是精神享乐型消费得到更快速度的增长，2005年，城区人均衣着、交通和通讯和娱乐文化教育及服务的消费额分别比2000年增长了94.32、91.82和62.46%，其中，2005年，人均购成衣6.7件，比2000年增长0.8件；人均电信费用314元，增长165元；人均花费文娱服务费247元，增长149元；人均教育支出654元，增长183元，大大高于消费性支出的增长幅度，较好地满足了居民追求健康向上的精神生活欲望。

3、家庭财产更加殷实。五年来，城区大力开发宽敞舒适的商品房市场，促使居民商品化率迅速提高，百户居民商品房达到19%，人均使用面积也相应增加到22.10平方米，居住环境得到改善；其它耐用消费品在保持饱和增长的前提下，新型大件高速进入居民家庭，家用电脑、移动电话、空调的拥有量急剧上升，百户分别达到41台、158部和96台，分别比2000年上升了30台、153部和52台，成为五年来居民消费的亮点。

4.社会保障更趋完善

城区近五年狠抓社会保障工作，取得了较好效果，表现在社会保障意识不断加强，应保参保面进一步扩大，各项保障基金的上缴率稳步提高，居民对未来生活的预期更加稳固。城镇居民个人缴纳的三金（养老金、住房公积金、医疗基金）从无到有，人均分别达到311、498和120元，其它社会保险也继续增加，人均储蓄性保险支出达到485元，增长1.88倍。

2005年宜昌市居民消费价格上涨2.6%

2005年以来，宜昌国民经济保持了平稳、快速发展势头，消费品市场购销两旺，市场物价理性回升，全市居民消费价格总水平累计比去年同期上涨了2.6%，价格涨幅较去年回落了2.2个百分点。商品零售价格总水平上涨2.0%，涨幅较去年回落1.9个百分点。农业生产资料价格上涨9.7%，涨幅比上年增大2.3个百分点。

全年物价走势特征

(一)从总体上来看，居民消费价格总水平(CPI)平稳回升，价格涨幅前高后低。一季度上涨4%，二季度上涨2.9%，三、四季度涨幅分别回落到1.8%和1.6%。由于节日消费需求的拉动，涨幅最高的月份出现在春节前后的元、二、三月份，同比指数分别为103.5%、104.8%和103.8%，往后涨幅逐月回落，九月份，价格涨幅回落至全年最低，指数为100.7%，九月以后，受国庆节和临近元旦节的影响，居民消费价格总水平涨幅又开始回升，十月、十一月、十二月同比指数分别为101.4%、101.7%和101.6%。

(二)从分类情况看，2005年全市消费品价格比去年同期上涨2.6%，非食品价格上涨2.3%，服务项目价格上涨2.6%。CPI八大类构成价格总水平走势呈现“五升二降一平”的格局。食品、衣着、家庭设备用品及维修服务、娱乐教育文化用品及服务、居住等五大类价格分别比去年同期上涨3.1%、4.9%、0.9%、2.2%、5.8%。医疗保健和个人用品、交通和通讯价格分别比去年同期下降2.6%和0.2%。烟酒及用品价格与去年基本持平。

1、食品类价格上涨是拉动全年物价上涨的主动力。继上年猪肉突出上涨之后，今年牛肉、羊肉、鸡、鸭价格分别比上年上涨19.3%、18.2%、12.7%和9.8%，带动肉禽及其制品类价格比上年累计上涨3.8%。同时，水产品和干鲜瓜果也分别比上年上涨了5.9%和13.5%。在农产品价格上涨的带动下，在外用膳食品价格上涨2.1%。全年食品类价格比去年同期累计上涨3.1%，拉动居民消费价格总水平上涨1.02个百分点。

2、衣着类价格上涨是影响物价上涨的重要因素。服装价格累计比上年上涨3.0%，其中女装和童装价格分别上涨2.9%和12.5%。同时，鞋袜帽价格累计比上年上涨9.5%。本年衣着类整体价格水平比上年上涨4.9%，影响居民消费价格总水平上涨了0.5个百分点。

3、其他工业消费品价格有涨有落。本年我市工业上游产品价格涨势趋缓，工业品出厂价格比上年上涨7.1%，原材料、燃料、动力购进价格上涨3.89%，涨幅分别比上年缩小1.7%和2.03%，对下游产品价格的传导力度有所减弱。全年耐用消费品价格仅比上年上涨0.3%，建材价格上涨1.7%，文娱用耐用消费品价格比上年下降1.1%，通信产品下降2.6%。在国家宏观调控的作用下，药品价格继续下降，全年西药、中药材及中成药价格分别比上年下降5.8%和3.1%。受国际原油市场的影响，本年全市汽油、柴油价格分别比上年上涨17.1%和12.2%，液化气价格上涨21.9%，对物价总水平的上涨起到了有力的拉动作用。

4、服务项目收费价格涨幅缩小。随着居民生活水平的日益提高，追求较高的生活质量已成为一种时尚，本年全市衣着加工服务价格比上年上涨18.4%，其中衣物干洗价格上涨46.5%。家庭服务及加工维修服务价格比上年上涨12.2%，其中家庭服务价格上涨24.8%。由于燃料价格的上涨，城市间交通费比上年上涨了1.2%。秋季开学，有关部门对幼儿园保教费进行上调，学杂托幼费比上年上涨4.6%。相反，医疗保健服务和文娱费价格均比上年下降0.1%。与上年相比，本年全市服务项目收费价格上涨2.6%，涨幅比2004年缩小1.1个百分点，影响居民消费价格总水平上涨0.62%。

(三)从构成因素来看，“翘尾巴”因素减弱，新涨价因素加强。据初步测算，在全年居民消费价格累计上涨的2.6%中，去年同期涨价的滞后影响(翘尾巴因素)为1个百分点，占38.5%；今年的新涨价影响达到1.6个百分点，占61.5%。

(四)分县(市、区)看，各地物价走势均较平稳，涨幅相差在1个百分点以内。秭归、宜都涨幅高于全市平均水平，分别上涨3%和2.7%，宜昌城区上涨2.4%，涨幅最低的夷陵、五峰两地居民消费价格也上涨了2%。就全省情况看，宜昌城区物价涨幅低于全省平均水平0.5个百分点，在七个大市中，宜昌涨幅仅次于武汉。

2006年物价走势预测

2006年，国家将继续实行积极稳健的财政货币政策，日用工业品将在较长时期内保持供大于求的格局。根据中央一号文件精神，国家将进一步拓宽农民增收渠道，保障务工农民的合法权益，稳定、完善、强化对农业和农民的直接补贴政策，农民的收入将稳步增长，消费需求将进一步增强，在一定程度上会拉动市场物价的上扬。居民收入的增长将推动消费跃上一个新的台阶，社会消费结构将向着发展型、享受型升级，汽车、住房等成为家庭消费的热点，居民的吃、穿、用、住消费向优质、高档化迈进，市场将更加繁荣活跃。2006

年宜昌物价将继续保持平稳增长态势，居民消费价格涨幅预计将在3%以内。

（一）吃穿等居民生活必需品价格的上涨仍将是影响物价总水平上行的主要因素。近年来，农业生产资料价格猛涨，而市场粮油价格不升反降；同时，肉禽蛋、水果、其他工业品价格结构性上涨，使农产品比价、工农产品比价价差扩大，抵消了前两年粮油价格上涨给粮农带来的好处；加上气候未定因素，使2006年粮油价格存在着较大的上升空间。居民"菜篮子"、服装等生活必需品价格受需求拉动仍将保持稳步上扬的势头。

（二）自来水、液化气等服务价格上涨将成为2006年新的涨价因素。今年，物价部门已召开了水价调整的听证会，2006年水价上调已成定局。2006年1月，我市液化气价格上蹿至92元/瓶，创历史新高。它们作为新的涨价因素将推动2006年CPI的上升。

（三）国际市场价格波动将影响国内物价总水平的上升。近年来，国际原油、黄金等价格持续上扬，直接影响了国内汽油、柴油等石油制品以及金饰品的价格，2005年年底，我市黄金、铂金价格全面上涨，其滞后影响将持续到2006年。

（四）房地产持续升温，价格居高不下，将带动建材及装饰材料、房租等价格的持续高位运行。今年我市房地产价格比去年同期上涨8.6%，居民对房地产的需求仍在不断增加，2006年房地产价格下行的可能性极小，将刺激建材及装饰材料、房屋租金等价格继续上涨。

2005年宜昌企业景气监测综述

2005年，宜昌经济虽然受国家宏观控制政策以及原材料、能源价格上涨和资金短缺等因素的影响，但全市上下以科学的发展观为指导，加大经济结构调整力度和增长方式的转变，狠抓经济运行组织协调，努力化解经济运行中的矛盾，促进了全市经济平稳较快发展，全市企业景气监测结果显示出，2005年，企业景气度始终保持在较高景气运行区间，企业综合景气指数高开高走，稳中有升，企业家信心保持乐观，劳动力需求趋旺、固定资产投资增长，企业总体运营状况呈现出良好的发展态势。但能源及原材料价格上涨、企业生产成本上升，融资困难和流动资金紧张等问题依然困扰着企业的生产和发展。

一、2005年企业景气走势主要特征

1、企业家信心保持乐观，企业综合经营状况良好；

2005年，宜昌企业家对宏观经济形势及本行业发展前景大多持乐观态度。全年四个季度分别为150点、136点、138点和145点，领先于其它各项景气监测指标。其中四季度有近半数的企业对本行业的发展前景表示"乐观"，47%企业认为"一般"，只有3.9%的企业对本行业发展前景表示"不乐观"。预计2006年本行业发展前景继续向好的企业占到了55%，保持稳定的占39%，只有6%的企业对本行业的发展前景不乐观。

从全年企业综合营运状况看，一季度，企业综合景气度就以131点，高出景气线31点，高出同期3点的高位开局，二、三季度又继续攀升到133点和144点，四季度由于受水电等支柱产业生产季节性变动的影响有所回调，但仍位于138点的高位，并略高于同期综合景气度。

2、不同行业、类型、规模企业均位于景气运行区间

在监测的各主要行业中，除交通运输三季度低于景气线外，其余各行业全年均位于景气运行区间，其中四季度交通运输和批零贸易业景气度较上季有较大提升，达到120点和145点；建筑业、房地产业、旅游服务业、住宿餐饮业景气度虽较上季度有所回调，但仍位于景气运行区间，分别为153点、129点、125点、115点；工业企业综合景气度前三季度持续增加，分别为129点，130点143点，四季度较上季度有所回调，为135点，但仍为全年的次高点。

在各种类型企业中，全年景气度也均位于景气运行区间，其中股份制企业全年四个季度均领先于其他类型企业，分别达到143点、142点、172点和159点；其次为国有企业、有限责任公司、外商及港澳台投资企业，四季度分别为137点、135点、115点。

从企业规模看，大、中、小三类企业景气度均处于相对稳定的景气运行区间，但大型企业支撑作用明显，全年均高于中小企业，其中四季度为165点，高出中型企业27点、高出小型企业38点。中小企业景气走势呈现交替上升的走势，其中一、三两季，小型企业高于中型企业，二、四两季为中型企业高于小型企业，其中四季度中型企业为137点，小型企业为126点。

3、生产、盈利水平稳定，劳动力需求上升

2005年，企业生产景气表现为两头低、中间高的走势，即二、三两季生产景气度较高，为135点和137点；一、四两季较低，分别为113点和123点，主要受大型水电企业因水量变化而引起的生产季节性变动影响，从大型企业生产景气走势看，这一趋势更加明显，大型企业一、四两季生产景气度只有110多点，而二、三两季则高达170多点。中小型企业生产景气走势则表现为单边上扬，从一季度的107点增至四季度的123点，保持了稳定的增长势头。在各行业中，交通运输业受季节性因素和油价上涨的双重影响，二、三两季生产景气出现较大回落，跌到60多点的不景气区间，四季度虽回升到100点的景气临界线，但仍低于去年同期30多点。房地产业受国家宏观调控政策的影响，也出现较大波动，三季度滑入不景气区间，较二季度下滑了近60点，但从总体上

看，全年企业生产景气走势仍然延续了去年以来的较好走势，全年稳定在景气运行区间，表明企业生产稳定向好的趋势未变。

企业盈亏变化景气指数全年位于景气线以上，呈现稳中有升的良好态势，四个季度分别为108点、113点、124点、115点。除交通运输业盈亏变化景气度低于景气线，盈利水平下降外，工业、建筑业、房地产业、批零贸易业、旅游服务业、住宿餐饮业均高于景气线，表明企业盈利能力普遍增强。

全年企业用工需求景气度也始终高于景气线，除一季度与上年持平外，其余三个季度均高于上年，其中三季度高出上年10点。用工需求景气度较高的行业为建筑业、工业、住宿餐饮业。

4、固定资产投资增长，科技创新投入加大

2005年，企业固定资产投资力度进一步增长，全年企业固定资产投资景气度稳定在120点左右的景气区间，其中四季度为126点，高出上季9点，投资力度较三季度继续增长的企业达到36.4%。工业企业科技创新投入也不断加大，科技创新景气度从一季度的109点升至四季度的129点，较年初增加21点，比同期提高13点。

5、工业设备利用率进一步提高；

与去年同期相比，工业企业平均设备利用率进一步提高，全年四个季度分别为77.4%、89.7%、88.2%、86.2%，平均每季高于同期5个百分点，其中二季度高于同期8个百分点。从行业结构看，设备利用情况较好的主要集中在工业的制造业，其设备利用率达到90%以上，其中纺织业为97.7%、饮料制造业为96.7%、化学原料及化学制品制造业为93.4%。而电力生产和供应业设备利用率只达到72%，低于平均水平11个百分点。不同规模企业中，中小企业设备利用率高于大型企业。四季度中小企业设备利用率为88.3%，比大型企业高出3个百分点。

二、企业营运中的主要问题

1、原材料能源购进价格持续上涨，生产成本居高不下

工业企业能源购进价格景气度，全年处于深度不景气区间，其中一、二两季仅为30多点，低于100点的景气线近60多点，近70%的企业原材料及能源购进价格上涨，三、四两季虽有所回升，为50多点，但仍处于严重不景气区间，到四季度仍有59%的企业原材料及能源购进价格较三季度还在继续上涨。原材料及能源价格的上涨及未来走势的不确定性，使企业在成本控制、制订市场营销策略方面都不同程度的受到影响，全年企业生产成本景气度始终在不景气区间徘徊，最低为一季度51点，最高为三季度99点，接近100点的景气临界线，但四季度又回落至70点的较低位。

2、资金紧张、融资困难仍然制约中小企业的发展

四季度，反映企业流动资金状况和融资状况的景气指数分别为82点和94点，低于景气线18点和6点，在调查的企业中，四季度流动资金充足的企业只占到了调查总数的19%，较为紧张的占55.3%，严重不足的企业占25.4%；企业融资情况较好企业仅占6.4%，较为困难的69.4%，非常困难的占24.2%。流动资金紧张和融资困难主要集中在中小型企业，全年四个季度流动资金景气度和融资景气度均低于景气线，位于不景气区间，其中四季度流动资金景气度为87点，低于景气线13点，低于大型企业35点；企业融资状况景气度为82点，低于大型企业10点，表明企业流动资金紧张和融资困难仍然是制约企业，特别是中小企业发展的一大因素。

3、四季度工业主要景气指标回调较大，应引起重视

四季度与三季度相比，工业企业各项景气指标均有所回落，特别是企业生产、销售总量及产品订货等主要指标出现较大回调，分别为114点、103点、108点，低于上季31点、33点、28点。从三季度开始，工业产销衔接有下降趋势，三季度生产景气度较二季度提升2点，产品销量景气度不增反降，较三季度回落3点；四季度工业生产景气度出现较大回调，低于上季31点，销售景气度也继续下滑至102点，低于上季32点，降幅大于生产景气度。此外产品订货景气度也呈下降走势，有可能对后期工业生产产生较大影响，应引起重视。

三、2006年首季企业景气预测

全市景气监测相关预测指标反映出，2006年一季度，企业家信心指数仍保持高位，与四季度基本持平。企业生产景气度由于受春节放假、部分骨干企业安排检修等因素影响，工业企业景气度将会有所下降，但交通通讯、批零贸易及住宿餐饮等服务行业会因节日的来临业务量大幅上升，企业盈利水平不变，劳动力需求仍将保持增长，企业综合营运状况仍将保持130点以上的景气运行区间。

统　计　资　料

TONG JI ZI LIAO

一 综合

GENERAL SURVEY

1—1 自然状况及资源

（2005 年）

	单位	2005 年		单位	2005
一、国土面积	平方公里	21084	森林面积	千公顷	1136
山区	平方公里	14215	森林覆盖率	%	55.3
丘陵	平方公里	4788	3、水利资源		
平原	平方公时	2081	水资源拥有量	亿立方米	107.8
二、自然资源			人平水资源拥有量	立方米/人	2703
1、土地资源			水能资源总量	万千瓦	2411
耕地面积	千公顷		#可开发量	万千瓦	2340
林业用地面积	千公顷		总量中地方水能资源	万千瓦	174
2、林木资源			#近期可开发量	万千瓦	104.5
活林木总蓄积量	万立方米	3985	已装机总容量	万千瓦	52.3
森林蓄积量	万立方米	3894	占近期可开发量	%	50.04

1—2 分县市行政区划

（2005 年）

	乡政府	镇政府	办事处	村民委员会	村民小组	居民委员会
合　　计	25	62	20	1421	8494	251
宜 都 市	4	5	1	123	828	21
枝 江 市		8	1	198	872	16
当 阳 市		7	3	161	885	18
远 安 县	1	6		111	530	8
兴 山 县	2	6		102	569	12
秭 归 县	5	7		186	1201	6
长阳自治县	3	8		154	970	5
五峰自治县	3	5		103	848	11
市　　区	7	10	15	283	1791	154
# 夷陵区	3	8	1	205	1234	18

1—3 “十·五”期间主要经济指标

指　标	单位	2000	2001 年	2002 年	2003 年	2004 年	2005 年
地区生产总值	亿元	379.49	410.34	444.06	491.36	540.13	608.06
人均国内生产总值	元	9525	10102	11174	11891	13581	15253
地区生产总值指数	上年=100	109.4	109.2	108.7	109.5	117.5	113.0
人均国内生产总值指数	上年=100	109.6	106.1	108.7	105.3	117.3	112.8
年末总人口	万人	397.49	397.51	397.27	396.89	398.52	398.78
年末总户数	万户	127.3	129.84	132.57	132.4	136.84	139.93
从业人员	万人	225.15	203.57	204.78	208.1	212.3	215.2
职工平均工资	元	7905	8777	9299	9954	10636	11826
全社会固定资产投资	亿元	229.37	248.35	264.91	250.04	271.28	295.8
地方财政收入	亿元	17.68	19.29	23.39	16.74	19.13	22.53
地方财政支出	亿元	25.66	29.01	39.2	34.3	38.92	47.63
农村居民人均纯收入	元	2038	2413	2475	2588	2938	3108
城镇居民人均可支配收入	元	5828.5	6187.27	6647	7033	8075	8711
乡村劳动力	万人	133.47	135.28	136.74	140.2	141.72	145.57
耕地面积	千公顷	257.7	253.32	360.69	224.91	227.18	227.53
农林牧渔业总产值	亿元	95.79	98.91	94.6	105.61	128.14	138.6
农林牧渔业总产值指数	上年=100	102.3	104.4	95.5	107.18	104.85	1.1.58
粮食产量	万吨	167.13	163.44	144.16	131.45	145.64	145.62
棉花产量	万吨	1.68	1.98	1.46	1.92	2.19	2.24
油料产量	万吨	23.24	23.22	17.16	20.19	21.48	21.33
猪肉产量	万吨	22.75	23.12	23.86	25.08	28.79	32.47
牛肉产量	万吨	0.45	0.45	0.42	0.48	0.5	0.45
羊肉产量	万吨	0.64	0.74	0.86	1.16	1.29	1.32
水产品产量	万吨	9.18	9.36	9.75	10.41	11.1	12.02
工业企业单位数	个	352	364	382	430	515	523
工业增加值(当年价)	亿元	78.29	77.67	83.03	106.72	189.83	247.01
建筑企业单位数	个	174	164	122	137	211	192
建筑业企业从业人员	万人	8.61	9.58	9.9	10.23	11.85	9.14
建筑业总产值	亿元	53.4	59.41	75.15	91.21	111.31	124.96
等级公路里程	公里	6769	6793	7801	7858	8225	8465
邮电业务总量	亿元	6.53	5.22	7.46	9.95	11.7	15.08
本地电话用户	万户	40.25	52.59	61	72	86.6	100
社会消费品零售总额	亿元	139.03	152.95	167.07	174.14	200.93	226.5
外商直接投资	万美元	4067	6436	7507	8405	9305	10498
国际旅游外汇收入	万美元	2585.05	4799.25	8394.2	2109	3076	3857
国内旅游收入	亿元	35.8	39.99	43.7	34.83	45.02	53.8
金融机构存款余额	亿元	299.7	341.73	387.7	463.38	517.29	584.98
金融机构贷款余额	亿元	307.6	322.23	382.71	441.54	462.93	493.73
学龄儿童入学率	%	99.8	100	100	100	100	100
普通高等学校在校学生数	万人	1.19	1.2	2.04	2.35	2.7	3.62
公共图书馆藏书量	万册	121	125	127.82	130.4	137.2	147.6
广播覆盖率	%	90.1	93.83	94.18	94.19	93.76	95.15
电视覆盖率	%	89.9	92.27	92.86	93.11	94.17	95.56
卫生机构数	个	1127	1164	2589	1364	1317	1568
卫生机构床位数	张	11136	12278	10300	10864	11503	11428
卫生机构人员数	人	22632	22347	22481	20292	20473	20554
医院、卫生院技术人员	人	18441	18176	12606	17005	17285	17244

1—4 “十·五”期间主要经济指标增长速度

指 标	2001年	2002年	2003年	2004年	2005年	“十五”年均增长
年末总人口	0.01	-0.06	-0.10	0.41	0.07	0.1
年末总户数	2.00	2.10	-0.13	3.35	2.26	1.9
从业人员	-9.58	0.59	1.62	2.02	1.37	-0.9
职工平均工资	11.03	5.95	7.04	6.85	11.19	8.4
全社会固定资产投资	8.27	6.67	-5.61	8.49	9.04	5.2
地方财政收入	9.11	21.25	-28.43	14.28	17.77	5.0
地方财政支出	13.06	35.13	-12.50	13.47	22.38	13.2
农村居民人均纯收入	18.40	2.57	4.57	13.52	5.79	8.8
城镇居民人均可支配收入	6.16	7.43	5.81	14.82	7.88	8.4
乡村劳动力	1.36	1.08	2.53	1.08	2.72	1.8
耕地面积	-1.70	42.39	-37.64	1.01	0.15	-2.5
农林牧渔业总产值	3.26	-4.36	11.64	21.33	8.16	7.7
农林牧渔业总产值指数	2.05	-8.52	12.23	-2.17	-3.12	-0.1
粮食产量	-2.21	-11.80	-8.82	10.79	-0.01	-2.7
棉花产量	17.86	-26.26	31.51	14.06	2.28	5.9
油料产量	-0.09	-26.10	17.66	6.39	-0.70	-1.7
猪肉产量	1.63	3.20	5.11	14.79	12.78	7.4
牛肉产量	0.00	-6.67	14.29	4.17	-10.00	0.0
羊肉产量	15.63	16.22	34.88	11.21	2.33	15.6
水产品产量	1.96	4.17	6.77	6.63	8.29	5.5
工业企业单位数	3.41	4.95	12.57	19.77	1.55	8.2
工业增加值(当年价)	-0.79	6.90	28.53	77.88	30.12	25.8
建筑企业单位数	-5.75	-25.61	12.30	54.01	-9.00	2.0
建筑业企业从业人员	11.27	3.34	3.33	15.84	-22.87	1.2
建筑业总产值	11.25	26.49	21.37	22.04	12.26	18.5
等级公路里程	0.35	14.84	0.73	4.67	2.92	4.6
邮电业务总量	-20.06	42.91	33.38	17.59	28.89	18.2
本地电话用户	30.66	15.99	18.03	20.28	15.47	20.0
社会消费品零售总额	10.01	9.23	4.23	15.38	12.73	10.3
外商直接投资	58.25	16.64	11.96	10.71	12.82	20.9
国际旅游外汇收入	85.65	74.91	-74.88	45.85	25.39	8.3
国内旅游收入	11.70	9.28	-20.30	29.26	19.50	8.5
金融机构存款	14.02	13.45	19.52	11.63	15.02	14.7
金融机构贷款	4.76	18.77	15.37	4.84	6.65	9.9
学龄儿童入学率	0.20	0.00	0.00	0.00	0.00	0.0
普通高等学校在校学生数	26.05	36.00	15.20	14.89	34.07	24.9
公共图书馆藏书量	3.31	2.26	2.02	5.21	7.58	4.1
广播覆盖率	4.14	0.37	0.01	-0.46	1.48	1.1
电视覆盖率	2.64	0.64	0.27	1.14	1.48	1.2
卫生机构数	3.28	122.42	-47.32	-3.45	19.06	6.8
卫生机构床位数	10.26	-16.11	5.48	5.88	-0.65	0.5
卫生机构人员数	-1.26	0.60	-9.74	0.89	0.40	-1.9
医院、卫生院技术人员	-1.44	-30.64	34.90	1.65	-0.24	-1.3

1—5 分县市经济社会发展情况

（2005 年）

指　标	单位	宜都市	枝江市	当阳市	远安县	兴山县	秭归县	长阳自治县	五峰自治县	夷陵区
行政区域土地面积	平方公里	1357	1310	2159	1752	2327	2427	3430	2072	3424
地区生产总值	万元	544659	597617	577381	211620	185433	227094	312051	135950	633773
第一产业	万元	80890	147320	177952	48101	43181	52991	72414	45741	132253
第二产业	万元	261861	231344	202618	102735	73002	48916	102444	38660	237803
第三产业	万元	201908	218953	196811	60784	69250	125187	137193	51549	263717
人均地区生产总值	元	13880	11776	11961	10847	10089	5823	7620	6593	12261
年末总人口	万人	39.27	50.69	48.11	19.50	18.25	39.00	41.11	20.62	51.64
年末总户数	万户	14.39	18.75	17.44	6.22	6.61	13.33	13.95	6.65	18.39
全社会从业人员	万人	19.96	27.40	27.53	9.90	10.80	19.62	24.40	10.64	29.70
第一产业	万人	7.70	10.95	13.41	5.60	5.79	13.20	11.80	6.65	10.80
第二产业	万人	5.39	5.87	3.80	1.90	1.20	2.51	3.10	0.73	5.50
第三产业	万人	6.87	10.58	10.32	2.40	3.81	3.91	9.50	3.26	13.40
职工平均工资	元	10744	10471	9611	11332	1095	7568	8121	8081	10674
全社会固定资产投资	万元	198239	261772	124899	57010	65996	110111	83646	38389	231762
商品房屋销售额	万元	6769	7500	5667	243	360	2004	813	900	20429
商品房屋销售面积	万平方米	4.31	3.87	7.17	0.42	0.40	1.88	0.75	1.36	14.50
财政总收入	万元	57643	48009	58632	21596	18488	21583	23578	10700	76274
地方财政收入	万元	20164	17509	18780	78.8	5993	7709	9600	3636	21674
地方财政支出	万元	41556	40696	47823	21474	28852	30205	32762	20621	52969
全部财政供养人员	人	10048	12099	11619	6460	6465	6348	10569	6480	11877
农村居民人均纯收入	元	3491	3970	3816	3318	2560	1999	2095	1798	3703
农村居民人均生活费总支出	元	2562	3136	2860	2705	2310	2599	1944	2338	2630
#食品支出	元	1221	1331	1513	1310	1143	1322	1097	1152	12.4
城镇居民人均可支配收入	元	8485	7553	7586	7607	7475	7173	7580	6451	8236
城镇居民人均消费性支出	元	6059	5528	6433	5557	5768	6123	6169	5678	6249
#食品支出	元	2178	2105	2472	2078	2173	2083	2019	2148	2412

1—5 续表1

指　标	单位	宜都市	枝江市	当阳市	远安县	兴山县	秭归县	长阳自治县	五峰自治县	夷陵区
农村人均住房面积	平方米	48.70	40.56	38.32	50.12	28.66	38.56	51.63	48.26	43.27
能源消费量	万吨标煤	78.57	87.09	57.45	10.76	41.06	31773.33	28.22	4.96	60.30
工业用电量	万千瓦小时	117800	29848	47461	27891	67566	19900	22979	18877	18022
生活用电量	万千瓦小时	6639	8366	8104	3365	7296	3800	4498	3669	8830
乡村户数	万户	9.08	9.56	10.49	4.97	4.43	10.12	10.41	5.36	12.61
乡村劳动力	万人	15.32	17.18	18.56	8.76	8.01	18.87	20.29	9.63	20.71
#农林牧渔业	万人	7.70	10.99	12.75	5.58	5.79	13.00	11.83	6.65	12.43
常用耕地面积	千公倾	15.71	43.60	43.63	11.39	13.23	20.38	31.68	17.68	23.98
农林牧渔业总产值	亿元	13.32	24.23	28.44	7.46	6.98	8.69	12.50	7.44	21.55
农林牧渔业总产值指数	上年=100	106.90	107.00	105.37	106.27	111.71	106.43	96.20	106.10	112.06
农业机械总动力	万千瓦	14.90	58.71	32.80	12.59	6.16	12.74	10.56	7.34	20.78
化肥使用量(折纯量)	万吨	1.59	6.78	8.50	0.71	0.66	1.59	1.82	1.69	3.32
农村用电量	万千瓦小时	4493	4841	5213	2045	1606	3200	2691	1526	5925
有效灌溉面积	千公顷	8.42	31.48	26.75	7.34	4.11	7.54	2.27	0.44	10.91
总播种面积	千公顷	38.86	97.11	103.26	26.26	34.01	49.00	64.07	46.79	68.81
#粮食作物	千公顷	25.01	48.66	50.23	15.99	20.30	29.29	40.39	28.24	38.54
粮食产量	万吨	13.51	28.84	33.37	8.66	7.26	11.60	12.10	9010	20.03
棉花产量	吨	46	14915.00	7356	21					18
油料产量	万吨	1.72	5.01	7.22	1.15	0.67	1.358	1.18	0.54	2.12
猪肉产量	万吨	3.94	5.17	5.27	1.59	2.28	2.67	2.48	1.85	5.49
牛内肉产量	吨	1867	321	649	384	182	116	289	76	561
羊肉产量	吨	3275	637	2591	491	1045	797	2242	974	1017
水产品产量	吨	5685	45087	47006	2521	349	782	6504	122	8314
规模上工业企业单位数	个	63	93	75	21	8	30	22	13	77
规模上工业企业增加值	万元	187253	172739	116736	74267	52293	31549	25012	15247	161933
规模上工业经济综合效益指数	%	179.47	156.30	141.89	115.39	141.90	112.18	145.56	116.60	153.43
高新技术产业增加值	万元	55061	17700	17934	36902	3290	9641	204	4706	18299
公路里程	公里	801	1398	971	661	680	2500	3576	3516	3518
#等级公路	公里	620	1059	742	565	351	706.5	1088	1114	1712

1—5 续表 2

指 标	单位	宜都市	枝江市	当阳市	远安县	兴山县	秭归县	长阳自治县	五峰自治县	夷陵区
农村通公路行政村比重	%	100	100	100	100	95	98	94.8	100	98
民用汽车拥有量	辆	5626	13500	6735	3346	14215	27955	4300	2356	15044
邮电业务总量	万元	10490	13939	5563	4192	2022	7244	9217	4267	11874
本地电话用户	户	79215	84815	114083	29127	16100	35172	37171	27424	91031
移动电话用户	户	87072	118000	114522	42216	28000	84000	105024	46000	128000
社会消费品零售总额	万元	196996	250234	229033	81690	67844	84740	102213	48086	242994
外贸出口商品总值	万美元	2212	1407	118	54	7796	91	255	61	1213
外商直接投资	万美元	1572	508	716	211	275	260	16	170	912
金融机构存款	万元	317200	398975	419882	171547	137489	177729	197175	85702	494512
#企业存款	万元	51441	52328	64265	43328	29781	27919	40774	10040	111287
#居民储蓄存款余额	万元	235839	308271	329680	115651	72264	117808	137755	59943	325233
金融机构贷款	万元	211783	158052	175754	35510	155823	44816	76792	44182	212405
幼儿园数	所	25	56	41	21	3	9	23	7	56
入园儿童数	万人	0.26	0.65	0.77	0.17	0.18	0.31	0.32	1669.00	0.65
学龄儿童入学率	%	100	100	100	100	100	100	100	100	100
小学学校数	所	60	62	45	28	36	70	89	59	62
九年义务教育完成率	%	95	98	98.00	94	100	100.00	95	91	93
各类专业技术人员	人	6008	5775	11689	6024	5500	5500	5154	4016	15092
公共图书馆	个	1.00	1.00	1.00	1.00	1.00	1.00	1.00	1.00	1.00
公共图书馆藏书量	万册	10.70	7.50	10.40	7.04	7.98	7.72	5.45	4.64	13.00
广播覆盖率	%	93	91	98	90	92	90	91	90	98
电视覆盖率	%	92.07	95.50	98.00	89.60	98.00	96.00	93.20	85.00	95.30
卫生机构数	个	444	142	277	171	11	101	477	106	159
#医院、卫生院	个	17	13	15	8	8	13	14	10	15
卫生机构床位数	张	1074	870	1196	497	338	641	740	465	730
#医院卫生院	张	1029	870	1126	497	338	641	705	449	700
卫生机构人员数	人	2194	1446	2165	968	776	1240	1297	695	1760
#卫生技术的人员	人	1822	1244	1727	860	616	1050	1091	616	1491
森林覆盖率	%	55	25	38	73	60	45	74	79	70

1—6 地 区 生 产 总 值

（2005 年）

	2004 年	2005 年	2005 年增长率
地区生产总值	540.13	608.06	13.0
第一产业	79.09	84.98	3.5
第二产业	270.62	310.00	16.7
工　业	231.23	267.50	18.4
建筑业	39.39	42.50	6.7
第三产业	190.42	213.08	11.5
交通运输仓储邮电通信业	57.13	66.11	14.6
批发零售贸易餐饮业	49.23	54.21	9.2
金融保险业	12.08	13.68	14.5
房地产业	15.56	18.77	13.8
其他服务业	56.42	60.31	8.8
各县市区生产总值			
宜都市	460748	544659	15.1
枝江市	490670	597617	16.1
当阳市	523098	577381	9.3
远安县	186458	211620	15.6
兴山县	162393	185433	12.4
秭归县	205176	227094	12.3
长阳土家族自治县	274904	312051	12.0
五峰土家族自治县	133284	135950	2.0
夷陵区	526760	633773	15.1
西陵区	1725712	1928694	20.6
伍家岗区	368749	415211	12.6
点军区	108264	127470	13.9
猇亭区	118098	182373	48.6
开发区	172858	224168	25.0

注:本表生产总值按当年价格计算,增长率按可比价格计算。

1—7 企业家信心景气指数

(2005年)

项目	景气指数			
	一季度	二季度	三季度	四季度
总体状况	**150.25**	**136.42**	**137.75**	**144.95**
1、按登记注册类型分				
国有企业	144.68	133.21	117.76	141.48
有限责任公司	150.15	131.33	142.77	146.76
股份有限公司	152.46	148.90	156.02	154.21
外商及港澳台投资企业	155.47	141.14	142.86	140.18
2、按企业规模分				
大型企业	174.75	149.43	154.26	179.39
中小型企业	143.29	132.08	130.97	136.08
#中型	139.66	132.14	122.22	135.19
小型	145.28	132.04	135.64	136.54

1—8 企业综合景气指数

(2005年)

项目	景气指数			
	一季度	二季度	三季度	四季度
总体状况	**130.84**	**133.23**	**144.39**	**137.59**
1、按登记注册类型分				
国有企业	125.86	134.27	141.33	137.34
有限责任公司	127.28	126.22	138.83	134.51
股份有限公司	142.83	142.17	172.11	158.63
外商及港澳台投资企业	114.29	137.82	126.67	115.18
2、按企业规模分				
大型企业	168.48	158.21	178.84	164.49
中小型企业	118.90	127.67	133.55	129.75
#中型	112.07	132.14	127.78	137.04
小型	122.64	125.24	136.63	125.96

1—9 生产总量景气指数

(2005年)

项目	景气指数			
	一季度	二季度	三季度	四季度
总体状况	**113.19**	**135.19**	**136.73**	**123.85**
1、按登记注册类型分				
国有企业	105.57	125.79	127.69	138.97
有限责任公司	108.33	123.27	122.20	109.20
股份有限公司	116.35	168.75	166.96	116.31
外商及港澳台投资企业	100.76	151.34	121.95	128.53
2、按企业规模分				
大型企业	166.03	178.38	175.70	115.15
中小型企业	106.71	120.75	121.29	123.42
#中型	94.83	130.36	112.96	127.78
小型	113.21	115.53	125.74	121.15

1—10 盈亏变化景气指数

(2005年)

项目	景气指数			
	一季度	二季度	三季度	四季度
总体状况	**107.69**	**113.43**	**124.37**	**114.75**
1、按登记注册类型分				
国有企业	100.29	103.37	118.81	123.90
有限责任公司	116.18	113.20	128.42	117.80
股份有限公司	110.23	91.53	125.86	106.21
外商及港澳台投资企业	91.56	138.65	143.81	108.97
2、按企业规模分				
大型企业	125.36	99.89	149.57	115.62
中小型企业	104.88	113.84	117.42	115.19
#中型	89.66	119.64	107.41	107.41
小型	113.21	110.68	122.77	115.19

1—11 流动资金景气指数

(2005 年)

项目	景气指数			
	一季度	二季度	三季度	四季度
总体状况	**90.79**	**93.41**	**96.32**	**93.85**
1、按登记注册类型分				
国有企业	69.30	90.89	85.47	86.41
有限责任公司	89.50	89.10	98.32	89.91
股份有限公司	132.10	120.10	123.01	129.56
外商及港澳台投资企业	110.93	95.84	95.29	95.58
2、按企业规模分				
大型企业	96.39	123.20	130.19	121.93
中小型企业	88.41	86.79	87.10	86.71
#中型	86.21	85.71	75.93	74.07
小型	89.62	87.38	93.07	93.27

1—12 货款拖欠景气指数

(2005 年)

项目	景气指数			
	一季度	二季度	三季度	四季度
总体状况	**110.71**	**115.23**	**97.36**	**102.26**
1、按登记注册类型分				
国有企业	110.73	109.36	106.08	99.61
有限责任公司	108.97	120.87	95.91	108.14
股份有限公司	111.92	111.79	68.54	106.58
外商及港澳台投资企业	135.29	140.38	146.67	106.25
2、按企业规模分				
大型企业	107.32	102.45	79.34	99.22
中小型企业	111.59	120.13	101.94	103.80
#中型	110.34	119.64	105.56	103.70
小型	112.26	120.39	100.00	103.85

1—13 劳动力需求景气指数

(2005年)

项目	景气指数			
	一季度	二季度	三季度	四季度
总体状况	**110.22**	**118.14**	**122.65**	**117.10**
1、按登记注册类型分				
国有企业	98.29	104.68	144.15	116.44
有限责任公司	11.77	121.12	109.48	117.70
股份有限公司	96.08	120.81	142.97	120.70
外商及港澳台投资企业	100.00	120.21	129.53	130.40
2、按企业规模分				
大型企业	108.50	110.17	166.85	142.51
中小型企业	104.88	114.47	108.39	108.86
#中型	100.00	119.64	105.56	109.26
小型	107.55	111.65	109.90	108.65

1—14 固定资产投资景气指数

(2005年)

项目	景气指数			
	一季度	二季度	三季度	四季度
总体状况	**115.55**	**128.21**	**116.86**	**126.18**
1、按登记注册类型分				
国有企业	107.60	117.79	114.35	111.67
有限责任公司	113.39	127.95	123.34	130.27
股份有限公司	119.61	142.14	110.89	149.63
外商及港澳台投资企业	119.37	142.94	126.67	150.00
2、按企业规模分				
大型企业	121.84	162.84	131.34	160.91
中小型企业	111.59	117.61	112.90	115.19
#中型	108.62	126.79	122.22	122.22
小型	113.21	112.62	107.92	111.54

1—15 产品订货景气指数

（2005年）

项目	景气指数			
	一季度	二季度	三季度	四季度
总体状况	**120.58**	**115.85**	**125.62**	**119.73**
1、按登记注册类型分				
国有企业	96.62	108.18	119.06	127.97
有限责任公司	123.73	113.33	118.39	119.11
股份有限公司	136.39	119.00	152.44	115.33
外商及港澳台投资企业	112.53	114.29	115.29	108.93
2、按企业规模分				
大型企业	119.51	116.41	156.76	129.56
中小型企业	114.02	112.58	112.26	116.46
#中型	110.34	114.29	107.41	118.52
小型	116.04	111.65	114.85	115.38

1—16 企业融资景气指数

（2005年）

项目	景气指数			
	一季度	二季度	三季度	四季度
总体状况	**82.69**	**79.29**	**82.51**	**82.17**
1、按登记注册类型分				
国有企业	79.71	79.00	83.78	80.99
有限责任公司	80.82	71.45	78.34	84.53
股份有限公司	91.39	93.61	95.16	101.90
外商及港澳台投资企业	107.61	107.61	109.53	96.43
2、按企业规模分				
大型企业	95.74	93.25	98.39	92.06
中小型企业	79.14	77.36	79.22	82.80
#中型	77.59	85.71	79.63	85.19
小型	80.00	72.82	79.00	81.55

1—17　工业企业主要景气监测指标

（2005 年）

项　　目	景　气　指　数			
	一季度	二季度	三季度	四季度
企业家信心	**148.01**	**130.35**	**141.01**	**143.85**
综合运营状况	**129.02**	**130.20**	**143.94**	**135.42**
1、按登记类型分				
国有企业	134.78	150.15	155.72	128.16
有限责任公司	124.19	108.23	134.23	129.68
股份有限公司	145.80	140.10	164.99	154.31
2、按企业规模分				
大型	171.61	154.49	185.79	160.36
中小型	113.92	121.79	129.11	126.58
中型	109.68	132.26	135.48	135.48
小型	116.67	114.89	125.00	120.83
生产成本	50.97	73.82	98.81	70.31
生产总量	99.47	142.46	145.24	114.26
产品订货	123.17	118.63	135.62	108.09
#国外订货	79.77	110.52	82.87	108.24
产品销售	107.86	138.68	135.95	102.74
产品销售价格	116.79	109.34	105.07	103.00
产成品库存	124.17	124.03	123.98	122.28
盈亏变化	100.47	107.77	127.13	109.91
流动资金	95.81	90.37	100.41	92.38
企业融资	81.94	74.15	81.28	79.16
货款拖欠	116.36	112.94	89.74	100.07
劳动力需求	113.75	124.88	129.84	119.23
固定资产投资	120.67	142.83	123.40	142.03
科技创新	108.56	128.27	123.38	129.02
原材料及能源购进价格	36.34	38.16	53.66	58.94
原材料及能源供应	87.18	108.45	118.67	124.33

1—18 全市企业集团主要经济指标

（2005 年）

单位:万元

	年末资产总计		固定资产原价		累计折旧	
	本年实际	去年同期	本年实际	去年同期	本年实际	去年同期
总　　计	**3097930**	**2603629**	**2060455**	**1466368**	**607511**	**504185**
按集团审批部门分						
国务院	1530000	1360000	1070000	650000	320000	280000
省级人民政府	312447	273991	221277	193602	40438	31394
省级人民政府主管部门	1064619	770078	637658	490269	187763	138770
其他	190864	199560	131520	132497	59310	54021
按母公司控股情况分						
国有及国有控股小计	2988111	2513175	2016196	1426692	595086	494586
国有绝对控股	2291894	2070506	1569717	1109554	455740	401142
国有相对控股	696217	442669	446479	317138	139346	93444
其他	109819	90454	44259	39676	12425	9599
按集团主营行业分						
第二产业合计	2979604	2479619	1967923	1373231	565578	466905
工业小计	1449604	1119619	897923	723231	245578	186905
制造业	1449604	1119619	897923	723231	245578	186905
建筑业	1530000	1360000	1070000	650000	320000	280000
第三产业合计	118326	124010	92532	93137	41933	37280
交通运输、仓储和邮政业	92179	97177	71138	71499	36162	32463
批发零售业	26147	26833	21394	21638	5771	4817
按母公司登记注册类型分						
公司制企业小计	3097930	2603629	2060455	1466368	607511	504185
国有独资企业	597177	537779	389591	348695	82201	71938
其他有限责任公司	2417081	2002229	1647999	1099635	518656	427465
股份有限公司	83672	63621	22865	18038	6654	4782
按母公司企业规模分						
大型	2708103	2227044	1819179	1238746	532054	432252
中型	377038	363211	237094	223442	73607	70244
小型	12789	13374	4182	4180	1850	1689

1—18 续表 1　　　　单位:万元

	无形资产		累计对外投资		存　货	
	本年实际	去年同期	本年实际	去年同期	本年实际	去年同期
总　计	**238078**	**218983**	**82806**	**74248**	**311025**	**229837**
按集团审批部门分						
国务院	147000	140000	77000	73100	148000	133000
省级人民政府	15224	13978			20284	14566
省级人民政府主管部门	25620	17967	4621		131488	70469
其他	50234	47038	1185	1148	11253	11802
按母公司控股情况分						
国有及国有控股小计	229500	210625	77979	74051	296651	220414
国有绝对控股	212761	199231	77979	74051	210140	183973
国有相对控股	16739	11394			86511	36441
其他	8578	8358	4827	197	14374	9423
按集团主营行业分						
第二产业合计	207201	191610	81621	73100	308013	226454
工业小计	60201	51610	4621		160013	93454
制造业	60201	51610	4621		163013	93454
建筑业	147000	140000	77000	73100	148000	133000
第三产业合计	30877	27373	1185	1148	3012	3383
交通运输、仓储和邮政业	25218	21268	979	951	2317	2901
批发零售业	5659	6105	206	197	695	482
按母公司登记注册类型分						
公司制企业小计	238078	218983	82806	74248	311025	229837
国有独资企业	21186	18298			51582	39653
其他有限责任公司	213973	198432	78185	74248	245764	181243
股份有限公司	2919	2253	4621		13679	8941
按母公司企业规模分						
大型	210330	192438	82806	74248	270052	194189
中型	26279	25070			37357	31858
小型	1469	1475			3616	3790

	流动资金平均余额		应收帐款		年末负债合计	
	本年实际	去年同期	本年实际	去年同期	本年实际	去年同期
总　计	**953105**	**769216**	**95507**	**101046**	**2067597**	**1747593**
按集团审批部门分						
国务院	460000	394500	40500	56000	1060000	960000
省级人民政府	74396	64953	17553	15261	203399	174117
省级人民政府主管部门	364265	253891	27489	18895	664104	468192
其他	54444	55872	9965	10890	140094	145284
按母公司控股情况分						
国有及国有控股小计	901159	729965	85755	95230	1976511	1670059
国有绝对控股	686394	606304	75342	87420	1516658	1373754
国有相对控股	214765	123661	10413	7810	459853	296305
其他	51946	39251	9752	5816	91086	77534
按集团主营行业分						
第二产业合计	924068	740250	92350	97008	1978182	1653097
工业小计	464068	345750	51850	41008	918182	693097
制造业	464068	345750	51850	41008	918182	693097
建筑业	460000	394500	40500	56000	1060000	960000
第三产业合计	29037	28966	3157	4038	89415	94496
交通运输、仓储和邮政业	24597	25442	3155	4037	65991	68922
批发零售业	4440	3524	2	1	23424	25574
按母公司登记注册类型分						
公司制企业小计	953105	769216	95507	101046	2067597	1747593
国有独资企业	176390	159456	24879	20531	339988	294044
其他有限责任公司	729209	574033	60878	74700	1659947	1401589
股份有限公司	47506	35727	9750	5815	67662	51960
按母公司企业规模分						
大型	814316	636317	80369	87190	1857879	1553276
中型	130265	122667	12887	11689	201658	185667
小型	8524	10232	2251	2167	8060	8650

1—18 续表 3 单位：万元

	流动负债		年末股东权益合计		股本	
	本年实际	去年同期	本年实际	去年同期	本年实际	去年同期
总　　计	**1308776**	**1000231**	**1030333**	**856036**	**305648**	**288455**
按集团审批部门分						
国务院	650000	560000	470000	400000	96000	96000
省级人民政府	81402	39258	109048	99874	30050	30050
省级人民政府主管部门	478835	307571	400515	301886	133354	113572
其他	98539	93402	50770	54276	46244	48833
按母公司控股情况分						
国有及国有控股小计	1229787	941609	1011600	843116	290786	275213
国有绝对控股	910087	773868	775236	696752	230751	234960
国有相对控股	319700	167741	236364	146364	60035	40253
其他	78989	58622	18733	12920	14862	13242
按集团主营行业分						
第二产业合计	1253415	947757	1001422	826522	280189	260588
工业小计	603415	387757	531422	426522	184189	164588
制造业	603415	387757	531422	426522	184189	164588
建筑业	650000	560000	470000	400000	96000	96000
第三产业合计	55361	52474	28911	29514	25459	27867
交通运输、仓储和邮政业	40632	41994	26188	28255	22459	26487
批发零售业	14729	10480	2723	1259	3000	1380
按母公司登记注册类型分						
公司制企业小计	1308776	1000231	1030333	856036	305648	288455
国有独资企业	176277	130946	257189	243735	91507	91507
其他有限责任公司	1068239	821143	757134	600640	202279	185086
股份有限公司	64260	48142	16010	11661	11862	11862
按母公司企业规模分						
大型	1160681	856544	850224	673768	216124	198750
中型	142202	137309	175380	177544	83062	83243
小型	5893	6378	4729	4724	6462	6462

1—18　续表4　　单位:万元

	营业收入		主营业务成本		利润总额	
	本年实际	去年同期	本年实际	去年同期	本年实际	去年同期
总　计	**2104282**	**1411381**	**1593828**	**1089261**	**54436**	**36809**
按集团审批部门分						
国务院	980000	700000	685000	550000	6000	2000
省级人民政府	163136	122188	128027	91384	7163	6506
省级人民政府主管部门	836330	485745	699197	373919	42856	30801
其他	124816	103448	81604	73958	-1583	-2498
按母公司控股情况分						
国有及国有控股小计	2005037	1334113	1513886	1029884	52712	35447
国有绝对控股	1366843	1002114	965372	759936	18523	14737
国有相对控股	638194	331999	548514	269948	34189	20710
其他	99245	77268	79942	59377	1724	1362
按集团主营行业分						
第二产业合计	2002619	1330740	1531378	1035172	53413	36123
工业小计	1022619	630740	846378	485172	47413	34123
制造业	1022619	630740	846378	485172	47413	34123
建筑业	980000	700000	685000	550000	6000	2000
第三产业合计	101663	80641	62450	54089	1023	686
交通运输、仓储和邮政业	77200	55617	42787	32900	1182	807
批发零售业	24463	25024	19663	21189	-159	-121
按母公司登记注册类型分						
公司制企业小计	2104282	1411381	1593828	1089261	54436	36809
国有独资企业	286490	223690	218431	157167	13947	15114
其他有限责任公司	1743010	1135447	1315118	893906	38606	20212
股份有限公司	74782	52244	60279	38188	1883	1483
按母公司企业规模分						
大型	1892441	1243864	1449285	979769	48849	30347
中型	206615	162310	141164	105816	5568	6524
小型	5226	5207	3379	3676	19	-62

1—18 续表5 单位:人、万元

	固定资产投资		从业年末人数		劳动报酬	
	本年实际	去年同期	本年实际	去年同期	本年实际	去年同期
总　计	**142746**	**149464**	**58667**	**58204**	**116687**	**91110**
按集团审批部门分						
国务院	42000	40000	34933	37247	85346	67770
省级人民政府	24871	26959	4607	4603	5876	4943
省级人民政府主管部门	73023	80777	14861	11606	18911	12341
其他	2852	1728	4266	4748	6554	6056
按母公司控股情况分						
国有及国有控股小计	134296	148214	55598	55564	113312	88892
国有绝对控股	82610	96731	46527	49139	102366	82488
国有相对控股	51686	51483	9071	6425	10946	6404
其他	8450	1250	3069	2640	3375	2218
按集团主营行业分						
第二产业合计	139894	147736	55264	54422	111396	86456
工业小计	97894	107736	20331	17175	26050	18686
制造业	97894	107736	20331	17175	26050	18686
建筑业	42000	40000	34933	37247	85346	67770
第三产业合计	2852	1728	3403	3782	5291	4654
交通运输、仓储和邮政业	2852	1728	2971	3287	4906	4228
批发零售业			432	495	385	426
按母公司登记注册类型分						
公司制企业小计	142746	149464	58667	58204	116687	91110
国有独资企业	37758	55003	7760	7639	10851	9088
其他有限责任公司	96538	93211	48270	48420	102846	80230
股份有限公司	8450	1250	2637	2145	2990	1792
按母公司企业规模分						
大型	128880	120412	53661	53226	108416	84114
中型	13866	29052	4715	4657	7693	6366
小型			291	321	578	630

单位:%

	总资产使用率		流动资产比率		劳动生产率	
	本年实际	去年同期	本年实际	去年同期	本年实际	去年同期
总　计	**63.36**	**51.35**	**30.77**	**29.54**	**35.87**	**24.25**
按集团审批部门分						
国务院	57.19	47.79	30.07	29.01	28.05	18.79
省级人民政府	51.65	44.21	23.81	23.71	35.41	26.55
省级人民政府主管部门	77.77	62.10	34.22	32.97	56.28	41.85
其他	51.61	43.86	28.53	28.00	29.26	21.79
按母公司控股情况分						
国有及国有控股小计	62.39	50.13	30.16	29.05	36.06	24.01
国有绝对控股	53.59	44.93	29.95	29.28	29.38	20.39
国有相对控股	91.35	74.49	30.85	27.94	70.36	51.67
其他	89.85	85.05	47.30	43.39	32.34	29.27
按集团主营行业分						
第二产业合计	63.33	51.30	31.01	29.85	36.24	24.45
工业小计	69.82	55.56	32.01	30.88	50.30	36.72
制造业	69.82	55.56	32.01	30.88	53.30	36.72
建筑业	57.19	47.79	30.07	29.01	28.05	18.79
第三产业合计	64.01	52.30	24.54	23.36	29.87	21.32
交通运输、仓储和邮政业	56.26	41.33	26.68	26.18	25.98	16.92
批发零售业	91.35	92.00	16.98	13.13	56.63	50.55
按母公司登记注册类型分						
公司制企业小计	63.36	51.35	30.77	29.54	35.87	24.25
国有独资企业	46.63	40.42	29.54	29.65	36.92	29.28
其他有限责任公司	66.59	53.30	30.17	28.67	36.11	23.45
股份有限公司	89.38	82.12	56.78	56.16	28.36	24.36
按母公司企业规模分						
大型	65.83	53.43	30.07	28.57	35.27	23.37
中型	46.45	39.07	34.55	33.77	43.82	34.85
小型	37.85	37.98	66.65	76.51	17.96	16.22

1—18 续表7 单位:%

	成本费用利润率		资产利税率		总资产报酬率	
	本年实际	去年同期	本年实际	去年同期	本年实际	去年同期
总　计	**3.02**	**2.92**	**3.62**	**3.34**	**3.51**	**2.89**
按集团审批部门分						
国务院	0.77	0.32	1.93	1.73	1.76	1.10
省级人民政府	4.60	5.71	3.53	3.48	5.88	5.45
省级人民政府主管部门	5.59	7.20	6.64	7.05	5.79	5.82
其他	-1.58	-2.78	0.45	0.24	0.98	0.29
按母公司控股情况分						
国有及国有控股小计	3.09	2.99	3.47	3.16	3.51	2.87
国有绝对控股	1.65	1.65	2.40	2.33	2.52	2.04
国有相对控股	5.84	7.02	7.01	7.07	6.76	6.71
其他	1.84	1.87	7.59	8.18	3.56	3.67
按集团主营行业分						
第二产业合计	3.09	3.02	3.67	3.42	3.57	2.95
工业小计	5.00	6.01	5.52	5.47	5.47	5.20
制造业	5.00	6.01	5.52	5.47	5.47	5.20
建筑业	0.77	0.32	1.93	1.73	1.76	1.10
第三产业合计	1.37	1.07	2.18	1.66	2.17	1.75
交通运输、仓储和邮政业	2.34	2.06	2.72	2.05	1.97	1.36
批发零售业	-0.66	-0.48	0.28	0.23	2.88	3.16
按母公司登记注册类型分						
公司制企业小计	3.02	2.92	3.62	3.34	3.51	2.89
国有独资企业	5.22	7.59	4.12	4.68	4.98	5.13
其他有限责任公司	2.64	2.00	3.28	2.71	3.14	2.26
股份有限公司	2.71	3.10	9.88	11.52	3.77	3.88
按母公司企业规模分						
大型	3.01	2.70	3.61	3.23	3.56	2.82
中型	3.26	4.91	3.65	4.04	3.27	3.44
小型	0.39	-1.19	3.20	1.32	1.28	-0.01

1—18 续表 8 单位:%

	长期负债与资产比率		资本利润率		资产负债率	
	本年实际	去年同期	本年实际	去年同期	本年实际	去年同期
总　　计	**24.49**	**28.70**	**2.26**	**2.13**	**66.74**	**67.12**
按集团审批部门分						
国务院	26.80	29.41	0.50	0.26	69.28	70.59
省级人民政府	39.05	49.22	2.81	2.86	65.10	63.55
省级人民政府主管部门	17.40	20.86	5.26	5.09	62.38	60.80
其他	21.77	26.00	-1.25	-1.86	73.40	72.80
按母公司控股情况分						
国有及国有控股小计	24.99	28.99	2.27	2.13	66.15	66.45
国有绝对控股	26.47	28.97	1.03	1.12	66.17	66.35
国有相对控股	20.13	29.04	6.55	5.96	66.05	66.94
其他	11.02	20.91	2.06	1.96	82.94	85.72
按集团主营行业分						
第二产业合计	24.32	28.45	2.30	2.19	66.39	66.67
工业小计	21.71	27.27	4.25	3.87	63.34	61.90
制造业	21.71	27.27	4.25	3.87	63.34	61.90
建筑业	26.80	29.41	0.50	0.26	69.28	70.59
第三产业合计	28.78	33.89	1.28	0.81	75.57	76.20
交通运输、仓储和邮政业	27.51	27.71	1.98	1.25	71.59	70.92
批发零售业	33.25	56.25	-0.79	-0.59	89.59	95.31
按母公司登记注册类型分						
公司制企业小计	24.49	28.70	2.26	2.13	66.74	67.12
国有独资企业	27.41	30.33	2.88	3.46	56.93	54.68
其他有限责任公司	24.48	28.99	2.08	1.62	68.68	70.00
股份有限公司	4.07	6.00	2.96	3.03	80.87	81.67
按母公司企业规模分						
大型	25.74	31.29	2.32	2.10	68.60	69.75
中型	15.77	13.31	1.90	2.36	53.48	51.12
小型	16.94	16.99	0.18	-0.49	63.02	64.68

1—18 续表 9

单位:%

	流动比率		连动比率		销售利润率	
	本年实际	去年同期	本年实际	去年同期	本年实际	去年同期
总　计	**72.82**	**76.90**	**49.06**	**53.93**	**2.59**	**2.61**
按集团审批部门分						
国务院	70.77	70.45	48.00	46.70	0.61	0.29
省级人民政府	91.39	165.45	66.48	128.35	4.39	5.32
省级人民政府主管部门	76.07	82.55	48.61	59.64	5.12	6.34
其他	55.25	59.82	43.83	47.18	-1.27	-2.41
按母公司控股情况分						
国有及国有控股小计	73.28	77.52	49.16	54.11	2.63	2.66
国有绝对控股	75.42	78.35	52.33	54.57	1.36	1.47
国有相对控股	67.18	73.72	40.12	52.00	5.36	6.24
其他	65.76	66.96	47.57	50.88	1.74	1.76
按集团主营行业分						
第二产业合计	73.72	78.11	49.15	54.21	2.67	2.71
工业小计	76.91	89.17	50.39	65.07	4.64	5.41
制造业	76.91	89.17	50.39	65.07	4.64	5.41
建筑业	70.77	70.45	48.00	46.70	0.61	0.29
第三产业合计	52.45	55.20	47.01	48.75	1.01	0.85
交通运输、仓储和邮政业	60.54	60.58	54.83	53.68	1.53	1.45
批发零售业	30.14	33.63	25.43	29.03	-0.65	-0.48
按母公司登记注册类型分						
公司制企业小计	72.82	76.90	49.06	53.93	2.59	2.61
国有独资企业	100.06	121.77	70.80	91.49	4.87	6.76
其他有限责任公司	68.26	69.91	45.26	47.83	2.21	1.78
股份有限公司	73.93	74.21	52.64	55.64	2.52	2.84
按母公司企业规模分						
大型	70.16	74.29	46.89	51.62	2.58	2.44
中型	91.61	89.34	65.34	66.13	2.69	4.02
小型	144.65	160.43	83.29	101.00	0.36	-1.19

二 人口与计划生育

POPULATION AND THE PLAN OF BIRTH

2—1 年末总人口

单位:万人、万户

	总人口	总户数	按性别分	
			男	女
1981年	353.14	77.75	180.37	172.77
1982年	357.48	80.79	182.60	174.43
1983年	359.29	82.93	184.23	175.06
1984年	361.63	89.03	185.40	176.23
1985年	363.73	88.45	186.31	177.42
1986年	369.71	91.52	189.90	179.81
1987年	373.74	95.55	192.06	181.68
1988年	378.48	98.83	194.52	183.96
1989年	383.23	102.47	196.96	186.27
1990年	386.20	104.99	198.51	187.69
1991年	389.34	107.82	200.12	189.22
1992年	392.10	110.38	201.85	190.25
1993年	394.93	112.62	203.73	191.20
1994年	396.34	118.27	204.34	192.00
1995年	398.39	116.93	205.61	192.78
1996年	399.12	118.21	205.81	193.31
1997年	399.67	119.74	206.23	193.44
1998年	399.10	121.07	205.64	193.46
1999年	399.31	124.32	205.56	193.75
2000年	397.49	127.30	204.87	192.62
2001年	397.51	129.84	204.45	193.06
2002年	397.27	132.57	204.54	192.72
2003年	396.89	132.40	204.52	192.37
2004年	398.52	136.84	205.66	192.86
2005年	398.78	139.93	205.30	193.48

2—2 主要年份分县市年末总人口

单位:万人

	2001年	2002年	2003年	2004年	2005年
总人口	**397.51**	**397.27**	**396.89**	**398.52**	**398.78**
宜都市	38.25	38.19	37.7	39.2	39.27
枝江市	50.74	50.77	50.76	50.81	50.69
当阳市	48.21	48.42	48.57	48.43	48.11
远安县	20.68	20.37	19.54	19.52	19.5
兴山县	18.75	18.53	18.47	18.52	18.25
秭归县	39.51	39.43	39.32	39.16	39
长阳自治县	41.28	41.08	40.97	40.79	41.11
五峰自治县	20.73	20.66	20.59	20.62	20.62
市区	119.35	119.82	120.97	121.47	122.23
#夷陵区	51.45	51.51	51.45	51.73	51.64
男性	**204.45**	**204.54**	**204.52**	**205.66**	**205.3**
宜都市	19.41	19.35	19.09	19.89	20
枝江市	25.34	25.49	25.43	25.5	25.47
当阳市	24.5	24.56	24.78	24.91	24.39
远安县	10.69	10.56	10.1	10.13	10.11
兴山县	9.85	9.68	9.75	9.64	9.52
秭归县	20.57	20.53	20.43	20.37	20.24
长阳自治县	21.65	21.56	21.46	21.52	21.64
五峰自治县	10.82	10.79	10.75	10.8	10.8
市区	61.62	62.04	62.72	62.9	63.12
#夷陵区	26.62	26.63	26.74	26.83	26.71
女性	**193.06**	**192.72**	**192.37**	**192.86**	**193.48**
宜都市	18.84	18.84	18.6	19.31	19.27
枝江市	25.41	25.29	25.33	25.31	25.22
当阳市	23.71	23.86	23.8	23.52	23.73
远安县	9.99	9.81	9.44	9.39	9.4
兴山县	8.9	8.84	8.71	8.89	8.73
秭归县	18.94	18.9	18.89	18.79	18.76
长阳自治县	19.64	19.52	19.51	19.27	19.46
五峰自治县	9.91	9.87	9.84	9.81	9.82
市区	57.74	57.79	58.25	58.57	59.11
#夷陵区	24.83	24.87	24.71	24.89	24.93
总户数	**129.84**	**132.57**	**132.4**	**136.84**	**139.93**
宜都市	13.37	13.38	12.13	14.01	14.39
枝江市	17.91	18.16	18.53	18.98	18.75
当阳市	16.17	16.82	16.68	17.29	17.44
远安县	6.38	6.42	6.48	6.5	6.22
兴山县	5.77	6.39	6.36	6.49	6.61
秭归县	12.79	12.89	13.12	13.26	13.33
长阳自治县	12.57	12.75	12.59	12.48	13.95

2—2 续表1 单位:万人

	2001年	2002年	2003年	2004年	2005年
五峰自治县	6.18	7.06	6.21	7.01	6.65
市　　区	38.71	38.69	40.28	40.82	42.6
#夷陵区	17.4	16.91	17.93	18.18	18.39
出生人口	**2.57**	**2.64**	**2.62**	**2.67**	**2.41**
宜都市	0.2	0.21	0.2	0.22	0.21
枝江市	0.25	0.32	0.42	0.35	0.31
当阳市	0.29	0.32	0.31	0.32	0.29
远安县	0.15	0.12	0.12	0.13	0.08
兴山县	0.11	0.11	0.12	0.14	0.12
秭归县	0.24	0.25	0.24	0.27	0.24
长阳自治县	0.27	0.26	0.24	0.24	0.23
五峰自治县	0.12	0.12	0.11	0.12	0.12
市　　区	0.95	0.94	0.86	0.9	0.82
#夷陵区	0.36	0.36	0.34	0.37	0.3
人口出生率	**6.47**	**6.65**	**6.6**	**6.7**	**6.05**
宜都市	5.21	5.54	5.31	5.61	5.35
枝江市	4.87	6.28	8.27	6.89	6.11
当阳市	5.94	6.54	6.38	6.61	6.01
远安县	7.08	5.68	6.14	6.66	4.1
兴山县	6.08	5.9	6.5	7.56	6.52
秭归县	6.15	6.3	6.1	6.89	6.14
长阳自治县	6.43	6.4	5.86	5.88	5.62
五峰自治县	5.7	5.75	5.34	5.82	5.82
市　　区	7.99	7.86	7.11	7.41	6.73
#夷陵区	6.58	7.08	6.61	7.15	5.8
死亡人口	**2.35**	**2.14**	**2.37**	**2.46**	**2.09**
宜都市	0.25	0.26	0.27	0.27	0.19
枝江市	0.27	0.21	0.2	0.35	0.35
当阳市	0.22	0.14	0.29	0.33	0.09
远安县	0.14	0.12	0.17	0.13	0.13
兴山县	0.12	0.11	0.08	0.08	0.1
秭归县	0.29	0.28	0.34	0.27	0.26
长阳自治县	0.26	0.29	0.33	0.27	0.25
五峰自治县	0.13	0.13	0.14	0.12	0.11
市　　区	0.65	0.6	0.55	0.64	0.62
#夷陵区	0.42	0.33	0.31	0.29	0.29

2—2 续表2

单位:万人

	2001年	2002年	2003年	2004年	2005年
人口死亡率	**5.92**	**4.56**	**5.97**	**6.17**	**5.24**
宜都市	6.43	6.88	7.16	6.89	4.84
枝江市	5.39	4.1	3.94	6.89	6.9
当阳市	4.63	2.81	5.97	6.81	1.86
远安县	6.9	5.73	8.7	6.66	6.66
兴山县	6.37	6.15	4.33	4.32	5.44
秭归县	7.41	7.16	8.65	6.89	6.65
长阳自治县	6.39	7.11	8.05	6.62	6.1
五峰自治县	6.41	6.4	6.8	5.82	5.33
市区	5.51	2.22	4.55	5.27	5.09
#夷陵区	7.68	6.5	6.03	5.61	5.61
人口自然增长率	**0.55**	**2.09**	**0.63**	**0.53**	0.81
宜都市	-1.22	-1.34	-1.86	-1.28	0.51
枝江市	-0.53	2.18	4.33	0	-0.79
当阳市	1.31	3.73	0.41	-0.21	4.15
远安县	0.18	-0.05	-2.56	0	-2.56
兴山县	-0.29	-0.25	2.17	3.24	1.08
秭归县	-1.26	-0.86	-2.54	0	-0.51
长阳自治县	0.04	-0.71	-2.2	-0.74	-0.48
五峰自治县	-0.71	-0.65	-1.46	0	0.49
市区	2.48	5.64	2.56	2.14	1.64
#夷陵区	-1.1	0.59	0.58	1.55	0.19

2—3 分县市区计划生育率

单位:万人

	全　市	宜都市	枝江市	当阳市	远安县	兴山县	秭归县	长阳县	五峰县	市　区	夷陵区
1991 年	96.81	96.78	96.26	99.14	96.91	91.51	97.21	96.94	92.77	99.78	97.09
1992 年	98.78	98.79	98.84	99.31	99.31	98.47	98.93	98.41	96.06	99.27	98.63
1993 年	98.64	99.33	99.21	98.57	98.15	98.6	98.36	96.76	97.76	99.65	97.89
1994 年	98.46	99.34	98.95	98.26	98.83	98.61	98.76	98.56	96.43	99.77	96.93
1995 年	98.74	99.78	98.26	98.96	98.94	99.08	99.23	98.02	97.42	99.81	98.15
1996 年	98.84	99.69	97.76	99.16	98.81	98.32	99	98.58	97.83	99.72	99.02
1997 年	98.89	99.56	98.47	99.33	98.22	98.12	99.31	98.83	98.56	99.48	98.14
1998 年	99.08	99.19	99.14	99.52	99.01	99.17	99.41	98.62	98.5	99.62	98.52
1999 年	99.15	99.43	99.07	99.07	99.59	98.29	99.25	98.83	98.39	99.7	99.13
2000 年	99.04	99.43	98.79	99.07	99.01	99.38	99.23	97.79	99.12	99.4	99
2001 年	99.11	99.5	98.78	99.02	99.12	99.2	99.53	97.53	98.61		99.56
2002 年	98.96	99.41	98.46	99.03	98.82	99.02	99.19	97.16	98.51	99.57	99.48
2003 年	98.73	98.81	98.57	98.58	98.26	97.9	99.19	97.59	97.75	99.67	98.83
2004 年	98.69	98.98	97.03	98.48	98.58	97.84	99.01	98.19	98.69	99.32	98.79
2005 年	98.12	98.48	97.35	97.79	97.75	97.22	98.57	97.24	96.86	98.83	98.2

注:2002 年以后"计划生育率"改称为"符合政策生育率"。

三 财政金融

FINANCE

3—1 历年分县市财政收入

单位:万元

年 份	合 计	宜都市	枝江市	当阳市	远安县	兴山县	秭归县	长阳县	五峰县	市 区	
											夷陵区
1978 年	13830	1174	1177	1053	423	289	470	437	314	8493	910
1980 年	14873	1238	1198	1124	411	319	403	420	335	9425	910
1981 年	16308	1363	1249	1327	462	338	440	514	382	10233	1055
1982 年	18696	1526	1504	2402	548	398	538	662	471	10647	2380
1983 年	20390	1539	1383	3192	621	385	346	621	352	11951	3282
1984 年	21942	1628	1542	3536	775	420	523	781	421	12316	3091
1985 年	28862	1949	1979	5024	1516	535	694	986	541	15638	2677
1986 年	34301	2133	2937	6240	1545	820	815	1059	696	18056	3220
1987 年	41877	2546	3006	9323	1490	930	1030	1339	919	21294	4006
1988 年	48929	3075	3536	10218	2061	1361	1259	1854	1259	24306	6094
1989 年	55056	3582	4407	10130	2596	1665	1488	2232	1577	27469	7252
1990 年	57548	2789	4819	10552	2958	1932	1526	2428	1621	27923	8163
1991 年	61851	4020	5304	11191	3290	2301	1889	2642	1699	21278	9152
1992 年	69555	4376	5333	11748	3458	2605	2479	3930	1869	33757	10117
1993 年	86570	5343	6586	12513	4185	3411	3050	4642	2142	44698	12125
1994 年	101781	6236	7692	14791	4505	3996	3702	3749	2181	54929	16166
1995 年	127067	7790	9942	17202	5172	5095	4932	5996	2708	68230	19078
1996 年	153826	10362	12591	20224	5739	6557	6436	7124	3507	81286	22838
1997 年	184427	11121	14773	24288	6967	7610	8075	8835	4275	98483	26198
1998 年	221318	12749	17015	30588	8417	9157	9567	10448	5020	118357	32267
1999 年	241550	14410	19149	33096	9019	9808	9824	11818	5580	128846	36516
2000 年	263664	15744	20562	35890	9526	10686	10099	12289	6070	142798	40566
2001 年	287766	17966	22464	38436	10018	11548	10927	11001	6629	158777	43916
2002 年	157320	11408	11189	14738	5025	5198	6141	7724	3339	92558	17250
2003 年	167412	12801	12330	15776	5604	6042	6063	8034	3355	97407	16781
2004 年	191296	16510	14189	18441	6506	6035	6690	8727	3276	110922	17851
2005 年	225251	20164	17509	18780	7808	7698	7709	9600	3636	132347	21674

注:2002 年以后各年数据口径为地方财政一般预算收入。

3—2 历年分县市财政支出

单位:万元

年份	合计	宜都市	枝江市	当阳市	远安县	兴山县	秭归县	长阳县	五峰县	市区	
											夷陵区
1978年	10897	931	871	1204	563	631	978	889	640	4190	1118
1980年	13724	1179	1174	1228	793	894	1138	1098	825	5395	1361
1981年	14017	1135	1160	1157	745	905	1133	1067	744	5971	1358
1982年	18835	1247	1338	1988	849	1049	1361	1346	961	8696	2596
1983年	21521	1434	1552	2489	1070	1059	1595	1452	1055	9815	2920
1984年	23587	1570	1557	2851	1254	1384	1511	1732	1211	10517	3022
1985年	26320	1852	2008	3803	1972	1222	1887	1977	1322	9977	2510
1986年	35549	2437	2642	5324	2244	1793	2233	2712	864	15300	3458
1987年	38929	2663	2863	6632	1963	1797	2340	2742	2049	15880	3718
1988年	47607	3172	3622	9161	2609	2058	2790	3384	2324	18487	4656
1989年	57058	3693	4629	9763	3256	2725	3397	3919	2785	22891	7282
1990年	59241	3869	5051	9487	3540	3018	3399	4112	2819	23946	7912
1991年	62303	4141	5036	9932	3627	3286	3948	4408	2812	25113	7858
1992年	71078	4786	5307	10818	3888	3644	4928	5878	2940	28889	9856
1993年	89660	5516	7189	11696	4773	4410	5444	6612	4248	39772	11366
1994年	107663	6685	9333	13190	5251	5498	6846	7661	5477	47722	15387
1995年	119004	7388	10500	14825	5215	5302	7148	8117	5445	55064	17052
1996年	144675	8468	12110	18362	6294	7249	9553	9380	6569	66681	20353
1997年	173259	10667	14458	21626	7525	8651	10909	11606	7040	81087	22255
1998年	201087	11809	16018	26655	8189	9051	12057	13298	7423	96587	26204
1999年	229961	13832	18106	28975	9604	10268	14990	15918	9641	108625	29625
2000年	256635	15919	20053	31064	10794	11875	15512	16932	10384	124102	32165
2001年	291893	19781	22098	33739	12698	13403	19496	18613	14136	138929	35680
2002年	315385	23856	23324	32119	14390	16969	19475	21830	16158	147264	39435
2003年	343033	29333	26235	34194	15057	17895	22217	23027	16049	159026	40049
2004年	389204	34474	29791	40359	16160	18696	24169	26305	17095	182155	43575
2005年	476280	41556	40696	47823	21474	22420	29888	32762	20621	219040	52927

3—3 全市财政总收入

（2005 年）

单位：万元

年　　份	合　计	宜都市	枝江市	当阳市	远安县	兴山县	秭归县	长阳县
区域内财政总收入	1052374	55767	48009	59717	21586	17184	21583	24229
中央财政收入	592348	16591	17296	25134	8402	2682	5435	6915
一般预算收入	461773	16554	17265	25080	8402	2677	5433	6915
增值税	142718	11648	10355	11637	5759	590	3549	5134
企业所得税	247550	3653	2379	1324	1412	1457	761	508
消费税	27176	5	3012	10414	12	7	13	28
基金收入	130575	37	31	54	0	5	2	0
省级财政收入	60683	4191	3425	3328	1814	1842	1491	2499
一般预算收入	58641	4159	3386	3219	1812	1838	1486	2498
增值税	16996	1515	1218	1243	617	702	383	549
企业所得税	7106	913	595	331	353	364	190	127
营业税	26003	1266	1033	1020	488	662	871	1499
基金收入	2042	32	39	109	2	4	5	1
地方财政收入	399343	34985	27288	31255	11370	12660	14657	14815
一般预算收入	225251	20164	17509	18780	7808	7698	7709	9600
增值税	36118	3220	2588	2641	1311	1492	814	1165
企业所得税	11843	1522	991	551	588	607	316	212
营业税	60671	2955	2410	2379	1138	1544	2032	3497
基金收入	174092	14821	9779	12475	3562	4962	6948	5215

年 份	五峰县	市 区	夷陵区	西陵区	伍家岗区	点军区	猇亭区
区域内财政总收入	10700	793599	76272	30614	21165	3363	10969
中央财政收入	3509	506384	34693	13825	11699	1163	4830
一般预算收入	3499	375948	34461	13825	11699	1163	4830
增值税	2502	91544	17302	5975	7690	785	3032
企业所得税	522	235534	4336	1516	2605	117	1225
消费税	3	13682	10715	1508			
基金收入	10	130436	232				
省级财政收入	907	41186	5377	8818	4458	973	1620
一般预算收入	898	39345	5219	8754	4447	972	1618
增值税	273	10496	1899	1110	1104	304	741
企业所得税	130	4103	1084	451	525	30	306
营业税	356	18808	1653	5161	2334	576	424
基金收入	9	1841	158	64	11	1	2
地方财政收入	6284	246029	36202	7971	5008	1227	4519
一般预算收入	3636	132347	21674	7888	5008	1227	3097
增值税	579	22308	4035	944	939	259	630
企业所得税	218	6838	1807	300	350	20	204
营业税	830	43886	3856	4817	2178	538	396
基金收入	2648	113682	14528	83			1422

3—4 财政一般预算收入

(2005年)

单位:万元

年　　份	合　计	宜都市	枝江市	当阳市	远安县	兴山县	秭归县	长阳县
一般预算收入	225251	20164	17509	18780	7808	7698	7709	9600
增值税	36118	3220	2588	2641	1311	1492	814	1165
营业税	60671	2955	2410	2379	1138	1544	2032	3497
企业所得税	11843	1522	991	551	588	607	316	212
个人所得税	8588	329	344	398	384	179	302	303
资源税	5620	935	47	313	1780	308	138	194
城市维护建设税	20376	1358	1169	1828	340	465	349	842
房产税	7969	547	440	775	159	398	243	202
印花税	3455	217	241	174	56	103	54	87
城镇土地使用税	3367	457	296	280	192	227	149	81
土地增值税	2419	713	20	5	1	4	62	3
车船使用和牌照税	1032	71	51	56	15	23	55	52
农业税	141	132					9	
农业特产税	2025					773	553	154
耕地占用税	5840	1845	511	1710	3	87	348	329
契税	8165	264	527	164	10	19	135	73
国有资产经营收益	12840	3561	2914	3009	249		366	305
国有企业亏损补贴	-3005	-30						
行政性收费收入	12499	609	2913	2674	727	227	508	475
罚没收入	10693	518	1340	885	582	533	402	708
专项收入	11902	890	676	916	259	523	714	730
#排污费收入	1248	102	91	133	20	62	20	11
教育费附加	9091	707	539	656	239	299	215	662
其他收入	2693	51	31	22	14	186	160	188

 单位:万元

年份	五峰县	市区					
			夷陵区	西陵区	伍家岗区	点军区	猇亭区
一般预算收入	3636	132347	21674	7888	5008	1227	3097
增值税	579	22308	4035	944	939	259	630
营业税	830	43886	3856	4817	2178	538	396
企业所得税	218	6838	1807	300	350	20	204
个人所得税	133	6216	515	421	172	32	92
资源税	71	1834	1056			2	2
城市维护建设税	223	13802	2957				
房产税	115	5090	571	479	314	76	144
印花税	21	2502	193	124	112	22	155
城镇土地使用税	81	1604	248	146	123	30	56
土地增值税	34	1577	297	282	113	3	9
车船使用和牌照税	26	683	93			4	10
农业税							
农业特产税	545	0					
耕地占用税	8	999	387		111		499
契税	71	6902	604	73	73	61	32
国有资产经营收益		2436	833	12			294
国有企业亏损补贴		-2975	-15				
行政性收费收入	296	4070	688	97	220	35	102
罚没收入	106	5619	1605	157	246	145	114
专项收入	160	7034	735	25			26
#排污费收入	12	797	120	25			26
教育费附加	130	5644	615				
其他收入	119	1922	1209	11	57		332

3—5 财政一般预算支出

（2005 年）

单位:万元

年　　份	合　计	宜都市	枝江市	当阳市	远安县	兴山县	秭归县	长阳县
一般预算支出	476280	41556	40696	47823	21474	22420	29888	32762
#企业挖潜改造资金	17326	2675	3065	397	95	1133	200	103
科技三项费用	6188	651	424	619	215	203	192	126
农业支出	25126	3141	3360	2679	1171	1877	1274	2047
林业支出	6775	439	229	798	421	757	932	830
水利和气象支出	4818	575	578	1072	183	221	176	262
工交部门事业费	2093	167	209	4	118	105	71	44
流通部门事业费	613		83	119	63	59		15
文体广播事业费	14291	1346	1094	1394	540	1032	1122	1095
教育支出	87203	7193	10109	10429	4551	4606	7843	7759
科学支出	852	18	81	103	41	52	4	48
医疗卫生支出	25326	1626	1950	2760	1291	975	1408	2052
其他部门的事业费	26545	1615	1219	2073	733	1155	1435	1316
抚恤和社会福利费	14908	1205	1331	1281	613	556	884	986
行政事业单位离退休费	1415		23	95	11			
社会保障补助支出	18007	4129	1599	1220	298	1211	690	426
行政管理费	72265	5267	4778	6903	3778	2999	5016	5116
公检法司支出	34760	2938	2076	3104	1618	1077	2027	2141
城市维护费	31392	5612	2432	3010	975	714	193	505
政策性补贴支出	3024	209	364	680	130	90	368	84
支援不发达地区支出	6208	228	167	167	380	198	1343	1417
车辆税费支出	7077	271	107	873	339	135	1225	1015
专项支出	13574	815	677	987	268	628	731	759

3—5 续表　　单位:万元

年份	五峰县	市区					
			夷陵区	西陵区	伍家岗区	点军区	猇亭区
一般预算支出	20621	219040	52927	12355	9548	6990	5657
#企业挖潜改造资金	49	9609	3156	400	84		430
科技三项费用	177	3581	727	183	258	18	70
农业支出	1376	8201	3924	338	456	380	201
林业支出	462	1907	1144	18	8	19	6
水利和气象支出	254	1497	467	138	14	56	13
工交部门事业费	117	1258	472		49	4	29
流通部门事业费		274	35				
文体广播事业费	634	6034	1293	378	235	143	111
教育支出	4473	30240	11266	2997	2021	1550	871
科学支出	7	498	97	12	34		9
医疗卫生支出	1201	12063	2294	651	403	192	242
其他部门的事业费	789	16210	3071	1162	327	145	541
抚恤和社会福利费	425	7627	1478	779	675	250	152
行政事业单位离退休费	39	1247				586	375
社会保障补助支出	353	8081	880	483	257	194	99
行政管理费	3776	34632	9037	2442	1971	1777	904
公检法司支出	1272	18507	3568	694	343	240	305
城市维护费	300	17651	4091	6	8	6	336
政策性补贴支出	99	1000	524				
支援不发达地区支出	1343	965	319			69	
车辆税费支出	1031	2081	526				
专项支出	176	8533	2029	332	103	124	208

3—6 宜昌市乡镇财政一般预算收支情况

(2005 年)

单位:万元

	一般预算收入	一般预算支出		一般预算收入	一般预算支出		一般预算收入	一般预算支出
小溪塔镇	2052	1558	坝陵办	759	820	郭家坝镇	210	566
樟村坪镇	2356	1190	玉泉办	586	757	周坪乡	172	404
雾渡河镇	413	631	两河镇	104	291	杨林桥镇	180	391
分乡镇	276	575	河溶镇	179	575	茅坪镇	879	676
太平溪镇	172	395	育溪镇	308	601	龙舟坪镇	1319	1569
三斗坪镇	202	570	庙前镇	209	611	磨市镇	156	351
乐天溪镇	155	456	王店镇	371	695	大堰乡	107	378
龙泉镇	1848	2222	半月镇	124	327	都子湾镇	169	626
鸦鹊岭镇	400	727	草埠湖镇	572	1059	鸭子口乡	147	466
下堡坪乡	85	415	鸣凤镇	476	501	资丘镇	156	521
邓村乡	54	407	花林寺镇	96	235	渔峡口镇	240	515
黄花乡	289	662	旧县镇	140	274	火烧坪乡	70	243
红花套镇	397	413	洋坪镇	174	292	榔坪镇	265	684
高坝洲镇	105	286	茅坪场镇	960	1114	贺家坪镇	224	552
姚家店乡	154	325	荷花镇	1058	1259	高家堰镇	228	462
五眼泉乡	95	266	河口乡	185	303	五峰镇	432	312
聂家河镇	78	259	高阳镇	218	370	长乐坪镇	87	278
潘家湾乡	31	241	峡口镇	253	360	渔洋关镇	687	616
王家畈乡	75	388	高桥乡	72	219	仁和坪镇	145	282
松木坪镇	762	640	南阳镇	134	284	采花乡	175	273
枝城镇	1610	1064	古夫镇	499	562	付家堰乡	155	215
陆城镇	2051	858	榛子乡	559	604	牛庄乡	132	137
百里洲镇	322	921	黄粮镇	337	476	湾潭镇	202	209
七星台镇	298	698	水月寺镇	415	644	点军乡	181	431
问安镇	202	600	归州镇	68	413	联棚乡	101	272
仙女镇	210	544	屈原镇	63	322	桥边镇	73	366
安福寺镇	433	852	水田坝乡	60	448	土城乡	36	299
顾家店镇	143	371	泄滩乡	27	258	艾家镇	36	171
董市镇	478	799	沙镇溪镇	197	444	窑湾乡	771	710
马家店办	1763	1859	两河口镇	340	451	伍家乡	1036	751
白洋镇	343	586	梅家河乡	72	244			
玉阳办	1497	1163	磨坪乡	182	248			

3—7 主要年份金融机构各项存、贷款余额

单位:万元

	2001年	2002年	2003年	2004年	2005年
各项存款	3417256	3901097	4633830	5193869	5969919
企业存款	1429949	1381473	1678976	1769817	1704499
财政存款	43822	54547	42527	48346	68457
机关团体存款	22752	102527	131745	157651	266687
储蓄存款	1782830	2109862	2486506	2868307	3355989
农业存款	42499	45825	55066	68635	70143
委托存款	27612	31796	48961	48909	82753
其他存款	67792	175067	190049	232204	421391
各项贷款	3322274	3847393	4415353	4647304	4940402
短期贷款	1543613	1642019	1861344	1710173	1552367
工业贷款	576794	579845	603366	592335	403642
商业贷款	419934	411288	389101	374077	361622
建筑业贷款	88565	169523	198095	196839	184279
私营企业及个体贷款	7771	10861	15684	32115	40352
农业贷款	112525	137160	169853	196473	222695
乡镇企业贷款	93235	86336	89743	93386	78753
三资企业贷款	40664	34613	28016	11130	5257
中长期贷款	1413754	1830620	2049710	2268888	3058579
基本建设贷款	1077388	1547900	1608919	1625133	1491320
技术改造贷款	140344	24544	25073	51560	47201
其他中长期贷款	196022	258176	415718	592195	1520058
委托贷款	25873	32003	60912	49030	82696

3—8 主要年份金融机构现金收支

单位:万元

	2001年	2002年	2003年	2004年	2005年
收入总计	7226577	8752778	10346767	12326008	13258628
商品销售收入	731934	747036	874797	1091187	1124788
服务业收入	404711	521063	575344	615538	647281
税款收入	73133	98551	118275	147657	123108
城乡个体经营收入	248803	232530	252306	310864	164756
储蓄收入	4905709	6319867	7659554	9035062	10142532
其他金融机构收入	104543	88653	96374	82709	83972
居民归还贷款收入	82248	114328	167972	225715	277226
汇兑收入	64201	51017	32666	44549	40046
有价证券收入	3613	878	4244	8129	21270
其他收入	607682	578855	565235	764598	633649
支出总计	7362228	8859715	10487897	12485297	13383627
工资支出	461392	465755	579794	752805	756879
农副产品采购支出	120345	143371	217086	341817	340551
工矿及其他产品采购支出	89515	110902	132934	168464	161197
行政企事业管理费支出	560286	610617	729595	779045	870711
城乡个体经营支出	301284	329320	339828	422378	193047
储蓄存款支出	4861147	6292981	7557228	8917091	10118504
其他金融机构支出	129945	94208	106341	102780	71026
居民提取贷款支出	80236	129492	173798	207963	230445
汇兑支出	60876	48437	47287	28501	14136
有价证券支出	2233	3474	3551	3525	7352
其他支出	694969	631158	600455	760928	619779
投放(+)回笼(-)差额	135651	106937	141130	159289	124999

3—9 中国人民银行信贷收支

（2005 年）

单位:万元

项目	余额	项目	余额
一、财政存款	41143	一、金融机构贷款	10998
中央财政存款		政策性银行	
地方财政存款	41143	国有独资商业银行	
二、机关团体部队存款	21826	其他商业银行	
三、金融机构缴存准备金存款	433074	城市商业银行	
政策性银行	1224	城市信用社	9498
国有独资商业银行	98145	农村信用社	1500
其他商业银行	18461	其他金融机构	
城市商业银行	70862	二、专项贷款	
城市信用社	3	三、金银占款	
农村信用社	109281	四、外汇占款	
其他金融机构	135098	五、财政借款	
四、邮政储蓄转存款	203723	六、有价证券及投资	
五、商业银行划来财政性存款	4054	七、买入返售证券	
六、货币发行	43428		
七、当年结益	-17488		
八、其他	-718762		
资金来源总计	10998	资金运用总计	10998

3—10 主要年份分县市城乡储蓄存款余额

单位:万元

	2001 年	2002 年	2003 年	2004 年	2005 年
合计	1611377	1912091	2477416	2601097	3347060
宜都市	139265	164586	196485	219908	248627
枝江市	190742	211016	236592	267071	307464
当阳市	199074	224628	254088	292961	329681
远安县	75939	88464	92273	101132	115650
兴山县	43376	49237	55117	64351	72264
秭归县	64269	75806	83723	97164	110061
长阳自治县	60101	67260	79743	110910	129271
五峰自治县	29082	33856	38289	46345	55632
市区	809529	997238	1441106	1401255	1978410
#夷陵区	165317	190105	223066	257575	310306

3—11 宜昌市国税局分单位税收完成情况

（2005 年）

单位：万元

	税收收入合计	增值税	消费税	涉外企业所得税	企业所得税
合计	491173	218832	27176	2102	234662
县市小计	143064	106998	24209	1388	6207
夷陵区	36656	23911	10715	119	1141
宜都市	23849	19727	5	1133	2408
枝江市	20115	15801	3013	88	438
当阳市	27366	15823	10413	2	255
远安县	9020	7762	12		953
兴山县	9553	8799	7		552
秭归县	5401	4805	13	46	248
长阳县	7357	6935	28		50
五峰县	3747	3435	3		162
市区小计	348109	111834	2967	714	228455
一分局	28417	19399	1475		4011
二分局	23173	19433			3166
三分局	7014	6203	2		776
三峡分局	277500	56998			220502
涉外分局	12005	9801	1490	714	

	个人储蓄利息所得税	出口退税	其他收入	省级收入	本级收入
合计	8401	-12830	550	23513	263646
县市小计	4262	-5095	259	11403	138801
夷陵区	770	-239	68	2410	35885
宜都市	576	-1960	27	2339	23273
枝江市	775	-765	32	1652	19340
当阳市	873	-5	42	1653	26493
远安县	293		19	881	8727
兴山县	195	-2080	10	865	9358
秭归县	289	-21	38	544	5110
长阳县	344	-8	14	701	7013
五峰县	147	-17	9	358	3600
市区小计	4139	-7735	291	12110	124845
一分局	3532	-1118	227	3610	25170
二分局	574	-1095	39	2184	22095
三分局	33		17	624	6972
三峡分局			5	4801	58604
涉外分局		-5522	3	891	12005

3—12 宜昌市地税局分单位税收完成情况

（2005 年）　　单位:万元

	税收收入合计	中央级收入	省级收入	地方级收入	教育费附加
合　计	195000	38454	35616	120930	9092
县市小计	83259	18728	13530	51001	4062
夷 陵 区	18951	4817	2857	11277	615
宜 都 市	12384	2319	1846	8219	707
枝 江 市	10521	2888	1755	5878	539
当 阳 市	10370	2124	1552	6994	656
远 安 县	7104	1762	928	4414	239
兴 山 县	6327	1556	1051	3720	299
秭 归 县	6136	1310	1198	3628	215
长 阳 县	8468	1207	1801	5460	662
五 峰 县	2998	745	542	1711	130
市区小计	111741	19726	22086	69929	5030
三峡分局	55642	10750	10440	34452	3178
西陵分局	27179	3871	6042	17266	653
伍家分局	14365	2478	2805	9082	537
开发区分局	8488	1631	1713	5144	365
猇亭分局	3542	700	555	2287	183
点军分局	2503	288	528	1687	114

3—13 宜昌市地税局分税种税收完成情况

（2005 年）　　单位:万元

	完成数		完成数
税收收入合计	195000	资源税	5620
营业税	86673	土地使用税	3368
金融	12305	城建税	20376
保险	1909	印花税	3455
交通运输	6616	土地增值税	2420
建筑安装	30694	房产税	7490
服务	16611	车船使用税	1028
其它	18538	城市房地产税	479
企业所得税	29736	车船使用牌照税	3
个人所得税	34352		

四 从业人员和工资

EMPLOYMENT AND WAGES

4—1 "十五"期间全市就业基本情况

单位:万、%

指标	2001 年	2002 年	2003 年	2004 年	2005 年
从业人员合计	**203.6**	**204.8**	**208.1**	**212.3**	**215.2**
第一产业	97.8	98.0	98.6	98.2	92.6
第二产业	42.8	43.5	43.6	45.5	49.1
第三产业	63.0	63.3	65.9	68.6	73.5
城镇从业人员	77.2	78.2	80.5	84.9	89.1
职工人数	35.95	36.38	36.42	36.88	38.46
女职工人数	13.62	14.30	14.00	13.84	14.26
城镇登记失业率	4.10	4.30	4.30	4.27	4.30

4—2 主要年份职工人数与工资

单位:万人、万元、元

年份	期末人数	人均工资	企业人均工资
1995	54.57	5081	4972
1997	52.96	5876	5749
1998	44.73	6586	6390
1999	41.96	7157	6693
2000	37.70	7905	7512
2001	35.95	8777	8380
2002	36.38	9299	8511
2003	36.42	9954	9229
2004	36.88	10636	9808
2005	38.46	11826	10984

4—3 全市在岗职工人数与工资

（2005 年）

指　　标	期末人数（人）	平均人数（人）	工资总额（人）	职工平均工资（元/人）
合　计	**384563**	**382253**	**452038**	**11826**
按企业、事业、机关分组				
企业	271293	268921	295377	10984
事业	81687	81729	111152	13600
机关	31583	31603	45509	14400
按国民经济行业分组				
农、林、牧、渔业	12391	12450	8099	6505
采矿业	10180	9815	8078	8231
制造业	108128	106694	99268	9304
电力、煤气及水的生产供应业	22550	22047	44288	20088
建筑业	56210	55583	69337	12474
交通运输、仓储及邮政业	14528	14706	17723	12052
信息传输、计算机服务和软件业	2629	2541	4110	16174
批发和零售业	17393	17626	13203	7490
住宿和餐饮业	9705	9672	6220	6431
金融业	11981	12042	18867	15667
房地产业	4296	4285	4204	9811
租赁和商务服务业	4587	4631	4226	9126
科学研究、技术服务和地质勘查业	7247	7389	8861	11992
水利、环境和公共设施管理业	4679	4674	5274	11283
居民服务和其他服务业	1004	1009	927	9185
教育	36667	36559	50120	13709
卫生、社会保障和社会福利业	19679	19721	30681	15557
文化、体育和娱乐业	4970	5005	6608	13202
公共管理和社会组织	35739	35804	51944	14508

4—4　国有单位在岗职工人数与工资

（2005 年）

指　　标	期末人数（人）	平均人数（人）	工资总额（人）	职工平均工资（元/人）
合　计	**223089**	**222253**	**307492**	**13835**
按隶属关系分组				
中央	74268	73468	118145	16081
省	23480	23415	27910	11920
地区	36790	36502	55823	15293
县及县以下	88551	88868	105614	11884
按企业、事业、机关分组				
企业	112860	111938	153740	13734
事业	79706	79770	109279	13699
机关	30523	30545	44474	14560
按国民经济行业分组				
农、林、牧、渔业	11452	11503	7280	6329
采矿业	2771	2677	2298	8586
制造业	23656	23344	30416	13029
电力、煤气及水的生产供应业	18723	18428	40153	21789
建筑业	35892	35469	50023	14103
交通运输、仓储及邮政业	8606	8708	9699	11138
信息传输、计算机服务和软件业	2243	2155	3602	16716
批发和零售业	4026	4075	3855	9460
住宿和餐饮业	2034	2014	1536	7628
金融业	7482	7509	10907	14525
房地产业	1383	1396	1391	9965
租赁和商务服务业	2347	2350	2401	10215
科学研究、技术服务和地质勘查业	6056	6212	7749	12474
水利、环境和公共设施管理业	3906	3899	4681	12005
居民服务和其他服务业	324	323	384	11879
教育	35898	35816	49219	13742
卫生、社会保障和社会福利业	16957	16937	24691	14578
文化、体育和娱乐业	4762	4800	6452	13441
公共管理和社会组织	34571	34638	50756	14653

4—5 分县(市)在岗职工人数与工资

(2005 年)

指　　标	期末人数(人)	平均人数(人)	工资总额(人)	平均工资(元/人)
合　计	**384563**	**382253**	**452038**	**11826**
宜都市	27944	27588	29641	10744
枝江市	33432	32886	34436	10471
当阳市	41113	41117	39518	9611
远安市	17832	16947	19205	11332
兴山县	13608	13300	13416	10087
秭归县	19237	19393	14677	7568
长阳县	19780	19769	16054	8121
五峰县	9083	9105	7358	8081
市　区	202534	202148	277734	13739
#夷陵区	31396	31649	33783	10674
企　业	**271293**	**268921**	**295377**	**10984**
宜都市	19561	19214	17673	9198
枝江市	22474	21926	19763	9014
当阳市	29148	28994	24247	8363
远安市	13037	12166	13087	10757
兴山县	8520	8153	6911	8477
秭归县	10470	10713	6789	6337
长阳县	11073	11071	7611	6875
五峰县	4100	4063	2674	6582
市　区	152910	152621	196621	12883
#夷陵区	19963	20203	17144	8486

4—6 集体单位在岗职工人数与工资

（2005 年）

指　　标	期末人数（人）	平均人数（人）	工资总额（人）	职工平均工资（元/人）
合　　计	**19373**	**19356**	**19166**	**9902**
按企业、事业、机关分组				
企业	16871	16853	16869	10009
事业	1442	1445	1262	8730
机关	1060	1058	1036	9789
按国民经济行业分组				
农、林、牧、渔业	669	677	535	7908
采矿业	3194	3005	2036	6774
制造业	3498	3499	2142	6123
电力、煤气及水的生产供应业	323	322	405	12571
建筑业	1118	1120	853	7618
交通运输、仓储及邮政业	766	766	722	9427
信息传输、计算机服务和软件业	8	8	8	10375
批发和零售业	1421	1474	855	5798
住宿和餐饮业	747	747	495	6629
金融业	1860	1862	2347	12604
房地产业	213	214	240	11220
租赁和商务服务业	805	848	538	6342
科学研究、技术服务和地质勘查业	276	276	308	11163
水利、环境和公共设施管理业	411	413	260	6288
居民服务和其他服务业	265	265	244	9196
教育	359	360	436	12119
卫生、社会保障和社会福利业	2414	2476	5709	23059
文化、体育和娱乐业	21	21	22	10238
公共管理和社会组织	1005	1003	1011	10078

4—7 其他单位在岗职工人数与工资

（2005 年）

指　　标	期末人数（人）	平均人数（人）	工资总额（人）	职工平均工资（元/人）
合　计	**142101**	**140644**	**125380**	**8915**
按登记注册类型分组				
内资经济	128180	127226	112135	8814
股份合作	3465	3407	2637	7740
联营	3640	3756	5630	14989
有限责任公司	57764	58144	52471	9024
股份有限公司	25509	25248	24824	9832
其他	37802	36671	26574	7246
港澳台投资经济	8898	8431	9238	10958
外商投资经济	5023	4987	4006	8034
按国民经济行业分组				
农、林、牧、渔业	270	270	283	10481
采矿业	4215	4133	3744	9059
制造业	80974	79851	66710	8354
电力、煤气及水的生产供应业	3504	3297	3730	11313
建筑业	19200	18994	18461	9719
交通运输、仓储及邮政业	5156	5232	7302	13957
信息传输、计算机服务和软件业	378	378	499	13212
批发和零售业	11946	12077	8493	7033
住宿和餐饮业	6924	6911	4188	6060
金融业	2639	2671	5613	21015
房地产业	2700	2675	2573	9618
租赁和商务服务业	1435	1433	1288	8987
科学研究、技术服务和地质勘查业	915	901	804	8928
水利、环境和公共设施管理业	362	362	333	9204
居民服务和其他服务业	415	421	299	7112
教育	410	383	465	12151
卫生、社会保障和社会福利业	308	308	281	9117
文化、体育和娱乐业	187	184	135	7326
公共管理和社会组织	162	163	177	10871

4—8 职工人数变动情况

（2005 年）

单位：人

指　　标	合　　计	国有单位	集体单位	其他单位
本年增长	**26449**	**9999**	**382**	**16068**
从农村招收	8027	1102	212	6713
从城镇招收	6167	1610	46	4511
录用的复转军人	439	162	20	257
录用的大、中专学校毕业生	6206	3396	31	2779
调入	3389	2349	51	989
#外省调入	182	34	1	147
其他	2221	1380	22	819
本年减少	**26425**	**12585**	**1117**	**12723**
离退休、退职	6436	4902	260	1274
除名、辞退	1027	322	47	658
终止解除合同	10555	3444	543	6568
离岗职工	1684	883	97	704
死亡	474	381	12	81
调出	2979	2057	51	871
#调到外省	405	104	1	300
其他	3270	596	107	2567

五 物价指数

PRICE INDICES

5—1 各种物价总指数

（上年＝100）　　单位：%

县(市)指标	2001 年	2002 年	2003 年	2004 年	2005 年
商品零售价格总指数	**99.3**	**101.1**	**101.1**	**103.9**	**102.0**
宜都市	97.3	100.5	100.2	104.0	102.1
枝江市	98.8	100.0	100.1	104.4	102.5
当阳市	99.3	100.3	100.5	102.6	101.8
远安县	98.9	100.3	101.9	105.2	101.6
兴山县	100.2	99.8	100.1	103.6	103.3
秭归县	99.6	99.2	101.1	104.7	102.9
长阳县	98.2	99.8	101.9	103.3	101.8
五峰县	98.2	101.3	101.3	104.6	101.2
夷陵区	97.3	100.8	99.7	104.8	101.3
市区	99.9	102.5	102.4	103.6	102.1
居民消费价格总指数	**100.5**	**101.2**	**103.6**	**104.8**	**102.6**
宜都市	99.8	100.6	101.2	104.8	102.7
枝江市	99.3	99.6	100.2	106.2	102.3
当阳市	99.7	101.5	100.9	104.1	102.3
远安县	99.9	98.1	102.8	105.2	102.1
兴山县	100.3	102.3	102.8	104.9	102.4
秭归县	99.8	99.2	102.6	106.3	103.0
长阳县	100.1	100.2	103.4	104.3	102.1
五峰县	100.1	102.8	102.2	105.4	102.0
夷陵区	96.5	100.5	102.2	103.7	102.0
市区	99.5	101.2	104.5	104.0	102.4
服务项目价格指数	**105.4**	**101.2**	**103.9**	**103.7**	**102.6**
宜都市	103.0	98.6	102.6	103.0	100.7
枝江市	101.3	101.1	97.9	106.3	102.4
当阳市	103.6	105.4	101.1	105.5	104.0
远安县	103.5	95.2	104.1	103.4	103.5
兴山县	101.7	101.3	102.9	104.0	100.7
秭归县	101.2	97.2	97.0	106.4	104.1
长阳县	105.0	101.3	99.7	101.7	103.4
五峰县	106.5	110.8	104.1	106.9	105.4
夷陵区	99.7	102.4	106.6	102.5	101.7
市区	103.1	99.7	104.0	101.2	102.0
农业生产资料价格指数	**98.3**	**101.5**	**101.9**	**107.4**	**109.7**
宜都市	99.8	99.9	102.0	109.1	109.0
枝江市	95.8	97.3	101.0	110.7	112.8
当阳市	100.5	105.1	102.4	105.1	107.4
远安县	98.6	100.3	101.7	109.9	113.5
兴山县	97.8	100.3	100.1	104.8	106.1
秭归县	97.6	104.3	106.4	109.2	114.0
长阳县	95.9	103.6	102.5	106.4	112.4
五峰县	98.1	102.3	101.7	113.8	113.2
夷陵区	97.0	100.3	101.1	109.9	111.1
市区					

5—2 各种物价总指数

1990年=100　　单位:%

县(市)指标	2001年	2002年	2003年	2004年	2005年
商品零售价格总指数	**197.3**	**199.5**	**201.7**	**209.5**	**213.7**
宜都市	182.5	183.4	183.8	191.2	195.2
枝江市	193.6	193.6	193.8	202.4	207.4
当阳市	193.4	194.0	195.0	200.1	203.7
远安县	176.3	176.9	180.2	189.6	192.6
兴山县	189.7	189.3	189.5	196.3	202.8
秭归县	212.8	211.1	213.5	223.5	230.0
长阳县	185.2	184.8	188.3	194.6	198.1
五峰县	191.3	193.8	196.3	205.3	207.8
夷陵区	196.3	197.8	197.2	206.7	209.4
市区	218.4	223.8	229.2	237.5	242.5
居民消费价格总指数	**251.1**	**254.2**	**263.3**	**276.0**	**283.1**
宜都市	216.2	217.5	220.1	230.6	236.9
枝江市	245.5	244.5	245.0	260.2	266.1
当阳市	233.0	236.5	238.6	248.4	254.1
远安县	242.2	237.6	244.2	256.9	262.3
兴山县	226.8	232.0	238.5	250.2	256.2
秭归县	265.2	263.0	269.9	286.9	295.5
长阳县	230.1	230.6	238.4	248.7	253.9
五峰县	241.8	248.6	254.1	267.8	273.2
夷陵区	227.5	228.7	233.7	242.4	247.2
市区	280.8	284.2	296.9	308.8	316.2
服务项目价格指数	**720.0**	**728.6**	**757.0**	**785.1**	**805.5**
宜都市	562.9	555.0	569.4	586.5	590.6
枝江市	835.4	844.6	826.9	879.0	900.1
当阳市	512.7	540.4	546.3	576.4	599.5
远安县	659.1	627.5	653.2	675.4	699.0
兴山县	583.4	590.9	608.1	632.4	636.8
秭归县	647.4	629.2	610.4	649.4	676.1
长阳县	597.6	605.3	603.5	613.8	634.6
五峰县	628.9	696.8	725.4	775.4	817.3
夷陵区	691.6	708.2	755.0	773.8	787.0
市区	703.9	701.8	729.8	738.6	753.4
农业生产资料价格指数	**165.7**	**168.2**	**171.4**	**184.1**	**202.0**
宜都市	167.2	167.0	170.3	185.8	202.6
枝江市	158.3	154.0	155.5	172.2	194.2
当阳市	162.2	170.5	174.6	183.5	197.1
远安县	161.8	162.3	165.0	181.4	205.9
兴山县	176.0	176.6	176.7	185.2	196.5
秭归县	170.2	177.5	188.9	206.3	235.2
长阳县	143.7	148.8	152.6	162.3	182.4
五峰县	158.2	161.9	164.6	187.3	212.1
夷陵区	160.4	160.9	162.7	178.8	198.6
市区					

5—3　分县市区商品零售价格指数

（2005 年，上年 = 100）　　单位:%

项　　目	全　市	宜都市	枝江市	当阳市	远安县	兴山县
商品零售价格总指数	**102.0**	**102.1**	**102.5**	**101.8**	**101.6**	**103.3**
一、食品类	103.3	105.8	103.9	102.4	102.0	106.5
1.粮食	99.8	102.5	99.1	98.7	100.2	105.5
2.淀粉及薯类	102.8	95.2	95.3	105.6	100.6	100.4
3.干豆类及豆制品	102.9	102.3	107.0	100.6	102.1	103.4
4.油脂	93.4	102.4	92.9	90.4	93.8	98.9
5.肉禽及其制品	103.8	106.8	97.8	102.5	102.4	111.1
(1)食用畜肉及副产品	101.5	103.8	95.7	97.1	100.7	103.2
(2)禽	113.3	117.6	109.1	119.6	110.2	129.1
(3)肉禽加工制品	104.7	113.8	97.5	104.5	102.9	109.3
6.蛋	107.0	108.2	113.4	109.1	106.4	100.1
7.水产品	106.5	109.8	114.2	105.3	116.1	111.1
(1)鱼	106.5	107.8	115.9	105.0	119.2	114.1
(2)其它水产品	106.1	115.8	104.0	105.9	109.7	100.6
8.菜	102.9	98.6	102.2	106.2	96.5	111.4
9.调味品	105.2	107.9	97.7	100.9	100.6	101.2
10.糖	101.1	103.8	98.3	103.2	104.3	106.1
11.干鲜瓜果	109.9	107.3	112.1	98.0	108.1	112.7
12.糕点饼干面包	102.7	102.7	103.5	96.8	100.2	101.6
13.奶及奶制品	105.2	140.5	101.7	100.4	103.8	104.3
14.在外用膳食品	103.0	105.7	110.2	105.5	100.2	100.1
15.其它食品	100.0	100.7	103.5	100.0	100.6	102.4
二、饮料、烟酒	100.7	100.8	102.3	100.3	100.4	99.6
1.茶及饮料	103.1	100.2	107.0	99.3	101.8	100.5
(1)茶叶	107.4	100.7	98.2	101.5	100.0	101.7
(2)饮料	101.6	100.0	109.5	98.5	102.4	100.2
2.烟草	99.6	100.0	98.9	100.0	100.0	98.3
3.酒	100.9	102.3	101.9	101.1	100.2	100.7
三、服装、鞋帽类	103.5	98.7	99.6	101.7	101.4	99.9
1.服装	102.4	97.8	99.1	102.8	99.7	99.8
(1)男式服装	100.0	95.9	94.3	102.9	99.9	100.0
(2)女式服装	102.2	97.7	101.2	104.5	99.6	99.7
(3)儿童服装	110.3	100.1	100.5	94.1	100.0	100.0
2.鞋袜帽	106.9	100.6	100.8	99.8	105.3	100.0
(1)鞋	107.5	101.0	99.4	98.1	105.9	100.0
(2)袜子	102.6	98.7	107.6	107.8	95.4	100.0
(3)帽子	101.0	100.0	104.5	96.0	100.0	100.0
3.其它	100.2	100.0	100.4	100.0	102.2	100.0

单位:%

项　　　目	秭归县	长阳县	五峰县	夷陵区	市　区
商品零售价格总指数	**102.9**	**101.8**	**101.2**	**101.3**	**102.1**
一、食品类	104.0	102.1	102.2	102.8	103.3
1.粮食	98.2	104.0	101.6	100.1	98.7
2.淀粉及薯类	119.8	111.0	96.1	102.6	105.4
3.干豆类及豆制品	100.5	97.9	102.2	110.1	100.2
4.油脂	95.8	92.4	88.5	93.0	91.9
5.肉禽及其制品	104.6	103.5	106.3	104.6	106.1
(1)食用畜肉及副产品	103.0	103.1	104.9	103.3	104.8
(2)禽	110.3	101.8	113.9	110.2	112.2
(3)肉禽加工制品	106.0	113.7	109.4	103.4	106.0
6.蛋	107.4	108.0	106.2	104.1	106.5
7.水产品	106.7	108.5	102.7	105.8	103.4
(1)鱼	108.4	108.9	102.8	104.2	103.1
(2)其它水产品	96.1	105.3	101.3	112.4	103.9
8.菜	100.7	104.0	103.0	101.4	103.3
9.调味品	102.3	101.0	98.7	103.0	111.8
10.糖	107.1	106.1	92.1	106.9	94.6
11.干鲜瓜果	118.2	93.5	115.9	107.1	117.4
12.糕点饼干面包	107.0	102.2	100.0	101.4	105.6
13.奶及奶制品	109.1	100.5	103.3	100.6	101.7
14.在外用膳食品	102.8	101.0	96.5	100.9	101.0
15.其它食品	106.8	98.6	99.8	100.1	98.1
二、饮料、烟酒	101.9	101.0	100.0	102.3	100.0
1.茶及饮料	104.6	98.5	100.0	105.4	102.8
(1)茶叶	117.9	100.0	100.0	107.6	120.1
(2)饮料	99.2	97.7	100.0	104.6	98.9
2.烟草	100.0	100.0	100.0	100.0	99.4
3.酒	102.3	103.5	100.0	102.4	99.4
三、服装、鞋帽类	101.9	102.5	100.0	102.8	106.4
1.服装	101.6	101.6	100.0	102.7	103.5
(1)男式服装	102.8	100.0	100.0	104.1	99.5
(2)女式服装	103.1	102.4	100.0	101.9	103.2
(3)儿童服装	92.8	104.1	100.0	102.2	123.6
2.鞋袜帽	102.5	105.0	100.1	103.2	115.9
(1)鞋	103.1	104.3	100.0	103.4	117.5
(2)袜子	98.7	112.9	101.4	99.5	99.4
(3)帽子	100.0	105.0	100.0	102.7	100.5
3.其它	100.0	100.2	100.0	99.7	100.0

5—3 续表2 单位:%

项 目	全 市	宜都市	枝江市	当阳市	远安县	兴山县
四、纺织品类	101.4	101.4	102.8	100.4	100.0	101.4
1. 衣着材料	102.2	101.5	102.7	97.8	100.0	99.8
2. 床上用品	101.0	101.4	102.9	101.5	100.0	101.9
五、家用电器及音像器材	98.9	101.2	96.5	96.8	97.4	100.8
1. 家庭设备	100.1	107.1	98.9	99.0	95.9	102.7
2. 文娱用耐用消费品	97.4	91.9	93.9	92.7	99.0	98.3
3. 音像器材类	97.7	100.0	93.3	100.0	99.0	100.0
六、文化办公用品	98.5	100.2	93.7	99.6	99.6	98.8
七、日用品	100.1	101.2	99.3	99.4	101.0	101.9
1. 日用百货	99.5	97.7	97.7	99.3	100.6	100.3
2. 日用杂品	99.9	100.6	102.0	100.0	99.7	101.7
3. 洗涤用品	101.9	105.3	101.3	98.8	102.1	107.2
4. 其它日用品	98.1	101.7	96.0	100.0	101.5	98.2
八、体育娱乐用品	98.7	100.0	95.2	99.3	100.2	98.6
1. 体育用品	99.7	100.0	96.2	100.0	99.9	96.6
2. 娱乐用品	98.0	100.0	94.3	98.8	100.4	100.1
九、交通、通信用品	95.5	92.3	94.8	100.5	100.2	98.7
1. 交通运输机械	98.6	101.7	95.4	100.0	101.3	101.2
2. 通讯器材类	93.2	81.2	94.5	100.8	99.0	97.3
十、家具	99.2	96.9	97.0	96.5	100.7	99.8
十一、化妆品类	99.0	99.5	101.0	98.2	99.9	98.7
十二、金银珠宝类	100.6	100.0	102.9	101.5	102.1	100.8
十三、中西药品及医疗保健用品类	95.4	93.5	95.3	96.5	92.8	97.9
1. 医疗器具及用品	99.5	100.0	101.9	98.4	87.1	100.0
2. 中药材及中成药	96.3	95.7	97.5	99.1	94.0	98.4
3. 西药	94.4	91.0	92.9	94.4	91.8	97.4
4. 保健器具及用品	98.8	100.1	97.2	100.3	100.3	100.0
十四、书报杂志及电子出版物类	100.5	94.9	99.6	101.0	97.7	99.0
1. 教材及参考书	100.8	85.4	99.5	101.5	95.9	98.2
2. 书报杂志	100.3	100.0	100.0	100.2	99.9	99.8
3. 电子音像制品	100.2	99.9	99.0	100.1	100.0	100.0
十五、燃料类	118.6	123.5	130.2	116.6	123.2	121.0
1. 煤炭及制品类	129.6	146.3	158.7	125.6	143.9	133.9
2. 石油及制品类	115.1	114.4	120.9	114.0	116.4	116.6
十六、建筑材料及五金电料类	102.0	100.0	105.0	102.8	100.9	100.3
1. 建筑装璜材料	101.4	101.9	105.2	102.4	102.4	98.6
2. 五金电料类	103.7	95.0	104.4	103.6	97.7	102.5

单位:%

项目	秭归县	长阳县	五峰县	夷陵区	市区
四、纺织品类	98.4	101.0	100.7	100.6	103.7
1. 衣着材料	103.4	100.7	102.9	101.0	108.3
2. 床上用品	96.8	101.2	100.0	100.4	101.3
五、家用电器及音像器材	99.1	100.2	97.8	95.8	100.6
1. 家庭设备	102.8	100.6	99.5	98.1	100.2
2. 文娱用耐用消费品	95.8	99.5	94.9	94.8	101.3
3. 音像器材类	92.1	100.0	100.0	87.0	100.0
六、文化办公用品	95.5	100.1	96.1	97.3	99.9
七、日用品	99.2	100.1	99.7	99.3	100.4
1. 日用百货	99.9	99.1	100.0	98.5	100.8
2. 日用杂品	103.5	105.6	100.0	99.9	98.1
3. 洗涤用品	97.4	99.6	98.9	100.8	102.9
4. 其它日用品	97.4	98.1	99.9	98.0	97.0
八、体育娱乐用品	98.4	103.3	100.0	98.3	98.4
1. 体育用品	99.7	109.6	100.0	99.2	99.9
2. 娱乐用品	97.4	99.4	100.0	97.9	97.6
九、交通、通信用品	94.7	98.1	100.0	92.2	94.8
1. 交通运输机械	100.5	100.1	100.0	99.3	97.0
2. 通讯器材类	92.0	96.8	100.0	87.6	92.0
十、家具	104.1	102.0	100.0	99.1	99.7
十一、化妆品类	98.0	99.7	100.0	99.6	98.6
十二、金银珠宝类	102.4	95.4	100.0	98.4	100.7
十三、中西药品及医疗保健用品类	94.9	92.6	96.7	97.2	95.2
1. 医疗器具及用品	99.4	98.1	97.1	100.0	100.0
2. 中药材及中成药	93.4	87.3	101.2	94.9	96.6
3. 西药	95.0	94.9	94.1	98.6	93.8
4. 保健器具及用品	100.2	95.3	93.2	93.8	99.2
十四、书报杂志及电子出版物类	104.3	103.1	100.0	101.2	102.1
1. 教材及参考书	107.2	106.9	100.0	102.6	104.7
2. 书报杂志	98.8	99.8	100.0	100.0	100.0
3. 电子音像制品	106.6	99.8	100.0	100.0	100.0
十五、燃料类	120.7	117.5	112.9	117.2	114.4
1. 煤炭及制品类	128.3	123.2	111.4	119.8	122.5
2. 石油及制品类	119.0	116.0	113.3	116.6	111.4
十六、建筑材料及五金电料类	107.7	100.3	100.4	100.0	101.6
1. 建筑装璜材料	104.9	101.1	100.6	100.7	99.7
2. 五金电料类	114.5	98.6	100.0	97.7	107.7

5—4 分县市区居民消费价格指数

（2005年，上年=100）

单位：%

项　　　　目	全　市	宜都市	枝江市	当阳市	远安县	兴山县
居民消费价格总指数	**102.6**	**102.7**	**102.3**	**102.3**	**102.1**	**102.4**
非食品价格指数	102.3	101.0	101.6	102.4	102.3	100.4
服务项目价格指数	102.6	100.7	102.4	104.0	103.5	100.7
扣除鲜菜鲜果总指数	102.4	102.8	102.0	102.2	102.2	101.5
消费品价格指数	102.6	103.3	102.3	101.8	101.7	102.8
一、食品	103.1	106.1	103.8	102.2	101.8	105.8
1. 粮食	99.9	102.7	99.0	98.9	100.3	106.1
2. 淀粉及薯类	103.8	95.2	95.3	105.6	100.6	100.4
3. 干豆类及豆制品	102.0	102.4	107.3	100.6	102.1	103.5
4. 油脂	92.5	102.8	93.1	91.2	90.9	98.1
5. 肉禽及其制品	103.8	106.7	97.7	102.5	102.4	106.3
(1)食用畜肉及副产品	102.0	103.2	95.6	97.1	99.9	103.3
(2)禽	112.1	118.0	109.0	119.6	110.2	129.9
(3)肉禽加工制品	104.8	114.6	97.5	104.5	104.3	109.6
6. 蛋	106.3	108.2	113.4	109.1	107.2	100.5
7. 水产品	105.9	109.6	114.2	105.3	115.4	111.9
(1)鱼	106.0	107.8	115.9	105.0	117.6	114.5
(2)其它水产品	105.3	115.8	104.0	105.9	109.7	100.6
8. 菜	103.0	98.8	102.2	106.5	96.7	111.1
鲜菜	103.3	97.7	102.2	107.6	96.5	111.9
9. 调味品	103.4	107.7	97.7	100.9	101.0	101.9
10. 糖	98.9	103.8	98.3	102.7	105.2	105.9
11. 茶及饮料	104.0	100.2	105.7	99.6	102.8	101.0
(1)茶叶	110.8	100.7	98.2	101.5	100.0	101.7
(2)饮料	100.7	100.0	107.9	98.9	103.8	100.4
12. 干鲜瓜果	113.5	111.7	112.1	98.0	108.4	112.0
鲜果	114.0	111.8	111.4	96.6	107.5	116.2
13. 糕点饼干面包	103.9	103.0	103.5	96.8	100.1	104.4
14. 奶及奶制品	104.2	140.5	98.9	100.4	103.8	108.2
15. 在外用膳食品	102.1	105.8	109.6	104.8	100.3	100.0
16. 其它食品及食品加工服务	101.6	100.2	102.7	100.0	100.6	112.8
二、烟酒及用品	100.0	100.9	100.4	100.4	100.1	98.8
1. 烟草	99.6	100.0	98.9	100.0	100.0	98.2
2. 酒	100.7	102.5	101.9	101.1	100.2	100.0
3. 吸烟饮酒用品	99.9	100.0	103.6	100.0	100.0	95.6
三、衣着	104.9	98.8	99.7	101.8	101.0	99.9
1. 服装	103.0	97.8	99.1	102.7	99.8	99.9
(1)男式服装	100.2	95.9	94.3	102.6	100.0	100.0
(2)女式服装	102.9	97.7	101.2	104.5	99.6	99.8
(3)儿童服装	112.5	100.1	100.5	94.1	100.0	100.0
2. 衣着材料	102.4	101.5	102.7	97.6	100.0	99.9
3. 鞋袜帽	109.5	100.6	100.9	99.9	103.8	100.0
(1)鞋	110.6	101.0	99.5	98.3	105.6	100.0
(2)袜子	102.2	98.7	107.6	107.8	95.0	100.0
(3)帽子	101.3	100.0	104.5	96.0	100.0	100.0
4. 衣着加工服务	118.4	100.9	104.3	102.9	100.0	100.0

5—4 续表1 单位:%

项目	秭归县	长阳县	五峰县	夷陵区	市区
居民消费价格总指数	**103.0**	**102.1**	**102.0**	**102.0**	**102.4**
非食品价格指数	102.3	102.0	102.0	101.6	101.9
服务项目价格指数	104.1	103.4	105.4	101.7	102.0
扣除鲜菜鲜果总指数	102.8	102.2	101.6	101.8	102.1
消费品价格指数	102.7	101.8	101.1	102.0	102.5
一、食品	104.3	102.2	101.9	102.6	103.3
1. 粮食	97.9	104.1	101.8	100.9	98.7
2. 淀粉及薯类	119.8	111.0	96.1	102.6	105.4
3. 干豆类及豆制品	100.1	98.5	102.2	110.2	100.2
4. 油脂	97.0	92.3	88.8	92.5	91.9
5. 肉禽及其制品	105.5	103.4	105.8	102.7	106.6
(1)食用畜肉及副产品	104.3	103.1	104.7	101.5	105.6
(2)禽	110.2	101.8	113.9	107.6	112.2
(3)肉禽加工制品	106.1	113.7	109.5	103.3	105.2
6. 蛋	107.3	108.0	106.5	105.1	105.2
7. 水产品	106.3	108.5	102.7	107.1	103.4
(1)鱼	109.2	108.9	102.8	104.4	103.1
(2)其它水产品	96.1	105.3	101.3	112.6	103.9
8. 菜	100.6	104.0	103.0	101.8	102.9
鲜菜	100.3	103.8	103.2	101.7	103.3
9. 调味品	102.5	101.6	99.6	102.9	111.8
10. 糖	106.6	106.1	92.1	108.1	94.6
11. 茶及饮料	106.1	98.5	100.0	105.4	103.5
(1)茶叶	117.9	100.0	100.0	109.6	120.1
(2)饮料	99.5	97.7	100.0	103.6	98.9
12. 干鲜瓜果	118.5	93.5	115.9	107.0	117.4
鲜果	120.1	91.5	116.4	109.2	117.3
13. 糕点饼干面包	108.9	102.5	100.0	101.2	105.6
14. 奶及奶制品	105.7	100.4	100.1	100.8	101.7
15. 在外用膳食品	102.6	100.5	96.4	101.4	100.6
16. 其它食品及食品加工服务	110.7	98.6	99.8	100.8	98.1
二、烟酒及用品	101.2	101.4	100.0	100.8	99.4
1. 烟草	100.0	100.0	100.0	100.0	99.4
2. 酒	104.0	103.5	100.0	102.0	99.3
3. 吸烟饮酒用品	93.0	100.0	100.0	100.0	100.0
三、衣着	100.7	102.6	100.2	102.8	106.9
1. 服装	100.1	101.7	100.0	103.1	103.6
(1)男式服装	100.3	100.3	100.0	104.2	99.5
(2)女式服装	101.8	102.4	100.0	102.5	103.2
(3)儿童服装	92.5	104.1	100.0	102.2	123.6
2. 衣着材料	104.3	100.7	102.9	100.8	108.3
3. 鞋袜帽	101.0	105.3	100.1	102.3	116.0
(1)鞋	101.2	104.3	100.0	102.8	117.5
(2)袜子	98.2	112.9	101.4	99.4	99.4
(3)帽子	100.0	105.0	100.0	103.1	100.5
4. 衣着加工服务	107.7	100.0	100.0	100.0	136.5

5—4 续表2　　单位:%

项　　　目	全　市	宜都市	枝江市	当阳市	远安县	兴山县
四、家庭设备用品及维修服务	100.9	102.5	100.8	102.8	99.7	101.6
1. 耐用消费品	100.3	102.7	97.8	98.6	98.5	101.8
(1)家具	99.5	96.9	96.8	96.8	101.0	99.8
(2)家庭设备	100.7	104.6	98.2	99.4	96.9	102.7
2. 室内装饰品	100.9	110.1	102.6	99.9	101.9	100.0
3. 床上用品	101.0	101.4	102.9	101.5	100.0	101.9
4. 家庭日用杂品	100.5	100.5	100.6	100.2	99.0	102.2
5. 家庭服务及加工维修服务	112.2	107.5	114.6	154.6	110.2	100.0
五、医疗保健和个人用品	97.4	97.8	97.6	97.7	97.1	98.6
1. 医疗保健	96.5	96.4	97.4	97.0	95.5	98.6
(1)医疗器具及用品	98.7	100.0	101.9	98.4	87.1	100.0
(2)中药材及中成药	96.9	95.7	95.6	99.1	94.8	98.5
(3)西药	94.2	91.0	92.9	94.4	94.1	97.2
(4)保健器具及用品	99.0	100.1	97.2	100.3	100.3	100.0
(5)医疗保健服务	99.9	100.0	105.4	100.0	99.3	106.4
2. 个人用品及服务	99.3	100.4	97.7	99.2	101.0	98.8
(1)化妆美容用品	99.7	99.8	103.2	100.0	97.7	96.9
(2)卫生用品	99.5	101.4	98.6	97.4	102.1	101.3
(3)个人饰品	98.4	100.4	94.5	99.9	100.8	98.9
(4)个人服务	100.1	100.0	99.7	100.1	102.8	100.0
六、交通和通讯	99.8	102.6	99.8	100.5	102.3	92.8
1. 交通	101.2	107.6	100.7	101.4	103.8	102.3
(1)交通工具	99.5	97.8	95.9	100.0	102.5	101.7
(2)车用燃料及零配件	108.9	111.6	113.2	109.1	111.4	109.2
(3)车辆使用及维修	104.2	102.4	99.7	105.6	117.3	108.7
(4)市区公共交通	99.7	100.0	97.5	100.0	100.0	100.0
(5)城市间交通	101.6	117.8	103.4	100.1	95.0	100.0
2. 通信	97.4	94.2	98.5	99.5	99.4	81.1
(1)通信工具	92.3	81.6	93.6	100.0	98.5	97.0
(2)通信服务	99.2	100.0	100.0	99.2	100.0	78.6
七、娱乐教育文化用品及服务	102.2	97.7	100.3	101.2	102.1	102.5
1. 文娱用耐用消费品及服务	98.9	93.9	90.0	95.0	99.7	98.6
2. 教育	104.5	97.7	103.6	102.1	103.1	105.0
(1)教材及参考书	102.5	98.7	99.5	101.5	95.6	97.9
(2)学杂托幼费	104.6	97.6	103.9	102.0	103.4	105.3
3. 文化娱乐用品	100.0	101.5	100.1	99.7	100.5	98.2
(1)文化娱乐	100.1	103.1	99.8	99.1	101.2	95.0
(2)书报杂志	100.1	100.0	100.0	100.2	99.9	99.8
(3)文娱费	99.9	100.0	100.7	100.0	100.0	100.0
4. 旅游及外出	93.2	100.0	94.6	103.9	100.0	100.0
八、居住	105.8	108.3	108.8	109.2	108.2	103.1
1. 建房及装修材料	101.7	102.3	105.2	102.5	101.4	99.1
2. 租房	100.6	100.0	100.3	110.6	101.4	100.0
3. 自有住房	104.2	100.0	100.5	108.7	108.3	105.1
4. 水、电、燃料	110.9	116.9	118.8	113.0	118.8	106.3

5—4 续表3

单位:%

项　　目	秭归县	长阳县	五峰县	夷陵区	市　区
四、家庭设备用品及维修服务	100.1	100.9	99.7	99.0	100.8
1. 耐用消费品	102.2	101.0	99.4	99.1	100.0
(1)家具	103.7	102.3	100.0	99.8	99.7
(2)家庭设备	101.7	100.6	99.1	98.8	100.2
2. 室内装饰品	107.3	100.2	100.0	98.8	100.0
3. 床上用品	100.0	101.2	100.0	100.3	101.3
4. 家庭日用杂品	94.7	100.8	100.0	98.2	102.1
5. 家庭服务及加工维修服务	101.0	100.0	100.0	100.0	100.0
五、医疗保健和个人用品	98.1	94.6	97.8	98.7	96.9
1. 医疗保健	97.0	93.5	96.9	98.2	95.5
(1)医疗器具及用品	99.4	98.1	97.1	100.0	100.0
(2)中药材及中成药	93.2	87.3	101.4	96.2	96.6
(3)西药	96.2	94.9	94.2	98.3	93.8
(4)保健器具及用品	100.2	95.3	93.2	96.3	99.2
(5)医疗保健服务	104.5	94.6	98.1	100.0	97.5
2. 个人用品及服务	100.3	98.4	100.0	99.7	99.6
(1)化妆美容用品	101.5	97.8	100.0	101.4	99.8
(2)卫生用品	98.5	96.7	100.0	99.3	99.1
(3)个人饰品	102.8	99.2	100.0	98.6	99.8
(4)个人服务	97.5	100.0	100.0	100.0	100.0
六、交通和通讯	102.7	100.3	97.5	99.3	98.8
1. 交通	104.2	100.9	101.3	100.3	99.7
(1)交通工具	103.1	99.8	100.0	98.7	99.8
(2)车用燃料及零配件	111.1	111.5	109.8	107.8	109.8
(3)车辆使用及维修	98.3	100.0	103.1	100.0	103.6
(4)市区公共交通	100.0	100.0	100.0	100.0	100.0
(5)城市间交通	107.9	99.6	100.0	101.7	97.0
2. 通信	100.3	99.7	92.5	98.0	97.8
(1)通信工具	93.6	97.5	100.0	90.7	91.9
(2)通信服务	102.0	100.0	88.5	100.0	99.3
七、娱乐教育文化用品及服务	101.2	103.8	106.0	101.5	102.7
1. 文娱用耐用消费品及服务	94.8	99.8	95.2	97.2	100.5
2. 教育	103.2	106.3	104.4	103.6	105.9
(1)教材及参考书	104.0	108.2	100.0	110.3	104.7
(2)学杂托幼费	103.2	106.2	104.5	103.2	106.0
3. 文化娱乐用品	99.8	100.2	100.0	99.9	99.9
(1)文化娱乐	101.3	100.8	100.0	99.8	99.6
(2)书报杂志	98.1	99.8	100.0	100.0	100.0
(3)文娱费	99.3	100.0	100.2	100.0	100.0
4. 旅游及外出	99.9	100.0	127.4	98.2	92.8
八、居住	108.1	104.6	105.3	104.6	102.9
1. 建房及装修材料	103.9	100.8	100.5	103.2	99.7
2. 租房	100.0	100.0	100.0	100.0	100.0
3. 自有住房	109.6	111.4	108.7	103.6	104.2
4. 水、电、燃料	111.1	107.1	106.3	107.3	104.1

5—5 分县市区居民消费价格指数

(2005年,2000年=100)

单位:%

项目	全市	宜都市	枝江市	当阳市	远安县	兴山县
居民消费价格总指数	**113.9**	**110.4**	**109.3**	**108.4**	**107.8**	**113.9**
非食品价格指数	112.0	103.8	103.1	106.0	103.1	104.5
服务项目价格指数	121.6	108.3	106.7	112.6	108.3	110.2
扣除鲜菜鲜果总指数	114.0	109.7	108.6	108.8	107.9	112.4
消费品价格指数	111.5	111.0	110.0	107.1	107.7	114.8
一、食品	117.8	123.8	121.5	113.0	116.8	131.2
1. 粮食	116.3	123.0	137.6	128.2	128.8	143.1
2. 淀粉及薯类	93.0	77.8	92.8	106.3	112.7	87.8
3. 干豆类及豆制品	130.6	133.3	87.2	107.7	154.3	138.4
4. 油脂	109.0	109.6	118.9	89.3	116.2	120.3
5. 肉禽及其制品	124.9	133.2	130.0	126.3	135.0	142.5
(1)食用畜肉及副产品	124.2	132.6	122.7	135.0	135.3	140.4
(2)禽	129.4	131.1	136.4	104.4	120.2	156.2
(3)肉禽加工制品	121.6	149.4	156.3	113.9	140.6	136.3
6. 蛋	137.8	104.3	145.2	126.8	148.4	141.4
7. 水产品	131.1	119.6	122.1	106.7	131.5	126.5
(1)鱼	116.4	111.2	121.1	102.6	123.0	123.4
(2)其它水产品	162.1	154.5	124.4	118.3	151.5	117.9
8. 菜	120.3	111.6	117.2	103.4	107.2	135.0
鲜菜	128.0	113.1	120.9	105.7	109.7	138.3
9. 调味品	102.0	109.8	115.9	107.5	91.9	102.8
10. 糖	119.1	100.4	120.0	103.6	121.3	105.0
11. 茶及饮料	100.8	101.6	96.8	94.2	94.8	92.3
(1)茶叶	106.0	101.7	140.1	106.3	103.5	106.7
(2)饮料	97.9	100.8	80.2	90.1	87.3	81.7
12. 干鲜瓜果	101.7	127.7	115.0	101.0	109.3	115.0
鲜果	91.9	127.1	109.9	97.8	105.9	116.1
13. 糕点饼干面包	106.3	114.4	99.3	112.4	88.5	93.1
14. 奶及奶制品	126.2	163.8	155.9	106.7	112.0	125.4
15. 在外用膳食品	113.2	119.8	102.1	104.1	107.1	132.4
16. 其它食品及食品加工服务	101.2	105.8	113.7	115.0	88.6	157.0
二、烟酒及用品	103.6	104.1	109.6	108.9	97.8	110.6
1. 烟草	102.2	102.5	104.2	114.9	98.3	99.7
2. 酒	107.0	107.0	121.7	100.8	95.4	129.0
3. 吸烟饮酒用品	96.6	98.9	51.3	109.9	106.5	92.1
三、衣着	128.8	98.6	119.7	98.2	103.0	101.7
1. 服装	122.6	96.3	123.6	99.8	102.2	101.1
(1)男式服装	123.1	91.3	134.5	108.6	102.1	104.9
(2)女式服装	118.3	94.7	108.2	94.5	103.4	98.8
(3)儿童服装	141.0	103.6	138.1	94.6	98.4	99.0
2. 衣着材料	105.4	106.8	108.5	106.5	95.0	99.5
3. 鞋袜帽	151.6	102.6	111.9	91.8	105.3	103.2
(1)鞋	156.4	104.0	111.6	86.4	107.6	103.5
(2)袜子	116.4	97.5	118.2	120.2	94.0	100.6
(3)帽子	115.5	100.0	85.0	90.1	100.0	99.8
4. 衣着加工服务	120.8	101.0	117.2	124.5	105.6	104.3

5—5 续表1

单位:%

项 目	秭归县	长阳县	五峰县	夷陵区	市 区
居民消费价格总指数	**115.9**	**109.9**	**115.4**	**108.8**	**112.1**
非食品价格指数	110.8	107.3	117.6	105.9	109.6
服务项目价格指数	115.7	114.5	148.5	118.3	110.2
扣除鲜菜鲜果总指数	115.9	109.4	116.4	108.0	111.8
消费品价格指数	115.9	108.7	107.7	106.5	112.5
一、食品	125.7	114.7	111.9	114.5	117.1
1. 粮食	120.3	114.2	101.7	121.0	109.1
2. 淀粉及薯类	115.8	108.9	100.0	118.7	96.4
3. 干豆类及豆制品	126.7	110.5	114.5	140.1	113.3
4. 油脂	105.4	105.0	85.3	101.3	100.4
5. 肉禽及其制品	137.2	122.5	127.7	124.3	121.3
(1)食用畜肉及副产品	134.4	125.1	127.4	127.1	119.3
(2)禽	138.3	105.7	139.3	125.5	134.0
(3)肉禽加工制品	154.6	139.3	106.2	109.5	111.6
6. 蛋	154.6	130.1	133.0	129.5	133.5
7. 水产品	119.8	125.4	140.2	135.1	133.8
(1)鱼	116.2	121.4	140.7	115.0	115.7
(2)其它水产品	114.0	143.7	126.0	170.3	167.8
8. 菜	107.8	116.8	101.9	117.8	112.3
鲜菜	109.7	118.1	102.9	120.2	112.8
9. 调味品	99.5	111.9	124.2	101.3	124.4
10. 糖	123.7	143.0	89.5	98.2	109.2
11. 茶及饮料	131.1	94.9	103.2	111.3	97.9
(1)茶叶	187.1	137.9	100.0	140.9	97.0
(2)饮料	109.8	80.9	106.9	98.5	97.4
12. 干鲜瓜果	125.6	118.6	110.1	128.6	131.2
鲜果	126.3	115.3	108.2	126.4	123.3
13. 糕点饼干面包	108.6	108.4	92.3	95.0	110.3
14. 奶及奶制品	113.8	99.1	83.6	102.7	109.4
15. 在外用膳食品	131.0	102.5	110.2	92.8	115.9
16. 其它食品及食品加工服务	131.2	95.7	106.8	105.3	107.4
二、烟酒及用品	115.4	114.2	115.0	134.0	102.7
1. 烟草	104.6	120.0	115.0	158.6	100.3
2. 酒	137.3	108.5	117.4	103.8	108.8
3. 吸烟饮酒用品	83.1	95.6	81.8	100.4	93.2
三、衣着	112.8	109.5	104.8	101.5	138.9
1. 服装	114.3	103.6	104.0	102.5	125.1
(1)男式服装	115.6	100.3	108.1	104.3	113.1
(2)女式服装	118.4	101.6	101.2	98.1	128.9
(3)儿童服装	92.7	121.5	104.6	114.7	144.4
2. 衣着材料	117.2	98.7	106.4	95.0	114.0
3. 鞋袜帽	106.7	128.1	106.3	98.4	199.3
(1)鞋	101.6	126.9	105.3	100.6	205.0
(2)袜子	149.5	126.6	120.8	79.7	123.9
(3)帽子	94.9	117.0	80.8	101.0	160.0
4. 衣着加工服务	78.8	104.3	105.8	109.8	137.8

5—5 续表2 单位:%

项 目	全 市	宜都市	枝江市	当阳市	远安县	兴山县
四、家庭设备用品及维修服务	96.1	99.7	109.9	100.6	93.6	96.8
1. 耐用消费品	90.1	92.8	73.5	86.9	90.5	89.6
(1)家具	103.0	89.5	84.1	85.6	101.0	93.7
(2)家庭设备	83.3	93.0	69.3	87.0	85.8	87.8
2. 室内装饰品	85.9	110.8	178.5	98.8	99.5	95.9
3. 床上用品	110.1	102.9	98.6	104.6	98.0	112.2
4. 家庭日用杂品	100.2	98.6	149.4	113.3	86.4	93.1
5. 家庭服务及加工维修服务	134.6	128.1	160.5	176.5	139.0	139.5
五、医疗保健和个人用品	92.9	98.8	91.8	101.8	90.1	87.6
1. 医疗保健	88.3	100.0	93.6	89.3	86.1	82.7
(1)医疗器具及用品	98.5	104.8	117.6	101.1	75.2	99.7
(2)中药材及中成药	94.4	92.5	88.6	100.2	84.3	93.2
(3)西药	75.7	69.0	84.3	77.5	80.1	70.2
(4)保健器具及用品	89.3	102.9	81.2	115.4	93.2	100.1
(5)医疗保健服务	108.6	129.8	118.0	100.1	100.1	124.8
2. 个人用品及服务	105.1	95.7	88.6	132.2	99.8	101.8
(1)化妆美容用品	117.5	102.9	67.5	105.0	91.3	95.9
(2)卫生用品	91.4	73.1	97.2	192.0	86.6	87.0
(3)个人饰品	112.1	104.1	81.7	99.1	99.9	107.0
(4)个人服务	106.4	101.1	103.8	99.2	110.1	113.9
六、交通和通讯	90.2	99.9	74.4	92.8	101.5	92.5
1. 交通	104.9	114.0	76.0	89.9	114.3	99.6
(1)交通工具	88.0	85.3	62.5	84.4	99.2	98.0
(2)车用燃料及零配件	116.2	130.6	127.4	103.3	129.1	114.6
(3)车辆使用及维修	89.6	98.9	90.5	109.3	117.9	116.1
(4)市区公共交通	107.5	100.0	100.0	71.1	119.9	100.1
(5)城市间交通	119.6	167.0	29.4	105.2	125.5	90.4
2. 通信	70.3	74.3	71.8	95.1	80.8	82.6
(1)通信工具	46.3	45.1	37.9	56.7	74.2	65.2
(2)通信服务	80.0	88.9	83.9	118.0	79.3	84.9
七、娱乐教育文化用品及服务	126.7	96.3	101.1	109.3	102.3	110.3
1. 文娱用耐用消费品及服务	74.2	69.9	52.7	84.4	90.7	86.1
2. 教育	147.7	99.2	120.8	127.4	103.3	122.0
(1)教材及参考书	111.7	113.7	124.1	117.5	106.3	102.2
(2)学杂托幼费	149.4	98.6	120.4	127.7	103.4	123.0
3. 文化娱乐用品	106.7	112.1	105.7	108.3	101.7	103.1
(1)文化娱乐	110.8	101.3	91.0	103.4	97.1	98.9
(2)书报杂志	102.0	123.6	124.4	126.7	101.8	109.5
(3)文娱费	105.6	112.3	94.0	100.0	107.4	101.2
4. 旅游及外出	127.4	100.9	97.1	57.2	100.4	100.0
八、居住	117.7	125.8	109.1	121.9	119.1	116.6
1. 建房及装修材料	107.6	113.7	90.7	113.1	105.5	102.6
2. 租房	99.5	100.0	103.5	126.5	136.1	109.5
3. 自有住房	101.9	112.4	105.7	110.5	105.1	103.3
4. 水、电、燃料	140.8	147.3	133.0	133.2	148.6	141.6

项目	秭归县	长阳县	五峰县	夷陵区	市区
四、家庭设备用品及维修服务	108.5	96.8	103.0	85.8	99.4
1. 耐用消费品	81.5	90.2	100.0	73.9	89.8
(1)家具	117.9	101.7	117.5	100.3	109.0
(2)家庭设备	70.8	86.4	90.3	64.5	82.2
2. 室内装饰品	105.2	118.2	100.0	77.7	82.8
3. 床上用品	103.8	95.8	101.0	80.4	112.2
4. 家庭日用杂品	163.3	99.0	100.9	101.9	111.4
5. 家庭服务及加工维修服务	86.8	99.6	137.9	150.6	101.6
五、医疗保健和个人用品	94.4	83.1	84.3	96.4	90.3
1. 医疗保健	86.7	79.4	76.3	88.7	82.5
(1)医疗器具及用品	101.7	77.6	81.3	103.9	96.4
(2)中药材及中成药	86.4	70.7	86.9	77.7	93.6
(3)西药	84.0	78.7	66.5	69.8	72.5
(4)保健器具及用品	77.4	85.8	76.9	93.1	82.5
(5)医疗保健服务	93.9	91.1	96.2	143.0	96.7
2. 个人用品及服务	112.1	97.6	103.6	109.5	114.5
(1)化妆美容用品	137.6	94.7	109.3	94.1	134.6
(2)卫生用品	86.4	88.4	94.6	100.8	104.5
(3)个人饰品	114.8	97.4	103.2	114.1	112.1
(4)个人服务	110.0	113.6	117.8	122.1	101.0
六、交通和通讯	129.9	90.5	86.1	88.9	86.1
1. 交通	152.1	98.6	95.5	85.9	106.6
(1)交通工具	108.7	81.3	90.3	63.3	95.1
(2)车用燃料及零配件	125.4	124.9	129.4	100.0	119.2
(3)车辆使用及维修	77.0	111.4	105.1	113.9	87.3
(4)市区公共交通	97.5	88.8	83.3	99.7	108.6
(5)城市间交通	265.8	109.1	107.2	101.4	114.2
2. 通信	97.3	81.6	73.1	94.7	65.6
(1)通信工具	46.5	77.9	62.2	49.3	43.3
(2)通信服务	114.2	82.0	76.1	110.5	72.1
七、娱乐教育文化用品及服务	99.2	118.4	157.4	110.3	122.2
1. 文娱用耐用消费品及服务	64.4	80.7	85.7	69.8	70.4
2. 教育	108.3	139.0	161.5	128.9	145.6
(1)教材及参考书	101.5	100.6	132.8	114.3	112.8
(2)学杂托幼费	108.5	141.5	162.7	129.5	147.5
3. 文化娱乐用品	108.1	105.2	106.0	105.2	111.9
(1)文化娱乐	99.5	98.3	98.3	105.9	120.3
(2)书报杂志	116.0	103.4	111.5	110.7	113.6
(3)文娱费	111.3	112.4	116.7	102.9	107.1
4. 旅游及外出	100.1	100.5	331.0	97.3	106.8
八、居住	117.9	115.2	135.9	119.7	108.1
1. 建房及装修材料	96.9	104.0	93.5	102.7	96.3
2. 租房	100.0	100.0	325.0	99.4	100.0
3. 自有住房	106.4	100.3	103.8	119.4	95.4
4. 水、电、燃料	145.3	139.0	155.6	138.5	125.7

5—6 分县市区农业生产资料价格指数

（2005年，上年=100）　　单位：%

项目	全市	宜都市	枝江市	当阳市	远安县	兴山县	秭归县	长阳县	五峰县	夷陵区
农业生产资料价格指数	**109.7**	**109.0**	**112.8**	**107.4**	**113.5**	**106.1**	**114.0**	**112.4**	**113.2**	**111.1**
一、小农具	104.5	102.3	119.8	103.3	97.0	102.0	99.9	110.6	100.0	102.8
二、饲料	103.3	95.4	107.2	98.0	102.3	98.8	114.7	111.9	100.0	102.6
混合饲料	103.2	95.3	108.7	97.1	95.5	98.2	120.0	100.0	100.0	99.9
其他	103.4	95.8	104.1	99.2	105.7	102.9	94.4	122.7	100.0	108.4
三、产品畜	120.1	105.2	98.9	101.3	128.1	120.6	127.0	108.9	151.7	88.7
四、役畜	102.2	100.0	104.9	100.0	100.0	100.0	102.7	121.9	100.0	100.0
五、半机械化农具	104.4	99.9	102.7	99.6	99.0	108.7	109.6	98.7	100.0	98.9
六、机械化农具	102.1	99.2	107.4	99.1	94.7	103.3	103.9	102.0	100.0	95.6
七、化学肥料	112.3	118.1	117.0	110.0	121.0	107.1	116.4	115.4	115.4	117.3
氮肥	110.3	112.4	112.7	106.7	114.7	109.3	126.5	119.8	114.3	111.4
磷肥	117.0	127.6	133.1	110.5	152.2	105.6	121.9	97.5	116.5	131.6
钾肥	120.2	150.0	116.7	131.4	119.0	100.0	106.0	100.0	143.0	143.6
复合肥料	107.5	108.8	110.7	101.2	104.8	105.9	102.3	133.5	115.8	115.1
八、农药及农药械	102.8	102.0	99.0	106.8	104.6	101.1	105.6	97.8	110.9	104.0
（一）化学农药	103.3	100.0	101.0	107.2	104.2	101.3	103.6	97.2	110.3	103.3
杀虫剂	103.8	100.0	103.0	105.4	103.0	102.1	103.0	104.2	109.5	103.2
杀菌剂	100.1	100.0	97.1	113.1	102.5	100.0	109.0	86.1	100.0	100.8
除草剂	104.8	100.0	104.4	109.7	111.9	100.0	110.1	100.0	114.3	109.0
（二）农药器械	99.3	112.1	86.6	104.4	107.0	100.0	125.2	100.4	114.3	110.9
九、农用机油	113.8	111.2	113.3	109.0	109.4	118.3	110.1	114.9	106.6	106.7
十、其他农业生产资料	105.6	102.9	121.8	105.1	110.8	93.9	102.7	103.1	102.8	97.0
农用种子	105.8	97.2	142.2	105.5	110.7	86.8	100.9	101.2	101.4	92.3
其它	105.0	113.2	97.0	103.3	110.8	110.3	111.8	105.1	109.0	109.2

5—7 分月居民消费价格指数

（2005 年，上年同月 = 100）

单位：%

项　　目	一月份	二月份	三月份	四月份	五月份	六月份
居民消费价格总指数	**103.5**	**104.8**	**103.8**	**103.0**	**102.9**	**102.8**
非食品价格指数	102.3	102.4	102.2	102.9	103.0	103.2
服务项目价格指数	104.0	103.8	104.1	104.2	104.1	104.2
扣除鲜菜鲜果总指数	104.0	104.5	103.5	103.3	103.1	103.2
消费品价格指数	103.4	105.1	103.7	102.7	102.5	102.4
一、食品	106.0	109.7	107.1	103.5	102.7	102.0
1. 粮食	112.0	112.1	102.7	99.7	97.4	97.0
2. 淀粉及薯类	105.8	107.0	109.0	103.5	102.6	103.4
3. 干豆类及豆制品	105.7	105.8	105.2	105.0	101.0	99.1
4. 油脂	97.7	98.3	96.8	95.5	93.9	91.1
5. 肉禽及其制品	114.2	119.1	113.8	109.4	106.7	108.1
(1)食用畜肉及副产品	114.1	118.4	111.8	105.7	105.0	106.4
(2)禽	118.9	128.1	127.3	130.0	114.7	116.3
(3)肉禽加工制品	105.8	107.5	108.1	108.2	107.3	107.3
6. 蛋	112.2	118.4	120.9	111.3	114.9	115.0
7. 水产品	116.4	119.6	111.6	104.4	102.4	99.7
(1)鱼	120.1	128.1	117.2	107.2	103.1	100.0
(2)其它水产品	107.0	100.5	98.5	97.3	100.9	99.4
8. 菜	89.6	108.3	108.4	99.7	105.4	95.4
鲜菜	86.3	109.0	109.3	98.7	106.2	93.8
9. 调味品	104.6	104.4	104.4	104.7	104.1	104.1
10. 糖	97.4	97.6	97.7	97.6	98.3	97.7
11. 茶及饮料	101.6	101.5	103.9	103.7	105.3	104.6
(1)茶叶	104.5	104.1	110.6	109.8	114.1	113.0
(2)饮料	100.1	100.3	100.5	100.7	101.1	100.6
12. 干鲜瓜果	109.1	114.1	110.7	96.6	92.3	98.3
鲜果	107.0	112.4	108.5	90.4	85.6	93.7
13. 糕点饼干面包	103.4	104.8	104.8	104.8	104.8	104.4
14. 奶及奶制品	103.5	103.5	103.6	105.8	105.8	105.0
15. 在外用膳食品	102.5	102.2	101.9	102.0	102.2	102.2
16. 其它食品及食品加工服务	101.3	101.2	102.3	102.4	101.8	102.0
二、烟酒及用品	100.3	100.4	99.7	100.2	99.9	99.9
1. 烟草	101.0	101.0	100.0	100.0	99.4	99.4
2. 酒	99.0	99.3	98.9	100.5	100.7	100.9
3. 吸烟饮酒用品	99.7	99.7	99.8	99.8	99.8	99.8
三、衣着	102.7	103.1	102.2	104.4	104.8	106.5
1. 服装	103.2	103.4	103.0	103.6	102.8	103.1
(1)男式服装	105.0	102.4	100.9	101.5	102.6	102.5
(2)女式服装	100.7	101.6	102.0	102.7	100.9	101.5
(3)儿童服装	107.7	113.6	113.4	114.9	112.2	112.1
2. 衣着材料	101.3	101.3	101.2	100.8	103.5	103.5
3. 鞋袜帽	101.9	101.9	99.6	106.1	109.4	115.3
(1)鞋	102.2	102.2	99.8	107.1	110.7	117.3
(2)袜子	98.6	98.6	98.3	98.7	100.3	100.4
(3)帽子	101.6	101.6	101.0	101.0	100.9	101.1

5—7 续表1 单位:%

项目	七月份	八月份	九月份	十月份	十一月份	十二月份
居民消费价格总指数	**102.7**	**102.0**	**100.7**	**101.4**	**101.7**	**101.6**
非食品价格指数	102.6	102.7	101.8	101.7	101.5	101.5
服务项目价格指数	103.4	103.4	100.1	100.2	100.0	100.1
扣除鲜菜鲜果总指数	102.4	101.8	100.6	100.6	100.7	100.8
消费品价格指数	102.4	101.6	100.9	101.7	102.2	102.1
一、食品	102.8	100.7	98.9	100.8	102.1	101.9
1. 粮食	95.5	95.7	96.3	97.4	98.1	98.6
2. 淀粉及薯类	103.4	98.9	97.8	102.1	106.1	106.9
3. 干豆类及豆制品	99.4	99.3	101.0	101.1	101.2	100.9
4. 油脂	91.8	90.2	89.1	88.5	88.2	88.9
5. 肉禽及其制品	104.8	98.0	93.9	94.1	94.8	94.7
(1)食用畜肉及副产品	103.0	95.7	91.7	91.9	92.9	93.4
(2)禽	112.3	106.7	101.3	101.8	100.6	98.0
(3)肉禽加工制品	106.8	103.2	101.8	100.6	101.1	101.1
6. 蛋	107.0	99.7	95.6	95.7	97.7	96.7
7. 水产品	101.5	103.2	103.7	102.6	103.6	105.5
(1)鱼	98.5	100.5	101.7	101.2	100.3	102.6
(2)其它水产品	110.5	110.9	109.4	106.1	111.6	112.7
8. 菜	104.5	100.1	93.5	106.2	113.6	112.1
鲜菜	105.7	100.1	92.2	107.9	117.7	114.9
9. 调味品	104.1	102.4	102.6	102.6	102.4	100.7
10. 糖	98.6	99.2	99.3	101.0	99.9	102.9
11. 茶及饮料	105.1	105.1	104.7	104.8	104.6	103.1
(1)茶叶	113.1	113.2	113.2	113.2	113.4	107.4
(2)饮料	101.2	101.2	100.6	100.7	100.3	100.9
12. 干鲜瓜果	119.4	118.4	118.8	132.0	134.3	131.1
鲜果	128.6	124.0	121.8	142.2	144.3	140.2
13. 糕点饼干面包	104.5	102.5	102.4	102.4	102.1	105.6
14. 奶及奶制品	105.3	104.4	104.0	103.6	103.0	102.5
15. 在外用膳食品	102.4	102.8	101.7	101.6	101.6	101.6
16. 其它食品及食品加工服务	101.8	102.0	101.1	101.1	101.1	101.4
二、烟酒及用品	99.9	100.0	99.9	100.0	100.2	100.3
1. 烟草	99.2	99.1	99.1	99.2	99.1	99.1
2. 酒	100.9	101.3	101.2	101.3	101.9	102.2
3. 吸烟饮酒用品	100.0	100.0	100.0	100.1	100.1	100.1
三、衣着	104.3	104.6	107.1	107.2	106.0	105.7
1. 服装	102.2	102.1	103.1	103.4	103.0	102.6
(1)男式服装	99.9	98.8	97.7	99.0	96.2	96.1
(2)女式服装	101.8	102.3	105.2	105.0	106.1	105.4
(3)儿童服装	112.1	112.7	112.8	112.1	113.4	113.1
2. 衣着材料	102.9	102.8	102.8	102.9	102.8	102.8
3. 鞋袜帽	108.8	110.5	117.7	117.1	113.7	113.7
(1)鞋	109.6	111.2	119.5	118.8	114.9	114.9
(2)袜子	103.3	106.6	105.4	105.6	105.6	105.6
(3)帽子	101.1	101.1	101.2	101.2	101.8	101.7

项　　目	一月份	二月份	三月份	四月份	五月份	六月份
4.衣着加工服务	100.5	120.5	120.3	120.4	120.2	120.2
四、家庭设备用品及维修服务	100.4	101.0	100.7	100.6	100.0	100.2
1.耐用消费品	99.4	99.3	99.0	98.9	99.2	99.5
(1)家具	98.5	98.6	98.8	98.6	99.1	99.2
(2)家庭设备	99.9	99.7	99.1	99.1	99.2	99.7
2.室内装饰品	100.7	100.7	100.4	101.1	101.2	101.2
3.床上用品	99.4	102.0	102.6	102.5	100.5	100.6
4.家庭日用杂品	101.0	102.7	102.5	101.3	99.3	99.4
5.家庭服务及加工维修服务	108.9	109.3	108.2	114.8	115.5	115.5
五、医疗保健和个人用品	96.1	96.1	96.7	96.8	96.7	97.3
1.医疗保健	95.2	95.1	95.9	96.0	95.8	96.5
(1)医疗器具及用品	100.0	99.7	98.0	96.7	97.4	97.9
(2)中药材及中成药	95.1	95.3	95.7	96.4	96.4	97.2
(3)西药	91.7	91.3	92.9	93.4	93.0	94.0
(4)保健器具及用品	97.3	97.0	97.7	97.7	98.6	98.4
(5)医疗保健服务	101.3	101.4	101.5	100.1	99.7	99.7
2.个人用品及服务	98.3	98.5	98.7	98.8	99.1	99.2
(1)化妆美容用品	99.3	99.8	99.7	99.6	99.6	99.8
(2)卫生用品	99.1	99.1	99.2	99.7	99.4	99.4
(3)个人饰品	96.2	96.2	96.9	96.9	97.9	97.8
(4)个人服务	99.6	99.8	99.8	99.8	99.9	100.2
六、交通和通讯	98.9	100.4	100.3	100.0	99.6	99.8
1.交通	99.8	102.1	102.0	101.1	100.7	101.1
(1)交通工具	98.5	98.5	98.7	98.7	98.9	99.1
(2)车用燃料及零配件	107.3	108.1	111.5	108.8	107.2	109.3
(3)车辆使用及维修	103.6	103.6	104.8	104.8	105.2	105.2
(4)市区公共交通	96.6	100.0	100.0	100.0	100.0	100.0
(5)城市间交通	101.2	105.5	103.9	101.4	100.1	100.7
2.通信	97.2	97.4	97.4	98.0	97.6	97.6
(1)通信工具	91.6	92.5	92.5	94.6	93.2	93.1
(2)通信服务	99.2	99.2	99.2	99.2	99.2	99.2
七、娱乐教育文化用品及服务	104.8	104.1	104.1	104.2	104.2	104.2
1.文娱用耐用消费品及服务	97.4	98.0	98.1	98.3	98.2	97.9
2.教育	108.4	107.0	107.0	107.1	107.2	107.2
(1)教材及参考书	98.0	104.1	104.1	104.1	106.6	106.6
(2)学杂托幼费	108.8	107.1	107.1	107.2	107.2	107.2
3.文化娱乐用品	99.9	99.8	99.9	100.0	99.9	99.9
(1)文化娱乐	99.5	99.5	99.9	100.1	99.8	99.8
(2)书报杂志	100.0	100.0	100.0	100.1	100.0	100.0
(3)文娱费	100.2	100.0	99.9	99.9	99.9	99.9
4.旅游及外出	100.2	100.3	100.4	100.4	100.3	100.3
八、居住	105.7	105.7	105.3	106.7	107.5	107.0
1.建房及装修材料	103.3	103.2	100.9	101.7	102.3	102.2
2.租房	100.1	100.1	100.1	100.7	100.7	100.7
3.自有住房	102.0	102.0	103.5	105.0	105.1	105.1
4.水、电、燃料	111.0	110.9	110.8	112.7	114.2	112.9

单位:%

项 目	七月份	八月份	九月份	十月份	十一月份	十二月份
4. 衣着加工服务	**120.2**	**120.2**	**119.7**	**119.7**	**119.6**	**119.6**
四、家庭设备用品及维修服务	100.6	100.9	100.8	101.5	101.7	102.3
1. 耐用消费品	99.9	100.6	101.0	102.2	102.4	102.3
(1)家具	99.6	99.8	100.4	100.4	100.8	100.7
(2)家庭设备	100.1	101.0	101.4	103.1	103.3	103.1
2. 室内装饰品	101.2	101.2	100.7	100.7	100.7	100.7
3. 床上用品	100.7	100.8	101.3	101.2	101.0	99.9
4. 家庭日用杂品	100.0	99.6	99.5	99.4	99.6	101.7
5. 家庭服务及加工维修服务	115.5	117.3	109.0	110.8	111.0	111.0
五、医疗保健和个人用品	96.9	97.7	98.1	98.3	98.7	99.0
1. 医疗保健	95.9	96.9	97.4	97.6	98.0	98.4
(1)医疗器具及用品	98.0	98.6	98.5	99.8	100.1	100.1
(2)中药材及中成药	96.4	96.7	97.3	98.0	98.9	99.3
(3)西药	93.4	95.4	96.3	96.1	96.5	97.2
(4)保健器具及用品	98.5	98.9	100.1	101.1	101.1	101.1
(5)医疗保健服务	99.4	99.5	99.2	99.2	99.2	99.2
2. 个人用品及服务	99.3	99.6	99.9	99.9	100.3	100.5
(1)化妆美容用品	99.8	99.8	99.9	99.9	99.9	99.8
(2)卫生用品	99.4	99.8	99.5	99.7	99.6	99.7
(3)个人饰品	98.3	99.1	99.7	99.8	100.8	101.7
(4)个人服务	100.1	100.2	100.4	100.4	100.5	100.5
六、交通和通讯	99.8	100.0	99.9	99.9	99.8	99.6
1. 交通	101.1	101.3	101.4	101.4	101.4	101.3
(1)交通工具	99.2	99.9	100.4	100.7	100.6	100.6
(2)车用燃料及零配件	110.9	110.2	109.2	108.8	108.6	106.5
(3)车辆使用及维修	105.2	105.2	105.0	102.5	102.5	102.5
(4)市区公共交通	100.0	100.0	100.0	100.0	100.0	100.0
(5)城市间交通	100.6	100.6	100.8	101.6	101.7	101.6
2. 通信	97.6	97.7	97.5	97.2	96.9	96.8
(1)通信工具	93.2	93.5	92.3	91.3	90.2	89.8
(2)通信服务	99.2	99.2	99.3	99.3	99.3	99.3
七、娱乐教育文化用品及服务	103.2	103.3	98.6	98.7	98.7	98.7
1. 文娱用耐用消费品及服务	98.4	100.5	100.2	99.6	100.0	99.9
2. 教育	107.2	106.8	99.3	99.6	99.6	99.6
(1)教材及参考书	106.6	101.4	99.7	99.7	99.7	99.7
(2)学杂托幼费	107.2	107.1	99.2	99.6	99.6	99.6
3. 文化娱乐用品	100.0	100.2	100.2	100.2	100.3	100.2
(1)文化娱乐	100.0	100.4	100.5	100.6	100.6	100.5
(2)书报杂志	100.0	100.1	100.1	100.1	100.1	100.1
(3)文娱费	99.9	99.9	99.9	99.9	99.9	99.9
4. 旅游及外出	86.3	86.0	86.0	86.0	86.0	86.0
八、居住	106.7	106.6	105.7	104.9	104.2	104.1
1. 建房及装修材料	101.3	101.6	101.1	101.0	101.0	101.3
2. 租房	100.7	100.7	100.7	100.7	100.7	100.7
3. 自有住房	105.1	105.1	105.0	105.0	103.6	103.6
4. 水、电、燃料	113.0	112.4	110.6	108.5	107.4	107.0

5—8 主要年份工业品出厂价格指数

（上年＝100）

单位:%

指标	2001年	2002年	2003年	2004年	2005年
全部工业员	**97.82**	**99.37**	**103.39**	**105.59**	**103.89**
其中:轻工业	96.46	97.22	103.02	104.91	99.18
以农产品为原料	96.68	97.27	102.61	104.73	98.86
以非农产品为原料	91.70	97.00	103.43	105.11	99.52
重工业	99.08	100.58	103.67	105.99	106.63
采　掘	106.10	116.95	101.39	105.29	135.03
原　料	100.06	100.92	105.18	102.49	100.99
加　工	97.77	98.10	101.95	110.65	110.62
其中:生产资料	97.88	99.51	103.77	106.11	105.34
采　掘	106.10	116.95	101.39	105.29	135.03
原　料	99.45	100.56	105.27	103.39	101.30
加　工	96.71	96.85	102.62	108.59	106.80
生活资料	97.69	98.91	101.69	102.52	95.53
食　品	96.74	99.63	101.62	102.48	97.00
衣　着	99.63	98.29	99.27	102.69	102.04
一般日用品	100.99	96.83	102.28	102.72	89.62
耐用消费品	93.88	89.26	100.57	101.34	101.43
按工业部门分:					
冶金工业	99.28	95.07	105.05	110.78	107.26
电力工业	99.64	101.35	105.15	99.84	100.74
煤炭及炼焦工业	112.90	107.63	113.88	122.00	117.19
石油工业	100.00		112.96	81.02	106.48
化学工业	98.44	103.09	102.69	118.63	110.89
机械工业	95.01	97.20	101.38	107.52	106.64
建筑材料工业	101.15	94.41	104.43	101.98	98.80
森林工业	97.06	94.08	97.52	102.48	92.84
食品加工	96.99	99.72	100.52	99.88	97.07
纺织工业	93.26	91.05	107.77	97.05	99.60
缝纫工业	99.90	98.21	99.30	108.97	103.03
皮革工业	94.75	99.23	98.91	88.20	97.86
造纸工业	98.95	96.61	96.75	99.79	107.45
文教艺术用品工业		99.28	94.26	78.86	94.00
其它工业	110.83	97.66	102.39	102.57	104.10
按新行业分					
煤炭采选业	113.50	109.84	106.35	111.19	128.89
石油和天然气开采业					
黑色金属矿采选业					

5—8 续表

单位:%

指标名称	2001年	2002年	2003年	2004年	2005年
有色金属矿采选业		99.82	100.78	104.70	107.15
非金属矿采选业	103.34	119.16	100.10	103.72	138.16
其他矿采选业					
木材及竹材采选业	96.54	68.31	97.50	96.38	92.80
食品加工业	93.26	100.49	108.67	110.84	94.65
食品制造业	95.68	97.25	97.44	98.12	95.22
饮料制造业	98.49	98.99	96.84	100.14	98.45
烟草加工业	99.88	100.81	97.91		
纺织业	93.26	91.02	107.60	108.86	99.60
服装及其他纤维制品制造业	99.90	99.18	99.60	103.04	103.03
皮革、毛皮、羽绒及其他制造业	94.75	99.23	98.91	101.86	97.86
木材加工及竹、藤、棕、草制品	98.66	94.44	97.50	96.38	92.80
家具制造业	93.93	100.00	100.00	100.03	100.95
造纸及纸制品业	98.08	95.62	96.75	96.10	107.45
印刷业、记录媒介的复制	100.68	100.00	94.26	93.73	94.00
文教体育用品制造业					
石油加工及炼焦业	100.34	104.11	150.11	134.45	99.01
化学原料及化学制品制造业	97.16	102.76	101.91	113.88	110.38
医药制造业	103.11	95.24	105.51	101.93	95.46
化学纤维制造业	79.19	97.49	107.57	112.30	105.28
橡胶制品业	100.68	98.50	93.83	98.68	101.34
塑料制品业	107.02	100.57	100.85	101.53	108.42
非金属矿物制品业	101.26	94.23	104.64	104.04	99.89
黑色金属冶炼及压延加工业	101.53	100.18	106.46	114.86	100.60
有色金属冶炼及压延加工业	97.60	103.70	105.96	117.15	108.53
金属制品业	95.37	95.56	101.12	117.66	145.92
普通机械制造业	97.23	98.06	100.78	102.32	103.14
专业设备制造业	99.63	100.45	98.15	106.04	104.34
交通运输设备制造业	94.15	95.90	103.51	99.29	101.27
武器弹药制造业					
电器机械及器材制造业	97.81	93.60	99.99	108.94	113.14
电子及通信设备制造业	93.91	87.60	95.75	93.09	99.30
其他制造业	91.05	98.27	99.80	100.00	100.00
电力、蒸汽、热水生产供应业	99.63	102.89	105.13	101.88	100.74
煤气生产和供应业	100.00	100.00	100.00	100.00	100.00
自来水的生产和供应业	112.03	101.45	111.95	103.59	100.02

5—9 主要年份原材料、燃料、动力购进价格指数

(上年=100)

指标名称	2001年	2002年	2003年	2004年	2005年
全部材料	99.27	97.73	105.16	109.13	107.10
(一)燃料、动力类	99.85	100.46	104.49	105.04	107.98
(二)黑色金属材料类	104.25	99.37	113.21	123.63	103.56
其中:钢材	102.03	99.15	113.70	122.86	103.28
其它	106.94	99.65	113.06	126.49	104.62
(三)有色金属材料和电线类	89.70	94.80	103.70	118.06	102.60
(四)化工原料类	101.77	99.02	103.47	116.31	113.92
(五)木材及纳浆类	95.85	96.95	99.55	106.84	101.02
(六)建筑材料及非金属矿类	97.95	102.58	101.92	110.66	135.45
(七)其它工业原材料及半成品类	96.39	97.71	103.21	106.36	103.45
(八)农副产品类	97.34	90.64	103.94	117.50	99.56
(九)纺织原材料	91.09	90.60	114.50	106.27	94.54

5—10 主要年份建筑安装工程价格指数

(上年=100)

指标名称	2001年	2002年	2003年	2004年	2005年
报告期施工产值价格指数	100.00	99.30	107.60	111.70	108.10
人工费	100.40	102.30	111.80	109.40	109.40
材料费	98.60	98.50	107.00	113.60	108.30
机械费用	99.30	99.50	103.10	103.80	103.30

5—11 主要年份固定资产投资价格指数

(上年=100)

指标名称	2001年	2002年	2003年	2004年	2005年
总指数	100.20	98.70	104.40	106.70	107.60
建安工程	100.00	99.30	107.60	111.70	108.10
设备、工器具购置	98.90	97.50	98.60	100.30	104.00
其它费用	100.90	98.60	103.20	103.20	108.90

六 人民生活

PEOPLE'S LIVELIHOOD

6—1 城区不同收入层次居民家庭情况

(2005 年)

指标	总平均	最低收入户	困难户	低收入户	中下收入户	中等收入户	中上收入户	高收入户	最高收入户
调查户数	**100**	**10**	**5**	**10**	**20**	**20**	**20**	**10**	**10**
平均每户家庭人口(人)	2.93	3.30	3.40	3.10	3.05	3.15	2.85	2.70	2.10
平均每户就业人口(人)	1.65	1.20	1.20	1.30	1.65	1.85	1.80	1.50	1.90
每一就业者负担人口(人)	1.78	2.75	2.83	2.38	1.85	1.70	1.58	1.80	1.11
平均每户就业面(%)	56.31	36.36	35.29	41.94	54.10	58.73	63.16	55.56	90.48
期初手存现金	349.42	106.49	91.79	149.78	369.57	391.97	421.13	397.76	582.93
家庭总收入	9861.84	3966.27	3544.13	5654.34	7441.85	10318.53	12164.98	14592.48	18663.11
可支配收入	8710.71	3504.80	3087.39	5084.74	6638.71	8959.43	10873.48	13098.89	16004.17
财产收入	31.52	8.48	15.29	0.00	0.00	48.22	56.14	52.89	61.33
#红利	13.40	7.87	15.29	0.00	0.00	19.65	16.28	49.45	7.81
转移性收入	1123.87	413.82	668.54	128.71	799.95	1464.89	1221.88	3246.36	631.62
#离退休金	873.35	209.09	405.88	0.00	620.27	1160.60	945.65	2841.91	352.57
赠送收入	111.37	107.61	167.06	72.58	61.15	133.49	90.18	233.33	154.76
借贷收入	2326.85	528.56	667.65	758.32	636.98	2744.48	4393.23	2107.14	5797.70
提取储蓄款	2040.50	500.68	655.88	664.77	636.98	2617.12	3166.92	2107.14	5694.94
借入款	259.21	18.18	11.76	93.55	0.00	86.48	1175.44	0.00	0.00
兑售有价证券	0.00	0.00	0.00	0.00	0.00	0.00	0.00	0.00	0.00
实际支出	9847.29	4184.11	4118.55	6113.11	6933.66	9873.55	12990.16	13034.03	20015.69
消费性支出	7457.81	3576.14	3460.85	5157.30	5568.09	7230.11	9421.44	9661.84	14962.15
赡养支出	242.17	33.73	47.82	175.63	170.85	321.62	158.59	397.96	663.33
赠送支出	613.51	131.09	201.53	213.36	373.11	623.57	585.89	1437.84	1645.46
购房与建房支出	331.92	0.00	0.00	0.00	0.00	317.46	1353.70	0.00	4.38
借贷支出	2323.62	341.65	51.24	355.53	1127.02	3089.74	3422.62	3817.27	4617.50
存入储蓄款	1761.41	293.19	23.53	280.69	939.06	2224.47	2476.30	2981.89	3744.37
借出款	49.08	18.18	0.00	0.00	0.00	20.64	26.49	111.11	379.52
购买有价证券	0.00	0.00	0.00	0.00	0.00	0.00	0.00	0.00	0.00
期末手存现金	351.21	103.92	95.29	145.11	371.08	401.41	433.25	385.82	568.57

6—2 城区不同收入层次居民家庭人均消费支出

（2005 年）

指 标	总平均	最低收入户	困难户	低收入户	中下收入户	中等收入户	中上收入户	高收入户	最高收入户
消费性支出	**7457.81**	**3576.14**	**3460.85**	**5157.30**	**5568.09**	**7230.11**	**9421.44**	**9661.84**	**14962.15**
食品	2813.77	1813.10	1646.43	2462.94	2504.51	2353.72	3316.10	3695.94	4684.97
粮食	510.72	399.44	408.13	578.86	527.66	362.23	534.58	626.08	768.25
油脂类	85.97	88.12	84.63	118.05	96.70	64.30	85.03	96.75	57.70
肉禽及制品	692.87	507.52	394.69	683.65	715.04	562.12	842.57	896.71	657.20
蛋类	59.09	66.04	66.63	48.89	64.73	36.75	70.39	87.24	46.98
水产品类	116.45	86.35	66.49	110.81	118.58	94.70	143.17	133.73	136.44
菜类	252.05	214.53	234.40	206.69	263.37	185.29	309.63	333.21	284.68
糕点类	252.33	159.71	137.82	160.86	194.90	238.66	365.62	277.17	401.28
在外用餐	401.27	122.58	128.25	161.31	205.31	371.58	482.07	558.87	1429.78
衣着	1025.88	279.88	256.69	537.90	727.17	999.22	1337.91	1459.15	2462.12
服装	736.09	170.91	154.65	330.55	507.82	734.44	977.41	998.63	1898.30
衣着材料	6.06	1.12	2.18	13.02	7.13	4.43	2.66	5.49	15.35
衣着加工费	8.61	0.42	0.53	1.32	8.05	12.66	16.03	3.24	8.47
设备用品及服务	456.71	121.22	75.15	130.26	247.67	392.32	662.81	897.33	1140.27
耐用消费品	219.99	18.03	0.00	26.62	110.63	153.85	312.93	563.82	644.56
家庭日用杂品	180.31	101.01	71.27	91.93	112.82	192.15	240.05	230.18	369.62
医疗保健	392.58	251.70	332.72	144.10	301.24	361.65	620.41	423.22	681.15
#医药费	359.30	246.06	324.91	136.23	283.53	325.53	561.62	420.28	560.42
交通和通讯	749.69	360.93	393.33	469.78	506.98	702.97	822.77	1177.61	1870.40
交通	331.16	164.44	186.94	205.05	294.30	258.36	318.08	402.32	1048.82
通讯	418.53	196.49	206.39	264.73	212.68	444.61	504.68	775.29	851.58
娱乐文教服务	1160.41	446.78	429.13	964.14	724.06	1737.67	1029.23	894.55	2805.12
耐用消费品	259.94	69.86	69.99	82.83	140.07	338.62	284.87	210.43	928.19
教育	246.76	41.86	34.41	145.27	117.82	184.51	238.84	464.82	1021.04
文化娱乐	653.71	335.05	324.72	736.03	466.17	1214.55	505.52	219.30	855.89
居住	655.62	262.07	270.13	391.66	447.51	479.61	1367.18	760.11	730.54
住房	190.82	26.67	39.41	16.17	21.54	25.97	828.44	126.04	45.43
水电燃料其它	427.38	228.86	222.78	367.32	402.33	367.57	522.65	566.93	642.15
杂项商品服务	203.14	40.46	57.27	56.52	108.95	202.95	265.03	353.93	587.58

6—3 分县市城市居民人均收支

（2005 年）

单位:元

	全 市	宜都市	枝江市	当阳市	远安县	兴山县
一、期初手存现金	381.81	298.84	657.50	426.50	359.48	251.61
二、家庭总收入	9006.18	8925.93	8280.64	8358.84	8186.86	8072.65
其中:可支配收入	8156.45	8485.49	7552.65	7585.69	7607.19	7474.99
(一)工薪收入	7243.54	5802.32	6193.69	6674.79	5885.30	5830.84
#工资及补贴收入	6860.67	5376.38	5691.32	6413.43	5488.32	5450.91
其他劳动收入	382.87	425.95	502.37	261.37	396.98	379.93
(二)经营净收入	328.09	867.44	563.41	288.09	1063.28	1138.84
(三)财产性收入	85.58	269.29	109.71	102.70	195.16	134.58
(四)转移性收入	1348.98	1986.88	1415.84	1293.26	1043.12	968.39
#养老金或离退休金	1038.27	1608.90	984.66	1080.52	558.96	646.80
三、出售财物收入	4.06	10.99	1.28	8.13	3.65	0.00
四、借贷收入	2251.95	2900.78	1414.11	2552.99	2318.51	1429.55
五、家庭总支出	8944.64	8601.51	7765.02	8761.11	6992.91	7891.14
(一)消费支出	6641.88	6058.84	5527.97	6433.36	5557.12	5768.28
其中:服务性消费支出	1643.28	1158.19	1295.33	1365.27	1421.44	1515.39
#:食品	2488.43	2178.35	2204.69	2472.48	2077.60	2172.66
衣着	880.42	714.00	686.53	864.10	753.82	618.85
家庭设备用品及服务	429.78	421.58	318.42	421.47	321.13	303.93
医疗保健	367.02	344.94	263.94	305.64	267.37	411.87
交通和通信	748.21	1067.71	738.69	764.09	734.97	694.10
教育文化娱乐服务	942.33	579.41	636.58	839.43	846.54	849.31
居住	592.66	549.47	571.85	508.40	368.94	504.32
杂项商品和服务	193.03	203.39	107.26	257.75	186.74	213.24
(二)购房与建房支出	239.30	0.00	0.00	36.37	0.00	2.02
#购房	230.40	0.00	0.00	36.37	0.00	2.02
(三)转移性支出	1320.44	2124.82	1625.39	1629.91	968.20	1602.40
(四)财产性支出	1.59	0.02	0.00	0.00	11.38	7.53
(五)社会保障支出	741.42	417.84	611.65	661.46	456.21	510.91
六、期末手存现金	389.96	309.53	663.24	445.22	366.52	258.62

6—3 续表

单位:元

	秭归县	长阳县	五峰县	城　区	夷陵区
一、期初手存现金	315.62	314.53	429.77	349.42	417.77
二、家庭总收入	7783.46	8099.80	6757.82	9861.84	8863.84
其中:可支配收入	7172.50	7581.04	6450.64	8710.71	8235.94
(一)工薪收入	6356.67	6793.29	5940.92	8685.80	5416.45
#工资及补贴收入	5985.82	6303.21	5251.22	8297.56	5245.26
其他劳动收入	370.85	490.08	689.70	388.24	171.19
(二)经营净收入	440.34	449.78	269.91	20.66	308.68
(三)财产性收入	58.13	90.85	76.36	31.52	88.85
(四)转移性收入	928.32	765.87	470.63	1123.87	3049.86
#养老金或离退休金	458.31	556.73	279.91	873.35	2640.10
三、出售财物收入	6.24	1.65	0.00	3.69	2.02
四、借贷收入	1211.25	1458.92	2556.28	2326.85	3226.94
五、家庭总支出	7806.64	8390.76	8159.11	9847.29	8902.10
(一)消费支出	6123.22	6168.52	5678.19	7457.81	6249.11
其中:服务性消费支出	1470.00	1543.19	1428.49	1981.70	1396.83
#:食品	2082.75	2019.43	2148.12	2813.77	2412.39
衣着	892.18	816.56	640.97	1025.88	787.71
家庭设备用品及服务	366.77	415.54	344.65	456.71	608.66
医疗保健	491.85	373.51	374.87	392.58	381.67
交通和通信	703.31	706.09	811.25	749.69	527.66
教育文化娱乐服务	947.41	1107.90	705.52	1160.41	637.92
居住	431.30	541.21	507.28	655.62	730.25
杂项商品和服务	207.65	188.28	145.53	203.14	162.84
(二)购房与建房支出	0.00	164.05	175.32	331.92	864.45
#购房	0.00	164.05	175.32	331.61	765.86
(三)转移性支出	1125.49	1634.29	2018.96	1042.30	1246.73
(四)财产性支出	0.00	0.54	27.13	0.00	1.14
(五)社会保障支出	557.93	423.36	259.50	1015.26	540.67
六、期末手存现金	340.74	325.03	452.39	351.21	433.84

注:城区数据不包含夷陵区

6—4 主要年份城区居民家庭基本情况

年份	人均可支配收入（元）	人均消费性支出		就业者负担人数（人）	人均居住面积（平方米）
		小计（元）	恩格尔系数%		
1981	472.03	431.37	51.95	1.68	5.99
1982	481.27	411.59	56.03	1.72	5.94
1983	518.72	459.27	57.65	1.68	7.28
1984	622.51	524.88	54.94	1.68	5.16
1985	745.95	677.99	49.45	1.74	8.10
1986	903.04	740.74	53.04	1.72	7.70
1987	972.00	811.32	54.26	1.75	8.62
1988	1201.95	1213.80	46.06	1.68	8.87
1989	1219.10	1107.21	56.84	1.75	9.39
1990	1503.46	1321.09	53.48	1.68	10.22
1991	1751.99	1560.03	51.66	1.69	11.04
1992	2050.26	1839.76	48.32	1.57	11.21
1993	2967.45	2552.44	42.77	1.59	11.24
1994	4325.04	3216.27	43.07	1.52	11.88
1995	4435.90	4121.13	44.28	1.59	12.78
1996	4783.53	4455.40	43.10	1.56	12.09
1997	5437.68	4759.08	41.99	1.63	11.81
1998	5129.52	4728.44	40.13	1.66	15.13
1999	5479.38	4889.45	37.91	1.69	12.52
2000	5854.14	4934.21	37.55	1.65	14.49
2001	6294.65	5121.47	37.05	1.61	16.07
2002	6772.56	5763.24	35.85	1.61	20.26
2003	7300.65	6175.33	34.90	1.65	20.30
2004	8075.32	6829.43	37.10	1.70	20.39
2005	8710.71	7457.81	37.73	1.78	22.10

6—5 主要年份城区居民人均现金收入

单位:元

指标	2001年	2002年	2003年	2004年	2005年
期初手存现金	140.45	242.56	252.76	327.78	349.42
家庭总收入	8698.93	7412.52	8044.25	8988.00	9861.84
储蓄借贷收入	2354.85	2234.16	1681.01	1549.70	2326.85
#提取储蓄存款	1598.51	1968.84	1534.33	1471.23	2040.50
借入款	435.22	100.56	121.96	75.01	259.21
兑售有价证券	0.64	0.00	0.00	0.00	0.00
实际支出	6545.92	7945.92	7922.24	8644.01	9847.29
#消费性支出	5121.47	5763.24	6175.33	6829.43	7457.81
储蓄借贷支出	2085.51	1853.64	1822.12	1893.86	2323.62
#存入储蓄款	1436.65	1422.84	1543.01	1538.89	1761.41
借出款	5.14	52.20	24.16	67.45	49.08
购买有价证券	19.41	1.44	1.73	0.50	0.00
期末手存现金	207.95	244.19	251.93	327.85	351.21

6—6　主要年份城区居民消费性支出构成

	2001年	2002年	2003年	2004年	2005年
消费性支出(%)	**100**	**100**	**100**	**100**	**100**
食品	37.05	35.85	34.90	37.00	37.73
#粮食	2.27	7.00	6.42	6.94	6.85
油脂类	0.89	0.86	1.34	1.32	1.15
肉禽及制品	6.63	7.23	7.25	7.10	9.29
蛋类	0.98	0.87	0.86	0.92	0.79
水产品类	1.55	1.65	1.43	1.60	1.56
鲜菜	3.67	1.93	3.86	3.40	3.04
糖类	0.36	0.36	0.29	0.30	0.31
烟草	1.69	1.42	1.30	1.46	2.30
酒及饮料	1.36	0.57	0.84	1.39	1.42
干鲜瓜果	1.94	3.28	2.24	2.35	2.54
糕点	0.64	0.50	0.75	0.73	0.91
奶及奶制品	2.39	2.51	2.47	2.60	2.47
在外用餐	9.81	3.82	3.66	4.75	5.38
衣着	13.99	11.84	12.99	13.34	13.76
#服装	9.76	12.00	16.29	9.73	9.87
衣着材料	0.41	0.23	0.10	0.04	0.08
鞋袜帽及其他	3.66	0.64	3.22	3.57	3.80
设备用品	8.00	6.50	6.70	5.54	6.12
#日用消费品	3.72	3.25	3.23	2.63	2.95
家庭日用杂品	3.59	2.50	2.52	2.20	2.42
医疗保健	6.13	5.19	6.15	6.61	5.26
交通通讯	8.03	9.95	8.54	10.17	10.05
#交通	4.07	4.27	3.47	4.10	4.44
通讯	3.95	4.64	5.08	6.07	5.61
娱乐文教	16.42	16.70	19.18	17.03	15.56
#耐用消费品	3.12	4.63	6.02	3.80	3.49
教育	10.12	8.89	9.54	9.40	8.77
文化娱乐	3.18	3.16	3.61	3.80	3.31
居住	6.61	11.02	8.71	7.04	8.79
#住房	0.90	4.61	2.12	0.65	2.56
水电燃料	5.70	6.00	6.18	4.30	5.73
杂项商品	3.78	2.91	2.82	3.18	2.72

6—7 主要年份城区居民家庭人均全年购买商品数量

商品名称	单位	2001年	2002年	2003年	2004年	2005年
粮食	千克	51.61	87.48	88.03	95.40	95.96
食用植物油	千克	6.24	7.80	10.33	10.25	9.74
鲜菜	千克	113.77	111.24	120.04	114.08	101.51
猪肉	千克	16.51	29.16	25.54	21.97	22.54
牛羊肉	千克	2.34	2.28	2.22	2.91	2.47
家禽	千克	5.41	7.80	7.31	6.16	7.43
鲜蛋	千克	7.43	7.08	6.87	7.32	7.47
鱼	千克	8.24	10.20	9.20	9.18	10.22
食糖	千克	1.07	1.70			
卷烟	盒	22.01	82.08			
白酒	千克	2.03	1.92	2.00	2.52	2.53
啤酒	千克	2.01	1.32	1.63	1.99	1.98
茶叶	千克	0.11	0.12	0.17	0.15	0.17
鲜瓜果	千克	58.99	57.00	50.24	54.11	53.88
糕点	千克	2.25	3.24	3.59	3.64	4.69
鲜奶	千克	14.06	16.20	18.49	20.98	21.76
各种服装	件	7.11	6.96	7.05	7.52	6.68
各种鞋	双	2.91	2.76	2.88	3.15	2.72
水	吨	44.40	60.72	44.56	50.53	55.12
电	度	294.78	368.04	392.92	388.78	448.76
煤炭	千克	50.61	47.28	58.07	43.35	47.43
液化石油气	千克	11.95	9.72	11.35	13.27	10.08
管道煤气	立方米	63.29	67.68	54.31	56.03	54.30

6—8 主要年份每百户城区居民家庭主要耐用消费品拥有量

	单位	2001年	2002年	2003年	2004年	2005年
成套家具	套	85	98	96	95	89
摩托车	辆	4	7	6	5	7
自行车	辆	83	71	67	69	47
家用汽车	辆				1	1
洗衣机	台	99	97	89	100	94
电风扇	台	191	177	188	197	166
电冰箱	台	92	95	85	93	94
冰柜	台	3	1	4	5	12
彩色电视机	台	118	117	123	133	129
影碟机	台	60	68	78	87	90
录放像机	台	21	20	17	39	7
家用电脑	台	21	25	37	50	41
组合音响	套	39	43	39	36	46
录音机	台	36	38	40	39	25
摄像机	台	4	1	4	4	3
照相机	架	45	47	51	53	44
钢琴	架	3	3	4	1	3
其他中高档乐器	件	9	8	5	2	4
微波炉	台	28	33	41	50	50
空调器	台	61	57	65	81	96
取暖器	台		79	72	75	78
电炊具	个	99	70	63	88	90
淋浴热水器	台	67	67	72	78	84
抽排油烟机	台	26	40	52	57	72
消毒碗柜	台		8	14	9	9
洗碗机	台		1		0	0
吸尘器	台	3	6	12	11	12
健身器材	件	3		4	4	4
移动电话	部		87	103	147	158

6—9 城区居民居住情况

（2005 年）

指　　标	调查户数（户）	家庭常住人口(人)	指　　标	调查户数（户）	家庭常住人口(人)
总　计	**100**	**293**	公用自来水	4	12
按居住面积分	100	293	按卫生设备拥有情况分	100	293
无房户			无卫生设备		
8 平方米以下	4	15	有厕所浴室	58	170
8—12 平方米	4	14	有厕所无浴室	35	103
12—16 平方米	6	19	公用卫生设备	7	20
16—20 平方米	22	67	按取暖设备拥有情况分	100	293
20—24 平方米	15	46	无取暖设备	65	191
24—28 平方米	12	33	空调设备	35	102
28—30 平方米	6	18	其它		
30—35 平方米	4	9	按燃料使用情况分	100	293
35—40 平方米	7	19	管道煤气	45	136
40 平方米以上	20	53	液化石油气	51	144
按房屋产权分	100	293	煤	4	13
租赁公房	12	37	其他		
租赁私房	2	7	按住宅建筑式样分	100	293
原有私房	4	12	单栋住宅	1	3
房改私房	61	173	四居室	5	17
商品房	19	58	三居室	21	63
其它	2	6	二居室	58	170
按自来水使用情况分	100	293	一居室	5	12
无自来水			普通楼房	6	17
独用自来水	96	281	平房及其它	4	11

6—10 农村居民家庭基本情况

指　　标	单位	2001年	2002年	2003年	2004年	2005年
户数、人口、劳动力						
调查户数	户	910	910	910	910	920
调查户常住人口	人	3262	3263	3261	3248	3231
调查户劳动力	人	2223	2179	2327	2336	2347
#户均劳动力	人	2.44	2.39	2.55	2.57	2.55
户均常住人口中:						
乡村企业人数	人	0.03	0.06	0.03	0.03	
在外从事其他人数	人	0.11	2.39	0.28		0.36
耕地、山地面积						
期初实际经营土地面积	亩	1.42	1.44	1.43	2.59	14.27
有效灌溉面积	亩	0.10	0.08	0.09		2.1
人均经营山地面积	亩	2.06	1.76	1.98	3.72	
平均每户年末生产性固定资产原值	元	**2920.68**	**3660.57**	**4168.97**	**3685.38**	**4519.2**
#役畜、产品畜	元	648.05	632.16	686.59	502.38	698.42
大中型铁木农具	元	172.16	181.35	192.87	174.38	261.14
农林牧渔业机械	元	240.50	301.03	325.98	317.15	447.47
工业机械	元	164.10	177.30	184.73		
运输机械	元	305.50	291.32	234.18		
房　　屋						
年内人均新建房面积	平方米	0.70	0.90	1.41	0.51	2.09
每平方米新建房屋价值	元	134.89	202.41	203.06	115.76	269.1
人均年末使用房屋面积	平方米	39.68	38.69	40.97	41.80	67.23
#钢筋混凝土面积	平方米	12.50	13.56	13.71	14.94	58.37

6—11　分县市农村居民家庭基本情况

（2005 年）

指　　标	单位	全　市	夷陵区	秭归县	当阳市	枝江市
户数、人口、劳动力						
调查户数	户	920.00	100.00	100.00	110.00	110.00
调查户常住人口	人	3231.00	357.00	373.00	363.00	380.00
调查户劳动力	人	2347.00	256.00	278.00	284.00	274.00
#户均劳动力	人	2.55	2.56	2.78	2.58	2.49
户均常住人口中：						
在外从事其他人数	人	328.00	38.00	64.00	34.00	40.00
耕地、山地面积						
期初实际经营土地面积	市亩	14.27	9.60	8.91	26.65	7.22
有效灌溉面积	市亩	2.10	1.78	0.99	5.30	4.41
平均每户年末生产性固定资产原值	**元**	**4519.20**	**4897.50**	**4065.80**	**6693.45**	**8880.18**
#役畜、产品畜	元	698.42	498.00	413.00	1405.27	1464.09
大中型铁木农具	元	261.14	151.50	70.90	267.73	590.90
农林牧渔业机械	元	442.47	118.00	111.50	1825.45	706.55
房　　屋						
年内人均新建房面积	平方米	2.09	7.44			6.74
每平方米新建房屋价值	元	269.10	282.26			255.81
人均年末使用房屋面积	平方米	67.23	83.06	43.82	60.62	103.67
#钢筋混凝土面积	平方米	58.37	83.06	43.82	60.62	103.67

6—11 续表

指　　标	单位	宜都县	远安县	兴山县	长阳县	五峰县
户数、人口、劳动力						
调查户数	户	100.00	100.00	100.00	100.00	100.00
调查户常住人口	人	358.00	329.00	382.00	338.00	351.00
调查户劳动力	人	241.00	248.00	250.00	255.00	261.00
#户均劳动力	人	2.41	2.48	2.50	2.55	2.61
户均常住人口中：						
在外从事其他人数	人	18.00	29.00	18.00	46.00	41.00
耕地、山地面积						
期初实际经营土地面积	市亩	5.01	12.30	13.68	6.20	38.30
有效灌溉面积	市亩	2.31	3.19	0.34		0.02
平均每户年末生产性固定资产原值	**元**	**2759.20**	**4214.50**	**3036.30**	**2697.00**	**2775.30**
#役畜、产品畜	元	244.00	314.00	553.50	789.00	457.70
大中型铁木农具	元	169.50	442.50	447.50	203.00	172.10
农林牧渔业机械	元	186.00	304.00	58.00	208.00	300.50
房　　屋						
年内人均新建房面积	平方米		1.50		6.01	
每平方米新建房屋价值	元		386.67		232.95	
人均年末使用房屋面积	平方米	131.36	70.85	15.10	58.45	35.16
#钢筋混凝土面积	平方米	131.36	70.85	15.10	58.45	35.16

6—12　农村居民家庭人均现金收支情况

单位:元

指　　标	2001年	2002年	2003年	2004年	2005年
期内现金收入合计	**2034.94**	**2071.23**	**2364.61**	**2710.60**	**3164.77**
基本收入	1866.06	1867.21	2202.38	2544.24	3025.58
工资性收入	548.01	599.94	654.67	718.29	854.25
在非企业组织中劳动得到收入	127.53	317.14	117.41	100.85	117.77
在企业劳动得到的	136	64.84	438.67	161.64	119.58
在其他单位劳动中得到	139.59	82.55	98.59	121.96	221.17
家庭经营现金收入	1318.05	1267.27	1547.71	1825.95	2171.33
#出售农产品	684.41	614.55	858.94	986.07	1116.49
出售林业产品	51.94	54.63	15.74	22.75	41.45
出售牧业产品	314.87	335.32	467.32	586.43	670.6
出售渔业产品	17.59	13.49	17.85	24.90	41.31
建筑业收入	23.1	12.36	12.62	2.69	25.16
运输业收入	37.39	40.8	38.29	32.32	55.79
商业收入	46.33	63.53	54.21	84.96	99.5
其他经营现金收入	43.37	43.1	31.26	33.25	29.36
转移性现金收入	151.5	178.86	130.05	144.69	129.84
#在外人口寄回和带回	18.15	31.77	23.67	20.05	26.38
财产性现金收入	17.37	25.15	32.18	21.67	18.34
#利息收入	3.44	2.06	1.42	0.58	3.03
期内现金支出合计	**1990.27**	**2071.03**	**2178.17**	**2497.63**	**3040.14**
生产费用支出现金	464.01	475.76	560.98	671.84	940.04
#家庭经营费用支出	411.8	451.12	518.84	633.02	887.98
购置生产性固定资产支出	52.21	24.64	41.21	38.32	50.31
税费支出	86.66	69.11	54.05	32.00	36.79
生活消费支出现金	1179.01	1269.39	1362.19	1565.79	1865.50
期末手存现金	**699.73**	**775.53**	**424.71**	**505.07**	
期末存款余额	**782.11**	**672.95**	**697.41**	**941.13**	

6—13　分县市农村居民家庭人均现金收支情况

（2005 年）

单位:元

指　　标	全　市	夷陵区	秭归县	当阳市	枝江市
期内现金收入合计	**3164.77**	**3861.26**	**1857.99**	**5007.36**	**5344.95**
工资性收入	845.25	1115.12	595.69	668.96	769.75
在非企业组织中劳动得到收入	117.77	83.32	132.74	130.17	174.73
在企业劳动得到的	119.58	275.08	18.24	52.15	163.34
在其他单位劳动中得到	62.98	10.85	5.18	46.50	
家庭经营现金收入	2171.33	2538.21	1118.09	4223.42	4492.22
#出售农产品	1116.49	1227.95	568.67	2620.55	2396.33
出售林业产品	41.45	32.30	16.16	129.22	31.03
出售牧业产品	670.60	870.90	272.31	684.95	1583.67
出售渔业产品	41.31	11.65	0.88	263.21	74.70
建筑业收入	25.16	70.50	16.81	33.57	1.79
运输业收入	55.79	35.33	42.22	30.55	99.32
商业收入	99.50	39.01	123.32	313.29	213.36
其他经营现金收入	35.31	96.97	9.27	72.55	36.98
转移性现金收入	129.84	173.97	113.36	100.60	61.51
#在外人口寄回和带回	18.02	29.17	63.29	5.51	31.95
财产性现金收入	18.34	33.96	27.91	14.38	21.47
#利息收入	3.03	3.54		1.65	16.40
期内现金支出合计	**3040.14**	**2997.35**	**2545.70**	**4060.24**	**4824.57**
生产费用支出现金	940.04	932.94	605.99	1997.82	1809.35
#家庭经营费用支出	887.98	882.37	580.60	1790.26	1754.21
购置生产性固定资产支出	50.31	49.58	22.29	206.04	53.35
税费支出	3.68	5.75	3.75	3.07	5.68
生活消费支出现金	1865.50	1871.97	1867.59	1959.77	2669.33

6—13 续表 单位:元

指标	宜都县	远安县	兴山县	长阳县	五峰县
期内现金收入合计	**3096.90**	**2900.53**	**2357.73**	**2046.85**	**1850.87**
工资性收入	1682.31	989.07	732.86	639.90	431.55
在非企业组织中劳动得到收入	168.24	148.54	72.16	102.50	46.47
在企业劳动得到的	359.24	161.74	34.19		15.63
在其他单位劳动中得到	359.24	115.30	341.88		3.38
家庭经营现金收入	1313.21	1798.13	1529.20	1069.74	1267.26
#出售农产品	580.17	691.05	706.54	348.50	775.73
出售林业产品	7.12	14.71	16.05	13.37	112.88
出售牧业产品	635.69	685.10	457.49	498.06	306.92
出售渔业产品	2.39	3.22		9.26	
建筑业收入		18.70	38.99	45.17	1.88
运输业收入	46.25	25.00	150.64	56.80	4.40
商业收入	3.45	95.34	59.11	13.49	19.97
其他经营现金收入		55.03	2.06	16.28	11.82
转移性现金收入	101.32	81.84	79.18	317.57	144.28
#在外人口寄回和带回	2.79	9.57	9.29	66.17	19.94
财产性现金收入	0.06	23.29	16.48	19.64	7.78
#利息收入		0.15	2.92	0.84	0.66
期内现金支出合计	**3116.61**	**2688.63**	**2429.12**	**2073.52**	**2469.57**
生产费用支出现金	646.15	694.95	574.07	608.33	514.39
#家庭经营费用支出	625.03	658.96	563.56	575.45	486.33
购置生产性固定资产支出	21.09	35.99	6.32	29.05	28.06
税费支出	3.09	6.23	0.79	1.74	3.19
生活消费支出现金	1899.73	1853.98	1655.33	1252.19	1684.20

6—14　农村居民家庭平均每人主要消费品和消费量

指　　标	单位	2001年	2002年	2003年	2004年	2005年
粮食	千克	278.06	233.08	190.64	197.64	211.49
#稻谷	千克	156.01	133.50	128.36	143.36	140.60
小麦	千克	18.27	11.75	10.04	8.08	9.39
蔬菜	千克	152.62	150.11	188.37	134.73	155.46
食用油	千克	10.78	9.94	10.20	3.23	
#植物油	千克	7.3	6.46	10.13	3.13	2.92
动物油	千克	3.48	3.48	0.03	0.10	0.08
肉类	千克	31.44	26.18	32.79	33.13	36.13
#猪肉	千克	28.41	23.76	32.01	30.16	32.87
牛肉类	千克	0.16	0.10	0.39	0.15	0.18
家禽	千克	2.42	1.72	2.78	2.34	2.51
蛋类	千克	3.27	3.25	3.56	3.51	2.95
鱼虾	千克	3.15	2.87	3.30	3.05	2.95
食糖	千克	0.93	1.18	0.84	0.80	0.73
卷烟	盒	40.85	37.12	35.63	36.44	28.26
酒	千克	14.63	20.37	8.91	9.52	11.22
茶叶	千克	0.55	2.33	0.78	2.89	0.83
糖果糕点	千克	0.73	0.83	0.95	0.80	
水果	千克	34.98	20.01	25.21	4.37	27.54
棉布	米	0.04	0.03			
化纤布	米	0.09	0.05			
呢绒	米	0.02				
绸缎	米	0.01				
毛线及毛线织品	千克	0.1				
棉布服装	件	0.13	0.17			
化纤服装	件	0.87	0.90			
呢绒服装	件	0.02				
呢龙衫裤	件	0.04				
棉毛衫裤	件	0.08				
卫生衫裤	件	0.18				
皮鞋	双	0.23				
胶球鞋	双	0.42				
床褥单	条	0.09				
肥皂	块	0.7				
洗衣粉	千克	2.8				
煤炭	千克	23.64				

6—15 分县市农村家庭购置建材、生产资料和耐用品拥有量

（2005年）

指　　标	单位	全　市	夷陵区	秭归县	当阳市	枝江市
平均每百户购置						
水泥	公斤	4551.74	5250.00	1325.00	9136.36	6000.00
木材	立方米	0.08			0.08	
钢材	公斤	42.12	217.00			36.82
水泥预制件	件	0.65			4.55	
玻璃	平方米					
砖瓦	块	5619.78	500.00	690.00	19560.90	26048.45
大中型拖拉机	台	619.78		14.00	3600.00	
小型和手扶拖拉机	台	1.30			11.00	
水泵	台	4.35	5.00	2.00	19.00	6.00
役畜	头	1.95			2.73	0.91
平均每百户购置						
化肥	公斤	77265.00	70334.00	55859.00	215075.45	93934.55
饼肥	公斤	215.54			45.45	1533.64
农药	公斤	17341.30	19507.90	17258.00	18901.82	45398.18
农用薄膜	公斤	195.33	70.06	180.00	112.73	467.65
每百户耐用品拥有量						
自行车	辆	39.89	13.00	7.00	23.14	90.09
电冰箱	台	84.00	8.00	15.00	7.27	23.64
空调机	台	2.60	4.00	1.00	3.31	2.48
移动电话	部	50.00	60.00	41.00	79.34	57.85
电风扇	台	137.17	117.00	100.00	176.86	214.87
洗衣机	台	29.78	33.00	27.00	4.95	40.50
摩托车	台	50.76	45.00	13.00	79.34	70.25
组合音响	台	25.43	27.00	25.00	37.18	28.09
黑白电视机	台	35.33	9.00	17.00	4.95	15.61
彩色电视机	台	75.33	79.00	85.00	80.99	80.99
收录机	台	9.40	3.00	3.00	1.64	4.55
照相机	架	3.37	4.00	3.00		0.82

指标	单位	宜都县	远安县	兴山县	长阳县	五峰县
平均每百户购置						
水泥	公斤	2000.00		1500.00	15151.00	
木材	立方米					
钢材	公斤	10.00			120.00	
水泥预制件	件		1.00			
玻璃	平方米					
砖瓦	块		100.00	245.00		
大中型拖拉机	台	1288.00		390.00	50.00	
小型和手扶拖拉机	台		1.00			
水泵	台	5.00	1.00		2.00	
役畜	头	1.00	1.00		1.00	3.00
平均每百户购置						
化肥	公斤	58457.00	44005.00	25801.00	50225.00	66245.00
饼肥	公斤					201.00
农药	公斤	25216.00	7023.00	9610.00	5192.00	4999.00
农用薄膜	公斤	24.10	30.70	193.30	202.30	458.85
每百户耐用品拥有量						
自行车	辆	71.00	65.00	33.00	23.00	18.00
电冰箱	台	7.00	7.00	10.00	3.00	26.00
空调机	台	6.00			6.00	
移动电话	部	58.00	42.00	26.00	34.00	33.00
电风扇	台	243.00	158.00	84.00	60.00	26.00
洗衣机	台	22.00	16.00	64.00	16.00	41.00
摩托车	台	74.00	68.00	9.00	37.00	40.00
组合音响	台	39.00	10.00	24.00	22.00	8.00
黑白电视机	台	40.00	53.00	57.00	75.00	49.00
彩色电视机	台	83.00	80.00	58.00	57.00	55.00
收录机	台	11.00	10.00	13.00	21.00	18.00
照相机	架	3.00	6.00	1.00	11.00	2.00

6—16 农村每百户居民家庭主要耐用品消费品拥有量

指标	单位	2001年	2002年	2003年	2004年	2005年
自行车	辆	53.62	52.53	46.43	43.63	39.89
电风扇	台	121.43	125.60	128.57	135.60	137.17
洗衣机	台	24.62	26.26	28.57	31.43	29.78
摩托车	辆	31.76	33.85	42.86	46.92	50.76
收录机	台	17.8	14.18	14.29	10.88	9.4
黑白电视机	台	66.59	59.12	50.00	49.45	35.33
彩色电视机	台	38.46	46.92	60.71	67.69	75.33
照相机	架	2.3	2.42	3.57	4.18	3.37
大型家具	件	248.6	202.09	146.43	180.11	255

6—17 主要年份分县市农民人均纯收入

单位:元

年份	2001年	2002年	2003年	2004年	2005年
全市	**2413**	**2475**	**2588**	**2938**	**3108**
夷陵区	2797	2827	2983	3383	3703
宜都市	2506	2537	2735	3163	3491
枝江市	2959	2975	3150	3653	3970
当阳市	2980	2980	3132	3551	3815
远安县	2408	2436	2587	3013	3318
兴山县	1916	1928	3038	2340	2560
秭归县	1669	1705	1795	1950	1999
长阳县	1810	1809	1879	2045	2095
五峰县	1464	1467	1575	1698	1798

6—18 分乡镇农民纯收入

单位:元

乡 镇 名 称	2005年	2004年	增减额
宜昌市夷陵区小溪塔街办	3946	3620	326
宜昌市夷陵区樟村坪镇	3843	3562	281
宜昌市夷陵区雾渡河镇	2930	2672	258
宜昌市夷陵区分乡镇	3417	2880	537
宜昌市夷陵区太平溪镇	3563	3255	308
宜昌市夷陵区三斗坪镇	3350	3122	228
宜昌市夷陵区乐天溪镇	3510	3290	220
宜昌市夷陵区龙泉镇	4468	4146	322
宜昌市夷陵区鸦鹊岭镇	4439	4118	321
宜昌市夷陵区下堡坪乡	3355	3064	291
宜昌市夷陵区邓村乡	3316	2966	350
宜昌市夷陵区黄花乡	3264	2992	272
宜昌市宜都市红花套镇	3866	3498	368
宜昌市宜都市高坝洲镇	3718	3368	350
宜昌市宜都市姚家店乡	3601	3268	333
宜昌市宜都市五眼泉乡	3465	3146	319
宜昌市宜都市聂家河镇	3088	2798	290
宜昌市宜都市潘家湾乡	2875	2607	268
宜昌市宜都市王家畈乡	2860	2591	269
宜昌市宜都市松木坪镇	3415	3096	319
宜昌市宜都市枝城镇	3548	3218	330
宜昌市宜都市陆城镇	4005	3610	395
宜昌市枝江市安福寺镇	3917	3582	335
宜昌市枝江市顾家店镇	3280	3044	236
宜昌市枝江市董市镇	4007	3666	341
宜昌市枝江市仙女镇	4042	3786	256
宜昌市枝江市问安镇	4066	3800	266
宜昌市枝江市七星台镇	3825	3578	247
宜昌市枝江市百里洲镇	3570	3306	264
宜昌市枝江市马家店街道办事处	4653	4308	345
宜昌市枝江市白洋镇	3840	3597	243
宜昌市当阳市玉阳办事处	4003	3763	240
宜昌市当阳市坝陵办事处	3680	3468	212
宜昌市当阳市玉泉办事处	3672	3404	268
宜昌市当阳市两河镇	3546	3229	317
宜昌市当阳市河溶镇	3712	3500	212
宜昌市当阳市育溪镇	3539	3271	268
宜昌市当阳市庙前镇	3663	3389	274
宜昌市当阳市王店镇	3761	3500	261
宜昌市当阳市半月镇	3697	3455	242
宜昌市远安县鸣凤镇	3715	3405	310
宜昌市远安县花林寺镇	2858	2538	320
宜昌市远安县旧县镇	3205	2899	306

6—18　续表　　单位:元

乡　镇　名　称	2005年	2004年	增减额
宜昌市远安县洋坪镇	3270	2988	282
宜昌市远安县河口乡	3053	2673	380
宜昌市远安县茅坪场镇	3476	3163	313
宜昌市远安县荷花镇	3742	2450	1292
宜昌市兴山县高阳镇	2795	2645	150
宜昌市兴山县峡口镇	2627	2427	200
宜昌市兴山县高桥乡	1965	1813	152
宜昌市兴山县南阳镇	2795	2286	509
宜昌市兴山县古夫镇	2850	2589	261
宜昌市兴山县榛子乡	2829	2569	260
宜昌市兴山县黄粮镇	2655	2443	212
宜昌市兴山县水月寺镇	2991	2788	203
宜昌市秭归县茅坪镇	2586	2420	166
宜昌市秭归县屈原镇	2092	1961	131
宜昌市秭归县归洲镇	2522	2298	224
宜昌市秭归县水田坝乡	2153	1952	201
宜昌市秭归县泻滩乡	1929	1792	137
宜昌市秭归县沙溪镇	2361	2160	201
宜昌市秭归县两河口镇	2161	1950	211
宜昌市秭归县梅家河乡	2087	1868	219
宜昌市秭归县磨坪乡	2091	1888	203
宜昌市秭归县郭家坝镇	2306	2183	123
宜昌市秭归县周坪乡	2180	1960	220
宜昌市秭归县杨林桥镇	2282	2162	120
宜昌市长阳土家族自治县龙舟坪镇	2710	2570	140
宜昌市长阳土家族自治县高家堰镇	2075	1995	80
宜昌市长阳土家族自治县磨市镇	2079	1966	113
宜昌市长阳土家族自治县大堰乡	1992	1990	2
宜昌市长阳土家族自治县都镇湾镇	1656	1626	30
宜昌市长阳土家族自治县鸭子口乡	1648	1508	140
宜昌市长阳土家族自治县资丘镇	1785	1700	85
宜昌市长阳土家族自治县火烧坪乡	3235	3065	170
宜昌市长阳土家族自治县渔峡口镇	1830	1710	120
宜昌市长阳土家族自治县榔坪镇	1950	1750	200
宜昌市长阳土家族自治县贺家坪镇	2118	2048	70
宜昌市五峰土家族自治县五峰镇	1846	1731	115
宜昌市五峰土家族自治县长乐坪镇	1841	1700	141
宜昌市五峰土家族自治县渔洋关镇	2112	1990	122
宜昌市五峰土家族自治县仁和坪镇	1802	1691	111
宜昌市五峰土家族自治县付家堰乡	1848	1697	151
宜昌市五峰土家族自治县牛庄乡	1895	1818	77
宜昌市五峰土家族自治县采花乡	1849	1748	101
宜昌市五峰土家族自治县湾潭镇	1842	1743	99

七 农业

AGRICULTURE

7—1 主要年份农林牧渔业总产值

单位:万元

指　　标	20001年	2002年	2003年	2004年	2005年
农林牧渔业总产值(可比价)					1346182
农业总产值					754674
粮食作物					243067
经济作物					133038
蔬菜瓜类					227470
茶、桑、果					146608
其他农作物					4491
采集野生植物					
林业产值					20970
竹木采伐					12239
牧业产值					484552
牲猪产值					399875
家禽产值					36231
活的畜禽产品产值					25507
捕猎野兽、野禽产值					50
渔业产值					79203
农林牧渔业总产值(现价)	**989116**	**946036**	**1056102**	**1281373**	**1385982**
农业总产值	595483	552982	622106	732590	778611
粮食作物	199447	1691164	166273	244924	241503
经济作物	98510	93177	109919	130055	133608
蔬菜瓜类	178970	188534	214771	231822	240297
茶、桑、果	112377	94403	125812	121575	158712
其他农作物	6170	7161	5331	4214	4491
采集野生植物	9	543			
林业产值	21905	21921	22644	19752	22755
竹木采伐	10213	10008	11245	11061	13205
牧业产值	314306	312801	341183	449732	496107
牲猪产值	251304	239814	262731	367368	406092
家禽产值	28233	32074	33876	34783	38110
活的畜禽产品产值	21451	24539	26151	25688	27695
捕猎野兽、野禽产值	144	108	69	37	52
渔业产值	57422	58332	62752	72704	81643

7—2 分县(市)农林牧渔业总产值

(2005 年)

单位:万元

指　　标	全　市	宜都市	枝江市	当阳市	远安县	兴山县
农林牧渔业总产值(可比价)	**1346182**	**127513**	**231358**	**281789**	**72528**	**69541**
农业总产值	754674	58741	121885	158241	42509	34826
粮食作物	243067	22575	46979	55656	14130	11396
经济作物	133038	5466	34648	35028	15264	8308
蔬菜瓜类	227470	11642	17085	52127	9992	9847
茶、桑、果	146608	18981	22761	15178	2995	5128
其他农作物	4491	77	412	252	128	147
采集野生植物						
林业产值	20970	914	774	1906	3841	1653
竹木采伐	12239	408	169	999	3149	708
牧业产值	484552	61205	79418	89659	24270	32673
牲猪产值	399875	49656	64812	64349	19011	30011
家禽产值	36231	4527	9623	11966	553	466
活的畜禽产品产值	25507	2203	4122	10319	821	529
捕猎野兽、野禽产值	50	2		7	27	
渔业产值	79203	6020	27853	31548	1528	209
农林牧渔业总产值(现价)	**1385982**	**133246**	**242295**	**284369**	**74588**	**69810**
农业总产值	778611	61672	126736	160549	42565	37896
粮食作物	241503	22929	44639	52671	13708	13072
经济作物	133608	5006	37387	35616	15008	8427
蔬菜瓜类	240297	12385	18177	55455	10592	10408
茶、桑、果	158712	21275	26121	16555	3129	5842
其他农作物	4491	77	412	252	128	147
采集野生植物						
林业产值	22755	1060	879	1865	4558	1896
竹木采伐	13205	428	179	1065	3740	865
牧业产值	496107	64572	83719	89613	25452	29629
牲猪产值	406092	51920	67767	63705	19962	26706
家禽产值	38110	4961	10495	11624	608	511
活的畜禽产品产值	27695	2418	4524	11309	903	580
捕猎野兽、野禽产值	52	2		7	27	
渔业产值	81643	5309	29533	31907	1633	209

7—2 续表

单位:万元

指标	秭归县	长阳县	五峰县	市区	夷陵区
农林牧渔业总产值(可比价)	85900	118832	76089	282632	203432
农业总产值	56655	68252	48275	165290	114007
粮食作物	18739	21901	15896	35795	31131
经济作物	8354	7001	8365	10604	7937
蔬菜瓜类	15682	33882	11647	65566	39453
茶、桑、果	13867	5431	9309	52958	35183
其他农作物	13	37	3058	367	303
采集野生植物					
林业产值	1736	2393	5039	2714	2352
竹木采伐	564	1310	3625	1307	1193
牧业产值	26638	40808	22559	107322	82078
牲猪产值	34456	35957	20416	91207	71460
家禽产值	473	858	258	7507	3721
活的畜禽产品产值	836	822	469	5386	4421
捕猎野兽、野禽产值		9		5	5
渔业产值	394	4720	71	6860	4679
农林牧渔业总产值(现价)	86916	124957	74358	295443	215552
农业总产值	56324	71760	46796	174313	121421
粮食作物	18241	23045	15929	37269	32295
经济作物	7402	6747	7873	10142	7590
蔬菜瓜类	17519	36047	10020	69694	41975
茶、桑、果	13149	5884	9916	56841	39258
其他农作物	13	37	3058	367	303
采集野生植物					
林业产值	1780	2697	5016	3004	2570
竹木采伐	573	1445	3483	1427	1252
牧业产值	27899	42791	22310	110122	86063
牲猪产值	25582	37596	20008	92846	74719
家禽产值	473	940	284	8214	4069
活的畜禽产品产值	917	902	514	5628	4616
捕猎野兽、野禽产值		9		5	5
渔业产值	417	4994	83	7558	5182

7—3 主要年份农林牧渔业增加值(现价)

单位:万元

指标	20001 年	2002 年	2003 年	2004 年	2005 年
农林牧渔业总产值	**989116**	**946036**	**1056102**	**1281373**	**1385982**
中间消耗	357626	349027	396146	490098	536187
中间物质消耗	288803	282943	316433	397755	437022
劳务支出	68823	66084	79713	92343	99166
农林牧渔业增加值	**631490**	**597009**	**659956**	**791275**	**849795**
农业					
总产值	595483	552982	622106	732590	778611
中间消耗	199471	193147	217901	253632	277596
物资消耗	158573	153929	168012	197613	222726
劳务支出	40898	39218	49889	56019	54870
增加值	396012	359835	404205	478958	501015
林业					
总产值	21905	21921	22644	19752	22755
中间消耗	8373	8198	8973	8481	10116
物资消耗	6627	6190	6682	6349	7568
劳务支出	1746	2008	2291	2132	2548
增加值	13532	13723	13671	11271	12639
牧业					
总产值	314306	312801	341183	449732	496107
中间消耗	126397	124824	139344	189383	203372
物资消耗	106961	106042	117993	165319	173935
劳务支出	19436	18782	21351	24064	29437
增加值	187909	187977	201839	260349	292735
渔业					
总产值	57422	58332	62752	72704	81643
中间消耗	23385	22858	26581	36030	41991
物资消耗	16642	16782	20939	28474	32793
劳务支出	6743	6076	5642	7556	9201
增加值	34037	35474	36171	36674	39649
农林牧渔服务业					
总产值			7417	6595	6866
中间消耗			3347	2572	3109
增加值			4070	4023	3757

7—4 分县(市)农林牧渔业增加值

(2005年)

单位:万元

指标	全市	宜都市	枝江市	当阳市	远安县	兴山县
农林牧渔业总产值	**1385982**	**133246**	**242295**	**284369**	**74588**	**69810**
中间消耗	536187	52356	94975	106417	26488	26629
中间物质消耗	437022	54291	88503	71057	25554	26383
劳务支出	99165	7056	6472	35360	934	246
农林牧渔业增加值	**849795**	**80890**	**147320**	**177952**	**48100**	**43181**
农业						
总产值	778611	61672	126736	160549	42565	37896
中间消耗	277596	24524	41770	60791	13653	13228
物资消耗	222726	21724	41670	35799	13613	13178
劳务支出	54870	2800	100	24992	40	50
增加值	501015	37148	84966	99758	28912	24668
林业						
总产值	22755	1060	879	1865	4558	1896
中间消耗	10116	463	309	968	1873	1133
物资消耗	7568	393	298	616	1803	1116
劳务支出	2548	70	11	352	70	17
增加值	12639	597	570	897	2685	763
牧业						
总产值	496107	64572	83719	89613	25452	29629
中间消耗	203372	25232	34860	29990	10070	12020
物资消耗	173935	21942	30134	24710	9386	11970
劳务支出	29437	3290	4726	5280	684	50
增加值	292735	39340	48859	59623	15382	17609
渔业						
总产值	81643	5309	29533	31907	1633	209
中间消耗	41994	2072	17323	14508	762	123
物资消耗	32793	1232	16410	9932	752	119
劳务支出	9201	840	922	4576	10	4
增加值	39649	3237	12210	17399	871	86
农林牧渔服务业						
总产值	6866	633	1428	435	380	180
中间消耗	3109	65	713	160	130	125
增加值	3757	568	715	275	250	55

7—4 续表

单位:万元

指　　标	秭归县	长阳县	五峰县	市　区	夷陵区
农林牧渔业总产值	**86916**	**124957**	**74358**	**510995**	**215552**
中间消耗	33925	52543	28617	114237	83299
中间物质消耗	32923	41336	24625	81350	55116
劳务支出	1002	11207	3992	32887	28183
农林牧渔业增加值	**52991**	**72414**	**45741**	**181206**	**132253**
农业					
总产值	56234	71760	46796	174313	121421
中间消耗	22275	25181	16639	59535	43196
物资消耗	21925	17787	15066	41964	28989
劳务支出	350	7394	1573	17571	14207
增加值	34049	46579	30157	114778	78225
林业					
总产值	1780	2697	5016	3004	2570
中间消耗	678	844	2164	1684	1551
物资消耗	600	644	1378	720	601
劳务支出	78	200	786	964	950
增加值	1102	1853	3852	1320	1019
牧业					
总产值	27899	42791	22310	110122	86063
中间消耗	10592	23251	9666	47691	34778
物资消耗	10263	21216	8156	36158	24278
劳务支出	329	2035	1510	11533	10500
增加值	17307	19540	12644	62431	51285
渔业					
总产值	417	4994	83	7558	5182
中间消耗	159	1882	43	5122	3634
物资消耗	135	1689	25	2508	1248
劳务支出	24	193	18	2614	2386
增加值	258	3112	40	2426	1548
农林牧渔服务业					
总产值	496	2715	153	446	316
中间消耗	221	1385	105	205	140
增加值	275	1330	48	241	176

7—5 现价非农行业产值

单位:万元

指　　标	2001 年	2002 年	2003 年	2004 年	2005 年
农村非农行业产值合计	**4691400**	**4680902**	**5036440**	**5187010**	**6181948**
农村工业总产值	**2462619**	**2554462**	**2763561**	**2933049**	**3828076**
集体办工业产值	916092	833378	745529	614483	636182
私营工业产值	1546527	1721084	2018032	2318566	3191894
农村建筑业总产值	**574291**	**543252**	**564775**	**570331**	**521544**
建筑安装工程产值	558820	518253	536040	544714	480518
兴建房屋产值	437141	394565	394955	403991	357442
农田水利工程产值	74712	77462	92797	94764	71294
其他建筑安装工程产值	46967	46226	48288	45959	51782
其他其本建设产值	15471	24999	28735	25617	41026
#开垦荒地产值	3572	3266	1719	2895	5236
农村运输业总产值	**494589**	**466707**	**503373**	**510695**	**520060**
集体运输企业货运产值	53337	41694	43234	38802	6965
私营运输企业货运产值	441252	425013	460139	471893	513095
农村批发、零售贸易业	**1159901**	**1116481**	**1204731**	**1172935**	**1312268**
批发、零售贸易业	719197	685550	840327	847588	887646
餐饮业产值	440704	430931	364404	325347	424622

7—6 分县(市)现价非农行业产值

(2005 年)　　单位:万元

指　　标	全　市	宜都市	枝江市	当阳市	远安县	兴山县
农村非农行业产值合计	**6181948**	**1029400**	**1239440**	**1317758**	**252752**	**139320**
农村工业总产值	3828076	837550	654897	841755	188463	93779
集体办工业产值	636182	0	201627	186255	0	81211
私营工业产值	3191894	837550	453270	655500	188463	12568
农村建筑业总产值	521544	22450	129908	57579	2635	20764
建筑安装工程产值	480518	22450	128410	53222	2195	19011
兴建房屋产值	357442	22450	93595	33049	2015	15733
农田水利工程产值	71294	0	34425	17059	120	1159
其他建筑安装工程产值	51782	0	390	3114	60	2119
其他其本建设产值	41026	0	1498	4357	440	1753
#开垦荒地产值	5236	0	252	410	440	0
农村运输业总产值	520060	24500	117254	106072	22704	2948
集体运输企业货运产值	6965	0	3814	0	0	256
私营运输企业货运产值	513095	24500	113440	106072	22704	2692
农村批发、零售贸易业	1312268	144900	337381	312352	38950	21829
批发、零售贸易业	887646	92400	252717	189648	33110	19168
餐饮业产值	424622	52500	84664	122704	5840	2661

7—6 续表

单位:万元

指标	秭归县	长阳县	五峰县	市区	
					夷陵区
农村非农行业产值合计	**278301**	**298596**	**178758**	**1447623**	**1069001**
农村工业总产值	133649	160307	106027	811649	577230
集体办工业产值	1924	33664	0	131501	75638
私营工业产值	131725	126643	106027	680148	501592
农村建筑业总产值	25712	63659	13840	184997	141185
建筑安装工程产值	20722	63659	13840	157009	115057
兴建房屋产值	13414	63209	11167	102810	77862
农田水利工程产值	943	450	673	16465	13551
其他建筑安装工程产值	6365	0	2000	37734	23644
其他其本建设产值	4990	0	0	27988	26128
#开垦荒地产值	1134	0	0	3000	3000
农村运输业总产值	43844	22812	12651	167275	134884
集体运输企业货运产值	2059	0	0	836	615
私营运输企业货运产值	41785	22812	12651	166439	134269
农村批发、零售贸易业	75096	51818	46240	283702	215702
批发、零售贸易业	57042	43190	26134	174237	123559
餐饮业产值	18054	8628	20106	109465	92143

7—7 分县(市)农村基层组织及户数、人口及从业人员情况

(2005 年)　　单位:个、万人、万户

指　标	全市	宜都市	枝江市	当阳市	远安县	兴山县
农村基层组织情况						
(一)乡镇政府个数	87	9	8	7	7	8
1.乡政府	25	4	0	0	1	2
2.镇政府	62	5	8	7	6	6
(二)办事处	10	1	1	3	0	0
(三)村民委员会	1448	127	198	161	111	102
(四)村民小组	8455	850	870	924	580	540
自来水受益村数	755	83	116	35	25	43
通汽车村数	1429	127	198	161	111	97
通电村数	1448	127	198	161	111	102
通电话村数	1442	127	198	161	111	101
三、乡村户数	82.48	9.08	9.56	10.49	4.97	4.43
四、乡村人口	269.9	29.08	32.49	34.63	15.71	14.76
五、乡村劳动力资源合计	154.05	16.72	18.77	18.56	9.68	8.7
#劳动年龄内	138.74	15.23	17.1	16.32	8.54	7.81
六、乡村从业人员合计	145.57	15.32	17.18	18.02	8.76	8.01
#劳动年龄内	134.5	14.34	16.6	15.84	8.15	7.41
1.男	76.64	7.77	8.79	9.34	4.56	4.23
2.女	68.93	7.55	8.39	8.68	4.2	3.78
1.农林牧渔业劳动力	91.14	7.7	10.99	12.75	5.58	5.79
2.工业劳动力	7.13	1.49	0.92	0.68	0.35	0.19
3.建筑业劳动力	5.2	1.15	0.43	0.46	0.25	0.12
4.交通运输业劳动力	3.54	0.57	0.37	0.46	0.19	0.13
5.仓储及邮电业通讯业劳动力	0.1	0.04	0.01	0.01		0
6.住处传输.计算机服务和软件业	0.07	0.01	0	0.01	0.01	0
7.批发与零售贸易业	4.03	0.51	0.4	0.7	0.14	0.16
8.住宿和餐饮业	1.63	0.19	0.14	0.28	0.1	0.07
9.其他非农行业	32.73	3.66	3.92	2.67	2.14	1.55
其中:外出合同工.临时工	26.93	3.04	3.77	2.15	1.92	1.25
(三)、国营农林牧渔场从业人员	1.47	0.01	0.02	1.37	0	0
1.农业从业人员	1.37	0.01	0.01	1.3	0	0
2.非农业从业人员	0.1	0	0.01	0.17	0	0

7—7　续表　　　　　　　　　　　　　　　　　　　　　　　　　单位:个、万人、万户

指　标	秭归县	长阳县	五峰县	市区	
					夷陵区
农村基层组织情况					
(一)乡镇政府个数	12	11	8	17	11
1.乡政府	5	3	3	7	3
2.镇政府	7	8	5	10	8
(二)办事处	0	0	0	5	1
(三)村民委员会	186	154	104	305	205
(四)、村民小组	1152	970	731	1838	1174
自来水受益村数	176	110	41	127	51
通汽车村数	183	153	104	295	195
通电村数	186	154	104	305	205
通电话村数	186	151	104	303	203
三、乡村户数	10.12	10.41	5.36	18.06	12.61
四、乡村人口	32.46	35.37	18.06	57.34	39.83
五、乡村劳动力资源合计	19.17	21.6	10.18	30.67	21.24
#劳动年龄内	17.51	19.46	9.24	27.53	19.4
六、乡村从业人员合计	18.87	20.29	9.63	29.49	20.71
#劳动年龄内	17.61	18.53	8.58	27.44	19.1
1.男	9.95	11.51	5.03	15.46	10.96
2.女	8.92	8.78	4.6	14.03	9.75
1.农林牧渔业劳动力	13	11.83	6.65	16.85	12.43
2.工业劳动力	0.73	0.59	0.16	2.02	1.3
3.建筑业劳动力	0.57	0.64	0.15	1.43	0.99
4.交通运输业劳动力	0.32	0.36	0.11	1.03	0.66
5.仓储及邮电业通讯业劳动力	0.01	0	0	0.03	0.01
6.住处传输.计算机服务和软件业	0.01	0.01	0	0.02	0.01
7.批发与零售贸易业	0.39	0.38	0.14	1.21	0.69
8.住宿和餐饮业	0.13	0.17	0.06	0.49	0.26
9.其他非农行业	3.71	6.31	2.36	6.41	4.36
其中:外出合同工.临时工	2.67	5.11	2.29	4.73	3.32
(三)、国营农林牧渔场从业人员	0	0.03	0.03	0.01	0
1.农业从业人员	0	0.02	0.03	0	0
2.非农业从业人员	0	0.01	0	0.01	0

7—8 分县(市)农业生产条件

(2005年)

单位:千公顷、吨

指　标	全市	宜都市	枝江市	当阳市	远安县	兴山县
一、耕地情况						
(一)年初耕地总资源	325.69	22.89	44.37	62.65	16.45	22.96
(二)年内增加	2.21	0.09	0.6	0.45	0.05	0.08
其中:新开荒地	0.64	0.04	0.01	0.36	0.02	0
园地改耕地	1.49	0.05	0.59	0.09	0.03	0.01
(三)年内减少	5.85	0.16	0.59	0.18	0.2	0.48
其中:国家基建占地	0.15	0.02	0	0.03	0.01	0.01
其他基建占地	0.22	0	0	0.05	0	0
退耕还林还草	4.44	0.1	0.13	0.1	0.19	0.46
退耕还渔						
退耕改园地	0.55	0.04	0	0	0	0
(四)年末实有耕地面积	322.05	22.82	44.38	62.92	16.3	22.56
1、常年耕地面积	227.53	15.71	43.59	43.63	11.39	13.23
(1)水田	89.48	7.64	21.15	27.79	8.28	2.46
(2)旱地	138.05	8.07	22.44	14.84	3.11	10.77
其中:水浇地	9.64	0.0.16	7.74	0	0	0
2、临时性耕地	94.52	7.11	0.79	19.29	4.91	9.33
#25度以上坡耕地	32.16	0.17	0.01	0.05	0	2.81
二、农村主要能源及物资消耗						
(一)乡、村办水电站数	129	7	0	0	12	16
装机容量	8.75	1.04	0	0	0.4	1.69
发电量	27161	2702	0	0	938	5369
(二)农村用电量	36200	4493	4841	5213	2045	1606
(三)农用化肥施用量(按折纯法计算)	280353	15854	67809	84925	7091	6623
1、氮肥	126444	7716	27941	38983	3967	2533
2、磷肥	60729	2351	13341	26216	1638	922
3、钾肥	18641	1621	5722	7225	228	337
4、复合肥	74539	4166	20805	12528	1258	2831
(四)农用塑料薄膜使用量	4927	324	372	924	275	293
其中:地膜使用量	2863	228	212	328	53	160
地膜覆盖面积	40.51	0.84	2.16	5.07	0.38	3.27
(五)农用柴油使用量	20270	3000	4114	5959	1896	352
(六)农药使用量	7984	929	1707	1169	356	213
三、农田水利建设情况						
有效灌溉面积	101.81	8.42	31.48	26.75	7.34	4.11
旱涝保收面积	79.67	7.33	24.18	21.36	6.04	3.66
机电排灌面积	36.6	3.02	19.32	11.11	1.21	0.06

单位:千公顷、吨

指 标	秭归县	长阳县	五峰县	市区	夷陵区
一、耕地情况					
(一)年初耕地总资源	28.98	50.77	27.22	49.4	41.14
(二)年内增加	0.21	0.1	0	0.63	0.6
其中:新开荒地	0.11	0	0	0.1	0.1
园地改耕地	0.1	0.1	0	0.52	0.5
(三)年内减少	1.32	0.1	0.11	2.71	2.53
其中:国家基建占地	0	0	0	0.08	0
其他基建占地	0	0	0.03	0.14	0.13
退耕还林还草	1.22	0.1	0.07	2.07	2
退耕还渔					
退耕改园地	0.1	0	0.01	0.4	0.4
(四)年末实有耕地面积	27.87	50.77	27.11	47.32	39.21
1、常用耕地面积	20.38	31.67	17.68	30.25	23.98
(1)水田	3.49	2.8	0.42	14.45	12.95
(2)旱地	16.89	28.87	17.26	15.8	11.03
其中:水浇地	1.34	0	0	0.4	0.2
2、临时性耕地	7.49	19.1	9.43	17.07	15.23
#25 度以上坡耕地	2.03	12.35	9.43	5.31	4.63
二、农村主要能源及物资消耗					
(一)乡、村办水电站数	3	31	35	25	24
装机容量	0.25	1.39	2.8	1.18	1.12
发电量	1250	3918	9142	3842	3792
(二)农村用电量	3200	2691	1526	10585	5925
(三)农用化肥施用量(按折纯法计算)	15873	18228	16871	47052	33176
1、氮肥	6683	9535	8960	20126	12049
2、磷肥	3703	1967	4595	5996	4584
3、钾肥	866	225	974	1443	1038
4、复合肥	4621	6501	2342	19487	15505
(四)农用塑料薄膜使用量	314	499	380	1546	1017
其中:地膜使用量	213	298	251	1120	891
地膜覆盖面积	5.83	7.64	5.19	10.13	3.01
(五)农用柴油使用量	761	298	296	3594	2602
(六)农药使用量	656	373	114	2427	1685
三、农田水利建设情况				0	
有效灌溉面积	7.54	2.27	0.44	13.46	10.91
旱涝保收面积	5.39	1.45	0.44	9.82	7.8
机电排灌面积	0.14	0.05	0.07	1.62	1.62

7—9 分县(市)农业机械化情况

(2005 年)

单位:千瓦

指　标	全市	宜都市	枝江市	当阳市	远安县	兴山县
农业机械总动力合计	**1838779**	**148987**	**587146**	**327684**	**125855**	**61577**
柴油发动机动力	1191439	121319	335454	275481	84536	38663
汽油发动机动力	146270	4061	80138	11360	6094	1791
电动机动力	501070	23607	171554	40843	35225	21123
耕地机械						
大中型拖拉机械(台)	6606	926	1974	998	293	315
动力	149369	18529	53298	26262	5892	5786
小型拖拉机械	51735	592	17136	24829	6295	364
动力	335494	3868	106891	157951	41257	2655
大中型拖拉机配套农具(台)	9634	1403	3555	2983	298	12
小型拖拉机配套农具(台)	118604	1899	30845	63803	16136	957
农用排灌溉机械						
柴油机(台)	8155	4263	1020	777	219	855
动力	57066	27317	13087	5292	1896	2029
电动机(台)	81243	1544	26169	5372	11944	405
动力	207754	6112	108591	24968	19052	1097
农用水泵(台)	93004	7467	27293	8462	7474	1103
喷灌机械(台)	1298	3	1255	5	1	
收获机械						
联合收割机(台)	682	12	246	334	71	
动力	20006	291	8250	8368	2542	
机动脱粒机(台)	17374	955	2171	656	1652	556
植保机械						
机动喷雾(粉)器(部)	31348	353	22623	5087	66	486
动力	38482	689	27147	6083	74	991
畜牧机械						
牧草收割机(台)	11	2	9			
渔业机械						
渔用机动船(艘)	1161	151	145	43		
排水量(吨)	2200	301	145	215		
动力	6164	639	288	322		
运输机械						
农用载重汽车(辆)	3645	146	1241	214	92	165
动力	235928	10776	84112	12974	9713	7670
农用运输车(辆)	8349	991	2374	675	391	103
动力	201744	20621	63925	19727	11091	2359
其他农业机械						
推土机(台)	291	1	134	73	1	
动力	17222	44	7301	3656	55	

7—9 续表　　　　　　　　　　　　　　　　　　　　　　　　　　　　单位:千瓦

指　标	秭归县	长阳县	五峰县	市区	
					夷陵区
农业机械总动力合计	**127380**	**105559**	**73426**	**281165**	**207752**
柴油发动机动力	68089	86223	29717	151947	111927
汽油发动机动力	2287	1450	2118	36971	20119
电动机动力	57004	17876	41591	92247	75706
耕地机械				0	
大中型拖拉机械(台)	1152	258	172	518	434
动力	21168	4850	3128	10456	8325
小型拖拉机械	152	120	540	1707	1469
动力	921	1057	3566	17328	15338
大中型拖拉机配套农具(台)	1158	6	22	197	158
小型拖拉机配套农具(台)	268	1561	36	3099	2816
农用排灌溉机械					
柴油机(台)	574	120	24	303	199
动力	2787	1057	186	3415	2830
电动机(台)	4914	360	57	30478	26071
动力	9129	360	299	38146	28538
农用水泵(台)	7129	480	76	33520	26226
喷灌机械(台)	3			31	17
收获机械				0	
联合收割机(台)		1		18	15
动力		29		526	484
机动脱粒机(台)	917	2850	6229	1388	1334
植保机械				0	
机动喷雾(粉)器(部)	161	1450	20	1102	615
动力	273	1450	28	1747	899
畜牧机械				0	
牧草收割机(台)				0	
渔业机械				0	
渔用机动船(艘)	351			471	387
排水量(吨)	712			827	736
动力·	1824			3091	2776
运输机械			103	0	
农用载重汽车(辆)	212	205	8849	1267	717
动力	12423	13325	394	76086	40713
农用运输车(辆)	1240	645	13397	1536	1294
动力	20771	9675		40178	31657
其他农业机械				0	
推土机				82	46
动力				6166	3168

7—10　分县(市)农业主要产品生产情况

(2005 年)

单位:千公顷、吨、千克

指　标	全市	宜都市	枝江市	当阳市	远安县	兴山县
农作物总播种面积	**544.41**	**38.96**	**97.11**	**103.25**	**26.26**	**34.01**
粮食作物面积	303.29	25.01	48.66	50.23	15.99	20.3
总产量	1456232	135139	288401	333676	86595	72582
单产	69998	5403	5927	26934	5412	238
夏收粮食面积	81.95	5.61	13.43	9.07	3.85	7.61
总产量	221491	16338	35199	31926	12197	19386
单产	35934	2912	2621	8761	3168	170
小麦面积	25.04	0.81	10.69	1.92	1.49	1.76
总产量	62596	2222	29555	6269	4683	3838
单产	32785	2743	2765	13323	3143	145
蚕豌豆面积	6.96	0.72	1.65	0.78	0.26	0.52
总产量	10424	1138	1404	2145	572	703
单产	29267	1581	851	14411	2200	90
杂粮面积	6.32	0.01	0.21	5.05	0.97	0
总产量	21972	25	659	18539	2556	0
单产	16971	2500	3138	6285	2635	0
#大麦面积	6.32	0.01	0.21	5.05	0.97	0
总产量	21972	25	659	18539	2556	0
单产	14709	238	3138	6285	2635	0
马铃薯面积	43.63	4.07	0.88	1.32	1.13	5.33
总产量	126499	12953	3581	4973	4386	14845
单产	44992	3183	4069	13180	3881	186
秋收粮食面积	221.34	19.4	35.23	41.16	12.14	1269
总产量	1234741	118801	253202	301750	74398	53196
单产	66593	6124	7187	18241	6128	280
稻谷面积	90.02	6.8	27.43	28.41	7.63	2.16
总产量	668507	50678	210595	219789	53282	14911
单产	78405	7453	7678	16530	6983	460
早稻面积	6.75	0.2	6.55	0	0	0
总产量	43098	1197	41901	0	0	0
单产	12382	5985	6397	0	0	0
中稻面积	74.76	6.35	12.64	28.41	7.63	2.16
总产量	568313	47531	113743	219789	53282	14911
单产	63231	7485	8999	0	6983	460
双季晚稻面积	8.51	0.25	8.24	0	0	0
总产量	57096	1950	54951	0	0	0
单产	24219	7800	6669	0	0	0
玉米面积	83.78	7.82	4.53	7.78	3.35	7.55
总产量	403030	48075	27649	58952	15977	32376
单产	66216	6148	6104	22649	4769	286
大豆面积	13.71	0.38	1.1	3.42	0.34	1.32
总产量	28041	653	3318	13817	777	1396
单产	20178	1718	3016	5316	2285	70
杂豆面积	1.37	0.18	0.16	0.09	0.04	0.16
总产量	2019	300	115	151	88	283
单产	16638	1667	1917	2260	2200	125

单位:千公顷、吨、千克

指 标	秭归县	长阳县	五峰县	市区	
					夷陵区
农作物总播种面积	**49**	**64.07**	**46.79**	**85.06**	**68.81**
粮食作物面积	29.29	40.39	28.24	45.18	38.54
总产量	115973	120977	91001	211888	200251
单产	3959	2995	3225	15905	5196
夏收粮食面积	10.18	13.53	9.78	8.89	8.02
总产量	29483	29953	21447	25562	23368
单产	2896	2214	2193	10999	2914
小麦面积	2.73	3.52	1.1	1.02	0.49
总产量	6785	5495	1580	2169	913
单产	2485	1562	1432	5187	1863
蚕豌豆面积	0.97	0.85	0.16	1.05	0.86
总产量	1637	993	162	1670	1414
单产	1688	1171	1021	6254	1644
杂粮面积	0	0	0	0.08	0.08
总产量	0	0	0	193	193
单产	0	0	0	2413	2413
#大麦面积	0	0	0	0.08	0.08
总产量	0	0	0	193	193
单产	0	0	0	2413	2413
马铃薯面积	6.48	9.16	8.52	6.74	6.59
总产量	21061	23465	19705	21530	20848
单产	3250	2561	2313	12369	3164
秋收粮食面积	19.11	26.86	18.46	36.29	30.52
总产量	86490	91024	69554	186326	176883
单产	4526	3389	3768	16950	5796
稻谷面积	2.87	2.7	0.42	11.6	10.68
总产量	17919	14940	2186	84207	79686
单产	6244	5703	5155	22199	7461
早稻面积	0	0	0	0	0
总产量	0	0	0	0	0
单产	0	0	0	0	0
中稻面积	2.87	2.7	0.42	11.58	10.66
总产量	17919	14940	2186	84012	79491
单产	6244	5703	5155	22202	7457
双季晚稻面积	0	0	0	0.02	0.02
总产量	0	0	0	195	195
单产	0	0	0	9750	9750
玉米面积	8.86	15.83	12.82	15.24	12.75
总产量	45883	50391	55608	68119	66797
单产	5179	3182	4336	13563	5239
大豆面积	1.77	1.95	1.66	1.77	1.6
总产量	2584	1623	1199	2674	2494
单产	1460	833	724	4756	1559
杂豆面积	0.21	0.24	0.08	0.31	0.24
总产量	160	260	150	512	416
单产	762	1074	1925	4708	1733

指　标	全市	宜都市	枝江市	当阳市	远安县	兴山县
薯类面积	32.46	4.22	2.11	1.46	0.78	1.5
总产量	133144	19095	11525	9041	4274	4230
单产	80293	4525	5462	37212	5479	188
红薯面积	30.97	1.22	2.01	0.71	0.78	1.5
总产量	126482	19095	10918	5872	4274	4230
单产	83711	4525	5432	40125	5479	188
马铃薯面积	1.49	0	0.1	0.75	0	0
总产量	6662	0	607	3169	0	0
单产	20813	0	6070	0	0	0
棉花面积	17.16	0.04	12.32	4.77	0.02	0
总产量（皮棉）	22356	46	14915	7356	21	0
单产	39571	1150	1211	34360	1050	0
油料作物面积	104.52	8.39	20.9	31.21	5.78	4.25
总产量	213328	17164	50061	72208	11463	6700
单产	22409	2046	2395	5116	1983	105
油菜籽面积	86.52	7.7	18.78	24.78	5.44	3.45
总产量	172942	15788	43768	53818	10723	5495
单产	42656	2050	2331	4685	1971	106
花生面积	14.02	0.66	1.49	5.3	0.3	0.32
总产量	35328	1326	5228	17096	700	575
单产	25586	2009	3509	7283	2333	120
芝麻面积	2.8	0.03	0.63	1.13	0.04	0.12
总产量	3775	50	1065	1294	40	135
单产	13774	1667	1690	1885	1000	78
烟叶面积	6.82	0.02	0	0	0	2.47
总产量	14745	48	0	0	7	4889
单产	12795	2400	0	0	1750	132
烤烟面积	4.24	0	0	0	0	2.44
总产量	8886	0	0	0	0	4844
单产	9012	0	0	0	0	132
白肋烟面积	2.09	0	0	0	0	0
总产量	4782	0	0	0	0	0
单产	5324	0	0	0	0	0
晒烟面积	0.49	0.02	0	0	0	0.03
总产量	1077	48	0	0	7	45
单产	11483	2400	0	0	750	112
药材类播种面积	3.99	0.01	0	0.09	0.33	0.67
蔬菜、瓜类面积	86.91	.47	10.62	13.8	2.55	4.65
#蔬菜面积	82.79	4.42	9.01	12.16	2.53	4.63
总产量	2184530	111409	163367	500179	100781	93717
其他作物面积	21.48	0.92	4.55	3.07	1.59	1.67
青饲料面积	14.16	0.73	3.25	1.93	0.92	1.45
绿肥面积	5.25	0.13	1.3	1.14	0.67	0.22
其他作物面积	2.07	0.06	0	0	0	0

指　标	秭归县	长阳县	五峰县	市区	夷陵区
薯类面积	5.4	6.14	3.48	7.37	5.25
总产量	19944	23810	10411	30814	27490
单产	3693	3881	2880	16973	5236
红薯面积	5.32	6.14	3.47	6.82	4.73
总产量	19619	23810	10393	28271	25104
单产	3688	3881	2882	17511	5307
马铃薯面积	0.08	0	0.01	0.55	0.52
总产量	325	0	18	2543	2386
单产	4063	0	2175	8505	4588
棉花面积	0	0	0	0.01	0.01
总产量(皮棉)	0	0	0	18	18
单产	0	0	0	1800	1800
油料作物面积	8.34	8.66	3.99	13	10.92
总产量	13484	11752	5428	25068	21165
单产	1617	1358	1358	6431	1938
油菜籽面积	5.96	6.93	3.54	9.94	8.57
总产量	9394	10107	4727	19122	16526
单产	1576	1459	1337	27141	1928
花生面积	1.66	1.44	0.34	2.51	1.86
总产量	3200	1442	533	5228	3993
单产	1928	1004	1450	5950	2147
芝麻面积	0.44	0.04	0.01	0.36	0.3
总产量	628	24	7	532	460
单产	1427	533	1281	4213	1533
烟叶面积	1.8	0.64	1.84	0.05	0.05
总产量	4066	1243	4395	97	97
单产	2259	1936	2378	1940	1940
烤烟面积	1.62	0.12	0.05	0.01	0.01
总产量	3733	221	53	35	35
单产	2304	1889	1187	3500	3500
白肋烟面积	0	0.34	1.74	0.01	0.01
总产量	0	781	3995	6	6
单产	0	2284	2440	600	600
晒烟面积	0.18	0.18	0.05	0.03	0.03
总产量	333	241	347	56	56
单产	1850	1317	2187	1867	1867
药材类播种面积	0.43	0.4	0.85	1.21	1.18
蔬菜、瓜类面积	8.96	13.51	6.58	21.77	14.35
#蔬菜面积	8.85	13.46	6.56	21.17	13.76
总产量	152878	323926	111392	626881	377365
其他作物面积	0.18	0.45	5.29	3.76	3.69
青饲料面积	0.06	0.28	3.21	2.33	2.32
绿肥面积	0.12	0.17	0.07	1.43	1.37
其他作物面积	0	0	2.01	0	0

7—11 分县(市)茶叶、水果生产情况

(2005年)

单位:吨、公顷

指 标	全市	宜都市	枝江市	当阳市	远安县	兴山县
一、茶叶产量	**16100**	**2698**	**37**	**63**	**634**	**428**
(一)红毛茶	877	50	0	0	0	2
(二)绿毛茶	14987	2623	37	63	634	384
(三)紫压茶原料						
(四)其他茶	236	25	0	0	0	42
二、园林水果合计	**968622**	**125485**	**178346**	**101950**	**7665**	**38076**
(1)苹 果	1853	0	0	0	0	1710
其中:红富士苹果	287	0	0	0	0	287
国光苹果	263	0	0	0	0	259
(2)柑 桔	911739	124401	144130	96072	5069	34476
其中:柑	327040	248	121710	77676	0	356
桔	425104	123336	16654	17669	5069	3316
橙	156718	711	5420	46	0	30242
柚	2877	106	346	684	0	562
(3)梨 子	31560	345	25451	3292	801	373
其中:雪花梨	1675	345	0	631	0	219
鸭梨	340	0	0	16	0	42
(4)其它园林水果	23470	739	8765	2586	1795	1517
其中:桃	14936	150	7962	1894	910	398
猕猴桃	798	0	85	1	0	1
葡萄	1416	200	187	671	43	20
红枣	209	59	10	6	0	88
柿子	4650	25	454	14	321	951
三、年末实有茶园面积	26597	3965	29	149	1066	1109
其中:本年采摘面积	20457	2567	29	148	991	803
四、年末果园面积	71473	10830	10553	9214	1214	4169
(一)苹果园面积	95	0	0	0	0	71
(二)柑桔园面积	66136	10538	8919	8644	709	3874
(三)梨 园面积	1734	58	1041	194	152	73
(四)葡萄园面积	97	13	13	44	6	2
(五)桃 园面积	1540	181	489	250	157	32
(六)猕猴桃面积	309	0	28	0	0	2
(七)其他果园面积	1562	40	63	82	190	115

指　标	秭归县	长阳县	五峰县	市区	夷陵区
一、茶叶产量	**1069**	**952**	**4606**	**5613**	**5142**
(一)红毛茶	0	0	801	24	14
(二)绿毛茶	1016	872	3775	5583	5122
(三)紫压茶原料				0	
(四)其他茶	53	80	30	6	6
二、园林水果合计	**123627**	**28340**	**2202**	**362931**	**224814**
(1)苹　果	4	89	49	1	1
其中:红富士苹果	0	0	0	0	0
国光苹果	4	0	0	0	0
(2)柑　桔	121960	26555	1351	357725	220490
其中:柑	2965	7828	0	116257	74446
桔	3641	17053	1309	237057	142921
橙	115325	1514	26	3434	2793
柚	29	160	16	977	330
(3)梨　子	335	435	251	277	257
其中:雪花梨	20	127	251	82	62
鸭梨	21	111	0	150	150
(4)其它园林水果	1328	1261	551	4928	4066
其中:桃	385	298	112	2827	2093
猕猴桃	0	14	16	681	681
葡萄	63	36	12	184	182
红枣	5	24	12	5	5
柿子	875	645	298	1067	1057
三、年末实有茶园面积	2158	3046	8068	7017	6566
其中:本年采摘面积	1800	2890	6113	5116	4742
四、年末果园面积	10661	5638	595	18599	14491
(一)苹果园面积	0	2	21	1	1
(二)柑桔园面积	10180	5336	291	17645	13651
(三)梨　园面积	44	97	33	42	41
(四)葡萄园面积	7	4	1	7	6
(五)桃　园面积	39	25	48	319	271
(六)猕猴桃面积	0	20	1	258	258
(七)其他果园面积	391	154	200	327	263

7—12 分县市林业生产情况

（2005年）

单位：公顷、吨

指　标	全市	宜都市	枝江市	当阳市	远安县	兴山县
（一）当年造林面积合计	14724	334	1789	1666	652	804
其中：竹林面积	10	0	0	0	0	0
退耕还林面积	4252	100	13	100	189	460
（1）当年人工造林面积	14724	334	1789	1666	652	804
（2）当年飞机播种面积						
（1）用材林	1771	103	0	261	641	87
其中：速生丰产林面积	545	0	0	261	170	0
（2）经济林	4337	129	790	935	11	221
（3）防护林	7117	102	999	470	0	286
（4）薪炭林	832	0	0	0	0	210
（5）特种用途林	667	0	0	0	0	0
（二）迹地更新面积	168	0	0	3	0	0
（三）零星（四旁）植树	588.96	118	60	101.1	90.5	39
（四）当年育苗面积	248	41	5	100	13	19
（五）幼林抚育作业面积	18034	981	346	4164	589	5043
（六）成林抚育作业面积	8685	174	1726	656	632	1875
主要林产品产量						
生　漆（千克）	9253	52	0	0	0	600
油桐籽	394	112	0	0	44	139
油茶籽	28	0	0	0	2	20
乌桕籽	91	12	0	0	47	0
五倍籽	95	1	0	0	1	9
棕　片	897	322	0	0	41	19
松　脂（千克）	361100	0	0	27000	293000	0
竹笋干（鲜笋应折成干笋）	40	0	0	0	1	13
核　桃	457	29	0	0	27	194
板　栗	4615	143	15	63	390	354
白　果（公斤）	217638	370	0	0	60450	53820
其　它	1030	0	0	17	0	112
村及村以下竹木采伐量						
1. 木材	154258	5642	2251	11563	33163	9244
其中：村及村以下采伐	113446	5642	1723	9770	0	8799
2. 竹材	2017.25	19.75	7.2	159	986	108
其中：村及村以下采伐	942.55	19.75	2.5	159	0	108

7—12 续表 单位:吨、公顷

指 标	秭归县	长阳县	五峰县	市区	
					夷陵区
(一)当年造林面积合计	2620	1538	2635	2686	2173
其中:竹林面积	0	0	0	10	0
退耕还林面积	1220	100	0	2070	2000
(1)当年人工造林面积	2620	1538	2635	2686	2173
(2)当年飞机播种面积				0	
(1)用材林	48	149	472	10	0
其中:速生丰产林面积	0	4	100	10	0
(2)经济林	614	480	917	240	160
(3)防护林	1921	747	579	2013	2013
(4)薪炭林	37	162	0	423	0
(5)特种用途林	0	0	667	0	0
(二)迹地更新面积	85	1	79	0	0
(三)零星(四旁)植树	1.86	115	33.9	29.6	23
(四)当年育苗面积	1	12	38	19	16
(五)幼林抚育作业面积	2	3526	2517	866	740
(六)成林抚育作业面积	8	2025	742	847	33
主要林产品产量				0	
生 漆(千克)	0	4294	4067	240	240
油桐籽	5	53	14	27	23
油茶籽	0	4	0	2	2
乌桕籽	0	27	2	3	3
五倍籽	0	13	69	2	1
棕 片	8	223	239	45	25
松 脂(千克)	0	0	0	41100	41100
竹笋干(鲜笋应折成干笋)	0	0	0	26	21
核 桃	24	67	67	49	49
板 栗	1804	382	357	1107	1094
白 果(公斤)	12	9681	6425	86880	86880
其 它	4	142	636	119	30
村及村以下竹木采伐量				0	
1.木材	5869	14540	55363	16623	16393
其中:村及村以下采伐	3361	12825	55363	15963	15733
2.竹材	355	182	78	122.3	32
其中:村及村以下采伐	280	173	78	122.3	32

7—13 分县(市)畜牧业生产情况

指　标	全市	宜都市	枝江市	当阳市	远安县	兴山县
畜禽当年出栏(笼)数						
大牲畜出栏	30747	12446	1814	4228	2491	2487
牛	30736	12446	1814	4222	2491	2487
马	8	0	0	3	0	0
驴						
骡	3	0	0	3	0	0
猪(万头)	431.04	55.23	68.66	68.17	23.6	30.35
羊(只)	786390	163752	35027	142050	37303	69657
兔(只)	11309	1349	100	2942	735	0
家禽(万只)	2250.21	283.17	596.69	733.82	34.72	29.13
鸡	2061.85	280.75	556.16	610.19	34.28	29.13
鸭	123.4	1.82	26.52	80.16	0.44	0
鹅	56.94	0	13.85	42.59	0	0
畜禽期末存栏(笼)数						
大牲畜存栏	194600	22723	33310	33417	13930	13761
牛	194360	22721	33260	33394	13925	13761
马	191	0	32	9	0	0
驴	35	2	18	8	5	0
骡	14	0	0	6	0	0
猪(万头)	262.71	30.01	38.28	32.14	16.43	20.49
羊(只)	524580	87528	14115	63628	32716	47259
兔(只)	14334	864	30	3194	749	0
家禽(万只)	807.77	100.72	151.36	235.94	36.36	30.59
鸡	757.85	98.8	143.2	201.55	35.69	30.58
鸭	35.36	1.81	7.41	21.25	0.66	0.01
鹅	13.12	0.06	0.7	12.25	0.01	0
能繁殖的母畜						
牛(头)	74212	9395	15721	10797	5649	4465
马(头)	40	0	10	0	0	0
驴(头)	8	1	6	0	0	0
猪(万头)	28.52	2.13	8.06	6.01	1.25	1.55
羊(只)	253115	55218	5700	34578	18146	20600
当年生仔畜(头)						
牛	19458	4792	3451	3104	1246	1576
马	2	0	2	0	0	0
驴						
骡						
猪(万头)	94.75	4.55	15.76	13.25	2.41	11.07
畜禽肉产量(吨)	377689	48768	61360	68500	17460	24425
#牛	4518	1867	321	649	384	182
猪	324689	39365	51662	52725	15859	22761
羊	13184	3275	637	2591	491	1045
家禽	35237	4248	8740	12530	718	437
奶类产量(吨)	14031	9	0	800	0	0
山羊毛产量(千克)	1446	0	0	0	0	1446
绵羊毛产量(千克)						
禽蛋产量	36965	3630	6798	16729	1357	858
#鸡蛋	33384	3514	6382	14208	1332	858
鸭蛋	2769	116	400	1831	25	0
鹅蛋	712	0	16	690	0	0
蜂蜜产量(千克)	457253	70795	75250	103550	49312	19550
蚕茧产量(吨)	2863	346	3	0	1672	0
其他动物产品	201	0	0	0	0	0
其他动物饲养	2564	0	0	0	0	0
野　兔	6087	350	71	1940	1531	0
野　鸡	2377	0	20	530	220	0
野　鸭	670	300	0	350	0	0

指标	秭归县	长阳县	五峰县	市区	
					夷陵区
畜禽当年出栏(笼)数					
大牲畜出栏	902	1942	658	3779	3268
牛	902	1937	658	3779	3268
马	0	5	0	0	0
驴				0	
骡	0	0	0	0	0
猪(万头)	34.02	33.33	25.01	92.67	69.12
羊(只)	39214	161834	73331	64222	56599
兔(只)	133	2386	311	3353	3232
家禽(万只)	29.59	2386	16.15	473.1	236.44
鸡	29.59	53.84	16.12	452.2	222.45
鸭	0	53.43	0.03	14.25	7.34
鹅	0	0.18	0	0.5	0.5
畜禽期末存栏(笼)数		0		0	
大牲畜存栏	10780		12370	34439	28944
牛	10776	19870	12299	34439	28944
马	3	19785	64	0	0
驴	0	83	1	0	0
骡	1	1	6	0	0
猪(万头)	30.03	1	20.42	45.97	35.42
羊(只)	43114	28.94	69336	45279	39469
兔(只)	0	121605	685	3099	3045
家禽(万只)	42.03	5713	28.07	140.22	105.8
鸡	42.03	42.48	28.04	135.75	102.67
鸭	0	0.21	0.03	4.18	2.84
鹅	0	0	0	0.1	0.1
能繁殖的母畜				0	
牛(头)	3683	6584	2511	15407	13131
马(头)	0	15	15	0	0
驴(头)	0	0	1	0	0
猪(万头)	1.53	2.35	1.46	4.18	3.61
羊(只)	18013	56017	23518	21325	18922
当年生仔畜(头)				0	
牛	430	1297	781	2781	2105
马	0	0	0	0	0
驴				0	
骡				0	
猪(万头)	16.54	2.63	2.64	25.9	22.58
畜禽肉产量(吨)	28097	28128	19830	81121	59886
#牛	116	289	76	634	561
猪	26707	24773	18544	72293	54867
羊	797	2242	974	1132	1017
家禽	477	805	235	7047	3426
奶类产量(吨)	0	0	0	13222	11000
山羊毛产量(千克)	0	0	0	0	0
绵羊毛产量(千克)				0	
禽蛋产量	1378	1356	773	4086	3300
#鸡蛋	1378	1347	772	3593	2962
鸭蛋	0	9	1	387	232
鹅蛋	0	0	0	6	6
蜂蜜产量(千克)	10995	32070	9818	85913	70538
蚕茧产量(吨)	46	26	0	770	494
其他动物产品	0	1	0	200	200
其他动物饲养	50	1504	0	1010	0
野　兔	50	575	0	1570	1570
野　鸡	0	293	0	1314	304
野　鸭	0	0	0	20	20

7—14 非农户畜牧业生产情况

（2005 年）

指　标	全市	宜都市	枝江市	当阳市	远安县	兴山县
非农户单位个数	1581	68	309	511	125	19
生猪出栏	185304	21053	55965	16869	3810	19274
生猪存栏	65227	11117	20234	7314	2330	950
#能繁殖母猪	12115	892	2564	759	133	75
仔猪	23003	2451	6144	1108	139	455
牛出栏(头)	374	5	0	317	20	0
牛存栏(头)	905	3	0	76	12	0
羊出栏(只)	25892	6966	175	17231	350	0
羊存栏(只)	7078	2555	416	2315	230	0
家禽出笼(万只)	161.83	14.75	32.99	35.08	2.15	0.2
#鸡	149.16	14.75	32.35	23.1	2.15	0.2
家禽存笼(万只)	17.92	2.92	2.01	8.99	1.83	0.35
#鸡	16.95	2.92	1.91	8.09	1.83	0.35
禽蛋产量(吨)	1074	29	266	348	398	0
牛奶产量	3934	9	0	800	0	0
绵羊毛产量						

7—14 续表

指　标	秭归县	长阳县	五峰县	市区	夷陵区
非农户单位个数	23	4	183	339	313
生猪出栏	7049	600	11537	49147	18872
生猪存栏	6253	2895	3640	10494	3181
#能繁殖母猪	2315	2502	739	2136	368
仔猪	3605	0	1958	7143	2713
牛出栏(头)	0	0	0	32	4
牛存栏(头)	0	0	56	758	539
羊出栏(只)	8	0	252	910	900
羊存栏(只)	55	0	757	750	750
家禽出笼(万只)	0.4	0	0.04	76.22	76.02
#鸡	0.4	0	0.04	76.17	75.97
家禽存笼(万只)	0.5	0	0.09	1.26	1.19
#鸡	0.5	0	0.09	1.26	1.19
禽蛋产量(吨)	0	0	3	30	29
牛奶产量	0	0	0	3125	24600
绵羊毛产量					

7—15 分县(市)渔业生产情况

(2005 年)　　　　单位:吨、公顷

指　标	全市	宜都市	枝江市	当阳市	远安县	兴山县
水产品产量	**120181**	**5685**	**45087**	**47006**	**2521**	**349**
淡水捕捞产量	**14834**	**863**	**5250**	**5454**	**374**	**184**
鱼　类	13753	786	4978	5070	360	178
虾蟹类	1032	77	271	372	14	6
贝　类	3	0	0	0	0	0
其他类	46	0	1	12	0	0
淡水养殖产量	**105347**	**4822**	**39837**	**41552**	**2147**	**165**
鱼　类	105315	4819	39816	41550	2147	165
虾蟹类	6	0	0	0	0	0
贝　类						
其他类	26	3	21	2	0	0
#龟鳖类	26	3	21	2	0	0
牛　蛙						
珍　珠						
淡水养殖面积	**20776**	**1294**	**7411**	**8445**	**937**	**40**
池塘养殖	10855	486	3965	4289	661	0
湖泊养殖	1989	40	1818	120	0	0
河沟养殖	264	6	120	0	0	40
水库养殖	7405	678	1446	4036	276	0
其他养殖	263	84	62	0	0	0

7—15 续表 单位:吨、公顷

指 标	秭归县	长阳县	五峰县	市区	夷陵区
水产品产量	**782**	**6504**	**122**	**12125**	**8314**
淡水捕捞产量	**191**	**1504**	**62**	**952**	**751**
鱼 类	175	1268	62	876	680
虾蟹类	16	213	0	63	58
贝 类	0	0	0	3	3
其他类	0	23	0	10	10
淡水养殖产量	**591**	**5000**	**60**	**11173**	**7563**
鱼 类	591	4997	60	11170	7560
虾蟹类	0	3	0	3	3
贝 类				0	
其他类	0	0	0	0	0
#龟鳖类	0	0	0	0	0
牛 蛙				0	
珍 珠				0	
淡水养殖面积	**380**	**681**	**55**	**1533**	**1052**
池塘养殖	239	23	20	1172	745
湖泊养殖	0	0	0	11	8
河沟养殖	0	0	35	63	63
水库养殖	98	584	0	287	236
其他养殖	43	74	0	0	0

7—16 全市乡镇(办事处)主要经济指标(一)

(2005年)

	居民委员会个数	村民委员会个数	其中：通电的数	通邮的村	通电话的村	通公路的村	通自来水的村
西陵区窑湾乡	0	7	7	7	7	7	7
伍家区伍家乡	0	16	16	16	16	16	16
点军区点军街道办事处	2	7	7	7	7	7	7
点军区艾家镇	1	5	5	5	5	5	4
点军区桥边镇	1	14	14	14	14	14	4
点军区联棚乡	0	7	7	6	7	7	7
点军区土城乡	0	14	14	14	14	14	1
猇亭区古老背办事处	6	2	2	2	2	2	1
猇亭区虎牙办事处	4	2	2	2	2	2	2
猇亭区云池办事处	6	1	1	1	1	1	1
夷陵区小溪塔街办	9	30	30	30	28	30	5
夷陵区樟村坪镇	1	14	14	14	14	14	6
夷陵区雾渡河镇	1	18	18	18	18	17	14
夷陵区分乡镇	1	16	16	16	16	16	13
夷陵区太平溪镇	3	20	20	20	19	20	2
夷陵区三斗坪镇	1	19	19	19	19	19	8
夷陵区乐天溪镇	1	14	14	14	14	14	5
夷陵区龙泉镇	0	19	19	19	19	19	6
夷陵区鸦鹊岭镇	1	19	19	19	19	19	1
夷陵区下堡坪乡	0	20	20	20	20	20	2
夷陵区邓村乡	0	16	16	16	16	16	15
夷陵区黄花乡	0	20	20	20	20	20	20
宜都市陆城街道办事处	3	13	13	13	13	13	13
宜都市红花套镇	1	9	9	9	9	9	9
宜都市高坝洲镇	1	11	11	11	11	11	11
宜都市聂家河镇	1	9	9	9	9	9	0
宜都市松木坪镇	1	10	10	10	10	10	1
宜都市枝城镇	3	28	28	28	28	28	16
宜都市姚家店乡	1	10	10	10	10	10	5
宜都市五眼泉乡	1	11	11	11	11	11	7
宜都市潘家湾土家族乡	1	9	9	9	9	9	7
宜都市王家畈乡	3	17	17	17	17	17	14

7—16 续表 1

	居民委员会个数	村民委员会个数	其中：通电的数	通邮的村	通电话的村	通公路的村	通自来水的村
枝江市马家店街道	5	10	10	10	10	10	10
枝江市这福寺镇	3	25	25	25	25	25	14
枝江市白洋镇	1	15	15	15	15	15	8
枝江市顾家店镇	1	17	17	17	17	17	17
枝江市董市镇	2	24	24	24	24	24	12
枝江市仙女镇	1	22	22	22	22	22	1
枝江市问安镇	1	23	23	23	23	23	10
枝江市七星台镇	1	21	21	21	21	21	15
枝江市百里洲镇	1	41	41	41	41	41	26
当阳市玉阳办事处	6	12	12	12	12	12	4
当阳市坝陵办事处	2	20	20	20	20	20	5
当阳市玉泉办事处	1	15	15	15	15	15	4
当阳市两河镇	1	12	12	12	12	12	1
当阳市河溶镇	1	19	19	19	19	19	8
当阳市育溪镇	2	23	23	23	23	23	0
当阳市庙前镇	2	18	18	18	18	18	0
当阳市王店铺	1	15	15	15	15	15	4
当阳市半月镇	1	10	10	10	10	10	10
当阳市草埠湖镇	1	20	20	20	20	20	0
远安县鸣凤镇	4	7	7	7	7	7	5
远安县花林寺镇	1	15	15	15	15	15	5
远安县旧县镇	0	15	15	15	15	15	6
远安县洋坪镇	1	22	22	22	22	22	5
远安县茅坪场镇	1	16	16	16	16	16	5
远安县荷花镇	1	24	24	24	24	24	3
远安县河口乡	0	12	12	12	12	12	0
兴山县古夫镇	4	16	16	16	16	15	1
兴山县高阳镇	5	9	9	9	9	9	5
兴山县峡口镇	1	15	15	15	15	15	15
兴山县南阳镇	0	10	10	10	9	10	5
兴山县黄粮镇	1	13	13	13	13	13	1
兴山县水月寺镇	1	17	17	17	15	17	12

7—16　续表2

	居民委员会个数	村民委员会个数	其中：通电的数	通邮的村	通电话的村	通公路的村	通自来水的村
兴山县高桥乡	0	14	14	14	14	14	0
兴山县榛子乡	0	8	8	8	6	8	0
秭归县茅坪镇	3	18	18	18	18	18	18
秭归县归州镇	1	11	11	11	11	11	11
秭归县屈原镇	1	12	12	12	9	9	7
秭归县沙镇溪镇	1	15	15	15	15	15	15
秭归县两河口镇	0	19	19	19	19	19	19
秭归县郭家坝镇	1	20	20	20	20	20	20
秭归县杨林桥镇	0	14	14	14	14	14	14
秭归县水田坝乡	0	25	25	25	25	24	25
秭归县汇滩乡	0	13	13	13	13	13	13
秭归县梅家河乡	0	13	13	13	13	13	13
秭归县磨坪乡	0	12	12	12	12	12	12
秭归县周坪乡	0	14	14	14	14	14	9
长阳县龙舟坪镇	4	21	21	21	21	21	21
长阳县高家堰镇	0	11	11	11	11	11	6
长阳县磨市	0	12	12	12	12	12	7
长阳县都镇湾镇	0	26	26	26	26	26	10
长阳县资丘镇	0	19	19	19	15	18	13
长阳县渔峡口镇	0	16	16	16	16	16	11
长阳县长阳县榔坪镇	0	12	12	12	12	12	12
长阳县贺家坪镇	0	9	9	9	9	9	9
长阳县大堰乡	0	15	15	15	14	15	4
长阳县鸭子口乡	0	10	10	10	10	10	10
长阳县火烧坪乡	0	3	3	3	3	3	3
五峰县五峰镇	3	18	18	18	18	14	12
五峰县长乐坪镇	1	16	16	16	16	15	4
五峰县渔洋关镇	3	12	12	12	12	11	3
五峰县仁和坪镇	1	14	14	14	14	14	0
五峰县湾潭镇	1	10	10	10	10	9	1
五峰县付家堰乡	1	9	9	9	9	8	0
五峰县牛庄乡	0	9	9	8	8	8	0
五峰县采花乡	1	16	16	16	16	14	10

7—17 全市乡镇(办事处)主要经济指标(二)

(2005 年)

	通有线电视的村	乡镇行政区域面积公顷	年末常用耕地面积(公顷)	年末有效灌溉面积(公顷)	农村用电量(千瓦时)	乡镇总户数
西陵区窑湾乡	7	1548	214	214	1900000	2711
伍家区伍家乡	8	8402	476	339	17360000	7632
点军区点军街道办事处	0	6236	304	206	3810000	9110
点军区艾家镇	3	6670	371	36	25000000	2602
点军区桥边镇	2	13300	1542	553	4330000	8996
点军区联棚乡	3	9308	277	277	1410000	4046
点军区土城乡	0	17800	1855	202	2420000	7485
猇亭区古老背办事处	0	4500	562	384	2360000	3858
猇亭区虎牙办事处	0	5600	540	540	1240000	3083
猇亭区云池办事处	0	1700	204	204	2900000	4361
夷陵区小溪塔街办	16	31760	2038	1548	8255000	61783
夷陵区樟村坪镇	0	45686	1596	0	3110000	8140
夷陵区雾渡河镇	2	24643	1945	914	2017000	10966
夷陵区分乡镇	6	32000	2549	751	2120000	12163
夷陵区太平溪镇	1	15200	947	316	2790000	9184
夷陵区三斗坪镇	7	17800	1042	137	2765692	13089
夷陵区乐天溪镇	6	25400	715	93	3370000	10030
夷陵区龙泉镇	12	21732	2729	1546	11410000	15581
夷陵区鸦鹊岭镇	10	24300	4985	3777	10390000	18887
夷陵区下堡坪乡	2	32000	2385	874	1810000	7370
夷陵区邓村乡	2	25987	2787	639	2560000	9002
夷陵区黄花乡	20	35182	2114	999	4010000	11019
宜都市陆城街道办事处	5	6300	1341	1013	7760000	42096
宜都市红花套镇	2	14500	946	564	3700000	8625
宜都市高坝洲镇	2	9100	1270	1201	2730000	8403
宜都市聂家河镇	0	11900	1110	380	1760000	6151
宜都市松木坪镇	1	18000	1224	758	26800000	13945
宜都市枝城镇	3	23700	3379	2150	10290000	30930
宜都市姚家店乡	2	7400	1307	775	5200000	7616
宜都市五眼泉乡	1	10100	1607	667	1830000	6578
宜都市潘家湾土家族乡	1	14200	1184	139	1190000	5791
宜都市王家畈乡	1	25500	2358	570	2100000	9930

7—17 续表1

	通有线电视的村	乡镇行政区域面积（公顷）	年末常用耕地面积（公顷）	年末有效灌溉面积（公顷）	农村用电量（千瓦时）	乡镇总户数
枝江市马家店街道	10	5600	1326	1326	2980000	45707
枝江市这福寺镇	11	22300	5468	3577	4930000	18778
枝江市白洋镇	4	13500	3470	2248	3160000	14720
枝江市顾家店镇	17	8300	2490	1709	2880000	9568
枝江市董市镇	24	13700	4172	3618	4140000	20681
枝江市仙女镇	0	17100	4711	3396	5590000	11072
枝江市问安镇	6	16200	6778	4924	7720000	14734
枝江市七星台镇	4	12900	5734	4098	5410000	14040
枝江市百里洲镇	10	21400	8878	6231	7620000	27051
当阳市玉阳办事处	4	11962	2420	1390	7990000	42755
当阳市坝陵办事处	2	16343	4010	2130	9000000	20858
当阳市玉泉办事处	9	29984	2940	1360	4470000	10694
当阳市两河镇	8	9700	3600	1530	2130000	10694
当阳市河溶镇	19	22144	6840	5380	5610000	17447
当阳市育溪镇	2	35000	5840	810	6930000	16131
当阳市庙前镇	2	35403	4180	2200	3000000	11601
当阳市王店铺	4	26278	4460	3090	4088000	11900
当阳市半月镇	4	21700	4440	2060	3450000	9639
当阳市草埠湖镇	8	9787	4600	3610	3400000	8136
远安县鸣凤镇	7	7600	689	533	2330000	16744
远安县花林寺镇	4	21100	1535	594	1120000	5600
远安县旧县镇	10	16600	1575	1180	2930000	7825
远安县洋坪镇	15	23800	2261	1678	3340000	10966
远安县茅坪场镇	2	45800	2245	1761	4510000	7632
远安县荷花镇	3	39600	1725	837	2350000	8895
远安县河口乡	5	20700	1316	1033	2440000	4635
兴山县古夫镇	1	44630	1563	681	4110000	13538
兴山县高阳镇	2	14450	815	231	2540000	13743
兴山县峡口镇	2	21730	1803	402	6040000	10546
兴山县南阳镇	4	27220	1182	106	770000	4135
兴山县黄粮镇	3	24740	2693	254	1760000	7722
兴山县水月寺镇	2	46500	2024	403	2180000	6843

7—17　续表 2

	通有线电视的村	乡镇行政区域面积（公顷）	年末常用耕地面积（公顷）	年末有效灌溉面积（公顷）	农村用电量（千瓦时）	乡镇总户数
兴山县高桥乡	0	17450	1183	324	1010000	4881
兴山县榛子乡	1	36100	1632	0	860000	3509
秭归县茅坪镇	12	19324	1452	597	4970000	32536
秭归县归州镇	10	10135	971	303	1360000	10325
秭归县屈原镇	7	21500	1200	99	880000	7305
秭归县沙镇溪镇	15	17761	2258	463	1610000	11417
秭归县两河口镇	12	26900	2570	377	1470000	10645
秭归县郭家坝镇	16	31300	3140	1352	3240000	17473
秭归县杨林桥镇	14	23500	2922	1334	1900000	9016
秭归县水田坝乡	7	20993	1436	472	1890000	11758
秭归县汇滩乡	5	14500	863	117	970000	4725
秭归县梅家河乡	5	8800	1369	441	860000	5617
秭归县磨坪乡	2	14100	1240	38	78	3702
秭归县周坪乡	6	24764	1728	376	1240000	8074
长阳县龙舟坪镇	15	34070	2476	613	4510000	33254
长阳县高家堰镇	2	21410	1258	183	1260000	5840
长阳县磨市	3	2250	2020	403	1590000	10351
长阳县都镇湾镇	5	52500	4464	471	4060000	15643
长阳县资丘镇	2	37190	4385	106	3610000	11673
长阳县渔峡口镇	2	29420	3347	322	1950000	10307
长阳县长阳县榔坪镇	5	53130	4883	0	1970000	11682
长阳县贺家坪镇	2	34720	3175	0	1550000	8035
长阳县大堰乡	3	24740	2937	40	1638000	10471
长阳县鸭子口乡	3	22020	1311	0	940000	6707
长阳县火烧坪乡	1	10550	1460	0	450000	2293
五峰县五峰镇	10	39800	3067	91	1760000	12431
五峰县长乐坪镇	3	32600	2566	19	2800000	7710
五峰县渔洋关镇	5	31200	3303	314	4110000	16905
五峰县仁和坪镇	5	21300	2501	24	2000000	6868
五峰县湾潭镇	1	29600	1335	55	900000	4894
五峰县付家堰乡	1	12200	1284	15	1550000	5726
五峰县牛庄乡	0	15400	829	0	510000	2052
五峰县采花乡	0	27100	2617	45	1880000	8462

7—18 全市乡镇(办事处)主要经济指标(三)

(2005年)

	乡镇总人口	其中:外来人口	乡镇从业人员	其中:外来从业人员	第一产业	第二产业	第三产业	农作物总播种面积(公顷)
西陵区窑湾乡	7693	1555	4227	1169	1572	1291	1364	279
伍家区伍家乡	24616	4592	11265	2254	5509	2986	2770	1272
点军区点军街道办事处	29544	0	9936	0	6576	1071	2288	932
点军区艾家镇	8189	25	4055	12	1985	1766	304	1020
点军区桥边镇	27515	520	13019	468	7547	1255	4217	3650
点军区联棚乡	13451	395	6973	355	4447	471	2055	966
点军区土城乡	23543	0	10119	0	6451	235	3433	4506
猇亭区古老背办事处	13286	0	7126	0	3777	1045	2304	1247
猇亭区虎牙办事处	10048	0	6169	0	2621	810	2738	1946
猇亭区云池办事处	13850	0	7275	0	2777	1465	3033	483
夷陵区小溪塔街办	144692	14791	103755	9800	13221	34174	56360	5132
夷陵区樟村坪镇	26516	4385	13870	2690	6706	4836	2328	4035
夷陵区雾渡河镇	33796	0	16708	0	10046	487	6175	5686
夷陵区分乡镇	40430	93	19041	82	10642	2620	5779	5874
夷陵区太平溪镇	29309	2600	14678	2500	6806	3020	4852	2399
夷陵区三斗坪镇	36657	1000	15911	950	8149	946	6816	3011
夷陵区乐天溪镇	28956	2000	13520	2000	7682	621	5217	1664
夷陵区龙泉镇	48582	1655	20089	1105	11260	1731	7098	8112
夷陵区鸦鹊岭镇	56258	5948	30430	5633	19903	3595	6932	14665
夷陵区下堡坪乡	23300	42	10445	42	7738	504	2203	4775
夷陵区邓村乡	29930	55	13099	50	8706	2500	1893	6474
夷陵区黄花乡	35531	187	18234	165	9767	1527	6940	6192
宜都市陆城街道办事处	90363	7450	19427	5250	9473	4385	5569	2881
宜都市红花套镇	27671	830	13409	610	8172	2062	3175	1766
宜都市高坝洲镇	27347	81	11217	71	6252	2094	2871	2783
宜都市聂家河镇	18188	41	8872	41	5008	114	2150	3082
宜都市松木坪镇	45465	0	15453	150	8176	2947	4330	3471
宜都市枝城镇	87539	0	33498	0	14329	6096	13073	117938
宜都市姚家店乡	23403	260	11842	160	5932	2225	3685	3313
宜都市五眼泉乡	22175	0	12277	0	6849	1957	3471	3514
宜都市潘家湾土家族乡	16451	410	8293	250	6388	277	1628	3043
宜都市王家畈乡	33354	28	17256	10	10691	1489	5076	6613

7—18 续表 1

	乡镇总人口	其中:外来人口	乡镇从业人员	其中:外来从业人员	第一产业	第二产业	第三产业	农作物总播种面积（公顷）
枝江市马家店街道	110612	2820	57538	385	6580	23628	27330	3210
枝江市这福寺镇	51533	0	24976	0	19971	3107	1898	13243
枝江市白洋镇	38271	1000	18788	900	13788	4200	800	7922
枝江市顾家店镇	31110	2000	13630	1400	9060	3547	1023	6626
枝江市董市镇	54012	362	31325	280	20293	4134	6898	10312
枝江市仙女镇	34527	1000	15938	800	9335	4083	2520	10802
枝江市问安镇	46376	15	24210	8	16791	2558	4831	13479
枝江市七星台镇	50489	204	23353	180	17597	1807	3949	10875
枝江市百里洲镇	91178	200	38769	0	29435	1811	7523	18462
当阳市玉阳办事处	98838	18000	39535	7000	8200	13000	18335	6010
当阳市坝陵办事处	53771	3548	25736	1411	15786	5163	4787	9220
当阳市玉泉办事处	34140	3650	16816	1250	11302	1268	4246	6000
当阳市两河镇	35177	354	15865	354	10649	2408	2808	7420
当阳市河溶镇	56273	580	22008	480	14090	1136	6782	14670
当阳市育溪镇	52590	1089	25300	1050	24300	750	250	11830
当阳市庙前镇	38045	79	19335	70	11704	3555	4076	10700
当阳市王店铺	36200	1000	18300	900	15700	600	200	10040
当阳市半月镇	31275	512	24400	350	18000	900	5500	12590
当阳市草埠湖镇	25358	1120	10290	480	7817	991	1482	11600
远安县鸣凤镇	43491	1712	27480	1500	3524	894	23062	1721
远安县花林寺镇	18424	10	10712	8	7839	82	2791	3568
远安县旧县镇	25547	15	13311	9	8398	1581	3332	3693
远安县洋坪镇	39919	145	18250	50	10400	1881	5969	5795
远安县茅坪场镇	27633	3000	15000	2900	10300	3700	1000	4440
远安县荷花镇	28951	1280	18085	1120	13267	1589	3229	4276
远安县河口乡	16706	106	8829	100	5542	1335	1952	2686
兴山县古夫镇	35689	688	12658	664	9588	924	2146	6050
兴山县高阳镇	31206	610	7497	0	5358	542	1597	2315
兴山县峡口镇	27923	310	13767	290	10541	384	2842	3888
兴山县南阳镇	12721	102	6342	62	4720	134	1488	3056
兴山县黄粮镇	23783	60	11962	46	9417	787	1758	5997
兴山县水月寺镇	25165	207	11711	198	7910	1062	2739	5127

7—18 续表2

	乡镇总人口	其中:外来人口	乡镇从业人员	其中:外来从业人员	第一产业	第二产业	第三产业	农作物总播种面积（公顷）
兴山县高桥乡	16307	0	8090	0	6679	228	1183	4128
兴山县榛子乡	12438	25	6183	13	5208	92	883	2970
秭归县茅坪镇	79511	5046	22718	1893	13186	2041	7491	3631
秭归县归州镇	29386	985	13984	352	10027	1838	2119	1877
秭归县屈原镇	21137	236	8869	50	5025	707	3137	2682
秭归县沙镇溪镇	38271	2978	20093	2578	15174	2231	2688	5869
秭归县两河口镇	31795	51	15625	51	12333	383	2909	5757
秭归县郭家坝镇	53166	135	29295	120	1497	27798	0	5663
秭归县杨林桥镇	28044	320	15728	210	13477	408	1843	6736
秭归县水田坝乡	36284	124	19922	85	16340	398	3184	3776
秭归县汇滩乡	15880	100	9733	100	6412	27	3294	2060
秭归县梅家河乡	19589	3215	11008	520	6503	1284	3221	3270
秭归县磨坪乡	12608	150	7514	150	5227	486	1804	2996
秭归县周坪乡	25903	16	12212	0	9540	350	2322	5491
长阳县龙舟坪镇	83340	9837	39166	9479	15494	6996	16676	5157
长阳县高家堰镇	21520	470	12192	400	7979	330	3883	2725
长阳县磨市	32328	75	17411	50	9809	1320	6282	4781
长阳县都镇湾镇	55108	210	28213	180	19079	551	8583	9278
长阳县资丘镇	41512	500	25309	390	16196	4619	4494	9116
长阳县渔峡口镇	35766	100	20576	100	15761	1082	3733	7526
长阳县长阳县榔坪镇	41002	36	2173	100	17550	435	3746	8423
长阳县贺家坪镇	29847	560	15409	540	10128	941	4340	6237
长阳县大堰乡	35682	102	19310	80	11769	725	6816	5776
长阳县鸭子口乡	23171	150	11419	120	7095	718	3606	2888
长阳县火烧坪乡	7925	31	4938	10	3897	72	969	2762
五峰县五峰镇	41072	2410	11890	820	6982	2821	2087	8205
五峰县长乐坪镇	25303	253	1187	253	8213	419	2555	6031
五峰县渔洋关镇	44947	5000	26349	3000	19194	5399	1756	7789
五峰县仁和坪镇	23325	0	13091	0	8571	1084	3436	5770
五峰县湾潭镇	16847	230	8876	150	5993	380	2493	3549
五峰县付家堰乡	17670	130	9814	130	6288	167	3359	4725
五峰县牛庄乡	7728	0	3986	0	3196	17	773	2692
五峰县采花乡	28404	0	13234	0	10203	1387	1644	7309

7—19 全市乡镇(办事处)主要经济指标(四)

(2005年)

	其中:粮食播种面积(公顷)	粮食总产量(吨)	棉花总产量(吨)	肉类总产量(吨)	其中:猪肉产量(吨)	牛奶产量(吨)	禽蛋产量(吨)
西陵区窑湾乡	0	0	0	1017	715	0	13
伍家区伍家乡	346	1610	0	2954	1668	1815	13
点军区点军街道办事处	103	530	0	1737	1650	660	5
点军区艾家镇	386	1057	0	571	490	0	20
点军区桥边镇	1676	6033	0	2250	2031	0	100
点军区联棚乡	442	2038	0	1376	1282	0	108
点军区土城乡	2542	9727	0	2115	1996	0	58
猇亭区古老背办事处	515	3086	0	2291	1994	0	123
猇亭区虎牙办事处	542	2919	0	2011	1628	0	137
猇亭区云池办事处	82	635	0	906	635	0	213
夷陵区小溪塔街办	2403	12738	0	11069	9615	687	312
夷陵区樟村坪镇	2621	9130	0	1789	1517	0	93
夷陵区雾渡河镇	3163	13205	0	3342	3117	0	64
夷陵区分乡镇	3375	19005	5	3776	3544	7	145
夷陵区太平溪镇	1343	6099	0	2195	2100	0	162
夷陵区三斗坪镇	1746	6839	0	2759	2507	0	88
夷陵区乐天溪镇	1069	4935	0	1600	1500	0	40
夷陵区龙泉镇	3350	19990	0	4953	4158	3115	414
夷陵区鸦鹊岭镇	6656	51076	12	13690	12991	183	727
夷陵区下堡坪乡	3141	14349	0	2854	2803	0	56
夷陵区邓村乡	3108	7902	0	3325	2969	0	143
夷陵区黄花乡	3866	17008	0	3841	3630	139	173
宜都市陆城街道办事处	1718	11233	0	5370	5346	8	520
宜都市红花套镇	1031	6448	0	2271	1890	0	245
宜都市高坝洲镇	1709	10490	27	2988	2677	0	279
宜都市聂家河镇	1771	14423	0	3646	2804	0	297
宜都市松木坪镇	2144	12351	0	2564	2070	0	260
宜都市枝城镇	73775	27056	1	10700	9439	0	725
宜都市姚家店乡	2376	14088	0	3800	3146	0	224
宜都市五眼泉乡	2223	12505	0	2749	2244	0	477
宜都市潘家湾土家族乡	2152	10049	0	3094	2247	0	215
宜都市王家畈乡	4420	18988	0	6769	4030	0	285

7—19 续表 1

	其中：粮食播种面积（公顷）	粮食总产量（吨）	棉花总产量（吨）	肉类总产量（吨）	其中：猪肉产量（吨）	牛奶产量（吨）	禽蛋产量（吨）
枝江市马家店街道	813	5108	345	2526	2189	0	276
枝江市这福寺镇	7446	47881	38	9939	8281	0	1575
枝江市白洋镇	4595	26220	0	5794	4361	0	626
枝江市顾家店镇	3526	20247	599	5662	5309	0	1556
枝江市董市镇	5884	37193	493	9036	6694	0	938
枝江市仙女镇	6161	40300	31	5687	4504	0	1297
枝江市问安镇	7309	63175	356	4853	4026	0	607
枝江市七星台镇	2732	11741	5244	2515	2161	0	608
枝江市百里洲镇	7243	17552	6163	6846	6421	0	615
当阳市玉阳办事处	3160	20971	38	4998	3680	0	1634
当阳市坝陵办事处	3820	25410	11	7875	4987	0	1260
当阳市玉泉办事处	3140	20034	13	4326	3337	0	293
当阳市两河镇	3210	28416	772	7282	4880	0	774
当阳市河溶镇	6380	51761	334	8903	6482	0	2836
当阳市育溪镇	6380	36260	42	7137	5767	0	3820
当阳市庙前镇	5790	32048	13	6919	5073	0	1630
当阳市王店铺	5080	45038	92	7880	6633	0	2625
当阳市半月镇	5850	53774	988	7338	5210	750	1605
当阳市草埠湖镇	4680	11936	6176	1438	1144	0	380
远安县鸣凤镇	855	5065	0	1291	1175	0	238
远安县花林寺镇	2169	9574	0	2004	1675	0	87
远安县旧县镇	2351	15168	35	2241	2028	0	195
远安县洋坪镇	3019	20649	10	4922	4598	0	185
远安县茅坪场镇	2770	16269	0	2504	2264	0	153
远安县荷花镇	2683	12340	0	2500	2266	0	179
远安县河口乡	1561	8524	2	1802	1650	0	172
兴山县古夫镇	3655	9598	0	3210	2939	0	141
兴山县高阳镇	1493	4022	0	2299	2086	0	38
兴山县峡口镇	2547	10302	0	4606	4481	0	150
兴山县南阳镇	2157	4745	0	1683	1659	0	46
兴山县黄粮镇	3313	12274	0	3735	3422	0	183
兴山县水月寺镇	3703	11885	0	3711	3474	0	244

7—19 续表2

	其中:粮食播种面积（公顷）	粮食总产量（吨）	棉花总产量（吨）	肉类总产量（吨）	其中:猪肉产量（吨）	牛奶产量（吨）	禽蛋产量（吨）
兴山县高桥乡	2380	8886	0	3068	2843	0	59
兴山县榛子乡	1552	5920	0	1574	1352	0	49
秭归县茅坪镇	1965	8407	0	3552	3321	0	93
秭归县归州镇	1005	3986	0	1898	1848	0	118
秭归县屈原镇	1963	5157	0	1338	1303	0	66
秭归县沙镇溪镇	3538	13697	0	3798	3542	0	111
秭归县两河口镇	3327	13054	0	2495	2388	0	89
秭归县郭家坝镇	3640	13543	0	2355	2278	0	175
秭归县杨林桥镇	3891	15510	0	2331	2077	0	185
秭归县水田坝乡	2164	9473	0	2457	2385	0	142
秭归县汇滩乡	1286	4693	0	860	903	0	55
秭归县梅家河乡	1971	8678	0	1398	1354	0	55
秭归县磨坪乡	1838	6851	0	897	856	0	78
秭归县周坪乡	3691	13588	0	1616	2533	0	205
长阳县龙舟坪镇	3197	19193	0	4303	3759	0	103
长阳县高家堰镇	1859	7854	0	1670	1340	0	86
长阳县磨市	2929	11511	0	1682	1503	0	113
长阳县都镇湾镇	6561	23478	0	3347	3027	0	179
长阳县资丘镇	5474	17963	0	2977	2530	0	138
长阳县渔峡口镇	5078	18360	0	2945	2830	0	92
长阳县长阳县榔坪镇	4525	13664	0	3362	2936	0	145
长阳县贺家坪镇	3483	11753	0	2425	1714	0	135
长阳县大堰乡	4370	20619	0	3289	2941	0	164
长阳县鸭子口乡	2063	6348	0	1176	1099	0	80
长阳县火烧坪乡	607	1794	0	673	604	0	44
五峰县五峰镇	4880	12319	0	2689	2507	0	86
五峰县长乐坪镇	3345	11047	0	1573	1449	0	79
五峰县渔洋关镇	5030	15928	0	2293	2173	0	145
五峰县仁和坪镇	4003	17083	0	3460	3091	0	145
五峰县湾潭镇	1992	5856	0	1174	1132	0	41
五峰县付家堰乡	2681	11406	0	2176	2101	0	40
五峰县牛庄乡	1224	3522	0	720	700	0	40
五峰县采花乡	4855	14886	0	2199	2103	0	98

7—20 全市乡镇(办事处)主要经济指标(五)

(2005 年)

	水产品产量(吨)	企业个数	其中:工业企业	企业人员	其中:工业企业人员	企业实交税金总额(万元)	财政供给人数
西陵区窑湾乡	325	539	89	2304	871	545	172
伍家区伍家乡	1637	1411	232	6817	3218	5511	109
点军区点军街道办事处	652	845	45	3401	1824	1366	104
点军区艾家镇	55	219	67	1596	1331	163	53
点军区桥边镇	170	856	380	4135	1673	290	96
点军区联棚乡	133	338	24	734	324	82	55
点军区土城乡	10	731	163	1893	757	250	71
猇亭区古老背办事处	83	706	85	2424	1153	481	20
猇亭区虎牙办事处	312	619	75	2469	650	347	15
猇亭区云池办事处	152	1192	158	3476	1465	991	17
夷陵区小溪塔街办	2420	3030	603	24312	5737	5642	184
夷陵区樟村坪镇	3	946	90	8917	4482	3496	240
夷陵区雾渡河镇	117	930	90	7512	3990	1100	125
夷陵区分乡镇	84	600	162	4827	2128	780	222
夷陵区太平溪镇	80	504	81	4130	1622	369	193
夷陵区三斗坪镇	52	420	140	3370	1152	385	231
夷陵区乐天溪镇	40	850	166	6812	4699	2900	217
夷陵区龙泉镇	2792	1850	615	14833	6927	5149	265
夷陵区鸦鹊岭镇	3306	19	16	10089	8912	2254	104
夷陵区下堡坪乡	4	420	220	3418	1802	609	130
夷陵区邓村乡	13	167	38	1338	318	706	189
夷陵区黄花乡	227	610	190	4902	1527	1579	318
宜都市陆城街道办事处	522	10074	1392	25933	11005	3012	99
宜都市红花套镇	539	1355	37	4292	1151	541	168
宜都市高坝洲镇	1533	1045	127	3880	1075	403	106
宜都市聂家河镇	178	95	69	1080	883	700	76
宜都市松木坪镇	156	985	168	9610	4628	1315	106
宜都市枝城镇	694	7098	1563	25827	12943	2370	312
宜都市姚家店乡	157	516	220	6840	3341	900	154
宜都市五眼泉乡	539	1007	217	4359	2075	267	63
宜都市潘家湾土家族乡	20	80	25	340	203	50	108
宜都市王家畈乡	91	646	30	4500	1840	206	203

7—20 续表1

	水产品产量（吨）	企业个数	其中:工业企业	企业人员	其中:工业企业人员	企业实交税金总额（万元）	财政供给人数
枝江市马家店街道	5877	4621	535	17959	6553	3661	220
枝江市这福寺镇	4312	1118	372	7982	3107	390	177
枝江市白洋镇	3648	865	275	4710	3539	437	91
枝江市顾家店镇	978	501	194	3847	2377	520	143
枝江市董市镇	4625	2031	202	10033	3792	1129	145
枝江市仙女镇	5117	520	144	5006	2556	200	156
枝江市问安镇	8437	2011	811	11728	8896	208	104
枝江市七星台镇	3310	1203	166	4280	3437	721	254
枝江市百里洲镇	3734	1342	169	4343	1740	361	322
当阳市玉阳办事处	2162	5981	968	40510	10015	2770	196
当阳市坝陵办事处	1980	1405	504	9950	5163	915	107
当阳市玉泉办事处	1910	2189	482	13012	7949	1163	114
当阳市两河镇	2951	645	90	3194	1668	825	135
当阳市河溶镇	10478	3023	370	9097	3527	805	185
当阳市育溪镇	3150	1698	477	9800	6492	675	208
当阳市庙前镇	2800	1145	500	5267	4065	293	164
当阳市王店铺	3714	15	13	400	320	200	135
当阳市半月镇	7290	15	15	850	850	200	215
当阳市草埠湖镇	4080	20	6	1141	432	200	449
远安县鸣凤镇	823	407	272	5849	2489	1355	102
远安县花林寺镇	264	70	7	600	210	120	181
远安县旧县镇	109	139	85	2876	1432	445	104
远安县洋坪镇	297	149	89	2710	1710	45	81
远安县茅坪场镇	159	613	178	4460	3600	1170	132
远安县荷花镇	269	259	77	3100	1524	1450	144
远安县河口乡	99	84	74	885	635	214	51
兴山县古夫镇	220	1320	93	3810	807	964	544
兴山县高阳镇	75	1500	53	3500	424	450	195
兴山县峡口镇	55	790	196	3129	1568	610	545
兴山县南阳镇	12	290	19	480	155	132	466
兴山县黄粮镇	17	545	87	1381	701	231	527
兴山县水月寺镇	0	868	434	3700	3478	924	598

7—20 续表2

	水产品产量（吨）	企业个数	其中:工业企业	企业人员	其中:工业企业人员	企业实交税金总额（万元）	财政供给人数
兴山县高桥乡	1	80	5	150	47	10	316
兴山县榛子乡	0	247	11	438	92	31	185
秭归县茅坪镇	66	3585	519	10271	2363	2061	124
秭归县归州镇	160	1139	248	2697	701	561	94
秭归县屈原镇	1	538	168	3100	1559	290	74
秭归县沙镇溪镇	26	834	30	2339	1354	549	88
秭归县两河口镇	50	937	188	1511	456	262	74
秭归县郭家坝镇	111	1347	243	2804	752	537	126
秭归县杨林桥镇	56	480	110	1625	1214	708	732
秭归县水田坝乡	68	846	302	1796	670	110	82
秭归县汇滩乡	10	464	87	1530	290	142	57
秭归县梅家河乡	0	546	564	1435	1435	120	90
秭归县磨坪乡	35	5	5	458	458	90	47
秭归县周坪乡	0	458	215	2810	1150	300	97
长阳县龙舟坪镇	483	3540	833	11278	2797	2750	316
长阳县高家堰镇	6	454	46	1832	1047	169	202
长阳县磨市	1775	376	44	1665	740	233	156
长阳县都镇湾镇	91	969	200	2288	1310	330	231
长阳县资丘镇	41	625	110	2806	1344	265	208
长阳县渔峡口镇	75	821	124	2276	638	309	178
长阳县长阳县榔坪镇	1	465	67	1625	702	200	168
长阳县贺家坪镇	0	783	141	1444	326	311	123
长阳县大堰乡	620	570	223	1434	857	190	207
长阳县鸭子口乡	261	281	201	1232	1062	293	124
长阳县火烧坪乡	0	113	3	1482	168	95	106
五峰县五峰镇	0	810	200	2720	1600	67	183
五峰县长乐坪镇	0	342	27	1344	419	315	87
五峰县渔洋关镇	22	1232	240	7155	4579	1238	151
五峰县仁和坪镇	3	650	100	1673	900	175	131
五峰县湾潭镇	1	360	40	1602	330	270	83
五峰县付家堰乡	0	203	15	323	128	0	37
五峰县牛庄乡	0	181	10	304	80	35	64
五峰县采花乡	3	409	76	2438	1630	230	81

7—21　全市乡镇(办事处)主要经济指标(六)

(2005 年)

单位:万元

	1. 公务员	2. 事业编制	3. 其他人员	财政供给人员年工资总额	财政总收入	预算内收入	其中:一般预算收入
西陵区窑湾乡	45	127	0	182	935	686	686
伍家区伍家乡	26	54	29	166	2683	1667	846
点军区点军街道办事处	25	43	36	144	961	197	197
点军区艾家镇	34	19	0	65	347	48	48
点军区桥边镇	29	32	35	112	501	458	148
点军区联棚乡	29	18	8	102	1064	570	125
点军区土城乡	29	38	4	144	336	336	90
猇亭区古老背办事处	15	5	0	40	0	0	0
猇亭区虎牙办事处	12	3	0	36	0	0	0
猇亭区云池办事处	13	4	0	38	0	0	0
夷陵区小溪塔街办	57	121	6	220	6418	4454	1976
夷陵区樟村坪镇	78	42	120	311	3700	3700	3200
夷陵区雾渡河镇	89	36	0	163	702	305	305
夷陵区分乡镇	81	134	7	174	977	362	362
夷陵区太平溪镇	40	92	61	217	854	461	274
夷陵区三斗坪镇	38	129	64	312	993	425	238
夷陵区乐天溪镇	77	115	25	296	684	684	384
夷陵区龙泉镇	103	159	3	368	6450	4760	1539
夷陵区鸦鹊岭镇	49	55	0	180	2023	1210	632
夷陵区下堡坪乡	46	81	3	186	662	348	348
夷陵区邓村乡	40	146	3	150	508	199	0
夷陵区黄花乡	141	177	0	433	2106	1415	415
宜都市陆城街道办事处	45	3	51	129	6752	5034	1924
宜都市红花套镇	63	105	0	134	1503	780	426
宜都市高坝洲镇	31	24	51	114	853	209	209
宜都市聂家河镇	27	49	0	140	877	248	116
宜都市松木坪镇	32	28	46	128	1681	713	713
宜都市枝城镇	50	27	235	301	4374	4060	1661
宜都市姚家店乡	67	33	54	127	1196	495	262
宜都市五眼泉乡	39	0	24	95	759	407	198
宜都市潘家湾土家族乡	69	25	14	132	113	113	70
宜都市王家畈乡	35	90	78	172	683	265	134

7—21　续表1　　　单位:万元

	1. 公务员	2. 事业编制	3. 其他人员	财政供给人员年工资总额	财政总收入	预　算内收入	其中:一般预算收入
枝江市马家店街道	88	82	50	245	5436	3646	1407
枝江市这福寺镇	47	130	0	190	1706	654	654
枝江市白洋镇	42	49	0	100	1146	436	436
枝江市顾家店镇	93	50	0	150	820	370	262
枝江市董市镇	43	102	0	176	1737	654	654
枝江市仙女镇	40	94	22	187	1759	1064	369
枝江市问安镇	34	70	0	110	1183	379	282
枝江市七星台镇	78	172	4	286	2396	1497	598
枝江市百里洲镇	58	264	0	428	2525	965	965
当阳市玉阳办事处	59	50	87	275	3528	1305	1305
当阳市坝陵办事处	57	50	0	184	1316	1316	772
当阳市玉泉办事处	52	58	4	148	1200	658	532
当阳市两河镇	58	77	0	109	510	510	291
当阳市河溶镇	118	64	3	220	768	768	768
当阳市育溪镇	113	83	12	552	997	997	466
当阳市庙前镇	99	65	0	257	1289	555	335
当阳市王店铺	75	60	0	135	1254	875	375
当阳市半月镇	36	155	24	172	516	816	502
当阳市草埠湖镇	73	225	151	300	1523	893	727
远安县鸣凤镇	35	67	0	110	1114	528	528
远安县花林寺镇	35	139	7	144	384	384	153
远安县旧县镇	36	68	0	120	560	491	491
远安县洋坪镇	44	35	2	129	540	540	265
远安县茅坪场镇	45	39	48	177	1825	1825	1825
远安县荷花镇	50	94	0	157	1425	1425	654
远安县河口乡	30	17	4	67	352	352	352
兴山县古夫镇	49	492	3	544	917	440	440
兴山县高阳镇	68	82	45	202	707	451	195
兴山县峡口镇	43	356	146	606	708	440	336
兴山县南阳镇	88	359	19	372	706	357	215
兴山县黄粮镇	94	433	0	520	785	366	366
兴山县水月寺镇	49	398	151	420	1128	567	70

7—21 续表 2　　单位:万元

	1. 公务员	2. 事业编制	3. 其他人员	财政供给人员年工资总额	财政总收入	预　算内收入	其中:一般预算收入
兴山县高桥乡	25	289	2	302	451	237	136
兴山县榛子乡	30	151	4	166	685	417	417
秭归县茅坪镇	52	72	0	130	1834	830	830
秭归县归州镇	37	52	5	57	964	259	164
秭归县屈原镇	46	25	3	94	603	102	102
秭归县沙镇溪镇	35	48	5	75	668	243	243
秭归县两河口镇	46	28	0	86	447	319	319
秭归县郭家坝镇	50	76	0	128	775	613	298
秭归县杨林桥镇	56	76	0	106	528	528	215
秭归县水田坝乡	50	27	5	107	868	211	136
秭归县汇滩乡	24	32	1	71	98	84	68
秭归县梅家河乡	26	30	34	82	144	97	97
秭归县磨坪乡	19	25	3	50	250	200	163
秭归县周坪乡	58	39	0	48	851	411	168
长阳县龙舟坪镇	57	254	5	421	3552	2916	636
长阳县高家堰镇	32	170	0	182	1267	431	208
长阳县磨市	32	121	3	140	352	352	352
长阳县都镇湾镇	45	182	4	220	1899	565	231
长阳县资丘镇	48	155	5	284	1100	448	448
长阳县渔峡口镇	45	1330	3	160	1054	504	332
长阳县长阳县榔坪镇	46	109	13	165	1091	597	597
长阳县贺家坪镇	35	82	3	107	1001	403	403
长阳县大堰乡	39	86	82	215	815	350	350
长阳县鸭子口乡	29	92	3	112	628	410	145
长阳县火烧坪乡	36	65	5	69	427	106	106
五峰县五峰镇	76	107	0	542	840	840	0
五峰县长乐坪镇	49	38	0	97	135	135	135
五峰县渔洋关镇	70	73	8	193	1345	1287	518
五峰县仁和坪镇	37	94	0	245	334	143	143
五峰县湾潭镇	60	17	6	124	225	203	0
五峰县付家堰乡	24	11	2	325	380	350	0
五峰县牛庄乡	48	16	0	68	127	117	117
五峰县采花乡	44	30	7	78	348	247	189

7—22　全市乡镇(办事处)主要经济指标(七)

(2005 年)　　　　单位:万元

	预算外资金收入	基金预算收入	上级财政补助收入	财政支出	其中:科学事业费支出	教育事业费支出	年末累计负债金额
西陵区窑湾乡	241	0	8	696	0	38	0
伍家区伍家乡	195	0	821	822	3	0	2842
点军区点军街道办事处	120	0	644	841	0	285	1422
点军区艾家镇	14	0	285	163	0	0	294
点军区桥边镇	43	0	0	33	0	0	110
点军区联棚乡	49	0	445	598	13	0	483
点军区土城乡	0	0	0	285	0	0	251
猇亭区古老背办事处	0	0	0	0	0	0	0
猇亭区虎牙办事处	0	0	0	0	0	0	0
猇亭区云池办事处	0	0	0	0	0	0	0
夷陵区小溪塔街办	377	3	1584	1459	0	0	430
夷陵区樟村坪镇	0	0	0	954	0	0	0
夷陵区雾渡河镇	0	0	397	524	0	0	29
夷陵区分乡镇	205	0	410	525	0	0	413
夷陵区太平溪镇	91	0	302	493	0	0	1777
夷陵区三斗坪镇	223	0	345	820	0	0	521
夷陵区乐天溪镇	0	0	0	465	0	0	0
夷陵区龙泉镇	61	2	1627	1311	0	0	1726
夷陵区鸦鹊岭镇	0	0	813	678	0	0	957
夷陵区下堡坪乡	25	0	289	397	0	0	709
夷陵区邓村乡	0	0	309	3647	0	0	800
夷陵区黄花乡	3	0	688	1323	0	670	1407
宜都市陆城街道办事处	70	0	1648	798	0	0	437
宜都市红花套镇	190	0	533	396	0	0	1060
宜都市高坝洲镇	0	0	544	753	40	0	3100
宜都市聂家河镇	145	0	484	732	0	2	250
宜都市松木坪镇	271	0	697	1681	0	0	0
宜都市枝城镇	314	0	0	1123	0	0	678
宜都市姚家店乡	233	0	468	1188	0	0	39
宜都市五眼泉乡	0	0	349	255	0	0	577
宜都市潘家湾土家族乡	0	0	0	245	0	0	125
宜都市王家畈乡	0	0	418	783	0	0	980

7—22 续表 1　　单位:万元

	预算外资金收入	基金预算收入	上级财政补助收入	财政支出	其中:科学事业费支出	教育事业费支出	年末累计负债金额
枝江市马家店街道	0	0	1790	3197	0	0	5150
枝江市这福寺镇	1052	0	0	1706	0	727	117
枝江市白洋镇	0	0	710	1146	0	503	1223
枝江市顾家店镇	50	0	400	800	0	0	7500
枝江市董市镇	0	0	1083	1736	0	0	14049
枝江市仙女镇	0	0	685	1064	0	0	1379
枝江市问安镇	0	0	804	570	0	0	0
枝江市七星台镇	0	0	899	666	0	0	0
枝江市百里洲镇	0	0	1560	2525	0	0	8918
当阳市玉阳办事处	0	228	1995	845	0	5	0
当阳市坝陵办事处	0	0	0	708	0	0	2003
当阳市玉泉办事处	0	26	516	677	23	0	0
当阳市两河镇	0	0	0	847	0	452	280
当阳市河溶镇	0	0	0	1358	5	420	1200
当阳市育溪镇	0	0	0	1396	0	689	26
当阳市庙前镇	0	5	729	1289	0	488	1091
当阳市王店铺	0	0	679	1032	0	536	278
当阳市半月镇	0	0	0	250	0	20	650
当阳市草埠湖镇	0	0	630	1496	0	329	16000
远安县鸣凤镇	0	0	586	1114	0	0	494
远安县花林寺镇	0	0	0	599	0	0	0
远安县旧县镇	0	0	69	574	0	0	334
远安县洋坪镇	0	0	0	590	0	0	421
远安县茅坪场镇	0	0	0	786	0	0	0
远安县荷花镇	0	0	0	703	0	0	180
远安县河口乡	0	0	0	407	0	0	0
兴山县古夫镇	0	0	477	919	0	0	577
兴山县高阳镇	0	0	256	707	0	285	421
兴山县峡口镇	82	0	186	777	0	354	1340
兴山县南阳镇	97	0	252	386	0	204	1780
兴山县黄粮镇	0	0	419	785	0	310	0
兴山县水月寺镇	0	0	561	980	0	201	1

7—22 续表2 单位:万元

	预算外资金收入	基金预算收入	上级财政补助收入	财政支出	其中:科学事业费支出	教育事业费支出	年末累计负债金额
兴山县高桥乡	36	0	178	451	0	15	550
兴山县榛子乡	112	0	156	639	0	149	881
秭归县茅坪镇	583	0	421	1251	0	0	1170
秭归县归州镇	4	0	701	1086	5	500	134
秭归县屈原镇	0	0	501	586	0	0	45
秭归县沙镇溪镇	125	0	300	597	20	30	24
秭归县两河口镇	30	0	98	815	41	377	147
秭归县郭家坝镇	54	0	108	442	0	0	0
秭归县杨林桥镇	0	0	0	287	0	0	227
秭归县水田坝乡	0	0	657	865	0	0	670
秭归县汇滩乡	14	0	0	202	18	184	149
秭归县梅家河乡	10	0	37	199	0	0	267
秭归县磨坪乡	50	0	0	350	0	0	73
秭归县周坪乡	0	0	440	642	0	356	0
长阳县龙舟坪镇	636	0	0	2274	0	980	0
长阳县高家堰镇	260	0	576	984	0	392	258
长阳县磨市	0	0	0	767	0	466	1144
长阳县都镇湾镇	503	0	831	1899	0	960	1154
长阳县资丘镇	36	0	616	1032	0	557	474
长阳县渔峡口镇	194	0	356	1054	0	470	900
长阳县长阳县榔坪镇	0	0	494	1091	0	487	0
长阳县贺家坪镇	128	0	470	826	0	374	850
长阳县大堰乡	0	0	465	815	0	487	237
长阳县鸭子口乡	218	0	0	911	0	439	75
长阳县火烧坪乡	69	0	252	393	0	137	276
五峰县五峰镇	0	0	0	840	0	0	210
五峰县长乐坪镇	0	0	0	257	0	0	407
五峰县渔洋关镇	0	0	58	1258	40	0	939
五峰县仁和坪镇	83	0	108	328	0	0	419
五峰县湾潭镇	0	0	22	189	0	0	0
五峰县付家堰乡	0	0	30	380	0	0	0
五峰县牛庄乡	0	0	10	128	0	0	94
五峰县采花乡	0	0	101	290	0	0	391

7—23　全市乡镇(办事处)主要经济指标(八)

(2005 年)

	非农户投资	汽车站	供水站	银行、信用社	本乡镇公路里程	集贸市场个数	其中:综合市场
西陵区窑湾乡	3820	0	3	1	66	3	1
伍家区伍家乡	21561	3	1	2	140	5	3
点军区点军街道办事处	857	1	1	4	120	3	3
点军区艾家镇	470	0	1	2	95	1	1
点军区桥边镇	676	0	1	1	112	1	1
点军区联棚乡	1095	0	1	2	180	0	0
点军区土城乡	0	1	1	1	0	1	0
猇亭区古老背办事处	14689	0	0	1	34	2	2
猇亭区虎牙办事处	14689	0	0	3	40	1	1
猇亭区云池办事处	12590	1	1	4	17	4	4
夷陵区小溪塔街办	12500	2	1	6	258	8	5
夷陵区樟村坪镇	8000	1	2	2	320	2	2
夷陵区雾渡河镇	5000	1	1	2	236	1	1
夷陵区分乡镇	3575	1	1	1	426	1	1
夷陵区太平溪镇	6000	1	1	2	160	1	1
夷陵区三斗坪镇	6890	2	3	1	230	3	3
夷陵区乐天溪镇	4500	1	2	2	298	1	1
夷陵区龙泉镇	10972	1	3	5	656	4	4
夷陵区鸦鹊岭镇	13463	1	1	2	2	9	7
夷陵区下堡坪乡	1010	1	1	1	160	1	1
夷陵区邓村乡	6000	1	1	1	219	1	1
夷陵区黄花乡	8080	1	2	2	349	2	1
宜都市陆城街道办事处	3131	2	2	8	89	6	5
宜都市红花套镇	2680	1	1	2	116	3	1
宜都市高坝洲镇	300	0	1	1	158	1	1
宜都市聂家河镇	1260	1	1	1	76	1	1
宜都市松木坪镇	2420	1	1	2	60	1	1
宜都市枝城镇	1534	1	1	5	176	3	2
宜都市姚家店乡	1988	1	1	1	70	1	1
宜都市五眼泉乡	8490	0	1	1	200	1	1
宜都市潘家湾土家族乡	210	0	1	1	82	1	1
宜都市王家畈乡	230	1	2	1	110	2	2

	非农户投资	汽车站	供水站	银行、信用社	本乡镇公路里程	集贸市场个数	其中:综合市场
枝江市马家店街道	30850	3	3	6	180	7	4
枝江市这福寺镇	11650	0	3	2	148	3	3
枝江市白洋镇	4280	0	1	2	67	4	3
枝江市顾家店镇	2780	1	1	2	81	2	2
枝江市董市镇	11252	1	2	3	200	2	2
枝江市仙女镇	2310	1	1	1	286	1	1
枝江市问安镇	6710	0	1	1	104	1	1
枝江市七星台镇	9443	1	1	2	80	2	1
枝江市百里洲镇	870	1	1	2	78	1	1
当阳市玉阳办事处	6889	2	1	20	100	9	7
当阳市坝陵办事处	4355	2	2	12	210	2	2
当阳市玉泉办事处	7670	1	1	1	228	1	0
当阳市两河镇	1330	1	0	1	200	4	4
当阳市河溶镇	1100	1	1	2	133	4	4
当阳市育溪镇	2260	3	3	1	260	3	3
当阳市庙前镇	778	2	2	1	130	2	2
当阳市王店铺	3800	1	2	2	270	4	2
当阳市半月镇	3480	1	1	2	48	1	1
当阳市草埠湖镇	280	1	1	0	35	1	1
远安县鸣凤镇	0	3	2	6	30	3	3
远安县花林寺镇	0	0	2	4	48	2	2
远安县旧县镇	0	0	1	1	120	1	1
远安县洋坪镇	0	1	1	2	110	2	2
远安县茅坪场镇	0	0	1	1	370	2	2
远安县荷花镇	0	1	2	3	115	1	1
远安县河口乡	0	0	0	1	210	1	1
兴山县古夫镇	140	1	1	1	226	4	4
兴山县高阳镇	0	1	1	1	85	1	1
兴山县峡口镇	3500	0	1	1	120	1	1
兴山县南阳镇	55	0	1	1	96	1	1
兴山县黄粮镇	450	0	0	1	105	1	1
兴山县水月寺镇	154	1	2	1	223	2	2

7—23 续表 2

	非农户投资	汽车站	供水站	银行、信用社	本乡镇公路里程	集贸市场个数	其中:综合市场
兴山县高桥乡	0	0	1	1	163	0	0
兴山县榛子乡	342	0	1	1	20	2	2
秭归县茅坪镇	2014	2	1	5	293	11	10
秭归县归州镇	2832	0	1	2	228	4	1
秭归县屈原镇	991	0	1	1	146	1	1
秭归县沙镇溪镇	6500	1	1	2	195	6	5
秭归县两河口镇	46	0	1	1	350	0	0
秭归县郭家坝镇	185	0	5	0	200	2	2
秭归县杨林桥镇	0	0	1	1	580	1	1
秭归县水田坝乡	953	0	1	1	259	1	1
秭归县汇滩乡	841	0	1	1	153	0	0
秭归县梅家河乡	300	1	1	1	328	0	0
秭归县磨坪乡	148	0	1	1	216	0	0
秭归县周坪乡	320	0	2	1	240	0	0
长阳县龙舟坪镇	5080	2	3	57	435	15	5
长阳县高家堰镇	2588	0	1	1	220	1	1
长阳县磨市	0	0	1	1	490	3	2
长阳县都镇湾镇	761	0	2	3	583	3	2
长阳县资丘镇	80	0	1	1	573	2	1
长阳县渔峡口镇	50	0	1	1	400	1	1
长阳县长阳县榔坪镇	988	0	1	2	809	1	1
长阳县贺家坪镇	3028	0	1	1	785	1	1
长阳县大堰乡	600	0	1	2	620	2	2
长阳县鸭子口乡	420	0	1	2	177	0	0
长阳县火烧坪乡	234	0	2	1	327	3	1
五峰县五峰镇	0	1	1	1	131	3	2
五峰县长乐坪镇	720	0	1	1	284	1	1
五峰县渔洋关镇	0	1	1	3	1100	5	4
五峰县仁和坪镇	2807	0	2	1	135	5	4
五峰县湾潭镇	1076	0	1	1	368	1	1
五峰县付家堰乡	0	0	0	1	100	1	1
五峰县牛庄乡	2600	0	1	1	108	1	1
五峰县采花乡	2575	0	1	1	100	1	1

7—24 全市乡镇(办事处)主要经济指标(九)

(2005年)

	农业科技与服务单位个数	农业技术人员	学校总数	在校学生总数	教师总数	体育场馆	医院、卫生院
西陵区窑湾乡	5	55	4	1686	67	5	6
伍家区伍家乡	17	98	6	2314	82	12	2
点军区点军街道办事处	3	3	7	2750	90	3	0
点军区艾家镇	5	5	5	985	32	2	1
点军区桥边镇	3	10	4	3000	87	1	1
点军区联棚乡	6	10	4	1390	52	0	0
点军区土城乡	1	7	3	2223	69	1	1
猇亭区古老背办事处	0	0	4	3450	31	7	0
猇亭区虎牙办事处	0	0	3	950	36	5	0
猇亭区云池办事处	0	0	5	3920	160	4	0
夷陵区小溪塔街办	3	38	16	11648	686	24	2
夷陵区樟村坪镇	3	8	6	2478	194	3	1
夷陵区雾渡河镇	7	38	8	3259	144	1	1
夷陵区分乡镇	1	8	5	3700	248	6	1
夷陵区太平溪镇	2	29	6	2763	215	1	1
夷陵区三斗坪镇	1	9	9	3571	249	5	1
夷陵区乐天溪镇	1	7	8	3721	216	6	1
夷陵区龙泉镇	2	18	10	5478	352	7	1
夷陵区鸦鹊岭镇	1	6	11	6809	385	2	1
夷陵区下堡坪乡	5	18	7	2087	184	1	1
夷陵区邓村乡	1	6	7	3011	195	1	1
夷陵区黄花乡	4	31	12	3875	331	3	1
宜都市陆城街道办事处	4	10	14	7926	487	9	2
宜都市红花套镇	6	12	6	3126	177	3	1
宜都市高坝洲镇	5	5	8	2765	155	1	1
宜都市聂家河镇	3	6	5	1880	115	2	1
宜都市松木坪镇	1	15	7	3665	196	1	1
宜都市枝城镇	5	10	23	9147	534	4	1
宜都市姚家店乡	5	5	4	2322	152	3	1
宜都市五眼泉乡	5	8	4	1833	113	2	1
宜都市潘家湾土家族乡	2	5	5	1498	93	1	1
宜都市王家畈乡	3	18	9	2985	184	2	1

7—24 续表1

	农业科技与服务单位个数	农业技术人员	学校总数	在校学生总数	教师总数	体育场馆	医院、卫生院
枝江市马家店街道	8	50	10	9188	460	11	2
枝江市这福寺镇	1	30	9	7400	390	7	0
枝江市白洋镇	1	18	7	3558	239	5	1
枝江市顾家店镇	1	10	5	4015	170	3	1
枝江市董市镇	5	207	10	5658	361	5	1
枝江市仙女镇	2	15	7	3503	218	1	1
枝江市问安镇	1	21	9	4105	268	3	1
枝江市七星台镇	1	19	11	4935	312	3	1
枝江市百里洲镇	1	26	18	10019	615	1	1
当阳市玉阳办事处	3	27	5	5400	290	8	1
当阳市坝陵办事处	1	22	6	4403	248	5	1
当阳市玉泉办事处	5	48	7	3961	2740	7	1
当阳市两河镇	5	15	5	3178	216	4	0
当阳市河溶镇	4	23	10	5450	298	2	1
当阳市育溪镇	1	16	11	5416	302	4	1
当阳市庙前镇	6	58	7	2868	187	5	1
当阳市王店铺	4	16	7	4200	238	3	1
当阳市半月镇	1	12	7	4263	268	2	1
当阳市草埠湖镇	1	56	4	3057	168	3	0
远安县鸣凤镇	4	18	6	2400	150	5	1
远安县花林寺镇	1	12	4	1459	105	2	1
远安县旧县镇	2	26	5	2285	137	1	1
远安县洋坪镇	1	15	11	3793	351	9	1
远安县茅坪场镇	1	18	6	2330	144	2	1
远安县荷花镇	2	20	11	2393	156	3	1
远安县河口乡	1	20	5	1649	103	1	1
兴山县古夫镇	3	31	7	2468	205	1	1
兴山县高阳镇	1	5	4	2554	278	1	1
兴山县峡口镇	5	10	5	2442	217	0	1
兴山县南阳镇	3	2	4	1117	128	0	1
兴山县黄粮镇	2	27	5	2010	175	1	1
兴山县水月寺镇	6	1	14	2750	262	3	1

7—24 续表 2

	农业科技与服务单位个数	农业技术人员	学校总数	在校学生总数	教师总数	体育场馆	医院、卫生院
兴山县高桥乡	2	8	7	1547	126	0	1
兴山县榛子乡	5	2	3	1037	88	0	1
秭归县茅坪镇	1	9	10	5016	396	3	2
秭归县归州镇	4	19	6	3799	284	2	1
秭归县屈原镇	11	37	8	1630	174	0	1
秭归县沙镇溪镇	1	10	11	3703	301	1	1
秭归县两河口镇	7	29	7	3765	225	1	1
秭归县郭家坝镇	4	50	12	6632	449	1	0
秭归县杨林桥镇	1	15	8	2677	222	1	1
秭归县水田坝乡	2	2	14	4048	255	1	1
秭归县汇滩乡	1	6	5	1360	129	0	1
秭归县梅家河乡	2	9	4	1855	156	1	1
秭归县磨坪乡	2	6	5	1361	94	0	1
秭归县周坪乡	4	51	8	2408	215	2	1
长阳县龙舟坪镇	17	135	22	14162	966	15	6
长阳县高家堰镇	4	9	5	1997	140	2	0
长阳县磨市	2	8	10	3223	240	2	1
长阳县都镇湾镇	7	12	28	5126	350	2	2
长阳县资丘镇	4	17	12	5083	241	2	1
长阳县渔峡口镇	4	20	10	3500	197	2	2
长阳县长阳县榔坪镇	5	12	9	4107	214	1	1
长阳县贺家坪镇	3	19	7	2939	167	2	1
长阳县大堰乡	5	8	13	3499	177	2	1
长阳县鸭子口乡	1	7	7	2253	140	1	0
长阳县火烧坪乡	2	5	2	830	55	2	1
五峰县五峰镇	1	21	21	3300	270	1	1
五峰县长乐坪镇	1	13	10	2433	164	2	1
五峰县渔洋关镇	3	12	15	4853	325	3	1
五峰县仁和坪镇	3	13	8	2907	181	1	1
五峰县湾潭镇	1	8	9	1816	146	1	0
五峰县付家堰乡	1	6	3	1524	85	1	0
五峰县牛庄乡	1	5	3	1229	100	0	1
五峰县采花乡	2	7	16	2809	198	1	1

7—25 全市乡镇(办事处)主要经济指标(十)

(2005年)

	医生数	病床数	居民储蓄存款余额	农民人均纯收入	固定电话装机器数	移动电话拥有数
西陵区窑湾乡	48	20	2600	4301	865	426
伍家区伍家乡	48	31	7480	4365	5312	6982
点军区点军街道办事处	5	10	0	3338	0	0
点军区艾家镇	12	10	1700	3549	1100	950
点军区桥边镇	14	50	4645	3260	2160	1380
点军区联棚乡	30	20	1350	2955	495	890
点军区土城乡	40	40	2700	2625	1500	0
猇亭区古老背办事处	0	0	9268	3532	3000	4500
猇亭区虎牙办事处	13	21	9689	3445	2550	2700
猇亭区云池办事处	200	150	11006	3531	3100	2800
夷陵区小溪塔街办	112	40	15400	3620	40885	18047
夷陵区樟村坪镇	36	20	8600	3562	2300	3000
夷陵区雾渡河镇	72	85	4120	2672	2144	3649
夷陵区分乡镇	60	20	4341	2880	3872	1453
夷陵区太平溪镇	54	55	7326	3255	2100	2088
夷陵区三斗坪镇	83	30	10005	3122	1430	2000
夷陵区乐天溪镇	42	20	11000	3290	2858	3221
夷陵区龙泉镇	36	50	12300	4146	9063	3696
夷陵区鸦鹊岭镇	57	39	25895	4118	10500	4208
夷陵区下堡坪乡	41	50	2300	3064	467	350
夷陵区邓村乡	34	38	2980	2966	988	1240
夷陵区黄花乡	37	60	6680	2992	1850	2500
宜都市陆城街道办事处	60	15	64750	3610	31500	32500
宜都市红花套镇	63	49	12344	3498	3900	5485
宜都市高坝洲镇	21	10	4248	3368	6500	10700
宜都市聂家河镇	8	15	2230	2798	1783	2350
宜都市松木坪镇	32	20	8050	3096	2000	5000
宜都市枝城镇	91	170	25900	3218	12500	12980
宜都市姚家店乡	40	10	4913	3268	3005	4308
宜都市五眼泉乡	13	10	1981	3146	1800	2500
宜都市潘家湾土家族乡	23	20	1550	2607	503	1100
宜都市王家畈乡	71	20	3500	2591	610	6200

7—25 续表 1

	医生数	病床数	居民储蓄存款余额	农民人均纯收入	固定电话装机器数	移动电话拥有数
枝江市马家店街道	265	840	265814	4308	61607	59764
枝江市这福寺镇	93	60	19650	3582	4550	3880
枝江市白洋镇	57	38	11913	3597	4706	2600
枝江市顾家店镇	40	50	4500	3044	1200	4500
枝江市董市镇	96	90	20671	3666	6000	3500
枝江市仙女镇	15	40	8670	3786	1757	3256
枝江市问安镇	40	40	5200	3800	3500	5000
枝江市七星台镇	62	50	10098	3578	3580	1500
枝江市百里洲镇	187	98	1331	2306	4500	8000
当阳市玉阳办事处	39	80	48000	3763	34204	40183
当阳市坝陵办事处	116	60	8618	3468	3920	4480
当阳市玉泉办事处	142	64	2140	3404	3460	3310
当阳市两河镇	11	27	3288	3229	458	624
当阳市河溶镇	43	85	17382	3500	5320	8450
当阳市育溪镇	49	70	14999	3271	4200	5259
当阳市庙前镇	42	10	4806	3389	2176	2598
当阳市王店铺	127	50	5865	3500	3900	2500
当阳市半月镇	45	40	4290	3455	2900	1900
当阳市草埠湖镇	101	30	10118	3330	3980	2790
远安县鸣凤镇	0	0	3500	3405	5800	2400
远安县花林寺镇	12	20	1897	2538	1400	210
远安县旧县镇	24	20	1853	2899	1800	600
远安县洋坪镇	66	50	5880	2988	3900	1310
远安县茅坪场镇	48	50	2310	3163	1574	1800
远安县荷花镇	45	45	8090	2450	3058	600
远安县河口乡	33	30	1636	2673	930	160
兴山县古夫镇	29	28	2000	2589	601	1508
兴山县高阳镇	8	10	3750	2645	940	1200
兴山县峡口镇	57	41	3500	2427	2900	2300
兴山县南阳镇	5	19	1376	2286	1002	2500
兴山县黄粮镇	36	20	2668	2443	1642	3420
兴山县水月寺镇	53	30	2970	2788	1282	1590

7—25 续表 2

	医生数	病床数	居民储蓄存款余额	农民人均纯收入	固定电话装机器数	移动电话拥有数
兴山县高桥乡	14	10	1050	1813	365	320
兴山县榛子乡	24	15	655	2569	675	1050
秭归县茅坪镇	128	445	7200	2420	851	3869
秭归县归州镇	40	50	6851	2298	3600	1896
秭归县屈原镇	35	15	2429	1961	1000	300
秭归县沙镇溪镇	86	45	9901	2160	550	380
秭归县两河口镇	43	30	1315	1950	1527	1200
秭归县郭家坝镇	81	55	5000	2183	4228	8680
秭归县杨林桥镇	35	30	4300	2162	320	700
秭归县水田坝乡	60	40	4060	1952	1500	1640
秭归县汇滩乡	15	10	810	1792	600	1500
秭归县梅家河乡	27	15	350	1868	650	780
秭归县磨坪乡	20	20	676	1888	110	1200
秭归县周坪乡	47	30	1100	1960	427	1411
长阳县龙舟坪镇	225	328	130972	2570	25329	26130
长阳县高家堰镇	25	0	3721	1995	470	2140
长阳县磨市	24	30	4055	1966	3000	9000
长阳县都镇湾镇	67	50	6876	1626	1204	2600
长阳县资丘镇	31	50	3145	1700	953	3950
长阳县渔峡口镇	35	44	3898	1710	1371	1710
长阳县长阳县榔坪镇	34	45	3900	1750	1800	4456
长阳县贺家坪镇	34	50	3265	2048	1700	3500
长阳县大堰乡	23	20	2697	1990	1250	1000
长阳县鸭子口乡	16	24	3318	1508	·600	3000
长阳县火烧坪乡	8	20	2623	3065	558	2177
五峰县五峰镇	38	60	6271	1731	32119	27311
五峰县长乐坪镇	10	20	2545	1700	570	4000
五峰县渔洋关镇	60	80	14350	1990	3250	5800
五峰县仁和坪镇	37	21	2500	1691	900	700
五峰县湾潭镇	29	30	1300	1743	596	470
五峰县付家堰乡	10	20	1973	1697	800	1200
五峰县牛庄乡	10	11	410	1818	251	1800
五峰县采花乡	30	30	3545	1748	1315	3800

7—26 全市乡镇(办事处)主要经济指标(十一)

(2005年)

	自来水普及率	有线电视入户率	敬老院、福利院	现收养人数	基本医疗保险参保人数	基本养老保险参保人数	享受居民最低生活保障人数
西陵区窑湾乡	95	60	1	56	5855	325	1838
伍家区伍家乡	88	50	1	58	1109	130	2116
点军区点军街道办事处	100	80	1	27	0	0	780
点军区艾家镇	100	90	1	13	20	80	13
点军区桥边镇	38	26	1	58	32	223	362
点军区联棚乡	65	12	1	14	115	1337	198
点军区土城乡	5	5	1	0	0	0	316
猇亭区古老背办事处	85	65	1	37	1010	1850	822
猇亭区虎牙办事处	50	45	1	30	900	1200	350
猇亭区云池办事处	96	90	0	2	1250	1500	852
夷陵区小溪塔街办	54	48	1	95	1511	3361	3623
夷陵区樟村坪镇	10	0	1	61	1000	850	70
夷陵区雾渡河镇	40	10	1	62	214	460	505
夷陵区分乡镇	25	8	1	35	0	0	35
夷陵区太平溪镇	21	21	1	52	341	782	1759
夷陵区三斗坪镇	30	10	1	3	0	400	1614
夷陵区乐天溪镇	28	15	1	78	105	941	1828
夷陵区龙泉镇	31	13	1	108	2100	3000	103
夷陵区鸦鹊岭镇	95	50	2	130	550	2886	300
夷陵区下堡坪乡	6	7	1	66	426	492	247
夷陵区邓村乡	10	0	1	65	0	0	0
夷陵区黄花乡	15	8	2	123	323	125	151
宜都市陆城街道办事处	100	80	2	130	6800	32000	1210
宜都市红花套镇	100	100	1	80	1456	2845	50
宜都市高坝洲镇	95	11	1	98	381	678	148
宜都市聂家河镇	10	0	1	66	265	548	88
宜都市松木坪镇	10	10	2	100	1300	362	662
宜都市枝城镇	75	48	3	118	0	3193	700
宜都市姚家店乡	42	60	2	93	154	480	210
宜都市五眼泉乡	30	10	1	98	0	0	43
宜都市潘家湾土家族乡	10	5	1	76	45	120	38
宜都市王家畈乡	38	15	1	120	510	220	103

7—26 续表1

	自来水普及率	有线电视入户率	敬老院、福利院	现收养人数	基本医疗保险参保人数	基本养老保险参保人数	享受居民最低生活保障人数
枝江市马家店街道	90	90	4	560	1910	8000	1600
枝江市这福寺镇	25	25	4	133	400	250	255
枝江市白洋镇	58	32	2	56	200	1500	405
枝江市顾家店镇	90	100	2	150	600	200	147
枝江市董市镇	82	88	3	120	1800	1300	890
枝江市仙女镇	20	0	1	104	0	200	186
枝江市问安镇	10	30	2	54	229	0	161
枝江市七星台镇	72	20	2	67	46	93	149
枝江市百里洲镇	60	9	3	168	322	250	429
当阳市玉阳办事处	60	40	1	63	66221	25000	4500
当阳市坝陵办事处	40	30	1	92	28313	4140	481
当阳市玉泉办事处	45	65	2	55	28560	1200	567
当阳市两河镇	4	12	1	83	21106	4226	1586
当阳市河溶镇	85	25	3	129	37981	1628	1344
当阳市育溪镇	11	30	2	104	35071	1500	807
当阳市庙前镇	4	3	1	91	28039	350	248
当阳市王店铺	20	10	3	180	10000	800	150
当阳市半月镇	100	10	1	45	21000	620	55
当阳市草埠湖镇	21.6	18.1	1	30	0	7314	4534
远安县鸣凤镇	70	95	1	48	0	0	4429
远安县花林寺镇	6	10	1	41	0	0	0
远安县旧县镇	12	40	1	51	45	0	0
远安县洋坪镇	20	30	1	50	.0	0	604
远安县茅坪场镇	5	5	1	63	132	7	0
远安县荷花镇	5	5	1	56	0	0	350
远安县河口乡	0	5	1	43	5	5	8
兴山县古夫镇	24	26	1	13	0	42	0
兴山县高阳镇	50	10	1	0	113	15	2820
兴山县峡口镇	10	6	1	11	555	655	297
兴山县南阳镇	40	15	1	10	600	50	126
兴山县黄粮镇	10	5	1	12	529	216	64
兴山县水月寺镇	9	9	1	21	612	287	268

7—26 续表2

	自来水普及率	有线电视入户率	敬老院、福利院	现收养人数	基本医疗保险参保人数	基本养老保险参保人数	享受居民最低生活保障人数
兴山县高桥乡	7	5	1	15	350	60	80
兴山县榛子乡	0	25	1	13	285	220	256
秭归县茅坪镇	100	97	2	277	12239	1481	2830
秭归县归州镇	85	28	1	50	1305	987	1104
秭归县屈原镇	30	84	1	66	117	117	596
秭归县沙镇溪镇	100	96	2	51	3150	2980	237
秭归县两河口镇	100	80	1	29	74	138	199
秭归县郭家坝镇	20	20	2	65	3000	5000	20
秭归县杨林桥镇	100	90	2	43	420	0	120
秭归县水田坝乡	81	15	1	35	0	0	710
秭归县汇滩乡	0	12	1	20	157	98	410
秭归县梅家河乡	30	70	1	60	0	0	37
秭归县磨坪乡	20	17	1	52	74	74	56
秭归县周坪乡	70	23	3	50	48	1100	180
长阳县龙舟坪镇	100	95	3	168	750	3029	3000
长阳县高家堰镇	98	93	1	0	490	610	80
长阳县磨市	10	96	1	80	660	710	647
长阳县都镇湾镇	100	98	1	23	910	440	244
长阳县资丘镇	100	100	2	54	750	400	342
长阳县渔峡口镇	100	95	1	2	860	391	340
长阳县长阳县榔坪镇	95	90	1	1	574	300	197
长阳县贺家坪镇	91	96	2	13	530	1315	154
长阳县大堰乡	0	99	1	45	450	4044	704
长阳县鸭子口乡	100	97	1	39	410	150	417
长阳县火烧坪乡	75	96	1	0	350	580	94
五峰县五峰镇	10	10	2	48	19210	562	461
五峰县长乐坪镇	0	10	1	23	96	96	106
五峰县渔洋关镇	10	20	2	43	0	0	0
五峰县仁和坪镇	0	11	1	24	0	0	83
五峰县湾潭镇	0	0	1	18	83	3	59
五峰县付家堰乡	0	3	1	20	0	0	310
五峰县牛庄乡	0	0	1	7	0	0	12
五峰县采花乡	4	4	1	55	151	120	185

7—27 全市乡镇(办事处)主要经济指标(十二)

(2005 年)

	镇区总户数	镇区总人口	镇区占地面积(公顷)	镇区公园个数	镇公共绿地面积(公顷)	镇区人均住房面积(平方米)	互联网入户率(%)
西陵区窑湾乡	0	0	0	0	0	0	0
伍家区伍家乡	0	0	0	0	0	0	0
点军区点军街道办事处	1110	3269	600	1	2	40	0
点军区艾家镇	305	481	2	0	0	32	1
点军区桥边镇	1005	1620	70	0	0	28	1.6
点军区联棚乡	0	0	0	0	0	0	0
点军区土城乡	0	0	0	0	0	0	0
猇亭区古老背办事处	423	1380	220	0	0	65	40
猇亭区虎牙办事处	356	1160	715	0	0	45	15
猇亭区云池办事处	456	1579	563	2	0	50	25
夷陵区小溪塔街办	45061	96038	920	2	120	30	3
夷陵区樟村坪镇	1048	2936	74	0	0	20	4
夷陵区雾渡河镇	1345	3911	200	0	1	25	0
夷陵区分乡镇	1046	2547	88	0	0	35	1
夷陵区太平溪镇	1885	7055	41	1	4	37	6
夷陵区三斗坪镇	939	1925	275	0	3	30	0.1
夷陵区乐天溪镇	2837	7840	1570	0	0	40	0
夷陵区龙泉镇	911	4355	243	1	34	38	10
夷陵区鸦鹊岭镇	4620	12180	388	0	2	35	1
夷陵区下堡坪乡	0	0	0	0	0	0	0
夷陵区邓村乡	0	0	0	0	0	0	0
夷陵区黄花乡	0	0	0	0	0	0	0
宜都市陆城街道办事处	27424	52992	1630	2	150	30	80
宜都市红花套镇	1337	2692	340	0	0	31	60
宜都市高坝洲镇	1325	4000	220	0	3	45	60
宜都市聂家河镇	128	553	210	0	3	50	50
宜都市松木坪镇	2000	6500	500	0	0	25	65
宜都市枝城镇	11098	22987	850	1	5	28	75
宜都市姚家店乡	0	0	0	0	0	0	0
宜都市五眼泉乡	0	0	0	0	0	0	0
宜都市潘家湾土家族乡	0	0	0	0	0	0	0
宜都市王家畈乡	0	0	0	0	0	0	0

7—27 续表1

	镇区总户数	镇区总人口	镇区占地面积（公顷）	镇区公园个数	镇公共绿地面积（公顷）	镇区人均住房面积（平方米）	互联网入户率（%）
枝江市马家店街道	43560	104980	1100	2	100	35	2
枝江市这福寺镇	3620	8699	150	0	0	40	1
枝江市白洋镇	1334	3228	135	0	0	40	1
枝江市顾家店镇	1474	3550	130	0	0	30	0
枝江市董市镇	5724	13791	250	0	0	35	1
枝江市仙女镇	1910	4596	140	0	0	40	0
枝江市问安镇	2604	6271	150	0	0	40	0
枝江市七星台镇	1463	3513	240	0	40	41	1
枝江市百里洲镇	4200	9673	210	0	5	35	1
当阳市玉阳办事处	31955	68838	1037	3	50	25	30
当阳市坝陵办事处	8603	13000	200	0	0	28	10
当阳市玉泉办事处	1420	4320	106	0	15	26	4
当阳市两河镇	1087	2369	100	0	2	40	2
当阳市河溶镇	4805	9004	124	0	14	20	2
当阳市育溪镇	2931	7809	200	0	0	25	12
当阳市庙前镇	866	2020	37	0	0	15	3
当阳市王店铺	850	2500	80	0	25	25	2
当阳市半月镇	2595	6747	180	0	3	12	15
当阳市草埠湖镇	2280	6500	385	0	5	31	1
远安县鸣凤镇	8814	28054	600	1	20	43	0
远安县花林寺镇	160	1200	454	0	0	41	0
远安县旧县镇	670	1100	600	0	0	25	0
远安县洋坪镇	890	4500	130	0	0	25	0
远安县茅坪场镇	810	4200	325	0	0	35	0
远安县荷花镇	680	2084	238	0	0	30	0
远安县河口乡	0	0	0	0	0	0	0
兴山县古夫镇	1819	6186	25	0	0	19	1
兴山县高阳镇	9156	15368	100	0	0	10	1
兴山县峡口镇	475	1592	44	0	0	40	13
兴山县南阳镇	429	1229	200	0	0	30	7
兴山县黄粮镇	410	1910	50	0	0	40	1
兴山县水月寺镇	731	2301	80	0	0	33	11

7—27 续表 2

	镇区总户数	镇区总人口	镇区占地面积（公顷）	镇区公园个数	镇公共绿地面积（公顷）	镇区人均住房面积（平方米）	互联网入户率（%）
兴山县高桥乡	0	0	0	0	0	0	0
兴山县榛子乡	0	0	0	0	0	0	0
秭归县茅坪镇	20388	42506	420	1	84	31	45
秭归县归州镇	2248	3649	51	0	7	30	1
秭归县屈原镇	170	3100	25	0	1	35	4
秭归县沙镇溪镇	1586	3865	28	2	10	15	7
秭归县两河口镇	548	1757	16	0	4	23	1
秭归县郭家坝镇	800	2500	3300	0	0	50	0
秭归县杨林桥镇	450	1310	15	0	8	30	30
秭归县水田坝乡	0	0	0	0	0	0	0
秭归县汇滩乡	0	0	0	0	0	0	0
秭归县梅家河乡	0	0	0	0	0	0	0
秭归县磨坪乡	0	0	0	0	0	0	0
秭归县周坪乡	0	0	0	0	0	0	0
长阳县龙舟坪镇	17292	35871	3407	1	1	31	30
长阳县高家堰镇	808	3062	420	0	0	50	8
长阳县磨市	2400	3988	420	0	0	20	10
长阳县都镇湾镇	371	2258	56	0	0	25	40
长阳县资丘镇	2380	5000	267	0	25	44	0
长阳县渔峡口镇	600	4300	120	0	0	25	10
长阳县长阳县榔坪镇	480	3000	80	0	0	25	10
长阳县贺家坪镇	1021	3026	598	0	0	15	9
长阳县大堰乡	0	0	0	0	0	0	0
长阳县鸭子口乡	0	0	0	0	0	0	0
长阳县火烧坪乡	0	0	0	0	0	0	0
五峰县五峰镇	3500	18000	800	0	0	42	0
五峰县长乐坪镇	520	1210	100	0	0	38	0
五峰县渔洋关镇	8400	25000	810	0	0	41	5
五峰县仁和坪镇	335	2000	114	0	0	38	10
五峰县湾潭镇	610	2501	1620	0	0	40	0
五峰县付家堰乡	0	0	0	0	0	0	0
五峰县牛庄乡	0	0	0	0	0	0	0
五峰县采花乡	0	0	0	0	0	0	0

八 工业交通能耗

INDUSTRY AND TRAFFIC ENERGY CONSUMPTION

8—1 分县市区规模内工业企业单位数

（2005 年）

单位:个

项目	合计	宜都市	枝江市	当阳市	远安县	兴山县	秭归县	长阳县	五峰县
总计	**523**	**63**	**93**	**75**	**21**	**8**	**30**	**22**	**13**
一、按隶属关系分									
中央	25	1	4	1	1				
省属	3							1	
市属	14								
县市区属	130	22	15	24	1	3	19	7	3
乡镇属	62	11	15	10	1	1	10		
其他	289	29	59	40	18	4	1	14	10
二、按经济类型分									
国有	59	3	8	5	2	1	2	5	1
集体	18	1		5	1			1	
其他	446	59	85	65	18	7	28	16	12
三、按企业规模分									
大型	7				1	1			
中型	81	10	8	9	2	2	1	4	1
小型	435	53	85	66	18	5	29	18	12
四、按轻重工业分									
轻工	222	15	62	45	2	1	15	4	6
重工	301	48	31	30	19	7	15	18	7

项目	市区						
		夷陵区	西陵区	伍家岗区	点军区	猇亭区	东山开发区
总计	**198**	**77**	**28**	**37**	**15**	**18**	**21**
一、按隶属关系分							
中央	18	1	7	1	1	4	3
省属	2			1			
市属	14		5	7	1	1	
县市区属	36	20	5	2		8	1
乡镇属	14	14					
其他	114	42	11	26	13	5	17
二、按经济类型分							
国有	32	8	11	4	1	7	
集体	10	9	1				
其他	156	60	16	33	14	11	21
三、按企业规模分							
大型	5	2	1			1	
中型	44	13	6	11	4	3	6
小型	149	62	21	26	11	14	15
四、按轻重工业分							
轻工	72	29	11	16	2	7	7
重工	126	48	17	21	13	11	14

8—2 分县市区规模内工业总产值(当年价)

(2005 年)

单位:万元

项目	合计	宜都市	枝江市	当阳市	远安县	兴山县	秭归县	长阳县	五峰县
总计	**5558683**	**543777**	**521868**	**408654**	**217133**	**226430**	**107762**	**69161**	**44911**
一、按隶属关系分									
中央	2015458	19045	96211	16427	136027				
省属	102528							2988	
市属	602277								
县市区属	1313514	433223	188949	178522	3471	220680	84281	28474	11185
乡镇属	300023	43419	58038	21508	5451	742	20764		
其他	1224883	48090	178671	192198	72183	5009	2717	37699	33726
二、按经济类型分									
国有	2661577	20673	49718	36759	139498	135021	6825	18174	138
集体	50799	906		14550	5451			431	
其他	2846307	522199	472150	357345	72183	91410	100937	50556	44773
三、按企业规模分									
大型	2458039				136027	135021			
中型	1823830	391849	268246	212010	15454	85659	6406	28315	7152
小型	1276813	151928	253622	196645	65652	5751	101356	40846	37759
四、按轻重工业分									
轻工	1312263	81942	264436	197493	1876	83072	70224	6296	6336
重工	4246420	461836	257432	211161	215257	143358	37538	62865	38575

项目	市区						
		夷陵区	西陵区	伍家岗区	点军区	猇亭区	东山开发区
总计	**3418987**	**435941**	**419554**	**348653**	**129612**	**555254**	**129646**
一、按隶属关系分							
中央	1747748	10100	336155	15348	24416	15434	38425
省属	99540			7084			
市属	602277		32779	94851	1128	473519	
县市区属	164730	106160	8914	12353		32339	4964
乡镇属	150102	150102					
其他	654590	169579	41706	219018	104068	33962	86258
二、按经济类型分							
国有	2254771	38642	347306	42352	24416	494185	
集体	28673	28673					
其他	1134754	368627	71459	306301	105196	61069	129646
三、按企业规模分							
大型	2186991	142603	262999			473519	
中型	808739	140668	85405	275933	106200	19052	89027
小型	423256	152671	71151	72719	23413	62683	40620
四、按轻重工业分							
轻工	600589	263694	28607	192792	19036	38334	58126
重工	2818398	172248	390947	155861	110576	516920	71520

8—3　主要年份规模内工业总产值

单位:万元

项　　目	按现行价格计算			
	2002 年	2003 年	2004 年	2005 年
总　　计	**2220481**	**2748494**	**4127167**	**5558683**
内资企业	2059501	2499676	3616260	4972517
国有企业	389625	783288	947397	1968467
中央企业	264138	673823	860810	1880741
地方企业	125487	109465	86587	87727
集体企业	70848	52431	45467	50010
股份合作企业	24032	9316	4196	7960
联营企业	17151	20961	22045	17306
国有联营企业	16372	19596	18629	16517
集体联营企业	779	860	908	789
国有与集体联营企业				
其他联营企业		505	2508	
有限责任公司	699524	928895	799760	1654257
国有独资公司	363186	196066	74853	676593
其他有限责任公司	336338	732829	724907	977664
股份有限公司	713640	481910	1432412	663549
私营企业	144681	222876	364983	610173
私营独资企业	26517	26230	37254	50208
私营合伙企业	4313	11749	9827	5633
私营有限责任公司	88449	153072	304236	552243
私营股份有限公司	25403	31825	13666	2090
其他企业				796
港、澳、台商投资企业	143440	222221	309760	401428
合资经营企业(港或澳、台资)	89477	138973	233242	294133
合作经营企业(港或澳、台资)			7930	10034
港澳台商独资经营企业	53964	83248	68587	94998
港澳台商投资股份有限公司				2263
外商投资企业	17539	26597	201147	184738
中外合资经营企业	10508	18655	86463	132715
中外合作经营企业	7031	4007	66194	4964
外资企业		3935	48490	47059
外商投资股份有限公司				
在总计中:亏损企业	511830	492333	663484	637898
在总计中:国有控股企业	1318325	1583242	2472592	3351576
在总计中:农村工业	405330	433950	24604	148418
在总计中:轻工业	864935	858460	1026455	977603
重工业	1355546	1890035	3100712	3951962
在总计中:大型企业	971606	919593	1099228	2458039
中型企业	497847	1112194	2033912	1549178
小型企业	751028	716708	994027	922348
在总计中:中央企业	495446	746064	1560608	2015458
地方企业	1725035	2002431	2566558	3543225
省属工业	108218	108451	95359	102528
市属工业	503317	366595	294118	602277
县市区属工业	602139	815322	1044408	1313514
乡镇属工业	276674	206133	268358	300023
其他企业	234687	505930	864316	1224883

8—4 主要年份主要工业产品产量

品　　名	计量单位	2003年	2004年	2005年
原煤	万吨	123.00	126.03	132.89
硫铁矿(折标)	万吨	1.06	3.94	1.58
磷矿石(折标)	万吨	297.66	439.36	500.22
大米	吨	39707	78472	99810
小麦粉	万吨	2.22	2.84	4.15
配混合饲料	万吨	13.86	10.12	12.53
食用植物油	吨	95429	130054	149358
罐头	吨	25157	56656	65271
酱油	吨	2001	1014	1112
白酒	千升	57255	75933	75054
啤酒	千升	31256	25254	26221
软饮料	吨	299210	69934	180361
精制茶	吨	1055	1877	2332
纱	吨	44322	46994	64242
布	万米	14950	19432	28914
服装	万件	826.42	546.62	1004
皮鞋	万双	41.2	41.12	37.10
人造板	立方米	44340	13995	20667
纸浆	吨	13290	15799	19427
机制纸及纸板	吨	44098	69491	61923
焦炭	吨	176364	253993	219175
硫酸(折100%)	万吨	55.53	77.59	107.58
三聚磷酸钠	吨	195498	206084	173120
合成氨	万吨	98.93	78.83	129.79
农用化肥(折纯)	万吨	83.6	105.99	105.61
#氮肥(折含N　100%)	万吨	68.1	78.99	83.61
#尿素	万吨	52.38	65.82	66.36
磷肥(折含P_2O_5　100%)	万吨	13.75	24.9	21.64
钾肥(折含K_2O　100%)	万吨	1.74	2.10	0.34

8—4 续表

品名	计量单位	2003年	2004年	2005年
黄磷	吨	58212	80272	80530
精甲醇	吨	84196	112921	135363
合成纤维聚合物	吨	23807	16106	15554
化学原料药	吨	2367	726	2065
中成药	吨	674	456	426
塑料制品	吨	15253	30063	33256
水泥	万吨	395.18	465.34	549.81
砖(折标准砖)	亿块	0.3	0.32	0.31
花岗石板材	万平方米	18.71	1.69	2.81
平板玻璃	重量箱	6605031	6881970	7963511
钢材	吨	54559	61897	80604
铁合金	吨	7980	12281	14702
金属切削机床	台	63	110	160
起重设备	吨	6807	11287	9951
输送机械	米	13970	18418	20830
民用钢质船舶	综合吨	82976	92814	112643
电力电缆	千米	5341	5039	5004
通讯电缆	千米	668	33	6
高压开关板	面	904	1703	982
低压开关板	面	471	177	251
发电量	万千瓦小时	2947956	6145091	7077141
#水电	万千瓦小时	2861642	6046560	6972299
煤气	万立方米	2165	2732	2393
石墨及碳素制品	吨	1174	17065	6742
活性干酵母	吨	17318	20543	22946
丁基橡胶瓶塞	万只	128946	125393	199015
化成箔	万平方米	660	2014	2408

8—5 主要年份规模内工业主要经济指标

指标	计量单位	2001年	2002年	2003年	2004年	2005年
企业单位数	个	364	382	430	515	523
#亏损企业	个	112	120	143	177	175
工业总产值(现价新规定)	万元	2081233	2220481	2748494	4127167	5558683
工业销售产值(现价新规定)	万元	2054752	2171202	2687708	4032134	5396809
#出口交货值	万元	128561	124642	175083	247369	291766
工业增加值(生产法)	万元	776692	830319	1067219	1881313	2470103
资产合计	万元	4962116	5640901	17964968	17488166	21941655
流动资产合计	万元	1722755	1791082	3700287	3086974	3718761
流动资产年平均余额	万元	1663144	1744758	3638453	2672816	3908812
固定资产原价	万元	3784600	3977159	14189478	12803901	14908341
#生产经营用	万元	3303870	3662537	13863343	12551977	14422483
本年折旧	万元	131114	151757	208423	424678	549609
固定资产净值年平均余额	万元	2513050	2805359	12940720	11303561	15201171
负债合计	万元	3273795	3569815	10058743	9934652	11171765
#流动负债	万元	1467878	1537264	2392201	2541437	4141860
所有者权益合计	万元	1688321	2071086	7906224	7553514	10769891
#实收资本	万元	1368594	1585772	4208586	7560083	7835847
产品销售收入	万元	2013674	2058718	2746589	3905899	5357527
#产品销售成本	万元	1566110	1575985	2018667	2762361	3803141
#产品销售税金及附加	万元	44596	48276	23687	39613	50496
营业费用	万元	93439	95051	106725	111681	138902
管理费用	万元	170145	178993	210314	256103	268732
#税金	万元	7457	7701	7117	10963	11444
财务费用	万元	100264	109924	108403	281750	316098
#利息支出	万元	103258	112044	106734	259189	317371
利润总额	万元	67890	68284	272652	797389	909864
亏损企业亏损总额	万元	61585	54485	63754	70040	37961
利税总额	万元	225298	235482	453430	1121997	1317773
本年应交增值税	万元	112812	118923	157092	284995	357413
全部从业人员年平均人数	人	159522	138291	150079	135628	157322
工业经济效益综合指数		104.24	113.61	175.10	239.40	242.61
#总资产贡献率	%	6.85	6.56	4.75	7.89	7.45
#资本保值增值率	%	100.64	122.67	381.74	95.54	142.58
#资产负债率	%	65.98	63.28	55.99	56.81	50.92
#流动资产周转次数	次	1.21	1.18	0.75	1.46	1.37
#成本费用利润率	%	3.52	3.48	11.16	23.37	20.10
#全员劳动生产率	元/人	48202.00	59324.00	66933.00	138711.25	157009
#产品销售率	%	98.73	97.78	97.79	97.70	97.09
亏损面	%	30.77	31.41	33.26	34.37	33.46
资金利税率	%	5.39	5.18	2.73	13.73	6.90
增加值率	%	37.32	37.40	38.83	45.58	44.44

8—6 分县市区规模内工业主要经济指标

（2005 年）

单位：万元

项　　　目	总　计	宜都市	枝江市	当阳市	远安县	兴山县	秭归县	长阳县	五峰县
企业单位数（个）	523	63	93	75	21	8	30	22	13
#亏损企业	175	29	13	13	9		12	12	6
工业总产值（当年价）	5558683	543777	521868	408654	217133	226430	107762	69161	44911
工业销售产值（当年价）	5396809	519043	495175	395118	211355	221616	104825	68688	43574
出口交货值	291766	29154	11747	2256	117	64626	13419	3900	659
工业增加值（当年价）	2470103	187253	172739	116736	74267	56142	31549	25012	15247
资产总计	21941655	661962	490371	440726	300269	365010	89272	142747	88396
流动资产合计	3718761	284717	175641	145929	157078	100670	24920	59888	17839
#存货	666292	89582	85812	44278	31625	24345	6449	8241	4508
#产成品	247286	29101	46121	14914	7771	15117	3122	2868	1619
流动资产年平均余额	3908812	259014	175103	150068	175178	92954	25612	53044	18524
固定资产合计	17128348	288585	281834	252037	101308	239079	56785	78081	57983
固定资产原价	14908341	314246	314056	300050	123260	258503	62623	87311	76385
生产经营用	14422483	286501	289677	226150	116300	251946	54401	83993	65404
累计折旧	1971520	59644	151489	81625	42884	50719	21879	18771	22915
#本年折旧	549609	14723	7132	12989	11472	10597	4657	4832	2879
固定资产净值	12936821	254602	162567	218425	80376	207785	40744	68540	53469
固定资产净值年平均余额	15201171	246821	142552	207769	78934	207038	45784	75342	54924
无形资产	291982	23330	15471	18911	5319	16700	4306	3886	3327
流动负债合计	4141860	286568	184101	161532	164276	93424	28187	42479	22731
负债合计	11171765	446972	301379	244081	220099	247963	52349	94164	55141
所有者权益合计	10769891	214990	188992	196644	80171	117048	36924	48583	33255
实收资本	7835847	113099	144164	105251	66165	52543	23812	36976	32901
国家资本	6648755	5310	86556	25702	19255	50050	12804	4411	7963
外商资本	38188	2286	5488	1000			1168		
主营业务收入	5357527	483166	480511	384834	176287	248717	60248	69245	41047
主营业务成本	3803141	403606	422725	344792	130439	208411	53106	55450	35230
主营业务税金及附加	50496	1552	5793	3411	713	1469	289	562	417
营业费用	138902	13786	14451	8496	4594	11547	2188	1477	2254
管理费用	268732	20277	21440	12965	30128	9113	3211	5550	1922
税金	11444	474	792	717	252	586	904	86	53
财务费用	316098	8407	3482	5962	576	10450	832	1157	2113
利息支出	317371	7092	3375	5886	587	10450	819	1258	2113
利润总额	909864	33527	13233	9445	6315	10448	1057	5477	-500
亏损企业亏损总额	37961	3558	474	1302	1802		524	2064	1082
应交所得税	312814	4877	3847	1747	1717	2961	182	699	290
利税总额	1317773	47537	30027	22709	10251	19597	4374	10385	2287
本年应交增值税	357413	12459	11001	9854	3223	7679	3027	4346	2370
本年销项税额	438948	56834	50150	41645	11757	29128	7881	10054	7156
全部从业人员年平均人数（人）	157322	16780	17891	13764	10356	6960	6441	3882	2214

8—6 续表 单位:万元

项目	市区	夷陵区	西陵区	伍家岗区	点军区	猇亭区	开发区	直报单位
企业单位数(个)	198	77	28	37	15	18	21	2
#亏损企业	81	27	13	19	5	11	6	
工业总产值(当年价)	3418987	435941	419554	348653	129612	555254	129646	1400326
工业销售产值(当年价)	3337414	415966	409455	347607	118473	526292	119294	1400326
出口交货值	165888	12160	32933	44396	30073	33044	13282	
工业增加值(当年价)	1791160	161933	109727	87508	36766	102550	48799	1243879
资产总计	19362902	446827	751553	518899	192752	699338	235322	16518210
流动资产合计	2752079	245916	205367	221705	73475	219702	105197	1680716
#存货	371454	53535	49549	91066	27964	93725	32258	23357
#产成品	126652	29035	4585	42830	6362	24881	17859	1101
流动资产年平均余额	2959316	228311	223908	205739	67163	209663	101009	1923525
固定资产合计	15772657	132984	460096	199763	112384	383508	101054	14382869
固定资产原价	13371907	191033	605126	335400	94305	455405	114236	11576402
生产经营用	13048112	84210	587630	292785	72237	370036	89719	11551494
累计折旧	1521594	76881	161034	150388	17102	135019	27810	953361
#本年折旧	480328	16324	37540	13417	5092	36761	8003	363191
固定资产净值	11850312	114152	444092	185012	77204	320386	86426	10623041
固定资产净值年平均余额	14142006	127306	334330	193119	62632	274791	89458	13060369
无形资产	200732	25741	57247	67692	6312	18774	21284	3681
流动负债合计	3158561	252225	206158	263048	91537	386629	119393	1839571
负债合计	9509617	303125	622003	342925	93618	530015	153227	7464704
所有者权益合计	9853285	143703	129550	175975	99134	169323	82095	9053506
实收资本	7260935	111094	55497	110625	47778	114102	66370	6755468
国家资本	6436704	23028	22864	33963	2955	43688	5334	6304872
外商资本	28247	4073	6780	1853		12916	2626	
主营业务收入	3413471	368679	431766	348247	108041	565384	122010	1469344
主营业务成本	2149382	255856	389105	306046	95318	498515	90226	514317
主营业务税金及附加	36290	7087	1999	1361	122	1275	652	23794
营业费用	80110	26452	4950	18360	2162	14716	8139	5331
管理费用	164127	33802	19644	17734	4390	21021	12232	55304
税金	7581	1475	252	1435	180	702	188	3349
财务费用	283120	5120	1291	8759	1227	10829	2783	253111
利息支出	285792	4661	940	8428	1209	10997	2510	257047
利润总额	830861	28846	16275	1208	3909	23888	9169	747566
亏损企业亏损总额	27155	4107	3854	8878	3139	4316	2862	
应交所得税	296494	8878	1380	634	303	2641	1648	281011
利税总额	1170605	55203	36795	15650	6870	37843	14946	1002398
本年应交增值税	303454	19270	18522	13081	2839	13581	5125	231037
本年销项税额	224343	52952	31234	53169	3465	48829	19170	15525
全部从业人员年平均人数(人)	79034	22225	11375	14647	3453	10423	6341	10570

8—7 工业企业主要经济指标

（2005 年）

单位:万元

项目	企业单位数（个）	亏损企业	工业总产值（当年价格）	新产品产值	工业销售产值（当年价格）	出口交货值
总计	**523**	**175**	**5558683**	**283190**	**5396809**	**291766**
一、按登记注册类型分组:						
内资企业	471	160	4972517	152451	4837379	199315
国有企业	48	17	1968467	20385	1958266	8153
中央企业	19	5	1880741	20385	1874088	8153
地方企业	29	12	87727		84178	
集体企业	17	4	50010		46464	
股份合作企业	1		7960	4551	5161	
联营企业	2	1	17306		17336	
国有联营企业	1		16517		16517	
集体联营企业	1	1	789		819	
国有与集体联营企业						
其他联营企业						
有限责任公司	170	60	1654257	113005	1576716	125022
国有独资公司	10	2	676593	49239	643204	85557
其他有限责任公司	160	58	977664	63766	933512	39465
股份有限公司	32	10	663549	8118	657940	28844
私营企业	200	67	610173	6392	574742	37297
私营独资企业	24	3	50208		47401	
私营合伙企业	5	1	5633	57	4918	
私营有限责任公司	168	62	552243	6335	520718	37015
私营股份有限公司	3	1	2090		1705	282
其他企业	1	1	796		755	
港、澳、台商投资企业	33	9	401428	113989	384897	62905
合资经营企业(港或澳、台资)	18	4	294133	113989	284403	20857
合作经营企业(港或澳、台资)	1		10034		10034	
港澳台商独资经营企业	13	5	94998		88198	42048
港澳台商投资股份有限公司	1		2263		2263	
外商投资企业	19	6	184738	16750	174533	29547
中外合资经营企业	10	2	132715	15312	126775	22621
中外合作经营企业	1	1	4964		4964	
外资企业	8	3	47059	1438	42795	6926
外商投资股份有限公司						
二、按经济组织类型分组						
独资企业	110	32	2210742	21823	2183123	57126
国有企业	48	17	1968467	20385	1958266	8153
集体企业	17	4	50010		46464	
私营独资企业	24	3	50208		47401	

项目	企业单位数(个)	亏损企业	工业总产值(当年价格)	新产品产值	工业销售产值(当年价格)	出口交货值
港澳台商独资经营企业	13	5	94998		88198	42048
外资企业	8	3	47059	1438	42795	6926
合作、合伙企业	11	4	46692	4608	43168	
股份合作企业	1		7960	4551	5161	
国有联营企业	1		16517		16517	
集体联营企业	1	1	789		819	
国有与集体联营企业						
其他联营企业						
私营合伙企业	5	1	5633	57	4918	
合作经营企业(港或澳、台资)	1		10034		10034	
中外合作经营企业	1	1	4964		4964	
其他企业(内资)	1	1	796		755	
股份有限公司	36	11	667901	8118	661907	29126
股份有限公司(内资)	32	10	663549	8118	657940	28844
私营股份有限公司	3	1	2090		1705	282
港澳台商投资股份有限公司	1		2263		2263	
外商投资股份有限公司						
有限责任公司	366	128	2633348	248641	2508611	205514
国有独资公司	10	2	676593	49239	643204	85557
私营有限责任公司	168	62	552243	6335	520718	37015
合资经营企业(港或澳、台资)	18	4	294133	113989	284403	20857
中外合资经营企业	10	2	132715	15312	126775	22621
其他有限责任公司	160	58	977664	63766	933512	39465
三、在总计中:亏损企业	**175**	**175**	**637898**	**49078**	**600956**	**49198**
在总计中:国有控股企业	90	27	3291848	109079	3247299	141533
在总计中:农村工业	13		148418	112	141912	
在总计中:轻工业	222	69	1312263	17175	1266811	109378
重工业	301	106	4246420	266015	4129998	182388
在总计中:大型企业	7		2458039	36941	2424726	84515
中型企业	81	20	1823830	194837	1778750	115683
小型企业	435	155	1276813	51411	1193334	91568
在总计中:中央企业	25	5	2015458	51843	2004021	16704
省属工业	3		102528		102303	
市属企业	14	7	602277	37132	572591	46831
县市区属工业	130	46	1313514	147260	1279869	122670
乡镇属企业	74	22	328909	17952	314244	8551
其他企业	277	95	1195997	29003	1123781	97011

 单位:万元

项目	工业中间投入合计	直接材料	制造费用中的中间投入	管理费用中的中间投入	营业费用中的中间投入	工业增加值(当年价格)
总计	**3445992**	**2576410**	**333025**	**129737**	**90723**	**2470103**
一、按登记注册类型分组:						
内资企业	3047076	2245556	298778	117366	75512	2272018
国有企业	840221	489982	90977	31072	5198	1367727
中央企业	771204	439098	82026	25778	3526	1344676
地方企业	69017	50884	8951	5294	1673	23051
集体企业	30850	22360	5874	1534	892	21693
股份合作企业	6044	4691	433	429	427	2228
联营企业	17169	15933	576	369	312	930
国有联营企业	16511	15374	521	362	274	721
集体联营企业	658	559	54	7	38	209
国有与集体联营企业						
其他联营企业						
有限责任公司	1252134	1000466	103540	39437	39925	463815
国有独资公司	554046	472258	26881	18122	14310	143966
其他有限责任公司	698088	528208	76659	21316	25616	319848
股份有限公司	465468	374874	41926	22915	15169	219482
私营企业	434611	337072	55215	21510	13527	195884
私营独资企业	37084	31298	4255	704	436	13744
私营合伙企业	3954	3574	163	101	40	1739
私营有限责任公司	392148	300915	50750	20662	13010	179702
私营股份有限公司	1426	1285	47	43	41	699
其他企业	578	177	237	100	63	259
港、澳、台商投资企业	266760	231283	19256	6339	4718	141320
合资经营企业(港或澳、台资)	191013	171910	7518	4209	3027	108372
合作经营企业(港或澳、台资)	6454	4464	1978	2	10	3821
港澳台商独资经营企业	68139	53997	9759	2000	1535	28019
港澳台商投资股份有限公司	1154	912		128	147	1109
外商投资企业	132157	99571	14991	6032	10492	56765
中外合资经营企业	91695	71037	8324	3055	8585	44319
中外合作经营企业	4547	3853	331	319		569
外资企业	35915	24682	6336	2658	1907	11877
外商投资股份有限公司						
二、按经济组织类型分组						
独资企业	1012209	622319	117201	37969	9968	1443060
国有企业	840221	489982	90977	31072	5198	1367727
集体企业	30850	22360	5874	1534	892	21693
私营独资企业	37084	31298	4255	704	436	13744

单位:万元

项目	工业中间投入合计	直接材料	制造费用中的中间投入	管理费用中的中间投入	营业费用中的中间投入	工业增加值(当年价格
港澳台商独资经营企业	68139	53997	9759	2000	1535	28019
外资企业	35915	24682	6336	2658	1907	11877
合作、合伙企业	38745	32692	3718	1321	851	9547
股份合作企业	6044	4691	433	429	427	2228
国有联营企业	16511	15374	521	362	274	721
集体联营企业	658	559	54	7	38	209
国有与集体联营企业						
其他联营企业						
私营合伙企业	3954	3574	163	101	40	1739
合作经营企业(港或澳、台资)	6454	4464	1978	2	10	3821
中外合作经营企业	4547	3853	331	319		569
其他企业(内资)	578	177	237	100	63	259
股份有限公司	468047	377071	41973	23086	15357	221289
股份有限公司(内资)	465468	374874	41926	22915	15169	219482
私营股份有限公司	1426	1285	47	43	41	699
港澳台商投资股份有限公司	1154	912		128	147	1109
外商投资股份有限公司						
有限责任公司	1926991	1544328	170133	67362	64547	796207
国有独资公司	554046	472258	26881	18122	14310	143966
私营有限责任公司	392148	300915	50750	20662	13010	179702
合资经营企业(港或澳、台资)	191013	171910	7518	4209	3027	108372
中外合资经营企业	91695	71037	8324	3055	8585	44319
其他有限责任公司	698088	528208	76659	21316	25616	319848
三、在总计中:亏损企业	**505020**	**387392**	**66809**	**20982**	**15915**	**151315**
在总计中:国有控股企业	1839679	1293161	156168	66772	33202	1746032
在总计中:农村工业	1050858	81230	13917	5274	3078	47894
在总计中:轻工业	937150	772661	78991	37193	36093	406940
重工业	2508843	1803749	254034	92544	54629	2063164
在总计中:大型企业	1245591	854276	99809	30655	20311	1462065
中型企业	1289459	1000957	124279	60107	44299	607687
小型企业	910942	721178	108936	38976	26113	400351
在总计中:中央企业	875112	521905	90520	32737	7640	1378035
省属工业	50646	4348	8063	4056	328	68402
市属企业	509458	447164	25892	15705	8684	107315
县市区属工业	928807	760926	79846	31117	27231	426449
乡镇属企业	230102	183655	26639	10801	5701	109905
其他企业	851867	658412	102065	35322	41139	379998

单位:万元

项目	资产总计	流动资产合计	短期投资	应收帐款净额	存货	产成品
总计	**21941655**	**3718761**	**522006**	**572897**	**666292**	**247286**
一、按登记注册类型分组:						
内资企业	21257666	3397656	521486	521486	561933	202956
国有企业	16149856	1831068	503000	503000	114816	22538
中央企业	15980881	1773273	502471	238727	103077	13890
地方企业	168975	57795	529	14198	11740	8648
集体企业	48012	21757	230	5779	1771	1206
股份合作企业	6219	3725		1560	1114	
联营企业	27155	8582		2029	691	229
国有联营企业	25907	7357		1466	51	
集体联营企业	1248	1225		563	640	229
国有与集体联营企业						
其他联营企业						
有限责任公司	3538360	949599	9317	152556	252691	96822
国有独资公司	1019812	311318	1892	37694	109607	35708
其他有限责任公司	2518548	638281	7425	114862	143084	61115
股份有限公司	838979	323165	6136	44392	98414	38792
私营企业	648833	259669	2805	51516	92412	43347
私营独资企业	20482	11608		1521	6965	4631
私营合伙企业	4057	2749	1429	271	830	630
私营有限责任公司	623187	244606	1375	49621	84044	37540
私营股份有限公司	1106	707		102	574	547
其他企业	254	91			23	23
港、澳、台商投资企业	495072	222199	520	43246	60800	28912
合资经营企业(港或澳、台资)	369456	173929	520	29890	42768	20993
合作经营企业(港或澳、台资)	993	302			302	302
港澳台商独资经营企业	105015	40892		12475	17328	7616
港澳台商投资股份有限公司	19607	7077		881	402	
外商投资企业	188918	98906		18894	43560	15418
中外合资经营企业	119838	78501		14299	33088	11168
中外合作经营企业	17024	1294		655	412	
外资企业	52056	19111		3940	10059	4250
外商投资股份有限公司						
二、按经济组织类型分组						
独资企业	16375421	1924435	503230	276641	150940	40241
国有企业	16149856	1831068	503000	252925	114816	22538
集体企业	48012	21757	230	5779	1771	1206
私营独资企业	20482	11608		1521	6965	4631

项目	资产总计	流动资产合计				
			短期投资	应收帐款净额	存货	
						产成品
港澳台商独资经营企业	105015	40892		12475	17328	7616
外资企业	52056	19111		3940	10059	4250
合作、合伙企业	55701	16743	1429	4516	3372	1183
股份合作企业	6219	3725		1560	1114	
国有联营企业	25907	7357		1466	51	
集体联营企业	1248	1225		563	640	229
国有与集体联营企业						
其他联营企业						
私营合伙企业	4057	2749	1429	271	830	630
合作经营企业(港或澳、台资)	993	302			302	302
中外合作经营企业	17024	1294		655	412	
其他企业(内资)	254	91			23	23
股份有限公司	859692	330949	6136	45375	99390	39338
股份有限公司(内资)	838979	323165	6136	44392	98414	38792
私营股份有限公司	1106	707		102	574	547
港澳台商投资股份有限公司	19607	7077		881	402	
外商投资股份有限公司						
有限责任公司	4650841	1446634	11212	246365	412591	166523
国有独资公司	1019812	311318	1892	37694	109607	35708
私营有限责任公司	623187	244606	1375	49621	84044	37540
合资经营企业(港或澳、台资)	369456	173929	520	29890	42768	20993
中外合资经营企业	119838	78501		14299	33088	11168
其他有限责任公司	2518548	638281	7425	114862	143084	61115
三、在总计中:亏损企业	**1002092**	**370819**	**1431**	**70303**	**127926**	**57166**
在总计中:国有控股企业	19593123	2704471	506247	377762	329533	94442
在总计中:农村工业	108707	63444	4631	12484	16343	9436
在总计中:轻工业	1230063	537194	8961	106192	196823	95852
重工业	20711593	3181567	513045	466705	469470	151433
在总计中:大型企业	16622986	1887255	508910	251916	148011	40774
中型企业	3828724	1208770	1699	187876	300247	106193
小型企业	1489946	622736	11398	133105	218035	100319
在总计中:中央企业	16223969	1853454	502471	248591	138915	29936
省属工业	1527486	270727	4340	45215	4775	1219
市属企业	747084	251193	1466	19306	92439	21594
县市区属工业	1765841	627660	1921	99174	196145	84757
乡镇属企业	270132	140391	4961	31433	39607	23007
其他企业	1407143	575337	6848	129178	194411	86774

项　　目	流动资产年平均余额	长期投资	固定资产合计	固定资产原价
总　　计	**3908812**	**312390**	**17128348**	**14908341**
一、按登记注册类型分组:				
内资企业	3616030	303737	16829289	14588552
国有企业	2130392	46303	13850109	11638754
中央企业	2074248	35142	13753502	11497279
地方企业	56144	11162	96608	141475
集体企业	21106	2827	19854	24813
股份合作企业	5156		583	717
联营企业	8880		17061	22289
国有联营企业	7657		17039	22028
集体联营企业	1223		23	261
国有与集体联营企业				
其他联营企业				
有限责任公司	892777	176520	2261726	2079446
国有独资公司	291856	72614	575672	675105
其他有限责任公司	600921	103907	1686054	1404342
股份有限公司	321319	63671	422644	515108
私营企业	236308	14414	257172	307206
私营独资企业	10846	100	7961	8606
私营合伙企业	2946		1099	1180
私营有限责任公司	221811	14314	247713	296979
私营股份有限公司	705		399	441
其他企业	91		140	219
港、澳、台商投资企业	203102	8116	232847	219229
合资经营企业(港或澳、台资)	154403	8116	159546	163995
合作经营企业(港或澳、台资)	241		691	510
港澳台商独资经营企业	41392		60081	52416
港澳台商投资股份有限公司	7067		12528	2308
外商投资企业	89681	537	66213	100560
中外合资经营企业	70579	3	29813	52622
中外合作经营企业	1138		14521	19029
外资企业	17964	534	21879	28909
外商投资股份有限公司				
二、按经济组织类型分组				
独资企业	2221700	49765	13959884	11753498
国有企业	2130392	46303	13850109	11638754
集体企业	21106	2827	19854	24813
私营独资企业	10846	100	7961	8606

单位：万元

项 目	流动资产年平均余额	长期投资	固定资产合计	固定资产原价
港澳台商独资经营企业	41392		60081	52416
外资企业	17964	534	21879	28909
合作、合伙企业	18452		34095	43944
股份合作企业	5156		583	717
国有联营企业	7657		17039	22028
集体联营企业	1223		23	261
国有与集体联营企业				
其他联营企业				
私营合伙企业	2946		1099	1180
合作经营企业(港或澳、台资)	241		691	510
中外合作经营企业	1138		14521	19029
其他企业(内资)	91		140	219
股份有限公司	329090	63671	435571	517857
股份有限公司(内资)	321319	63671	422644	515108
私营股份有限公司	705		399	441
港澳台商投资股份有限公司	7067		12528	2308
外商投资股份有限公司				
有限责任公司	1339570	198954	2698798	2593042
国有独资公司	291856	72614	575672	675105
私营有限责任公司	221811	14314	247713	296979
合资经营企业(港或澳、台资)	154403	8116	159546	163995
中外合资经营企业	70579	3	29813	52622
其他有限责任公司	600921	103907	1686054	1404342
三、在总计中:亏损企业	**350063**	**24599**	**493700**	**646331**
在总计中:国有控股企业	2969214	234065	16122848	13717167
在总计中:农村工业	60145	14146	25549	36295
在总计中:轻工业	511075	60648	473307	596103
重工业	3397737	251742	16655041	14312238
在总计中:大型企业	2183773	104640	14176246	11964903
中型企业	1156843	172697	2274388	2141216
小型企业	568196	35053	677714	802221
在总计中:中央企业	2156899	36476	13904734	11670519
省属工业	257475	54036	1202153	824962
市属企业	233857	61971	406457	500447
县市区属工业	593783	98178	901820	1091157
乡镇属企业	132254	16857	94762	113874
其他企业	534544	44872	618423	707383

项目	资产总计					
	固定资产原价 生产经营用	累计折旧	本年折旧	固定资产净值	固定资产净值年平均余额	无形资产
总计	**14422483**	**1971520**	**549609**	**12936821**	**15201171**	**291982**
一、按登记注册类型分组:						
内资企业	14152916	1901020	531852	12687532	14963691	264565
国有企业	11586546	871864	373488	10766890	13106618	10257
中央企业	11462796	815221	367610	10682057	13010890	8579
地方企业	123749	56643	5878	84833	95728	1678
集体企业	11746	7954	1781	16859	18941	2711
股份合作企业		249	42	468	334	
联营企业	4438	7120		15169	15172	
国有联营企业	4438	6882		15146	15146	
集体联营企业		239		23	26	
国有与集体联营企业						
其他联营企业						
有限责任公司	1890255	693752	118361	1385694	1320960	129594
国有独资公司	576239	189559	47736	485546	432528	50196
其他有限责任公司	1314016	504193	70624	900149	888432	79398
股份有限公司	424639	240276	20694	274833	277078	22004
私营企业	235113	79727	17423	227479	224449	99999
私营独资企业	7476	1303	538	7303	7325	566
私营合伙企业	1134	108	48	1073	1099	175
私营有限责任公司	226187	78224	16799	218755	215699	99258
私营股份有限公司	317	93	38	348	326	
其他企业	179	78	64	140	140	
港、澳、台商投资企业	191620	32226	12089	187003	177103	11036
合资经营企业(港或澳、台资)	145797	26432	9086	137563	133914	8386
合作经营企业(港或澳、台资)	496	155	147	356	256	
港澳台商独资经营企业	43018	5258	2523	47158	40458	2648
港澳台商投资股份有限公司	2308	381	334	1927	2475	3
外商投资企业	77948	38274	5668	62286	60377	16382
中外合资经营企业	43691	23300	3186	29322	27940	10217
中外合作经营企业	14521	4508	785	14521	14356	860
外资企业	19736	10466	1697	18443	18081	5305
外商投资股份有限公司						
二、按经济组织类型分组						
独资企业	11668522	896845	380027	10856653	13191422	21486
国有企业	11586546	871864	373488	10766890	13106618	10257
集体企业	11746	7954	1781	16859	18941	2711
私营独资企业	7476	1303	538	7303	7325	566

项　　目	资　产　总　计					
	固定资产原价 生产经营用	累计折旧	本年折旧	固定资产净值	固定资产净值年平均余额	无形资产
港澳台商独资经营企业	43018	5258	2523	47158	40458	2648
外资企业	19736	10466	1697	18443	18081	5305
合作、合伙企业	20767	12218	1086	31726	31356	1035
股份合作企业		249	42	468	334	
国有联营企业	4438	6882		15146	15146	
集体联营企业		239		23	26	
国有与集体联营企业						
其他联营企业						
私营合伙企业	1134	108	48	1073	1099	175
合作经营企业(港或澳、台资)	496	155	147	356	256	
中外合作经营企业	14521	4508	785	14521	14356	860
其他企业(内资)	179	78	64	140	140	
股份有限公司	427264	240749	21066	277108	279879	22007
股份有限公司(内资)	424639	240276	20694	274833	277078	22004
私营股份有限公司	317	93	38	348	326	
港澳台商投资股份有限公司	2308	381	334	1927	2475	3
外商投资股份有限公司						
有限责任公司	2305930	821708	147432	1771334	1698514	247454
国有独资公司	576239	189559	47736	485546	432528	50196
私营有限责任公司	226187	78224	16799	218755	215699	99258
合资经营企业(港或澳、台资)	145797	26432	9086	137563	133914	8386
中外合资经营企业	43691	23300	3186	29322	27940	10217
其他有限责任公司	1314016	504193	70624	900149	888432	79398
三、在总计中:亏损企业	**537755**	**203828**	**33121**	**442503**	**431543**	**93834**
在总计中:国有控股企业	13464334	1652305	480097	12064862	14363679	101612
在总计中:农村工业	8506	11814	2808	24480	28334	4731
在总计中:轻工业	462882	172890	32826	423214	435182	115705
重工业	13959602	1798630	516783	12513607	14765989	176277
在总计中:大型企业	11841828	925066	409336	11039837	13318681	33806
中型企业	1954876	828291	95601	1312926	1284357	139304
小型企业	625780	218163	44673	584058	598133	118873
在总计中:中央企业	11634644	936880	369917	10733639	13045871	18890
省属工业	800054	347963	40018	477000	475526	298
市属企业	413601	158087	39152	342360	296139	17440
县市区属工业	952576	295102	52852	796055	798584	102178
乡镇属企业	72447	25437	7374	88436	93427	10934
其他企业	549162	208051	40295	4993322	491623	142242

单位:万元

项目	负债合计	流动负债合计	应付账款	长期负债合计	所有者权益合计
总计	**11171765**	**4141860**	**583861**	**6904755**	**10769891**
一、按登记注册类型分组:					
内资企业	10762061	3852841	536465	6793849	10495605
国有企业	7038498	2077355	151598	4959637	9111358
中央企业	6888794	1977241	142100	4910048	9092087
地方企业	149704	100115	9498	49588	19271
集体企业	23196	20718	2727	2478	24816
股份合作企业	5554	3725	1181	1829	665
联营企业	18283	4854	667	13429	8872
国有联营企业	17507	4078	250	13429	8400
集体联营企业	776	776	418		472
国有与集体联营企业					
其他联营企业					
有限责任公司	2805178	1154550	215138	1627481	733182
国有独资公司	755663	471256	79479	262911	264149
其他有限责任公司	2049515	683294	135659	1364570	469033
股份有限公司	506225	321006	84056	106943	332753
私营企业	364970	270476	81099	82053	283863
私营独资企业	14119	12112	3346	1822	6364
私营合伙企业	3086	3002	369	84	971
私营有限责任公司	347002	254599	76977	80147	276185
私营股份有限公司	763	763	407		343
其他企业	157	157			97
港、澳、台商投资企业	274590	181657	27073	92180	220482
合资经营企业(港或澳、台资)	204477	134068	17367	70409	164979
合作经营企业(港或澳、台资)	993	241			
港澳台商独资经营企业	57093	46006	9706	11088	47922
港澳台商投资股份有限公司	12026	1342		10683	7582
外商投资企业	135115	107363	20322	18726	53803
中外合资经营企业	79902	61894	12492	18007	39936
中外合作经营企业	20966	16349	3462		-3942
外资企业	34247	29119	4368	719	17809
外商投资股份有限公司					
二、按经济组织类型分组					
独资企业	7167153	2185310	171745	4975743	9208268
国有企业	7038498	2077355	151598	4959637	9111358
集体企业	23196	20718	2727	2478	24816
私营独资企业	14119	12112	3346	1822	6364

项目	负债合计	流动负债合计	应付账款	长期负债合计	所有者权益合计
港澳台商独资经营企业	57093	46006	9706	11088	47922
外资企业	34247	29119	4368	719	17809
合作、合伙企业	49038	28327	5680	15342	6663
股份合作企业	5554	3725	1181	1829	665
国有联营企业	17507	4078	250	13429	8400
集体联营企业	776	776	418		472
国有与集体联营企业					
其他联营企业					
私营合伙企业	3086	3002	369	84	971
合作经营企业(港或澳、台资)	993	241			
中外合作经营企业	20966	16349	3462		-3942
其他企业(内资)	157	157			97
股份有限公司	519014	323112	84462	117626	340678
股份有限公司(内资)	506225	321006	84056	106943	332753
私营股份有限公司	763	763	407		343
港澳台商投资股份有限公司	12026	1342		10683	7582
外商投资股份有限公司					
有限责任公司	3436559	1605112	321973	1796044	1214282
国有独资公司	755663	471256	79479	262911	264149
私营有限责任公司	347002	254599	76977	80147	276185
合资经营企业(港或澳、台资)	204477	134068	17367	70409	164979
中外合资经营企业	79902	61894	12492	18007	39936
其他有限责任公司	2049515	683294	135659	1364570	469033
三、在总计中:亏损企业	**702144**	**512607**	**122084**	**183334**	**299948**
在总计中:国有控股企业	9718626	3081582	330791	6535757	9874497
在总计中:农村工业	79597	73319	11641	6278	29111
在总计中:轻工业	681811	562155	114357	106298	548252
重工业	10489954	3579705	469504	6798457	10221639
在总计中:大型企业	7390195	2227454	180622	5141245	9232791
中型企业	2865893	1284332	248855	1493637	962831
小型企业	915677	630074	154384	269873	574269
在总计中:中央企业	7047655	2031047	159306	4936862	9176314
省属工业	1407200	250959	21073	1156241	120286
市属企业	583901	427834	74743	156067	163182
县市区属工业	1180547	701257	160620	448141	585294
乡镇属企业	168041	142842	35328	24420	102091
其他企业	784420	587921	132791	183024	622723

8—7 续表 12　　　　单位:万元

项　　目	所有者权益合计 实收资本	国家资本	集体资本	法人资本	个人资本	港澳台资本	外商资本
总　计	**7835847**	**6648755**	**18356**	**567695**	**508356**	**54497**	**38188**
一、按登记注册类型分组:							
内资企业	7654432	6642033	18209	489467	499170	1131	4422
国有企业	6832200	6466282		94279	271639		
中央企业	6768390	6402472		94279	271639		
地方企业	63810	63810					
集体企业	15189		5993	8582	501		113
股份合作企业	248			248			
联营企业	5355	4884	472				
国有联营企业	4884	4884					
集体联营企业	472		472				
国有与集体联营企业							
其他联营企业							
有限责任公司	488724	106083	7189	284075	86759	300	4309
国有独资公司	130031	78355		37726	9641		4309
其他有限责任公司	358693	27728	7189	246349	77128	300	
股份有限公司	163303	62664	2026	51301	46981	331	
私营企业	149173	2120	2530	50742	93281	500	
私营独资企业	4628			1619	3009		
私营合伙企业	1223				1223		
私营有限责任公司	142972	2120	2530	48952	88870	500	
私营股份有限公司	349			171	178		
其他企业	240			240			
港、澳、台商投资企业	125011	5543	147	54368	9086	53009	2859
合资经营企业(港或澳、台资)	90917	5333		50161	5853	27718	1853
合作经营企业(港或澳、台资)							
港澳台商独资经营企业	33394			4207	3233	24948	1006
港澳台商投资股份有限公司	700	210	147			343	
外商投资企业	56404	1180		23860	100	357	30907
中外合资经营企业	30296	1180		19483	100	357	9176
中外合作经营企业	6252			4377			1876
外资企业	19856						19856
外商投资股份有限公司							
二、按经济组织类型分组							
独资企业	6905267	6466282	5993	108687	278381	24948	20975
国有企业	6832200	6466282		94279	271639		
集体企业	15189		5993	8582	501		113
私营独资企业	4628			1619	3009		

8—7 续表 13

单位:万元

项目	所有者权益合计						
	实收资本	国家资本	集体资本	法人资本	个人资本	港澳台资本	外商资本
港澳台商独资经营企业	33394			4207	3233	24948	1006
外资企业	19856						19856
合作、合伙企业	13319	4884	472	4864	1223		1876
股份合作企业	248			248			
国有联营企业	4884	4884					
集体联营企业	472		472				
国有与集体联营企业							
其他联营企业							
私营合伙企业	1223				1223		
合作经营企业(港或澳、台资)							
中外合作经营企业	6252			4377			1876
其他企业(内资)	240			240			
股份有限公司	164352	62874	2173	51473	47159	674	
股份有限公司(内资)	163303	62664	2026	51301	46981	331	
私营股份有限公司	349			171	178		
港澳台商投资股份有限公司	700	210	147			343	
外商投资股份有限公司							
有限责任公司	752909	114716	9719	402671	181592	28875	15338
国有独资公司	130031	78355		37726	9641		4309
私营有限责任公司	142972	2120	2530	48952	88870	500	
合资经营企业(港或澳、台资)	90917	5333		50161	5853	27718	1853
中外合资经营企业	30296	1180		19483	100	357	9176
其他有限责任公司	358693	27728	7189	246349	77128	300	
三、在总计中:亏损企业	**290412**	**68584**	**8682**	**84946**	**104910**	**10510**	**12781**
在总计中:国有控股企业	7295801	6641725		343631	299180	5776	5489
在总计中:农村工业	22496		4647	1135	16714		
在总计中:轻工业	300793	50656	2301	119912	73838	29205	24881
重工业	7535054	6598099	16055	447782	434518	25292	13307
在总计中:大型企业	6777790	6377755		99910	295816		4309
中型企业	642566	207946	1784	316985	80762	27289	7801
小型企业	415490	63054	16572	150800	131778	27208	26079
在总计中:中央企业	6829301	6433974		123283	272044		
省属工业	139287			139287			
市属企业	116001	50827		41090	12158	6436	5489
县市区属工业	351828	148287	7685	127276	46212	13400	8968
乡镇属企业	65419	101	2302	18709	43337	857	113
其他企业	334010	15566	8369	118050	134604	33804	23618

8—7 续表 14

单位:万元

项　　目	主营业务收入	主营业务成本	主营业务税金及附加	其他业务收入
总　　计	**5357527**	**3803141**	**50496**	**94392**
一、按登记注册类型分组:				
内资企业	4843505	3369377	49226	81498
国有企业	2027797	1023499	24734	30804
中央企业	1940758	950056	24105	28933
地方企业	87038	73442	628	1871
集体企业	47894	32554	979	407
股份合作企业	5061	3913	37	187
联营企业	22349	20894	82	15
国有联营企业	20244	18853	72	15
集体联营企业	2105	2041	10	
国有与集体联营企业				
其他联营企业				
有限责任公司	1599135	1342934	8816	17959
国有独资公司	702882	595312	2413	5392
其他有限责任公司	896253	747622	6403	12567
股份有限公司	614614	500812	9284	25629
私营企业	525899	444247	5238	6498
私营独资企业	45819	42899	166	41
私营合伙企业	4227	3845	26	
私营有限责任公司	474460	396300	5041	6457
私营股份有限公司	1394	1203	5	
其他企业	755	525	57	
港、澳、台商投资企业	363885	309800	787	9553
合资经营企业(港或澳、台资)	269810	229795	112	6210
合作经营企业(港或澳、台资)	3943	3677	4	4
港澳台商独资经营企业	87870	75213	627	3012
港澳台商投资股份有限公司	2263	1116	44	327
外商投资企业	150137	123964	483	3340
中外合资经营企业	99079	78283	150	821
中外合作经营企业	4316	5370	4	
外资企业	46742	40310	329	2519
外商投资股份有限公司				
二、按经济组织类型分组				
独资企业	2256121	1214473	26835	36783
国有企业	2027797	1023499	24734	30804
集体企业	47894	32554	979	407
私营独资企业	45819	42899	166	41

项　　目	主营业务收入	主营业务成本	主营业务税金及附加	其他业务收入
港澳台商独资经营企业	87870	75213	627	3012
外资企业	46742	40310	329	2519
合作、合伙企业	40651	38224	209	206
股份合作企业	5061	3913	37	187
国有联营企业	20244	18853	72	15
集体联营企业	2105	2041	10	
国有与集体联营企业				
其他联营企业				
私营合伙企业	4227	3845	26	
合作经营企业(港或澳、台资)	3943	3677	4	4
中外合作经营企业	4316	5370	4	
其他企业(内资)	755	525	57	
股份有限公司	618271	503131	9333	25955
股份有限公司(内资)	614614	500812	9284	25629
私营股份有限公司	1394	1203	5	
港澳台商投资股份有限公司	2263	1116	44	327
外商投资股份有限公司				
有限责任公司	2442484	2047312	14120	31447
国有独资公司	702882	595312	2413	5392
私营有限责任公司	474460	396300	5041	6457
合资经营企业(港或澳、台资)	269810	229795	112	6210
中外合资经营企业	99079	78283	150	821
其他有限责任公司	896253	747622	6403	12567
三、在总计中:亏损企业	**564166**	**525752**	**3777**	**9124**
在总计中:国有控股企业	3385138	2137076	30190	65118
在总计中:农村工业	120979	96851	3909	60
在总计中:轻工业	1172065	995953	13941	18442
重工业	4185462	2807187	36556	75950
在总计中:大型企业	2503955	1423628	28828	27158
中型企业	1776169	1443020	12572	44042
小型企业	1077403	936492	9096	23191
在总计中:中央企业	2072277	1058708	24549	47117
省属工业	102518	56179	1338	653
市属企业	598649	529429	1282	6286
县市区属工业	1232972	1032661	8509	24208
乡镇属企业	274410	222879	5846	2054
其他企业	1076701	903285	8973	14075

单位:万元

项目	其他业务利润	营业费用	管理费用	税金	财产保险费	办公费	职工教育费
总计	**8905**	**138902**	**268732**	**11444**	**4154**	**8514**	**3574**
一、按登记注册类型分组:							
内资企业	6765	120504	248638	10594	3935	7720	3278
国有企业	-737	11538	110513	4457	1683	2931	2025
中央企业	-1513	10367	100256	3398	1583	2426	1941
地方企业	777	1171	10257	1059	99	505	85
集体企业	4	1336	4036	77	7	56	20
股份合作企业	33	473	432	4	4	121	6
联营企业	15	536	576	7		76	8
国有联营企业	15	491	561	7		75	8
集体联营企业		45	15				
国有与集体联营企业							
其他联营企业							
有限责任公司	4852	55156	70869	2891	1057	2289	674
国有独资公司	3563	23930	29854	1215	523	726	221
其他有限责任公司	1290	31225	41015	1676	534	1564	452
股份有限公司	1214	33077	34611	1475	755	1117	306
私营企业	1383	18322	27496	1682	426	1129	237
私营独资企业	3	460	903	30	9	58	8
私营合伙企业		23	112	5	5	6	2
私营有限责任公司	1379	17757	26381	1644	409	1062	226
私营股份有限公司		82	101	4	3	4	1
其他企业		68	106		3	1	3
港、澳、台商投资企业	1726	5919	10812	505	152	470	71
合资经营企业(港或澳、台资)	832	3606	7143	346	143	365	54
合作经营企业(港或澳、台资)	4	12	6				
港澳台商独资经营企业	825	2055	3449	158	9	100	16
港澳台商投资股份有限公司	65	245	214			5	1
外商投资企业	414	12479	9282	345	68	324	224
中外合资经营企业	417	9778	4936	215	28	121	86
中外合作经营企业			465		2	11	1
外资企业	-3	2701	3882	130	37	192	137
外商投资股份有限公司							
二、按经济组织类型分组							
独资企业	93	18090	122783	4853	1745	3336	2207
国有企业	-737	11538	110513	4457	1683	2931	2025
集体企业	4	1336	4036	77	7	56	20
私营独资企业	3	460	903	30	9	58	8

项　　目	其他业务利润	营业费用	管理费用				
				税金	财产保险费	办公费	职工教育费
港澳台商独资经营企业	825	2055	3449	158	9	100	16
外资企业	-3	2701	3882	130	37	192	137
合作、合伙企业	52	1111	1696	16	13	214	19
股份合作企业	33	473	432	4	4	121	6
国有联营企业	15	491	561	7		75	8
集体联营企业		45	15				
国有与集体联营企业							
其他联营企业							
私营合伙企业		23	112	5	5	6	2
合作经营企业(港或澳、台资)	4	12	6				
中外合作经营企业			465		2	11	1
其他企业(内资)		68	106		3	1	3
股份有限公司	1279	33404	34925	1479	758	1127	308
股份有限公司(内资)	1214	33077	34611	1475	755	1117	306
私营股份有限公司		82	101	4	3	4	1
港澳台商投资股份有限公司	65	245	214			5	1
外商投资股份有限公司							
有限责任公司	7480	86297	109329	5097	1638	3837	1039
国有独资公司	3563	23930	29854	1215	523	726	221
私营有限责任公司	1379	17757	26381	1644	409	1062	226
合资经营企业(港或澳、台资)	832	3606	7143	346	143	365	54
中外合资经营企业	417	9778	4936	215	28	121	86
其他有限责任公司	1290	31225	41015	1676	534	1564	452
三、在总计中:亏损企业	**2125**	**18547**	**36339**	**1366**	**385**	**1265**	**484**
在总计中:国有控股企业	3601	59671	177567	7480	3126	4999	2564
在总计中:农村工业	58	5454	6866	81	50	38	84
在总计中:轻工业	2575	61614	48820	2456	701	2488	563
重工业	6330	77288	219912	8988	3453	6027	3011
在总计中:大型企业	-2205	35524	106570	4161	2065	2481	1904
中型企业	3794	68916	104153	5205	1375	3036	1015
小型企业	7316	34462	58009	2078	715	2997	655
在总计中:中央企业	-1014	15122	112065	3492	2095	2747	2100
省属工业	359	372	6923	354	42	115	33
市属企业	2166	12658	22823	865	565	732	172
县市区属工业	3889	42940	57783	4058	624	1785	547
乡镇属企业	394	8173	16163	431	121	472	146
其他企业	3111	59637	52975	2244	708	2662	576

项　　目	财务费用	利息支出	营业利润	投资收益
总　　计	**316098**	**317371**	**768074**	**42041**
一、按登记注册类型分组:				
内资企业	309864	311083	733699	41148
国有企业	222992	222886	629801	31268
中央企业	220776	220707	630963	31243
地方企业	2216	2179	－1162	25
集体企业	190	152	8365	310
股份合作企业	65	65	175	32
联营企业	－21	－21	297	
国有联营企业	－21	－21	303	
集体联营企业			－6	
国有与集体联营企业				
其他联营企业				
有限责任公司	68766	70973	54507	3342
国有独资公司	22476	22491	30916	1078
其他有限责任公司	46289	48482	23592	2264
股份有限公司	10584	10189	22780	3940
私营企业	7287	6838	17775	2255
私营独资企业	391	389	493	26
私营合伙企业	76	80	20	
私营有限责任公司	6810	6359	17270	2230
私营股份有限公司	10	10	－8	
其他企业	1	1	－1	
港、澳、台商投资企业	5165	5185	32182	893
合资经营企业(港或澳、台资)	4350	4283	25631	888
合作经营企业(港或澳、台资)			247	
港澳台商独资经营企业	848	902	5561	5
港澳台商投资股份有限公司	－33		742	
外商投资企业	1070	1103	2193	
中外合资经营企业	695	794	5287	
中外合作经营企业	43	43	－1565	
外资企业	332	266	－1529	
外商投资股份有限公司				
二、按经济组织类型分组				
独资企业	224753	224596	642691	31609
国有企业	222992	222886	629801	31268
集体企业	190	152	8365	310
私营独资企业	391	389	493	26

项目	财务费用	利息支出	营业利润	投资收益
港澳台商独资经营企业	848	902	5561	5
外资企业	332	266	-1529	
合作、合伙企业	164	168	-826	32
股份合作企业	65	65	175	32
国有联营企业	-21	-21	303	
集体联营企业			-6	
国有与集体联营企业				
其他联营企业				
私营合伙企业	76	80	20	
合作经营企业(港或澳、台资)			247	
中外合作经营企业	43	43	-1565	
其他企业(内资)	1	1	-1	
股份有限公司	10561	10199	23515	3940
股份有限公司(内资)	10584	10189	22780	3940
私营股份有限公司	10	10	-8	
港澳台商投资股份有限公司	-33		742	
外商投资股份有限公司				
有限责任公司	80621	82408	102695	6460
国有独资公司	22476	22491	30916	1078
私营有限责任公司	6810	6359	17270	2230
合资经营企业(港或澳、台资)	4350	4283	25631	888
中外合资经营企业	695	794	5287	
其他有限责任公司	46289	48482	23592	2264
三、在总计中:亏损企业	**13922**	**13465**	**-39367**	**492**
在总计中:国有控股企业	290377	292299	688049	39028
在总计中:农村工业	1559	1486	6397	
在总计中:轻工业	12212	11303	32007	4191
重工业	303887	306068	736067	37850
在总计中:大型企业	240541	240490	665659	31389
中型企业	59818	61954	84838	9591
小型企业	15739	14927	17577	1061
在总计中:中央企业	222311	221951	635757	31281
省属工业	33852	37829	4212	1862
市属企业	12013	11862	21372	145
县市区属工业	29688	28663	59214	2143
乡镇属企业	3305	3159	15464	312
其他企业	14930	13907	32055	6298

项　　目	补贴收入	营业外收入	利润总额	应交所得税	亏损企业 亏损总额	利税总额
总　　计	**115951**	**14274**	**909864**	**312814**	**37961**	**1317773**
一、按登记注册类型分组:						
内资企业	114418	13679	874073	309864	31334	1269875
国有企业	103734	4612	757396	282177	8618	1021610
中央企业	102970	4150	761846	281949	2424	1021090
地方企业	764	462	-4450	227	6195	520
集体企业	332	18	7675	2745	81	11187
股份合作企业		10	206	5		555
联营企业		-287	11		6	885
国有联营企业		-287	16			803
集体联营企业			-6		6	82
国有与集体联营企业						
其他联营企业						
有限责任公司	6094	7386	66015	14098	12407	136523
国有独资公司	2419	809	34158	5754	3098	57990
其他有限责任公司	3675	6578	31857	8344	9309	78533
股份有限公司	1580	1374	21803	6630	3722	52488
私营企业	2679	565	20970	4209	6499	46531
私营独资企业	65	1	539	41	228	1325
私营合伙企业			21	15	19	107
私营有限责任公司	2614	564	20419	4151	6236	45067
私营股份有限公司			-8	2	16	33
其他企业			-1		1	97
港、澳、台商投资企业	1290	245	34083	2694	1404	41522
合资经营企业(港或澳、台资)	1117	184	27462	2694	1064	32825
合作经营企业(港或澳、台资)	133		380			624
港澳台商独资经营企业	40	61	5499		340	7288
港澳台商投资股份有限公司			741			786
外商投资企业	243	350	1708	255	5223	6375
中外合资经营企业	176	122	4788	209	1397	8237
中外合作经营企业	53	1	-1707		1707	-1551
外资企业	15	227	-1373	47	2120	-311
外商投资股份有限公司						
二、按经济组织类型分组						
独资企业	104185	4919	769735	285009	11387	1041098
国有企业	103734	4612	757396	282177	8618	1021610
集体企业	332	18	7675	2745	81	11187
私营独资企业	65	1	539	41	228	1325

单位:万元

项　　　目	补贴收入	营业外收入	利润总额	应交所得税	亏损企业亏损总额	利税总额
港澳台商独资经营企业	40	61	5499		340	7288
外资企业	15	227	-1373	47	2120	-311
合作、合伙企业	185	-275	-1091	20	1733	717
股份合作企业		10	206	5		555
国有联营企业		-287	16			803
集体联营企业			-6		6	82
国有与集体联营企业						
其他联营企业						
私营合伙企业			21	15	19	107
合作经营企业(港或澳、台资)	133		380			624
中外合作经营企业	53	1	-1707		1707	-1551
其他企业(内资)			-1		1	97
股份有限公司	1580	1374	22537	6632	3737	53306
股份有限公司(内资)	1580	1374	21803	6630	3722	52488
私营股份有限公司			-8	2	16	33
港澳台商投资股份有限公司			741			786
外商投资股份有限公司						
有限责任公司	10001	8256	118683	21152	21104	222652
国有独资公司	2419	809	34158	5754	3098	57990
私营有限责任公司	2614	564	20419	4151	6236	45067
合资经营企业(港或澳、台资)	1117	184	27462	2694	1064	32825
中外合资经营企业	176	122	4788	209	1397	8237
其他有限责任公司	3675	6578	31857	8344	9309	78533
三、在总计中:亏损企业	**3325**	**890**	**-37961**	**168**	**37961**	**-15747**
在总计中:国有控股企业	108369	12673	826750	292536	12715	1150803
在总计中:农村工业		13	5950	2244		14393
在总计中:轻工业	1899	1263	35755	7986	8474	81522
重工业	114052	13011	874109	304828	29487	1236251
在总计中:大型企业	103542	4335	797756	287101		1076201
中型企业	5515	8335	91219	17518	17121	177107
小型企业	6894	1605	20889	8196	20840	64464
在总计中:中央企业	103179	4394	766982	283387	2424	1029220
省属工业	897	369	6635	546		24493
市属企业	2810	824	24759	2764	5847	40537
县市区属工业	4125	7566	56991	13670	11389	107242
乡镇属企业	1354	157	15433	5190	3198	32376
其他企业	3586	964	39063	7256	15104	83904

8—7 续表22 单位:万元

项　　目	广告费	研究开发费	劳动、失业保险费	养老保险和医疗保险费	住房公积金和住房补贴	本年应付工资总额
总　　计	**13931**	**21905**	**11304**	**35393**	**7869**	**236897**
一、按登记注册类型分组:						
内资企业	10380	19050	10649	33483	7634	217270
国有企业	29	7464	6879	19136	4339	97099
中央企业	23	7461	6319	16724	3857	89943
地方企业	6	3	560	2413	481	7156
集体企业	5		37	362	5	3825
股份合作企业	19	60	9	143	76	468
联营企业				1	6	754
国有联营企业					6	723
集体联营企业				1		31
国有与集体联营企业						
其他联营企业						
有限责任公司	3338	3029	2331	7869	1363	60328
国有独资公司	409	378	1082	2472	414	19446
其他有限责任公司	2929	2651	1249	5397	949	40882
股份有限公司	6388	7831	768	3531	1720	23706
私营企业	602	668	614	2443	126	30885
私营独资企业	5		4	20	1	1325
私营合伙企业				5	1	177
私营有限责任公司	597	668	610	2413	124	29178
私营股份有限公司				5		205
其他企业			12			206
港、澳、台商投资企业	34	2781	168	956	91	10701
合资经营企业(港或澳、台资)	15	2539	163	472	31	5586
合作经营企业(港或澳、台资)						229
港澳台商独资经营企业	13	243	5	401	50	4641
港澳台商投资股份有限公司	6			82	10	246
外商投资企业	3517	74	488	955	143	8926
中外合资经营企业	3452	55	335	500	64	5035
中外合作经营企业						337
外资企业	65	19	153	455	79	3554
外商投资股份有限公司						
二、按经济组织类型分组						
独资企业	116	7725	7077	20374	4474	110444
国有企业	29	7464	6879	19136	4339	97099
集体企业	5		37	362	5	3825
私营独资企业	5		4	20	1	1325

项　　目	广告费	研究开发费	劳动、失业保险费	养老保险和医疗保险费	住房公积金和住房补贴	本年应付工资总额
港澳台商独资经营企业	13	243	5	401	50	4641
外资企业	65	19	153	455	79	3554
合作、合伙企业	20	60	20	148	82	2171
股份合作企业	19	60	9	143	76	468
国有联营企业					6	723
集体联营企业				1		31
国有与集体联营企业						
其他联营企业						
私营合伙企业				5	1	177
合作经营企业(港或澳、台资)						229
中外合作经营企业						337
其他企业(内资)			12			206
股份有限公司	6394	7831	768	3618	1730	24156
股份有限公司(内资)	6388	7831	768	3531	1720	23706
私营股份有限公司				5		205
港澳台商投资股份有限公司	6			82	10	246
外商投资股份有限公司						
有限责任公司	7401	6290	3439	11254	1582	100127
国有独资公司	409	378	1082	2472	414	19446
私营有限责任公司	597	668	610	2413	124	29178
合资经营企业(港或澳、台资)	15	2539	163	472	31	5586
中外合资经营企业	3452	55	335	500	64	5035
其他有限责任公司	2929	2651	1249	5397	949	40882
三、在总计中:亏损企业	**309**	**283**	**1601**	**4723**	**846**	**36468**
在总计中:国有控股企业	1751	17823	9295	25212	6946	142625
在总计中:农村工业	1192	256	23	1244		5645
在总计中:轻工业	12043	8181	1096	5830	1513	55878
重工业	1888	13724	10208	29563	6356	181019
在总计中:大型企业	1228	6464	5898	15855	2966	92219
中型企业	10432	13866	4136	13494	3904	81825
小型企业	2270	1575	1270	6044	999	62853
在总计中:中央企业	68	8908	6965	17588	4166	99033
省属工业		123	82	782	558	5025
市属企业	247	52	810	2294	459	13973
县市区属工业	5331	3402	2271	7121	1115	45658
乡镇属企业	987	320	75	1345	4	16632
其他企业	7298	9100	1100	6263	1567	56576

8—7　续表25　　　　单位:万元

项　　目	本年应付工资总额 主营业务应付工资总额	本年应付福利费总	主营业务应付福利费总额	本年应交增值税	本年进项税额	本年销项税额	经营活动产生的现金流入
总　计	**222872**	**30551**	**28833**	**357413**	**335298**	**438948**	**5135536**
一、按登记注册类型分组:							
内资企业	204995	29722	28130	346576	276481	372460	4677076
国有企业	94771	12146	11783	239481	25256	45323	2710223
中央企业	87917	11104	10802	235139	17062	33715	2619511
地方企业	6854	1042	981	4342	8194	11608	90712
集体企业	3370	358	298	2533	1312	3810	23165
股份合作企业	468	44	44	313	675	987	7004
联营企业	723	163	159	793	3206	3999	31157
国有联营企业	723	159	159	715	2926	3641	31157
集体联营企业		4		78	280	358	
国有与集体联营企业							
其他联营企业							
有限责任公司	56649	7712	7229	61692	145764	181313	1058747
国有独资公司	18156	2992	2804	21419	67065	66674	242202
其他有限责任公司	38494	4720	4426	40273	78699	114639	816545
股份有限公司	19596	5853	5442	21401	56582	77059	477563
私营企业	29212	3412	3143	20322	43686	59927	368463
私营独资企业	1319	99	97	620	4045	4208	26649
私营合伙企业	177	20	20	61	611	388	3156
私营有限责任公司	27511	3265	2997	19607	38798	55094	338247
私营股份有限公司	205	28	28	35	232	237	411
其他企业	206	33	33	42		42	755
港、澳、台商投资企业	9784	532	482	6653	45800	49739	336356
合资经营企业(港或澳、台资)	5578	335	334	5252	37533	42361	299812
合作经营企业(港或澳、台资)	229			240	509	682	
港澳台商独资经营企业	3769	176	137	1161	7593	6563	36545
港澳台商投资股份有限公司	208	21	11		165	132	
外商投资企业	8093	297	220	4184	13018	16750	122104
中外合资经营企业	4519	210	133	3299	9248	12659	95264
中外合作经营企业	56	7	7	152	564	716	5216
外资企业	3519	80	80	733	3206	3375	21624
外商投资股份有限公司							
二、按经济组织类型分组							
独资企业	106748	12859	12394	244527	41412	63280	2818204
国有企业	94771	12146	11783	239481	25256	45323	2710223
集体企业	3370	358	298	2533	1312	3810	23165
私营独资企业	1319	99	97	620	4045	4208	26649

单位:万元

项目	本年应付工资总额	本年应付福利费总		本年应交增值税	本年进项税额	本年销项税额	经营活动产生的现金流入
	主营业务应付工资总额		主营业务应付福利费总额				
港澳台商独资经营企业	3769	176	137	1161	7593	6563	36545
外资企业	3519	80	80	733	3206	3375	21624
合作、合伙企业	1859	268	263	1600	5565	6814	47288
股份合作企业	468	44	44	313	675	987	7004
国有联营企业	723	159	159	715	2926	3641	31157
集体联营企业		4		78	280	358	
国有与集体联营企业							
其他联营企业							
私营合伙企业	177	20	20	61	611	388	3156
合作经营企业(港或澳、台资)	229			240	509	682	
中外合作经营企业	56	7	7	152	564	716	5216
其他企业(内资)	206	33	33	42		42	755
股份有限公司	20009	5903	5482	21436	56978	77428	477974
股份有限公司(内资)	19596	5853	5442	21401	56582	77059	477563
私营股份有限公司	205	28	28	35	232	237	411
港澳台商投资股份有限公司	208	21	11		165	132	
外商投资股份有限公司							
有限责任公司	94256	11522	10694	89849	231344	291427	1792070
国有独资公司	18156	2992	2804	21419	67065	66674	242202
私营有限责任公司	27511	3265	2997	19607	38798	55094	338247
合资经营企业(港或澳、台资)	5578	335	334	5252	37533	42361	299812
中外合资经营企业	4519	210	133	3299	9248	12659	95264
其他有限责任公司	38494	4720	4426	40273	78699	114639	816545
三、在总计中:亏损企业	**34881**	**4230**	**4031**	**18436**	**59267**	**75073**	**535776**
在总计中:国有控股企业	137749	20904	20191	293863	139416	191543	3538673
在总计中:农村工业	5642	677	676	4534	13127	17627	116634
在总计中:轻工业	49796	7630	6965	31826	123415	150628	984276
重工业	173076	22922	21868	325586	211883	288320	4151260
在总计中:大型企业	87615	11438	10971	249617	81499	92918	2738091
中型企业	76257	12465	11624	73316	162745	227747	1601884
小型企业	59000	6648	6238	34479	91055	118283	795561
在总计中:中央企业	95959	12100	11652	237689	24909	43878	2798079
省属工业	3868	598	438	16520	965	17285	109590
市属企业	13839	2158	2141	14496	60057	56405	95920
县市区属工业	44426	5868	5676	41742	123868	154103	1008947
乡镇属企业	14706	1550	1420	11097	25771	36145	221764
其他企业	50074	8276	7507	35868	99728	131133	901236

单位:万元

项目	经营活动产生的现金流出	投资活动产生的现金流入	投资活动产生的现金流出	筹资活动产生的现金流入	筹资活动产生的现金流出	全部从业人员年平均人数(人)
总计	**3531871**	**278057**	**554088**	**2739559**	**1925566**	**157322**
一、按登记注册类型分组:						
内资企业	3102087	274101	520275	2629697	1842177	142232
国有企业	1351006	20274	43669	1877521	1194602	34742
中央企业	1270210	19921	41188	1873800	1185609	28851
地方企业	80795	353	2481	3721	8994	5891
集体企业	19247	2157	2356	321	60	3915
股份合作企业	7014	76	442	2400	2111	126
联营企业	28956	157	2138	1704		364
国有联营企业	28956	157	2138	1704		308
集体联营企业						56
国有与集体联营企业						
其他联营企业						
有限责任公司	827341	80926	318261	582042	487361	50745
国有独资公司	214721	16106	44849	111408	110045	14511
其他有限责任公司	612619	64820	273411	470633	377316	36234
股份有限公司	527176	157550	108473	101042	113447	18349
私营企业	340604	12961	44936	64666	44595	33853
私营独资企业	26640	5963	5729	3958	2377	1564
私营合伙企业	3993		21	2141	1637	235
私营有限责任公司	309579	6998	39187	58567	40581	31747
私营股份有限公司	392					307
其他企业	743					138
港、澳、台商投资企业	322482	3820	29931	103647	77176	9333
合资经营企业(港或澳、台资)	286212	2339	20141	94140	74889	4401
合作经营企业(港或澳、台资)						250
港澳台商独资经营企业	36270	1481	9791	9507	2286	4474
港澳台商投资股份有限公司						208
外商投资企业	107302	136	3882	6215	6214	5757
中外合资经营企业	86319	135	2888	5113	4565	2921
中外合作经营企业	4870		576	935	689	210
外资企业	16113	1	418	168	960	2626
外商投资股份有限公司						
二、按经济组织类型分组						
独资企业	1449276	29875	61962	1891475	1200286	47321
国有企业	1351006	20274	43669	1877521	1194602	34742
集体企业	19247	2157	2356	321	60	3915
私营独资企业	26640	5963	5729	3958	2377	1564

 单位:万元

项　　目	经营活动产生的现金流出	投资活动产生的现金流入	投资活动产生的现金流出	筹资活动产生的现金流入	筹资活动产生的现金流出	全部从业人员年平均人数(人)
港澳台商独资经营企业	36270	1481	9791	9507	2286	4474
外资企业	16113	1	418	168	960	2626
合作、合伙企业	45577	234	3177	7181	4437	1323
股份合作企业	7014	76	442	2400	2111	126
国有联营企业	28956	157	2138	1704		308
集体联营企业						56
国有与集体联营企业						
其他联营企业						
私营合伙企业	3993		21	2141	1637	235
合作经营企业(港或澳、台资)						250
中外合作经营企业	4870		576	935	689	210
其他企业(内资)	743					138
股份有限公司	527568	157550	108473	101042	113447	18864
股份有限公司(内资)	527176	157550	108473	101042	113447	18349
私营股份有限公司	392					307
港澳台商投资股份有限公司						208
外商投资股份有限公司						
有限责任公司	1509451	90398	380476	739861	607395	89814
国有独资公司	214721	16106	44849	111408	110045	14511
私营有限责任公司	309579	6998	39187	58567	40581	31747
合资经营企业(港或澳、台资)	286212	2339	20141	94140	74889	4401
中外合资经营企业	86319	135	2888	5113	4565	2921
其他有限责任公司	612619	64820	273411	470633	377316	36234
三、在总计中:亏损企业	**511575**	**25623**	**75074**	**104846**	**64112**	**36239**
在总计中:国有控股企业	2025254	175856	341644	2445686	1727506	64389
在总计中:农村工业	107970	30315	35546	6713	4861	5282
在总计中:轻工业	836306	38998	100995	161257	126525	52540
重工业	2695565	239059	453093	2578302	1799041	104782
在总计中:大型企业	1369664	45086	108569	1981202	1283157	35329
中型企业	1397786	193610	348922	624412	569643	60347
小型企业	764422	39361	96597	133945	72766	61646
在总计中:中央企业	1447445	81033	99503	1919428	1241416	33894
省属工业	41097	7394	154080	339500	279590	1762
市属企业	88553	413	2149	13084	9602	10494
县市区属工业	919105	126001	177159	285360	250451	41185
乡镇属企业	211663	45919	49841	23213	13807	14692
其他企业	824009	17296	71356	158975	130700	55295

单位:万元

项目	工业增加值率(%)	总资产贡献率(%)	资产负债率(%)	流动资产周转率(次/年)	成本费用利润率(%)	全员劳动生产率(元/人·年)	产品销售率(%)
总计	**44.44**	**7.45**	**50.92**	**1.37**	**20.10**	**157009**	**97.09**
一、按登记注册类型分组:							
内资企业	45.69	7.44	50.63	1.34	21.59	159740	97.28
国有企业	69.48	7.71	43.58	0.95	55.34	393681	99.48
中央企业	71.50	7.77	43.11	0.94	59.45	466076	99.65
地方企业	26.28	1.60	88.60	1.55	-5.11	39130	95.95
集体企业	43.38	23.62	48.31	2.27	20.14	55409	92.91
股份合作企业	27.99	9.97	89.31	0.98	4.21	176833	64.84
联营企业	5.37	3.18	67.33	2.52	0.05	25552	100.17
国有联营企业	4.37	3.02	67.58	2.64	0.08	23416	100.00
集体联营企业	26.47	6.57	62.19	1.72	-0.27	37304	103.80
国有与集体联营企业							
其他联营企业							
有限责任公司	28.04	5.86	79.28	1.79	4.29	91401	95.31
国有独资公司	21.28	7.89	74.10	2.41	5.09	99212	95.07
其他有限责任公司	32.72	5.04	81.38	1.49	3.68	88273	95.48
股份有限公司	33.08	7.47	60.34	1.91	3.77	119615	99.15
私营企业	32.10	8.23	56.25	2.23	4.22	57863	94.19
私营独资企业	27.37	8.37	68.93	4.22	1.21	87877	94.41
私营合伙企业	30.88	4.61	76.06	1.43	0.51	74017	87.31
私营有限责任公司	32.54	8.25	55.68	2.14	4.57	56604	94.29
私营股份有限公司	33.46	3.81	69.00	1.98	-0.54	22775	81.59
其他企业	32.61	38.56	61.84	8.28	-0.19	18797	94.88
港、澳、台商投资企业	35.20	9.43	55.46	1.79	10.28	151420	95.88
合资经营企业(港或澳、台资)	36.84	10.04	55.35	1.75	11.21	246244	96.69
合作经营企业(港或澳、台资)	38.08	62.79	100.00	16.39	10.27	152824	100.00
港澳台商独资经营企业	29.49	7.80	54.37	2.12	6.74	62627	92.84
港澳台商投资股份有限公司	48.99	4.01	61.33	0.32	48.11	53293	100.00
外商投资企业	30.73	3.96	71.52	1.67	1.16	98602	94.48
中外合资经营企业	33.39	7.54	66.67	1.40	5.11	151724	95.52
中外合作经营企业	11.47	-8.86	123.15	3.79	-29.03	27110	100.00
外资企业	25.24	-0.09	65.79	2.60	-2.91	45230	90.94
外商投资股份有限公司							
二、按经济组织类型分组							
独资企业	65.27	7.73	43.77	1.02	48.71	304951	98.75
国有企业	69.48	7.71	43.58	0.95	55.34	393681	99.48
集体企业	43.38	23.62	48.31	2.27	20.14	55409	92.91
私营独资企业	27.37	8.37	68.93	4.22	1.21	87877	94.41

项 目	工业增加值率(%)	总资产贡献率(%)	资产负债率(%)	流动资产周转率(次/年)	成本费用利润率(%)	全员劳动生产率(元/人·年)	产品销售率(%)
港澳台商独资经营企业	29.49	7.80	54.73	2.12	6.74	62627	92.84
外资企业	25.24	-0.09	65.79	2.60	-2.91	45230	90.94
合作、合伙企业	20.45	1.59	88.04	2.20	-2.65	72161	92.45
股份合作企业	27.99	9.97	89.31	0.98	4.21	176833	64.84
国有联营企业	4.37	3.02	67.58	2.64	0.08	23416	100.00
集体联营企业	26.47	6.57	62.19	1.72	-0.27	37304	103.80
国有与集体联营企业							
其他联营企业							
私营合伙企业	30.88	4.61	76.06	1.43	0.51	74017	87.31
合作经营企业(港或澳、台资)	38.08	62.79	100.00	16.39	10.27	152824	100.00
中外合作经营企业	11.47	-8.86	123.15	3.79	-29.03	27110	100.00
其他企业(内资)	32.61	38.56	61.84	8.28	-0.19	18797	94.88
股份有限公司	33.13	7.39	60.37	1.88	3.87	117308	99.10
股份有限公司(内资)	33.08	7.47	60.34	1.91	3.77	119615	99.15
私营股份有限公司	33.46	3.81	69.00	1.98	-0.54	22775	81.59
港澳台商投资股份有限公司	48.99	4.01	61.33	0.32	48.11	53293	100.00
外商投资股份有限公司							
有限责任公司	30.24	6.56	73.89	1.82	5.11	88651	95.26
国有独资公司	21.28	7.89	74.10	2.41	5.09	99212	95.07
私营有限责任公司	32.54	8.25	55.68	2.14	4.57	56604	94.29
合资经营企业(港或澳、台资)	36.84	10.04	55.35	1.75	11.21	246244	96.69
中外合资经营企业	33.39	7.54	66.67	1.40	5.11	151724	95.52
其他有限责任公司	32.72	5.04	81.38	1.49	3.68	88273	95.48
三、在总计中:亏损企业	**23.72**	**-0.23**	**70.07**	**1.61**	**-6.38**	**41755**	**94.21**
在总计中:国有控股企业	53.04	7.37	49.60	1.14	31.03	271169	98.65
在总计中:农村工业	32.27	14.61	73.22	2.01	5.37	90673	95.62
在总计中:轻工业	31.01	7.55	55.43	2.29	3.20	77453	96.54
重工业	48.59	7.45	50.65	1.23	25.65	196901.	97.26
在总计中:大型企业	59.48	7.92	44.46	1.15	44.17	413843	98.64
中型企业	33.32	6.24	74.85	1.54	5.44	100699	97.53
小型企业	31.36	5.33	61.46	1.90	2.00	64944	93.46
在总计中:中央企业	68.37	7.71	43.44	0.96	54.47	406572	99.43
省属工业	66.72	4.08	92.13	0.40	6.82	388208	99.78
市属企业	17.82	7.01	78.16	2.56	4.29	102263	95.07
县市区属工业	32.47	7.70	66.85	2.08	4.90	103545	97.44
乡镇属企业	33.41	13.15	62.21	2.07	6.16	74806	95.54
其他企业	31.77	6.59	55.75	2.01	3.79	68722	93.96

8—8　公路通车里程及养护情况

（2005年）

地　　区	公路通车里程（公里）		通　车　里　程　中					绿化里程	不通公路村
	合计	晴雨通车	国　道	省　道	县　道	乡　道	专用路	（公里）	（个）
总　　计	**10679.325**	**10629.235**	**276.043**	**1466.432**	**1256.357**	**7407.923**	**272.57**	**5723.155**	**88**
西陵区	105.036	105.036		17.675	14.12	37.881	35.36	35.673	
伍家岗区	76.939	76.939		27.969		45.87	3.1	58.213	
点军区	262.83	261.326		30.416	20.87	204.94	6.6	186.997	4
夷陵区	1910.514	1896.854		185.469	186.052	1504.793	34.2	1778.217	17
宜都市	800.752	800.752	16.22	122.5	116.352	530.38	15.3	546.874	
枝江市	1398.98	1398.98	55.293	75.833	66.638	1190.866	10.35	932.359	
当阳市	970.927	970.927		156.31	135.587	679.03		392.331	
远安县	661.273	661.273		133.35	87.953	439.97		95.783	
兴山县	680.155	680.155	66.5	164.358	56.747	231.69	160.86	184.911	8
秭归县	983.762	983.762		218.438	77.17	688.154		366.951	23
长阳县	1639.467	1604.607	119.232	118.275	300.42	1101.54		702.031	26
五峰县	1114.298	1114.228		212.331	183.608	714.659	3.7	408.745	10
猇亭区	74.396	74.396	18.798	3.508	10.84	38.15	3.1	34.07	

注：公路通车里程及养护情况数据摘于市公路局二〇〇五年年报。

8—9　全社会客、货运输（吞吐）量

（2005年）

项　　目	客运量（万人）	旅客周转量（万人公里）	货运量（万吨）	货物周转量（万吨公里）	旅客吞吐量		货物吞吐量（万吨）
					小计	#离港	
总　　计	**6924.1**	**549752.0**	**5060.1**	**514671.4**	**397.12**	**171.26**	**2408.92**
一、交通系统	2270.4	145261.7	103.2	10952.5	397.12	171.26	2408.92
1.公路	2238.9	143965.7	48.7	4044.5			
2.水路	31.5	1296.0	54.5	6908.0			
3.港口					397.12	171.26	2408.92
二、非交通系统	4653.7	404490.3	4956.9	503718.9			
1.公路	4484.2	373034.3	4323.4	267626.9			
#个体	1092.5	64637.0	2706.6	126071.3			
2.水路	169.5	31456.0	633.5	236092.0			
#个体	97.0	7300.0	129.0	49950.0			

注：1.交通系统四量指标摘于鄂交公行统9表、水行统2表。2.港口旅客、货物吞吐量含长航、地方两部分。3.非交通系统四量指标摘于鄂交公行统9表、交行统10表。

8—10　全市民用车辆拥有量

（2005 年）

	总　计				总　计　中	
		营运	非营运	特种	其中:个人	其中:新注册
合计	**462526**	**54623**	**407718**	**185**	**417617**	**40944**
一、汽车	87704	49726	38243	185	46261	11128
1、载客汽车	41964	6655	35272	37	21110	6866
其中:大型	2743	1782	940	21	185	206
中型	2901	1371	1530		615	239
小型	32840	2865	29965	10	17721	6430
微型	3480	637	2837	6	2529	81
其中:轿车	21347	2444	18900	3	12604	4472
2、载客汽车	45609	42619	2971	19	25151	4262
其中:重型	5643	5640	3		2048	359
中型	13701	13667	34		8147	963
轻型	21686	21576	91	19	11817	2917
微型	4579	1736	2843		3139	23
其中:普通载货	34404	32004	2400		19511	
3、其他汽车	131	2		129	2	
二、电车						
1、无轨						
2、有轨						
三、摩托车	363756	5212	358544		360064	
1、普通	353417	5171	348246		349696	29343
2、轻便	10339	41	10298		10290	162
四、农用运输车	10920		10920		10920	150
1、三轮	5410		5410		5410	47
2、四轮	5510		5510		5510	103
五、拖拉机	10		10		10	
1、大型	4		4			
2、小型	6		6			
六、挂车	136	135	1		42	46
七、其他类型车						
机动车驾驶员(人)	471143					
其中:汽车驾驶员(人)	188554					

8—11 主要年份能源库存情况

能源品种	单位	2001年	2002年	2003年	2004年	2005年
原　　煤	吨	238468	418234	497614	583151	978337
焦　　炭	吨	24780	3557	2750	11016	14237
燃 料 油	吨	25516	9179	12830	10567	1887
汽　　油	吨	270	282	163	158	98
煤　　油	吨	35	10	23	11	5
柴　　油	吨	419	441	319	423	299
液化石油气	吨	45	93	43	33	

8—12 主要年份能源消费情况

（2005 年）

能源品种	单位	折标煤系数	2000 年		2001 年		2002 年	
			数量	折标煤（万吨）	数量	折标煤（万吨）	数量	折标煤（万吨）
原煤	吨	0.7143	2943672	210.27	3271020	233.65	3854183	275.30
洗精煤	吨	0.9000	147342	13.26	168784	15.19	183587	16.52
焦炭	吨	0.9714	89599	8.70	94833	9.21	100250	9.74
燃料油	吨	1.4286	70751	10.11	63122	9.02	148844	21.26
汽油	吨	1.4714	6529	0.96	8059	1.19	6821	1.00
煤油	吨	1.4714	954	0.14	1738	0.26	957	0.14
柴油	吨	1.4571	70508	10.27	10559	1.54	12521	1.82
液化石油气	吨	1.7143	922	0.16	1390	0.24	1510	0.26
热力	百万千焦	0.0341	2871128	9.79	4964744	16.93	6296297	21.47
电力	万千瓦时	1.229	461937	56.77	525684	64.61	547316	67.27
能源加工转换产出	万吨标煤			32.64		38.78		46.22
综合能源消费量	万吨标煤			247.3		293.13		341.53

能源品种	单位	折标煤系数	2003 年		2004 年		2005 年	
			数量	折标煤（万吨）	数量	折标煤（万吨）	数量	折标煤（万吨）
原煤	吨	0.7143	4365123	311.80	4359474	311.40	5427085	387.66
洗精煤	吨	0.9000	247786	22.30	367006	33.03	305127	27.46
焦炭	吨	0.9714	59034	5.73	106536	10.35	108618	10.55
燃料油	吨	1.4286	125399	17.91	135024	19.29	62181	8.88
汽油	吨	1.4714	4975	0.73	4699	0.69	4866	0.72
煤油	吨	1.4714	1303	0.19	1532	0.23	1242	0.18
柴油	吨	1.4571	15040	2.19	15967	2.33	40872	5.96
液化石油气	吨	1.7143	1451	0.25	2379	0.41	170	0.03
热力	百万千焦	0.0341	6730887	22.95	9131535	31.14	9787409	33.38
电力	万千瓦时	1.229	630540	77.49	725736	89.19	837814	102.97
能源加工转换产出	万吨标煤			54.39		63.07		70.86
综合能源消费量	万吨标煤			409.78		441.16		541.61

8—13 分品种分行业能源消费

（2005 年）

行业名称	原煤(吨)	洗精煤(吨)	焦炭(吨)	天然气(万立方米)	液化天然气(吨)	汽油(吨)	煤油(吨)
合　计	**5427085**	**305127**	**108618**	**28058.24**	**72**	**4866**	**1242**
轻工业	278219			382.14		1611	13
重工业	5148866	305127	108618	27676.10	72	3255	1229
(一)采矿业	4552		28450			561	41
煤炭开采和洗选业	3350					97	
石油和天然气开采业							
黑色金属矿采选业	198					2	
有色金属矿采选业						1	
非金属矿采选业	1004		28450			461	
其他采矿业							41
(二)制造业	4740718	305127	80168	28058.24	72	3505	1201
农副食品加工业	39549					95	
食品制造业	45604					269	
饮料制造业	22392					41	
烟草制品业	2850					39	
纺织业	39262					138	
纺织服装、鞋、帽制造业	1936					24	
皮革、毛皮、羽毛(绒)及其制品业	71					6	
木材加工及木、竹、藤、棕、草制品业	20510						
家具制造业						12	
造纸及纸制品业	43484					12	
印刷业和记录媒介的复制	23					47	
文教体育用品制造业							
石油加工、炼焦及核燃料加工业		305127				43	
化学原料及化学制品制造业	3451440		74012	27158.00		258	18
医药制造业	63406					774	13
化学纤维制造业	12882					4	
像胶制品业	9990			382.14		138	1
塑料制品业	3198					59	
非金属矿物制品业	934897			514.40	64	65	18
黑色金属冶炼及压延加工业	9704		4846			1	
有色金属冶炼及压延加工业	15845		273		8	33	
金属制品业	963					66	39
通用设备制造业	4509		242	3.70		945	72
专业设备制造业	3394		598			61	3
交通运输设备制造业	2004		192			257	1036
电气机械及器材制造业	9039					82	1
通信设备、计算机及其他电子设备制造业						8	
仪器仪表及文化、办公用机械制造业			5			28	
工艺品及其他制造业							
废弃资源和废旧材料回收加工业	3766						
(三)电力、燃气及水的生产和供应业	681815					800	
电力、热力的生产和供应业	681469					746	
燃气生产和供应业						3	
水的生产和供应业	346					51	

8—13 续表1

行业名称	柴油（吨）	燃料油（吨）	液化石油气（吨）	其他石油制品（吨）	热力（百万千焦）	电力（万千瓦时）	其他燃料（吨标准煤）
合计	**40872**	**62181**	**170**	**12**	**9787408.83**	**837814.24**	**423752**
轻工业	1208	749	170		675382.83	74174.55	290
重工业	39664	61432		12	9112026.00	763639.69	423462
(一)采矿业	5689					8387.61	
煤炭开采和洗选业	159					4146.78	
石油和天然气开采业							
黑色金属矿采选业	1					480.45	
有色金属矿采选业	5					97.70	
非金属矿采选业	5524					3662.68	
其他采矿业							
(二)制造业	34744	60961	170	12	8470431.83	805986.78	290
农副食品加工业	369					4804.89	
食品制造业	176				236771.07	15828.03	
饮料制造业	47					1861.44	
烟草制品业	188					507.80	
纺织业	37				67144.0	20876.96	
纺织服装、鞋、帽制造业	67				426.50	804.85	
皮革、毛皮、羽毛(绒)及其制品业	2					71.76	
木材加工及木、竹、藤、棕、草制品业						1337.62	
家具制造业	20					26.22	
造纸及纸制品业	66				93206.00	5345.38	
印刷业和记录媒介的复制	10					1192.67	
文教体育用品制造业						206.10	
石油加工、炼焦及核燃料加工业	84					1117.00	
化学原料及化学制品制造业	28306	1326			7779040.00	471017.29	
医药制造业	127				20593.50	13068.46	
化学纤维制造业		744			257241.76	5729.68	
像胶制品业	15					1829.77	
塑料制品业	164	5				5732.86	
非金属矿物制品业	1695	58767			16009.00	60725.91	
黑色金属冶炼及压延加工业	8					26689.45	
有色金属冶炼及压延加工业	149					144026.43	
金属制品业	42					4919.29	
通过设备制造业	2017	1		12		7484.10	
专业设备制造业	55	118				1492.89	
交通运输设备制造业	355					2993.47	
电气机械及器材制造业	618		170			2221.50	290
通信设备、计算机及其他电子设备制造业	4					3740.46	
仪器仪表及文化、办公用机械制造业	101					260.00	
工艺品及其他制造业							
废弃资源和废旧材料回收加工业	22					74.50	
(三)电力、燃气及水的生产和供应业	439	1220			1316977.00	23439.85	423462
电力、热力的生产和供应业	427	1220			1316977.00	21692.72	423462
燃气生产和供应业						20.60	
水的生产和供应业	12					1726.53	

8—14 工 业 企 业 水 消 费

(2005 年)

指 标	数量(立方米)	金额(千元)
工业取水总量	303641982	86047
1. 地下水及地表水	247654501	45520
2. 自来水	44959400	40527
3. 其他水	11028081	
重复用水	538645416	

8—15 工业企业能源加工转换情况

(2005 年)

能 源 名 称	计量单位	工业生产消费量	加工转换投入合计				能源加工转换产出
				火力发电	供热	炼焦	
原煤	吨	2929418	1281321	578815	702506		
洗清煤	吨	305127	30517			305127	
焦炭	吨	18082					212502
焦炉煤气	万立方米						2399.00
天然气	万立方米	382.14					
汽油	吨	396					
煤油	吨	45					
柴油	吨	2146	208	131	77		
燃料油	吨	1965					
液化石油气	吨	170					
热力	百万千焦	6018337.33					10802216.00
电力	万千瓦时	281325.63					97177.00
其他燃料	吨标准煤	423752	423462	423462			
能源合计	吨标准煤	3009167	1255307	503401	477292	274614	708605

8—16 工业企业能源购进、消费与库存情况

（2005 年）

能源名称	计量单位	企业单位数(个)	年初库存量	购进量	
				实物量	金额(千元)
原煤	吨	256	689626	5714847	2131539.39
洗精煤	吨	1	32344	248752	199500.00
其他洗煤	吨				
型煤	吨				
焦炭	吨	14	8946	113909	96463.36
其他焦化产品	吨				
焦炉煤气	万立方米				
高炉煤气	万立方米				
其他煤气	万立方米				
天然气	万立方米	8		28058.24	278130.88
液化天然气	吨	2		73	317.92
原油	吨				
汽油	吨	179	150	4812	22047.03
煤油	吨	20	40	1207	4904.47
柴油	吨	164	530	40640	159728.85
燃料油	吨	7	10796	53272	155796.28
液化石油气	吨	1		170	910.00
炼厂干气	吨				
其他石油制品	吨	1		12	51.00
热力	百万千焦	10		9787408.83	249565.69
电力	万千瓦时	523		830679.78	3146424.16
其他燃料	吨标准煤	3	14280	456705	67033.00
能源合计	吨标准煤	523			

8—16　续表1

能源名称	消费量					年末库存量
	合计	1. 工业生产消费	用于原材料	2. 非工业生产消费	合计中:运输工具消费	
原煤	5427085	5420952	1116792	6133		978337
洗精煤	305127	305127				11292
其他洗煤						
型煤						
焦炭	108618	108618	18691			14237
其他焦化产品						
焦炉煤气						
高炉煤气						
其他煤气						
天然气	28058.24	28058.24				
液化天然气	72	72				1
原油						
汽油	4866	3388	557	1478	2108	98
煤油	1242	1241	22	1	1	5
柴油	40872	10974	377	29898	6817	299
燃料油	62181	62181	1			1887
液化石油气	170	170				
炼厂干气						
其他石油制品	12	12				
热力	9787408.83	9787408.83				
电力	837814.24	834558.87	2823.24	3255.37		
其他燃料	423752	423752	190616			47233
能源合计	6109547	6055498		54049		

九 中小企业

MID AND SMALL SCALE ENTERPRISE

9—1 分县市中小企业主要经济指标

（2005 年）

单位：个、人、万元

	全　市	宜都市	枝江市	当阳市	远安县	兴山县	秭归县	长阳县	五峰县	市　区	
											夷陵区
企业个数	128361	19900	14539	17055	5540	5705	11985	9613	4985	39039	21203
1、农、林、牧渔业	4524	2943	278	277		31	152	55	25	763	735
2、采矿业	916	65	4	84	134	104	84	110	52	279	247
3、制造业	20636	1450	2773	3810	1458	1283	2248	1452	1040	5122	3442
4、建筑业	3432	115	455	591	121	43	382	187	44	1494	933
5、交通运输仓储业	22197	1118	2733	3265	1286	1070	2782	1598	1050	7295	4171
6、批发零售业	41259	4870	5197	5320	1526	1797	4263	3501	1777	13008	7039
7、住宿及餐饮业	21149	5130	2641	2155	489	717	886	1360	487	7284	2035
8、社会服务业	8804	1150	458	1481	526	578	941	771	510	2389	1769
9、其他	5369	3059		72		81	247	561		1349	832
从业人员年末数	649503	75050	85038	115306	23616	17887	44134	39441	21087	227944	130977
1、农、林、牧渔业	38187	15700	5421	2557		113	915	213	65	13203	12800
2、采矿业	44338	1500	78	4019	7544	1996	3649	5535	2042	17975	171198
3、制造业	225685	20400	42882	49512	6866	4463	15711	8401	8938	68512	36316
4、建筑业	63281	1100	9116	5367	1255	1592	6849	5031	1539	31432	24724
5、交通运输仓储业	51943	4220	6215	8388	2003	1280	4029	3666	1307	20835	9682
6、批发零售业	109207	11500	12301	21409	3074	4228	7313	7343	3542	38497	15341
7、住宿及餐饮业	72733	9500	7969	15613	1945	2485	3060	4048	2789	25324	7428
8、社会服务业	26045	5560	1056	5879	929	1130	2036	1646	865	6944	4647
9、其他	16140	5570		2562		123	572	2437		4876	2921
增加值	2247116	310900	284751	377614	73778	30064	105481	88541	48964	927023	535542
1、农、林、牧渔业	87464	23500	9518	11090		227	1262	217	36	41614	40288
2、采矿业	131604	2260	100	15653	22327	5176	10053	9013	3872	63150	62057
3、制造业	1153412	236260	183714	201822	34613	10555	57642	32026	31196	365584	200158
4、建筑业	162363	6740	19179	11709	3208	1396	7677	13233	2295	96926	85841

单位:个、人、万元

	全市	宜都市	枝江市	当阳市	远安县	兴山县	秭归县	长阳县	五峰县	市区	
											夷陵区
5、交通运输仓储业	182822	6860	16381	21352	4467	2314	9462	5650	2636	113700	42098
6、批发零售业	27339	9100	35819	47073	6060	6136	11723	13255	4348	138825	49555
7、住宿及餐饮业	144441	18400	19418	28282	2369	2460	4519	4566	3229	61198	31361
8、社会服务业	53438	6580	622	13550	734	854	2528	1661	1352	25557	12460
9、其他	51846	1200		27083		274	615	2205		20469	11724
总产值	9441170	1150000	1676282	1625931	300528	123964	409529	314662	206346	3633928	2152258
1、农、林、牧渔业	332136	84600	62507	60772		726	4341	1173	120	117897	112395
2、采矿业	419711	7550	808	59448	84758	22237	31906	29453	14551	169000	164182
3、制造业	4799703	830000	1022380	897502	138335	46995	209505	106765	114567	1433654	780619
4、建筑业	844146	22450	129908	57579	12707	5767	33156	63659	13588	505332	454861
5、交通运输仓储业	771817	24500	117254	106072	19337	10308	43844	22812	13143	414547	166808
6、批发零售业	1319412	92400	252717	189648	32309	22546	58145	43190	25666	602791	275581
7、住宿及餐饮业	541776	52500	84664	122704	11125	8498	18054	13229	18117	212885	100195
8、社会服务业	215899	23500	6044	63060	1957	3169	8634	4277	6594	98664	53421
9、其他	168727	12500		69146		1132	1944	6015		77990	44196
营业收入	9181768	1135800	1591533	1507222	238672	114727	356778	310368	192959	3733709	2224026
1、农、林、牧渔业	321792	84500	62195	53705		716	4096	1137	120	115323	110873
2、采矿业	383287	7500	785	54428	73382	19118	27714	27096	12546	160718	156942
3、制造业	4373715	816360	945647	800032	100093	41649	150469	102550	105325	1311590	689089
4、建筑业	666025	22440	114980	52140	11453	5477	31236	49396	11283	367620	330472
5、交通运输仓储业	750625	24400	121626	95971	12857	9895	43026	19114	11819	411917	167208
6、批发零售业	1750041	92350	251949	206564	29940	21699	71983	68819	27760	978977	571630
7、住宿及餐饮业	533114	52450	87973	116188	9423	7983	17830	11510	17711	212046	100195
8、社会服务业	213679	23400	6378	62273	1524	3069	8276	4111	6395	98253	53421
9、其他	163817	12400		65921		1077	2148	5766		76505	44196
利润总额	454879	50400	80745	86267	9952	4747	15010	22156	3977	181625	147423
1、农、林、牧渔业	16234	1450	1832	4596		77	136	86	8	8049	7932
2、采矿业	51266	750	15	4587	7693	900	2182	1514	483	33142	32836
3、制造业	204082	43330	39857	40012	76	1628	5129	8229	1366	64455	45681

	全市	宜都市	枝江市	当阳市	远安县	兴山县	秭归县	长阳县	五峰县	市区	
											夷陵区
4、建筑业	36262	1050	6955	3572	323	222	1118	5199	335	17488	15928
5、交通运输仓储业	33885	510	5675	6590	554	456	1851	1406	452	16391	12133
6、批发零售业	57414	1500	17195	13417	710	869	2490	2521	769	17943	12724
7、住宿及餐饮业	34267	1150	8627	7126	484	332	1189	1149	441	13769	11203
8、社会服务业	11985	550	589	4395	114	158	623	-197	123	5630	4879
9、其他	7655	110		1978		40	88	622		4817	4107
上交税金	231366	38070	26715	20854	10869	4174	10886	14357	4835	100606	58163
1、农、林、牧渔业	2427	810	220	896		6	26	12		457	381
2、采矿业	31856	650	7	959	6683	765	1491	2455	213	18633	18485
3、制造业	123874	28790	23295	13244	2448	1315	6250	5233	3488	39811	21098
4、建筑业	14199	1120	460	294	248	224	702	1969	330	8852	7889
5、交通运输仓储业	13819	730	650	504	485	325	675	451	173	9826	2288
6、批发零售业	23122	2790	1024	1331	575	614	1098	1692	303	13695	4995
7、住宿及餐饮业	10536	2090	798	884	352	287	438	413	249	5025	1476
8、社会服务业	4428	740	61	645	78	143	176	124	79	2382	871
9、其他	4704	350		2097		111	30	244		1872	680
劳动都报酬	645316	110550	80670	102229	14988	13611	38687	28646	18259	237676	159527
1、农、林、牧渔业	27182	8500	3092	3696		80	408	248	28	11130	10894
2、采矿业	41451	850	76	3341	5739	2032	5493	5163	2083	16674	15909
3、制造业	288705	73650	44379	48565	4763	3817	15413	7709	8618	81791	49438
4、建筑业	62927	4450	6263	3893	469	1050	4795	3468	1092	37447	33502
5、交通运输仓储业	55221	4750	5434	7153	1339	1179	4346	2179	1139	27702	16932
6、批发零售业	89354	9550	15898	16562	1635	2759	4957	4675	2432	30886	14421
7、住宿及餐饮业	50681	5300	4723	11646	680	1375	1936	2002	2203	20816	10981
8、社会服务业	17482	2300	805	5399	363	574	997	599	664	5781	3848
9、其他	10619	1200		1974		93	342	1612		5398	3602

十 投资、建筑

CONSTRUCTION AND INVESTMENT IN FIXED ASSETS

10—1　主要年份全社会固定资产投资总额

单位：万元

项　　目	2000 年	2001 年	2002 年	2003 年	2004 年	2005 年
固定资产投资总额	**2293691**	**2483534**	**2649102**	**2500351**	**2712825**	**2958034**
#三峡工程	1265707	1408949	1588723	1290719	1124681	1072704
按经济类型分						
国有经济	1741726	1895406	2073434	1858405	1813444	1834180
集体经济	151275	127003	92730	67213	63586	32769
股份制经济	159917	74804	200829	211217	239879	294285
三资经济	14709	37545	16991	77650	92750	117035
其他经济	40628	148294	61478	60544	190716	217621
个体经济	185436	200482	203640	225322	312450	462144
按隶属关系分						
中　央	1408176	1593193	1726580	1380543	1311252	1267208
省　属	75190	50995	53268	98311	63686	37965
市县属	810325	839346	869254	1021497	1337887	1652861
按报表种类分						
#基本建设	1679239	1860231	2012237	1764760	1914662	
更新改造	173903	203112	236870	299505	444899	
其他投资	44528	18013	11063	30327	151568	
城镇以上 50 万元以上项目						2455978
房地产开发	68030	65589	78031	127950	201696	317023
城镇私人						31760
农村非农户50万元以上项目						78530
农村私人						74743
按产业分						
第一产业	107547	121005	102477	100468	86343	100856
第二产业	1653948	1801814	2023972	1857827	1979520	2024681
第三产业	532196	560715	522653	542056	646962	832497
按建设性质分						
#新建	1565787	1762699	2213691	2074631	2154788	2183021
扩建	148414	246455	198598	224666	279082	238828
改建	96329	155856	144444	134685	205746	331987
按构成分						
#建安工程	780197	801312	797207	822922	1043243	1199047
设备购置	253404	373100	461296	529973	710234	784235

注：本表中固定资产投资合计 2000－2004 年＝基建＋技改＋房地产＋其他＋农贸＋城私＋农私

本表中固定资产投资合计 2005＝城镇 50 万元以上项目＋房地产＋农村 50 万元以上项目＋农私

10—1 续表 1

单位:万元

项目	2000 年	2001 年	2002 年	2003 年	2004 年	2005 年
中央单位投资	1408176	1593193	1726580	1380543	1311252	1267208
宜都市	3917	6505	4404	624	6280	7167
枝江市	12642	1292	1815	3800	49958	62902
当阳市	6385	8253	8095	2490		
远安县	17564	5067	4031	2690		380
兴山县	1582	8506	11591	3088	411	2492
秭归县	1447	5905	5944	852	1024	1326
长阳县	4407	5344	3496	1467	500	1360
五峰县	3010	3416	3800	3027	979	782
市　区	1357222	1548904	1683404	1362505	1252100	
#夷陵区	6651	12676	9363	790	2628	620
省属单位投资	75190	50995	53268	98311	63686	37965
宜都市	46419	17430	13470	9154	10236	1428
枝江市	7259	460				
当阳市	50	347	198	73		
远安县	392	250				
兴山县	1435	5120	956	2520	8664	950
秭归县	188	798	319	1442		
长阳县	11707	13081	6512	11615	5849	1496
五峰县	1252	2831	2962	73	381	989
市　区	6452	10678	28851	73434	38556	
#夷陵区	77			2165		280
市县属单位投资	810325	839346	869254	1021497	1337887	1652861
宜都市	61996	68216	103353	123460	143740	189644
枝江市	78479	98954	103623	129168	138665	198870
当阳市	93455	94418	49374	58232	103070	124899
远安县	25635	26133	31247	36120	44930	56630
兴山县	40161	45063	69175	51245	56398	62554
秭归县	52613	58288	68118	78440	91852	108785
长阳县	30591	24765	29364	36518	67677	80790
五峰县	17629	18141	18536	24448	30308	36618

10—1 续表2

单位:万元

项目	2000年	2001年	2002年	2003年	2004年	2005年
市 区	409766	405368	396464	483866	661247	794071
#夷陵区	161946	147470	152735	166043	184448	230862
西陵区					117383	169713
伍家区					128274	158406
点军区					81518	54543
猇亭区					45906	84544
东山开发区					98260	91413
市直					5458	4590
本年新增固定资产	1011288	1058376	1013998	2950273	6758876	2862662
宜都市	182150	65763	73641	70014	150816	172619
枝江市	130648	98221	107614	95959	110779	187023
当阳市	92512	105927	53282	58946	67516	109150
远安县	38577	32243	31112	32203	15814	55806
兴山县	44546	56028	75918	88159	53499	65642
秭归县	71384	54820	71584	83812	70291	86387
长阳县	40082	25559	25130	35613	105122	83806
五峰县	19921	15488	21276	29397	29645	25590
市 区	391468	604327	554441	2456170	6214684	2076639
#夷陵区	113484	145329	152241	137780	96109	159613
西陵区						
伍家区						
点军区						
猇亭区						
东山开发区						

10—1　续表 3　　单位:万平方米

项　　目	2000 年	2001 年	2002 年	2003 年	2004 年	2005 年
本年施工房屋面积	691.59	722.97	702.47	692.01	736.40	851.81
宜都市	98.47	74.45	51.17	56.97	38.74	88.29
枝江市	58.87	71.52	60.62	40.41	41.58	47.26
当阳市	78.17	59.86	35.84	34.52	44.69	48.47
远安县	21.04	21.54	23.26	14.45	16.82	17.15
兴山县	30.81	66.15	62.11	26.69	19.78	29.42
秭归县	39.93	47.15	52.87	36.21	47.30	50.38
长阳县	37.44	40.55	42.48	33.24	26.15	26.93
五峰县	30.18	22.25	25.10	28.40	24.77	25.97
市　区	296.32	319.50	349.02	421.12	476.53	517.94
#夷陵区	62.48	64.63	89.75	95.37	79.01	94.65
本年施工住宅面积				438.76	460.37	514.71
宜都市				29.52	17.20	44.74
枝江市				16.02	20.32	20.57
当阳市				21.40	23.87	22.12
远安县				11.60	12.56	9.41
兴山县				13.10	13.86	22.73
秭归县				24.26	34.09	40.24
长阳县				25.46	17.57	19.72
五峰县				19.01	14.55	17.01
市　区				278.40	306.35	318.17
#夷陵区				44.57	62.28	58.67

10—1　续表4　　　　单位:万平方米

项　　目	2000年	2001年	2002年	2003年	2004年	2005年
本年竣工房屋面积	528.40	535.27	552.61	481.82	443.37	525.13
宜都市	92.80	63.36	50.34	44.51	25.64	66.54
枝江市	48.52	63.69	56.79	26.41	31.32	38.10
当阳市	75.11	53.32	30.37	33.65	27.44	29.00
远安县	20.50	20.78	20.85	14.45	13.74	14.47
兴山县	20.11	21.81	49.43	26.68	9.87	19.28
秭归县	33.44	40.40	47.80	34.00	45.16	44.71
长阳县	34.54	34.93	40.01	28.32	21.66	22.77
五峰县	28.79	20.47	22.51	23.73	21.09	25.14
市　区	174.59	216.51	234.51	250.07	247.46	265.12
#夷陵区	59.55	61.20	85.58	89.27	66.56	59.32
竣工住宅面积	407.97	408.59	398.24	327.78	274.67	325.25
宜都市	75.70	52.31	40.86	27.86	11.36	36.53
枝江市	37.27	40.19	35.32	10.99	15.35	18.20
当阳市	59.22	45.33	19.82	20.48	14.04	15.14
远安县	15.37	15.15	12.60	11.60	12.20	8.58
兴山县	16.55	17.49	36.35	14.05	5.26	13.75
秭归县	26.41	30.98	33.73	21.10	33.42	36.15
长阳县	28.72	28.62	30.80	22.29	16.17	17.80
五峰县	20.15	13.72	18.07	18.54	12.92	16.88
市　区	128.58	164.80	170.69	180.87	153.95	162.22
#夷陵区	44.98	44.46	62.81	69.89	50.11	35.62

10—1　续表 5　　单位:个

项　　目	2000 年	2001 年	2002 年	2003 年	2004 年	2005 年
本年施工项目个数	916	1052	911	912	1287	1505
宜都市	90	71	46	93	94	153
枝江市	104	101	87	93	96	136
当阳市	68	46	46	42	116	141
远安县	40	40	61	75	56	53
兴山县	40	127	118	59	72	83
秭归县	86	84	104	108	163	241
长阳县	64	55	48	41	85	97
五峰县	49	43	45	49	92	97
市　区	375	485	356	352	513	504
#夷陵区	75	90	90	119	98	240
西陵区					219	67
伍家区					65	38
点军区					54	55
猇亭区					27	35
宜昌开发区					50	45
本年新开工项目个数	609	679	573	657	1067	1237
宜都市	71	55	27	78	67	138
枝江市	81	78	76	89	82	112
当阳市	44	33	32	36	103	117
远安县	32	26	52	54	42	39
兴山县	25	106	36	26	67	65
秭归县	53	46	59	56	136	219
长阳县	40	40	28	29	65	71
五峰县	27	22	31	29	75	66

10—1 续表6 单位:个

项目	2000年	2001年	2002年	2003年	2004年	2005年
市区	236	273	232	260	430	410
#夷陵区	67	74	84	109	77	221
西陵区					195	39
伍家区					53	28
点军区					51	49
猇亭区					16	25
宜昌开发区					38	25
本年建成投产项目个数	637	626	669	676	985	1126
宜都市	71	45	30	63	74	114
枝江市	85	90	80	78	66	106
当阳市	54	32	39	34	91	122
远安县	23	30	40	58	39	32
兴山县	19	42	91	54	54	49
秭归县	49	44	51	83	139	171
长阳县	48	32	34	22	55	69
五峰县	30	28	26	31	56	60
市区	258	283	278	253	411	403
#夷陵区	54	61	81	96	77	212
西陵区					187	46
伍家区					55	30
点军区					47	42
猇亭区					15	27
宜昌开发区					30	25

10—2　主要年份县市固定资产完成情况

单位:万元

项　目	2000年	2001年	2002年	2003年	2004年	2005年
固定资产投资总额	**2293691**	**2483534**	**2649102**	**2500351**	**2712825**	**2958034**
宜都市	112332	92152	121227	133238	160256	198239
枝江市	98416	100706	105438	132968	188623	261772
当阳市	99890	103018	57667	60795	103070	124899
远安县	43591	31450	35278	38810	44930	57010
兴山县	43178	58689	81722	57761	65473	65996
秭归县	54248	64991	74381	80734	92876	110111
长阳县	46705	43190	39372	49600	74026	83646
五峰县	21891	24388	25298	27548	31668	38389
市　区	1773440	1964950	2108719	1918897	1951903	2017972
#夷陵区	168674	160146	162088	168998	187076	231762
西陵区					241985	249890
伍家区					130229	162619
点军区					81518	58543
猇亭区					46206	86243
东山开发区					134750	109852
市直					5458	46359
三峡工程					1124681	1072704
国有经济投资	1741276	1895406	2073434	1858405	1813444	1834180
宜都市	29077	26951	16303	35451	42745	61953
枝江市	47527	19830	25444	38151	72088	109454
当阳市	44443	41375	23498	3125	37464	34847
远安县	29473	19104	18610	22407	19444	24481
兴山县	24112	39264	54990	52548	57655	56232
秭归县	30934	39827	47682	52405	42330	44096
长阳县	21332	15594	17488	25063	33143	18980
五峰县	7229	12976	13244	15190	13587	9324
市　区	1507599	1680485	1856175	1614066	1494988	1474813
#夷陵区	40275	52550	40052	39560	67728	27339
西陵区						131624
伍家区						108934
点军区						10125
猇亭区						48127
东山开发区						51677

10—2　续表 单位:万元

项　　　目	2000 年	2001 年	2002 年	2003 年	2004 年	2005 年
集体经济投资	151275	127003	92730	67213	63586	32769
宜都市	12184	5082	4361	1992	140	910
枝江市	6079	8904	10320	1032	1929	4077
当阳市	31625	35396	16479	11978	6350	787
远安县	3753	1818	2181	2205	760	80
兴山县	3829	497	1847	1186	135	150
秭归县	9468	9213	7108	5103	6058	5949
长阳县	2574	776	753	264	485	408
五峰县	2730	2263	2517	2562	3188	671
市　区	79033	63054	47164	40891	44541	19737
#夷陵区	69809	48940	36728	28813	25337	5704
西陵区						9565
伍家区						0
点军区						333
猇亭区						0
东山开发区						4135
其它经济投资	401140	461125	482938	574733	835795	1091085
宜都市	71071	60119	100563	95795	117371	135376
枝江市	44810	71972	69674	93785	114606	148241
当阳市	23822	26247	15875	40772	59256	89265
远安县	10365	10528	14487	14198	24726	32449
兴山县	15237	18928	24885	4027	7683	9614
秭归县	13846	15951	19591	23226	44488	60066
长阳县	22799	26820	21131	24273	40398	64258
五峰县	11932	9149	9537	9796	14893	28394
市　区	186808	221411	205380	263940	412374	523422
#夷陵区	58590	58656	85308	100625	94011	198719
西陵区						108701
伍家区						53685
点军区						48085
猇亭区						38116
东山开发区						54040

10—3 固定资产投资分类

（2005 年）

单位:万元

项目	合计	城镇 50 万元以上项目	房地产开发	农村 50 万元以上项目
本年完成投资	**2851531**	**2455978**	**317023**	**78530**
按经济类型分				
国有经济	1834180	1722189	104988	7003
集体经济	32769	5782	8914	18073
其他经济	628941	524050	86082	18809
私营个体	355641	203957	117039	34645
按隶属关系分				
中　央	1267208	1247956	18252	
省　属	37965	20688	17277	
市县属	1546358	1187334	280494	78530
按行业分				
一、农林牧渔业	38030	29798		8232
二、采掘业	48644	24704		23940
煤炭开采和洗选业	17945	5660		12285
黑色金属矿采选业	8755	5416		3339
非金属矿采选业	21894	13578		8316
三、制造业	754245	735399		18846
农副食品加工业	35841	30616		5225
食品制造业	10157	9892		265
饮料制造业	28403	26691		1712
纺织业	34779	34687		92
纺织服装、鞋、帽制造业	3686	3686		
木材加工及木、竹、藤、棕、草制品	5730	5730		
家具制造业	9320	9020		300
造纸及纸制品业	8700	8400		300
印刷和记录媒介的复制	18793	18793		
化学原料及化学制品制造业	246847	246287		560
医药制造业	65751	64925		826
塑料制品业	28537	27527		1010
非金属矿物制品业	74002	69774		4228
黑色金属冶炼及压延加工业	17524	17524		
有色金属冶炼及压延加工业	23230	23230		
金属制品业	21680	21680		
通用设备制造业	24283	22773		1510
专用设备制造业	23940	23471		469

10—3　续表　　　　　　　　　　　　　　　　　　　　　　　　　　单位:万元

项　　　　　　目	合　计	城镇50万元以上项目	房地产开　发	农村50万元以上项目
电气机械及器材制造业	27638	27338		300
交通运输设备制造业	15168	13709		1459
通信设备、计算机及其他电子	20415	20415		
仪器仪表及文化、办公用机械工业	1811	1811		
四、电力、燃气及水生产和供应业	1194091	1191736		2355
#电力、热力的生产和供应	1180022	1178217		1805
燃气生产和供应	11453	11453		
五、建筑业	27701	27701		
六、交通运输、仓储及邮政	115538	106505		9033
道路运输业	73248	64425		8823
水上运输业	31554	31554		
仓储	5630	5420		210
邮政业				
七、信息传输、计算机服务和软件业	23560	23482		78
八、批发零售贸易业	28260	26848		1412
九、住宿和餐饮业	29199	28829		370
十、金融、保险业	5210	5210		
十一、房地产业	323379	5910	317023	446
十二、租赁和商务服务业	21848	19998		1850
十三、科学研究、技术服务业	3340	3340		
十四、水利、环境、公共设施管理业	151291	145264		6027
水利管理业	31142	28883		2259
环境管理业	45797	45224		573
公共设施管理业	74352	71157		3195
地质勘察业				
十五、居民服务和其他服务业	4676	4626		50
十六、教育	36432	35742		690
十七、卫生、社会保障和社会福利业	10973	10760		213
#卫生	9996	9916		80
十八、文化、体育和娱乐业	8025	7325		700
#广播、电视、电影、音像业	2617	2617		
娱乐业	3361	2741		620
十九、公共管理和社会组织	27089	22801		4288
#国家机构	22152	21837		315

10—4 分县市全社会固定资产投资分类

（2005 年）

单位：万元

	合　计	城镇 50 万元以上项目	房地产开　发	城　镇私　人	农村 50 万元以上项目	农　村私　人
总　　计	**2958034**	**2455978**	**317023**	**31760**	**78530**	**74743**
宜都市	198239	162174	12720	6570	13590	3185
枝江市	261772	244113	4732	1109	3329	8489
当阳市	124899	103775	4876	1827	7710	6711
远安县	57010	51683	440	1164	630	3093
兴山县	65996	59477	180	1289	2477	2573
秭归县	110111	77170	5466	5050	9321	13104
长阳县	83646	67377	1198	3797	7037	4237
五峰县	38389	30870	710	1786	2013	3010
市　区	2017972	1659339	286701	9168	32423	30341
#夷陵区	231762	149767	33276	5100	19981	23638
西陵区	249890	113674	130347		4410	1459
伍家区	162819	77260	82878		1910	771
点军区	58543	46730	3099		4241	4473
猇亭区	86243	85529	594		120	
东山开发区	109852	71384	36507		1961	
#市县属投资	1652861	1187334	280494	31760	78530	74743
宜都市	189644	153579	12720	6570	13590	3185
枝江市	198870	181211	4732	1109	3329	8489
当阳市	124899	103775	4876	1827	7710	6711
远安县	56630	51303	440	1164	630	3093
兴山县	62554	56035	180	1289	2477	2573
秭归县	108785	75844	5466	5050	9321	13104
长阳县	80790	64521	1198	3797	7037	4237
五峰县	36618	29099	710	1786	2013	3010
市　区	794071	471967	250172	9168	32423	30341
#夷陵区	230862	148867	33276	5100	19981	23638
西陵区	169713	63869	99975		4410	1459
伍家区	158406	73807	82118		1710	771
点军区	54543	42730	3099		4241	4473
猇亭区	84544	83830	594		120	
东山开发区	91413	58342	31110		1961	

10—5 主要年份分县市房地产开发投资情况

项　　目	2000 年	2001 年	2002 年	2003 年	2004 年	2005 年
房地产开发投资额(万元)	**68030**	**65589**	**78031**	**127950**	**201696**	**317023**
宜都市	2858	2746	1859	4189	9207	12720
枝江市	2216	3885	4077	5404	6887	4732
当阳市	3124	2351	2907	4880	6935	4876
远安县	1097	480	190			440
兴山县				610		180
秭归县				1890	1700	5466
长阳县		550	50	376	312	1198
五峰县	432	18	85	115	200	710
市　区	58303	55559	68863	110486	176455	286701
#夷陵区	3327	1588	3534	10326	13868	33276
西陵区					84774	130347
伍家区					44864	82878
点军区					3318	3099
猇亭区					80	594
东山开发区					29551	36507
商品房销售面积(万平方米)						106.11
#商品房销售面积(万平方米)(期房)						61.41
#商品房销售面积(万平方米)(现房)	45.10	58.65	47.44	80.59	92.43	44.70
宜都市	3.39	2.70	3.43	2.67	3.70	4.31
枝江市	6.46	7.60	2.89	3.00	5.83	3.87
当阳市	1.60	1.96	2.64	4.88	3.79	7.17
远安县	1.90	0.70	0.80			0.42
兴山县				1.04		0.40
秭归县				1.02	2.02	1.88
长阳县		0.73	0.16	0.35	0.46	0.75
五峰县	0.20	0.33	0.22	0.30		1.36
市　区	31.55	44.60	37.3	67.33	76.65	85.95
#夷陵区	1.60	1.68	2.27	12.64	7.28	14.50
西陵区					34.34	37.06
伍家区					22.64	20.03
点军区					4.73	2.07
猇亭区						0.34
东山开发区					7.66	11.95
商品房销售额(万元)						216826
#商品房销售额(万元)(期房)						140944
#商品房销售额(万元)(现房)	42893	68294	57981	104550	135274	75882
宜都市	1957	1794	2278	2215	3002	6769
枝江市	3171	4813	2386	2325	5122	7500
当阳市	800	1186	1751	2957	2883	5667
远安县	1122	489	190			243
兴山县				1038		360
秭归县				1380	1575	2004
长阳县		479	96	176	663	813
五峰县	133	198	171	200		900
市　区	35710	59335	51109	94259	122029	192570
#夷陵区	1384	1119	1724	7483	6835	20429
西陵区					68483	87579
伍家区					29436	50607
点军区					6592	4736
猇亭区						387
东山开发区					10682	28832

注:2005 年开始房屋销售分期房和现房

10—6 全市房地产开发投资完成情况

（2005 年）

单位：万元、平方米

项目	房地产开发投资额	房屋施工面积	#本年新开工	房屋竣工面积	#不可销售面积	商品房住宅竣工套数	竣工房屋价值
合计	**317023**	**3286546**	**1529111**	**1302447**	**41893**	**8497**	**177858**
按用途分							
住宅	228462	2729483	1318043	1094149	12765	8497	133747
#经济适用房	9705	226267	31302	197084	4920	1527	21706
#别墅、高档公寓	4540	56538	500	56038	0	354	8066
办公楼	5351	73196	18961	29035	4760	0	5141
商业营业用房	32254	369552	146728	144594	18368	0	34511
其他	50956	114315	45379	34309	6000	0	4459
按县(市)分							
宜都市	12720	124768	45367	50241	0	282	8488
枝江市	4732	58403	14660	31443	500	232	2347
当阳市	4876	127600	47700	42750	0	290	4061
远安县	440	8563	8563	0	0	0	0
兴山县	180	4433	0	0	0	0	0
秭归县	5466	50782	40581	10201	50	111	688
长阳县	1198	15800	15800	15800	0	135	1198
五峰县	710	14060	11193	13635	0	101	900
城区	286701	2882137	1345247	1138377	41343	7346	160176
#夷陵区	33276	415039	361374	111797	0	977	10142
西陵区	130347	1319863	520816	620998	35343	3854	98173
伍家区	82878	603802	162350	319912	0	2024	42466
点军区	3099	36107	36107	0	0	0	0
猇亭区	594	6997	6997	6997	0	60	458
东山开发区	36507	500329	257603	78673	6000	431	8937

10—6 续表 1 单位:万元、平方米

项目	商品房出租面积	商品房销售面积	#现房销售面积	#期房销售面积	商品房销售额	#现房销售额	#期房销售额
合计	**122027**	**1061112**	**446992**	**614120**	**216826**	**75882**	**140944**
按用途分							
住宅	3500	949735	404908	544827	185042	64852	120190
#经济适用房	0	39972	36972	3000	3832	3606	226
#别墅、高档公寓	0	36417	16117	20300	14592	5842	8750
办公楼	456	21109	15219	5890	4041	2152	1889
商业营业用房	30523	59776	12059	47717	25002	6889	18113
其他	87548	30492	14806	15686	2741	1989	752
按县(市)分							
宜都市	0	43066	22218	20848	6769	3731	3038
枝江市	1500	38737	20635	18102	7500	2097	5403
当阳市	0	71700	42750	28950	5667	4267	1400
远安县	0	4190	0	4190	243	0	243
兴山县	0	4012	0	4012	360	0	360
秭归县	0	18784	4075	14709	2004	326	1678
长阳县	0	7500	0	7500	813	0	813
五峰县	0	13635	13635	0	900	900	0
城区	120527	859488	343679	515809	192570	64561	128009
#夷陵区	73400	144981	77544	67437	20429	9068	11361
西陵区	10768	370598	154607	215991	87579	32733	54846
伍家区	4145	200328	83957	116371	50607	17023	33584
点军区	2054	20665	11865	8800	4736	2238	2498
猇亭区	0	3447	274	3173	387	20	367
东山开发区	30160	119469	15432	104037	28832	3479	25353

10—6 续表2

项目	商品房住宅销售套数	#现房销售套数	#期房销售套数	现房平均销售价格	期房平均销售价格	商品房空置面积	#空置1－3年(含1年)	#空置3年以上(含3年)
合计	**6884**	**3124**	**3760**	**1698**	**2295**	**208687**	**64203**	**3135**
按用途分								
住宅	6884	3124	3760	1602	2206	148053	33484	3008
#经济适用房	498	469	29	975	753	11596	11596	0
#别墅、高档公寓	99	99	0	3625	4310	42574	0	0
办公楼	0	0	0	1414	3207	5438	1400	0
商业营业用房	0	0	0	5713	3796	46663	28704	0
其他	0	0	0	1343	479	8533	615	127
按县(市)分								
宜都市	315	232	83	1679	1457	0	0	0
枝江市	267	127	140	1016	2985	8448	0	0
当阳市	290	146	144	998	484	0	0	0
远安县	29	0	29	0	580	0	0	0
兴山县	36	0	36	0	897	4433	0	0
秭归县	53	45	8	800	1141	6126	0	0
长阳县	62	0	62	0	1084	8300	0	0
五峰县	101	101	0	660	0	0	0	0
市区	5731	2473	3258	1879	2482	181380	64203	3135
#夷陵区	686	403	283	1169	1685	29806	10956	0
西陵区	2906	1300	1606	2117	2539	136122	37795	3135
伍家区	916	571	345	2028	2886	13952	13952	0
点军区	179	72	107	1886	2839	0	0	0
猇亭区	23	2	21	730	1157	0	0	0
东山开发区	1021	125	896	2254	2437	1500	1500	0

10—7　城区房地产面积情况综合表

（2005 年）　　　　单位：万元、平方米

分组指标	合计	住宅	其中：普通住宅	经济适用房	别墅、高档公寓	办公楼	商业营业用房	其他
本年完成投资额	**286701**	**205642**	**186190**	**8995**	**4540**	**4936**	**28676**	**47447**
房屋施工面积	2882137	2389058	2070071	212207	56538	65443	343671	83965
#本年新开工面积	1345247	1142508	1071657	20109	500	16158	141202	45379
房屋竣工面积	1138377	963154	718465	183449	56038	23585	131329	20309
#不可销售面积	41343	12715	7795	4920	0	4260	18368	6000
商品住宅竣工套数	7346	7346	5536	1426	354	0	0	0
竣工房屋价值	160176	123133	93845	20806	8066	4391	29943	2709
出租房屋面积	120527	3500	0	0	0	456	29023	87548
商品房销售面积	859488	786638	703370	26337	36417	16159	55199	1492
现房销售面积	343679	322489	267845	23337	16117	10269	10115	806
期房销售面积	515809	464149	435525	3000	20300	5890	45084	686
商品房销售额	192570	166618	146640	2932	14592	3331	22310	311
现房销售额	64561	56735	46408	2706	5842	1442	6225	159
期房销售额	128009	109883	100232	226	8750	1889	16085	152
商品住宅销售套数	5731	5731	5079	397	99	0	0	0
现房销售套数	2473	2473	1895	368	99	0	0	0
期房销售套数	3258	3258	3184	29	0	0	0	0
现房平均销售价格	1879	1759	1733	1160	3625	1404	6154	1973
期房平均销售价格	2482	2367	2301	753	4310	3207	3568	2216
空置面积	181380	121520	61748	11596	42574	5438	45889	8533
空置 1－3 年面积	64203	33484	16286	11596	0	1400	28704	615
空置 3 年以上面积	3135	3008	3008	0	0	0	0	127

10—8 中心城区房地产面积情况综合表

单位:万元、平方米

分组指标	合计	住宅	其中:普通住宅	经济适用房	别墅、高档公寓	办公楼	商业营业用房	其他
本年完成投资额	**253425**	**180549**	**162381**	**8777**	**4540**	**4936**	**24443**	**43497**
房屋施工面积	2467098	2050850	1763174	206098	56538	65443	292731	58074
#本年新开工面积	983873	855867	816327	14000	500	16158	92360	19488
房屋竣工面积	1026580	855457	615970	183449	56038	23585	127229	20309
#不可销售面积	41343	12715	7795	4920	0	4260	18368	6000
商品住宅竣工套数	6369	6369	4589	1426	354	0	0	0
竣工房屋价值	150034	113651	84779	20806	8066	4391	29283	2709
出租房屋面积	47127	3500	0	0	0	456	29023	14148
商品房销售面积	714507	668747	609633	22697	36417	16159	28109	1492
现房销售面积	266135	245975	210161	19697	16117	10269	9085	806
期房销售面积	448372	422772	399472	3000	20300	5890	19024	686
商品房销售额	172141	151883	134704	2587	14592	3331	16616	311
现房销售额	55493	47935	39732	2361	5842	1442	5957	159
期房销售额	116648	103948	94972	226	8750	1889	10659	152
商品住宅销售套数	5045	5045	4549	397	99	0	0	0
现房销售套数	2070	2070	1603	368	99	0	0	0
期房销售套数	2975	2975	2946	29	0	0	0	0
现房平均销售价格	2085	1949	1891	1199	3625	1404	6557	1973
期房平均销售价格	2602	2459	2377	753	4310	3207	5603	2216
空置面积	151574	92764	37870	11320	42574	5438	44839	8533
空置1－3年面积	53247	23578	11258	11320	0	1400	27654	615
空置3年以上面积	3135	3008	3008	0	0	0	0	127

10—9 主要年份房地产开发情况

单位:万元、平方米

分组指标	2005年		2004年		2003年		2002年		2001年	
	合计	#城区	合计	#城区	合计	#城区	合计	#城区	合计	#城区
计划总投资	973646	888588	563625	490951	447465	381518	267823	254074	202447	188200
本年完成投资额	317023	286701	201696	176455	127950	110486	78031	68863	65589	55559
本年资金来源小计	419469	335620	250587	226722	202041	184821	84436	76387	71191	61067
国家预算内资金			822							
国内贷款	33530	30030	48946	48846	33269	30747	9441	9041	9083	8933
利用境外资金	1355	1355	775	775	1331	1331			70	70
#境外直接投资			775	775	1021	1021				
自筹资金	183267	165595	91926	75993	87266	77766	36423	30950	29593	24341
其他资金	148781	138640	108118	101108	79175	74977	38572	36396	32445	27723
#定资及预收款	99763	91848	84379	78920	57278	53629	27068	25623	25724	23474
房屋施工面积	3286546	2882137	2762560	2401474	2089456	1810383	1319923	1124969	1380305	1141029
#住宅	2729483	2389058	2393888	2096100	1805682	1577092	1129904	950808	1179114	989264
新开工面积	1529111	1345247	1462099	1228258	1156007	995252	756053	624427	390943	207004
#住宅	1318043	1142508	1253636	1066465	1052369	921991	687328	567050	330094	181612
房屋竣工面积	1302447	1138377	851458	717119	934755	756624	499119	380235	761757	604609
#住宅	1094149	963154	770144	662246	830860	688615	438572	331617	669186	553976
商品房屋销售建筑面积	1061112	859488								
#住宅	949735	786638								
其中:现房销售面积	446992	343679	924349	766452	805947	673287	474380	376267	586491	446121
#住宅	404908	322489	848273	710486	764497	654885	440883	348770	559298	440793
其中:销售给个人			916024	765977	780171	668551	442712	344599	545356	408466
#住宅			848148	710361	762138	654566	414228	322115	525959	407754
商品房空置面积	208687	181380	77360	67471	118296	94583	118517	105627	90752	81039
#住宅	148053	121520	39440	32825	76515	57396	85504	75874	67577	57864
竣工房屋价值	177858	160176	88330	75967	81285	68107	38721	31819	61999	53545
#住宅	133747	123133	79050	70358	69216	60184	33991	27968	54616	48562
商品房屋销售额	216826	192570								
#住宅	185042	166618								
其中:现房销售额	75882	64561	135274	122029	104550	94259	57981	51109	68294	59335
#住宅	64852	56735	123555	112123	96563	87864	52618	46306	64140	57406
其中:销售给个人			134755	121975	101524	92545	52585	45713	62471	54553
#住宅			123536	112104	96024	87691	48427	42115	61028	54309
商品房现房销售平均价格(元/平方米)	1698	1879	1463	1592	1297	1400	1222	1358	1164	1330
#住宅	1602	1759	1457	1578	1263	1342	1193	1328	1147	1302
不可销售面积	41893	41343	55769	17107	55869	37966	71564	47964	85174	35008
#拆迁还建竣工面积			2860	2860	19163	13204	5593	5593	38519	22342
#统建待建公房面积			50293	13811	36706	24762	65763	42163	30867	3857
#公益性建筑竣工面积			2616	436			208	208	15788	8809
商品房空置率(%)	15.6	15.58	8.46	8.49	11.86	11.47	22.87	25.56	11.53	12.29
竣工房屋套数(套)	8497	7346	10277	9262	6351	4945	3692	2819	5890	4987

10—10 房地产开发大型楼盘投资一览表

（2005 年）

单位：万元

单位名称	项目名称	计划总投资	本年实际完成投资
宜昌三江航天房地产开发有限公司	宜昌商业步行街	93943	15235
宜昌市泰江置业有限公司	长江画廊	68354	40959
宜昌华银世纪欧洲城有限公司	世纪欧洲城	30000	5113
宜昌市宏基置业有限公司	名都花园	30000	11390
宜昌市嘉禾置业有限公司	美岸长堤	28000	3829
宜昌意华实业开发有限公司	长阳清江村生态农业示范基地联排公寓	26080	630
宜昌南北置业有限公司	南北天城	25000	4947
宜昌万友滨江大厦置业有限公司	滨江国际	18000	6022
宜昌葛洲坝集团房地产开发有限公司	东湖小区	17571	4017
宜昌九龙房地产开发有限公司	长江帝景	16758	12117
宜昌清江实业有限公司	清江山水	15000	5530
宜昌新万通房地产开发有限公司	香格里拉	15000	6998
湖北建城房地产开发有限公司	建城之星	13000	4100
现代城市地产（武汉）有限公司宜昌分公司	现代城市广场	12110	4605
宜昌锦江房地产有限责任公司	锦江花园	12000	3000
宜昌市万佳实业有限责任公司	万佳城市花园	12000	2992
宜昌市鑫鼎实业有限公司	三峡大学教工宿舍、东门易居	12000	3947
宜昌天泽苑置业有限公司	天泽苑小区	12000	865
宜昌馨岛物业有限公司	馨岛国际名苑	12000	4074
宜昌市隆昌房地产开发有限公司	东方名都	11500	10763
杰出（宜昌）实业发展有限公司	东方杰座	11300	340
湖北盈加置业有限公司	盈加现代城	11041	2785
宜昌长江市场建设有限公司	长江商城、无石山庄	11000	7100
宜昌市民生房地产开发有限责任公司	民生丽岛	11000	2265
宜昌市房屋拆迁公司	碧翠苑	10900	4000
宜昌市宏峰房地产有限责任公司	AAA 花园洋房	10000	7235
宜昌力帝房地产开发有限责任公司	星苑	10000	1677
宜昌市康莱特房地产开发有限责任公司	康莱特商城	10000	2219
湖北建鑫房地产开发有限公司宜昌分公司	锦绣东庐	8600	5397
宜昌新丰豪置业有限公司	丰豪名都	8000	3950
秭归县锦峰房地产有限责任公司	三峡丽晶城	8000	2100
宜昌市兴乐房地产有限公司	兴乐人家	7500	1822
宜昌市恒生房地产开发有限责任公司	恒生佳缘	7323	3981
宜昌市夷陵国有资产经营有限公司	东城阳光	6800	1759
宜昌市新大陆房地产开发有限公司	金色勤苑	6534	2234
湖北大有置业有限公司	汇才佳苑	6200	2903
宜昌市经济适用住房开发管理中心	都市田园	6125	4087
湖北楚江房地产有限公司夷陵分公司	阳光水岸	6000	2800
湖北兴焱房地产开发有限公司	明珠美陶小区，青林蓝天	6000	1127
宜昌华翔置业有限公司	华翔云满庭、山水云间	6000	1800
宜昌丰泽实业有限责任公司	丰泽东方城	5820	2134
宜昌金安房地产开发有限责任公司	金安阳光、正北轩	5580	4210
宜昌永耀房地产开发公司	永耀名居	5255	4640
宜昌庆庆新经济实业有限公司	晶品国际	5200	2754
湖北大都置业有限公司	御墅临风	5000	2423
宜昌金石房地产开发有限公司	金石华邸	5000	1603
宜昌三峡茶城有限责任公司	三峡茶城	5000	3962
宜昌市金羊房地产有限责任公司	金羊大厦	5000	435
宜昌市泰昌实业发展有限责任公司	金江银座	5000	3920
宜昌万达实业有限责任公司	中环广场	4900	2118
宜昌环中房地产开发有限责任公司	文化广场	4800	2200
枝江市宏泰房地产住宅开发有限公司	兴山石油住宅、金山角大厦（宜昌）	4620	1430
宜昌宝佳利房地产开发有限公司	碧波翠苑	4300	2326
宜昌永邦置业有限责任公司	旅游广场	4000	3100

10—11 分县(市)固定资产投资资金来源

(2005 年)

单位:万元

地区	本年资金来源小计	国家预算内资金	国内贷款	债券	利用外资	自筹资金			其他资金
							市县自筹	企事业单位自筹	
总计	**2863341**	**899384**	**306139**		**127783**	**1304039**	**1001816**	**1175901**	**225996**
宜都市	189729	11574	24910		17400	120822	119927	118868	15023
枝江市	251869	11376	21712		4200	210739	150837	208976	3842
当阳市	130432	2713	15277		6319	93544	93544	87801	12579
远安县	50447	8579	6296			34259	33879	30807	1313
兴山县	54809	7196	100			37425	33983	36755	10088
秭归县	100948	32957	796		1500	61626	650	60608	4069
长阳县	71679	7619	5688		8341	49601	49351	49183	430
五峰县	40190	6074	15543		1760	14691	13162	14042	2122
市区	2013428	817370	231360		90023	696023	519645	582903	178652
#夷陵区	192650	10839	37607		2825	120352	120228	101619	21027
西陵区	277202	6861	55809		55	142831	111353	93280	71646
伍家区	163101	14500	14950		126	84361	84361	46841	49164
点军区	60110	82	16800			39126	35126	38115	4102
猇亭区	85761	2308	36121		3651	41979	40029	41950	1702
东山开发区	108968	3147	14530		175	62227	54538	56600	28889

10—12 城镇和工矿区私人建房情况

(2005 年)

项目	城镇工矿区个数(个)	本年竣工房屋面积(平方米)	本年竣工住宅面积(平方米)	本年竣工房屋价值(万元)	本年竣工住宅价值(万元)	建房户数(户)
总计	**65**	**833473**	**777129**	**31760**	**29446**	**4111**
#农业户建房	0	596206	554325	21147	19717	2981
市	4	250188	238515	8371	7750	1358
#农业户建房	0	163578	161438	4900	4830	938
县城	5	145762	144630	7084	7018	618
#农业户建房	0	79786	78654	4026	3960	345
镇	56	437523	393984	16305	14678	2135
#农业户建房	0	352842	314233	12221	10927	1698

10—13 农村私人投资情况

（2005年）

项目	计量单位	实际完成
全年竣工房屋间数	间	**55428**
#住宅	间	42796
全年竣工房屋面积	平方米	1229341
#住宅	平方米	979297
全年竣工房屋价值	万元	43059
#住宅	万元	35726
农村私人购买生产性固定资产投资	万元	31684

10—14 固定资产投资效果

（2005年）

项目	单位	城镇50万元以上项目	农村50万元以上项目
建设项目投产率	%	**69.80**	**88.26**
施工项目	个	1096	409
投产项目	个	765	361
固定资产交付使用率	%	100.75	104.18
本年新增固定资产	万元	2474448	81814
本年完成投资	万元	2455978	78530
建设周期	年	8.86	1.45
计划总投资	万元	21762514	113594
本年完成投资	万元	2455978	78530
房屋建筑面积竣工率	%	58.42	69.77
施工面积	平方米	2861274	307468
竣工面积	平方米	1671542	214534

10—15 新增生产能力(或效益)

(2005年)

能力(或效益)名称	单位	总计	能力(或效益)名称	单位	总计
原煤开采	万吨/年	72.78	造林面积	万亩	239.50
铁矿开采(原矿)	万吨/年	36.50	新建公路	公里	310.25
铜冶炼	吨/年	38.00	改建公路	公里	1178.10
磷矿开采	万吨/年	234.00	二级公路	公里	96.92
铁矿选矿处理量	万吨/年	2.30	城市道路扩建长度	公里	41.19
挤压钢材	万吨/年	2.60	城市道路扩建面积	万平方米	94.66
数控机床	台/年	100.00	城市自来水管道长度	公里	30.75
客车制造	辆/年	5000.00	城市自来水供应能力	万吨/日	0.12
金属切削机床制造	台/年	100.00	城市天然气储气能力	万立方米	3.00
民用钢质船舶	艘/年	14.00	城市污水处理能力	万吨/日	13.70
民用钢质船舶	综合吨/年	33500.00	城市防洪堤长度	公里	8.12
铝加工	吨/年	2091.00	城市永久性桥梁	座	1.00
水泥	万吨/年	172.00	新建独立公路桥梁	延长米	180.00
石墨及炭素制品	吨/年	2000.00	新建独立公路桥梁	座	1.00
钢材	万吨/年	2.60	新(扩)建港口码头(年吞吐量)	万吨	295.00
平板玻璃	万重量箱/年	257.00	新(扩)建港口码头(泊位)	个	7.00
机制纸浆	万吨/年	15.00	新建独立公路隧道	延长米	100.00
硫酸	吨/年	660000.00	新建独立公路隧道	处	1.00
烧碱	吨/年	20000.00	船舶购置	艘	17.00
乙烯	吨/年	50000.00	船舶购置(载重量)	吨位	23155.00
塑料树脂及共聚物	吨/年	6000.00	船舶购置(载客量)	客位	100.00
化学纤维	吨/年	7500.00	船舶购置(拖轮功率)	千瓦	2250.00
线材	万吨/年	2.60	船舶购置(载箱量)	标准箱位	60.00
合成氨	吨/年	160000.00	新增内河航道里程	公里	27.00
氮肥	吨/年	270000.00	新(扩)建客、货运站	个	4.00
磷肥	吨/年	980500.00	新(扩)建客、货运站	平方米	12619.00
化学原料药	吨/年	5050.00	高等院校:(学生席位)	个	20004
中成药	吨/年	5560.00	高等院校:(建筑面积)	平方米	143559.00
棉纺绽	锭	54620.00	中等学校:(学生席位)	个	6845.00
输电线路长度(11万伏及以上)	公里	32.30	中等学校:(建筑面积)	平方米	59338.00
变电设备能力(11万伏及以上)	万千伏安	69.30	小学校:(学生席位)	个	6660.00
食用植物油(日处理原料)	吨	9680.00	小学校:(建筑面积)	平方米	36873.00
食用植物油(日精炼油)	吨	2533.00	其他学校:(学生席位)	个	4685.00
白酒	万吨/年	1.50	其他学校:(建筑面积)	平方米	12805.00
啤酒	万吨/年	10.00	医院病床	张	1063.00
商业冷藏库	万吨	2.00	宾馆、旅馆、招待所客房数	间	170.00
商业石油库	万平方米	5.24	宾馆、旅馆、招待所客房面积	平方米	7656.00
有效灌溉面积	万亩	1.70	发电机组容量	万千瓦	216.20
移动通信基站设备(指安装能力)	个/年	231.00	水力发电	万千瓦	216.20
程控交换机	万门	20.00	农用氮磷甲化学肥料	吨	1250500.00
长途电缆线路长度	公里	4960.00	汽车制造	辆/年	5000.00
除涝面积	万亩	12.00	酒	万吨/年	11.50

10—16　固定资产投资主要竣工项目一览表

（2005 年）

项目名称	竣工时间	累计完成投资（万元）	年新增生产能力	投产后计划年增		
				产值（万元）	利税（万元）	创汇（万美元）
宜都大江化工有限责任公司 8 万吨合成氨	2005.12	7929	合成氨 8 万吨	10000	1400	
宜昌鄂中化工有限公司硫基复合肥	2005.9	8527	复合肥 20 万吨 硫酸 20 万吨	4000	400	
宜昌斯帕尔化工有限公司矿肥结合工程	2005.12	9067	复合肥 30 万吨	15000	1500	
华新水泥宜昌公司日产 4000 吨水泥熟料	2005.11	28000	水泥熟料120万吨	55000	16500	
宜都东阳光生化制药公司阿奇霉素、克拉霉素项目	2005.12	10800	200 吨阿奇霉素 100 吨克拉霉素	12000	3120	
宜都东阳光生化制药公司红霉素项目	2005.12	33800	1000 吨红霉素	35000	9100	1000
湖北大地陶瓷有限公司墙地砖项目	2005.12	5300	瓷砖 200 万 M^2	3980	241	
湖北三峡新型建材股份公司 400t/d 浮法玻璃生产线技改	2005.8	5929	平板玻璃 257 万重量箱	18658	2500	
当阳市华强化工有限公司合成氨醇“10 改 20”	2005.12	10600	氮肥 10 万吨	18000	500	
宜昌市平湖药业有限公司迁建	2005.2	5000	化学原料药2500吨 中成药 2160 吨	5000	500	
宜昌市鑫冠化工有限公司	2005.7	6000	磷肥 6 万砘 硫酸 16 万吨	10000	650	
远安县东圣实业有限公司磷酸一铵项目	2005.12	20000	磷酸一铵20万吨	13600	1002	
湖北万山客车有限责任公司轻客项目	2005.12	5100	50 辆轻型客车	15000	630	
湖北兴发集团股份有限公司瓦屋磷矿	2005.1	7545	磷矿开采50万吨	20000	1200	
长阳招徕河电站	2005.12	33800	水电装机36万千瓦	2700	400	
长阳比之可药业有限公司	2005.12	7318	药 3400 吨	8000	780	
湖北新洋丰肥业有限公司 20 万吨高效复合肥	2005.12	33162	磷酸一铵20万吨	100000	1500	
中国宏达控股宜昌复合材料新型非金属管道	2005.12	9876	高压玻璃钢管 121 公里	3000	935	
宜化集团 2 万吨离子膜烧碱及 2.5 万吨液氯	2005.3	9189	烧碱 2 万吨 液氯 2.5 万吨	4000	600	
宜化集团 5 万吨液氯扩建	2005.3	6801	液氯 5 万吨	30000	4500	600
宜化集团 8 万吨合成氨扩建	2005.12	7929	合成氨 8 万吨	1400	140	
宜化集团综合废水治理	2005.12	7854	减少废物排量 189 万吨			
湖北枝江酒业股份有限公司	2005.12	5726	枝江大曲 1 万吨	10000	3000	
枝江市永盛纺织有限公司	2005.12	6000	医用纱布 1 亿米	10000	2000	
枝江市江业新科有限公司	2005.12	5480	卫生材料5000米	5000	100	
华润雪花啤酒宜昌公司	2005.12	6380	啤酒 10 万吨	1600	200	
宜昌中元食品有限公司	2005.12	5000	苕粉 2 万吨	800	120	
宜昌中冶重工机械有限公司	2005.12	10867	冶金机械	13000	300	
枝江市光红氨基酸有限公司	2005.12	8220	精氨酸 300 吨	10000	750	
枝江市恒辉彩印有限公司	2005.12	5500	彩印 $5000m^2$	8000	600	
宜昌弘建新材料有限公司	2005.12	7500	PE 管 2000 吨	5000	1400	
宜昌新美国际化妆品有限公司	2005.11	5000	化妆品1000万只	4000	350	
三峡工程年内 3 台机组投产			水电装机210万千瓦			

10—17　建筑业总承包及专业承包企业生产经营情况

（2005 年）

指　　标	单　位	合　计	按经济类型分		按建筑业行业中类分组			
			国　有	非国有	房屋和土木工程建筑业	建筑安装业	建筑装饰业	其他建筑业
建筑企业个数	个	171	49	122	106	18	35	12
建筑业总产值	千元	12468500	9893423	2575077	11992682	165925	91724	218169
#建筑工程	千元	10939565	8767338	2172227	10677824	37570	64681	159490
建筑业增加值	千元	2291485	1684862	606623	2161700	56438	22070	51276
竣工产值	千元	5329180	3484107	1845073	4908046	134645	73515	212974
职工平均人数	人	89882	53287	36595	82156	3107	2075	2544
按总产值计算的劳动生产率	元/人	138721	185663	70367	145975	53404	44204	85758
按增加值计算的劳动生产率	元/人	25494	31619	16577	26312	18165	10636	20156
年末自有机械设备台数	台	54224	39893	14331	51602	351	1270	1001
年末自有机械设备总功率	千瓦	1673490	1493203	180287	1628622	1396	5086	38386
年末自有机械设备净值	千元	2828529	2533283	295246	2734311	13072	17358	63788
技术装备率	元/人	31469	47540	8068	33282	4207	8365	25074
动力装备率	千瓦/人	18.62	28.02	4.93	19.82	0.45	2.45	15.09
房屋施工面积	平方米	4998862	1679421	3319441	4987536	5000	0	6326
房屋竣工面积	平方米	2850620	756468	2094152	2843494	800	0	6326
年末固定资产原值	千元	5935985	5046998	888987	5583198	132729	90373	129685
年末固定资产合计	千元	3857253	3171321	685932	3604572	82164	58535	111982
流动资产合计	千元	5754520	4859165	895355	5451813	121175	83879	97653
流动负债合计	千元	6753613	6248225	505388	6530930	82428	20990	119265
工程结算收入	千元	12072913	9565511	2507402	11603508	168639	86887	213879
工程结算成本	千元	10440332	8311661	2128671	10058147	131436	67374	183375
工程结算税金及附加	千元	426815	298717	128098	407889	7239	3579	8108
工程结算利润	千元	1149534	935648	213886	1093813	24968	12397	18356
管理费用	千元	863194	740577	122617	829693	14048	8720	10733
#税金	千元	17260	11745	5515	16009	545	379	327
利润总额	千元	230241	153083	77158	211306	8707	3821	6407
应收工程款	千元	1324740	1005280	319460	1288551	18310	15109	2770

10—18　分县市建筑业总承包及专业承包企业生产经营情况

（2005 年）

指　　标	单　位	宜都市	枝江市	当阳市	远安县	兴山县	秭归县	长阳县	五峰县
建筑企业个数	个	11	8	12	6	6	4	10	6
建筑业总产值	千元	411371	332166	649988	189329	138784	54044	507411	174550
#建筑工程	千元	374140	295210	596875	165182	124846	49724	389303	167820
建筑业增加值	千元	75603	61046	119456	34795	25506	9932	93253	32079
竣工产值	千元	194346	226953	577929	169675	114712	40148	270141	92900
职工平均人数	人	4139	5351	9037	2769	1199	1842	7821	1988
按总产值计算的劳动生产率	元/人	99389	62075	71925	68375	115750	29340	64878	87802
按增加值计算的劳动生产率	元/人	18266	11408	13219	12566	21273	5392	11923	16136
年末自有机械设备台数	台	1650	2266	2651	1222	2486	972	2527	923
年末自有机械设备总功率	千瓦	24244	57061	43703	11868	11345	8152	43911	17535
年末自有机械设备净值	千元	51161	46580	70308	23771	25078	9363	67654	52809
技术装备率	元/人	12361	8705	7780	8585	20916	5083	8650	26564
动力装备率	千瓦/人	5.86	10.66	4.84	4.29	9.46	4.43	5.61	8.82
房屋施工面积	平方米	353592	694549	691626	183917	74874	128860	248204	86410
房屋竣工面积	平方米	197324	307617	590559	128038	69781	50045	227767	44200
年末固定资产原值	千元	168748	81993	175388	77351	52885	23533	178003	69186
年末固定资产合计	千元	126403	68528	138868	55193	52996	16294	153058	62705
流动资产合计	千元	118691	37872	200000	76016	18696	23014	119442	37845
流动负债合计	千元	76108	27967	94577	48891	10842	11749	119982	17790
工程结算收入	千元	394064	330616	644688	186296	137230	73006	504927	174550
工程结算成本	千元	341806	285301	554217	153021	119922	61717	427055	154958
工程结算税金及附加	千元	15789	18880	23165	10071	5274	2990	21998	7906
工程结算利润	千元	34480	25115	60973	17026	11006	7094	53406	10246
管理费用	千元	18428	15729	39520	11808	7721	5783	20332	6289
#税金	千元	643	3343	2026	823	205	310	1155	54
利润总额	千元	16315	8737	15870	5236	3449	873	26427	3770
应收工程款	千元	26753	58421	27088	9946	10850	13237	11425	7642

10—18 续表

指　　标	单　位	市　区	#夷陵区	#西陵区	#伍家区	#点军区	#猇亭区	#宜昌开发区
建筑企业个数	个	108	20	55	24		2	7
建筑业总产值	千元	10010857	1315183	7840645	718850		94011	42168
#建筑工程	千元	8776465	1181742	6873301	634611		80037	6774
建筑业增加值	千元	1839815	241707	1440969	132112		17278	7750
竣工产值	千元	3642376	768823	2561873	220578		52631	38471
职工平均人数	人	55736	10747	37038	5503		1728	720
按总产值计算的劳动生产率	元/人	179612	122377	211692	130629		54405	58567
按增加值计算的劳动生产率	元/人	33009	22491	38905	24007		9999	10763
年末自有机械设备台数	台	39527	2744	34575	1582		448	178
年末自有机械设备总功率	千瓦	1455671	64406	1346032	37185		3171	4877
年末自有机械设备净值	千元	2481805	100581	2276126	73788		20970	10340
技术装备率	元/人	44528	9359	61454	13409		12135	14361
动力装备率	千瓦/人	26.12	5.99	36.34	6.76		1.84	6.77
房屋施工面积	平方米	2536830	1283072	511115	573353		168490	800
房屋竣工面积	平方米	1235289	606987	278732	222280		127290	0
年末固定资产原值	千元	5108898	495884	4274947	273928		35820	28319
年末固定资产合计	千元	3183208	293055	2650451	185488		31247	22967
流动资产合计	千元	5122944	813445	3735753	517303		19539	36904
流动负债合计	千元	6345707	815572	4974109	518382		9780	27864
工程结算收入	千元	9627536	1246956	7520334	720478		92871	46897
工程结算成本	千元	8342335	1092763	6483901	651126		72232	42313
工程结算税金及附加	千元	320742	42061	246828	25168		5827	858
工程结算利润	千元	930188	96809	775217	41087		13952	3123
管理费用	千元	737584	75084	614609	35952		8328	3611
#税金	千元	8701	772	6607	1005		253	64
利润总额	千元	149564	19532	126251	2270		2099	-588
应收工程款	千元	1159378	312963	598519	162753		81600	3543

10—19　建筑业总承包及专业承包企业主要经济指标

（2005 年）

指　　标	单　位	2000 年	2001 年	2002 年	2003 年	2004 年	2005 年
建筑业企业个数	个	202	164	122	146	201	171
建筑业总产值	亿元	53.4	59.4	75.1	91.30	110.8	124.7
建筑业增加值	亿元	21.6	25.3	27.6	21.9	20.8	22.9
房屋施工面积	万平方米	296.5	327.0	397.2	436.7	476.6	499.9
房屋竣工面积	万平方米	147.0	174.8	248.3	261.2	274.6	285.1
单位工程施工个数	个	1692	1829	2470			
单位工程竣工个数	个	1159	1179	1756			
职工平均人数	万人	7.33	9.58	9.80	10.44	9.96	8.99
建筑业劳动生产率	元/人	72838	61991	79287	87457	111215	138721
年末固定资产原值	万元	660596	615684	743588	773949	435491	593599
年末固定资产净值	万元	428740	409998	504929	517892	252189	337980
利润总额	万元	1555	－366	3052	4672	24959	23024
上缴税金	万元	18419	23573	33680	40672	39064	44408

10—20　建筑业总承包及专业承包企业资产实力

（2005 年）

指　　标	单　位	合　计	按经济类型分		按建筑业行业中类分组			
			国　有	非国有	房屋和土木工程建筑业	建　筑安装业	建　筑装饰业	其　他建筑业
流动资产小计	千元	**5754520**	**4859165**	**895355**	**5451813**	**121175**	**83879**	**97653**
#存货	千元	1435849	1192612	243237	1380442	20563	18926	15918
固定资产小计	千元	3857253	3171321	685932	3604572	82164	58535	111982
#在建工程	千元	356304	338437	17867	349554	563	454	5733
固定资产原价	千元	5935985	5046998	888987	5583198	132729	90373	129685
无形及递延资产	千元	947572	822485	125087	916871	25927	3648	1126
资产总计	千元	12378598	10537102	1841496	11714913	269008	179554	215123
负债总计	千元	7820674	7269808	550866	7565687	99697	21790	133500
流动负责	千元	6753613	6248225	505388	6530930	82428	20990	119265
长期负债	千元	1067061	1021583	45478	1034757	17269	800	14235
所有者权益	千元	4557924	3267294	1290630	4149226	169311	157764	81623
竣工率	%	42.7	35.2	71.7	40.9	81.1	80.1	97.6
产值利润率	%	1.8	1.5	3.0	1.8	5.2	4.2	2.9

10—21 分县市建筑业总承包及专业承包企业单位数

（2005 年）

县（市）	合 计	按经济类型分		按建筑业行业中类分组			
		国有经济	非国有经济	房屋和土木工程建筑业	建 筑安装业	建 筑装饰业	其 他建筑业
合计	**171**	**49**	**122**	**106**	**18**	**35**	**12**
宜都市	11	4	7	8	1	2	0
枝江市	8	3	5	8	0	0	0
当阳市	12	6	6	12	0	0	0
远安县	6	0	6	4	0	2	0
兴山县	6	2	4	5	0	0	1
秭归县	4	0	4	4	0	0	0
长阳县	10	3	7	8	0	0	2
五峰县	6	2	4	5	0	1	0
市区	108	29	79	52	17	30	9
#夷陵区	20	4	16	17	2	0	1
西陵区	55	13	42	23	11	20	1
伍家区	24	10	14	8	3	8	5
点军区	0	0	0	0	0	0	0
猇亭区	2	1	1	1	0	0	1
宜昌开发区	7	1	6	3	1	2	1

10—22 分县市建筑业总承包及专业承包企业总产值

（2005 年）

单位：千元

县（市）	合 计	按经济类型分		按建筑业行业中类分组			
		国有经济	非国有经济	房屋和土木工程建筑业	建 筑安装业	建 筑装饰业	其 他建筑业
合计	**12468500**	**9893423**	**2575077**	**11992682**	**165925**	**91724**	**218169**
宜都市	411371	224524	186847	391227	10544	9600	0
枝江市	332166	69706	262460	332166	0	0	0
当阳市	649988	266983	383005	649988	0	0	0
远安县	189329	0	189329	180613	0	8716	0
兴山县	138784	12044	126740	118704	0	0	20080
秭归县	54044	0	54044	54044	0	0	0
长阳县	507411	135450	371961	392761	0	0	114650
五峰县	174550	102760	71790	172450	0	2100	0
市区	10010857	9081956	928901	9700729	155381	71308	83439
#夷陵区	1315183	812050	503133	1259681	55502	0	0
西陵区	7840645	7548733	291912	7710398	90286	39961	0
伍家区	718850	684871	33979	620942	4859	26134	66915
点军区	0	0	0	0	0	0	0
猇亭区	94011	11271	82740	82740	0	0	11271
宜昌开发区	42168	25031	17137	26968	4734	5213	5253

10—23　分县市建筑业总承包及专业承包企业全员劳动生产率

（2005 年）

单位:元/人

县（市）	合　计	按经济类型分		按建筑业行业中类分组			
		国有经济	非国有经济	房屋和土木工程建筑业	建　筑安装业	建　筑装饰业	其　他建筑业
合计	**138721**	**185663**	**70367**	**145975**	**53404**	**44204**	**85758**
宜都市	99389	189152	63295	117134	66314	15000	
枝江市	62075	101909	56237	62075			
当阳市	71925	70019	73316	71925			
远安县	68375		68375	67494		93720	
兴山县	115750	37874	143859	108011			200800
秭归县	29340		29340	29340			
长阳县	64878	71289	62821	63957			68244
五峰县	87802	114432	65862	89445		35000	
市区	179612	204149	82576	191178	52707	55622	109213
#夷陵区	122377	150213	94202	120879	170252		
西陵区	211692	225382	82345	228348	36583	51496	0
伍家区	130629	140055	55431	140326	65662	55369	125780
点军区							
猇亭区	54405	71335	52701	52701			71335
宜昌开发区	58567	46354	95206	48157	59175	153324	114196

10—24　劳务分包企业主要经济指标

（2005 年）

指　　标	单　位	合　计	按经济类型分		按建筑业行业中类分组			
			国　有	非国有	房屋和土木工程建筑业	建　筑安装业	建　筑装饰业	其　他建筑业
建筑企业个数	个	21		21	4	3		14
建筑业总产值	千元	27288		27288	1284	2312		23692
建筑业增加值	千元	13968		13968	528	2133		11307
职工平均人数	千元	2143		2143	197	619		1327
营业收入合计	千元	24271		24271	394	2312		21565
#主营业务收入	千元	24137		24137	354	2312		21471
主营业务成本	千元	21418		21418	260	1652		19506
主营业务税金及附加	千元	971		971	12	133		826
利润总额	千元	135		135	－60	297		－102
从业人员劳动报酬	千元	12233		12233	520	1677		10036

十一 贸易外经

TRADE AND FOREIGN ECONOMIC COOPERATION

11—1 主要年份社会消费品零售总额

单位:万元

项目	2001年	2002年	2003年	2004年	2005年
总计	**1529493**	**1670650**	**1741407**	**1978198**	**2264980**
按销售地区分					
市的零售额	841848	921433	980453	1138270	1275148
县的零售额	150084	172348	180403	204884	308768
县以下的零售额	537561	576869	580551	635044	681064
按行业分					
批发零售贸易业零售额	960786	1063985	1434749	1635995	1878911
餐饮业零售额	212989	242591	265190	296815	340113
其他行业零售额	355718	364074	41468	45388	45956

11—2 主要年份分县(市)社会消费品零售总额

单位:万元

项目	2001年	2002年	2003年	2004年	2005年
总计	**1529493**	**1670650**	**1741407**	**1978198**	**2264980**
宜都市	113412	124980	138210	156605	180184
枝江市	141429	156742	173595	196186	223683
当阳市	244023	251100	206795	226439	249738
远安县	67313	74105	79159	87233	96200
兴山县	50558	59718	60776	65501	70584
秭归县	60016	66860	75406	85510	86489
长阳县	74005	79979	77847	87235	97083
五峰县	42114	45010	45480	51350	59220
市区	736623	812156	884139	1022139	1201799

11—3　分县(市)社会消费品零售总额

（2005 年）

单位:万元

项　　目	全　市	宜都市	枝江市	当阳市	远安县	兴山县
总　　计	**2264980**	**180184**	**223683**	**249738**	**96200**	**70584**
按销售地区分						
市的零售额	1275148	28400	91585	131429	0	0
县的零售额	308768	79205	0	0	57250	43442
县以下的零额	681064	72579	132098	118309	38950	27142
按行业分						
批发零售贸易业	1878911	162497	193464	221003	83757	55660
#限额以上	346945	27886	10667	10416	4998	5772
#限额下及个体	1531966	134611	182797	210587	78759	49889
餐饮业	340113	16822	23687	25860	12256	9267
其他行业	45956	865	6532	2875	187	5657

项　　目	秭归县	长阳县	五峰县	市　区	
					夷陵区
总　　计	**86489**	**97083**	**59220**	**1201799**	**281140**
按销售地区分					
市的零售额	0	0	0	1023734	150560
县的零售额	31349	61709	32039	3774	
县以下的零额	55140	35374	27181	174291	130580
按行业分					
批发零售贸易业	66158	83743	51682	960947	210953
#限额以上	9720	21530	5856	250100	24133
#限额下及个体	56438	62213	45826	710846	186820
餐饮业	15689	10676	6842	219014	62287
其他行业	4642	2664	696	21838	7900

11—4 限额以上批发零售贸易业商品购进、销售、库存总额

（2005 年）

单位:万元

项目	法人企业（个）	产业活动单位（个）	从业人数（人）	购进总额
总计	**87**	**354**	**11879**	**623132.7**
一、批发业	31	103	3857	395107.7
#国有及国有控股	18	85	3156	356610.9
1.按登记注册类型分组				
内资企业	31	102	3841	392200.6
国有企业	13	61	826	51034.4
联营企业	0	1	21	783.8
其他联营企业	0	1	21	783.8
有限责任公司	10	22	1618	133600.3
国有独资公司	1	10	1188	106622.0
其他有限责任公司	9	12	430	26978.3
股份有限公司	6	16	1204	201979.5
私营企业	2	2	172	4802.6
私营有限责任公司	2	2	172	4802.6
私营股份有限公司	0	0	0	0.0
外商投资企业	0	1	16	2907.1
外商投资股份有限公司	0	1	16	2907.1
2.按国民经济行业分组				
农畜产品批发业	5	39	318	18316.8
食品、饮料、烟草制品批发业	7	24	1478	132517.8
米、面制品及食用油批发业	5	5	161	23473.7
烟草制品批发业	1	10	1188	106622.0
纺织、服装日用品批发业	2	2	76	9000.6
医药及医疗器材批发业	3	5	201	11517.7
矿产品、建材及化工产品批发业	14	32	1768	220847.7
煤炭及制品批发业	1	1	51	3273.7
石油及制品批发业	6	22	1377	203325.2
金属及金属矿批发业	1	1	8	2105.7
建材批发业	3	4	269	5972.8
化肥批发业	0	1	21	783.8
机械设备、五金交电及电子产品批发	0	1	16	2907.1
家用电器批发业	0	1	16	2907.1

单位:万元

项　　目	法人企业（个）	产业活动单位（个）	从业人数（人）	购进总额
二、零售业	56	251	8022	228025.0
其中:国有及国有控股	13	32	656	25385.6
1. 按登记注册类型分组				
内资企业	56	250	8010	224122.2
国有企业	12	31	619	16438.3
集体企业	3	8	350	4632.9
有限责任公司	18	45	2169	98083.7
国有独资公司	0	0	0	0.0
其他有限责任公司	18	45	2169	98083.7
股份有限公司	3	4	861	5410.6
私营企业	19	101	3939	98213.1
私营独资企业	3	8	362	3458.2
私营有限责任公司	16	93	3577	94754.9
其他	1	61	72	1343.6
外商投资企业	0	1	12	3902.8
中外合作经营	0	1	12	3902.8
2. 按国民经济行业分组				
综合零售业	16	86	5191	72461.5
百货零售业	7	7	1572	31883.8
超级市场零售业	9	79	3619	40577.7
食品、饮料及烟草制品专门零售业	1	7	25	4742.8
纺织、服装及日用品专门零售业	1	11	1022	2685.3
文化、体育用品及器材专门零售业	6	21	396	7071.5
图书零售业	5	20	364	6287.5
医药及医疗器材专门零售业	8	97	515	12608.3
药品零售业	8	97	515	12608.3
汽车、摩托车、燃料及零配件零售业	20	21	628	87063.1
汽车零售业	11	11	425	72192.6
机动车燃料零售业	8	8	160	12670.5
家用电器及电子产品专门零售业	2	3	165	16846.1
家用电器零售业	2	3	165	16846.1
无店铺及其他零售业	2	5	80	24546.4

单位:万元

项目	销售总额	批发	#出口	零售	年末库存总额
总计	**720176.9**	**438898.3**	**13077.4**	**281278.6**	**81633.0**
一、批发业	483946.7	420018.7	13077.4	63928.0	42986.1
#国有及国有控股	425187.4	367917.5	8999.6	57269.9	34616.9
1.按登记注册类型分组					
内资企业	481014.2	417086.2	13077.4	63928.0	42858.8
国有企业	87681.9	80041.8	8999.6	7640.1	13222.6
联营企业	8759.3	8759.3	0.0	0.0	2401.2
其他联营企业	8759.3	8759.3	0.0	0.0	2401.2
有限责任公司	167473.4	162000.4	4077.8	5473.0	23093.5
国有独资公司	138451.0	138451.0	0.0	0.0	19037.1
其他有限责任公司	29022.4	23549.4	4077.8	5473.0	4056.4
股份有限公司	202553.8	151738.9	0.0	50814.9	2553.0
私营企业	14545.8	14545.8	0.0	0.0	1588.5
私营有限责任公司	14545.8	14545.8	0.0	0.0	1588.5
外商投资企业	2932.5	2932.5	0.0	0.0	127.3
外商投资股份有限公司	2932.5	2932.5	0.0	0.0	127.3
2.按国民经济行业分组					
农畜产品批发业	19357.0	19210.0	0.0	147.0	7795.8
食品、饮料、烟草制品批发业	173567.6	170351.1	0.0	3216.5	24942.9
米、面制品及食用油批发业	19165.3	15948.8	0.0	3216.5	5905.8
烟草制品批发业	138451.0	138451.0	0.0	0.0	19037.1
纺织、服装日用品批发业	19563.5	19563.5	8999.6	0.0	656.9
医药及医疗器材批发业	13235.2	10539.6	0.0	2695.6	3296.4
矿产品、建材及化工产品批发业	255290.9	197422.0	4077.8	57868.9	6166.8
煤炭及制品批发业	4300.5	4300.5	0.0	0.0	1.8
石油及制品批发业	229237.7	173205.5	0.0	56032.2	2912.3
金属及金属矿批发业	2165.8	1412.8	0.0	753.0	7.5
建材批发业	5565.0	4522.5	0.0	1042.5	767.7
化肥批发业	8759.3	8759.3	0.0	0.0	2401.2
机械设备、五金交电及电子产品批发	2932.5	2932.5	0.0	0.0	127.3
家用电器批发业	2932.5	2932.5	0.0	0.0	127.3

单位:万元

项目	销售总额	批发	#出口	零售	年末库存总额
二、零售业	236230.2	18879.6		217350.6	38646.9
其中:国有及国有控股	28260.0	1016.0		27244.0	3393.6
1.按登记注册类型分组					
内资企业	231030.7	18879.6		212151.1	38367.0
国有企业	20332.7	1016.0		19316.7	2373.6
集体企业	4780.5	716.2		4064.3	495.6
有限责任公司	102858.1	11072.8		91785.3	19244.8
其他有限责任公司	102858.1	11072.8		91785.3	19244.8
股份有限公司	13436.0	0.0		13436.0	858.8
私营企业	88047.1	6074.6		81972.5	14809.1
私营独资企业	4412.2	0.0		4412.2	409.6
私营有限责任公司	83634.9	6074.6		77560.3	14399.5
其他	1576.3	0.0		1576.3	585.1
外商投资企业	5199.5	0.0		5199.5	279.9
中外合作经营	5199.5	0.0		5199.5	279.9
2.按国民经济行业分组					
综合零售业	79608.8	315.0		79293.8	8892.2
百货零售业	47459.0	315.0		47144.0	3177.0
超级市场零售业	32149.8	0.0		32149.8	5715.2
食品、饮料及烟草制品专门零售业	5955.2	0.0		5955.2	364.2
纺织、服装及日用品专门零售业	6800.0	0.0		6800.0	2890.0
文化、体育用品及器材专门零售业	6867.6	90.5		6777.1	1701.4
图书零售业	6021.9	90.5		5931.4	1661.6
医药及医疗器材专门零售业	14966.4	6973.7		7992.7	2720.6
药品零售业	14966.4	6973.7		7992.7	2720.6
汽车、摩托车、燃料及零配件零售业	84139.7	925.5		83214.2	7494.5
汽车零售业	65173.4	0.0		65173.4	7019.2
机动车燃料零售业	16766.3	925.5		15840.8	475.3
家用电器及电子产品专门零售业	19512.2	2373.2		17139.0	1247.3
家用电器零售业	19512.2	2373.2		17139.0	1247.3
无店铺及其他零售业	18380.3	8201.7		10178.6	13336.7

11—5　星级住宿业和限额以上餐饮业经营情况

（2005 年）

单位:万元

项　　目	法人企业(个)	产业活动单位(个)	从业人数(个)	营业额	客房收入	餐费收入	商品销售收入	其他收入
总　计	**65**	**80**	**10067**	**55507.1**	**16753.6**	**30214.1**	**3138.7**	**5400.7**
一、住宿业	49	52	7817	37870.2	15789.4	15084.8	1915.8	5080.2
其中:国有及国有控股	26	26	5421	25047.1	9682.3	10487.7	1259.4	3617.7
1.按登记注册类型分组								
内资	48	51	7727	37667.2	15737.4	14938.8	1915.8	5075.2
国有	21	21	2298	16704.0	5964.9	7068.4	791.2	2879.5
集体	5	5	859	5225.7	2181.0	1622.0	262.3	1160.4
有限责任公司	8	9	2956	7323.8	3480.8	3401.3	226.1	215.6
国有独资公司	2	2	2407	3722.8	1498.5	1928.8	182.2	113.3
其他有限责任公司	6	7	549	3601.0	1982.3	1472.5	43.9	102.3
股份有限公司	3	3	716	4620.3	2218.9	1490.5	286.0	624.9
私营企业	11	13	898	3793.4	1891.8	1356.6	350.2	194.8
私营独资	4	4	253	1665.5	747.1	659.2	89.0	170.2
私营合伙	1	1	16	150.6	75.3	6.7	58.4	10.2
私营有限责任公司	5	7	499	1767.3	957.4	592.7	202.8	14.4
私营股份有限公司	1	1	130	210.0	112.0	98.0	0.0	0.0
港澳台商投资企业	1	1	90	203.0	52.0	146.0	0.0	5.0
与港澳台商合资经营	1	1	90	203.0	52.0	146.0	0.0	5.0
2.按国民经济行业分组								
旅游饭店	43	46	7405	35572.1	14781.4	14145.7	1790.7	4854.3
一般旅店	6	6	412	2298.1	1008.0	939.1	125.1	225.9
其他住宿服务	0	0	0	0.0	0.0	0.0	0.0	0.0
二、餐饮业	16	28	2250	17636.9	964.2	15129.3	1222.9	320.5
其中:国有及国有控股	1	1	170	1327.1	0.0	1327.1	0.0	0.0
1.按登记注册类型分组								
内资	14	20	1585	11782.9	964.2	9976.4	521.8	320.5
国有	2	3	196	1828.9	0.0	1766.2	62.7	0.0
集体	1	1	227	1239.7	483.8	443.6	0.0	312.3
有限责任公司	2	3	227	984.0	480.4	400.4	95.0	8.2
其他有限责任公司	2	3	227	984.0	480.4	400.4	95.0	8.2
私营企业	9	13	935	7730.3	0.0	7366.2	364.1	0.0
私营独资	1	1	70	380.0	0.0	380.0	0.0	0.0
私营合伙	1	1	230	1486.5	0.0	1486.5	0.0	0.0
私营有限责任公司	7	11	635	5863.8	0.0	5499.7	364.1	0.0
港澳台商投资企业	1	5	486	4005.4	0.0	4005.4	0.0	0.0
港澳台商独资	0	4	300	2597.8	0.0	2597.8	0.0	0.0
港澳台商独资股份有限公司	1	1	186	1407.6	0.0	1407.6	0.0	0.0
外商投资企业	1	3	179	1848.6	0.0	1147.5	701.1	0.0
外资企业	1	3	179	1848.6	0.0	1147.5	701.1	0.0
2.按国民经济行业分组								
正餐服务业	16	24	1962	14406.2	964.2	12518.6	602.9	320.5
快餐服务业	0	4	288	3230.7	0.0	2610.7	620.0	0.0

11—6 限额以上批发零售贸易企业财务状况

(2005 年)

单位:万元

项目	企业个数(个)	亏损企业数	流动资产合计	存货	固定资产原价	累计折旧	本年折旧
总计	**87**	**38**	**161513.7**	**77498.7**	**243619.4**	**77713.7**	**9171.4**
一、批发业	31	14	76718.3	38328.8	113723.3	40000.6	4589.1
#国有及国有控股	18	8	56007.8	31805.7	108454.6	38171.8	4240.4
1.按登记注册类型分组							
内资企业	31	14	76718.3	38328.8	113723.3	40000.6	4589.1
国有企业	13	5	33253.6	16284.1	21046.2	6387.4	724.2
有限责任公司	10	6	35178.0	16974.3	17572.5	9285.2	1763.7
国有独资公司	1	0	17524.0	12347.5	15076.2	8235.2	1599.6
其他有限责任公司	9	6	17654.0	4626.8	2496.3	1050.0	164.1
股份有限公司	6	3	5881.5	3349.9	73485.1	23973.4	1929.8
私营企业	2	0	2405.2	1720.5	1619.5	354.6	171.4
私营有限责任公司	2	0	2405.2	1720.5	1619.5	354.6	171.4
2.按国民经济行业分组							
农畜产品批发业	5	2	14407.4	10305.6	4331.3	1271.1	165.1
食品、饮料、烟草制品批发业	7	0	28559.0	18294.0	25479.2	10082.8	1879.0
米、面制品及食用油批发业	5	0	10103.9	5335.8	6567.2	1171.1	130.5
烟草制品批发业	1	0	17524.0	12347.5	15076.2	8235.2	1599.6
纺织、服装日用品批发业	2	1	4423.7	788.9	544.9	110.0	6.3
服装批发业	0	0	0.0	0.0	0.0	0.0	0.0
文化、体育用品及器材批发业	0	0	0.0	0.0	0.0	0.0	0.0
医药及医疗器材批发业	3	3	9318.6	3551.3	2121.8	514.8	65.7
矿产品、建材及化工产品批发业	14	8	20009.6	5389.0	81246.1	28021.9	2473.0
煤炭及制品批发业	1	0	340.9	130.2	198.0	35.0	0.0
石油及制品批发业	6	4	6272.7	3698.7	79025.7	26837.7	2350.8
金属及金属矿批发业	1	0	105.6	7.5	3.3	3.1	0.7
建材批发业	3	2	12206.3	1354.4	1385.2	1072.0	108.9

11—6 续表1

单位:万元

项目	企业个数(个)	亏损企业数	流动资产合计	存货	固定资产原价	累计折旧	本年折旧
二、零售业	56	24	84795.4	39169.9	129896.1	37713.1	4582.3
其中:国有及国有控股	13	5	8595.9	2915.5	6443.9	2298.4	316.4
1.按登记注册类型分组							
内资企业	56	24	84795.4	39169.9	129896.1	37713.1	4582.3
国有企业	12	5	6995.9	2165.5	6023.9	2118.4	254.4
集体企业	3	1	2328.3	520.4	519.3	211.2	0.8
有限责任公司	18	9	44337.5	22556.1	105892.9	31953.6	3526.0
国有独资公司	0	0	0.0	0.0	0.0	0.0	0.0
其他有限责任公司	18	9	44337.5	22556.1	105892.9	31953.6	3526.0
股份有限公司	3	3	1666.5	745.6	4899.2	1350.2	206.0
私营企业	19	5	28204.9	12597.2	12359.9	2039.3	554.7
私营独资企业	3	1	795.6	407.6	1366.3	186.1	109.0
私营合伙企业	0	0	0.0	0.0	0.0	0.0	0.0
私营有限责任公司	16	4	27409.3	12189.6	10993.6	1853.2	445.7
私营股份有限公司	0	0	0.0	0.0	0.0	0.0	0.0
其他	1	1	1262.3	585.1	200.9	40.4	40.4
2.按国民经济行业分组							
综合零售业	16	10	16290.6	7100.1	34917.7	9128.7	1815.9
百货零售业	7	6	8878.9	1469.6	28932.5	8067.2	1529.6
超级市场零售业	9	4	7411.7	5630.5	5985.2	1061.5	286.3
食品、饮料及烟草制品专门零售业	1	1	161.7	96.8	7.8	4.9	0.0
纺织、服装及日用品专门零售业	1	0	3892.1	2890.0	3002.1	160.0	38.1
服装零售业	0	0	0.0	0.0	0.0	0.0	0.0
文化、体育用品及器材专门零售业	6	2	3779.6	962.9	1784.4	739.6	103.4
体育用品零售业	0	0	0.0	0.0	0.0	0.0	0.0
图书零售业	5	1	3459.4	923.1	1762.3	726.3	102.2
医药及医疗器材专门零售业	8	4	7157.4	2877.5	4563.5	1259.6	130.1
药品零售业	8	4	7157.4	2877.5	4563.5	1259.6	130.1
汽车、摩托车、燃料及零配件专业	20	6	23528.3	7118.6	7201.4	1889.9	529.8
汽车零售业	11	2	19422.0	6171.2	5213.1	1306.0	407.3
机动车燃料零售业	8	4	2897.7	532.8	1136.4	273.0	66.6
家用电器及电子产品专门零售业	2	0	5156.7	3911.7	210.2	37.9	0.8
家用电器零售业	2	0	5156.7	3911.7	210.2	37.9	0.8
无店铺及其他零售业	2	1	24829.0	14212.3	78209.0	24492.5	1964.2
邮购及电子销售业	0	0	0.0	0.0	0.0	0.0	0.0

11—6 续表2

单位:万元

项目	资产总计	负债总计	所有者权益合计	实收资本	营业收入合计	主营业务收入	主营业务成本
总计	**367627.8**	**291636.5**	**75991.3**	**78802.7**	**649470.4**	**648680.7**	**370742.2**
一、批发业	165806.4	133314.0	32492.4	26337.3	431769.7	431652.8	211609.3
#国有及国有控股	139153.8	109802.4	29351.4	21854.1	386774.4	386657.5	176970.1
1.按登记注册类型分组							
内资企业	165806.4	133314.0	32492.4	26337.3	431769.7	431652.8	211609.3
国有企业	50427.0	46941.6	3485.4	8760.6	69181.6	69064.7	37337.4
有限责任公司	54364.2	26141	28223.1	9210.5	145950.0	145950.0	106409.1
国有独资公司	33539.5	7405.1	26134.4	6327.0	118750.5	118750.5	87963.3
其他有限责任公司	20824.7	18736.0	2088.7	2883.5	27199.5	27199.5	18445.8
股份有限公司	56819.7	57475.4	-655.7	6766.2	202092.3	202092.3	53749.3
私营企业	4195.5	2755.9	1439.6	1600.0	14545.8	14545.8	14113.5
私营有限责任公司	4195.5	2755.9	1439.6	1600.0	14545.8	14545.8	14113.5
2.按国民经济行业分组							
农畜产品批发业	18153.8	18796.7	-642.9	3009.6	19407.0	19357.0	18932.4
食品、饮料、烟草制品批发业	54729.9	23762.8	30967.1	10148.2	142919.4	142852.5	98246.3
米、面制品及食用油批发业	16078.1	12984.8	3093.3	2071.8	17897.1	17830.2	5730.3
烟草制品批发业	33539.5	7405.1	26134.4	6327.0	118750.5	118750.5	87963.3
纺织、服装日用品批发业	4893.6	3647.0	1246.6	400.4	19563.5	19563.5	18255.3
服装批发业	0.0	0.0	0.0	0.0	0.0	0.0	0.0
文化、体育用品及器材批发业	0.0	0.0	0.0	0.0	0.0	0.0	0.0
医药及医疗器材批发业	11263.6	11501.6	-238.0	693.0	10631.8	10631.8	3235.4
矿产品、建材及化工产品批发业	76765.5	75605.9	1159.6	12086.1	239248.0	239248.0	72939.9
煤炭及制品批发业	503.9	351.6	152.3	50.0	4300.5	4300.5	3806.0
石油及制品批发业	60128.2	60293.7	-165.5	6755.8	221079.2	221079.2	56882.3
金属及金属矿批发业	105.8	51.0	54.8	50.0	2156.8	2156.8	2107.2
建材批发业	14224.7	13671.4	553.3	4220.8	6047.5	6047.5	4762.3

11—6 续表3

单位:万元

项　　目	资产总计	负债总计	所有者权益合计	实收资本	营业收入合计	主营业务收入	主营业务成本
二、零售业	201821.4	158322.5	43498.9	52465.4	217700.7	217027.9	159132.9
其中:国有及国有控股	14260.7	8685.0	5575.7	4885.4	32165.5	31991.5	24266.1
1.按登记注册类型分组							
内资企业	201821.4	158322.5	43498.9	52465.4	217700.7	217027.9	159132.9
国有企业	11460.7	7885.0	3575.7	2885.4	24238.2	24064.2	17374.0
集体企业	4486.4	4451.2	35.2	579.0	4743.0	4721.0	3461.6
有限责任公司	132271.3	113535.9	18735.4	25941.3	86178.1	86178.1	69196.8
国有独资公司	0.0	0.0	0.0	0.0	0.0	0.0	0.0
其他有限责任公司	132271.3	113535.9	18735.4	25941.3	86178.1	86178.1	69196.8
股份有限公司	8724.6	6968.4	1756.2	5338.0	9037.8	8614.5	6507.3
私营企业	43439.0	24123.6	19315.4	17521.7	91927.3	91873.8	61194.2
私营独资企业	1980.0	1279.2	700.8	682.0	3459.7	3459.7	2284.0
私营合伙企业	0.0	0.0	0.0	0.0	0.0	0.0	0.0
私营有限责任公司	41459.0	22844.4	18614.6	16839.7	88467.6	88414.1	58910.2
私营股份有限公司	0.0	0.0	0.0	0.0	0.0	0.0	0.0
其他	1439.4	1358.4	81.0	200.0	1576.3	1576.3	1399.0
2.按国民经济行业分组							
综合零售业	57285.1	48658.6	8626.5	14358.9	71978.0	71485.8	54803.9
百货零售业	43870.5	38949.1	4921.4	9712.9	36656.7	36211.4	28968.9
超级市场零售业	13414.6	9709.5	3705.1	4646.0	35321.3	35274.4	25835.0
食品、饮料及烟草制品专门零售业	185.2	161.7	23.5	39.9	755.7	755.7	654.3
纺织、服装及日用品专门零售业	8500.0	3000.0	5500.0	4100.0	6800.0	6800.0	5227.9
服装零售业	0.0	0.0	0.0	0.0	0.0	0.0	0.0
文化、体育用品及器材专门零售业	5151.7	3005.1	2146.6	892.1	6172.4	6172.4	4763.3
体育用品零售业	0.0	0.0	0.0	0.0	0.0	0.0	0.0
图书零售业	4772.7	2828.4	1944.3	682.1	5326.7	5326.7	3977.9
医药及医疗器材专门零售业	11456.2	12406.0	-949.8	3204.6	13914.9	13914.9	10464.3
药品零售业	11456.2	12406.0	-949.8	3204.6	13914.9	13914.9	10464.3
汽车、摩托车、燃料及零配件专业	31999.5	16427.3	15572.2	15552.7	90359.3	90178.7	63699.7
汽车零售业	25856.5	12379.1	13477.4	13509.0	67139.0	67139.0	47127.5
机动车燃料零售业	4393.4	2748.5	1644.9	1543.7	16867.7	16687.1	10523.0
家用电器及电子产品专门零售业	5329.0	4380.1	948.9	310.2	17408.9	17408.9	16394.4
家用电器零售业	5329.0	4380.1	948.9	310.2	17408.9	17408.9	16394.4
无店铺及其他零售业	81914.7	70283.7	11631.0	14007.0	10311.5	10311.5	3125.1
邮购及电子销售业	0.0	0.0	0.0	0.0	0.0	0.0	0.0

单位:万元

项 目	主营业务税金及附加	主营业务利润	其他业务利润	营业费用	管理费用
总 计	**2940.0**	**74572.2**	**4804.5**	**46664.2**	**27539.4**
一、批发业	928.4	49122.5	1536.6	23848.5	13907.4
#国有及国有控股	814.8	46979.5	1383.6	22815.7	12903.8
1.按登记注册类型分组					
内资企业	928.4	49122.5	1536.6	23848.5	13907.4
国有企业	74.6	5681.0	267.6	4528.0	1743.5
有限责任公司	551.7	31935.2	857.0	11638.5	9036.9
国有独资公司	456.5	30330.7	862.9	10929.5	8248.3
其他有限责任公司	95.2	1604.5	-5.9	709.0	788.6
股份有限公司	285.2	11210.6	253.9	7467.0	3025.3
私营企业	16.9	295.7	158.1	215.0	101.7
私营有限责任公司	16.9	295.7	158.1	215.0	101.7
2.按国民经济行业分组					
农畜产品批发业	6.2	418.4	45.4	242.0	276.6
食品、饮料、烟草制品批发业	504.1	32562.7	1073.2	12439.4	9359.8
米、面制品及食用油批发业	22.3	538.2	120.9	593.1	445.1
烟草制品批发业	456.5	30330.7	862.9	10929.5	8248.3
纺织、服装日用品批发业	16.6	1171.9	155.8	1132.5	191.2
服装批发业	0.0	0.0	0.0	0.0	0.0
文化、体育用品及器材批发业	0.0	0.0	0.0	0.0	0.0
医药及医疗器材批发业	8.6	314.5	3.7	64.9	327.4
矿产品、建材及化工产品批发业	392.9	14655.0	258.5	9969.7	3752.4
煤炭及制品批发业	53.8	440.7	-8.3	238.2	107.1
石油及制品批发业	294.3	12642.5	254.7	8914.3	3113.4
金属及金属矿批发业	1.8	47.8	0.0	25.2	20.2
建材批发业	20.9	1264.8	12.2	624.5	366.3

11—6 续表5 单位:万元

项　　目	主营业务税金及附加	主营业务利润	其他业务利润	营业费用	管理费用
二、零售业	2011.6	25449.7	3267.9	22815.7	13632.0
其中:国有及国有控股	75.2	2933.7	289.2	1180.9	1334.7
1.按登记注册类型分组					
内资企业	2011.6	25449.7	3267.9	22815.7	13632.0
国有企业	56.6	1917.1	289.2	799.9	1255.5
集体企业	6.8	1252.6	13.9	859.6	368.3
有限责任公司	880.1	14465.5	2381.4	15632.2	9798.9
国有独资公司	0.0	0.0	0.0	0.0	0.0
其他有限责任公司	880.1	14465.5	2381.4	15632.2	9798.9
股份有限公司	21.6	1131.8	72.2	269.1	831.7
私营企业	1043.2	6508.7	501.4	5094.8	1346.3
私营独资企业	62.8	351.6	315.3	351.4	185.7
私营合伙企业	0.0	0.0	0.0	0.0	0.0
私营有限责任公司	980.4	6157.1	186.1	4743.4	1160.6
私营股份有限公司	0.0	0.0	0.0	0.0	0.0
其他	3.3	174.0	9.8	160.1	31.3
2.按国民经济行业分组					
综合零售业	448.6	9608.3	1693.3	4265.6	6279.8
百货零售业	51.2	6180.3	857.2	1154.1	5019.8
超级市场零售业	397.4	3428.0	836.1	3111.5	1260.0
食品、饮料及烟草制品专门零售业	4.6	96.8	50.9	95.1	54.2
纺织、服装及日用品专门零售业	592.1	980.0	0.0	306.6	147.7
服装零售业	0.0	0.0	0.0	0.0	0.0
文化、体育用品及器材专门零售业	20.5	1177.6	114.0	390.7	843.4
体育用品零售业	0.0	0.0	0.0	0.0	0.0
图书零售业	18.5	1119.3	112.5	344.8	824.3
医药及医疗器材专门零售业	18.6	1358.7	54.6	901.4	707.3
药品零售业	18.6	1358.7	54.6	901.4	707.3
汽车、摩托车、燃料及零配件专业	205.6	4749.0	71.2	3392.6	1124.7
汽车零售业	167.9	3835.0	0.0	3045.0	610.9
机动车燃料零售业	25.2	623.1	38.3	206.6	431.6
家用电器及电子产品专门零售业	63.5	951.0	565.1	427.9	546.8
家用电器零售业	63.5	951.0	565.1	427.9	546.8
无店铺及其他零售业	658.1	6528.3	718.8	13035.8	3928.1
邮购及电子销售业	0.0	0.0	0.0	0.0	0.0

11—6 续表6 单位:万元

项目	财务费用	营业利润	利润总额	应交所得税	劳动、失业保险费
总计	**2653.7**	**20970.5**	**10544.9**	**5861.6**	**3382.0**
一、批发业	208.3	12694.9	9631.8	4934.0	1862.7
#国有及国有控股	714.5	11929.1	9788.7	4892.3	1805.3
1.按登记注册类型分组					
内资企业	208.3	12694.9	9631.8	4934.0	1862.7
国有企业	560.0	-882.9	-519.7	52.1	268.4
有限责任公司	-717.7	12834.5	10945.6	4604.1	1138.1
国有独资公司	-79.4	12095.2	11161.9	4562.6	1107.7
其他有限责任公司	-638.3	739.3	-216.3	41.5	30.4
股份有限公司	284.0	688.2	-839.2	277.8	442.6
私营企业	82.0	55.1	45.1	0.0	13.6
私营有限责任公司	82.0	55.1	45.1	0.0	13.6
2.按国民经济行业分组					
农畜产品批发业	245.1	-299.9	-79.6	0.3	40.5
食品、饮料、烟草制品批发业	173.7	11663.0	11619.5	4614.4	1320.8
米、面制品及食用油批发业	225.5	-604.6	304.9	1.4	72.3
烟草制品批发业	-79.4	12095.2	11161.9	4562.3	1107.7
纺织、服装日用品批发业	-9.6	13.6	1.9	0.0	20.7
服装批发业	0.0	0.0	0.0	0.0	0.0
文化、体育用品及器材批发业	0.0	0.0	0.0	0.0	0.0
医药及医疗器材批发业	50.8	-124.9	-132.6	9.1	14.3
矿产品、建材及化工产品批发业	-251.7	1443.1	-1777.4	310.2	466.4
煤炭及制品批发业	-841.8	928.9	63.2	20.9	0.0
石油及制品批发业	232.9	636.6	-1396.5	277.6	436.5
金属及金属矿批发业	0.2	2.2	2.2	0.4	0.0
建材批发业	313.0	-27.3	-328.2	0.2	9.1

11—6　续表7　　　　单位:万元

项　　目	财务费用	营业利润	利润总额	应交所得税	劳动、失业保险费
二、零售业	2445.4	8275.6	913.1	927.6	1519.3
其中:国有及国有控股	175.8	531.5	495.7	19.8	205.0
1.按登记注册类型分组					
内资企业	2445.4	8275.6	913.1	927.6	1519.3
国有企业	113.8	37.1	1.3	19.8	204.2
集体企业	49.9	25.0	-0.6	97.5	17.0
有限责任公司	1624.2	8206.4	711.0	599.2	1032.2
国有独资公司	0.0	0.0	0.0	0.0	0.0
其他有限责任公司	1624.2	8206.4	711.0	599.2	1032.2
股份有限公司	229.0	-125.8	-347.4	10.6	157.4
私营企业	424.4	144.6	563.8	200.5	107.1
私营独资企业	38.1	91.7	91.6	7.2	0.7
私营合伙企业	0.0	0.0	0.0	0.0	0.0
私营有限责任公司	386.3	52.9	472.2	193.3	106.4
私营股份有限公司	0.0	0.0	0.0	0.0	0.0
其他	4.1	-11.7	-15.0	0.0	1.4
2.按国民经济行业分组					
综合零售业	1254.1	-461.6	-1051.7	30.8	334.4
百货零售业	1210.4	-310.5	-674.6	6.6	283.4
超级市场零售业	43.7	-151.1	-377.1	24.2	51.0
食品、饮料及烟草制品专门零售业	-0.3	-1.3	-3.8	97.4	0.0
纺织、服装及日用品专门零售业	25.4	500.3	500.3	192.2	47.5
服装零售业	0.0	0.0	0.0	0.0	0.0
文化、体育用品及器材专门零售业	3.2	54.3	39.6	11.2	181.3
体育用品零售业	0.0	0.0	0.0	0.0	0.0
图书零售业	2.4	60.3	44.5	11.2	181.3
医药及医疗器材专门零售业	134.0	-329.4	-149.3	18.6	121.5
药品零售业	134.0	-329.4	-149.3	18.6	121.5
汽车、摩托车、燃料及零配件专业	552.1	-249.2	551.1	21.7	43.6
汽车零售业	470.3	-291.2	536.5	0.0	32.8
机动车燃料零售业	27.7	-4.5	-31.9	21.7	10.8
家用电器及电子产品专门零售业	-31.8	573.2	581.0	191.7	12.9
家用电器零售业	-31.8	573.2	581.0	191.7	12.9
无店铺及其他零售业	508.7	8189.3	445.9	364.0	778.1
邮购及电子销售业	0.0	0.0	0.0	0.0	0.0

项　　目	住房公积金和住房补贴	应付工资	应付福利费	本年应交增值税	全部从业人员年平均人数（人）
总　　计	**1038.8**	**15444.7**	**1996.9**	**11520.5**	**17258.0**
一、批发业	683.0	6722.5	1025.9	7356.0	3915.0
#国有及国有控股	671.3	6143.9	933.6	6751.0	3250.0
1. 按登记注册类型分组					
内资企业	683.0	6722.5	1025.9	7356.0	3915.0
国有企业	125.7	1192.7	187.5	271.7	868.0
有限责任公司	465.2	4151.8	660.3	5002.6	1658.0
国有独资公司	454.4	3700.7	585.9	4398.6	1225.0
其他有限责任公司	10.8	451.1	74.4	604.0	433.0
股份有限公司	91.9	1248.4	162.0	2074.3	1217.0
私营企业	0.2	129.6	16.1	7.4	172.0
私营有限责任公司	0.2	129.6	16.1	7.4	172.0
2. 按国民经济行业分组					
农畜产品批发业	0.3	248.8	27.0	3.2	320.0
食品、饮料、烟草制品批发业	554.4	4281.7	693.9	4592.4	1526.0
米、面制品及食用油批发业	22.3	130.5	47.1	7.4	172.0
烟草制品批发业	454.4	3700.7	585.9	4398.6	1225.0
纺织、服装日用品批发业	3.7	62.1	0.6	12.0	76.0
服装批发业	0.0	0.0	0.0	0.0	0.0
文化、体育用品及器材批发业	0.0	0.0	0.0	0.0	0.0
医药及医疗器材批发业	0.0	147.3	23.2	54.2	208.0
矿产品、建材及化工产品批发业	124.6	1982.6	281.2	2694.2	1785.0
煤炭及制品批发业	0.0	67.9	19.1	317.2	51.0
石油及制品批发业	103.3	1586.0	207.6	2094.6	1392.0
金属及金属矿批发业	0.0	7.8	1.1	9.2	8.0
建材批发业	10.5	267.3	44.8	90.4	292.0

11—6 续表9 单位:万元

项目	住房公积金和住房补贴	应付工资	应付福利费	本年应交增值税	全部从业人员年平均人数（人）
二、零售业	355.8	8722.2	971.0	4164.5	13613.0
其中:国有及国有控股	41.6	1110.6	133.0	333.2	622.0
1.按登记注册类型分组					
内资企业	355.8	8722.2	971.0	4164.5	13613.0
国有企业	34.2	1050.8	124.6	302.1	585.0
集体企业	2.0	68.0	9.7	46.6	350.0
有限责任公司	267.6	4678.9	566.3	2993.6	8226.0
国有独资公司	0.0	0.0	0.0	0.0	0.0
其他有限责任公司	267.6	4678.9	566.3	2993.6	8226.0
股份有限公司	0.0	313.7	29.8	93.8	698.0
私营企业	50.8	2603.8	240.0	708.1	3682.0
私营独资企业	0.0	115.7	14.4	48.2	361.0
私营合伙企业	0.0	0.0	0.0	0.0	0.0
私营有限责任公司	50.8	2488.1	225.6	659.9	3321.0
私营股份有限公司	0.0	0.0	0.0	0.0	0.0
其他	1.2	7.0	0.6	20.3	72.0
2.按国民经济行业分组					
综合零售业	40.0	2308.3	195.1	515.7	4820.0
百货零售业	40.0	1044.1	106.2	309.7	1639.0
超级市场零售业	0.0	1264.2	88.9	206.0	3181.0
食品、饮料及烟草制品专门零售业	0.0	0.0	0.2	24.9	13.0
纺织、服装及日用品专门零售业	37.4	1322.3	129.7	0.0	1022.0
服装零售业	0.0	0.0	0.0	0.0	0.0
文化、体育用品及器材专门零售业	21.6	489.1	67.1	181.0	326.0
体育用品零售业	0.0	0.0	0.0	0.0	0.0
图书零售业	21.6	454.8	67.1	170.4	302.0
医药及医疗器材专门零售业	12.2	314.7	44.7	121.6	523.0
药品零售业	12.2	314.7	44.7	121.6	523.0
汽车、摩托车、燃料及零配件专业	27.9	915.8	134.5	892.6	631.0
汽车零售业	22.5	638.4	86.0	730.8	425.0
机动车燃料零售业	5.4	171.9	24.2	82.1	163.0
家用电器及电子产品专门零售业	0.0	255.2	27.0	70.9	165.0
家用电器零售业	0.0	255.2	27.0	70.9	165.0
无店铺及其他零售业	216.7	3116.8	372.7	2357.8	6113.0
邮购及电子销售业	0.0	0.0	0.0	0.0	0.0

11—7 限额以上住宿和餐饮企业财务状况

(2005 年)　　单位:万元

项　目	企业数(个)	流动资产合计	存货	固定资产原价
总　计	**65**	**27915.2**	**2662.4**	**106727.7**
一、住宿业	**49**	**19146.1**	**2353.0**	**104177.4**
其中:国有及国有控股	26	14727.8	1446.0	75865.1
1.按登记注册类型分组				
内资	48	18986.7	2330.6	103076.5
国有	21	11364.2	819.0	36461.4
集体	5	2102.5	147.2	13500.7
有限责任公司	8	2352.9	538.9	38225.2
国有独资公司	2	1391.5	311.9	30635.6
其他有限责任公司	6	961.4	227.0	7589.6
股份有限公司	3	1972.1	315.1	8768.1
私营企业	11	1145.0	510.4	6121.1
私营独资	4	269.6	24.7	2209.9
私营合伙	1	7.1	2.2	0.0
私营有限责任公司	5	789.7	452.5	3196.2
私营股份有限公司	1	78.6	31.0	715.0
港澳台商投资企业	1	209.4	22.4	1100.9
与港澳台商合资经营	1	209.4	22.4	1100.9
2.按国民经济行业分组				
旅游饭店	43	12745.5	2168.1	96139.9
一般旅馆	6	6400.6	184.9	8037.5
其他住宿服务	0	0.0	0.0	0.0
二、餐馆业	**16**	**8769.1**	**309.4**	**2550.3**
其中:国有及国有控股	1	210.3	46.6	275.5
1.按登记注册类型分组				
内资	14	1499.1	305.3	2404.1
国有	2	503.7	54.3	1369.7
集体	1	304.8	80.4	51.9
有限责任公司	2	61.8	6.9	9.2
其他有限责任公司	2	61.8	6.9	9.2
私营企业	9	628.8	163.7	973.3
私营独资	1	10	0.1	30.0
私营合伙	1	156.9	35.0	7.6
私营有限责任公司	7	461.9	128.6	935.7
港澳台商投资企业	1	7259.1	0.1	123.7
港澳台商独资股份有限公司	1	7259.1	0.1	123.7
外商投资企业	1	10.9	4.0	22.5
外资企业	1	10.9	4.0	22.5
2.按国民经济行业分组				
正餐服务业	16	8769.1	309.4	2550.3

	累计折旧	本年折旧	资产总计	负债合计	实收资本
总　计	**28314.7**	**4070.8**	**124516.9**	**71548.9**	**55650.7**
一、住宿业	**27794.3**	**3901.7**	**118750.3**	**66411.8**	**53257.5**
其中:国有及国有控股	23582.7	2392.8	86411.0	48537.7	43601.5
1. 按登记注册类型分组					
内资	27527.5	3856.1	117706.8	66249.9	52149.4
国有	11520.6	1041.1	43850.9	36430.2	13075.9
集体	2075.0	644.7	13908.9	3561.6	3240.9
有限责任公司	8240.2	1507.3	34392.9	14293.0	23277.4
国有独资公司	7251.9	1060.0	26047.0	6169.5	22325.6
其他有限责任公司	988.3	447.3	8345.9	8123.5	951.8
股份有限公司	4810.2	291.7	16513.1	5938.0	8200.0
私营企业	881.5	371.3	9041.0	6027.1	4355.2
私营独资	227.4	130.7	3103.6	2578.1	578.6
私营有限责任公司	550.4	202.8	4891.3	2857.1	3668.7
私营股份有限公司	103.7	37.8	1015.0	587.0	107.9
港澳台商投资企业	266.8	45.6	1043.5	161.9	1108.1
与港澳台商合资经营	266.8	45.6	1043.5	161.9	1108.1
2. 按国民经济行业分组					
旅游饭店	26511.0	3534.4	105398.6	53025.6	51590.7
一般旅馆	1283.3	367.3	13351.7	13386.2	1666.8
二、餐馆业	**520.4**	**169.1**	**5766.6**	**5137.1**	**2393.2**
其中:国有及国有控股	106.9	49.2	384.3	462.2	30.0
1. 按登记注册类型分组					
内资	474.7	157.1	5434.7	4826.6	2216.9
国有	192.4	49.2	3418.5	3195.0	203.2
集体	16.5	8.2	340.2	512.3	1200.0
有限责任公司	4.3	2.0	78.5	71.4	60.0
其他有限责任公司	4.3	2.0	78.5	71.4	60.0
私营企业	261.5	97.7	1597.5	1047.9	753.7
私营独资	0.0	0.0	30.0	0.0	30.0
私营合伙	2.0	2.0	162.4	118.1	80.0
私营有限责任公司	259.5	95.7	1405.1	929.8	643.7
港澳台商投资企业	32.7	12.0	284.4	205.7	140.2
港澳台商独资股份有限公司	32.7	12.0	284.4	205.7	140.2
外商投资企业	13.0	0.0	47.5	104.8	36.1
外资企业	13.0	0.0	47.5	104.8	36.1
2. 按国民经济行业分组					
正餐服务业	520.4	169.1	5766.6	5137.1	2393.2

项 目	营业收入合计	主营业务收入	主营业务成本	主营业务税金及附加	主营业务利润	其它业务利润
总 计	**50153.0**	**48901.4**	**21592.0**	**2696.4**	**24218.7**	**719.0**
一、住宿业	**36877.5**	**35673.1**	**13408.6**	**1871.4**	**19998.8**	**662.0**
其中:国有及国有控股	25576.1	25129.5	9356.8	1251.5	14395.8	204.2
1.按登记注册类型分组						
内资	36674.5	35470.1	13301.1	1864.2	19910.5	662.0
国有	15519.3	15072.7	6021.7	754.0	8171.6	197.1
集体	5547.0	5211.5	1774.4	281.7	3133.4	354.6
有限责任公司	7211.4	7211.4	2310.8	411.3	4456.0	27.9
国有独资公司	4896.5	4896.5	1529.6	246.7	3120.2	0.0
其他有限责任公司	2314.9	2314.9	781.2	164.6	1335.8	27.9
股份有限公司	5160.3	5160.3	1805.5	250.8	3104.0	7.1
私营企业	3236.5	2814.2	1388.7	166.4	1045.5	75.3
私营独资	1406.9	1359.1	801.7	92.3	465.1	54.9
私营合伙	150.6	69.1	36.4	0.0	32.7	0.7
私营有限责任公司	1469.0	1176.0	404.6	66.1	491.7	13.9
私营股份有限公司	210.0	210.0	146.0	8.0	56.0	5.8
港澳台商投资企业	203.0	203.0	107.5	7.2	88.3	0.0
与港澳台商合资经营	203.0	203.0	107.5	7.2	88.3	0.0
2.按国民经济行业分组						
旅游饭店	34840.3	33666.3	12805.3	1742.9	18723.8	636.9
一般旅馆	2037.2	2006.8	603.3	128.5	1275.0	25.1
二、餐馆业	**13275.5**	**13228.3**	**8183.4**	**825.0**	**4219.9**	**57.0**
其中:国有及国有控股	1299.3	1252.1	799.3	73.9	378.9	47.4
1.按登记注册类型分组						
内资	11597.5	11550.3	6890.8	731.0	3928.5	47.4
国有	2092.9	2045.7	1364.3	118.5	562.9	47.4
集体	1359.6	1359.6	519.2	76.1	764.3	0.0
有限责任公司	308.2	308.2	231.7	17.2	59.3	0.0
其他有限责任公司	308.2	308.2	231.7	17.2	59.3	0.0
私营企业	7836.8	7836.8	4775.6	519.2	2542.0	0.0
私营独资	380.0	380.0	306.0	38.0	36.0	0.0
私营合伙	1486.5	1486.5	1001.4	88.2	396.9	0.0
私营有限责任公司	5970.3	5970.3	3468.2	393.0	2109.1	0.0
港澳台商投资企业	1407.6	1407.6	1118.0	79.0	210.6	0.1
港澳台商独资股份有限公司	1407.6	1407.6	1118.0	79.0	210.6	0.1
外商投资企业	270.4	270.4	174.6	15.0	80.8	9.5
外资企业	270.4	270.4	174.6	15.0	80.8	9.5
2.按国民经济行业分组						
正餐服务业	13275.5	13228.3	8183.4	825.0	4219.9	57.0

 单位:万元

项 目	营业费用	管理费用	财务费用	营业利润	利润总额	应交所得税
总 计	**17036.6**	**10554.7**	**1239.6**	**-3882.9**	**-3048.1**	**53.6**
一、住宿业	**13895.3**	**9285.2**	**1209.6**	**-3719.0**	**-2867.2**	**49.0**
其中:国有及国有控股	9161.1	6323.9	881.7	-1766.7	-1413.2	46.0
1.按登记注册类型分组						
内资	13724.5	9277.5	1209.7	-3628.9	-2777.1	49.0
国有	6023.8	2707.5	666.4	-1029.0	-672.0	8.3
集体	2910.7	978.0	38.5	-439.2	-406.3	1.8
有限责任公司	2529.1	2949.6	82.3	-1066.8	-1020.0	2.3
国有独资公司	1610.8	1995.2	-1.5	-484.3	-496.8	2.3
其他有限责任公司	918.3	954.4	83.8	-582.5	-523.2	0.0
股份有限公司	1526.5	1621.2	216.8	-253.4	-244.4	35.4
私营企业	734.4	1021.2	205.7	-840.5	-423.4	1.2
私营独资	31.6	414.3	142.6	-68.5	-16.7	0.0
私营合伙	28.6	8.7	0.00	-3.9	5.0	1.1
私营有限责任公司	652.2	578.2	47.5	-772.3	-423.7	0.0
私营股份有限公司	22.0	20.0	15.6	4.2	1.0	0.1
港澳台商投资企业	170.8	7.7	-0.1	-90.1	-90.1	0.0
与港澳台商合资经营	170.8	7.7	-0.1	-90.1	-90.1	0.0
2.按国民经济行业分组						
旅游饭店	13025.3	8679.3	843.1	-3176.7	-2348.4	47.9
一般旅馆	870.0	605.9	366.5	-542.3	-518.8	1.1
二、餐馆业	**3141.3**	**1269.5**	**30.0**	**-163.9**	**-180.9**	**4.6**
其中:国有及国有控股	341.5	89.2	18.1	-22.5	9.2	2.5
1.按登记注册类型分组						
内资	3049.5	1045.5	27.4	-146.5	-163.2	4.6
国有	456.5	200.8	17.8	-64.8	-12.3	2.5
集体	447.9	355.6	4.8	-44.0	-44.9	0.0
有限责任公司	78.5	28.3	0.0	-47.5	-31.9	0.0
其他有限责任公司	78.5	28.3	0.0	-47.5	-31.9	0.0
私营企业	2066.6	460.8	4.8	9.8	-74.1	2.1
私营独资	6.0	0.0	0.0	30.0	30.0	0.0
私营合伙	385.5	0.0	-8.3	19.7	19.7	0.0
私营有限责任公司	1675.1	460.8	13.1	-39.9	-123.8	2.1
港澳台商投资企业	5.4	203.0	2.6	-0.3	-0.3	0.0
港澳台商独资股份有限公司	5.4	203.0	2.6	-0.3	-0.3	0.0
外商投资企业	86.4	21.0	0.0	-17.1	-17.4	0.0
外资企业	86.4	21.0	0.0	-17.1	-17.4	0.0
2.按国民经济行业分组						
正餐服务业	3141.3	1269.5	30.0	-163.9	-180.9	4.6

项 目	劳动、失业保险费	住房公积金和住房补贴	应付工资	应付福利费	全部从业人员年平均人数(人)
总 计	**916.8**	**168.8**	**6375.8**	**775.0**	**9461.0**
一、住宿业	**801.3**	**160.5**	**5129.3**	**645.9**	**7664.0**
其中:国有及国有控股	715.6	67.9	3231.3	405.2	5390.0
1.按登记注册类型分组					
内资	798.3	160.5	5075.3	654.7	7579.0
国有	363.5	33.8	1816.3	257.7	2280.0
集体	63.5	92.6	858.2	123.1	838.0
有限责任公司	110.7	9.3	1105.5	97.9	2906.0
国有独资公司	109.7	9.3	645.7	45.9	2386.0
其他有限责任公司	1.0	0.0	459.8	52.0	520.0
股份有限公司	242.4	24.8	769.3	101.6	724.0
私营企业	18.2	0.0	526.0	74.4	831.0
私营独资	1.2	0.0	130.1	7.1	228.0
私营合伙	0.0	0.0	0.0	0.0	15.0
私营有限责任公司	3.5	0.0	287.8	52.2	458.0
私营股份有限公司	13.5	0.0	108.1	15.1	130.0
港澳台商投资企业	3.0	0.0	54.0	0.2	85.0
与港澳台商合资经营	3.0	0.0	54.0	0.2	85.0
2.按国民经济行业分组					
旅游饭店	759.0	154.2	4896.1	626.4	7260.0
一般旅馆	42.3	6.3	233.2	28.5	404.0
二、餐馆业	**115.5**	**8.3**	**1246.5**	**120.1**	**1797.0**
其中:国有及国有控股	4.9	0.0	172.5	15.8	170.0
1.按登记注册类型分组					
内资	115.5	8.3	1216.8	90.4	1561.0
国有	52.5	3.7	202.3	20.0	220.0
集体	33.9	4.6	276.2	38.6	227.0
有限责任公司	0.1	0.0	37.8	4.9	132.0
其他有限责任公司	0.1	0.0	37.8	4.9	132.0
私营企业	29.0	0.0	700.5	26.9	982.0
私营独资	0.0	0.0	56.0	0.0	70.0
私营合伙	0.0	0.0	202.0	1.0	246.0
私营有限责任公司	29.0	0.0	442.5	25.9	666.0
港澳台商投资企业	0.0	0.0	0.0	0.0	186.0
港澳台商独资股份有限公司	0.0	0.0	0.0	0.0	186.0
外商投资企业	0.0	0.0	29.7	29.7	50.0
外资企业	0.0	0.0	29.7	29.7	50.0
2.按国民经济行业分组					
正餐服务业	115.5	8.3	1246.5	120.1	1797.0

11—8 重点商品出口情况

品名	单位	出口量	出口额(万美元)
活性酵母	吨	9975	1867.1
三聚磷酸钠(五钠)	吨	85738	4713.0
化肥	吨	75076	1437.2
季戊四醇	吨	8474	877.6
棉纱	吨	4759	1262.1
绵布	米	1225.5	1107.9
服装	万美元		568.3
发动机零配件	万美元		931.7
船舶	万美元		2531.6

11—9 主要年份对外贸易进出口总值

单位:万美元

年份	进出口总值	出口金额	进口总额
1998	7232	3387	3845
1999	6684	4295	2389
2000	9813	7216	2597
2001	24018	15459	8559
2002	36713	13856	22857
2003	43640	19039	24601
2004	42473	25719	16754
2005	43968	32011	11957

11—10　主要年份利用外资情况

单位:个、万美元

年份	签订利用外资合同				实际利用	
	项目个数	投资总额	注册资本	协议外资额	外资总额	#直接利用外资
1998	39	13671	8228	6511	15060	10500
1999	16	12894	8336	6324	10068	1971
2000	36	14410	7967	7008	10195	4067
2001	33	16852	8793	6808	14635	6436
2002	47	24895	16386	14361	25533	7507
2003	40	74496	36094	30372	33445	8405
2004	43	31974	17390	13601	33602	9305
2005	28	13559	10039	13102	20161	10498

11—11　主要年份外贸出口商品结构

商品类别	外贸出口总值(万美元)					占出口总值比重%				
	2001 年	2002 年	2003 年	2004 年	2005 年	2001 年	2002 年	2003 年	2004 年	2005 年
合　计	**15459**	**13856**	**19039**	**25719**	**32011**					
粮油类	364.2	386.8	713.7	2025.8	3071.6	2.35	2.79	3.7	7.88	9.60
土产类		7.2	4.4		- -		0.05	0.02		
纺织类	2604	2505.6	2618.7	2147.7	2694	16.84	18.08	13.7	8.35	8.42
服装类	320.3	528.4	509.4	373.3	568.4	2.07	3.81	2.7	1.45	1.77
轻工类	40.3	21.8	53.8	96.9	161	0.26	0.61	0.3	0.38	0.50
五矿类	110.8	2545.1	2413.3	3451.5	3063	0.72	18.37	12.7	13.42	9.57
化工类	9206	5308.6	9486.9	9617.6	13678	59.55	38.31	49.8	37.39	42.73
医药类	382	319.3	567.5	414.4	1045	2.47	2.3	3.0	1.61	3.26
船舶类	823.1	945	867.6	2524.3	2532	5.35	6.82	4.5	9.81	7.9
机械类		1148.4	1490.9	4866.3	5004	9.7	8.29	7.8	18.92	15.6
家电类		40.7	86.2	93.0	194		0.29	0.4	0.36	0.61
光电类	57.8	99	226.7	108.2	- -	0.37	0.71	1.2	0.42	

11—12 外贸主要出口市场

单位:万美元

序号	出口国别	2005年出口额	同比%	占总额比重%
1	香港	5841	26.25	18.25
2	韩国	3629	45.63	11.34
3	美国	3108	18.76	9.71
4	荷兰	2647	4867.38	8.27
5	孟加拉国	1368	-6.52	4.27
6	印度	1341	6.95	4.19
7	日本	1283	287.53	4.00
8	沙特阿拉伯	996	0.52	3.11
9	秘鲁	905	52.49	2.83
10	菲律宾	873	12.02	2.73
11	台湾	861	44.97	2.69
12	比利时	644	329.93	2.01
13	马来西亚	590	-18.87	1.84
14	德国	553	-80.26	1.72
15	伊朗	524	160.53	1.64
16	澳大利亚	500	126.55	1.56
17	阿根廷	460	665.94	1.43
18	叙利亚*	397	107.45	1.24
19	意大利	362	-2.39	1.13
20	印度尼西亚	359	22.76	1.12

11—13　境外、国内旅游者人数

指　　　　标	2005年
入境游客人数合计(人次)	181941
港澳同胞	11600
台湾同胞	5033
外国人	165308
日本	2029
新加坡	325
韩国	4213
美国	50577
加拿大	5782
英国	33418
法国	12371
德国	30112
意大利	877
瑞士	591
澳大利亚	6272
新西兰	523
泰国	1456
过夜入境游客(人次)	28041
一日游入境游客(人次)	153900
入境游客人天数(人天)	227246
国内游客人数(万人次)	862.1
旅游总收入(亿元)	57
国内旅游收入(亿元)	53.8
旅游创汇(万美元)	3856.6

十二 科技教育

SCIENTIFIC TECHNOLOGY AND EDUCATION

12—1　十五期间实施科教兴鄂与社会发展监测基本情况

（2005 年）

指　标	计量单位	2001	2002	2003	2004	2005
科技人员投入						
从事科学技术活动人员数	万人	1.39	1.55	1.62	0.82	1.07
#科学家和工程师	人	5406	6211	6310	6467	—
R&D 人员	人	3663	4195	6870	2399	2342
科教经费投入						
科技活动经费内部支出	万元	27821	32329	37400	47470	64484
#R&D 经费内部支出	万元	7805	10494	16296	14353	23287
大中型工业企业活动经费支出	万元	30086	33239	—	30658	37293
教育经费支出	万元	95563	119659	127353	143698	154158
高新技术产业						
高新技术工业产值	万元	278053	358687	451544	618877	765078
高新技术工业增加值	万元	95435	123646	162024	198092	247613
高新技术工业产品销售收入	万元	259521	316084	434122	512669	635475
高新技术工业产品利税	万元	41793	41880	43667	66747	67102
高新技术工业产品出口交货值	万元	23729	19246	35677	45529	75997
技术创新						
专利申请数	项	—	420	520	782	802
技术市场成交金额	万元	—	9298	10651	12119	16297
人口与素质						
年末总人口数	万人	397.5	397.3	396.9	398.5	398.8
年平均人口数	万人	397.5	397.4	396.9	—	—
经济发展						
国内生产总值(现价)	亿元	410	444	491	589	608
地方财政收入	亿元	21.6	23.4	28.3	33.0	39.9
地方财政支出	亿元	31.4	39.2	45.9	52.8	47.6
农村居民家庭人均纯收入	元	2413	2475	2588	2938	3108
社会进步						
邮电业务收入	万元	56767	63806	70327	116932	140373
医院床位数	张	—	6953	7378	8015	11400
人均生活用电量	千瓦时	165	167	189	199	233
工业废水排放达标率	%	71.7	82.9	78.9	84.4	90.3
工业固体废物综合利用率	%	69.0	66.6	71.5	74.1	70.2

12—2　工业企业科技活动人员情况

（2005 年）

单位:人

指 标 名 称	科技活动人员合计	参加科技项目人员	科技管理项目人员	全时人员	1.高中级技术职称人员	2.无高中级技术职称的大学本科级以上学历人员	研究与实验发展人员
总　　计	**5996**	**3107**	**892**	**4577**	**1760**	**1325**	**1250**
一、按企业规模分组							
大型企业	2663	711	267	2389	343	480	370
中型企业	2252	1589	439	1522	920	577	686
小型企业	1081	807	186	666	497	268	194
二、按登记注册类型分组							
内资企业	5575	2776	828	4285	1590	1172	1151
国有	956	735	221	745	474	268	261
其中:大型企业	0	0	0	0	0	0	0
集体	0	0	0	0	0	0	0
股份合作	50	25	25	25	12	13	0
国有联营	0	0	0	0	0	0	0
其中:大型企业	0	0	0	0	0	0	0
集体联营	0	0	0	0	0	0	0
国有与集体联营	0	0	0	0	0	0	0
其他联营	0	0	0	0	0	0	0
国有独资公司	589	353	204	417	64	330	0
其中:大型企业	521	321	200	392	51	315	0
其他有限责任公司	944	566	166	575	448	134	161
股份有限公司	2686	807	159	2343	404	357	710
私营独资	0	0	0	0	0	0	0
私营合伙	0	0	0	0	0	0	0
私营有限责任公司	350	290	53	180	188	70	19
私营股份有限公司	0	0	0	0	0	0	0
其他内资	0	0	0	0	0	0	0
港澳台商投资	301	236	40	224	101	130	99
其中:大型企业	0	0	0	0	0	0	0
与港澳台商合资经营	283	224	34	211	89	130	93
与港澳台商合作经营	0	0	0	0	0	0	0
港澳台商独资	18	12	6	13	12	0	6
港澳台商投资股份有限公司	0	0	0	0	0	0	0
外商投资	120	95	24	68	69	23	0
其中:大型企业	0	0	0	0	0	0	0
中外合作经营	0	0	0	0	0	0	0
中外合资经营	76	61	14	43	49	15	0

指 标 名 称	科技活动人员合计	参加科技项目人员	科技管理项目人员	全时人员	1.高中级技术职称人员	2.无高中级技术职称的大学本科级以上学历人员	研究与实验发展人员
外商独资	44	34	10	25	20	8	0
外商投资股份有限公司	0	0	0	0	0	0	0
其他	0	0	0	0	0	0	0
三、按工业行业大类分组							
农业	0	0	0	0	0	0	0
林业	0	0	0	0	0	0	0
畜牧业	0	0	0	0	0	0	0
渔业	0	0	0	0	0	0	0
农、林、牧、渔服务业	0	0	0	0	0	0	0
煤炭开采和洗选业	0	0	0	0	0	0	0
石油和天然气开采业	0	0	0	0	0	0	0
黑色金属矿采选业	4	3	1	1	3	1	0
有色金属矿采选业	0	0	0	0	0	0	0
非金属矿采选业	15	7	8	10	2	2	8
其他采选业	0	0	0	0	0	0	0
农副产品加工业	74	65	9	44	20	32	0
食品制造业	205	162	43	195	32	153	155
饮料制造业	12	8	4	0	4	0	0
烟草加工业	33	16	17	21	30	3	0
纺织业	18	0	0	18	2	16	0
纺织服装、鞋、帽制造业	0	0	0	0	0	0	0
皮革、毛皮、羽绒及其制品业	0	0	0	0	0	0	0
木材加工及竹、藤、棕、草制品业	6	5	1	1	2	0	0
家具制造业	0	0	0	0	0	0	0
造纸及纸制品业	55	32	13	34	10	16	0
印刷业、记录媒介的复制	34	31	3	16	18	6	0
文教体育用品制造业	0	0	0	0	0	0	0
石油加工、炼焦及核燃料加工业	0	0	0	0	0	0	0
化学原料及化学制品制造业	2593	618	290	2427	227	502	323
医药制造业	275	202	30	184	128	93	78
化学纤维制造业	59	44	15	16	22	15	17
橡胶制品业	146	100	23	80	73	8	0
塑料制品业	47	27	4	31	31	11	0
非金属矿物制品业	337	289	48	116	90	34	150
黑色金属冶炼及压延加工业	0	0	0	0	0	0	0

指　标　名　称	科技活动人员合计	参加科技项目人员	科技管理项目人员	全时人员	1. 高中级技术职称人员	2. 无高中级技术职称的大学本科级以上学历人员	研究与实验发展人员
有色金属冶炼及压延加工业	108	78	20	79	26	50	72
金属制品厂	86	42	44	35	33	5	0
通用设备制造业	893	611	122	686	451	129	190
专用设备制造业	174	129	25	120	118	27	76
交通运输设备制造业	300	210	90	180	83	152	0
电气机械及器材制造业	269	208	49	216	170	31	56
通信设备、计算机及其他电子设备	45	40	5	29	15	23	7
仪器仪表及文化办公用机械制造业	53	33	20	28	15	16	21
工艺品及其他制造业	0	0	0	0	0	0	0
电力、热力的生产和供应业	155	147	8	10	155	0	97
燃气生产和供应业	0	0	0	0	0	0	0
水的生产和供应业	0	0	0	0	0	0	0
其他行业	0	0	0	0	0	0	0
四、按隶属关系分组							
中央属	1067	796	270	792	522	286	261
省(直辖市)属	58	50	8	10	58	0	0
地区属	997	567	261	744	167	487	215
县属	2777	847	143	2461	415	354	498
五、按地区分组							
宜都市	549	506	15	514	251	210	200
枝江市	123	102	21	96	68	24	123
当阳市	664	517	147	324	206	184	146
远安县	6	5	1	1	2	0	0
兴山县	1995	251	59	1987	139	171	281
秭归县	54	46	8	35	15	22	7
长阳自治县	28	22	6	2	11	1	0
五峰自治县	0	0	0	0	0	0	0
夷陵区	150	105	45	95	54	47	20
西陵区	519	385	115	232	359	80	140
伍家岗区	426	356	70	334	189	164	210
点军区	160	74	74	125	94	14	57
猇亭区	604	346	215	423	62	319	0
宜昌开发区	718	392	116	409	310	89	66

12—3 工业企业科技活动经费支出情况

(2005年)

单位:万元

指标名称	科技活动经费支出总额	内部支出合计	劳务费	原材料费	购买和自制设备支出	其他
总计	**45565.5**	**42024**	**7477.9**	**14193.2**	**15437.8**	**4915.1**
一、按企业规模分组						
大型企业	18221.1	15923.3	1738.4	7013.2	6815.7	356
中型企业	20418.2	19612.7	4242.1	5259.8	6514.2	3596.6
小型企业	6926.2	6488	1497.4	1920.2	2107.9	962.5
二、按登记注册类型分组						
内资企业	39495.5	36592.2	6473.6	12789.4	13727.8	3601.4
国有	3173.3	3088.3	1982	466.3	473	167
其中:大型企业	0	0	0	0	0	0
集体	0	0	0	0	0	0
股份合作	472.3	448.3	22.5	14.6	0	411.2
国有联营	0	0	0	0	0	0
其中:大型企业	0	0	0	0	0	0
集体联营	0	0	0	0	0	0
国有与集体联营	0	0	0	0	0	0
其他联营	0	0	0	0	0	0
国有独资公司	9015.4	8915.4	138.7	2248	6528.7	0
其中:大型企业	8800	8700	40	2160	6500	0
其他有限责任公司	6828.3	5922.2	1392.4	1483	2342.3	704.5
股份有限公司	18696.9	16944.6	2655.8	8210.5	3861.1	2217.2
私营独资	0	0	0	0	0	0
私营合伙	0	0	0	0	0	0
私营有限责任公司	1309.3	1273.4	282.2	367	522.7	101.5
私营股份有限公司	0	0	0	0	0	0
其他内资	0	0	0	0	0	0
港澳台商投资	4983.5	4345.3	589.9	1261.3	1404.6	1089.5
其中:大型企业	0	0	0	0	0	0
与港澳台商合资经营	4740.7	4102.5	410.9	1197.5	1404.6	1089.5
与港澳台商合作经营	0	0	0	0	0	0
港澳台商独资	242.8	242.8	179	63.8	0	0
港澳台商投资股份有限公司	0	0	0	0		0
外商投资	1086.5	1086.5	414.4	142.5	305.4	224.2
其中:大型企业	0	0	0	0	0	0
中外合作经营	0	0	0	0	0	0
中外合资经营	723.3	723.3	335.8	63.1	216.4	108

指 标 名 称	科技活动经费支出总额	内部支出合计	劳务费	原材料费	购买和自制设备支出	其他
外商独资	363.2	363.2	78.6	79.4	89	116.2
外商投资股份有限公司	0	0	0	0	0	0
其他	0	0	0	0	0	0
三、按工业行业大类分组						
农业	0	0	0	0	0	0
林业	0	0	0	0	0	0
畜牧业	0	0	0	0	0	0
渔业	0	0	0	0	0	0
农、林、牧、渔服务业	0	0	0	0	0	0
煤炭开采和洗选业	0	0	0	0	0	0
石油和天然气开采业	0	0	0	0	0	0
黑色金属矿采选业	100	100	10	10	80	0
有色金属矿采选业	0	0	0	0	0	0
非金属矿采选业	40	35	5	20	10	0
其他采选业	0	0	0	0	0	0
农副产品加工业	395	395	158	86.5	105.5	45
食品制造业	7005.6	6942.3	578.2	2812.4	2062.6	1489.1
饮料制造业	13	13	6	2	2	3
烟草加工业	521.5	521.5	47	170.5	126	178
纺织业	135	135	38	8	89	0
纺织服装、鞋、帽制造业	0	0	0	0	0	0
皮革、毛皮、羽绒及其制品业	0	0	0	0	0	0
木材加工及竹、藤、棕、草制品业	16.8	16.8	6.8	10	0	0
家具制造业	0	0	0	0	0	0
造纸及纸制品业	849.8	847.8	61.5	179.3	604.3	2.7
印刷业、记录媒介的复制	124.5	124.5	94.5	0	30	0
文教体育用品制造业	0	0	0	0	0	0
石油加工、炼焦及核燃料加工业	0	0	0	0	0	0
化学原料及化学制品制造业	17361.4	16104.4	1008.7	7439.5	7180.7	475.5
医药制造业	2776.5	2028.3	563.7	712.9	498.9	252.8
化学纤维制造业	1000	990	79.5	635.2	98.3	177
橡胶制品业	723.6	723.6	213.5	140.9	201.4	167.8
塑料制品业	470	470	262	73	63	72
非金属矿物制品业	2174.3	2140.4	359.3	152.2	1369.4	259.5
黑色金属冶炼及压延加工业	0	0	0	0	0	0

12—3 续表2 单位:万元

指标名称	科技活动经费支出总额	内部支出合计	劳务费	原材料费	购买和自制设备支出	其他
有色金属冶炼及压延加工业	2529.5	2529.5	274.3	214.7	1133.8	906.7
金属制品厂	725.5	725.5	192.5	285.3	162.4	85.3
通用设备制造业	2902.6	2817.6	1479.8	614.9	561.3	161.6
专用设备制造业	666	652.4	237.2	277.2	25.4	112.6
交通运输设备制造业	925.9	925.9	594	0	331.9	0
电气机械及器材制造业	1462.7	1200	180.2	168.1	425.7	426
通信设备、计算机及其他电子设备	363.5	363.5	61.3	26	268.6	7.6
仪器仪表及文化办公用机械制造业	393.5	393.5	139.7	154.6	6.3	92.9
工艺品及其他制造业	0	0	0	0	0	0
电力、热力的生产和供应业	1889.3	828.5	827.2	0	1.3	0
燃气生产和供应业	0	0	0	0	0	0
水的生产和供应业	0	0	0	0	0	0
其他行业	0	0	0	0	0	0
四、按隶属关系分组						
中央属	3993.8	3908.8	2214.4	759.3	647	288.1
省(直辖市)属	542.8	4	2.7	0	1.3	0
地区属	16902.9	16619.6	907.1	5131.3	9019.1	1562.1
县属	15592.7	13747.5	1978.4	6028.2	4021.8	1719.1
五、按地区分组						
宜都市	4648.7	4020.5	965.9	732.5	1354.5	967.6
枝江市	892.8	892.8	125.9	522.8	118.3	125.8
当阳市	3885.2	3855.2	1041.2	395.6	1930.8	487.6
远安县	16.8	16.8	6.8	10	0	0
兴山县	7546.8	6409.8	884.2	4855.2	314.4	356
秭归县	1131.1	1131.1	75.6	179.4	831.1	45
长阳自治县	163	163	26	27	107	3
五峰自治县	0	0	0	0	0	0
夷陵区	1141.9	1086	239.7	230.1	430.5	185.7
西陵区	3915.5	2830.7	1688.7	411.2	188.4	542.4
伍家岗区	8566.6	8304.6	694.2	3453.6	2463.5	1693.3
点军区	763.1	673.1	297.8	218.5	143.8	13
猇亭区	9048.4	8948.4	150.7	2264.7	6526.3	6.7
宜昌开发区	3845.6	3692	1281.2	892.6	1029.2	489

12—3 续表3 单位:万元

指标名称	其中:研究与实验发展经费支出	其中:新产品开发经费支出	委托外单位开展科技活动经费支出		
				对研究院所及高等学校的支出	对其他企业支出
总计	**17129.9**	**14720.1**	**3541.5**	**3162**	**376**
一、按企业规模分组					
大型企业	7049.3	5350	2297.8	1981	317
中型企业	8637.6	6731	805.5	791	15
小型企业	1443	2639.1	438.2	390	45
二、按登记注册类型分组					
内资企业	16008.3	12372.1	2903.3	2539	362
国有	559.8	1929.2	85	85	0
其中:大型企业	0	0	0	0	0
集体	0	0	0	0	0
股份合作	0	100	24	20	4
国有联营	0	0	0	0	0
其中:大型企业	0	0	0	0	0
集体联营	0	0	0	0	0
国有与集体联营	0	0	0	0	0
其他联营	0	0	0	0	0
国有独资公司	0	5400	100	100	0
其中:大型企业	0	5350	100	100	0
其他有限责任公司	1081.3	3140.4	906.1	818	85
股份有限公司	14359.2	998.1	1752.3	1486	267
私营独资	0	0	0	0	0
私营合伙	0	0	0	0	0
私营有限责任公司	8	804.4	35.9	30	6
私营股份有限公司	0	0	0	0	0
其他内资	0	0	0	0	0
港澳台商投资	1121.6	1814.6	638.2	624	15
其中:大型企业	0	0	0	0	0
与港澳台商合资经营	971.6	1764.6	638.2	624	15
与港澳台商合作经营	0	0	0	0	0
港澳台商独资	150	50	0	0	0
港澳台商投资股份有限公司	0	0	0	0	0
外商投资	0	533.4	0	0	0
其中:大型企业	0	0	0	0	0
中外合作经营	0	0	0	0	0
中外合资经营	0	320	0	0	0

12—3　续表4

单位:万元

指标名称	其中:研究与实验发展经费支出	其中:新产品开发经费支出	委托外单位开展科技活动经费支出	对研究院所及高等学校的支出	对其他企业支出
外商独资	0	213.4	0	0	0
外商投资股份有限公司	0	0	0	0	0
其他	0	0	0	0	0
三、按工业行业大类分组					
农业	0	0	0	0	0
林业	0	0	0	0	0
畜牧业	0	0	0	0	0
渔业	0	0	0	0	0
农、林、牧、渔服务业	0	0	0	0	0
煤炭开采和洗选业	0	0	0	0	0
石油和天然气开采业	0	0	0	0	0
黑色金属矿采选业	0	0	0	0	0
有色金属矿采选业	0	0	0	0	0
非金属矿采选业	30	5	5	2	0
其他采选业	0	0	0	0	0
农副产品加工业	0	395	0	0	0
食品制造业	6012.9	694.4	63.3	63	0
饮料制造业	0	13	0	0	0
烟草加工业	0	0	0	0	0
纺织业	0	0	0	0	0
纺织服装、鞋、帽制造业	0	0	0	0	0
皮革、毛皮、羽绒及其制品业	0	0	0	0	0
木材加工及竹、藤、棕、草制品业	0	0	0	0	0
家具制造业	0	0	0	0	0
造纸及纸制品业	0	42.5	2	0	2
印刷业、记录媒介的复制	0	20	0	0	0
文教体育用品制造业	0	0	0	0	0
石油加工、炼焦及核燃料加工业	0	0	0	0	0
化学原料及化学制品制造业	7134.4	5428	1257	1106	151
医药制造业	513.8	1150.2	748.2	734	15
化学纤维制造业	15.2	990	10	10	0
橡胶制品业	0	723.6	0	0	0
塑料制品业	0	465	0	0	0
非金属矿物制品业	682	221.4	33.9	30	4
黑色金属冶炼及压延加工业	0	0	0	0	0

单位:万元

指　标　名　称	其中:研究与实验发展经费支出	其中:新产品开发经费支出	委托外单位开展科技活动经费支出	对研究院所及高等学校的支出	对其他企业支出
有色金属冶炼及压延加工业	1029.6	80.6	0	0	0
金属制品厂	0	723	0	0	0
通用设备制造业	394	1987.3	85	85	0
专用设备制造业	293.8	351.6	13.6	14	0
交通运输设备制造业	0	404	0	0	0
电气机械及器材制造业	83.3	605.1	262.7	224	39
通信设备、计算机及其他电子设备	231.8	82.4	0	0	0
仪器仪表及文化办公用机械制造业	54.6	338	0	0	0
工艺品及其他制造业	0	0	0	0	0
电力、热力的生产和供应业	654.5	0	1060.8	895	166
燃气生产和供应业	0	0	0	0	0
水的生产和供应业	0	0	0	0	0
其他行业	0	0	0	0	0
四、按隶属关系分组					
中央属	559.8	2702.2	85	85	0
省(直辖市)属	0	0	538.8	489	50
地区属	6428.9	6734.4	283.3	283	0
县属	8357.8	1333.1	1845.2	1645	200
五、按地区分组					
宜都市	1154.4	1359.6	628.2	614	15
枝江市	892.8	0	0	0	0
当阳市	843.8	634	30	30	0
远安县	0	0	0	0	0
兴山县	6396.8	0	1137	986	151
秭归县	231.8	150	0	0	0
长阳自治县	0	63	0	0	0
五峰自治县	0	0	0	0	0
夷陵区	53	520.9	55.9	15	41
西陵区	791.3	1222.5	1084.8	915	170
伍家岗区	6025.2	2137.2	262	262	0
点军区	291.2	258.5	90	87	0
猇亭区	0	5377	100	100	0
宜昌开发区	449.6	2997.4	153.6	154	0

12—4　各级各类学校基本情况

（2005 年）

单位:所、个、人

	学校所数	招生学生数	毕业生数	在校学生数	毕业班学生数	教职工数		教职工分办别情况		
						总数	专任教师	政府办	部门办	社会力量办
总　计	1166	18795	186124	626664	156014	42921	33958	35986	4000	2935
一、普通教育	1155	179766	175420	603794	150285	42155	33546	35730	3490	2935
1、三峡大学	1	6100	5301	24443	7026	3348	1553	3348		
另:三峡大学科技学院	1	1942	549	5291	997	278	240	378		
另:三峡电力职业学校	1			4186		324	180		324	
2、三峡职业技术学校(高教部分)	1	3145	500	6421	1292	600	395	600		
3、中职学校	26	23050	11764	55792	15604	2739	2057	1420	1227	92
4、普通中学	222	75137	92009	235991	82064	17564	14722	16418	720	426
其中:初中	177	47092	66170	152021	55168		9965			
高(完中)	45	28045	25839	83970	26896		4757			
5、小学	559	29249	46858	215377	43302	13317	12124	12703	493	121
6、特教学校	10	114	121	1213		138	108	138		
7、幼儿园	336	41029	18318	59266		4171	2346	825	1050	2296
二、成人高校	2	4602	5005	10921	729	256	136	256		
其中:三峡大学		3736	4245	8769	20					
电大	1	399	527	1379	403	158	70	158		
教育学院	1	467	233	773	306	98	66	98		
三、技校	9	5427	5699	11949	5000	510	276		510	

12—5　分县市区小学基本情况

（2005 年）

单位:所、个、人

	学校数	教学点数	班数	毕业生数	招生数	毕业班学生数	在校生数	女生数	教职工	专任教师	女教师数
合计	559	31	5083	46858	29249	43302	215377	104284	13317	12124	6225
市本级	11		228	1526	1734	1761	10475	5019	531	477	377
西陵区	13		288	2737	2376	2768	15009	6977	792	732	563
伍家岗区	15		230	1912	1663	1851	10406	4906	624	553	426
点区军	12		149	1272	637	1216	5210	2564	443	404	194
猇亭区	8		75	628	397	584	3037	1477	191	173	120
夷陵区	62	8	645	6653	3577	6179	28471	13835	1868	1707	732
远安县	28		253	2334	1442	2064	10414	5071	628	572	330
兴山县	36		210	1833	1287	1659	8956	4375	640	551	332
秭归县	64	6	512	4369	2611	3777	19274	9473	1618	1464	456
长阳县	89	11	574	4416	3252	4704	23679	11486	1195	1099	448
五峰县	54	5	327	2209	1386	2036	10993	5353	746	641	308
宜都市	60	1	472	4747	2347	3974	18880	9221	1050	985	518
当阳市	45		516	5716	3163	5217	24988	12080	1377	1277	665
枝江市	62		604	6506	3377	5512	25585	12447	1614	1489	756

12—6 分县市区小学教职工数

(2005年)　　单位:人

	教职工总数		分办别教职工数						行政人员	其他人员	代课教师	兼任教师
	合计	其中:专任教师	教育部门办		社会力量办		其它部门办					
			计	其中教师	计	其中教师	计	其中教师				
合计	13317	12124	12703	11579	121	102	496	443	465	728	364	2
市本级	531	477	76	70			455	407	22	32	114	
西陵区	792	732	763	709	29	23			31	29	13	
伍家岗区	624	553	586	527	38	26			37	34	2	
点区军	443	404	416	377	27	27			11	28		
猇亭区	191	173	191	173					8	10		
夷陵区	1868	1707	1844	1685			24	22	86	75	4	
远安县	628	572	628	572					4	52		
兴山县	640	551	640	551					29	60	2	
秭归县	1618	1464	1618	1464					72	82		
长阳县	1195	1099	1195	1099					22	74	117	
五峰县	746	641	746	641					18	87	109	
宜都市	1050	985	1036	971			14	14	21	44		
当阳市	1377	1277	1377	1277					28	72	1	2
枝江市	1614	1489	1587	1463	27	26			76	49	2	

12—7 分县市区普通中学基本情况

(2005年)　　单位:人

	学校数		班数		毕业生数		招生数		在校学生数								
	合计	初中	初中	高中	初中	高中	初中	高中	合计	初中	初一	初二	初三	高中	高一	高二	高三
合计	222	177	2755	1295	66170	25839	47092	28045	235991	152021	47183	49670	55168	83970	28120	28954	26896
市本级	27	15	340	286	5901	5005	5903	5702	33275	16878	5905	5484	5489	16397	5718	5352	5327
西陵区	4	2	27	4	330		409	115	1199	1084	409	312	363	115	115		
伍家岗区	3	1	35	16	442		387	373	1881	1209	387	411	411	672	373	173	126
点区军	6	6	83		1588		1306		4125	4125	1306	1433	1386				
猇亭区	2	1	31	21	806	305	607	484	3228	1963	613	626	724	1265	485	416	364
夷陵区	28	24	345	178	10416	3048	6555	4213	33086	21087	6558	6574	7955	11999	4226	4425	3348
远安县	11	10	126	42	2643	727	2317	820	9477	6826	2328	2196	2302	2651	820	916	915
兴山县	11	10	133	37	3453	951	1796	863	9925	7266	1823	2339	3104	2659	863	861	935
秭归县	18	16	274	89	7349	1649	4350	2025	20802	14714	4370	4634	5710	6088	2045	2175	1868
长阳县	21	18	260	71	6067	2253	4369	1313	18512	14021	4379	5105	4537	4491	1320	1683	1488
五峰县	15	13	144	53	3214	974	2147	1106	11181	7633	2149	2453	3031	3548	1114	1120	1314
宜都市	21	17	279	121	7495	2119	4783	2796	23926	15887	4791	4947	6149	8039	2806	2669	2564
当阳市	28	22	326	201	8315	4948	5714	4081	33464	18708	5716	6228	6764	14756	4081	5277	5398
枝江市	27	22	352	176	8151	3860	6449	4154	31910	20620	6449	6928	7243	11290	4154	3887	3249

12—8　分县市区普通中学教职工

(2005 年)

单位:人

	教职工总数				分办别教职工数						行政人员	其他人员	代课教师	兼任教师
	合计	其中:专任教师			教育部门办		社会力量办		其它部门办					
		计	初中	高中	计	教师	计	教师	计	教师				
合计	17564	14722	9965	4757	16418	13900	426	267	720	555	753	2089	295	19
市本级	2633	2129	1078	1051	1944	1596			689	533	196	308	88	17
西陵区	157	101	84	17	42	34	115	67			9	47		2
伍家岗区	303	179	123	56	91	67	212	112			21	103		
点区军	357	309	309		313	275	44	34			10	38		
猇亭区	233	212	130	82	233	212					2	19		
夷陵区	2368	2031	1390	641	2347	2013			21	18	120	217	3	
远安县	674	591	433	158	674	591					9	74		
兴山县	761	660	512	148	761	660					17	84		
秭归县	1809	1483	1174	309	1809	1483					116	210		
长阳县	1374	1160	896	291	1374	1160					50	164	44	
五峰县	775	625	459	166	775	625					32	118	123	
宜都市	1633	1396	939	457	1623	1392			10	4	57	180		
当阳市	2233	1897	1117	780	2233	1897					69	267	10	
枝江市	2254	1949	1348	601	2199	1895	55	54			45	260	27	

12—9　分县市区小学学龄儿童入学率

(2005 年)

单位:人

	本学年小学学龄儿童入学率											
	总计			其中:城市			其中:县镇			其中:农村		
	学龄儿童数	已入学人数	入学率(%)	学龄儿童数	已入学人数	入学率(%)	学龄儿童数	已入学人数	入学率(%)	学龄儿童数	已入学人数	入学率(%)
合计	199520	199520	100.00	37055	37055	100.0	34253	34253	100.00	128212	128212	100.00
市本级	9887	9887	100.00	9887	9887	100.0						
西陵区	14255	14255	100.00	13581	13581	100.0	674	674	100.00			
伍家岗区	9810	9810	100.00	8838	8838	100.0	972	972	100.00			
点区军	4915	4915	100.00	1288	1288	100.0	1260	1260	100.00	2367	2367	100.00
猇亭区	2946	2946	100.00	1310	1310	100.0	1636	1636	100.00			
夷陵区	27320	27320	100.00	2151	2151	100.0	4154	4154	100.00	21015	21015	100.00
远安县	10140	10140	100.00				3253	3253	100.00	6887	6887	100.00
兴山县	7503	7503	100.00				2457	2457	100.00	5046	5046	100.00
秭归县	16663	16663	100.00				2003	2003	100.00	14660	14660	100.00
长阳县	21433	21433	100.00				3733	3733	100.00	17700	17700	100.00
五峰县	9793	9793	100.00				1065	1065	100.00	8728	8728	100.00
宜都市	16427	16427	100.00				1513	1513	100.00	14914	14914	100.00
当阳市	23713	23713	100.00				5161	5161	100.00	18552	18552	100.00
枝江市	24715	24715	100.00				6372	6372	100.00	18343	18343	100.00

12—10　分县市区初中学龄少年入学率

(2005 年)

单位:人

	本学年初中学龄儿童入学率											
	总计			其中:城市			其中:县镇			其中:农村		
	学龄儿童数	已入学人数	入学率(%)	学龄儿童数	已入学人数	入学率(%)	学龄儿童数	已入学人数	入学率(%)	学龄儿童数	已入学人数	入学率(%)
合计	127805	127086	99.4	19913	19913	100.0	20626	20626	100.0	87266	86551	99.2
市本级	14744	14744	100.0	14744	14744	100.0						
西陵区	864	864	100.0	449	449	100.0	415	415	100.0			
伍家岗区	971	971	100.0	476	476	100.0	495	495	100.0			
点区军	3753	3742	99.7	1114	1114	100.0	1421	1417	99.7	1218	1211	99.4
猇亭区	1705	1705	100.0	1705	1705	100.0						
夷陵区	19003	18965	99.8	1425	1425	100.0	2213	2213	100.0	15365	15327	99.8
远安县	6353	6305	99.2				1843	1843	100.0	4510	4462	98.9
兴山县	5787	5733	99.1				1565	1565	100.0	4222	4168	98.7
秭归县	11201	10987	98.1				754	754	100.0	10447	10233	98.0
长阳县	11724	11519	98.3				4428	4428	100.0	7296	7091	97.2
五峰县	5867	5754	98.1				282	282	100.0	5585	5472	98.0
宜都市	12684	12661	99.8				847	847	100.0	11837	11814	99.8
当阳市	15927	15914	99.9				2981	2981	100.0	12946	12933	99.9
枝江市	17222	17222	100.0				3382	3382	100.0	13840	13840	100.0

12—11　分县市区中小学休学、退学、开除、死亡情况

(2005 年)

单位:人

	小　学						普　通　初　中						普　通　高　中					
	小学年初在校学生数	上学年内学生变动				所占比例(%)	小学年初在校学生数	上学年内学生变动				所占比例(%)	小学年初在校学生数	上学年内学生变动				所占比例(%)
		小计	休学	退学	死亡			小计	休学	退学	死亡			小计	休学	退学	死亡	
合计	232686	839	792		47	0.36	172493	1269	964	267	38	0.74	84148	1067	261	801	5	1.27
市本级	10346					0.00	17234	29	27		2	0.17	15873	93	51	41	1	0.59
西陵区	14967	2			2	0.01	901					0.00						
伍家岗区	10428	4	2		2	0.04	1145	4	3		1	0.35	273					
点区军	5820	11	11			0.19	4391	23	12	9	2	0.52						
猇亭区	3161	7	6		1	0.22	2171	22	22			1.01	1097	6	1	5		0.55
夷陵区	31511	128	114		14	0.41	25044	150	141	4	5	0.60	10917	186	36	150		1.70
远安县	11322	66	61		5	0.58	7199	49	43	4	2	0.68	2581	35	12	22	1	1.36
兴山县	9585	110	107		3	1.15	9081	150	90	55	5	1.65	2796	44		44		1.57
秭归县	21150	128	126		2	0.61	17833	126	109	17		0.71	5865	135	6	129		2.30
长阳县	24953	117	114		3	0.47	15868	134	80	50	4	0.84	7361	127	18	109		1.73
五峰县	11890	103	100		3	0.87	8894	148	70	75	3	1.66	3332	105	8	96	1	3.15
宜都市	21486	44	43		1	0.20	18737	219	189	28	2	1.17	7427	98	39	59		1.32
当阳市	27248	58	49		9	0.21	21430	63	45	13	5	0.29	15521	153	31	121	1	0.99
枝江市	28819	61	59		2	0.21	22565	152	133	12	7	0.67	11105	85	59	25	1	0.77

12—12 中等职业学校机构数

(2005 年) 单位:所

	计	中央部门	地方部门			民办
			计	教育部门	非教育部门	
中等职业学校	26		23	11	12	3
其中:调整后中等职业学校	13		11	9	2	2
中等技术学校	10		9		9	1
中等师范学校						
成人中等专业学校	1		1		1	
职业高中学校	2		2	2		
其他机构(教学点)	9		6	6		3

12—13 中等职业学校学生及教职工情况

(2005 年) 单位:人

	计			中职全日制学生			教职工数							聘请校外教师
								其中:专任教师						
	毕业生数	招生数	在校学生数	毕业生数	招生数	在校学生数	计	计	正高级	副高级	中级	初级	无职称	
总 计	11764	23050	55792	11764	23050	55792	2739	2057	14	388	902	561	192	209
其中:女	6280	11404	27981	6280	11404	27981	1070	826	6	413	340	227	110	79
分办学类型:调整后中等职业学校	3498	9991	24891	3498	9991	24891	1348	1073	3	108	495	330	137	62
普勇中专学校	4392	7364	18285	4392	7364	18285	1070	699	10	248	262	131	48	122
成人中专学校	25			25			699							
职业高中学校	1160	2028	5350	1160	2028	5350		267	1	32	140	89	5	4
其他机构	2689	3667	7266	2689	3667	7266	267	18			5	11	2	21
分举办者:1. 中央部门							18							
2. 地方部门	11714	22331	54066	11714	22331	54066	2000	2000	11	384	880	553	172	191
教育部门	6869	14277	33952	6869	14277	33952	1185	1185	1	121	566	383	114	69
非教育部门	4845	8054	20114	4845	8054	20114	815	815	10	263	314	170	58	122
3. 民办	50	719	1726	50	719	1726	57	57	3	4	22	8	20	18

12—14 幼儿园基本情况

(2005年)

单位：人

	园数	班数(个)		入园人数		在园幼儿数		教职工数				占地面积	建筑面积
		合计	其中：学前班	合计	其中：女	合计	其中：女	计	其中				
									园长	教师	保健员		
合计	336	1926	603	41029	18568	59266	27621	4171	434	2346	463	547166	313968
市本级	27	255	9	3183	1414	8330	3935	885	59	527	41	83493	58326
西陵区	20	67	8	1033	482	1518	743	174	23	101	22	15255	7959
伍家岗区	25	124	8	2149	1001	3724	1683	422	43	236	38	39247	25768
点区军	7	53	27	1042	493	1405	687	65	10	31	15	6965	3260
猇亭区	12	52	11	1292	508	1292	508	92	13	52	11	18875	8566
夷陵区	56	270	71	4473	1704	8393	3914	564	64	308	75	77596	46933
远安县	21	105	43	2305	1121	3153	1495	175	25	85	29	28538	17124
兴山县	9	48	21	1382	673	1795	869	77	3	56	3	9229	8472
秭归县	9	113	67	2580	1268	3135	1540	131	10	72	16	13399	10005
长阳县	23	152	70	3191	1430	4368	1998	199	25	106	24	14857	12454
五峰县	6	58	40	1413	577	1669	709	84	7	51	4	5863	3604
宜都市	24	146	70	4472	2083	5289	2456	195	28	109	27	31581	17992
当阳市	41	226	75	6028	2827	7688	3566	504	57	287	60	87652	41701
枝江市	56	257	83	6486	2987	7507	3518	604	67	325	98	114616	51804

12—15 特殊教育基本情况

(2005年)

单位：个、人、平方米

	学校数	班数	毕业生数	招生数	在校学生数	教职工数	专任教师	占地面积	建筑面积
合计	10	63	121	114	1213	138	109	41202	14787
市本级	1	13	24	21	139	29	24	2318	2261
西陵区				5	51				
伍家岗区			1	2	36				
点区军				1	4				
猇亭区			3	5	26				
夷陵区	1	9	22	14	206	18	16	3698	1470
远安县	1	5	21	10	202	7	6	1021	428
兴山县	1	6	3	5	50	13	11	3600	979
秭归县	1	2	14	12	91	4	2	705	485
长阳县	1	5		12	80	11	9	2300	705
五峰县	1	3		7	62	8	7	2683	1196
宜都市	1	7	16	9	139	18	15	8007	3316
当阳市	1	5	14		64	15	10	7198	2780
枝江市	1	8	3	11	63	15	9	9672	1167

12—16　普通高考录取情况汇总表

（2005 年）

县市	报名总数	普能报名	高职报名	录取总数	录取率	提前批本科	提前批专科	第一批	第二批	第三批（一）	第三批（二）	高职高专（一）	高职高专（二）	申职生（本科）	申职生（本科）	备注
合计	30823	28492	2331	23548	76.40%	1284	669	2459	3680	2361	724	2771	7942	310	1348	
城区	6398	5478	920	4697	73.41%	380	184	519	548	536	150	336	1527	0	507	
夷陵区	3731	3444	287	2817	75.53%	88	71	283	436	283	88	346	996	84	143	
宜都市	2658	2473	185	2213	83.26%	164	53	199	385	255	64	288	629	30	146	
枝江市	4164	4041	123	3262	78.34%	175	120	317	509	412	106	369	1150	20	84	
当阳市	5036	4936	100	3869	76.93%	193	124	571	642	385	118	425	1329	20	62	
远安县	1172	1031	141	962	82.08%	15	4	62	161	90	27	164	308	54	77	
兴山县	1214	1061	153	718	59.14%	16	10	16	63	72	22	105	343	3	68	
秭归县	2703	2372	331	2017	74.62%	164	49	150	333	169	70	228	564	87	203	
长阳县	2543	2452	91	2122	82.64%	69	24	285	468	122	60	386	643	21	58	
五峰县	1204	1204	0	865	71.84%	10	30	57	135	37	19	124	453	0	0	

12—17　普通中专招生录取统计表

（2005 年）

学校名称	录取人数	城区	夷陵	宜都	枝江	当阳	远安	兴山	秭归	长阳	五峰	外地		备注
												小计	外省	
湖北三峡职业技术学院	1546	490	189	109	183	112	33	105	23	94	67	141	22	
宜昌市电大	135	19	6	1	20	11	5	1	9	8	11	44		
宜昌城建学校	678	154	140	15	52	40	13	63	31	48	28	94	94	
宜昌体校	76	29	1	5	3	10	1		9	5	1	12	4	
宜昌机电工程学校	2428	187	363	159	457	392	66	187	83	196	177	161	124	
三峡科技学校	1008	39	354	31	68	45	9	96	7	231	66	62	62	
宜昌水电学校	1211	59	475	104	48	96	38	86	77	107	45	76	15	
宜昌市卫校	861	351	108	59	68	41	14	30	37	29	24	97	97	
当阳卫校	137	2	6		3	88	6	15	2	10	3	2		
宜昌市艺术学校	55	16	5	4	1	7		4	3	7	5	3		
葛水校（葛旅游）	475	236	72	26	30	18	7	21	6	41	10			
小　计	8610	1585	1727	513	933	860	192	608	267	776	437	692	418	
部省及外地数	310	57	34	59	38	27	6	11	5	45	28			
合　计	8920	1642	1761	572	971	887	198	619	272	821	465	692	418	

十三 社会事业

SOCIAL CAUSES

13—1 主要年份城市建设主要指标

（2005 年）

	计量单位	2001 年		2002 年	
		全市	市区	全市	市区
城市供水					
综合生产	万立方米/日	140.84	92.7	142.23	90.8
供水总量	万立方米	21509	14094	20357	12194
人均日生活用水量	升	261.68	384.35	212.09	258.45
用水普及率	%	114.2	100	113.11	100
城市公共交通					
公共汽车营运车辆	辆	2795	1960	3187	2128
公共汽车营运线路网长度	公里	1303	23	990	354
公共汽车客运总量	万人次	16132	13713	16197	13593
轮渡营运艘数	艘	20	20	15	15
轮渡营运总量	万人	505	505	159	159
城市市政工程					
道路总长度	公里	1733.07	855.12	1719.31	836.12
道路总面积	万平方米	2185.16	1030.97	2187.8	994.5
排水管道长度	公里	920.84	362.1	920.26	352.93
桥梁	座	213	80	212	73
防洪堤长度	公里	324.76	84.72	316.06	73.42
路灯盏数	盏	179.11	8687	18565	9167
人均拥有道路面积	平方米	19.74	17.34	18.6	15.23
城市园林绿化					
绿化覆盖面积	公顷	5664.29	2736.24	5517.8	2481.9
园林绿地面积	公顷	4640.13	2506.13	4486.5	2313.1
#公共绿池	公顷	1191.28	604.94	1259.18	665.54
建成区绿化覆盖率	%	31.94	40.08	32.02	40.21
人均公共绿地面积	平方米	10.76	10.17	10.73	10.19
公园个数	个	37	23	39	24
公园面积	公顷	572.13	295.09	630.73	348.69
城市供气					
人工煤气供气总量	万立方米	1693	1693	1756.29	1756.29
人工煤气用气人口	万人	23	23	23.5	23.5
天然气供气总量	万立方米				
天然气用气人口	万人				
液化石油气供气总量	吨	24021	11405	22313.37	8876
液化石油气供气人口	万人	85.95	30.95	91.07	35.84
烯气普及率	%	98.45	90.72	97.9	90.87
城市清洁卫生					
清扫面符号	万平方米	953.44	400.83	1089.7	507.2
生活垃圾清运量	万吨	78.44	32.3	86	31
公共厕所	座	412	169	412	168
城市维护建设资金					
资金收入合计	万元	65214	43878	118543	27499
资金支出合计	万元	64329	43878	118575	27499

13—1 续表

	2003年		2004年		2005年	
	全市	市区	全市	市区	全市	市区
城市供水						
综合生产	155.13	100.8	187.07	129.6	185.07	127.6
供水总量	18084	9307	21565	1234	24321	14846
人均日生活用水量	193.79	215.57	214.51	250.95	249.34	315.16
用水普及率	98.42	100	98.96	100	99.53	100
城市公共交通						
公共汽车营运车辆	3181	2147	3407	2145	3404	2150
公共汽车营运线路网长度	709	304	740	407	900	407
公共汽车客运总量	15765.1	13100	17107	13905	17263	14228
轮渡营运般数	17	17	14	14	12	12
轮渡营运总量	138	138	129	129	107	107
城市市政工程						
道路总长度	1755.65	839.56	1806.19	875.15	1815.38	875.15
道路总面积	2239.2	1003.1	2378.5	1133.8	2384.7	1133.8
排水管道长度	967.67	387.15	992.22	393.1	1031.16	416.99
桥梁	224	80	221	82	223	83
防洪堤长度	410.78	73.42	425.53	73.42	426.48	73.42
路灯盏数	20393	10063	21083	10144	21568	10392
人均拥有道路面积	14.11	13.2	15.22	14.52	15.17	14.32
城市园林绿化						
绿化覆盖面积	5935.6	2697.4	6411.4	2867.3	6465.4	2890.4
园林绿地面积	4645.1	2327.6	5156.2	2471.3	5213.8	2494.4
#公共绿池	1302.2	665.54	1376.33	687.88	1410.67	702.45
建成区绿化覆盖率	33.61	40.23	37.79	40.36	37.89	40.42
人均公共绿地面积	8.37	8.76	8.81	8.81	8.97	8.87
公园个数	39	24	39	24	40	24
公园面积	632.34	348.69	632.34	348.69	634.34	348.69
城市供气						
人工煤气供气总量	2120	2120	2690	2690	2399	2399
人工煤气用气人口	24	24	27.5	27.5	9.5	9.5
天然气供气总量					1541	735
天然气用气人口					22.58	21
液化石油气供气总量	21672.96	8961	24386	11532	26322	13764
液化石油气供气人口	112.8	44.4	100.86	42.8	108.36	40.99
烯气普及率	87.9	90	82.92	90.04	89.33	90.31
城市清洁卫生						
清扫面符号	1238	619.3	1308	664.3	1321	675.5
生活垃圾清运量	88	33	82	35	87	35
公共厕所	405	169	401	161	399	159
城市维护建设资金						
资金收入合计	42996	20843	86157	59740	119099	96665
资金支出合计	42894	20843	93157	66740	119099	96665

13—2 分县市环境保护基本情况

（2005 年）

	单位	合计	市区	宜都市	枝江市	当阳市
"三废"排放及处理利用情况						
工业废水排放量	万吨	8761.28	3625.89	372.54	919.04	894.18
工业废水排放达标量	万吨	7914.02	2931.37	371.71	905.25	802.85
工业废水排放达标率	%	90.33	80.85	99.78	98.5	89.79
工业废水中 COD 排放量	吨	12187.01	5950.61	1953.99	1666.04	1305.02
工业废水中石油类排放量	吨	48.75	29.05		19.21	
工业废水中氨氮排放量	吨	3447.51	860.07	1473.28	369.6	420.79
工业废气排放总量	亿立方米	1208.72	201.68	596.18	84.81	58.68
燃料燃烧废气	亿立方米	262.54	88.86	49.74	49.56	33.16
生产工艺废气	亿立方米	946.18	121.82	546.44	35.25	25.52
工业废气中烟尘排放量	吨	32465.67	16809.01	4961.79	1281.71	5091.71
达标排放量	吨	30877.98	16110.46	4961.79	1259.7	4429.91
工业废气中二氧化硫排放量	吨	50072.42	25820.13	5539.66	5046.67	6484.4
工业粉尘排放量	吨	24939.81	1026.43	10926.69	1637.6	4645.7
达标排放量	吨	23289.3	1005.05	10306.09	1609.76	4645.7
工业固休废物产生量	万吨	401.3	127.13	53.8	25.67	49.51
综合利用量	万吨	281.69	99.79	6.79	25.56	49.51
处置量	万吨	56.05	12.22	0.01		
综合利用率	%	70.17	78.42	12.62	99.57	100
污染治理资金使用及效果						
污染治理资金使用合计	万元	32262.8	19503.5	1480	512	2573.4
治理废水	万元	13103.1	7120.7	1300	410	445
治理废气	万元	7241.2	2993.5	180	102	2049
治理固体废物	万元	9289.4	8000			79.4
治理噪声	万元	5	2			
当年安排的治理项目	项	100	42	8	6	12
当年竣工的治理项目	项	92	34	8	6	12
竣工项目设计"三废"处理能力						
处理废水能力	吨/日	129230	63577	1200	17839	5714
处理废气能力	标立方米/时	330.37	208.79	2.63	0.31	47.01
"三废"综合利用产品产值	万元	28885.9	8551.3	3248.1	6090.7	220.1
环境质量状况						
二氧化硫年日平均值	毫克/立方米		0.048	0.04	0.017	0.016
二氧化氮年日平均值	毫克/立方米		0.039	0.018	0.021	0.015
总悬浮微粒年日平均值	毫克/立方米		0.081	0.187	0.16	0.166
降尘年月平均值	里			9.23		
区域环境噪声平均值	dB(A)		51.5	55.8	54.5	52.04
交通干线噪声平均值	dB(A)		70.3	67.8	66.7	66.5

13—2 续表

	单 位	远安县	兴山县	秭归县	长阳县	五峰县
“三废”排放及处理利用情况						
工业废水排放量	万吨	201.84	2094.04	142.39	443.31	68.06
工业废水排放达标量	万吨	201.84	2093.69	115.66	435.01	56.65
工业废水排放达标率	%	100	99.98	81.23	98.13	83.24
工业废水中COD排放量	吨	236.5	197.31	228.5	213.21	435.84
工业废水中石油类排放量	吨				0.49	
工业废水中氨氮排放量	吨			0.7	323.07	
工业废气排放总量	亿立方米	3.6	149.09	33.67	61.54	10.46
燃料燃烧废气	亿立方米	1.58	12.89	23.58	1.27	1.93
生产工艺废气	亿立方米	2.03	136.21	10.1	60.27	8.54
工业废气中烟尘排放量	吨	1334.35	772.26	1579.18	182.81	452.86
达标排放量	吨	1312.55	688.78	1558.08	177.42	379.29
工业废气中二氧化硫排放量	吨	931.7	1526.59	3024.73	505.28	1193.26
工业粉尘排放量	吨	198.51	302.38	2460.24	753.18	2989.09
达标排放量	吨	196.51	293.18	2089.3	723.49	2420.23
工业固体废物产生量	万吨	23.22	58.05	11.57	42.14	10.21
综合利用量	万吨	23.22	58.04	8.56	2.37	7.85
处置量	万吨		0.01	2.11	39.77	1.93
综合利用率	%	100	99.99	73.95	5.63	76.87
污染治理资金使用及效果						
污染治理资金使用合计	万元	0.3	1711.5	3940.8	2430.1	111.2
治理废水	万元	0.3	243	2427	1145.1	12
治理废气	万元		1468.5	297	55	96.2
治理固体废物	万元				1210	
治理噪声	万元					3
当年安排的治理项目	项	1	8	8	10	5
当年竣工的治理项目	项	1	8	8	10	5
竣工项目设计“三废”处理能力						
处理废水能力	吨/日	1	21662	10360	1677	7200
处理废气能力	标立方米/时		11.73	55.1	0.5	4.3
“三废”综合利用产品产值	万元	820.7	8076	1670.3	30.3	178.4
环境质量状况						
二氧化硫年日平均值	毫克/立方米	0.048	0.015	0.076	0.065	0.031
二氧化氮年日平均值	毫克/立方米	0.021	0.01	0.026	0.018	0.019
总悬浮微粒年日平均值	毫克/立方米	0.164	0.111	0.19	0.2	0.095
降尘年月平均值	里				7.8	
区域环境噪声平均值	dB(A)	49.9	47.5	53	57.2	54.1
交通干线噪声平均值	dB(A)	64.81	59.5	70.8	67.4	68

13—3 主要年份体育事业基本情况

	单 位	2001 年	2002 年	2003 年	2004 年	2005 年
专职体育人员数	人	311	338	349	358	381
干部职工	人	256	202	210	222	203
教练员	人	55	59	59	71	61
输送人才	人	42	44	50	3	15
优秀运动队	人	6	5	5	53	15
省体校	人		7	7	3	
市体校	人	36	32	38	210	187
参加省以上运动会人数	人	518	378	475	485	269
获金牌	枚	79	38	69	32	51
获银牌	枚	49	58	42	28	62
获铜牌	枚	58	48	42	35	30
举办县级运动会次数	次	57	120	127	144	132
二级裁判员人数	人	112	197	197	229	229
业务体校在训学生人数	人	1206	341	430	910	1183
体育事业经费	万元	776	1289	910	925	570
体育场个数	个	3579	3297	3305	3061	3062

13—4 主要年份文化事业基本情况

单位:个、人

指 标	2001 年	2002 年	2003 年	2004 年	2005 年
文化事业人员	2576	2518	1984	2239	1863
文化事业机构	233	237	205	206	207
电影事业人员	345	330	300	180	175
电影事业机构	12	12	11	10	10
发行放映管理机构	10	10	9	8	8
专业电影院	2	2	2	2	2
艺术事业人员	683	664	617	581	538
艺术事业机构	21	21	20	21	21
艺术表演团体	11	11	11	11	11
艺术表演场所	4	4	3	4	4
艺术创作机构	5	5	5	5	5
艺术教育机构	1	1	1	1	1
图书馆机构	10	10	10	10	10
新华书店机构	10	10	10	10	10
群众文化事业人员	504	415	423	470	505
群众文化事业机构	136	118	118	118	118
群艺馆	1	1	1	1	1
文化馆	11	12	13	13	13
乡镇文化站	124	105	104	104	104
文物事业人员	240	253	259	273	277
文物事业机构	15	18	18	18	19
文物保护管理机构	8	10	10	10	10
博物饭纪念馆机构	7	8	8	8	9
其他文化事业人员	215	208	81	162	200
其他文化事业机构	29	26	18	19	19

13—5 分县市民政事业基本情况

（2005 年）

指 标	单位	合计	市区	宜都市	枝江市	当阳市
优抚对象总人数	人	104362	8177	10065	13567	26106
革命伤残军人	人	2444	614	262	308	266
在乡复员军人	人	9308	511	1001	1465	1289
在乡退伍军人	人	4007	67	918	268	472
军属享受定期抚恤人数	人	1003	71	81	164	163
享受定期定补人数	人	13315	578	1919	1733	1761
优待烈军属户数	户	3962	653	357	606	550
优待金总额	万元	545.2	184	25	63.5	86.7
民政部门管理离退休人员	人	817	532	39	28	68
精减退职享受救济	人	728	78	48	48	114
散居孤老残幼人数	人	138	0		0	0
集中供养人数	人	9057	501	1199	1610	1046
集中供养金额	万元	1127	62	148	200	131
城镇低保人数	人	111190	41340	16099	8528	9614
城镇低保资金	万元	10295.5	4620.5	1290	676	787
军休所	个	9	3	1	1	1
殡葬事业单位	个	10	1	1	1	1
登记结婚数	对	25211	5914	2834	2826	3005
登记离婚数	对	5453	2000	489	647	579
本年登记社团机构	个	164	28	21	9	11
本年注销社团机构	个	41	9	3	5	10
本年实有社团机构	个	722	265	69	44	50
社会福利院(国有)	个	13	4	1	1	1
年末床位数	张	1280	610	65	120	175
年末在院人数	人	1086	492	65	120	156

13—5 续表

指　标	远安县	兴山县	秭归县	长阳县	五峰县	夷陵区
优抚对象总人数	5388	2962	8507	10799	5071	13720
革命伤残军人	101	149	179	246	83	236
在乡复员军人	628	728	876	1226	673	911
在乡退伍军人	257	125	1118	423	244	115
军属享受定期抚恤人数	52	56	87	116	75	128
享受定期定补人数	885	853	1994	1649	917	1026
优待烈军属户数	280	140	326	353	169	528
优待金总额	36	19.6	35.5	28.2	16.9	49.8
民政部门管理离退休人员	40	23	19	19	17	32
精减退职享受救济	17	41	0	176	130	76
散居孤老残幼人数				60	13	65
集中供养人数	430	417	1124	980	432	1318
集中供养金额	54	52	141	121	54	164
城镇低保人数	4629	5209	6457	5453	1133	12728
城镇低保资金	381	367	558	478	181	957
军休所	1	1				1
殡葬事业单位	1	1	1	1	1	1
登记结婚数	1082	1036	2313	2283	1058	2860
登记离婚数	190	144	377	323	183	521
本年登记社团机构	25	5	3	9	4	49
本年注销社团机构						14
本年实有社团机构	57	25	50	41	23	98
社会福利院(国有)	1	1	1	2		1
年末床位数	60	45	90	75		40
年末在院人数	44	45	84	40		40

13—6 分县市广播电视事业情况

（2005 年）

	单位	全市	宜都市	枝江市	当阳市	远安县
公共广播节目套数	套	10	1	1	1	1
公共广播节目播出时间	小时	27875	2008	2190	1396	1977
公共电视节目套数	套	12	1	1	1	1
公共电视节目播出时间	小时	48446	3749	4349	1480	3418
广播节目制作时间	小时	11375	180	338	565	363
电视节目制作时间	小时	5050	300	572	280	690
卫生收转站	座	46373	3	200	1100	1247
微波实有站	座	28	4		1	2
微波传送线路长度	公里	801	46		15	50
有线广播电视传输干线网络总长	公里	10534	2141	713	288	189
有线广播电视用户数	户	413433	4420	36000	32740	17389
广播覆盖率	%	95.15	93.01	98.15	99.65	89.03
电视覆盖率	%	95.56	91.99	98.11	96.26	88.31
广播电视从业人员	人	1585	96	96	130	50
#管理人员	人	256	21	21	27	12
专业技术人员	人	822	55	56	87	27
编辑记者	人	323	20	20	26	18
播音主持人	人	50	2	2	5	3

13—6 续表

	兴山县	秭归县	长阳县	五峰县	夷陵区
公共广播节目套数	1	1	1		1
公共广播节目播出时间	1450	1094	1825		2129
公共电视节目套数	1	1	1	1	1
公共电视节目播出时间	2920	3973	2920	2218	4380
广播节目制作时间	346	194	182		547
电视节目制作时间	364	374	370	502	522
卫生收转站	1360	1228	35000	223	6000
微波实有站	2	4	3	3	6
微波传送线路长度	47	41	32	70	70
有线广播电视传输干线网络总长	769	3137	997	292	1538
有线广播电视用户数	20855	40786	25000	10200	39000
广播覆盖率	87.19	92.26	91.22	83.79	98.01
电视覆盖率	94	96.26	93.17	91.89	95.22
广播电视从业人员	154	121	145	83	139
#管理人员	38	13	30	12	41
专业技术人员	49	82	73	22	57
编辑记者	20	16	35	8	21
播音主持人	1	4		2	14

13—7 全市邮政通信企业基本情况

（2005 年）

指 标 名 称	计量单位	实际
邮政业务总量	万元	15446
函件总数	万件	802.9
函件	万件	761.5
国内函件	万件	759.2
国际函件	万件	2.3
特快专递	万件	36.3
报纸累计份数	万份	3489
杂志累计份数	万份	199
邮政储蓄平均余额	亿元	39.4
集邮邮票	万枚	243
邮政业务收入	万元	12002
函件收入	万元	665
特快专递收入	万元	801
报刑发行收入	万元	822
储蓄收入	万元	7809
城市投递段道	条	109
农村投递路线总长度(单程)	公里	15812
邮政局所总数	处	167
邮政汽车	辆	111
邮运汽车	辆	30
邮政计算机总数	台	382
年末全部从业人员	人	1889
设有局所的乡(镇)	个	92
已通邮的行政村	个	1295
开办邮政储蓄业务的乡(镇)	个	70
邮政储蓄市场占有率	%	13.32

十四 服务业

SERVICE INDUSTRY

14—1　分县市区服务业单位个数和从业人数

（2005 年）　　　　　　　　　　单位：个、人

项　目	单位个数	从业人员年平均人数
合　计	**7613**	**164738**
宜 都 市	587	13094
枝 江 市	756	13615
当 阳 市	626	15439
远 安 县	446	5622
兴 山 县	451	5819
秭 归 县	679	12821
长阳自治县	699	11491
五峰自治县	453	5979
市　　区	2916	80858
#夷陵区	834	17467
西陵区	1125	34924
伍家区	424	17691
点军区	196	2711
猇亭区	150	1949
宜昌开发区	187	6116

14—2 服务企业单位财务状况

指　标	计量单位	2004 年	2005 年
单位个数	个	1257	1146
从业人员年平均人数	人	33306	29103
资产合计	万元	7611420	9307769
固定资产原价	万元	503181	512305
负债合计	万元	7160606	8124713
实收资本	万元	624956	695517
营业收入	万元	704029	773913
#主营业务收入	万元	700539	706505
主营业务税金及附加	万元	19016	20161
费用合计	万元	141116	162134
营业利润	万元	34131	-4055
利润总额	万元	15602	20567
从业人员劳动报酬	万元	54443	44962

14—3 行政事业单位财务状况

指　标	计量单位	2004 年	2005 年
单位个数	个	6444	6467
从业人员年平均人数	人	137217	135635
年末资产	万元	2223930	2012123
#固定资产原价	万元	1270971	1358841
上年结余	万元	17078	29394
收入合计	万元	677851	716859
#财政拨款	万元	290214	297213
上级补助收入	万元	53149	44662
事业收入	万元	228311	201284
经营收入	万元	77134	95859
支出合计	万元	683351	715460
#人员支出	万元	238800	251464
公用支出	万元	310932	330681
对个人和家庭的补助支出	万元	62948	71196
收支结余	万元	41521	30793
经营税金	万元	1773	1678

14—4 服务企业单位财务状况

（2005 年）

单位:个、人、万元

项　目	单位个数	从业人员年平均人数	资产合计	存货	固定资产原价	本年折旧
总计	**1146**	**29103**	**9307769**	**35325**	**512304**	**51264**
一、按登记注册类型分组						
国有	226	13179	6822797	15113	302753	35740
集体	195	3743	871275	16992	40749	3769
私营	422	4742	86346	2217	39545	2244
其他	299	7276	1519237	1001	124413	9051
港澳台商投资	3	157	8100	2	4835	460
外商投资	1	6	14		9	
二、按国民经济行业分组						
交通运输、仓储和邮政业	25	850	60786	9805	20644	1310
信息传输、计算机服务和软件业	111	714	12660	450	6760	481
金融业	111	10943	8334388	16460	139798	17136
租赁和商务服务业	451	9088	510936	6319	144277	13556
科学研究、技术服务和地质勘查业	113	1931	17698	672	7796	1688
水利、环境和公共设施管理业	65	1960	283816	1033	161688	13719
居民服务和其他服务业	131	1527	59889	375	8762	501
教育	37	553	3326	12	2302	164
卫生、社会保障和社会福利业	40	705	3797	110	2762	233
文化、体育和娱乐业	60	812	20099	33	17502	2475
公共管理和社会组织	2	20	374	56	13	1

14—4　续表1　　　　单位:万元

项　目	负债合计	实收资本	营业收入		主营业务成本	主营业务税金及附加
				主营业务收入		
总计	**8124713**	**695517**	**773913**	**706505**	**499714**	**20161**
一、按登记注册类型分组						
国有	6159532	417215	459075	449932	353362	12794
集体	829478	86596	42379	37077	16223	1744
私营	35085	44046	32802	31879	19835	1103
其他	1098269	144071	237640	185605	109089	4453
港澳台商投资	2349	3575	2007	2002	1194	67
外商投资		14	10	10	11	
二、按国民经济行业分组						
交通运输、仓储和邮政业	40129	15111	18910	18684	15658	304
信息传输、计算机服务和软件业	3846	4742	11626	11262	7417	210
金融业	7652730	206133	576600	513993	369960	13376
租赁和商务服务业	268583	246940	107487	104728	77469	4465
科学研究、技术服务和地质勘查业	7738	10141	11349	11033	6955	598
水利、环境和公共设施管理业	117777	168569	20807	20524	14221	483
居民服务和其他服务业	22292	32123	5276	4706	2811	205
教育	1593	1032	3546	3483	1598	98
卫生、社会保障和社会福利业	1681	1688	3211	3183	2075	84
文化、体育和娱乐业	8117	9024	15039	14844	1504	337
公共管理和社会组织	227	14	62	65	46	1

14—4　续表 2　　单位:万元

项　目	费用合计	营业利润	利润总额	从业人员劳动报酬	劳动待业保险费
总计	**162134**	**-4054**	**20567**	**44962**	**6003**
一、按登记注册类型分组					
国有	102728	-17259	12901	22742	4519
集体	14034	4198	5513	5630	301
私营	8970	2592	1942	5167	300
其他	36214	6133	-67	11122	839
港澳台商投资	187	283	278	298	44
外商投资	1	-1		3	
二、按国民经济行业分组					
交通运输、仓储和邮政业	3710	-1303	941	1251	258
信息传输、计算机服务和软件业	2649	1340	956	650	43
金融业	95843	5175	8949	24689	1936
租赁和商务服务业	30342	-6724	10541	9018	1638
科学研究、技术服务和地质勘查业	3691	-107	149	2954	213
水利、环境和公共设施管理业	8038	-2074	-1883	1885	1586
居民服务和其他服务业	2727	-883	492	2517	80
教育	1470	355	253	549	72
卫生、社会保障和社会福利业	1058	-17	-37	707	95
文化、体育和娱乐业	12585	190	213	728	80
公共管理和社会组织	21	-6	-7	14	2

14—5 行业事业单位财务状况综合表

（2005 年）　　　　单位：个、人、万元

项　目	单位个数	从业人员年平均人数	年末资产		上年结余
				固定资产原价	
总计	**6467**	**135635**	**2012123**	**1358841**	**29394**
按国民经济行业分组					
交通运输、仓储和邮政业	28	2448	24708	20940	1205
信息传输、计算机服务和软件业	4	20	479	243	
金融业	3	534	36937	21980	1
租赁和商务服务业	99	1006	74670	10304	171
科学研究、技术服务和地质勘查业	304	6586	118531	53708	-1586
水利、环境和公共设施管理业	178	4108	69009	50347	11100
居民服务和其他服务业	28	301	4675	3179	100
教育	968	44617	459475	391724	9940
卫生、社会保障和社会福利业	449	20616	243635	189525	-8996
文化、体育和娱乐业	164	2378	31859	27419	-60
公共管理和社会组织	4242	53021	948145	589472	17519

单位:万元

项 目	收入合计	财政拨款	上级补助收入	事业收入	经营收入
总计	**716859**	**297213**	**44662**	**201284**	**95856**
按国民经济行业分组					
交通运输、仓储和邮政业	11236	5261	759	1358	2669
信息传输、计算机服务和软件业	48	19	11	18	
金融业	5048			252	
租赁和商务服务业	7262	1595	865	1753	2841
科学研究、技术服务和地质勘查业	61017	11829	1349	31819	15524
水利、环境和公共设施管理业	14010	6682	1908	2277	1495
居民服务和其他服务业	2084	278	2	1095	506
教育	178200	85670	5909	58502	3666
卫生、社会保障和社会福利业	144929	18361	2088	69793	39578
文化、体育和娱乐业	9695	3552	611	3669	1704
公共管理和社会组织	283330	163966	31160	30748	27873

14—5 续表 2

单位:万元

项 目	支出合计				收支结余	经营税金
		人员支出	公用支出	对个人和家庭补助支出		
总计	**715460**	**241464**	**330681**	**71196**	**30793**	**1678**
按国民经济行业分组						
交通运输、仓储和邮政业	12768	2876	3705	419	-327	41
信息传输、计算机服务和软件业	49	17	22	10	-1	
金融业	5049	2935	2098	1	3	
租赁和商务服务业	4848	2159	1550	903	2583	79
科学研究、技术服务和地质勘查业	59589	13062	37846	5569	-160	540
水利、环境和公共设施管理业	18954	5437	5457	1820	6156	185
居民服务和其他服务业	1876	418	610	88	308	4
教育	177731	85214	66761	21270	10410	140
卫生、社会保障和社会福利业	148354	42295	80831	5060	-12421	34
文化、体育和娱乐业	9818	3415	4409	711	-184	94
公共管理和社会组织	276424	93636	127392	35345	24426	561

单 位 简 介

DAN WEI JIAN JIE

宜昌市国资委

2005年是我市国资监管体制改革的第一年，也是国资监管和国企改革取得卓有成效的一年。一年来，在市委、市政府的正确领导下，我们认真贯彻落实中央和省市关于国资监管体制改革精神，牢牢把握依法履行出资人职责这个根本，锐意进取，开拓创新，建立健全国资监管体系，科学营运国有资产，努力推进国企改革与发展，较好地完成了全年的工作目标和任务。

一、科学构建了国资监管体系。按照“政府公共管理职能与国有资产出资人职能分开，权利、义务和责任相统一，管资产与管人、管事相结合”的原则和“有利于对国有经济进行战略性调整、有利于国有资产出资人到位、有利于放开搞活一批中小企业”的要求，由市政府授权将一批规模较大、基础较好、有良好发展前景的国有及国有控股企业，纳入了市国资委直接监管范围，实行管资产与管人、管事相统一的监管模式，并在“三定”方案中赋予了市国资委对县（市）区国资监管工作进行宏观指导的职责。继而，市委又对市国资委党委、市国资委纪委的主要职责和企业领导人员的管理范围、考察任免程序专门行文予以明确，从而实现了真正意义上的“三管统一”，为在起步之年有条不紊地推进各项工作全面展开提供了权力支持和组织保证。经过一年多的探索和努力，基本形成了“党委统一领导，科室分工负责，监管依法合规，制度管人管事”的运行机制，市国资监管方面的主要工作走在了全省市州的前列。

二、全面开展了出资监管企业的资产清查。针对各个出资监管企业的实际，及时开展了资产清查。在企业自查、自清的基础上，市国资委组织专班，历时3个多月，对16家出资监管企业、78个独立核算单位，进行了认真核查。随后，又委托中介机构对宜港集团、夷陵长江大桥公司和市物资总公司的资产负债、损溢状况进行了经济鉴证和专项审计确认。从而，比较准确地摸清了出资监管企业的资产状况，为执行新的《企业会计制度》和实施业绩考核奠定了良好基础。

三、加强和改进国有资产评估工作。市国资委下发了《关于加强和改进企业国有资产评估工作的意见》，明确规定对出资企业重大资产评估项目由国资监管机构以招标或随机方式选择确定评估机构；对资产帐面价值在1亿元以上的重大评估项目，由国资监管机构组织专家对评估结果进行咨询；企业和评估机构在上报评估报告核准时，应由双方法人作出无漏报、瞒报、隐匿国有资产行为的承诺；资产评估结果必须在企业内部进行公示，接受职工群众的监督。全年对37个资产项目进行了评估，涉及资产总额16.82亿元。

四、规范了资产转让和产权交易程序。为防范国有资产在处置中流失，市国资委先后出台了《宜昌市企业国有资产处置暂行规定》、《企业国有资产损失核销公示制度》，这两个文件既严格规定了处置国有资产的程序，又从建立防范机制上有所创新。在具体操作执行中，从批准、交易准备、进场交易“三个环节”，严格审查企业内部决策程序的规范性和转让方案的合理性，并按清产核资、财务审计、资产评估的有关要求进行专项审查，确保依法合规实施产权转让。全年共批复产权转让、资产划转等处置事项48个，处置资产4.8亿元。在产权交易中，既注重培育产权交易市场，又对国有资产必须依法进场交易做了一些硬性规定，从而大大拓宽了产权交易市场的覆盖面。同时，还把国有资产产权交易市场延伸到了各县（市），产权交易中心下设的6个办事处，既对当地国有企业改革改制起到了助推作用，又对在全市范围内进一步规范产权交易行为起到了示范效应。目前，全市除企业国有产权有偿转让全部纳入产权交易中心外，行政事业单位国有资产交易在市政府的重视和支持下，也纳入了市产权交易中心公开交易的范围，从而基本实现了国有产权全部进场交易的目标，为有效防止国有资产在交易中流失，设立了又一道“警戒线”。

五、大胆探索经营者业绩考核办法。为把国有资产保值增值的责任落到实处，在学习借鉴外地经验的基础上，广泛征求企业和有关部门意见，经过反复讨论修改，并提交市政府常务会议同意，出台了《宜昌市国资委所出资企业负责人经营业绩考核办法》，并将经营业绩与报酬挂钩。这个办法的出台，对于在国有企业中真正建立责权利相统一、经营业绩同激励约束机制相结合的考核制度，充分调动企业经营者的积极性、创造性将起到极大的激励和推动作用。

六、切实加强企业重大事项管理。市国资委制定并出台了《出资和监管企业重大事项报告制度的暂行规定》，对出资监管企业的改革重组、投融资和对外担保等重大事项的报批和决策程序都作出了具体规定。为了从长远谋划出资企业的未来发展方向，把编制企业“十一五”发展规划作为重大事项之一，组织有关专家和相关部门对宜化、安琪、夷陵国资、宜港、交运等5家出资企业的“十一五”发展规划从国家发展规划、产业政策、国有经济布局和结构的战略性调整方向、主业是否突出，是否提升企业核心竞争力、是否坚持效益优先和可持续性发展原则等方面进行了审议。

七、抓好企业国有资产登记换证工作。根据国务院国资委文件精神，在全市范围内开展了企业国有资产重新登记和换发登记证工作。全市共有282户占有和使用国有资产的企业办理了产权登记证，其中县市区138户，登记国有资本51.37亿元，国有法人资本29.35亿元。

八、稳步推进国企改革。注重抓重点、攻难点，集中力量狠抓了企业改制的收尾工作和遗留问题的处理。对困难最大、矛盾最多的富磷集团实施改制，实施了“政府收购土地、职工转变身份、资产租赁经营”的改革方案，使1201名职工得到妥善安置,300多名职工在改制后的民营企业实现了再就业。对职工人数最多、块头最大的宜化集团改制一步到位。在充分征求职工意见的基础上,积极稳妥地实施了“政府转让股权、全员转变身份、公司规范运作”的改制方案,并在很短时间内完成了改革任务。对破产多年的至喜集团职工安置有序启动。针对该集团的实际,按照国家有关政策,精心制定了职工安置方案,筹集资金4000多万元,启动了职工安置工作,大部分工作已经结束。对一些历史遗留问题较多、解决难度较大的破产关闭企业存在的问题,采取先易后难、先解决共性问题后解决个性问题的方式,使许多矛盾得到了化解,许多棘手问题出现了转机。企业和职工队伍保持了基本稳定。全年受理群众来信96件,接待群众上访3800多人次,经过深入细致的工作,使大多数不稳定因素得到了及时化解。市属28家工业企业及89家子公司的改制工作已全面完成,职工身份全部转换。28家改制企业公开转让企业资产51.33亿元,化解债务62亿元,安置职工70651人。

按照国务院的部署和要求,积极推进宜化、安琪、兴发、三峡新材4家上市公司的股权分置改革。到年底,宜化、安琪、兴发3家上市公司股权分置改革方案已经确定,正处报批和实施过程之中。

积极推进债权打包,大大减轻了企业负担。夷陵国资公司大胆尝试,在学习借鉴外地经验的基础上,结合宜昌实际,大胆探索,对信达、华融、长城、东方四家资产管理公司在宜的不良贷款实施打包收购,打包总量已达90亿元,从而减轻了地方企业的债务负担,受到了省市领导和有关部门的好评。

九、提升企业经济运行质量和效益。大胆决策,科学调度,周密安排,资本营运效率大大提高。16家出资监管企业实现销售(营业)收入74.3亿元,同比增长73.16%;实现利税5.49亿元,同比增长46.3%;其中,实现利润2.8亿元,同比增长91%,主要经济效益指标大大高于全市平均水平。与此同时,出资企业的发展后劲进一步增强。宜化集团投资11亿元的磷酸二铵项目已经立项,前期工作全面展开;投资7.8亿元兴建的100万吨高浓度磷复肥项目开工建设,预期年增销售收入18.7亿元,利税3.3亿元。安琪集团伊犁公司去年投资1.3亿元兴建的年产6000吨干酵母生产线,运行良好。宜昌港务集团与中港印集团联合投资3000万美元建设枝城港煤炭配送项目工程已经动迁。

十、加强国有企业党的建设。组织国资监管系统认真开展了党员先进性教育活动。立足“规定动作不走样,自选动作创特色”的要求,出资监管企业和委机关认真抓了深入学习、查找问题、实施整改等方面的工作,并成功地开展了“党员在国企闪光”主题演讲、先进性教育活动现场会、“国企魂”文艺汇报演出三大活动,受到了市委、市政府领导的高度赞扬。组织专班对宜化、安琪、交运、宜港、商业银行等出资监管企业领导班子建设情况进行了考察,比较全面地了解和掌握了企业领导班子思想建设、民主作风、廉洁自律以及近年来的经营业绩等方面的情况。在此基础上,对7家企业领导班子进行了必要调整,任免干部48人,其中提拔重用17人,从而使出资监管企业领导班子力量得到了进一步加强。针对出资监管企业实际,立足培养、吸引、用好人才,制定和出台了《关于加强和改进国有企业人才工作的意见》,建立了领导班子成员联系企业优秀人才责任制,推举一批优秀人才进入了省高层次人才信息库。在制定《宜昌市国资委党委领导成员党风廉政建设责任制职责》的同时,签定了党风廉政建设责任书,把党风廉政建设纳入领导班子目标管理,实行“一岗双责”,使党风廉政建设工作在制度上有了保证,在考核上有了办法。除此以外,市国资委两次走进“行风热线”,向听众解答国资监管工作中一些带政策性的问题,并听取了部分听众对国资监管部门政风行风建设的意见和建议。

宜昌市经济委员会

宜昌市经济委员会是2004年10月15日,根据《中共宜昌市委、宜昌市人民政府关于市政府机构改革方案的实施意见》(家宜发〔2004〕13文件)精神组建的(简称市经委),为市政府组成部门,同时加挂“中小企业发展局”的牌子。市经委是负责调节全市国民经济运行、指导全市中小企业体制改革和发展的综合协调部门。其主要职责是:一、监测、分析全市国民经济运行情况,调节国民经济日常运行;协调解决日常经济运行中的突出和重大问题,并向市政府提出意见和建议。二、贯彻落实国家和省、市关于国民经济、县域经济、中小企业、乡镇企业发展的方针、政策和法规,制定发展规划;参与草拟相关的地方性法规,指导相关的行政执法和减轻企业负担工作。三、指导、促进中小企业、乡镇企业结构调整,指导企业实施名牌产品战略;收集、整理、分析和发布经济信息;承担市履行《禁止化学武器公约》工作领导小组的具体职能;负责煤炭、磷化、盐业、包装业的行政管理工作。四、指导全市中小企业技术改造、技术创新、新产品开发和技术开发机构建设,为中小企业提供各类信息、咨询及技术转让和转化等服务工作,推动中小企业信息化建设。五、制定中小企业教育培训规划并组织实施,建立和完善中小企业创业辅导体系;指导中小企业人才引进工作;协助有关部门做好中小企业的职称评审工作。六、指导全市中小企业、乡镇企业改革重组等工作,推进企业管理和制度创新;促进建立和发展中小企业产权及相关要素市场。七、研究改善中小企业、乡镇企业融资环境的政策措施,引导和推动民间资金和风险投资机构投资中小企业;引导和规范信用担保行业的发展，促进建立和完善信用与担保制度。参与编制、申报国家、省对中小企业、乡镇企业的资金扶持计划并组织实施。八、监测分析中小企业、乡镇企业和县域经济发展动态，协调解决发展中的重大问题；负责中小企业、乡镇企业统计工作。九、组织指导中小企业、乡镇企业开展对外经济技术交流与合作；指导开展招商、引资、引智工作；组织指导开展国内外展览、展销活动。十、负责机械、冶金、纺织、化工、建材行业管理工作；负责全市农产品加工业的协调与服务工作。十一、指导协调全市信息产业发展与管理工作；负责全市电力行政管理工作，履行《电力法》授予的电力监督检查权和行政执法权；负责中省军工、国防科技工业管理与协调工作。

中国人民解放军宜昌军分区

2005年坚持以邓小平理论和“三个代表”重要思想，以反“台独”应急作战为龙头，认真贯彻十六届四、五中全会和军委、总部、两级军区一系列指示精神，与时俱进，开拓创新，突出重点，狠抓落实。

一、以党员先进性教育活动为主线，思想政治建设得到加强。

坚持把思想政治建设摆在部队各项建设的首位，以中心组带机关的理论学习，扎实开展了党员先进性教育，采取原原本本学，外聘教员讲，开展活动促、撰写心得、讨论交流、民主评议、边整边改等方法。认真抓了十六届五中全会精神学习贯彻，加深了对“十一五”规划的理解，坚定了全面建设小康社会的信心。民兵预备役政治工作被四总部表彰为先进单位。党管武装制度落实，“十五”期间，各级党委、领导认真履行党管武装职责，确保了国防动员和民兵预备役建设成效，宜昌市委书记李佑才被广州军区表彰为“国防之星”，伍家岗区委书记蔡建国被湖北省委、省人民政府、省军区表彰为“关心国防建设之星”，葛洲坝集团武装部长简其全被省委、省政府、省军区表彰为“献身国防后备力量建设之星”。宜都市、夷陵区人武部被省军区表彰为全面建设先进单位。

二、以反“台独”应急作战准备为龙头，战备训练工作成绩突出。认真落实战备教育、战备值班等制度，拟制修订应急作战准备实施计划以及各类作战方案和相关配套计划。当阳市政府方家平副市长被评为“全国军事设施保护先进个人”。民兵训练质量提升，全年共训民兵5675人。西陵区民兵高炮分队参加联合防空演习。伍家岗区民兵高炮分队接受广州军区领导检阅。军分区组织25名干部、战士、职工参加省军区岗位练兵比武竞赛，获三个团体第一、八个个人第一，共19块奖牌，名列省军区榜首，军分区被省军区表彰为军事训练工作先进单位。

三、依法从严治军为突破口，部队正规化建设水平不断提高。认真抓了军区“衡阳会议”、“长沙会议”以及省军区“孝感会议”、“咸宁会议”精神的贯彻落实，宜都市、伍家岗区被省军区表彰为“从严治军先进单位”，开展了“百日三无”和“条令月”活动，“四个秩序”进一步正规。

四、以提高应急动员能力为目标，国防动员工作和民兵预备役建设稳步推进。按照国防动员“十五”规划，落实动员专业保障队伍组织及训练，完成了支前潜力调查和二类预备役军官登记统计，调整了市国防动员委员成员和各专业办公室人员，召开市国防委第五次全体会议。10月，市委、市政府、军分区组成工作组，对全市党管武装暨国防动员“十五”规划落实情况进行了检查调研，摸清了全市国防动员准备工作底数，为编制国防动员“十五”规划奠定了基础。完成1709名新兵征集任务，枝江市、西陵区征兵工作分别被国防部和广州军区表彰为先进单位。

五、以深化改革为手段，加快了后勤保障社会化进程。积极推进后勤保障社会化改革。修订完善了后勤保障预案，办理了职工养老、医疗、失业等社会保险，解除了职工后顾之忧，保持了职工队伍稳定。对人武部和干休所预算执行情况进行审计检查，对离任领导干部进行经济责任审计，审计工作被广州军区评为先进单位；实现了被装供应由货币化向实物化的转变。根据总部和两级军区统一部署，圆满完成了人武部资金集中支付改革，按时冻结了人武部资金帐户。军分区后勤部被省军区表彰为“十五”财务管理先进单位。加大基建营房管理。科学编制机关营院十年规划，在充分论证的基础上，按时起动了总部和军区确定的营区污水管网改造和生态营区建设试点项目；加强营院综合治理，优化军营内部环境，被总部评为“绿色营区”；加快机关公寓区和售房区住房的清理和置换，圆满完成了售房区住房出售。

武警水电三峡工程指挥部

中国人民武装警察部队水电三峡工程指挥部（以上简称武警水电三峡工程指挥部）组建于1993年10月，1997年7月国务院、中央军委正式批准为正师级单位，是一支以军事组织形式从事能源开发和水利水电建设的施工部队，主要承担三峡永久船闸、西气东输、东油西送、东深供水改造、南阳抽水蓄能电站等重点工程建设和三峡、溪洛渡等施工区内的警卫消防任务。

部队组建以来，坚持与时俱进，开拓创新，把部队正规化管理和施工生产管理捆在一起抓，充分发挥部队思想作风纪律和技术装备、人才三大优势，总结出了统一领导、集团作战、项目负责、规范管理的“三峡管理模式”和严字当头、科技领先、质量第一、奉献至上的“三峡精神”，为军队参与和支援国家经济建设探索出了一条新路子。

武警水电三峡工程指挥部努力践行“三个代表”重要思想，把“建设一流工程、让党和人民放心”作为最大的政治荣誉，坚持以科技求进步，以质量求信誉，以创新求发展，大力弘扬艰苦奋斗和牺牲奉献的创业精神。参建三峡工程十几年来，先后完成了三峡永久船闸开挖、支护、浇筑、闸门安装及二期上游围堰拆除、导流明渠下游围堰截流、隔流堤填筑等施工任务，攻克了68米直立墙开挖、170米超高边坡锚固治理、薄壁砼衬砌墙、巨型闸门安装等近10项世界级工程技术难题，创造了50天完成650万立方填筑任务的国内外水电建设史上新纪录，受到业主、监理、设计和有关专家的好评。

近几年来，武警水电三峡工程指挥部利用自身优势，积极参与市场竞争，先后中标了金沙江流域溪洛渡黄桷堡砂石骨料和砼生产系统、向家坝水电站地下厂房、湖北鄂州白莲河抽水蓄能电站等10多个主体工程项目。在承担工程施工的同时，他们按照“政治合格、军事过硬、作风优良、纪律严明、保障有力”的总要求，坚持从严治警，不断加强部队正规化建设，认真履行“建设三峡、保卫三峡”的双重职责，出色地完成了国家领导人和外国元首视察三峡的警卫任务，为三峡工程建设做出了重大贡献。

原军委副主席迟浩田称赞他们是“当代愚公”、“人民军队参加国家经济建设的代表队”。《人民日报》、《解放军报》和中央电视台等新闻媒体多次专题报道武警水电三峡工程指挥部的事迹。江泽民、李鹏、朱镕基、胡锦涛、吴邦国、温家宝等党和国家领导人多次亲切接见了部队。

宜昌市总工会

2005年，全市各级工会以邓小平理论和“三个代表”重要思想为指导，全面落实科学发展观，认真贯彻党的十六大和十六届三中、四中、五中全会精神，按照“组织起来，切实维权”的工作方针，以加强基层工会工作，加强工会维权机制建设和开展“创建学习型组织、争做知识型职工”活动为重点，推进工会工作的创新发展，在全市改革发展稳定的大局中发挥了积极作用。宜昌市总工会被湖北省总工会授予“2005年度全省工会工作优秀奖”。

（一）基层工会组织建设进一步加强。各级工会抓住市委召开全市工会工作会议，印发《中共宜昌市委关于进一步加强工会工作的意见》、《关于进一步加强非公有制企业职工民主管理的意见》和我市实施工会经费委托国税代收的有利时机，促使一批过去难建、拒建工会的企业建立了工会。今年，我市工会会员净增33572人，总数达到523572人。加强与市委组织部联系与沟通，按照三项原则，共同加强工会班子配备。进一步深化创建示范乡镇（街道）工会活动和“五好”社区工会百分达标活动，全市又有一批乡镇（街道）、社区工会达到示范标准。印发《宜昌市基层工会直接选举试行办法》，圆满完成基层工会直接选举试点工作任务并取得明显成效。

（二）工会维权机制建设整体推进。召开全市工会维权机制建设工作会议，进一步明确目标任务、实施方案和保障措施。坚持与政府联席会议和劳动关系三方协商会议制度，在规范化、实效性方面取得新的进展。国有集体及其控股企业和科教文卫等事业单位职代会和厂务公开制度进一步健全完善。召开全市非公有制企业民主管理工作经验交流会，积极推动职代会和厂务公开工作向非公有制企业扩展。切实履行在参与国有企业改革工作中的维权职能，坚持为企业工会参与改制提供指导和服务。

（三）创争活动取得明显成效。充分发挥由市总工会牵头的创争活动领导小组的作用，进一步建立健全创争活动运行机制，召开全市首届创争活动表彰大会，命名表彰一批标兵、先进集体和个人。市总工会先后举办《学习放飞理想》职工征文及演讲比赛、职工职业技能竞赛，推选表彰省市十大工人发明奖，组织参加全省重点项目创优质、创高效、保安全劳动竞赛活动，邀请有关专家来宜举办创争活动专题讲座，组织“我的事业我的家”征文比赛和巡回演讲，继续开展“走进职工”慰问演出，举办第十九届湖北工人画廊暨宜昌市第二届职工美术书法摄影大赛，产生良好社会影响。

（四）促进再就业和帮扶工作进一步深入。积极做好工会职业培训和职业介绍工作，市总工会与三峡晚报社联合主办为下岗失业人员及其子女送岗位公益招聘洽谈会，与劳动和社会保障局、工商联联合举办民营企业招聘周活动，近万名下岗失业人员与用人单位签订用工协议或达成就业意向。元旦春节期间，全市各级工会积极筹集资金460多万元，深入到282个困难企业、11344户困难职工家中走访慰问。继续大力开展帮助困难职工子女上大学、为困难职工子女完成九年义务教育减免学杂费、助寒门学子回家过年、为特困职工及家属办理医疗救助优惠证，尽力化解职工看病费、子女上学贵的社会问题，受到社会各界一致好评。各级工会建立健全困难职工档案，实行微机动态管理，定期向上级工会报送最新数据。市总工会积极争取政府拨款，主动联系并接受社会捐款，进一步增强帮扶资金实力。

（五）工会其他工作稳步推进。各级工会扎实开展保持共产党员先进性教育活动，取得明显成效，市总工会被市委授予先进性教育活动先进单位。全市工会经费委托国税机关代收工作全面推进并取得初步成效，超额完成上解省总工会经费任务。选聘800多名干部职工担任煤矿安全群众监督员，组织参加"安康杯"竞赛和全国消防知识竞赛活动并获得优秀成绩。积极组织劳模评选表彰，我市又有7人荣获全国劳模，80人荣获市级劳模。开展当前影响职工队伍稳定的突出问题与和谐企业大调研活动，形成一批质量较高的调研成果，受到市委市政府高度重视。积极推进工会女职工建功立业和素质达标工程，增强女职工竞争能力。进一步完善经审工作机制，有效监督和保证了工会经费的规范使用和工会资产的安全完整。工会事业单位深化改革，实力不断增强，设施建设取得可喜进展。

宜昌市劳动和社会保障局

2005年，在省劳动保障厅指导下，在市委、市政府的领导下，在市直各职能部门及社会各界的大力支持和配合下，全市劳动保障部门认真贯彻国家、省、市劳动保障工作会议精神，围绕落实科学发展观、构建"和谐宜昌"这一主题，突出"并轨"和"做实"两项改革，推进制度、基础、部门能力三大建设，抓实统筹城乡就业、健全社会保障、协调劳动关系、开发人力资源四大任务，劳动保障各项目标任务全面超额完成，呈现出良好的发展态势。

一、就业再就业工作取得新突破

全市城镇新增就业71372人，下岗失业人员再就业55402人，困难人员再就业18306人，其中，社区安置困难人员10793人；组织劳务输出61000人，外出务工人员达42万人，通过外出务工人平增收150元；城镇登记失业率控制在4.3%以内。再就业政策得到较好落实。再就业资金实行制度性投入，全市落实再就业资金13204万元，其中财政安排5110万元，占年度一般预算收入的2.87%，高于省要求1.5%的水平；使用再就业资金13994万元，其中落实"四项补贴"5331万元；共减免税费12260万元，减免行政事业性收费3551万元。全市共发放《再就业优惠证》34671本。累计安排小额担保贷款基金1669万元，发放小额担保贷款1303人，发放金额2365万元，发放规模位居全省第一，并受到劳动和社会保障部通报表扬。

二、"两金一费"按时足额发放

全市为92689名企业离退休人员发放基本养老金63880万元，为15827名机关事业单位离退休人员发放养老金19830万元；为25556名失业人员发放失业金5002万元；全市基本生活保障资金支出2484万元。"两金一费"按时足额发放，发放率达100%。

三、社会保险体系不断健全完善

进一步完善了机关事业养老保险办法、困难群体医保、工伤保险配套政策、乡镇企业以及失地农民、进城务工人员参保相关配套政策和办法，社保政策体系不断完善。强化社会保险扩面征缴，社保覆盖范围进一步扩大，社保基金收入大幅增长。全市社保扩面新增160127人，其中：企业养老保险扩面39381人，失业保险扩面32096人，医疗保险扩面40152人，工伤保险扩面27550人，生育保险扩面20948人。社会保险费核定征缴率达98%。全市社会保险费征缴突破14亿元大关，征缴额仅次于武汉市，位居全省第二，共征缴社会保险费141555万元，其中，征收企业养老保险费62499万元，征收机关事业养老保险费18877万元，征收失业保险费8772万元，征收医疗保险费48337万元，征收工伤保险费1892万元，征收生育保险费1178万元。全市共接续养老保险关系25190人，接续率达94%。

四、规范协调劳动关系劳动者权益得到较好维护

加大监察执法力度，全市完成劳动保障年检5850户，整顿和规范职业中介和收费行为，取缔非法职业介绍机构50家，追讨拖欠工资1710万元，其中农民工工资1456万元，劳动保障监察案件结案率达99%；全市城镇企业劳动合同签订率达89%；积极落实企业军转干部待遇，企业军转干部养老、医疗保险参保率，再就业安置率达到三个100%；全市受理劳动争议案件1034起，结案1022起，结案率达98.8%。

五、职业技能鉴定与培训工作迅猛发展

全市共组织各类培训97883人，其中：组织再就业培训38249人，创业培训4046人，农村劳动力转移培训45253人，就业前培训8373人，培训合格新技师1962人。技校招生7148人；开展了"职业技能鉴定直通车"试点，在全省、市、州中率先推行了计算机智能鉴定考试，建立计算机智能化考点15个。组织职业技能鉴定18730人，其中取得资格证书17100人。

六、部门精神文明建设成效明显

全市劳动保障部门强化人本服务理念，努力加强部门能力建设，开展了保持共产党员先进性教育、"双争"、文明创建和"优质服务窗口"等一系列活动，取得了良好的实效。全市劳动保障督查督办、目标管理、法制建设、党风廉政建设、文明创建以及社会治安综合治理、计划生育等各项工作得到加强，全系统作风进一步改进，服务效率和质量进一步提高。

2005年，全市劳动保障工作呈现以下特点：一是整体推进，劳动保障各项工作目标任务全面超额完成。二是加强调研，解决群众热点难点问题有了新突破。三是开拓创新，工作中积累了一些新经验。我市劳动力市场"新三化"建设、国家创业示范城市建设、组织农村劳务输出、加强就业服务、技校招生等各项工作在全国、全省会议上作了经验介绍。各地工作也形成了一些新亮点，如宜都的困难人员社保补贴、社保援助和被征地农民基本生活保障，夷陵区的扩面征缴，远安、五峰解决困难企业退休人员的医疗保险，枝江、兴山、长阳、宜都等地实行技术工种从业人员退休待遇与技术等级挂钩办法，当阳、长阳的集体合同管理，宜昌青华职校的职业培训模式等，为全市劳动保障工作的深入发展打下了坚实的基础。四是着眼长远，基础建设上了新台阶。劳动力市场“新三化”建设、社区劳动保障规范化建设、“金保工程”建设等基础工作有了新发展，劳动保障宣传、法制、基金监管等基础工作得到进一步加强。五是务实创新，部门能力建设有了新提高。扎实开展保持共产党员先进性教育活动，宜昌与宜都、当阳、长阳劳动和社会保障局等四个单位被评为“宜昌市保持共产党员先进性教育先进单位”。市劳动和社会保障局被省委、省政府评为“全省文明单位”；被市委、市政府评为“目标管理优胜单位”、“最佳文明单位”、“群众满意机关”；局直属机关党委被市委表彰为“五好基层党组织”；“农民进城务工服务线路图”受到中央、省、市等各级领导的充分肯定，被列为全国五大群众满意工程之一；涌现了省劳动模范董大英和市劳动模范王志超等一批先进典型

宜昌市质量技术监督局

【概况】 市质量技术监督局全面落实质量振兴目标责任，扎实推进精品名牌战略。2005年3月底，召开继1998年后第二次全市质量工作会议，9月初市政府出台《宜昌市创名牌奖励办法》，对获得中国名牌的企业奖励30万元，大大激发了企业创名牌的积极性。全市各地先后召开质量工作会议，枝江市还被省推荐为2005年全国质量兴市先进县市；宜都、当阳等地也出台名牌奖励措施。枝江酒已通过地理标志产品审查公告，有望成为本市第一个地理标志产品；秭归脐橙、五峰绿茶申报工作已经启动。经过不懈努力，2005年宜化集团楚星牌磷酸一铵获中国名牌产品，实现了本市中国名牌零的突破。另外，湖北宜化集团有限责任公司宜化牌复合肥、宜昌禾友化工有限责任公司葛洲坝牌过磷酸钙、中国石化湖北化肥分公司长江牌尿素、枝江粮油购销公司九龙、玛瑙牌大米4家企业4个产品评为国家免检产品，兴发化工集团工业六偏磷酸钠等17家企业19个产品被评定为省名牌产品，为培育我市优势产业，扩大优强企业影响力起到巨大的推动作用。

把食品监管作为重中之重，切实加强产品质量监督工作。率先在省内成立食品监督科，对食品专项整治工作精心部署，先后制定了治理整顿工作实施方案、食品质量安全事故应急救援预案等措施。积极开展食品质量卫生监督检查，抽查97家食品企业、106个批次产品，合格率为85%。进一步落实企业质量安全意识和责任主体意识，举办食品企业负责人和检验人员培训班。加强对食品小作坊的质量安全监控，帮助把好原材料进厂、生产流程控制、产品出厂三道关口，提高对小作坊监管的实效性。认真落实产品质量监督检验计划，不断提高产品质量整体水平。完成棉花质量公证检验3.78万吨、产品质量检验近4000批次、定期监督检验631批次，合格率为86.7%。监督抽查190家企业，监督后处理42家，整改合格达100%。受理食品生产许可证申请63家，取得32张许可证。组织39家企业积极申报工业产品生产许可证，累计完成532家规模以上企业的建档工作。

围绕茶叶、柑桔、高山蔬菜等六大农业特色产业，认真落实《关于加强全市农业标准化工作的通知》，主动与县、乡政府和相关部门建立联系制度，对枝江白洋柑橘、宜都无公害富锌茶等七个国家级农业标准化示范区进行检查和指导。积极争取国家标委支持，申报了当阳凤凰山金水柑品种改良及国家级农业标准化示范区项目。全市共发布农业地方标准9项，其中省级3项、市级1项、县级5项；办理采标验收发证7项，采标标志4项。组织农业地方标准的制定，将秭归脐橙、宜都无公害富锌茶、远安鸣凤大米、食用菌等地方标准上升为省级地方标准。全市完成代码办证近4000个、换证2568个；新增条码系统成员52家、续展60家；为社会提供标准资料1万件次，发行标准2700册。大力加强标准宣传贯彻工作，先后开展了食品标签、饲料标签、家具使用说明、纺织品安全技术规范和儿童玩具等强制性标准宣贯，为广大消费者提供安全健康的消费环境。

服务企业、规范市场，抓好计量监督管理，积极为企业建立内部计量质保体系、计量设备的配备、人员培训等提供服务，推动各行各业深入开展“抓计量、促节能、增效益”活动，为提高质量、节能降耗、提高竞争力提供了可靠的技术保证。全市完成计量器具检定14万台件；开展计量合格确认7家，计量认证10家，计量标准考核20家61项；开展定量包装商品监督抽查537个批次；培训计量管理人员644人次。对全市30多个新建住宅小区的“三表”首次强检情况进行检查，首次强制检定受检率达95%。在全市14个居民小区开展水表、电能表和煤气表计量监督检查，切实解决好市民关切的问题。重点对废旧回收市场、集贸市场、定量包装商品生产经销企业、餐饮业进行监督检查，严肃查处短斤少两坑害消费者的违法行为。对建筑检测市场加大监督检查力度，查处4家出具虚假报告的检测机构。

切实发挥打假主力军作用，加大专项整治力度，不断净化市场环境。全市系统共出动执法人员8600人次，立案查处案件969起，查出不合格商品货值1164万元，其中伪劣产品货值388万元，端掉制假售假窝点13个。农资打假中各地没收劣质肥料共75吨，有效防止了坑农害农事件的发生。

在追查含有苏丹红食品及原料的紧急行动中，对含辣食品企业进行拉网式检查，对库存不合格产品全部扣押，并发出协查通报。积极开展“打假保名优”活动，维护名优企业合法利益，与知名企业联手开展打假行动。狠抓建材市场整治，对“小钢厂”采取高压打击态势，对“地条钢”死灰复燃的情况，在主要新闻媒体上通报，对仍在生产的“小钢厂”及时通报当地电力部门予以断电。7月份省“地条钢”检查小组对我市部分县市进行现场检查，确认列入“黑名单”的“小钢厂”已全部关闭。

加大特种设备安全监察力度，着力提高使用登记发证率、定期检验率、作业人员持证上岗率和事故结案率，确保在用设备安全运行，严防重大事故发生。完成特种设备检验4558台、钢瓶检验4.6万只、压力管道定检2.5万米。为巩固气瓶市场整治成果，与建设、交通、工商等部门召开联系会议，制订《瓶装液化石油气市场综合整治方案》，开展联合大检查，严厉打击违规充装行为，查处近十个倒灌窝点，在城区全面实行液化石油气封口销售，有效地控制不合格钢瓶的充装和使用，改善了瓶装液化石油气市场的安全环境。为有效防止重、特大事故的发生，加强对特种设备重大危险源的监控和管理，将全市80家重大危险源单位进行登记建档，组织安全监督检查，对安全管理存在的薄弱环节，限期整改。及时组织长阳高家岭小学4.13锅炉爆炸事故的调查处理，开展以学校为重点的全市锅炉大检查。加强特种设备作业人员的培训考核工作，举办作业人员和管理人员培训班56期，培训近4000人次。

【本市新增7个国家级农业标准化示范区】 2月枝江白洋柑桔、无公害水产品网箱养殖标准化示范区2个项目被列入有经费补贴的全国第五批Ⅰ类项目，无公害天然富锌茶标准化示范区等5个项目被列入全国第五批Ⅱ类项目，夷陵区无公害柑桔标准化示范区被列入省级财政补贴的省第二批示范项目。

【全国条码工作会议在宜召开】 3月1日~3日全国条码工作会议在宜昌召开，来自全国各省、自治区、直辖市标准信息研究院、国家物品编码中心的150多名代表参加会议。会议指出，要通过深化改革、创新机制，抓紧“中国条码推进工程”的实施工作；加强应用研究，扩大全球统一标识系统的应用；深化服务、促进应用，加强条码工作机构自身的建设；条码管理要在标准化、规范化、制度化方面下功夫，确保全国条码工作健康发展。

【市产品质量监督检验所通过国家实验室认可】 5月中国实验室国家认可委员会对宜昌市产品质量监督检验所进行现场评审，确定生物、化学、机械、建材等检测领域152产品(参数)符合国家实验室认可要素。9月12日，市质检所收到了中国实验室国家认可委员会颁发的国家实验室认可证书(编号№ L2191)，这是本省第三家、地市州级第一家通过国家实验室认可的质检机构。在此基础上顺利完成湖北省磷化工产品质量检测中心筹建工作。

【市纺织纤维监督检验所达到国家一级实验室检测条件】 为落实棉花质量检验体制改革方案，市纺织纤维监督检验所历时半年，总耗资260万元，购置世界先进的HVI检验仪，建成面积达450m2的棉花质量公证检验实验室。8月4日，国家计量院标准物质中心对该实验室温湿度进行考核验收，该实验室符合温带一级标准要求(温度20±1℃，湿度65±2%)，成为国家一级实验室。国家六部委考察时认为该实验室目前属于全国一流的实验室。

【名牌产品奖励办法出台】 9月6日，市政府召开第48次常务会议，一致通过了《宜昌市创名牌产品奖励办法》。会议决定，对于获得中国名牌、中国驰名商标的产品给予30万元的奖励，对获得国家免检产品的给予10万元的奖励，获得湖北省名牌的给予3万元的奖励。奖金由地方财政列支，按财政体制分担。

【19个产品被评为湖北省名牌产品】 2005年，宜昌市共有17家企业19个产品被省名牌战略推进委员会认定为2005年省名牌产品。

宜昌市安全生产监督管理局

2005年，在市委、市政府的正确领导下，以科学发展观为统领，突出重点，点面结合，注重建设，整体推进，促进安全文化、安全法制、安全责任、安全科技、安全投入的全面协调发展，为全市推进城乡一体化建设、构建和谐宜昌提供了良好的安全生产环境，全市安全生产保持了较为稳定的态势，被省政府评为2005年度安全生产责任目标考核优秀单位。

2005年，全市安全事故的主要特点：

——*事故总量继续下降*。全市供发生各类安全事故1177起，死亡406人、受伤1182人，直接经济损失1703.99元，同比分别下降0.76%、5.80%、4.21%和上升29.73%。

——*主要行业和领域安全状况好转*。全市道路交通事故起数和死亡人数分别下降8.28%和11.04%，煤矿事故起数和死亡人数分别下降12.50% 和21.95%。

——*多数县市区安全生产形势稳定*。兴山县、秭归县、五峰县、宜都市、当阳市、枝江市、夷陵区、开发区和远安县等9个单位实现市政府下达的年度控制指标。

——*各类重大安全事故持续下降*。全市发生一次死亡3人以上重大事故5起、死亡17人，比2004年减少10起，减少死亡42人。

2005年，重点抓了七个方面的工作：

▲高度重视，落实责任。市委、市政府把安全生产纳入县市区党政领导班子及党政正职实绩考核评价范畴，使各县市区政府更加重视、更加主动地抓安全生产工作。市人大开展的《安全生产法》贯彻落实情况的执法检查，有力地促进了安全责任制的落实，层层分解下达安全生产控制指标，并进行跟踪监控和督办告知，更加强化了各级、各部门、各单位的安全责任意识。在煤矿强力推行安全生产风险抵押金制度，促进了煤矿业主安全责任的落实。在基层较为普遍实行的安全生产风险责任保证金全奖全赔制度，更加调动了安全责任人抓安全生产工作的积极性、主动性。对生产安全事故严格按照"四不放过"的原则进行责任追究，起到了良好的警示作用，促进了安全责任的落实。

▲抓住源头，严格准入。一是落实"三同时"规定。先后对远安东圣公司年产10万吨粉状磷酸一铵等35个项目进行了安全专篇评审、安全审查和竣工验收。二是强力推进《安全生产许可证》申办工作。截止2005年底，已有17家煤矿企业和187个煤矿生产系统、7家非煤矿山企业和220个生产系统、33家危险化学品生产企业、2家烟花爆竹生产企业取得《安全生产许可证》，做到了持证合法生产。三是严格危险化学品经或许可证发放工作。截止2005年底，全市共取得危险化学品经营许可证979份，取证率62.1%，其中鼠药经营许可证108份，取证率100%，甲种经营许可证380份，取证率90%，乙种经营许可证491份，取证率47.3%。四是烟花爆竹实行安全合格准入制度。

▲全面培训，提高素质。一是根据年初确定的"5111"目标（全年培训50名安全监察员、100名乡镇管理干部、1000企业负责人和安全管理人员、10000名特种作业人员），共培训各类人员16091人，其中安全监察员66人、安全管理人员1156人、企业主要负责人4406人、特种作业人员9994人。二是组织煤矿业主、矿长、安全员和乡镇管理干部学习《国务际关于预防煤矿生产安全事故的特别规定》（国务院令第446号）和《国务院办公厅关于坚决整顿关闭不具备安全生产条件和非法煤矿的紧急通知》（国办发明电[2005]21号）（简称"国务院两个重要文件"），共有1188人参加省发全监管局统一组织的考试。三是在第四个"全国安全生产月"活动期间，除了开展现场咨询服务活动外，还举办了以《遵章守法 关爱生命》为主题的广场文艺演出，宜都市、长阳县、夷陵区、伍家岗区等也分别组织了广场文艺演出或巡回演出。有近2万人参加"宜化杯"危险化学品安全知识竞赛活动，有11.6万人参加全省"全员安全教育学习竞赛"活动。

▲专项整治，攻紧破难。一是开展了煤矿瓦斯治理工作。针对远安县"5·29"煤矿瓦斯爆炸事故所暴露出的问题，提出了"锁定名单、严密监控、重点督导、专家咨询、分片部署、风险抵押、加大投入、深化培训、严格制度、随机抽查"等十项措施，并聘请11名专家组成4个督导组深入4个高瓦斯矿区进行为期半个月的督查。胡家法副市长亲自召开全市煤矿矿长（业主）分片会议，与他们推心置腹、交心谈心，强化了他们的安全责任。26个高瓦斯矿井全部安装风电瓦斯闭锁装置和地面监控装置，四个县的瓦斯集中监控方案全部通过市级审查，远安县完成组网调试运行，全省煤矿瓦斯远程数字监控现场会在该县召开。二是组织开展了打击煤矿违法生产联合执法活动。市政府及时成立了以胡家法副市长任组长，市监察局、国土资源局、工商局、公安局、经委为成员单位的煤矿安全生产联合执法工作领导小组。据统计，在联合执法行动中，全市共炸封非法矿井34处，关闭不具备基本安全生产条件的煤矿5对，查处各种不法开采行为130多起。三是继续深入开展了危险化学品安全专项整治。着重抓了生产许可、经营许可等六项制度的贯彻落实。四是整改了多处重大安全隐患。被省安委会挂牌督办的湖北楚星化工股份有限公司周边安全间距不够重大安全隐患已由宜都市政府和该公司投入1500万元进行了彻底整改。金山市场原食品糖果总厂废弃的液氨制冷系统2.5吨液氨被成功处置。华源第二加油站油罐未埋地重大安全隐患被强令推倒重建。

▲强化创建，夯实根基。全市以创建安全合格乡镇、安全文明社区、安全生产达标样板企业和安全质量标准化企业活动为载体，着力抓基层、打基础，苦练基本功。2005年共建成达标样板企业63家、安全质量标准化企业34家、安全生产合格乡镇18个、安全文明社区19个，其中13家非煤矿山安全质量标准化企业中有10家达到国家二级标准。涌现了像宜都市陆城街道办事处、兴山县古夫镇等一批安全合格乡镇、枝江酒业股份有公司等一批安全质量标准化企业。

▲精心组织，联动演练。2005年全市重点抓了应急救援预案的演练，把综合性演练列入责任目标进行考核。11月15日，省政府危险化学品安全管理现场会在我市召开，所有与会代表现场观摩了宜化化工集团股份有限公司氯气泄漏安全演练，任世茂副省长亲临现场，省安全监管局詹才泳局长充分肯定了演练组织和效果。11月24日，市安全监管局和兴山县政府在耿家河煤矿联合开展了矿山应急救援预案演练，调动了矿山救护队、医疗救护力量等，取得了良好效果。枝江市开展了危险化学品演练。远安县矿山救护小队在该县"5·29"煤矿瓦斯爆炸重大事故的救援中发挥了重要作用，最大限度地减少了人员伤亡。

▲强化监管，服务发展。市县两级安全监管部门加强了对沪蓉西高速公路、宜万铁路等国家重点工作程项目的监管和服务，共深入施工现场安全检查150余人次，共为"两路"培训安全管理人员174名、特种作业人员320余人。同时，继续做好对三峡工程建设的监管与服务，为国家重点工程建设创造了良好环境。

宜昌市国土资源管理局

2005年全市农用地转建设用地实际共381.49公顷，其中耕地为68.75公顷。

2005年全市共开发整理新增耕地783.18公顷。其中，市级投资土地开发整理项目17个，实际新增耕地98.4公顷，另收购耕地指标228公顷，二项合计共投入市级资金1198.53万元，新增耕地指标326.4公顷。

全市清理出可利用存量建设用地155.49公顷，共盘活存量土地69宗、面积95公顷。

2005年，全市投入收购资金27097.84万元，收购储备土地39宗，面积65.52公顷，其中市城区储备土地25宗，面积50.33公顷，投入收购资金22931.87万元。全市全年供应土地1347宗，557.6公顷，收取地价款92277.87万元，其中招拍挂出让土地101宗，90.92公顷，成交总金额64678.89万元。

全市共发现土地违法案件179件，立案169件，结案168件。共拆除建筑物1087平方米。全市共查处矿产资源违法案件76件，结案71件，1人被判破坏矿产资源罪一年，并处以罚金5000元。全市共清理拖欠农民和集体经济组织的征地款4188.41万元。2005年共收到群众来信357件，接待来访258批次，494人次。

2005全市共收取矿产资源补偿费543万元，收取矿产权价款12495万元。

全年共发生或变形加剧的地质灾害82处，体积约2884万立方米，威胁738户4730人，搬迁247户873人，直接经济损失达1709万元，成功监测预报地质灾害9处，避免119人、380万元财产遭受损失。三峡库区二期地质灾害治理工程41个项目，全部一次性通过省级、国家级竣工最终验收。国务院批准我市纳入三峡库区三期地质灾害应急治理的项目为崩滑体50个。

2005年宜昌市国土资源系统副县级以上领导干部收归省管，各县(市)、夷陵区国土资源局领导班子收归市管。城区国土资源分局由原来的五个减少到四个，组建成立了宜昌市国土资源局西陵、伍家、点军、开发区和猇亭四个分局(开发区和猇亭实行两块牌子一套班子)。宜昌市编委批准成立了“宜昌市国土资源执法监察支队”，定编18人，副县级单位。

为重点工程做好用地供地服务，积极主动为三峡工程、三峡大学、宜万铁路、沪蓉西、沪渝高速公路、荆宜高速公路、城东大道、三峡输变电、宜化96万吨高浓度磷复肥等重点项目建设服务，及时组织用地资料报批。解冻以后仅四个月的时间，宜昌市国土资源局及时为85个项目办理了用地资料报批。以企业改革改制及市、区属企业改制为重点，对100余宗土地依法进行了处置，返还土地出让金6579.6万元，市土地储备中心注入资金2.3亿元，其中为城市建设筹集资金4000多万元，为企业改制解困、维护社会稳定、支持城市重点基础设施建设做出了突出贡献。

宜昌城区和枝江市土地利用更新调查通过了省级验收，其余各县(市、区)在年底完成了土地利用更新调查的数据库建设和成果汇总。土地利用总体规划修编前期工作进展顺利，市、县(区)两级落实专项经费1600多万元，专业技术人员达53人，年底基本完成了市级规划七个专题研究课题，我市规划修编工作走在了全省地市州的前列。

宜昌市人事局

[实施“招硕引博”工程] 为大力实施人才强市战略，进一步改善我市党政群机关和事业单位干部队伍的知识结构，提升我市重点骨干企业、高新技术企业和民营企业人才队伍的整体素质，市委、市政府决定实施“招硕引博”工程，面向全国公开招聘全日制硕士研究生和博士研究生。市委组织部、市人事局制定了《关于引进高层次紧缺人才来宜工作的若干意见》(宜组文[2005]87号)，明确了我市“招硕引博”工程的对象、主体和优惠政策。全市29家市直机关和企事业单位共提供102个岗位，需要招聘88名硕士研究生和14名博士研究生，其中行政机关岗位9个，事业单位岗位60个，企业岗位33个。从9月下旬开始，我市在中国国家人才网、中国研究生人才网、宜昌三峡人才网上发布了高层次紧缺人才招聘广告；从10月份开始，先后在武汉晚报、楚天都市报和宜昌日报、三峡晚报上发布了人才招聘广告。10月12日至13日，市委组织部、市人事局组织招聘小组赴深圳高交会展中心参加中国国家高新技术人才与智力交流会，进行了现场招聘。11月10日，市委组织部、市人事局在武汉军培大厦召开了宜昌市高层次紧缺人才招聘工作信息发布会。11月19日-20日，我市29家单位参加了省人才交流中心在洪山体育馆主办的“2006年毕业研究生供需见面会”和中国研究生人才网在武昌科技会展中心举办的“2006届毕业研究生招聘会”。共接待、洽谈全日制硕士、博士研究生1596人，意向性登记1123人，确定重点考察对象326人，正式签约8人。

[开展公务员法全员轮训] 《公务员法》在4月由全国

人大常委会通过颁布，于2006年1月1日正式实施。全市各级组织人事部门高度重视，对学习《公务员法》的活动进行了周密部署。采取送出去、请进来等方法武装骨干，组织50多名人事干部参加人事部举办的公务员法培训班，邀请中国政法大学行政学院教授来宜进行专题辅导，市直副县级以上的领导和政工人事干部1000多人听取了报告。举办了2期全市组织人事干部培训班，对《公务员法》知识进行集中培训。组织开展了公务员法学习知识竞赛，有19000多名公务员参加了公务员法测试，5个县市区获得组织奖、10个市直部门获得优胜奖、60名公务员分别获得一、二、三等奖。

［**实施服务百家企业人才活动**］ 根据市委三次党代会提出加快推进新型工业化的要求，为实现人事人才工作与经济建设的有机结合，全市人事系统了开展了服务百家企业活动。市人事局组成5个专班深入到全市20多家重点企业调查，了解企业对人事人才工作的需求，征求对人事部门服务企业、服务项目的意见和建议，通过发放问卷调查表、组织专班上门走访等形式，掌握百家企业的生产经营、人才需求、服务需求情况。召开了全市人事系统服务百家企业工程会议，推出了服务百家企业的10条举措，建立了服务企业人事专员和领导联系点制度。举办了重点企业人才、最具成长性企业人才4场招聘会，在三峡人才网上开辟了百家企业特别推荐专栏，免费为百家企业进行产品展示、提供人才需求情况，在20家建筑企业开辟了人事代理上门服务等项目。新增代理人员1757人，新增委托单位36家。对241名非公经济组织专业技术人员和19名企业工人职称开展了专项评审工作，为各类人才提供科学的评价服务。

［**启动公务员公共管理核心课程菜单式培训**］ 为认真贯彻落实省委关于做好大规模培训干部工作精神，加强公务员更新知识、提高工作能力的在职培训工作，宜昌市人事局在市直公务员中开展了公务员公共管理核心课程的脱产培训工作。7月19日~8月29日在三峡继续教育基地进行了集中培训，来自市直74个部门和单位的717名公务员参加了5期免费脱产培训。培训课程有《公务员现代市场经济知识》、《公共行政管理》、《公共政策》、《公共危机管理》和《创新思维与方法训练》5门课程。为提高培训的质量，专门聘请三峡大学政法学院教师组成了市直公务员公共管理核心课程课题组，并从武汉请来了著名创造学专家肖蔚教授进行授课。717名公务员根据自己的工作岗位和兴趣爱好选择学习课程。培训采取集中授课与自学相结合的方式进行，辅导结束后进行了集中测试。公共管理核心课程培训开启了公务员菜单式培训的新途径。

宜昌市人口和计划生育委员会

2005年，全市人口计生工作在市委、市政府的正确领导和国家人口计生委、省人口计生委的帮助指导下，以“基础建设年”和“机制建设年”为抓手，紧紧围绕深化人口计生综合改革、完善农村部分计划生育家庭奖励扶助制度、综合治理出生人口性别比这三件大事，扎实开展先进性教育活动和政风行风评议工作，以高度负责的精神和认真扎实的工作，圆满完成了各项任务。

一、人口和计划生育综合改革全面深化

（一）三项基础性改革全面推进，基层基础工作不断巩固。在依法管理方面，市人口计生委与市政府法制办、市民政局等部门修订完善了《全市人口与计划生育依法管理指南》；全面深化生育审批制度改革，推广了二孩以上生育民主公开审批制，完善了流动人口现居住地生育审批的作法；全市人口计生系统已连续3年基本实现“四无”目标（无违法违纪案件，无重大责任事故，无群体上访事件，无乱收费、乱罚款、乱摊派行为），得到社会各界的好评。在2005年全市民主评议政风行风活动中，市行评办问卷调查结果表明，群众对人口计生工作满意率最高。在村（居）民自治方面，严格执行《宜昌市计划生育村民自治工作规范》，全市82%的村（居）在计划生育方面群众自我教育、自我管理、自我服务的意识和习惯初步形成。在优质服务方面，与市委宣传部、市统计局、西陵区政府联手，在夷陵广场开展了纪念“13亿人口日”大型宣传活动暨2005年度全市婚育新风进万家示范活动；大力实施“关爱女孩行动”项目试点，已惠及10万多个独女户和双女户家庭；与妇联、扶贫办、民政等部门密切配合实施了“维护妇女合法权益”项目。对全市64个县乡计划生育技术服务机构依法校验，核发了执业许可证；各县市区普遍完善了免费服务制度，全市环情孕情监测、避孕节育四大手术、药具发放和节育手术并发症治疗等全部实行免费服务，免费金额达797.86万元。

（二）着力实施攻坚项目，工作新机制建设步伐加快。市政府办公室下发了关于表彰攻坚项目获奖单位的《通报》，对枝江市“婚育新风进万家”基层示范工程等7个优秀项目和宜都市流动人口计划生育管理信息系统应用软件开发等8个合格项目予以通报表彰，并分别给予4000元和3000元的奖励。全市13个县市区全部出台了人口与计划生育奖励优惠政策的文件，全市县级以农村奖扶制度为主导的利益导向政策体系初步建立。去年以来，全市已有3.54万个农村独生子女家庭享受到奖优免补政策，共减免各种费用2278.39万元，优先发放扶贫贷款7586.5万元。初步完成了"十一五"人口和计划生育事业发展规划编制工作。《宜昌人口志》已进入一审阶段。

（三）优化改革环境，保障机制逐步健全。在乡镇综合配套改革中加强乡级计生干部队伍建设，明确了社会事务办的首要职能就是"做好人口和计划生育各项工作"。全省财政体制改革后，2005年市县两级计生事业费到位2823.36万元，人均7.08元。全市转移支付乡镇计生经费逐年增长，2005年预算投入474.01万元，人平1.75元，比税费改革前乡级计生统筹费增长了15.19%。市委、市政府以党政领导责任、措施、投入"三到位"和相关部门领导、责任、工作"三落实"为重点，将人口计生工作纳入县市区和市直79个部门综合目标管理，严格组织了考核兑现，使人口计生综合改革工作职责进一步得到落实。

二、农村部分计划生育家庭奖励扶助制度进一步规范

全市上下围绕建立资格确认、资金发放、资金管理和社会监督"四权分离"的运行机制，抓好奖扶对象个人申请、群众评议、乡村审核、县级确认、三榜公示、核查复审等各个环节，进一步规范了奖励扶助制度。

在"准入"关口，认真实行"本人申请、三级审核、三榜定案"，重点从群众评议、村民代表大会审议、调查取证、合法证件审核、乡村两级干部包干审核、县级复核、核查复审等七个关键环节抓好对象审核确认工作；在工作过程中，严格执行目标管理责任制度、程序责任追究制度、调查取证回避制度、领导干部包干负责制度、乡级国家干部包保审核责任制度、"一支笔"审批制度、有奖举报制度、回访制度、监督制度和责任追究制度等十大制度；在监督环节，不断强化行政监督、群众监督和舆论监督，确保奖励扶助制度不断规范和完善。

截止8月5日，全市经核查复审后确认的奖励扶助对象10519人，实际发放奖励扶助金631.14万元，奖励扶助金发放到位率达到100%；确认2006年度新增奖扶对象1456人。

三、综合治理出生人口性别比力度加大

（一）党委政府高度重视，严格实行目标管理。2005年2月，市政府召集市直计生、卫生和药监等部门召开协调会，市政府办公室印发集中整治非法鉴定胎儿性别和选择性别终止妊娠行为专项活动的《实施方案》；3月，成立全市综合治理出生人口性别比工作领导小组，组建了办事机构。市县两级共成立以党政一把手或分管领导为组长的专项整治工作领导小组122个。3月7日，市政府召开"两非"专项整治活动电视电话会议；4月，组成学习考察组，赴武汉市江夏区、黄冈市及罗田县学习考察综合整治"两非"工作具体作法。市政府与市直计生、卫生、药监、监察、公安等5部门签定了禁止非医学需要的胎儿性别鉴定和选择性别的人工终止妊娠工作目标管理责任书，实行年度考核，严格兑现奖惩。市县两级共签订专项目标管理责任书411份。

（二）相关部门积极配合，初步建立各项制度。全市各级各部门按国家、省有关要求，建立健全了联席会议、督办和检查考核制度，明确部门职责，实施综合治理。市人口计生委与市委宣传部等11部门出台实施了关于综合治理出生人口性别比升高问题的《通知》；与市卫生局、市药监局联合下发《通知》，确定了34家二级以上医疗机构、14家县市区以上计生技术服务机构，为我市中期以上终止妊娠手术定点机构。

（三）组织开展专项督查，大力查处两非案件。5月上旬，各县市区计生、卫生、药监三部门共抽调工作人员100多名，组成14个督查组，对400多家医疗保健机构、计生服务机构、药品经营单位和个体诊所进行了全面检查。5月下旬至6月中旬，市政府从市政府办和计生、卫生、药监等部门抽调人员组成三个检查组，由副市长焦红带队，对14个县市区的98家卫生医疗保健机构、计生服务机构、药品经营企业和零售药店、个体诊所等进行了全面检查。

四、政风行风建设取得阶段性成效

根据市委、市政府的统一部署和市行评办的具体安排，认真开展政风行风评议工作，扎实推进事业发展，取得了阶段性成效。市行评办授予市人口计生委"2005年度全市政风行风评议合格单位"称号。

（一）深化思想认识，动员全员参与。把解决全员思想认识问题作为做好今年政风行风评议工作的中心环节，按照省、市要求，精心部署，环环紧抠，做到了"四个到位"。一是狠抓机构到位。在成立行评领导小组、落实工作专班的基础上，在系统内层层签订了行评工作责任书，明确第一责任人，实行一把手负责制，形成了上下联动、齐抓共管的工作机制。二是狠抓方案到位。市县乡三级人口计生部门均制定了行评工作《实施方案》，明确了指导思想、评议内容、工作步骤和具体要求，确定了"评议政风行风，服务育龄群众"的活动主题，列出了日程安排表。三是狠抓认识到位。全系统共召开行评工作动员会议26次，参加人数1291人次，发动面达到100%，形成了"人人都是行评对象、个个都是计生形象"的共识。四是狠抓宣传到位。在全市人口计生专网、宜昌·三峡网上发表《致全市人民的公开信》，在城区和县城、乡镇层层开展行评大型宣传活动，利用新闻、网络媒体和墙报、政务公开栏等阵地刊登市县乡三级人口计生部门《社会服务承诺》，市人口计生委先后二次在宜昌人民广播电台通过"行风热线"接受群众咨询和投诉。

（二）广泛征求意见，深入查找问题。坚持开门纳谏，采取多种方式，力求把人口计生系统存在的主要问题和薄弱环节找全找准、找深找透。全市人口计生系统共召开座谈会393次，座谈人数4292人，收回征求意见表15520份，上门走访乡街、村居、机关团体及企事业单位705个，设立监督举报电话149部、电子信箱57个、意见箱163个，诚心诚意地向社会各界征求意见和建议，查找存在的突出问题。在自查自纠工作中，强调讲问题不讲成绩，讲真话不讲假话，讲自己不讲别人，讲主观不讲客观，不护短，不遮丑，敢于将真实问题和毛病暴露出来。在全市组织开展了“计生行风行不行，下去问问老百姓”的走访活动，仅市县乡三级计生干部6－7月即入户访谈32168户、58623人。同时，还分别上门向市直有关单位、基层干部、人大代表和政协委员征求意见和建议，做到暴露问题不怕多，触及灵魂不怕痛，亮出伤疤不怕丑。

（三）认真扎实整改，建立长效机制。针对存在的问题，分类制定整改措施，落实整改责任制，加大整改力度，建立长效机制，取得了初步成效。大力实施便民利民工程，依法维护育龄群众合法权益；完善计划生育利益导向机制，抓紧抓好基层基础工作；广泛开展“假如我是一名育龄群众”的换位思考活动，增强了干部职工在改进服务方式、完善服务设施、增强服务能力、提高服务质量方面的自觉性和紧迫感，基本达到了“全员受教育，群众得实惠”的目的。采取多条措施帮扶对口贫困村——长阳高家堰镇魏家洲村，与夷陵区平湖社区居委会建立了党员结对帮扶联系点，为云集街办小林园社区居委会帮助解决办公用房问题，投入2000多元帮助远安县河口镇河口村建设文化科技中心户，多次组织机关干部到宜都市红花套镇检查指导抗旱救灾工作。今年全市人口计生系统向对口扶贫点和计生贫困家庭累计捐款5万余元。集中测评大会后，组织全系统干部职工认真总结前段工作，筑牢思想滑坡的防线，做到组织领导不松，工作专班不撤，工作要求不变；狠抓人口和计划生育行政执法责任制、执法过错责任追究制、公示制、督查制的落实，完善以奖励扶助制度为主导的计划生育利益导向政策体系，确立了2007年全市建立起人口计生工作新机制的目标；加强人口和计划生育行政监察工作，重点对农村部分计划生育家庭奖励扶助对象的资格确认和资金发放开展行政监察。

宜昌市教育局

2005年，全市教育系统全面贯彻落实党的十六届四中、五中全会和市三次党代会精神，用科学的发展观统领教育工作全局，以全面提高“普九”水平、普及高中阶段教育为龙头，突出重点，创造特色，强化管理，提高质量，促进教育持续健康快速发展。

一、科学规划“十一五”教育事业发展目标

一是完成了《宜昌市教育事业发展“十一五”规划纲要（草案）》。组建工作专班，组织有关专家，经过3个多月的调查研究，确立了宜昌市2010年教育事业发展目标：全市“两基”水平进一步巩固，九年义务教育质量全面提高，九年义务教育完成率达95%以上；高中阶段教育全面普及，毛入学率达到90%以上；高等教育入学率达到30%以上，高于全省平均水平。以学习型城市为特点的现代国民教育体系和终身教育体系初步建立，人民群众教育需求得到极大满足，社会弱势群体子女受教育权利得到充分保障，市民人均受教育年限达到10年。教育综合实力继续保持全省领先水平，努力建成教育强市。5月份，湖北省教育事业发展“十一五”规划座谈会在宜召开，我市在会上作典型发言。

二是扎实开展教育事业各单项规划的编制工作。完成了《宜昌市城区“十一五”学校布局规划（送审稿）》，5月16日市政府召开政府常务会专题研究城区学校布局规划，会议原则同意规划提出的基本原则和指导思想，对电大、教院资源整合及城区部分学校布局调整作出决策。全市民办教育、职业教育、幼儿教育等单项事业发展规划亦在起草中。

二、九年义务教育水平进入全面提高阶段

2005年，全市小学适龄儿童入学率达到100%；小升初比例达到100%，比上年提高1.9个百分点；初中适龄少年入学率99.4%，比上年提高0.3百分点；九年义务教育完成率达到95.9%，比上年提高4.1个百分点，继续位居全省首位。

一是“普九”成果得到全面巩固提高。坚持“普九”工作督查和复查制度。秭归、长阳2县接受省级“普九”复评，受到高度评价。狠抓夷陵等7个县的“普九”巩固提高督查力度，各项指标达到国家和省规定的现阶段“普九”标准。深入开展零辍学乡镇和学校的创建活动，共有25个乡镇通过验收，全市零辍学乡镇达到35个，占全市乡镇数的36.5%。建立九年义务教育学生流失通报制度，小学巩固率达到99.7%，初中巩固率达到98.5%。今年春季省教育厅通报全省初中巩固率，我市为99.52%，位居全省第一。

二是继续实施农村保育寄宿制配套建设示范工程和初中建设标准化工程。积极争取国家农村中小学寄宿制工程项目，我市五峰等7个县市区共申报工程项目37个，计划新建校舍面积3.5万平米，计划总投资2383万元。省下达我市2004—2005年工程项目21个，计划投资1236万元，计划新建校舍面积1.87万平米。截止目前，已完工项目9个，在建项目9个，待建项目3个，年内可完工80%工程，完成投资950万元，竣工面积1.5万平米。项目的有效实施，有力的推动了我市寄宿制学校的建设和发展。2005年，全市共创建农村小学保育寄宿制配套建设示范校32所，总量达到205所，增长18.5%；创建初中建设标准化学校8所，总量达到15所。农村学校布局得到进一步调整优化，与上年相比，农村小学校数由629所调减至559所，减少11%；全市初中校数由196所调减至177所，减少9.7%；教学点由80个调减至31个，减少61%。

三是农村中小学现有D级危房全部消除。2005年，全市农村中小学有D级危房7.23万平米。截止目前，已竣工

工程项目85个，占计划数的98.8%，新建和改扩建校舍面积4万平米，占计划数的95%，完成投资1800万元，消除D级危房7.23万平米，至此，全市农村中小学现有D级危房全部消除。

*四是农村中小学现代远程教育迅猛发展。*发挥后发优势，加快教育信息化步伐，是缩小城乡教育差距的有效手段。国家农村中小学现代远程教育工程涉及我市项目学校703所，投资1189万元，今年暑期设备安装到位，秋季开学已正式投入使用。截止目前，全市计算机装备总量达到27969台，比上年增长9%，中学、小学机生比分别从上年的1:15、1:27提高到1:14和1:25；共建计算机网络教室571个，校园网122个，多媒体投影教室300个，电子备课（阅览室）306个；93%的定点中小学利用多种形式实现了校校通，66.2%的定点中小学普及了信息技术教育，分别比上年增长35%和1.2%；全市信息技术装备总额达到17277.9万元，比去年增长16.6%。

三、高中阶段教育进入基本普及阶段

普及高中阶段教育是宜昌教育“十一五”时期的重大战略任务。明确了“三年基本普及、五年全面普及”的工作目标，“积极进取、分区规划、分类指导、分层推进”的基本原则和“协调发展、内涵发展、均衡发展和注重质量求发展”的工作思路。市教育局成立了统筹管理高中阶段学校招生工作领导小组，建立了普及高中阶段教育的年度检查与通报制度，高中阶段教育普及程度大幅提高。2005年，全市高中阶段学校在校生总规模达到15.3万人，年招生5.8万人；初升高比例达到87.9%，比上年提高8.2个百分点，位居全省前列；高中阶段教育毛人学率66.4%，比上年提高4.7个百分点。

*一是大力加强职业教育。*狠抓中职毕业生就业工作，采取校企联合办学、订单式培养、在就业所在地设立就业工作机构等措施，取得显著成效，2005年全市中职毕业生11764人，就业11299人，就业率达到96%，就业人数及质量明显高于往年。狠抓中职招生工作，全市中职学校招生首次超过普通高中学校，全市中职学校招生达30107人（含综合高中7983人），普职招生比达到4.8:5.2。狠抓学校基础建设，以实训基地建设和专业建设为核心，着力提高中职学校办学实力，已创建国家级重点学校6所，省级重点学校5所，另有2所创建国家级重点学校已通过省级评估正待国家教育部审批，建设有国家级骨干专业1个，省级骨干专业15个，市级骨干专业35个，市级示范专业23个，建设实训基地近30个，向上争取了专项建设经费450万元，用于重点项目和实训基地建设。狠抓教育教学质量，出台《宜昌市中等职业学校学分制实施细则（试行）》，召开了中职学校课程改革研讨会，深入推进中心教研组教学研究活动，近千人次的教师参加了各类教学研究活动，中职教育质量明显提高，2005年全市共有2078人参加对口升学考试，高职上线率达到85.9%，本科上线人数和上线率大幅提升，分别达到370人和17.8%。加强农村职成教育，开展农村劳动力培训40万人次，转移就业培训近3万人次。

*二是普通高中教育质量稳步提高。*加大高中教学视导力度，制定了关于加强城区高中教学教研活动管理办法和宜昌市高考质量评估的RSR方案。狠抓高考复习备考工作。认真研究全省高考命题的新动向，广泛收集备考信息，认真组织2月、4月调考，召开了各科质量分析会和城区高中分管校长会，提高了备考的针对性和有效性。今年，我市高考各类上线人数与录取人数均超过同期省计划增长幅度，与兄弟市州相比，高分层人数占有率、前三批本科上线率及录取率均居前列。与上年相比，高考本科上线人数增加了2338人达到16313人，本科上线率提高了2.42个百分点达到57.25%，高考录取人数增加了4494人达到22694人，录取率提高了2个百分点达到76.4%。

四、深化基础教育课程改革

一年来，我们以考试评价制度改革为突破口，大力推进基础教育课程改革，以道德实践活动为载体，全面加强青少年学生思想道德建设，以促进学生全面发展为目标，广泛开展科技文体等教育活动，素质教育在我市得到持续有效的推进。

*一是全面推进考试评价制度改革。*这是有效推进课程改革，全面实施素质教育的必然要求。2月，教育部确定宜昌为中考改革4个联系城市之一。3月，经过大量调查研究制定的《2005年宜昌市基础教育课程改革实验区初中毕业生学业考试与普通高中招生制度改革方案》向社会公布。营造促进改革的良好社会氛围，通过媒体发表文章、政策解读等方式深入广泛宣传，通过组织培训、专家讲座等方式统一思想认识，取得较好效果。建立促进改革顺利推进的完备制度体系，修改完善了《中考命题、审题人员管理办法》、《中考命题、审题工作规则》，制定了与改革相配套的各项实施细则以及公示制度、诚信制度、监察制度、复查制度和责任追究制度。形成了实施改革的健全组织体系，各部门和学校建立健全了相关管理机构，按照改革方案精心组织实施。改革得到了社会各界的广泛认可，较好地执行了“三限”政策，未出现学生及家长上访的情况。总结今年中考改革工作，有四条基本经验应予肯定并坚持：领导高度重视是改革成功的前提，科学制定改革实施方案是关键，改革政策宣传到位、公开透明是基础，严密的组织机构和完备的工作制度是保证。实践证明，我市中考改革成功地改变了过去以考试分数简单相加作为唯一录取标准的做法，在学业考试、综合素质评价、高中招生三方面取得了重要突破，在全省乃至全国产生影响，本月底，全省中考改革现场会将在我市召开。

*二是进一步加强青少年思想道德建设。*充分发挥思想品德课的主渠道和主阵地作用，在全市中小学开展了“优秀中小学德育课及主题班会”评选活动，评选出10节优秀德育课和8节优秀主题班会。围绕中国抗日战争胜利六十周年和红军长征胜利七十周年等教育主题，广泛开展“纪念抗日

战争暨反法西斯战争胜利六十周年《民族魂》读书活动”、优秀影片展映月活动、“五个一”的禁毒宣传教育活动、“爱心伴我成长”的爱心体验教育活动、“太阳花”杯系列公益活动等各类德育实践活动，参加活动的中小学生近 50 万人次。着力提高家庭教育的成效，在夷陵广场举办了家庭教育大型咨询宣传活动，接受家长咨询、答疑5000 余人次。

*三是扎实推进课程改革各项工作。*召开了宜昌市第二届中小学校本课程开发研讨会，加强校本课程的开发与建设。组织了近40 人的学科专家队伍集中攻关，研制出了宜昌市地方课程——《长在宜昌》，共七套地方教材（小学三年级—初中三年级）。开展“我与新课程同成长——课堂达标”活动，近万名中小学教师参加。大力加强教师课改培训，暑期培训教师1500 余人。我市课程改革受到上级有关部门高度重视，“全国第二届语文新课程面临问题暨对策研讨会”在宜召开。

*四是科技、体育等各项活动广泛开展。*举办了全市第四届青少年科技节，350 余所学校、35 万余大中小学生参加了活动，共有5000 余件作品获市级奖。举办全市第五届中小学师生电脑制作比赛，参加活动的学校612 所，参加学生 3.9 万人，共有 80 件作品送省参评，5 件作品经省选送国家参评；举办全市第五届中学生田径运动会，是参加人数最多、规模最大、水平最高的一届，共有 34 个代表队 706 名运动员参加；组队参加湖北省第十届中学生运动会，我市共有 88 名运动员参赛，取得团体总分第六的历史最好成绩。

五、全面加强教师队伍建设

我们坚持人才强教战略，以促进教师专业发展为核心，以提升师德水平和优化队伍结构为重点，全面加强教师队伍建设，取得成效。

*一是大力加强师德建设。*4－5 月，开展了以“保持先进、为人师表”为主题，以“依法执教、人本治学、厚德为师”为重点的师德教育月活动，组织对市直 19 所学校和 4 所民办学校进行了师德检查。作出了“向郑琦同志学习”的决定，制订了《开展学习郑琦同志先进事迹活动方案》，组织召开了学习宣传师德楷模座谈会，参与编辑《师德楷模——郑琦》（暂定名）画册。5 月 21 日，组织了全市师德楷模报告会，全国师德楷模郑琦、全国十大杰出青年宋芳蓉、全国劳动模范罗忠秀、五四青年奖章获得者陈春晓共4 位全国先进教师向城区 1000 余名教师作报告，全市教育系统掀起了学习师德楷模、争做人民满意教师的热潮。6 月 17 日，中宣部、教育部、共青团中央、中共湖北省委、中共北京市委在北京联合举行郑琦同志先进事迹报告会，国务委员陈至立接见报告团成员，报告团后在各省市巡回讲演，在全国产生强烈共鸣。

*二是加强教育人才工作。*认真贯彻落实中央和省、市关于人才工作的决定精神，成立了以局长韩德锋为组长、相关负责人参加的人才工作领导小组，制定了《2005 年人才工作要点》和主要工作目标，建立了局领导联系专家制度，局领导每人联系 2 名特级教师、市管以上专家或学科带头人。新评选出省管专家 2 人、湖北名师 2 人，推荐省特级教师人选 26 人。

*三是规范教育人事管理。*强化编制管理，审核直属中学教职工编制，清理在编不在岗人员，对已到退休年龄、调出系统、辞职、离职等情况的 50 名教师，办理了退编手续；对已在系统内调整了工作单位的 28 名教师，办理编制调整手续；对市校产办的 16 名退休人员分流至 5 所初中学校。依法开展教师资格认定工作，全年认定教师资格 1187 人，其中高中教师资格 1175 人，中专 12 人。

六、弱势群体受教育权利得到充分保障

更多地关注和保护弱势群体平等受教育权利，努力实现教育公平，是树立和落实科学的教育发展观，着力构建和谐社会的得要内涵。

*一是实施贫困学生助学工程。*认真贯彻落实《宜昌市贫困学生助学工程实施意见》，各县市区均成立了贫困学生资助中心，市、县、乡三级贫困学生助学网络基本形成。2005 年，全市共救助贫困学生 12.4 万人次，救助金额 2395 万元，其中享受“两免一补”学生 9.7 万人，金额 1850.5 万元。全市贫困学生入学率达到 99%，基本实现了不让一个学生因家庭贫困而失学的目标。

*二是切实保障进城农民工子女平等接受义务教育。*目前，全市义务教育阶段共接受农民工子女 16790 人，约占学生总数的 4.6%。全市 95% 以上农民工子女在公办中小学上学。免收农民工子女借读费，仅城区中小学每年减少借读费收入 630 余万元。进一步简化了农民工子女入学的手续，实现了进城农民工子女在入学、分班、评先表彰和升学等方面与当地学生享有同等待遇。

*三是全面建立关爱农村留守子女的工作机制。*目前，全市有农村留守子女 2.3 万人，约占农村义务教育阶段学生总数的 6.2%。全市义务教育阶段学校形成了校长包校、班主任包班、教师包学生的专项工作机制，建立了留守学生档案，实行“编外家长制”，开通亲情电话，设立“阳光关爱工作室”，实行留守学生每周“谈心日”制度，建立与家长交流的机制，开展系列关爱活动，使留守子女进得来、留得住、学得好。宜都市全面关注“留守子女”教育的做法受到了省委书记俞正声的高度关注，全省农村“留守子女”教育现场会将在宜召开。

七、党的建设伟大工程全面推进

*一是扎实开展保持共产党员先进性教育活动。*从 2 月份开始，按照中央和省、市委的统一部署，市教育局及其二级单位开展保持共产党员先进性教育活动。在督导组的具体指导下，市教育局及早启动，成立了领导小组，组建了工作专班，局主要负责人认真履行第一责任人的职责，带头讲党课，带头作形势报告。活动中，创新学习形式，做到学习培训人员、时间、内容“三落实”，组织局机关全体党员参观监所，进行警示教育；参观革命老区，进行革命传统教育；举办以“倾听群众心声，办好人民教育”为主题的征求市民意见、服务

基层群众的为民服务在型咨询活动，近100名党员干部设置27个咨询台，现场咨询的家长、学生、市民近2000人，市委常委、组织部长、市委先进性教育领导小组副组长熊承家等市领导出席活动现场，给予高度评价。经过集中学习、民主评议、整改提高三个阶段的教育活动，全体党员积极投身学习教育活动，真学、真议、真改，切实收到了"党员受教育、群众受实惠"的效果。市教育局2次在市委组织的经验交流会上介绍经验，市教育局"四个针对"的工作经验、"五个结合"的学习方法、"五件实事"的整改效果受到市委领导的充分肯定，被评为全市第一批保持共产党员先进性教育活动先进单位。认真组织21所学校参加第二批先进性教育活动，学校党组织的战斗力和党员素质得到较大提高，群众测评100%满意的学校达到6所，满意和基本满意100%的学校达到12所。

*二是切实加强和改进党的建设。*认真贯彻市委《关于加强和改进市直机关党的建设的意见》，按照"学习贯彻到位，分工落实到位"的总要求，切实加强和改进党的建设。完善学习制度，局党组书记韩德锋亲自上党课、作形势报告，党员干部集中学习时间人均达60小时以上。严格党的组织生活，重点抓好民主生活会，局党组成员在民主生活会前与机关和基层干部交心谈心78人次，广泛征求学校师生和社会各界意见90余条。强化党内监督工作，抓好源头治腐，认真组织学习贯彻《中国共产党党内监督条例(试行)》，坚持开展领导干部述廉和离任审计，对群众关注的教育热点如考试、招生等工作纪检部门坚持全程参与。注重开门纳谏，4月16日，市直教育系统在夷陵广场举行"倾听群众心声，办好人民教育"的大型咨询服务活动，受到社会好评。推进党务公开，发扬党内民主，建立了发展党员公示制、干部公开选拔制、党内评先征求群众意见制度、党费收支通报制度。8月，经公开选拔，从10名校长候选人和35名副校长候选人中产生1名校长、5名副校长，建立了后备干部人才库。畅通信访渠道，今年1-10月，共接到群众来信来访122件，办结197件，另有5件正在办理中。加强工会等群团工作，召开了全市乡镇教育工会组织建设研讨会，明确了加强乡镇教育工会组织建设的思路及措施。举办了第二届教师文化艺术节，历时5个月，近万名教师参加。

八、加大政府教育监管力度

*一是开展县市区党政领导教育工作责任目标考核。*根据国家和省有关文件要求，制定了《2003—2004年度县(市、区)政府教育工作目标评估标准》。3月7日-4月6日，组织考核小组对各县市区2003—2004年度政府教育工作目标进行了全面考核，共有10个县市区达到优秀等次，2个县达到良好等次，1个县为合格等次。我市在全省率先并长期坚持进行的党政教育目标考核，有力地促进了教育与经济社会统筹和谐发展，有力地促进了教育事业的持续健康发展。我市开展的县市区党政领导目标考核工作情况已专题上报教育部。

*二是深入开展"人民满意的教育县市区(学校)"创建活动。*制定了评估标准和实施方案，明确了"确保1个、力争2-3个"的目标，夷陵区、猇亭区、远安县接受市级评估。

*三是加强民办教育管理。*完成了《宜昌市民办教育管理暂行办法(讨论稿)》，报送市政府审批。出台了《宜昌市民办教育培训机构设置暂行标准》，规范了民办教育培训学校的审批。

*四是中央在宜企业中小学移交工作进展顺利。*根据国务院文件精神和工作部署，4月下旬市政府召开了专题会议，对我市中央在宜企业中小学移交工作做出了具体安排，市教育局抽调人员成立了领导小组和工作专班，对中央在宜企业办学情况进行了摸底调查。本次移交企业涉及三峡开发总公司、葛洲坝集团等7家企业的19所中小学，在校学生18777人，教职工2897人(其中在职人员1790人，退离休人员1107人)，经调查测算需经费投入1.5亿元。目前，已完成移交方案文字材料及数据测算工作，方案已经省汇总上报财政部，待批复后组织实施。

九、其他各项工作取得新的进展

*一是进一步规范教育收费秩序。*全市中小学严格执行义务教育阶段"一费制"收费政府和高中"三限"收费政策，认真落实收费工作责任制、责任追究制和收费公示制，严肃教育收费"十条禁令"，2005年春季学期，全市未发现一起中小学乱收费和搭车收费等违规收费行为，市教育局举报电话未接到一起中小学收费投诉电话。6月6日市纠风办、广播电台开通行风热线教育局专访栏目，没有接到一例乱收费投诉。

*二是切实加强学校安全工作。*始终坚持把师生的生命安全放在第一位，牢固树立"安全无小事、责任大于天"的思想，继续开展"七零"校园创建活动。4月份，召开全市学校安全工作会，总结交流学校安全专项整治工作情况，分析形势，统一思想，深入研究进一步加强学校安全工作的措施。6月份，开展宜昌市"校园及周边环境整治月"活动，成立了4个整治工作专班。8月，全省学校及周边治安综合治理工作会在宜昌召开，我市在会上作典型发言。

*三是教育对外交流工作取得新的成效。*5月，召开了宜昌市外教工作研讨会，中外教师首次同台献艺、共同研讨，出台了《宜昌市外藉教师教学管理办法(试行)》，这是我市在外教教学管理上的一大创举，受到聘外学校的欢迎和省教育厅及相关部门的高度肯定，经验在全省交流。6月，接待美国师生交流团来宜访问，促进了中美中学生的交流。

*四是毕业生就业工作成绩突出。*大力实施"星光工程"，着力推进中职教育毕业生就业工作，形成了"面向市场、订单培养；注重技能、提高质量；完善机制、加强指导"的促进毕业生就业的工作思路，就业率始终保持在95%以上。5月，由中宣部、人事部、教育部、团中央组织的中央13家媒体对宜昌市毕业生就业工作进行了采访。

宜昌市科技局

2005年,全市科技工作取得了新成绩,全面完成了各项工作任务。

高新技术产业持续向前发展。2005年,全市省级以上高新技术企业已达46家,其中国家级高新技术企业5家,分别比上年增加17家和1家。全年可实现高新技术产业产值76.51亿元,增加值24.76亿元,分别比上年增长21.4%和25.1%。一是重点培育高新技术企业工作取得显著成效。2005年确定人福药业、黑旋风锯业、长江机床、华强科技、劲森电子和阿赛石墨等6家企业进行重点培育。制定了《宜昌市科技局"重点培育高新技术企业"年度工作目标考核实施办法》,通过帮助企业组织申报科技项目、召开协调会等措施,促使企业快速发展。6家企业全年实现产值7.39亿元,销售收入6.99亿元,税收6930万元,分别比同期增长44%、50%和55%。其中,人福药业销售收入同比增长34%,华强科技公司销售收入同比增长79%,劲森照明电子公司销售收入同比增长134%,实现过亿的目标。二是制造业信息化进程加快。全市狠抓制造业信息化工作,出台了《市科技局关于加快推进宜昌市制造业信息化工作的意见》,组织在安琪集团召开了全市制造业信息化现场会,进行典型交流,推广先进经验。组织企业参加第七届高新技术成果交易会和国家制造业信息化培训研讨会,强化开展信息化的紧迫感。我市省级制造业信息化重点示范企业已有7家。三是高新技术产业开发区继续保持快速增长势头。通过在项目上支持、在经费上配套、在高新技术企业认定上协助,全年共安排各类项目18个,资金额度达455万元。全年实现高新技术产业产值17.6亿元、高新技术产业增加值6.5亿元,分别比上年增长35.4%和28.2%。协助高新区争取省开发银行7.5亿元科技软贷款工作进展顺利。四是民营科技企业快速发展。参加统计的民营科技企业达到152家,资产总额达45.62亿元,全年实现民营技工贸总收入25亿元,比上年增长22%。三峡民营科技园实现产值4.6亿元,实现利税1800万元。省级计算机专业技术市场(电脑一条街)稳步发展,经营商家280多户,全年实现销售收入2.5亿元,实现利税4000万元。

"十一五"科技规划编制基本完成。涉及到五个科技方面的规划。一是与武汉大学联合编制了《区域科技创新体系发展规划》。二是制定了《宜昌市"十一五"科技事业发展规划》,并已组织专家对该规划进行了评审。三是起草编制了《宜昌市"十一五"高新技术产业化发展规划》。四是与三峡大学合作编制了《宜昌市"十一五"制造业信息化发展规划》。五是与华农大合作编制了《宜昌市"十一五"食用菌产业发展规划》。

各类科技项目组织实施成效显著。全年共组织市级科技项目56项,其中:工业项目43项,农业项目7项,社会发展项目6项,配套科技经费1350万元。同时引导社会投入1.4亿元,这些项目达产后,可年增收入27.3亿元,可实现利税5亿元。宜化集团公司承担的"宜昌磷矿湿法磷酸的浓缩净化"项目一期工程2006年12月份可建成投产,投产后可完成产值7亿多元。宜昌长机公司承担的"YK58200数控大型超长齿条插齿机"项目,达到国内领先水平,到10月份,已实现销售收入200万元。许多项目都实现了"当年立项,当年结题,当年见效"的目标。同时做好向上争取项目和经费工作。全年共组织向上申报各类项目91项,其中国家级项目20项,省级项目71项。市高农公司的"马铃薯脱毒种苗繁育及产业化"等5个项目,被列入国家星火计划。宜昌科博公司"环保型镁橄榄石"等4个新产品被列为国家级重点新产品。"三峡库区核桃产业化技术研究与示范"等9个项目列入国家三峡移民科技开发专项。已获得科技经费支持1203万元,比上年增长14.57%。黑旋风锯业公司"五磷锰二矾铝钢圆锯片基体"项目列入中国高新技术产业目录。通过工作争取申报省级100家用高新技术改造传统产业示范企业达到10家,申报省级100家重点培育高新技术企业达到8家,申报省级100家重点培育科技型中小企业达到4家。安琪股份公司的工程技术中心被列为国家级工程技术中心,三峡新材的玻璃工业工程技术研究中心和宜化集团的碳一化工及衍生物工程技术中心被列为省级工程技术中心。

科技成果评定和转化力度进一步强化。全市共完成市级科技成果登记78项,省级科技成果登记52项。其中,工农业科技成果登记43项,扭转了以往社会发展项目过多,工农业项目偏少的局面。全市共评出市级科技成果奖励40项,并且首次评出了宜昌市"突出贡献奖",填补了多年以来的空白,将对鼓励科技人员创新创业起到极大的推动作用。已组织申报2006年省级科技成果推广计划5项,申报省级自然科学基金项目2项。组织实施2005年全市重点科技成果推广计划4项,这些项目进展情况良好。宜化"年产1万吨单季戊四醇"首次列入省重点成果推广计划。8月底,全市召开了科学技术奖励大会,颁发2004年度市科技进步奖一等奖1项、二等奖4项、三等奖25项;市技术发明三等奖1项;市科技成果推广三等奖5项。技术市场管理工作迈上一个新台阶。全年共完成技术市场合同登记额1.62亿元,受到了上级主管部门的肯定,被科技部评为全国技术市场工作先进单位。全年完成了省市两级85家科研单位的科技潜力调查任务。

农业、农村科技工作取得新进展。针对农业科技培训针对性不强问题,创立了"订单农业科技培训"模式,探索出"你点菜,我买单,你需要,我服务"的成功做法,受到社会各界的广泛关注,《宜昌日报》已作为优质服务模式进行了重点推介。《科技日报》、《湖北日报》登载了宜昌市科技局的主要做法。采取面向全市征集订单农业需求培训项目的方式,将鮰鱼养殖、食用菌生产和木瓜精深加工新产品等50多个项目纳入今年科技入户重点,聘请专家"按需"大面积地开展计单农业科技培训,已为不同类别的农业科技"订单"派出180多名专家,进行了科技培训和现场指导服务,培训农民近50000人次。积极抓好科技文化中心户建设。购置了20多万元电脑、电视、DVD、传真机和打印机等硬件设施157台(套)赠送给全市157户农村文化科技中心户,实施重点帮扶,增强其带动辐射作用。县域技术创新示范县(市)工作取得新成效。继当阳市被列为全省首批县域技术创新示范县(市)之后,今年,宜都市又被列入全省第二批县域技术创新示范县市。全年新增国家级星火计划农民培训学校3所,全市共达到5所。开展了国家星火计划农村科技服务体系建设示范单位的培育和申报工作,我市宜昌森源食用菌有限责任公司技术创新中心、长阳土家族自治县清江水产协会、宜都市区域成果转化中心分别被认定为龙头企业技术创新中心、农村农业技术示范协会和农村区域科技成果转化中心,成为我市首批国家星火计划农村科技服务体系建设示范单位。市科技局还在扶贫点上,为顾家店镇岩子河村援建了一所市级星火培训学校,解决了周边四个村的农民培训难题。

科技进步先进城市考核再创佳绩。12月,国家科技部公布了2003—2004年度全国科技进步考核结果,宜昌市及下辖的宜都市、当阳市、枝江市、远安县、兴山县、五峰自治县、伍家岗区、夷陵区、西陵区、猇亭区等10个县市区均通过了这次科技进步考核,通过数位居全省前列。同时,宜昌市本级及伍家岗区、宜都市被评为全国科技进步先进市(县、区)。上述地方的党政领导和科技局负责人也被评为全国科技进步先进个人。市科技局还被评为全省市县区科技进步考核组织工作先进单位。市科技局还和市委组织部、市统计局一起配合工作,迎接了全省组织的对市州党政一把手的科技进步目标责任制考核,市委、市政府两位主要领导的得分排名全省市州第一。当阳市委、市政府两位主要领导的得分排名全省县(市)第一。

知识产权、地震工作健康发展。2005年,全市专利申请量在保持上年水平上略有增长,达到802件,专利授权量达到569件。特别是专利申请的结构得到优化,质量有较大提高,发明专利申请达到80件,占专利申请总量的10%,同比增长122%,企业申请专利预计达到160件,占专利申请总量的20%,同比增长116%。4月,我市成为全国首批国家知识产权示范城市。这是继2004年我市被列为国家专利产业化(宜昌水电)试点基地后的又一荣誉。我市在落实组织机构、健全保障机制、推动专利技术产业化、加强信息利用等方面积极工作,均取得了显著成效。2005年,全市受理专利侵权纠纷2件,结转专利侵权纠纷1件,结案3件,按期结案率达到100%。

地震工作稳步推动。全面启动数字地震台网建设项目,完成了地震信息节点及应急指挥中心的设备安装。完成了六个县(市)地震应急基础资料的收集工作,并对宜都、兴山的数字地震台址进行了重新选址和测试。在上半年举行的全省2004年度的地震观测资料评比中,我市200年度的地震观测资料荣获了一个地磁一等奖,一个地磁优秀奖,一个区域地震测报优秀奖和一个地震速报优秀奖。

宜昌市卫生局

"十五"期间(2001—2005年)我市卫生工作在党的十六大和十六届三中、四中全会精神指导下,在市委、市人大、市政府的正确领导与监督下,认真贯彻落实科学的发展观,不断深化卫生改革与发展,公共卫生体系建设取得实质性进展,农村卫生迈上新的台阶,重大疾病得到有效控制,建立与社会主义市场经济体制相适应的医疗卫生体系有所突破,限制卫生事业发展的体制性、机制性矛盾有所缓解,服务经济建设和人民健康的能力有新的提高。

(一)结合卫生部门实际,扎扎实实开展保持共产党员先进性教育活动

根据市委部署和要求,市直卫生系统分二批开展了保持共产党员先进性教育活动,参加党员1443人。各单位党组织高度重视,按照先进性教育的三个阶段十二个步骤的要求认真组织实施,通过学习教育、自我检查、认真整改,达到了提高党员素质、加强基层组织、服务人民群众、促进各项工作的目的。各单位通过自己查、群众提、相互帮和组织点,查找出了16个方面的问题,制定了212条整改措施。已经落实和正在落实的有123条。市中心医院被评为全市先进性教育活动先进单位。

特别是在解决人民群众"看病难、看病贵"问题、救助弱势群体就医、扶贫支医和为群众办实事上效果显著。

*一是认真开展医院管理年活动。*开展"以病人为中心,以提高医疗服务质量为主题"的医院管理年活动,医疗机构进一步端正办医宗旨,进一步规范医疗行为,进一步优化秩序环境,进一步减轻病人负担,进一步降低运行成本,改善了医疗服务,树立良好形象。元至10月,市直医疗单位门诊费用较去年下降7.5%,药品收入占业务收入比重较去年下降0.7个百分点,医疗费用总体呈下降趋势。

*二是加强医疗服务价格管理。*为了规范调整我市医疗服务价格体系,减轻患者医疗费用负担,经过成本监审、成本分摊测算,专家论证,出台了《规范调整市管医疗服务价格的方案》,并于2005年10月对《方案》进行了听证。目前该

方案已经省物价局批准，待市政府颁布实施。同时监督医疗单位从4月1日开始执行了大型医疗设备检查治疗费降价项目，从10月9日起执行第17次药品降价项目。

三是进一步抓好药品集中招标采购工作。去年，我市开展了第9次药品集中招标采购工作，首次将医用耗材一并纳入统一招标，全市有44家医疗单位参加了统一招标，参与率达100%，招标采购药品金额（合同采购金额）达3.27亿元，占医院用药总金额的86%，让利于患者的金额达4500万元，同时，医用耗材招标采购总金额达4000多万元。

四是加强信息发布工作。我们坚持每季度一次的信息发布工作，为了增强透明度，让更多市民了解情况，新开辟了三峡商报和楚天都市报的信息发布工作，得到了市民的高度赞扬。

五是认真落实为城区贫困职工减免医药费的政策。我局已确定城区贫困群众医疗救助定点医院共11家，凡城市居民凭低保证、五保、特困证，享受大型设备单项检查费用减免20%，普通住院床位费减免5%，药费减免5%，免收普通挂号费。3月29为定点医疗机构进行授牌。去年共减免300余人次，合计50余万元。

（二）全市医疗卫生事业持续稳步健康发展

全市共有医疗卫生机构1568家（不含村卫生室），其中医院52家（三级医院6家，二级医院19家，中医院7家，民营医院9家），妇幼保健机构8个，疾病控制机构11个，卫生监督机构10个，农村卫生院95个，个体诊所1379个。村卫生室1754个，其中甲级村卫生室1528个。

全市共有卫生人员20554人，其中卫生技术人员17244人，占总人数的83.9%；卫生技术人员中，执业医生6163人，执业助理医师1235人，每千人拥有医生数1.85人；注册护士5620人，每千人拥有护士1.41人；药剂人员1509人，检验人员862人，其他卫生技术人员1855人。农村村卫生室中共有乡村医生3934人。

全市共有病床11428张，乡镇卫生院拥有床位3198张。每千人拥有床位2.86张。

全市共有万元以上大型医疗设备4837台，其中50万元以上设备256台。在国务院公布的甲、乙类大型医疗设备中，医用核磁共振（MRI）5台，X线电子计算机断层扫描装置（CT）25台，医用直线加速器（LA）2台，800MA及以上医用X线诊断机（含DSA）4台。

卫生事业经费，全市财政对卫生投入17298万元，其中卫生事业费16827万元，中医事业费470万元。卫生事业费中，医院经费5667万元，占33.68%；防治防疫经费2244万元，占13.34%；妇幼保健经费667万元，占3.96%；乡镇卫生院经费4962万元，占29.49%；城市社区服务经费111万元，占0.66%；干部培训经费428万元，占2.54%；其它卫生经费2748万元，占16.33%。

（三）公共卫生体系建设取得显著成效

一是积极争取利用国债资金，狠抓公共卫生项目建设。去年我市共有在建公共卫生项目22个，总投资4908万元，总建筑面积42752平方米。其中，疾病预防控制机构10个，现已全部建成完工并投入使用。医疗救治机构建设项目12个，市传染病院、市医疗紧急救援指挥中心、点军区传染病区目前正进行紧张施工，其它项目均完成建设，投入使用。

二是争取利用日本政府贷款实施公共卫生基础设施建设项目。市传染病院、市医疗紧急救援指挥中心、市疾病预防控制中心设备购置及人员培训投资113万美元，现已完成了标书制作。

三是狠抓农村“新三项”建设项目。我市长阳县和秭归县分别作为全国新型农村合作医疗试点县、艾滋病综合防治示范区被纳入国债投入范围，共安排11个建设项目，完成建筑面积11209平方米，争取国债资金450万元，地方配套资金87万元。目前该项目建设已近尾声。

四是积极争取卫生院基础设施建设项目。共有长阳县渔峡口镇卫生院、秭归县屈原镇卫生院、伍家岗区伍家乡卫生院争取投资207万元，其中国债和省补助资金142万元，建设规模3100平方米。

五是加强农村服务体系项目建设。远安县人民医院、五峰县人民医院、兴山县医疗中心长阳县中医院、当阳市5个乡镇卫生院、宜都市6个乡镇卫生院被纳入范围，计划总投资2495万元，其中国债资金1400万元，总建设规模38010平方米。

（四）基本建立起了遍布城乡的医疗卫生服务体系

一是积极稳妥推进“新农合”试点工作。2003年，我市启动新型农村合作医疗的试点工作。2004年增补当阳市为试点县市。去年长阳县农民参合率增至88.7%。基金征缴率100%，补偿比例为35.64%。当阳市农民参合率85.88%，基金征缴率100%，补偿比例为27.3%。两试点县市运行平稳。今年我市新增秭归、远安、五峰、宜都4个试点县市，目前已启动了相关工作。

二是全面完成了农村卫生管理体制改革。各县市区按《决定》要求，全部完成了乡镇卫生院人员、业务、经费上划县市区卫生行政部门按职责管理的体制改革工作，实行了各级政府按职责分级管理，以县市区为主的管理体制。并按乡、村行政区划调整和区域卫生规划，重新调整和合理布局，设置了乡镇卫生院和村卫生室，保证了一乡（镇）一院，一村一室。到2006年将全面实行乡村卫生机构服务管理（机构、人员、业务、财务、药品）一体化。在此基础上，实施了乡镇卫生院运行机制改革。各县市以公开招聘、选聘考核等方式，重新聘任和调整交流了乡镇卫生院院长；实行了院长任期目标责任制；其他人员实行了全员聘用制，并进行了不同程度的分配制度改革。

三是推进了农村卫生服务体系建设。近年来，我市通过实施“农村基础设施建设项目”，“新三项建设项目”，“提高农村卫生服务能力建设项目”，“降消项目”等项目建设，提升了我市农村的卫生服务能力。各县市还加大了乡镇卫生院、村卫生室整建力度，按"甲级村卫生室"标准基本完成村卫生室整建工作。全市对3934名乡村医生进行了培训、考核及资格注册，部分乡村医生已转为执业助理医师或执业医师。乡村医生素质进一步提高，队伍更加稳定。农村三级卫生服务网络建设正在得到加强，基础设施和服务条件正在进一步改善。

四是编制《农村卫生服务体系十一五发展规划》。为改善农村卫生基础设施条件，统筹规划农村卫生服务体系建设，我局会同市发改委对"十一五"期间我市农村卫生服务体系的县医院、妇保院、中医院、监督中心、乡镇卫生院、重点村卫生室等建设项目进行了项目审核、整体规划，编制完成了《宜昌市农村卫生服务体系十一五发展规划》。规划在"十一五"期间，将对我市9个县医院、6个县级中医院、9个县级妇保院、9个县级卫生监督中心、96个卫生院等进行建设，计划总投资14020万元，其中国债资金8726万元，总建筑面积258754平方米。

五是继续抓好城市卫生对口支援农村卫生工作。"十五"期间，我市开展了第三轮、第四轮城市卫生对口支援农村卫生工作，对口支援单位共援助库区及少数民族地区医疗卫生单位资金及设备折价283.8万元，争取上级补助287.9万元，争取项目、设备经费746万元，争取移民搬迁经费634万元，共派出巡回医疗282人次，免费培训卫生技术人员68人，共减免培训费16万元。

（五）急慢性和重大传染病得到有效防治

2005年1-9月我市报告法定传染病21种，计11417例，死亡36例，报告发病率为286.49/10万，报告死亡率为0.90/10万，报告病死率为0.32%。无甲类传染病报告。报告乙类传染病16种，计10341例，死亡36例，报告发病率为259.49/10万，报告死亡率为0.90/10万，报告病死率为0.35%。报告丙类传染病5种，计1076例，无死亡病例报告，报告发病率为27.00/10万。

全市及时发现和处理重大疫情12类30起。

艾滋病防治工作得到进一步加强。目前，我市发现艾滋病患者103例。去年我市对艾滋病防治实行目标管理，层层签订责任书。落实防艾经费77.7万元，全面开展娱乐场所100%安全套项目工作，加强对重点易感人群的监测工作，广泛开展了全民防治艾滋病的宣传教育工作。防治工作获得全省第二名。

结核病防治工作成效显著，我市共发现涂阳肺结核病人2089例，完成88.89%。对结核病防治实行目标管理，层层签订责任书。目前，全市共落实结核病防治专项经费35万元，卫X项目工作经费提款报账到位10.46万元。加强肺结核病人的发现、转诊和追踪力度。全省考核荣获第一名。

三是继续巩固血吸虫病、地方病防治成果。全市查螺23个乡镇、160个村，调查钉螺面积共计6041.8万平方米，完成年度任务189.9%。查出有螺乡镇8个、有螺村12个，查出有螺面积28.90万平方米，。全市药物灭螺77.80万平方米，完成年度任务353.6%。同时结合农田水利基本建设，夷陵区、枝江市改造钉螺孳生环境面积达53.44万平方米。2005年经省确认我市晚血病人10名，其中6名为当年发现病人，目前对7名晚血病人实施了救治，占晚血病人的70%；发现报告4例急性血吸虫病输入病例。宜昌市血防医院确定为省级血吸虫病专科医院，履行血吸虫病治疗职能。

（六）依法行政，大力推进卫生法制化进程

一是进一步规范行政许可行为，严把准入关。去年我们对卫生行政许可项目进行了清理，我局现有18项卫生行政许可项目，全部进入市行政服务中心窗口受理。为进一步规范了行政许可的实施程序，制定了行政许可"六公开"，制作了卫生行政许可办事指南，制定了食品卫生行政许可统一发证10个基本卫生要求。去年元至10月，共受理行政许可申请3513件，已办结3443件，对不符合办证条件的依法进行了退件处理。

二是积极探索食品卫生安全监管新模式，确保食品卫生安全。

去年四月，由我局牵头，与市工商部门建立了食品市场安全联合管理制度，形成了执法合力。具体包括联席会议制度、联合整治制度、联合抽检发布制度、抽检互认和通报协查制度、信用信息共享制度。目前，双方已联合开展了食品安全Ⅰ号行动，Ⅱ号行动，Ⅲ号行动。有效避免了因职责交叉导致监管工作易出现的执法空挡、重复执法和多头执法等问题，保障了广大人民群众的身体健康和食品卫生安全。

三是突出重点，大力开展专项整治活动。去年重点开展了查缴"苏丹红Ⅰ号"的专项检查活动、"食品安全Ⅰ、Ⅱ、Ⅲ号"专项整治行动、"医疗安全Ⅰ、Ⅱ号"专项整治行动、一级以下医疗机构口腔科、妇科、医疗美容科专项整治。2005年共查处各类卫生违法案件465件，处罚金额达179441元，取得了良好的社会效果。

四是建立食品安全监管长效机制，积极预防食物中毒事故发生。制定实行了《重大活动食品安全保障程序》，不定期在媒体发布预警公告，及时引导市民健康消费，开展节日食品市场专项整治活动，实行大型聚餐申报制度和巡查制度，对一次性接待10桌以上的大中型餐饮单位进行巡回检查，及时消除食品安全隐患。全年抽检各类食品1969份，合格1447份，合格率73.5%，通过新闻媒体向社会公告4次食品卫生抽检结果，有效杜绝了食物中毒事故和食源性疾病的发生。

五是全面实施学校食堂食品卫生监督量化分级管理。去年9月，我局组织人员对城区99所学校、幼儿园食堂进行了开学前食品安全大检查，对17所存在问题的学校食堂向政府作了汇报，并通报教育部门和社会，有效监督了学校整改工作。学校食堂化分级管理率达100%，食品卫生状况得到全面改善。

六是全面加强农村卫生监督工作。根据全市农村卫生工作会议精神和市政府领导要求，我局下发了《关于加强农村卫生监督工作的指导意见》，在乡镇一级实行卫生监督检查员制度，全面加强农村地区食品卫生、公共场所卫生、生活饮用水、学校卫生、职业卫生、传染病防治及医疗服务市场的经常性卫生监督工作，真正实现执法重心下移，维护农村的经济发展和社会稳定。目前，全市卫生监督检查员聘任工作已全部结束，各项工作得以全面展开。

去年3月，省卫生厅对我市卫生监督执法先进市（县）创建工作进行了考核验收，我市被评为2004年度全省卫生执法监督先进市，市卫生局卫生监督中心被评为卫生执法监督先进单位。

（七）坚持开展了卫生行业纠风工作

去年我局推出了医疗服务“八条纪律”和“八项承诺”，推出了重大项目廉洁备案制度，会同有关部门进一步完善了药品集中招标采购制度。我局还举办了相关敏威岗位工作人员专题法制纪律培训班，注重抓好预防职务犯罪工作。去年，全市卫生系统有239名医务人员主动上交“红包”76665元、退还“红包”53300元，有66名医务人员主动上交“回扣”137080元。

（八）加强统筹和协调，各项卫生工作得到全面发展

一是编制《宜昌市卫生事业十一五发展规划》。目前已完成3次大的讨论和修改。

二是进一步推进城区社区卫生服务机构与网络建设，扩大社区卫生服务覆盖面。督导西陵区、夷陵区、猇亭区调整社区卫生服务机构的规划设置。截止目前，全市规划社区卫生服务中心共9个，已验收合格5个，规划社区卫生服务站47个，已验收合格38个，督导葛洲坝城区成功创建省新一轮“社区卫生服务示范区”。

三是妇幼保健工作继续得到加强。截止到9月底，我市孕产妇死亡率为33.24/10万，婴儿死亡率为9.86‰，5岁以下儿童死亡率为11.97‰。长阳、秭归、五峰、远安启动了新一轮“降消”项目县工作。市妇保院顺利通过了湖北省产前诊断执业单位资格评审。

四是爱国卫生工作成绩显著。去年我市被省爱卫会再次命名为“湖北省卫生城市”，为创建国家卫生城市打下了良好的基础。秭归县城通过了国家卫生县城验收，成为我市第二个“国家卫生县城”。

五是无偿献血工作继续得到巩固和提高。元－11月市红十字中心血站采集全血总量达668万毫升，比上年同期增长8.98%，继续保持无偿献血率100%；成分分离率达98.67%，持续稳定在较高水平，无偿机采成分献血率及县市献血比例均有显著提高。

六是红十字会办公室圆满完成去年各项工作。共下拨救灾物资35.55万元，向上级拨款55.5万元捐向灾区。争取德国巴符州捐赠1万欧元用于我市生态厕所改造。

七是人才、科教和重点专科建设取得新的进展。去年共评选市级重点专科8个，科研课题立项26项，获一类继教项目8个，完成124项市级继续医学教育项目评审，继续医学教育工作走在全省前列。去年市直卫生系统积极参与“招硕引博”，共签约博士5人、硕士18人。

八是工会、老干部工作圆满完成各项工作任务。我局的流动人员计划生育工作继续被市政府评为一等奖。局团委被团省委表彰为“五四红旗团委”。

宜昌市卫生局卫生监督中心

宜昌市卫生局卫生监督中心是宜昌市卫生局行使卫生监督职能的具体执行机构，承担着全市公共卫生、医疗职业等监督执法任务。2005年，市卫生监督中心坚持“执法为民”的监督理念，不断加大监管力度，积极探索卫生监管新模式，努力构建长效机制，严格执法、依法行政，为保障全市广大人民群众的身体健康、维护社会稳定、促进地方经济发展做了大量工作。

一是开展了“食品安全Ⅰ号、Ⅱ号、Ⅲ号”系列专项整治行动。食品安全Ⅰ号、Ⅱ号、Ⅲ号系列行动以坚决打击生产经营假冒伪劣和有毒有害食品的违法犯罪行为，保障广大人民群众的身体健康和生命安全为宗旨，以城乡结合部的食品批发点、商店，旅游景区经营点、各类食品批发市场、大中型集贸市场、大中型超市为重点整治对象，以查处销售假冒及不合格食品违法行为为重点内容，食品安全Ⅰ号、Ⅱ号、Ⅲ号系列行动共取缔非法食品加工黑窝点23个，收缴劣质白醋490瓶、蛋白质粉21盒、牛奶20盒、保健食品5盒、“三无”及过期副食1529袋。

二是开展了奶粉市场专项检查。2005年4月，中央电视台播出湖南株州再现“大头娃娃”的消息后，市卫生监督中心紧急出动，组织5个检查小组，对城区金山、金东山、颐环等食品批发市场，北山超市、中百仓储等56家食品经营单位销售的100余种奶粉进行了排查，并对52种奶粉进行了抽样检验，有力地规范了我市奶粉经营市场秩序。

三是开展了查缴“苏丹红1号”的专项检查活动。2005年3月，市卫生监督中心根据上级有关通知精神，先后三次对全市的超市、集贸市场、快餐店、酒店、调味品商店进行了排查，并将全国各地已查实的含“苏丹红1号”的食品名单向各食品经营单位进行了发放，同时对问题食品及时下柜，就地销毁。

四是开展了学校食品卫生安全专项检查。2005年9月，市卫生监督中心集中力量对城区99所学校、幼儿园食堂的食品安全状况进行了专项检查。重点检查了各学校幼儿园食堂食品原料的采购过程和索证情况、食品卫生安全措施落实情况、基本卫生设施及餐具清洗消毒等内容。对1所存在食品安全隐患且拒不整改的学校进行了立案查处，对17所存在食品安全隐患的学校通过新闻媒体向社会进行了公开曝光。同时，市卫生监督中心还多次会同工商、公安、城管等部门联合开展了校园周边环境整治行动。

五是开展了“医疗安全Ⅰ号、Ⅱ号”专项整治行动。为坚决打击各种形式的非法行医，保障广大人民群众的医疗安全，市卫生监督中心开展了以城乡结合部的各类医疗机构为重点整治对象的“医疗安全1号、2号”专项整治行动，共取缔无证行医点30个，收缴药品、药械260件，立案实施行政处罚62起。有力地打击了各种形式的非法行医，规范了我市医疗服务市场秩序。

六是圆满完成了重大活动食品安全保障任务。2005年，市卫生监督中心先后承担了“国务院副总理回良玉来宜”、“尼日利亚总统来宜”、“第四届中国宜昌长江三峡国际龙舟拉力赛”、“第六届中国长江三峡国际旅游节”等29次重大活动的食品安全保障任务。每次活动期间，市卫生监督中心采取分派卫生监督员进驻或对接待单位进行巡回监督检查的方式，对食品原料采购、加工等过程实行了监督检查，并利用现场快速检测技术，对食品原料或成品开展了快速检测（2005年共开展快速检测422项次，合格420项次），及时消除了各类食品安全隐患，确保了各类大型活动的食品卫生安全。

宜昌市妇幼保健院

宜昌市妇幼保健院始建于1953年。经过50多年的建设，已发展成为基础设施完善、技术力量雄厚、诊疗设备齐全、检测手段先进、服务项目全面，在湖北省和渝东地区具有广泛影响力的地市级妇幼保健机构。被湖北省卫生厅授予“二级甲等”妇幼保健院，被国家卫生部、联合国儿童基金会、世界卫生组织授予“爱婴医院”。是湖北省妇幼保健院、湖北省妇女儿童医院技术协作医院。是宜昌市遗传医学中心，市政府指定的城区婚前医学检查定点医院和城镇职工基本医疗保险定点医院。

全院共有职工191人，其中，卫生技术人员160人，具有高级职称31人，中级职称72人。拥有固定资产总值2500万元，其中，设备总值650万元，拥有彩色B超、全自动生化分析仪、全自动血球计数器、电脑精子分析系统、PCR、原子吸收光谱分析仪、酶标仪、磁酶免分析系统、ZPP荧光分析仪、电脑乳腺诊断仪、500mA X光机、乳腺钼钯X光机、数码阴道镜、激光治疗仪、波姆光治疗仪、微波治疗仪、性功能治疗仪、红外线凝结器、心电图机、胎儿心电图、胎儿脐血流图、胎儿监护仪、小儿高压氧舱等一批先进精良的检查治疗设备。现有业务用房面积8000 ㎡，开放病床65张。

宜昌市妇幼保健院是宜昌市5县3市5区妇幼保健技术指导中心，以保障妇女儿童健康、提高出生人口素质为服务宗旨，集保健、医疗、科研、教学、健康教育为一体，承担全市妇幼保健技术指导和妇女、儿童疾病防治工作任务。按照“小综合、大专科”的发展方向，坚持“把保健业务做精、把临床业务做特”的工作思路，根据妇女、儿童的特点，开设了儿童铅污染防治、儿童脑瘫防治、新生儿游泳、儿童骨龄测试、儿童体质测试、新生儿疾病筛查、先天愚型筛查、青春期保健、无痛人流、无痛分娩、导乐式分娩等一系列特色服务，较好地满足了妇女、儿童的健康需求，并以优美的环境、良好的医德和规范的服务，赢得了社会各界的广泛赞誉。

始终坚持以改革促发展、以发展保稳定，通过深化改革，不断实现观念创新、机制创新、体制创新，建立起有竞争、有激励、富有生机和活力的运行机制和责、权、利相结合的管理体制，探索出“以质量求生存、管理出效益、改革促发展”的兴院之路，干部、职工的积极性和创造性得到了充分地发挥。

为更好地服务大三峡，建设新宜昌，宜昌市妇幼保健院全体干部、职工正以饱满的热情，与时俱进，开拓创新，为保障宜昌市妇女儿童身心健康再创辉煌！

宜昌卫生学校

一、学校概况

宜昌卫生学校创办于1951年，是一所全日制普通中等专业学校。1993年8月，学校率先成为宜昌市第一所“省部级重点中专学校”。2000年5月，国家教育部正式确认宜昌卫校为“首批国家级重点中专学校”。2001年5月，经宜昌市人民政府与湖北省教育厅同意，三峡大学在宜昌卫校挂牌成立“三峡大学护理学院”。学校先后开设了护理、助产、妇幼、临床检验、西药剂、药物制剂、药品营销、中医、中药、口腔医学、计算机应用等15个专业，为湖北、广东、广西、河南、福建、湖南、江西、四川、重庆、山东、贵州、青海、西藏等10余个省、市、自治区培养了近3万余毕业生，现在校学生3300人。

二、教育教学改革

宜昌卫生学校在学校党委的正确领导下，以发展为主题，以创新为动力，始终坚持把提高教学质量、培养合格的中高级卫生职业技术人才作为工作的中心，进一步转变职业教育观念，坚持以服务为宗旨，以就业为导向，以能力为本位，深化教育教学改革。从2000年开始，学校在湖北省职业教育技术院校中率先全面推行了学分制和模块化课程设置教学改革，强化“综合职业能力＋特长”的职业教育培养模式，推动实践教学改革，理论与实验课的比例达到1:1，实验开出率达到100%。学校以护理专业为龙头，加快学科建设步伐，调整成立了护理系、药检系、康复治疗技术系、口腔医学技术系、公共部、基础部、现代教育技术中心及实验管理中心。高等职业教育专科专业由护理拓展到药学、医学检验、康复治疗技术和口腔医学技术、助产6个专业。

三、科技工作

学校大力倡导“科研兴校、科研兴教、科研兴医”，修订和完善了《科研学术管理规定》，营造了良好的科研氛围。学校共完成科研课题16项，其中5项达国内领先水平，2项分获教育部二等奖、市人民政府科技进步三等奖；注重与教学改革相配套的课程教材建设，启动了《妇产科护理》、《药剂学》两门课程已申报省级护理精品课程建设；积极鼓励教师参与教材建设和教材改革，近5年共参与编写全国统编教材77部，其中主编12名，副主编23名，使用“面向21世纪教材”和近三年出版的新教材占80%以上；大力推行教学手段现代化，教师自制课件38个，完成教育部、卫生部中标课件7个，并已公开发行；近5年发表454篇论文。

四、合作与交流

学校创新“订单式”人才教育培训机制，实施“以学生为中心，以素质教育为核心，培养合格的实用性人才”和“以病人为中心，以医疗质量为核心，办好群众满意的平民医院”的两个“两心”工程，与暨南大学华侨医院、上海长征医院、长海医院、市中心医院、市一医院、上海颐年生物科技公司等医药机构共同制定高级护理、药学、康复治疗技术等专业人才培养方案，拓展了上海、北京、广州等实习就业基地，推动院校合作办学的改革。

五、校园建设及师资队伍建设

学校占地102亩，建筑总面积5.8万平方米，资产总额1.15亿。教职工336人，其中在职职工245人，离退休91人。在职职工中，高级职称91人，中级职称85人；教师中，硕士13人，本科116人，专科55人，“双师型”教师20%；有校级学科带头人10名、市级学科带头人2名、省级骨干教师3名、局管专家1名。

六、学校成果

学校的物质文明、精神文明、政治文明建设硕果累累，曾先后荣获“全国卫生系统先进集体”、“全国护理教学改革成果展示赛一等奖”、“湖北省最佳文明单位”、“湖北省文明单位”、“全省职教工作先进单位”、“湖北省文明卫生先进集体”、“全省文明卫校”、“湖北省园林式学校”、“宜昌市红旗单位”、“宜昌市文明单位”、“宜昌市名牌学校”等称号，为宜昌的医药卫生事业作出了巨大的贡献。

宜昌市交通局

2005年是“十五”计划的结帐之年，是承上启下的关键之年，在这一年里，全市交通广大干部职工开拓进取，奋力拼搏，交通基础设施建设投资、交通各项费收、客货运输总量几大经济指标均创历史新高，全面完成了市委、市政府和省交通厅交给的任务。全市交通投资全口径为7.35亿元，为年度目标的106.76%；全面完成年度规费征收目标，共计3.98亿元，占全市费收计划的112.82%。农村公路建设快速发展，年内全面实现了乡镇通油路、村村通公路的目标，兑现了市政府向全市人民的庄严承诺。完成宜都货运站扩建工程和枝江南岗客运站配套工程。全市完成社会客运量7436.1万人，旅客周转量完成510223人公里，货运量完成5087.2万吨，货运周转量完成440557万吨公里，分别比上年增长12.97%，2.03%，18.06%，4.99%。全市交通运输安全形势比较平稳。全市船舶安全面达到99.50%，每载重吨直接经济损失1.73元，每万载重吨死亡人数控制在0.2人，专业渡口、国省道安全、交通工程建设均无上报事故。开展了《呼应汉渝，交通先行》、《构建和谐交通》等发展战略课题研究；编制了《宜昌市交通事业发展“十一五”规划》，《宜昌市农村公路规划图集》、《全市港口总体规划》；以“双争”、“两带头”、“投资环境大家看”、“民心工程两本帐”、“扶智扶路”、“三服务”等活动为载体，不断拓展行业文明创建领域，扩大文明创建覆盖面，市直交通系统文明创建单位参与率由85%提高到100%。全市共创建国家级文明示范窗口1个、省级文明示范“窗口”5个、厅级文明示范“窗口”13个、市级文明示范“窗口”30个、文明行业活动示范点7个、省市级文明路4条。

至“十五”期末，全市综合交通总里程达22814.855公里，航道681公里，铁路223公里，线网总密度达每百平方公里105.38公里，高于全省平均水平。全市公路总里程中，高级、次高级路面里程达到4425.995公里，全市路网密度达到50.65公里/百平方公里，分别比“九五”末增加10068.14公里和13.14公里/百平方公里。高速公路110.75公里，一级公路28.22公里，二级公路1492.85公里，国省道高等级公路比重达88.92%。基本实现各县市区到中心城区通达二级公路。全市农村公路总里程达19585.02公里，实现全部乡镇及行政村通公路，100%的乡镇、42%的行政村通达油路或水泥路。全市长江干线过江通道已达6座。拥有客货运站36个，全市客运站日发班次4958个，发送能力已达4.4万人次。2005年发送货物达103万吨。城市公交线路优先发展，已拥有营运车辆475台，营运线路39条。城市出租车稳步发展，出租车已达1704台，行业管理逐步规范。全市拥有年吞吐能力万吨以上的港口38个，年装卸能力达3184万吨3万TEU，主要港口码头装卸机械化水平达70%以上。全市境内铁路里程223公里，拥有4D级（规划4E级）机场一座。宜昌已建设成为长江黄金水道与焦柳铁路、沪蓉国道主干线交汇处的区域性交通枢纽城市。初步形成多种运输方式协调发展、全方位对外开放的交通格局。

宜昌海事局

宜昌海事局是交通部设置在长江干线主管宜昌辖区水上交通安全监督管理工作的行政管理机关，主要职责是依据国家法律、法规实施长江宜昌段水上安全监督和防止船舶污染、航行保障和行政执法等工作，隶属长江海事局。

辖区下设有巴东、归州、港区、宜都和枝江海事处等5个派出机构，9个执法大队和7个办事处，局机关内设7个办公室和1个附属机构。管辖干线通航水域212.5公里，支流通航水域20余公里，登记船舶900余艘，在岗职工218人，拥有固定资产近4千万元。

几年来，在上级的正确领导下，通过全体干部职工的共同努力，宜昌海事局三个文明建设取得了可喜成绩，连续两届荣获湖北省、宜昌市“最佳文明单位”、“全国海事系统文明单位”荣誉，局工会荣获“全国模范职工之家”光荣称号，政务科连获“全国青年文明号”荣誉，职工姚明太荣获湖北省五一劳动奖章等，保持了辖区水上安全形势持续稳定。

*一是积极探索海事管理新机制，实现了由管理型执法向服务型执法的转变，尤其在“打造平安渡、服务新农村”方面进行了积极探索。*建立了政府组织、教育部门协助、船主负责、海事部门监督的学生渡监管四方责任制，海巡艇坚持对学生渡实行现场维护，确保了辖段2200名中小学生安全过渡。此外，宜昌海事局还向客渡船赠送了救生衣、甚高频无线电话等安全助航设施，捐赠3万多元资助800多名贫困学生乘渡；开设了“水上安全流动学校”，把安全知识和航行信息送上船。两年来，海巡艇出艇维护500余航次，受到交通部、湖北省人民政府领导、学校和家长的高度赞扬。

二是积极探索“零距离”海事服务理念，建立起了六大机制；库区船舶定线制、现场纠章与跟踪管理机制；库区滑坡险情预警机制；库区学生渡四方安全责任机制；库区重点船舶、重点水域重点监控机制；与政府及相关部门沟通联络机制；库区防污、搜救快速反应机制。

*三是积极提升海事管理社会效应和影响。*通过开展“文明示范窗口”、“政务大厅一站式服务”、“百家企业评海事行风”、“安全在我心中”“水上安全流动学校”、“平安渡船互动工程”等主题活动，展现出“12万库区学生平安上学”、“库区700天零碰撞”、“900万农民平安过大江”、“1400万吨危险品为西部经济服务”等亮点的实践，有效展示了宜昌海事新形象。

宜昌海事局将在上级领导下，在地方政府的大力支持下，全局上下努力工作、积极作为、有效监管、依法行政，保持辖区水上安全形势持续稳定，为辖区沿江经济发展创造良好的水上安全环境。

宜昌市人民防空办公室

2005年，宜昌市人防办在市委、市政府、宜昌军分区和省人防办的领导下，以党的十六届三中、四中、五中全会精神和“三个代表”重要思想为指导，以开展保持共产党先进性教育活动为契机，深入贯彻《人民防空法》、中央《决定》和省委《通知》精神，与时俱进，开拓创新，团结奋斗，唯先是夺，加速自身发展，完成或超额完成了全年各项目标任务，获得上级人防主管部门综合考核99分的好成绩。

一是完成了《宜昌市人防工程建设规划》和“十一五”人防建设计划的编制工作，并纳人宜昌市城市总规和市“十一五”经济建设计划。

二是参加三峡军演达到了预期目地，受到市国动委办公室表彰和演习指挥部好评。制定了防空袭应急准备预案和完善了重点目标防护方案，完成了电子地图防空袭方案作业图，并与省数据信息连通。建立了指挥自动化网络、办公自动化网络、人防工程管理数据库、人防通信警报管理数据库。城区新安装警报器6台，警报统控设备30台，使城区警报统控率达到70%，警报鸣响率达到100%。

三是2126工程进展顺利，应急救援指挥大楼即将投入使用。新报建审批防空地下室项目23个，面积6万多平方米，超目标任务3.12倍，竣工项目11个，竣工面积2万多平方米，超目标任务的3.7倍。

四是制定了人防工程维护计划及“十一五”人防工程维护管理计划。对全市人防工程进行了4次全面安全检查，对8处安全隐患进行了整治，保证了工程使用安全。

五是依法行政，严格执法。全年巡查基建项目230个，巡视率100%，追缴人防费300余万元。认真落实执法“四制”规定，实现了执法无过错。

六是在全市43所中学开展了“三防”知识教育，受教育学生10450人。利用国防教育日和12月4日全国法制宣传日，在夷陵广场举办大型国防教育、法制教育宣传活动，取得较好的社会效果。全年完成刊用人防宣传稿件78篇，其中国家级14篇，省级18篇，市级46篇，超目标任务的200%。被国家人防办评为《中国人民防空》通讯报道先进单位。

七是按照“准军事化”要求，加强人防机关和干部队伍建设。坚持把创建“准军事化”机关与文明创建、完成目标任务、党风廉政建设、提高整体素质结合起来，经省人防“准军事化”机关考核验收为合格单位。在第五次全国人民防空会议上，宜昌市人防办被国家国动委授予《全国人民防空先进单位》。

宜昌市外事侨务办公室

【年度基本情况】 2005年，市外侨办全年共审批各类因公出国（境）团组254批739人次，其中厅级干部20人次，处级干部221人次。办理护照、通行证138批563人次，签证、签注103批520人次。为邀请来宜的外国专家及经贸人员办理邀请函电18批30人，涉及巴基斯坦、加拿大、尼日利亚、美国、韩国5个国家和地区。全年牵头协调处理涉外案事件4起。全年直接或参与接待国外来访团组99批677人，其中部级以上代表团30批327人，新闻记者11批37人。他们中有国家元首、议会议员、友好人士、新闻记者及外国专家等，他们分别来自美国、韩国、日本、印度、尼日利亚、加拿大、波兰、南非、巴拿马、马来西亚、澳大利亚、德国、法国、印度尼西亚、危地马拉等15个国家和地区。全年我办共接待及办理归侨侨眷来信来访46人次；共办理侨眷证、侨属证、港澳同胞眷证和港澳同胞属证89份，为30名归侨及侨眷高级知识份子子女办理了优录证明。

【友好城市与民间对外交往】 与韩国建立友好交往关系。5月，韩国英阳郡政府代表团来宜昌友好访问，和我市签署了《建立友好交流与合作意向书》。之后，我市与韩国浦项市建立了友好交往联系。5月及7月，韩国浦项市派大邱日报社事务局长梁先生两次率团来宜昌考察洽谈；8月，市外办派代表赴该市送达了郭有明市长给浦项市市长的信件；11月，应浦项市市长邀请，李佑才书记、杨智副市长率代表团赴该市访问，受到了热情接待，为推进实质性合作奠定了基础。

深入发展与德国路德维希堡县的友好交往关系。5月，路德维希堡县医院雷勃夫妇应邀来宜进行医学交流，受到李佑才书记的会见；7月，应哈斯县长邀请，宜都市市委书记宋文豹率团访问路德维希堡市，确立了友好合作关系；8月，路德维希堡的大学生来宜交流学习，受到了郭市长会见；9月，市夷陵中学选派一名学生到路县中学国际交流班学习；10月，应县长哈斯先生邀请，市长郭有明率宜昌市政府代表团对路德维希堡县进行了友好访问，商定了2006年交流合作计划；11月，市一医院院长刘先哲率团前往路县医院进行医院管理交流，达成了新的合作意向。

与美国友城华盛顿郡开展的友好交流项目取得成效。2月，全国友协正式批准我市与华盛顿郡建立友好城市关系；6月，华盛顿郡谢伍德校区21名中学生来我市，参加了为期一周的夏令营活动；7月，我市23名中学生赴美国华盛顿郡参加了为期三周的夏令营活动；6月，美国前驻成都总领事、俄勒冈州华盛顿郡郡委会顾问白瑞理先生等2人前来我市进行“如何开拓美国市场”的商务演讲；12月，美国乌马蒂那港口总经理等2人来宜，与宜昌港务集团达成建立友好伙伴关系的意向。

与日本柏崎市的友好交往关系得到巩固。1月柏崎市遭受新泻大地震灾害后，市外办发去了慰问函电，送去了慰问物资；3月，我市选派的建筑技术研修人员章鸿结束了在柏崎的研修学习返回宜昌；11月，市委书记李佑才、政府副市长杨智率团访问了柏崎，受到了热情接待，与柏崎市长就扩大双方在经济领域的交流与合作进行了卓有成效的会谈；11月下旬，柏崎市生产高档休闲食品、矿泉水的企业波路梦公司派国际部次长丸山敏词一行4人来宜考察，与杨智副市长洽谈了在宜投资兴建食品加工生产企业的项目。

继续加强与法国的友好交往工作。7月，法国瓦朗谢纳市主管国际关系的副市长亚当夫人率瓦朗谢纳市政府代表团来我市进行友好访问，郭有明市长与亚当夫人就两市今后如何进一步开展交流与合作进行了探讨；10月，杨智副市长受郭有明市长委托，在武汉出席了“首届中法地方政府合作高层论坛”，担任论坛第四专题主持人并在论坛会上作了“增进友谊、加强合作、促进发展”的主题发言；10月，法国洛林大区议会副主席隆嘉女士来宜访问，市外办精心安排了郭有明市长会见宴请以及杨智副市长陪同活动等礼宾礼遇活动，达到了宣传宜昌及通过隆嘉女士协助我市与法国梅斯市联系推动友好交往的目的。

与巴西伊瓜苏市的友好交往取得了新进展。7月上旬，经市政府批准，市外办向湖北省外办正式上报了宜昌市与巴西福斯伊瓜苏市结为友好城市关系的请示；7月下旬，以郭有明市长的名义，向该市市长保罗·马克·多纳尔德·吉西先生致函，表达了我市希望与对方开展友好往来的意愿；12月，通过巴西侨领蔡标先生与新上任的伊瓜苏市市长沟通联系，该市市长给郭有明市长发来了信件，明确表示愿与我市缔结友好姐妹城市协约。

与荷兰阿培尔顿市的友好交往有了可喜的开端。4月，荷兰阿培尔顿市市长主动给我市郭有明市长发来了希望发展友好关系的信件；6月，郭有明市长给对方市长回复了同意发展友好关系的信件；9月，应我市邀请，阿市第一副市长凡德塔斯夫人率政府代表团对我市进行正式友好访问，同时派出凤凰民族风情表演团来我市参加第六届三峡国际旅游节开幕式巡游展演活动，凡德塔斯夫人在旅游节开幕式上致辞，郭有明市长与凡德塔斯夫人进行了友好会谈，杨智副市长与凡德塔斯夫人签署了建立友好合作关系协议书；11月，受荷兰阿培尔顿市政府委派，该市负责交通规划的官员奥斯卡先生一行二人，专程来我市进行经济和城市建设考察和交流活动。

继续深入开展与国际友好机构及人士的交流合作。3月，我市与加拿大的第二批中加青年交流项目圆满结束；8月及11月第三批中加青年交流项目A、B两组20名宜昌青年先后赴加拿大开展交流活动。3月，日本广岛日中友好促进会第三次来宜种植樱花友谊树，为三峡大学的贫困学生设立"日中友好奖学金"，首次捐款5万日圆；并为东山小学贫困生"日中友好和平奖学金"第三次捐款3万日圆。5月，应瑞典国际友好人士邀请，我办组织两名青年教师赴瑞典进行文化交流访问，增进了彼此的了解和友谊。

【重大外事接待活动】 中央及国家部委安排来宜的重要团组中，有尼日利亚总统奥巴桑乔、尼日利亚外交部长、马达加斯加执政党主席、印度安德拉邦首席部长、马来西亚吉兰丹州首席部长、南非反对党民主联盟领袖、危地马拉经济部长、澳大利亚新南威尔士前州长、德国汉堡议会议长、世界五百强企业美国亚什兰集团特种化学公司副总裁、美国铸造业协会主席、刚果共和国总统萨苏·恩格索、莱索托首相莫西西利等国家元首和政府首脑等。

【重要出访】 2005年10月，李佑才书记、杨智副市长率宜昌市政府代表团出席了韩国"湖北周"及赴日本友好城市进行访问。代表团在日韩期间考察了世界著名钢铁企业浦项制铁所、丰田汽车公司轿车生产线、日本知名食品生产企业竹本食品株式会社、波龙梦食品株式会社和著名威士忌生产基地三得利制酒所；特别拜会和考察了宜化集团合作伙伴三洋化学、在宜投资企业土富建设株式会社和落户宜昌开发区的金宝乐器合作伙伴世界知名钢琴厂KAWAI；在韩国昌信大学考察时看望了正在该校留学的10名三峡大学留学生；在湖北周签约仪式上与韩方签订经济技术贸易协议5个（全省共20个），合同金额1320万美元，签约项目数与合同金额均居全省前列。

10月8日至21日，市长郭有明率宜昌市政府代表团对德、英、意三国进行了友好访问，进一步巩固发展了同德国路德维希堡县的友好城市关系，增进了国际社会及海外企业对宜昌的了解，推进了与欧洲国家的交流与合作。在访问德国路德维希堡县期间，拜访了路德维希堡县政府、县工商会、县储蓄银行，考察了一些企业和参观了一些展览，就深化两个城市间的交流与合作进行了探讨，并就该县企业家代表团访问宜昌、全面启动宜昌开发区德国工业园项目达成了意向；在英国期间，拜会了在宜昌开发区投资的英国朗格公司负责人及其销售代表；在意大利期间，会晤了几位地方政府领导人，拜访了意大利肯德克集团董事长、佛罗伦萨州立银行总裁、AOD保险公司负责人，参观了佛罗伦萨州立大学、意大利足球协会及蒙格公司等多家企业，并就12月正式启动在宜昌开发区投资7亿元人民币的第三代专利环保型食品拉盖项目达成一致意见。

5月8日至13日，郭有明市长、廖达凤副市长率宜昌市代表团参加了省政府在香港举办的"2005年香港湖北周"活动，并举办了"2005三峡·宜昌（香港）投资洽谈会"。在投资洽谈会上，全国政协常委、香港中华厂商联合会会长杨孙西等29位主礼嘉宾出席大会，来自美洲、欧洲、大洋洲、东亚及港澳台地区250多位客商到会，参会人数达400余人，参与主办、协办的香港机构有11家。在港期间，市领导会见了香港信得集团总经理何超琼女士以及参会的海外客商共17批次；拜访了香港新华集团、香港中华总商会等批企业和单位，推介了重点项目，邀请他们来宜考察，受到了各企业和单位主要负责人的热情接待。部分县市区和市直单位也开展了拜访活动，取得了积极的成效。活动期间，全市共有38个项目现场签约，合同21个，协议17个，工业项目26个，投资总额58687万美元，协议外资额45801万美元。

【外事为经济工作服务】 2005年，市外办共执行引进外国专家项目8项，邀请日本、俄罗斯、美国、荷兰等国的技术、管理专家11人次，技术指导涉及农业柑桔、砂梨，工业化工、电力等领域；派出培训项目2项，参加培训人员32人次，内容涉及农业及城建领域。主要成效有：5月，协助农业部门邀请美国佛罗里达大学园艺学博士、原国际柑桔学会理事长阿尔布里哥教授和中国柑桔协会理事长、长江学者、华中农业大学教授邓秀新来宜昌秭归进行技术指导与交流；6月及10月先后邀请日本砂梨专家稻叶元良和川俣惠利先生来枝江砂梨产区进行技术指导，传授了砂梨"高接换优"、套袋、夏季管理、病虫害防治等技术，这是市外办1995年以来，第17次邀请日本砂梨专家到枝江传授、指导砂梨优质栽培技术；8月邀请荷兰尼尔瑞南、克拉克先生等2位专家来宜，与三峡开发总公司的有关专家就如何组织应对风险和灾难，如何采取安全措施以及在事故和灾难发生时利用地理信息等技术进行了交流；9月上旬和农业部门联合组织有关县市区农业部门负责人，赴日本、韩国进行以"一村一品"农业产业化为主题的考察培训学习；10月邀请日本柑桔专家古桥嘉一先生来宜参加中国柑桔产业发展学术研讨会暨中国柑桔学会2005年会，作了学术报告，并到宜都柑桔产区进行技术指导。

2005年市外办通过聘请专家来宜交流及选派人员出访，在经济领域引进俄罗斯、乌克兰智力取得实效。一是帮助宜化集团完成中低品位胶磷矿的相关技术收集、宜昌胶磷矿选矿实际的生产和实验方案以及宜昌胶磷矿选矿的试验开发等方面引进俄罗斯技术的前期准备工作，为该集团在2006年正式开展技术引进奠定了基础；二是帮助兴发集团与俄罗斯“农业磷”集团签订了在宜昌投资120万吨/年磷复肥项目建设的合作意向及磷矿选矿合同；三是帮助兴发集团完成引进俄罗斯湿法磷酸精制技术的前期准备工作；四是帮助远安恒顺矿业公司与俄罗斯阿康公司就磷矿选矿技术项目进行了交流及商务洽谈；五是赴乌克兰为宜化集团开发硅产品项目进行技术调研并掌握了重要信息。

【为侨服务】 积极开展引导华侨华人来宜昌投资兴业的招商引资工作。市外侨办围绕市委、市政府创建世界水电旅游名城的发展目标，大力开展招商引资引智，邀请并安排海外华人来宜昌考察访问，接待了海外华侨华人8批158人。6月，协助市体育局邀请到了香港龙舟协会主席来宜出席国际龙舟拉力赛，同时协助秭归县接受香港龙舟协会邀请，派出龙舟队一行36人代表宜昌赴港参加香港国际龙舟邀请赛并获得了第三名的好成绩；8月，世界湖北同乡会来宜考察，市委乔余堂副书记、市政府杨智副市长会见宴请了代表团；8月，市外侨办充分利用“2005华侨华人专业人士创业发展洽谈会”平台，积极组织全市15个单位56名代表赴武汉与100多名海外华侨华人代表就引进资金技术合作项目进行深入洽谈并已促成4个合作意向；7月—12月，在巴西侨领蔡标先生的热情帮助下与巴西伊瓜苏市开展友好交往，蔡标先生传递了该市市长给我市的信件，并将与我市在各个可能的领域开展交流、共享信息，以增进交往；9月，邀请到了旅居美国的华人专家范绍宾先生来宜探讨解决磷化工企业磷石膏污染综合治理方案；12月，再次邀请到了美籍华人专家黄舒先生来我市传授柑桔脱毒及脱毒后种苗的防病办法；12月，邀请到了泰国侨领胡建华女士考察我市柑橘基地的种植、种类、品质及加工情况，并就大批量采购我市柑桔进行了市场调查工作；为安琪集团牵线搭桥引进美国华人专家雷新根教授的生产专利技术现已经进入项目实验阶段；为三峡大学牵线搭桥引进宜昌籍美国华人计算机软件专家赵晓勇先生与该校合作建立的计算机软件工程研发中心运行良好，2005年已经取得明显的社会及经济效益。

依法大力保护归侨侨眷合法权益。市外侨办依法认真务实地为侨服务，注重侨务信访工作，接待办理归侨侨眷来信来访46人次，为91位归侨、侨眷、侨属、港澳同胞眷属办理了身份证明，为30位华侨、归侨和侨眷高级知识分子子女办理了优录证明。在市委、市政府的关心支持下，在各有关部门的热心帮助下，市外侨办针对来信来访反映的重点问题，切实为归侨侨眷排忧解难，落实侨务政策，努力为侨办实事，解决了草埠湖农场侨眷诉讼费退还问题；解决了部分归侨侨眷应享受的增加30%房屋拆迁补偿费到位问题；解决了蒙古归侨梁女士8年工龄认定及减少买断工龄补偿费用纠纷问题；彻底解决了我市部分归侨符合条件而未能享受100%退休金的问题，依法维护了归侨侨眷的合法权益。

宜昌市体育局

2005年，在市委、市政府的正确领导和上级体育部门的指导下，我市抓住今年是国际奥委会确定的体育运动年，又是《中华人民共和国体育法》和《全民健身计划纲要》颁布实施十周年的契机，积极开展群众性体育活动，努力提高竞技体育水平，不断促进体育市场化，依法治体，依法行政，全面完成了市委、市政府和上级业务主管部门下达的各项工作任务。现将2005年工作情况总结如下：

一、成功举办了第四届中国宜昌长江三峡国际龙舟拉力赛暨宜昌市首届龙舟锦标赛

今年6月5日至6日，我市政府承办了2005年中国宜昌长江三峡国际龙舟拉力赛。这是国家体育总局下发《关于开展全国龙舟月活动的通知》后，在全国率先启动的第一个龙舟赛活动。本届赛事有有4支外国队、3支中外联队共20支队伍约600名运动员参加了拉力赛。为了促进我市群众体育和赛龙舟这项特色体育活动的广泛持续开展，我市在举办本届拉力赛的同时举办了宜昌市首届龙舟锦标赛，参赛队达到38支，分别来到各县市区、市直机关、企事单位、单项体育协会及中省驻宜企事业单位，近500名运动员参加了500米直道竞速比赛。如此规模的龙舟赛，改革开放以来在宜昌是第一次。因此我市的龙舟赛是2005年全国最大规模的龙舟赛事，在国内外都产生了很大影响，对提高宜昌知名度和城市品位起到了不可估量的作用。

在本届赛事中，我市遵循龙舟活动的表现形式和传统习俗，突出再现了龙舟辉煌气势和齐心协力、勇往直前的民族情怀，全面展示了生动活泼、蓬勃发展龙舟活动场景，推动了全民健身活动的开展，为构建和谐社会贡献了力量。因此，我市政府被国家体育总局评为全国龙舟月先进单位，我市龙舟赛被评为2005年全国龙舟月最佳赛区，在全国20个最佳赛区中仅次于上海市排名第二。

二、圆满完成了保持共产党员先进性教育活动的任务

根据市委的统一部署，在市委保持共产党员先进性教育活动领导小组的领导和市委督导组的指导下，我局党员先进性教育活动工作按照《宜昌市委第一批保持共产党员先进性教育活动实施方案》及《宜昌市体育局保持共产党员先进性教育活动实施方案》的要求，精心组织，周密部署，扎实工作，确保了每个阶段按上级要求实施，达到了党员先进性教育要求“提高党员素质、加强基层组织、服务人民群众、促进各项工作”的目标。该项活动结束时，市直体育系统以及各县市区体育局、城区有关社区、社会体育健身组织、各单项体育协会代表共59人对我局保持共产党员先进性教育活动进行了测评，56人满意，3人基本满意，满意率100%。

三、制定了宜昌市体育事业“十一五”发展规划

十一五规划实事求是总结了过去五年的工作成绩。“十五”期间我市体育工作所取得的成绩主要体现在：一是特色体育有影响；二是群众体育蓬勃发展；三是竞技体育取得长足进步；四是体育产业发展态势良好；五是体育队伍建设初见成效。

十一五规划目标明确任务具体。发展目标是：把宜昌建设成为全国特色体育城市、湖北体育强市。主要任务是：积极推进全民健身活动；进一步提升竞体体育的总体实力，在2008年奥运会上，力争实现奥运奖牌零的突破，在2010年湖北省第十三届运动会上金牌总数或团体总分力争进入全省前三位；充分发挥社会多方力量，大力发展体育产业。

十一五规划特色突出，定位准确。《规划》提出要做大做强龙舟运动这一国内外品牌赛事，形成特色品牌系列项目，提高宜昌在海内外的知名度，促进宜昌体育事业发展，抓住了我市体育运动的根本特色，具有创新性。

实现十一五规划所采取的措施得力。主要体现在组织系统有保证、管理方案完善、行政有法可依、体育经费投入有保障。

四、群体、竞技、体育产业保持了良好的发展态势

今年1月21日，市政府召开了全市体育工作会议，对我市体育工作如何认真落实《体育法》，积极施行《全民健身计划纲要》和《奥运争光计划纲要》，积极推进依法治体，努力完善群众体育为基础、竞技体育为龙头、体育产业为后盾的工作格局进行了认真研究。这次会议以后，市体育局狠抓各项工作的落实，使我市体育工作在去年的基础上又有新起色。

（一）*群体工作如火如荼*。今年，我们继续狠抓群众身边的场地、群众身边的组织、群众身边的活动。启动了全民健身活动室的建设工程，免费为宜昌中心城区15个社区居委会和18个县市区居委会提供了健身器材，为17个市直机关送去乒乓球桌，截止11月份，共帮助新建了50个标准化的群众体育活动室。批准成立了市健美健美操协会，至此，我市的市属单项体育协会达到了17个。在各级群众体育组织的组织和带领下，现在经常参加体育健身活动的人数，占全市总人口的37%。

7月9日，我市成功举办了湖北省国民体质检测“荆楚行”宜昌站活动暨宜昌市第十一届全民健身周启动式，以及配合该项活动我局编辑的宜昌体育十年回顾画册在社会各界引起了广泛好评，我局被省体育局评为优秀组织奖。

8月27日至9月28日，宜昌市“我运动、我健康、我快乐”全民健身展示月活动在宜都市、枝江市、远安县、当阳市、夷陵区、兴山县、秭归县等9县市区举行。11月19日，宜昌市“我运动、我健康、我快乐”全民健身展示大会在夷陵广场举行，并对本次活动中涌现出来的先进单位和个人进行了表彰。此次活动历时一个月，展示活动内容丰富，共表演节目63个，另有健身咨询、体彩销售等活动，参与群众达数万名。本次活动得到各县市区党政领导的高度重视和大力支持，吸引了广大市民的积极参与，受到广大群众的热烈拥护。

今年，我市共举办大型群体活动24项。其中，宜昌市第二届“国税杯”领导干部乒乓球赛、2005年宜昌市“百事可乐杯”乒乓球大奖赛、“兴发杯”乒乓球锦标赛、“体彩杯”首届羽毛球锦标赛，共有1000多名干部群众参加了比赛。市体育总会和市属单项协会全年举办各类赛事近40次，参加比赛的运动队200多支，运动员近两万人次。市直各单位的群体活动也非常活跃，如市委组织部举办了市首届组织系统乒乓球比赛等体育赛事活动，在社会上产生了良好的影响。我市体育外事交流也较活跃，应香港龙舟协会邀请，我市派代表团观摩了香港龙舟赛，秭归代表宜昌参加比赛获得了第三名的好成绩。

今年我市广泛开展群众体育所取得的成绩不仅得到广大市民的充分赞扬，也得到了上级部门的充分肯定，我市市委组织部、市体育局、秭归县、西陵区文体旅游局、市体育运动学校等五单位荣获“全国群众体育先进单位”称号；周正英、袁勇、黄小铭、覃发池等四人荣获“全国群众体育先进个人”称号。我局局长周正英同志作为湖北省群众体育先进单位和先进个人代表参加了10月13日在南京举行的全国群众体育先进集体和先进个人表彰大会，和与会代表一起受到中共中央总书记、国家主席、中央军委主席胡锦涛等党和国家领导人的亲切接见并合影留念。

（二）*竞技体育有新起色*。一是组队参加了全省青少年网球、柔道、射击、举重等14个项目的比赛，取得金牌33枚，银牌44枚，铜牌43枚，团体总分1261分，完成了预期的年度参赛目标任务。

二是加强对县市区少儿体校的管理。我局按照少儿体校“五有”标准对已达标的县市区少儿体校进行了抽查，并尽力为其排忧解难和大力支持他们拓展其发展空间。如支持宜都市少儿体校自主承办全省青少年举重比赛，通过举办赛事不仅对外宣传了我市少儿体校建设的成果，而且也为少儿体校的建设与发展探索了一条成功之路。

三是成功举办了全市少儿田径、乒乓、网球、举重、射击等年度赛，发现了一批好苗子。

四是完成了全国高水平后备人才基地的申报工作，市体校于5月获得国家体育总局正式命名。

五是我市输送到国家、省运动队的魏铁力、赵芸蕾、程瑞、周晓、邓正宜、邓增宜、雷佳、陈玉蓉、耿彩、周蜜、龙刚、杜小娟等12名优秀运动员代表我省参加全国第十届运动会的羽毛球、射击、举重、赛艇、武术、击剑等项目的比赛。其中，魏铁力获羽毛球女双金牌，为国家为家乡争得了荣誉。

（三）体育产业开发有突破。我们充分发挥体育自身优势，努力实现体育由福利型向消费型转变，走体育社会化的路子，在为群众健身娱乐提供优良活动环境的同时，积极开发体育产业取得一定经济和社会效益。今年，市体育中心不仅承办了全国少年男子甲组排球锦标赛、2005年全国U—19“阿迪达斯”足球联赛、湖北省青少年田径运动会和“中华一家亲——走进台湾”歌舞演出等活动，而且还投入资金对现有体育设施进行了改造，为市民健身创造了更加优良的环境，提供了更加优质的服务，扩大了体育的社会影响，提高了体育场馆利用率，取得了社会效益和经济效益的双赢。

五、加强机关自身建设，努力提高依法行政能力

（一）认真落实《体育法》，积极推进依法治体。今年9月，我局与市人大教科文卫委员会联合开展了对《中华人民共和国体育法》贯彻执行情况的执法检查。一是各级政府、责任部门把实施《体育法》、《全民健身计划纲要》，建设体育强市和争创体育先进单位纳入当地经济和社会发展规划之中，并建立健全各项工作制度，定期研究体育工作，解决实际问题，突出抓好投入。二是树立群众体育群众办的体育社会化意识和体育搭台、经贸唱戏的经济意识，形成政府、企业、群众（个人）三位一体的投入机制，使体育纳入市场拉动的良性发展轨道。三是体育部门主抓、相关部门联动，形成齐抓共管的局面，不断拓宽群众体育发展路子。四是支持热点——老年体育、抓住重点——学校体育、扶持弱点——农村体育、狠抓重点——小区体育、突出亮点——特色体育。广泛开展群众体育，成绩突出，今年我局被省体育局授予2005年全省全民健身宣传周活动优秀组织奖和先进单位荣誉称号。

（二）依法行政，落实工作责任制。我局结合体育工作实际，重新修订了有关规章制度，拟定了2005年市体育工作目标责任制，将任务分解到各科室，责任到人。并结合市委有关党政干部政绩考核的有关精神，进一步完善了市体育局工作目标管理考核办法，加强了对主要指标完成情况和对重大工作落实情况的考核，为全面完成市委市政府下达给我局2005年体育工作任务奠定了坚实的基础。

（三）认真抓了政风建设。牢固树立正确的政绩观，大兴求真务实之风，加强行政监察力度。结合体育工作实际，制定了市体育局党风廉政建设具体措施，进一步强化了机关工作人员的公仆意识和服务意识，提高了为基层、为群众服务的工作效率和服务质量，促进了我市体育系统党风廉政建设，提高了体育队伍的整体素质。

（四）进一步规范了行政审批有关事项。我局按照市政府的统一部署，进一步深化行政体制改革，创新工作方式方法，不断提高科学行政、民主行政、依法行政水平。整理规范了行政许可项目、行政审批项目、公共服务项目“六公开”公示表。通过政务公开，减少了行政管理权力运作的随意性，达到规范行政行为，促进依法行政，依法治体，使体育事业沿着法制轨道健康发展。

（五）认真抓好督办工作。今年，我局主办市三届人大五次会议64号、86号建议和政协市三届四次会议105号、151号、219号提案。办理工作下达后，我局领导高度重视，结合我局工作实际，制定了详细的办理工作计划，组织有关人员就需要回复的问题到实地进行考察、调研，同时积极与会办单位联系，征求会办意见，并分别与建议、提案的当事人进行座谈，做到了见面率100%、办结率100%，代表和委员都十分满意。

2005年，我市体育工作在群众体育、竞技体育、体育产业和体育队伍自身建设等方面虽然取得了一些成绩，但我们必须看到，我市体育事业的规模还不大，总体水平还不高，与我市创建世界水电旅游名城和建设省域副中心城市的地位还不相称，同人民群众日益增长的体育需求还不相适应。国民体质特别是青少年体质同发达城市相比还有明显差距；竞技体育后备力量不足，高水平的尖子人才较少；体育设施尤其是群众健身设施仍较落后；体育科技、教育、宣传还不发达；体育法制还不健全。今后我们将进一步加强对体育法律、体育方针政策的宣传，提高全社会的体育意识，倡导健康、科学、文明的生活方式。集中精力，发挥优势，突出重点抓好体育工作，促进体育事业全面发展，为率先将我市建设成湖北体育强市而努力奋斗。

宜昌市人民信访办公室

［信访渠道进一步畅通，信访形势明显好转］ 2005年，全市各级信访部门以“督办落实年”活动为主题，全力推进《信访条例》的贯彻实施，全力推进集中处理信访突出问题及群体性事件工作，全力推进信访基层基础建设，信访工作取得显著成效，基层及时就地化解矛盾的能力进一步增强，全市信访总量、越级访、集体访和重复信访呈显著下降趋势，群众进京、省、来市上访明显减少，未发生一起影响稳定的群体性事件，信访秩序明显好转。一年来，市、县两级党政信访部门共受理群众来信来访28832件（人）次，同比下降19.8%，其中来信9262件次，下降2.6%；来访8124批次/19570人次，分别上升10.3%和下降26%；受理集体访707批次/10578人次，分别下降15.4%和41.2%。2005年市、县两级共处理进京上访102批次/168人次，赴省上访280批次/430

人次,进京赴省上访人数分别下降73.3%和17.3%。市信访办全年共受理群众来信来访9082件(人)次,同比下降17.7%。其中来信4594件次,上升4.5%;来访1659批次/4488人次,分别上升25.2%和下降32.4%。受理集体访159批次/2300人次,分别下降22.8%和54%;重复访113批次/446人次,分别下降22.3%和77.9%。

信访工作责任进一步落实,解决群众信访问题的力度进一步加大。2005年,市委、市政府将信访工作责任落实、制度建设、基础建设和初信初访一次性办结成功率、重信重访率、越级上访率等内容,纳入对县市区党政领导班子及党政正职实绩考核评价指标体系,并在年底进行了严格考评。各级党政领导认真落实信访工作制度,身体力行做好信访工作,市、县两级党政领导全年阅批群众来信3284件,平均占来信总数的35.5%;实施党政领导信访日360次,接待群众来访939批次/2130人次,接访数平均达到来访总数的11.6%;包案处理信访疑难案件580件,下访解决信访群众实际问题569件,推动了信访突出问题的解决和落实。据统计,2005年市、县两级党政信访部门共处理重要信访事项3883件,其中中央和省交办重要信访169件,到期应结159件已全部办结;市交办重要信访489件,到期应结463件已全部办结;县市区交办及立案查办重要信访3225件,到期3095件已办结99.9%。

[认真贯彻实施《信访条例》,依法信访取得实质性进展] 新修订的《信访条例》于2005年5月1日起正式施行。为认真学习宣传和贯彻实施《信访条例》,2月24日,市委办公室、市政府办公室印发《宜昌市学习宣传和贯彻实施〈信访条例〉的工作方案》(宜办文[2005]9号)做出全面部署。

各级各部门一是大张旗鼓地宣传《信访条例》,做到家喻户晓。据不完全统计,全市购买《湖北省学习贯彻〈信访条例〉辅导读本》、翻印《信访条例》单行本、编发宣传提纲、知识问答等学习宣传资料41.8万份,免费发至农村村组、城镇社区和企事业单位或村(居)民。《宜昌日报》全文刊载了《信访条例》,开辟了宣传专版,宜昌人民广播电台和宜昌电视台进行了重点宣传。各县市区由基层党政领导干部、司法工作人员、信访工作人员等组成宣讲团70个,深入社区、居委会、村组和农户,直接向群众宣讲条例。二是紧张有序的抓好干部培训。3月下旬,市、县(区)信访工作分管领导和信访办主任、法制办主任等参加了全省学习《信访条例》培训班。从4月中旬开始,市、县、乡三级和市直各部门按照分级负责的原则,对各级领导、机关干部、信访工作人员及村(居委会)、社区干部普遍进行培训,市、县两级共组织《信访条例》培训班322期,培训各级干部21997人。三是严格依照《信访条例》规定,依法规范信访秩序。据不完全统计,4月底以前,由市、县两级法制、信访部门具体负责,各地各部门按规定清理并修改、完善或废止各类文件160多个,建立与条例相配套的制度133项。市、县两级相继制定出台了接访、办信、督查督办工作规则,对信访事项的受理、转送、交办、督查、回告、答复、通报等工作环节都进行了制度规范,市信访办在调查研究的基础上制定了《信访事项受理办理流程图》。市委办、市政府办及市信访办还下发了《关于规范市委、市政府门前群众上访秩序的通知》(宜办发[2005]19号)、宜昌市《信访事项复查复核办法(试行)》(宜信文[2005]31号)等规范性文件,有效规范了信访工作行为。市、县(区)及直属部门通过《宜昌日报》、政府公务网等公布了信访工作机构的通讯地址、电子信箱、投诉电话、信访接待时间和地点、查询方式以及信访工作制度和程序等信息,全市各信访接待场所做到了《信访条例》等法规制度上墙,便民设施到位。

11月30日—12月3日,以中央处理信访突出问题及群体性事件联席会议办公室主任、国家信访局局长王学军同志为组长的中央贯彻落实《信访条例》检查组,对宜昌市及宜都、长阳、夷陵、秭归等县市区进行了重点抽查,充分肯定了我市宣传贯彻实施《信访条例》及信访工作。

[深入开展集中处理工作,就地化解矛盾成效明显] 按照中央和省、市集中处理信访突出问题及群体性事件工作(简称集处工作)的部署安排,全市各级围绕"人要回去,事要解决,人不回流"的工作目标,抓住集体访、越级访、重复信访和积案老户等重点,深入扎实地开展集中处理工作。

一是建立矛盾纠纷滚动排查制度。全市上下采取"滚动加减法",常年不间断的排查信访问题不稳定因素,对排查出来的重要信访问题,以"问题解决、工作到位、思想稳定"为标准,按照定责任单位、定责任领导、定责任人、定工作要求的"四定责任制"逐一交办落实,限期妥善处理,适时检查通报,确保收到实效。同时,建立重大紧急信息报告制度和全方位、多层次、广覆盖的信息网络,配备信访信息员3597名,及时准确收集信访信息,超前介入化解矛盾。二是把握重点,集中处理好信访突出问题。以国企改制、移民安置、涉法涉诉等信访突出问题作为工作重点,切实做到政策落实到位、问题处理到位、思想疏导到位,集中处理消化了一批突出矛盾和问题。集中处理以来,全市共排查交办重要信访案件2588件,到期结案率99.9%,其中中央和省交办到期462件已全部办结,群众满意率达76%以上。三是突破难点,积极消化信访积案和上访老户。仅2005年,全市按照"三个一批"(全面复查重新处理一批、因案施策分类处理一批、实事求是宽容处理一批)的工作思路,就处理消化了信访积案和老户96案。在解决信访疑难问题中,市、县两级组织信访听证会22次,解决疑难信访问题19件;信访、司法部门组织111名律师接待来访378批次/599人次,促使涉法信访事项得到依法处理。四是强化督查督办,加大解决问题的力度。各级信访部门在"督办落实年"活动中,将信访工作重点进一步转向督查督办解决群众信访问题上来,采取专班带案督办、领导带头督办、跟踪督查督办等多种方式督查督办重要信访问题1776件，切实保证了重要信访按时保质结案，努力实现群众信访"件件有着落、事事有回音"。通过全力推动集中处理工作，使大量突出信访问题和矛盾得到及时、就地、妥善处理和消化，全市反映企业改制、移民等8类信访突出问题的总量比上年减少3751件（人）次，下降30.1%，进京赴省级越级访、重复访在全省市州中所占比率维持较低水平。

我市集中处理工作得到中央和省充分肯定。6月23日，省集中处理办以《努力做好信访工作，促进社会和谐稳定》为题编发 宜昌市集中处理工作经验；7月6日，中央联席会议办公室以《湖北省宜昌市集中处理信访突出问题及群体性事件工作成效显著》为题进行了转发。7月13日，省委副书记、省纪委书记、省处理信访突出问题及群体性事件领导小组组长黄远志同志阅后作出批示："各地应认真学习宜昌市的经验，把集中处理信访突出问题及群体性事件工作做得更好。"省集中处理办即以《工作简报》将此批示下发各市州。12月20日，市委常委、市委秘书长郑超同志代表市委、市政府在全省基层信访工作会议上，介绍了我市集中处理信访工作的经验。宜昌市、当阳市、夷陵区、伍家岗区等8个单位被评为湖北省集中处理信访突出问题及群体性事件工作先进单位，杨元堂等21名同志被评为湖北省先进工作者。

［市县两级群众来访接待中心建设进展顺利，信访接待环境极大改善］ 为认真贯彻实施《信访条例》，进一步畅通信访渠道，加强和改进信访工作，保障信访人的合法权益，维护社会稳定，密切党和政府同人民群众的血肉联系，根据《湖北省群众来访接待中心工作方案》（鄂办文［2005］15号）精神，市、县两级结合实际建设"群众来访接待中心"（以下简称接待中心），工作进展顺利。市接待中心在市信访办原址基础上改扩建，中心面积达1454平方米（含市信访办办公），市政府先后拨付土建工程和配套资金76.2万元，确保了市接待中心在12月下旬建成投入使用。截止年底，13个县市区接待中心均已落实，接待中心面积平均达到417.5平方米，平均投入建设资金近21.6万元，除长阳土家族自治县（纳入县委、政府大楼统一规划建设，投资约100万元、面积500平方米，已于10月份动工建设），其他县市区接待中心已基本建成投入使用，初步实现了规范化联合接访。

2005年12月21日，市委办公室、市政府办公室印发了《宜昌市群众来访接待中心工作方案》（试行）（宜办文［2005］68号），规定了市直14个单位进驻接待中心，并在接待中心设立民警室、12348法律咨询室，还规定随着群众来访情况的变化可适时调整进驻单位。同时，该《方案》对接待中心工作方式、联合接待范畴和参加接待人员、联合接待工作程序以及接待中心工作要求、管理与维护等作出了具体明确规定。市接待中心每周一、二、三、四全天和周五上午接待来访群众（周五下午为工作人员研究案件、组织学习时间），由市信访办公室"一个窗口"统一登记，统一调度，统一安排，归口分类接待。需要联合接待的信访事项，由市信访办公室牵头，组织进驻单位和相关地方负责人联合接访，共同听取群众代表的反映，研究处理办法，市信访办公室负责跟踪督办。市接待中心的管理、维护和安全保卫工作由市信访办具体负责，其运转、维护所需经费，纳入市财政预算，统一支付。

宜昌市旅游局

2005年，全市旅游以"增加旅游的文化内涵，增加游客在宜停留时间，增加游客在宜消费，增加旅游收入占经济总量的比重，增加旅游业对财政的贡献率"为目标，突出城市旅游形象宣传、突出旅游规划的编制、突出旅游市场秩序整顿和优化，旅游业发展取得了显著成效。全市共接待游客880万人次，其中入境游客18万人次，旅游创汇3857万美元；国内游客862万人次，国内旅游收入53.8亿元。旅游业总收入57亿元，相当于全市GDP的9.4%，比2004年增加0.6个百分点。主要旅游经济指标居全省各市州之首。

一、2005年主要工作

1、*全省旅游工作会在宜昌召开*。7月3日—4日，全省旅游工作会在宜昌召开。中共中央政治局委员、省委书记俞正声，省委副书记、省长罗清泉，国家旅游局副局长顾朝曦等领导出席会议。市长郭有明代表宜昌作了题为《努力把宜昌建成三峡旅游目的地城市》的发言。中央政治局委员、省委书记俞正声要求提高对旅游工作重要性的认识，省长罗清泉要求着力打造"一江两山"国际旅游品牌。会议进一步确立了宜昌在全省旅游中的重要地位，为宜昌旅游进一步发展指明了前进方向。

2、*宣传促销效应显现*。全市坚持全方位、多层次、宽领域的宣传促销，创新宣传手段，继续打造"金色三峡、银色大坝、绿色宜昌"城市品牌。一是旅游节取得新成果。全市成功举办了第六届三峡国际旅游节，旅游节的国际性更强、内容更丰富、参与面更广。中国宜昌三峡国际旅游节被国际节庆协会（IFEA）评为"中国最具发展潜力十大节庆活动"之一。二是媒体宣传取得新成效。继续在中央电视台午间新闻栏目播出"三峡工程在宜昌"的天气预报；北京卫视《四海漫游》播出宜昌三峡旅游专题片四期，《北京青年报》等媒体上多次宣传宜昌旅游，《中国旅游报》、《今日中国》杂志中英文版上刊登了宜昌三峡旅游宣传专版。三是市场开拓再出新举措。在国内市场方面，先后在北京举办了宜昌新三峡旅游推介会，组织县市区旅游局、旅游企业参加了桂林国内旅游交易会、宁波中国旅游投资洽谈会、昆明国际旅游交易会。同时，组织接待四批次旅行社考察团三峡旅游考察活动。在国际市场方面，重点开展了四次境外旅游宣传推介活动，先后在香港、欧洲、日韩、澳新等地开展了宜昌新三峡旅游宣传推介活动。四是区域旅游合作取得新进展。加大与重庆、武汉和神农架等地的旅游合作。积极参与鄂渝长江三峡区域联合旅游执法。宜昌市、神农架林区政府和两地旅游部门分别签署《宜昌市人民政府、神农架林区人民政府关于加强旅游经济合作的协议》和《关于加强区域旅游合作协议》。由宜昌、巫山、奉节等13个市州区县旅游局参加的长江三峡区域旅游发展联谊会，形成了《宜昌共识》，三峡区域旅游一体化进一步加快。五是编印了《中国宜昌新三峡旅游精品景区》画册、《宜昌旅游宝典》、《中国宜昌三峡国际旅游节(2004—2005)》画册，制作了《魅力三峡、激情宜昌》旅游风光宣传片和宜昌三峡旅游便携式展板，完成了新三峡旅游多媒体查询系统。

3、旅游规划和项目建设整体推进。一是圆满完成《旅游业发展总体规划》修编工作并如期通过终期评审，《宜昌市旅游业"十一五"规划纲要》编制工作进展顺利。二是旅游项目建设成效明显。进一步推进10个重点旅游项目建设(三峡大坝旅游区、高峡平湖风景区、三峡人家旅游区、天龙湾风景区、灵龙峡风景区、柴埠溪后河风景区、清江百岛湖风景区、均瑶国际广场、三峡旅游广场、三峡游客中心)，其中三峡大坝坝顶、截流纪念园对外开放，三峡游客中心、三峡旅游超市已经完工，均瑶广场等旅游配套设施加紧建设。三是加强景区整顿规范。全市深入开展旅游景区整顿与规范工作，以塑造精品名牌、培育旅游产品核心竞争力为目标，重点整治景区"八乱"。在柴埠溪召开了全市15家3A以上旅游景区的工作会。全年新评国家3A级旅游区8个、4A级景区2个。到2005年底，全市国家3A以上旅游区达17个，其中4A级景区6个。全市"农家乐"发展到1360家。

4、旅游市场环境进一步优化。一是全面贯彻《湖北省旅游条例》。通过召开座谈会、动员会，在《宜昌日报》制作"旅游局长谈《条例》"专访，加大《条例》宣传，积极争取市政府转发市旅游局与市财政局、审计局、监察局等四部门联合制定的《关于规范公务活动委托旅行社提供服务工作的通知》。二是加大旅行社改制步伐，规范了旅行社操作流程。全年共指导12家国有旅行社顺利完成改制工作，旅行社改制面达75%以上。诚信旅游活动全面启动，制定了《诚信旅游活动实施方案》，先后召开了县市区旅游局诚信旅游活动座谈会和旅行社、星级饭店的诚信旅游现场会。三是规范星级饭店管理。全面开展了星级饭店规范达标、质量振兴活动，深入开展了星级饭店旅游宣传品"四个进入"工作。完成了星级饭店换发新标牌工作，新评三星级饭店7家，二星级饭店3家，初评推荐四星级饭店2家，星级饭店达到70家。四是规范导游管理和服务。制发了《宜昌市旅游局关于进一步加强导游人员管理工作的意见》和《宜昌市社会导游人员管理制度》，建立健全了全市导游人员档案和网络查询系统，组建了宜昌市导游礼仪队，完成了全国扶贫工作会、全省旅游工作会等重大活动的礼仪接待，组织了2005年导游人员资格考试，推荐11名优秀导游参加"襄樊？隆中杯"2005湖北省导游精英大赛，4人获湖北省"十佳"导游，居全省第一，市旅游局获得最佳组织奖。五是加大了旅游执法力度。深入贯彻《宜昌市旅游监察办法》，会同公安、工商、交通、卫生、物价、质量技术监督等部门对各类旅游企业和车站、码头等游客集散地的旅游市场秩序和旅游安全进行了四次联合大检查，查处旅行社和导游违规行为三起。下发了《关于进一步规范旅游广告宣传的通知》，规范旅游企业的广告宣传行为。组织三峡大坝旅游区、峡口风景区开展军民共建良好旅游市场秩序活动。在秭归泗溪风景区召开了全市旅游安全工作现场会，进行了现场安全应急演练。全年受理各类旅游投诉83起，投诉结案率达100%。六是进一步加强旅游行业协会工作，举办了第六届三峡美食节，评选出一批受游客欢迎的最佳名菜、名点、名小吃；开展了第四届宜昌三峡旅游商品纪念品设计大赛，征集参赛旅游商品105种300多件，推出一批精品旅游商品、纪念品。

5、先进性教育活动和行风建设取得新成果。开展了两批保持共产党员先进性教育活动，组织147名党员参加。通过宣传发动、民主评议、整改提高等阶段，提高了旅游干部队伍的整体素质，先进性教育活动取得了阶段性成果。在全市评选了旅游工作先进单位和宜昌十强旅行社、十佳星级饭店、十优景区。2005年，市旅游局先后被评为宜昌市文明单位、"四五"普法先进单位，市旅游局机关党支部被评为"五好党支部"。

二、2006年工作设想

2006年是实施"十一五"规划的开局之年，全市旅游工作要以邓小平理论和"三个代表"重要思想为指导，坚持科学发展观，全面贯彻《宜昌市旅游业发展总体规划》和《宜昌市旅游业发展"十一五"旅游规划纲要》，继续抓好城市形象推广工程、旅游精品建设工程、旅游质量管理工程，努力打造城市品牌、产品品牌、节庆品牌和企业品牌，不断增加旅游的文化内涵，增加游客在宜停留时间、增加游客在宜消费、增加旅游收入占经济总量的比重、增加旅游业对财政的贡献率，全面提升宜昌旅游整体素质，提高宜昌旅游产业水平，努力把宜昌建设成为三峡旅游最佳目的地城市。2006年重点抓好十件大事，即办好第七届中国三峡国际旅游节、组织参加华中旅游博览会、迎接全国旅游工作座谈会的代表来宜昌考察指导工作、新评一批国家A级旅游区、建设一批旅游项目、开通一条国际航线、开展"诚信旅游年"活动、举办服务技能大赛、推出一批服务项目、营造良好的旅游环境，全市旅游的预期目标是：全年接待国内外游客920万人次，其中，入境旅游人数20万人次，同比增长10%，旅游综合收入63亿元，同比增长11%。

宜昌市林业局

2005年，宜昌市林业局全面贯彻中央和省委关于加快林业发展的《决定》，认真落实科学发展观，坚持把“改善三峡宜昌生态面貌，维护三峡大坝生态安全”作为宜昌林业工作的出发点和落脚点，按照“严管林、慎用钱、质为先”的总要求，认真实施林业重点工程，各项林业工作都取得优异成绩。2005年，宜昌市林业局被评为全省文明单位、全省红旗林业局、全省档案工作先进集体、宜昌市文明系统、市直最佳文明机关、全市人才工作先进单位、全市组织工作先进单位。

一、着眼高起点规划，明确林业发展思路。中央、省委《关于加快林业发展的决定》颁布之后，全市林业系统在认真组织学习宣传的基础上，通过深入开展调查研究，进一步摸清了林情民情，进一步明确了林业发展的新思路。2005年，召开了全市林业工作会议，出台了《关于加快林业发展的决定》，在依法治林、科教兴林、深化林业改革、发展非公有制林业等方面制定了一系列政策措施，为加快绿色宜昌建设步伐提供了政策保障。同时，通过进一步考察和比较国内外林业发达地区的林业发展情况，根据中央、省委林业《决定》精神和“相持阶段”的林业工作任务，科学编制了“十一五”林业发展规划，对新时期全市林业发展的奋斗目标和战略布局进行了细化和完善，制定了把宜昌建成林业资源大市和林业产业强市“三步走”的战略目标，并且按照分类指导、分类经营的原则，把全市共划分为五个建设区域，即三峡工程坝库区、清江流域区、沮漳河流域区、平原林网区、宜昌城郊区，构建最佳人居环境。《规划》编制注重与中央、省、市林业《决定》精神结合起来，注重与地方社会经济发展“十一五”规划结合起来，突出了“三步走”战略的目标和布局、五大重点工程的任务和措施、产业发展的龙头和品牌、基地建设的林种和规模等四个重点。

二、依托大工程带动，构筑林业生态屏障。认真贯彻落实国家、省关于天保工程建设的各项方针政策，狠抓制度建设，强化管理措施，取得了明显成效。继续开展了森林管护站达标创建活动，全市森林管护示范站和标准站总达标率达到56%，全市管护员总数达到2935人，使1274万亩森林资源得到了有效保护；高质量完成了天保工程公益林建设21.9万亩；森林生态效益补偿制度顺利启动实施，有30.85万亩森林纳入中央森林生态效益补偿范围。全市共完成退耕还林任务16万亩，占省下达计划任务的100%。并对历年来的退耕还林造林保存情况、政策兑现情况进行了全面核查；三峡库区绿化带攻坚战役取得了实质性进展，完成绿化带工程建设任务15.37万亩，占总体规划任务31.76万亩的48%。全市按照“点、线、网、面”的布局，抢抓有利时机，精心组织，广泛动员，大力开展造林绿化工作，围绕交通干线，植树133.2万株，新达标里程261公里；全市参加义务植树人数179.4万人，义务植树尽责率达到84%，完成义务植树810万株。

三、开展全方位监管，巩固林业建设成果。打击破坏森林资源专项行动和“楚天行动”取得实效。列为国家林业局10件挂牌督办案件之首的宜万铁路非法占用林地案，市级重点挂牌督办的6起破坏森林资源案件也一一得到了查处。各类林业案件得到有效查处，市林业局获得全国开展打击破坏森林资源专项行动先进单位。森林防火、病虫害防治工作富有成效，全市全年森林火灾受害率仅为0.012‰，创造了连续16年无重特大森林火灾的好成绩，市林业局被市政府表彰为“全市安全生产先进单位”。通过严格实行森林病虫害防治预测预报制度，严密监控松材线虫等外来有害生物的入侵，对全市80万亩森林开展了“肿腿蜂”或白僵菌防治，有效遏制了松褐天牛和马尾松毛虫等病虫害的发生。林地林权管理得到加强，配合省林业局依法办理了建设工程征占用林地审核报批手续，工程建设征占用林地审核审批率达到了100%。湿地自然保护区建设取得新进展，石漠化监测工作全面完成。。森林资源节约利用探索出了新途径，启动实施了茶叶加工柴改煤、柴改电，大大减少了森林资源消耗。全市采伐林木58.76万立方米，控制在省下达70万立方米指标范围内。

四、坚持产业化方向，增强林业经济活力。各地立足资源和区位优势，坚持引进与培育相结合，改造与创新相结合，林业产业龙头企业得到发展和壮大，产业化水平不断提高。2005年，全市实现林业总产值47亿元。兴办了一批龙头企业，我市有9家林业企业进入全省认定的林业产业化龙头企业，有21.5万户农民从林业龙头企业中受益。一批新产品走俏市场，长阳开发的木瓜醋、木瓜冰酒，夷陵区开发的天麻系列产品深受市场欢迎，进入了超市，打到了沿海。培植了一批林特基地。全市现有各类经济林基地300万亩，形成一批特色产业大乡大镇，林业产业建设正在向特色化、规模化发展。兴建了一批生态景区，全市初步形成了20个以森林公园、自然保护区为主体的生态景区，森林旅游产业形成了气候。涌现了一批林庄大户，各地出台了一系列支持林庄经济发展的政策措施，民间资本大量投向林业，林庄经济得到了进一步发展，全市共涌现“林庄经济”大户286个，经营山林面积26万余亩，全年经营收入达到1.6亿元，成为我市非公有制林业的亮点。

五、立足自主式创新，提高林业科技含量。认真开展送林业科技下乡活动。各级林业部门派出高、中级林业专业技术人员255名，深入到93个乡镇(场)的242个村，开展技术示范培训412场次、讲座348期次，发放技术资料52000多册，累计培训林农35800多人。林业科研工作取得新成绩。“日本落叶松优良遗传材料选择和推广研究”等4个科研项目获省科技进步奖。启动实施了“三峡珍稀濒危及特有植物种质资源库”和“三峡地区松毛虫综合生物防治研究”等项目。同时，通过加强20名重点扶持的林业科技人员的管理和考核工作，20个课题研究进展顺利，大部分科研项目可在年底结题和推广应用。摸清了三峡地区植物资源的家底。市林业局经过5年的广泛深入调查研究和系统搜集整理，组织编写的《中国长江三峡植物大全》一书于10月由科学出版社公开出版发行。该书详细记录了三峡地区植物物种及分布概况、展示出三峡地区植物多样性的丰富内涵，对于促进三峡地区生态环境建设和社会经济可持续发展具有十分重要的意义，为更好地保护和开发利用三峡地区的植物资源提供了翔实的本底资料、基础数据和科学依据

六、加强基础性工作，树立林业部门形象。扎实开展了党员先进性教育活动，全市林业系统按照市委要求，周密部署，精心组织，认真扎实开展党员先进性教育活动，较好地完成了学习动员、分析评议、整改提高等三个阶段的各项工作任务。市、县两级林业局参加第一批先进性教育活动的20个单位，群众满意度都达到了80%以上，其中有18个单位群众满意度达到了100%。市林业局在整改中，制定了《关于进一步加强党组自身建设的规定》、《党风廉政建设责任制实施细则》等规章制度。不断推进文明创建活动。全市林业系统积极开展文明机关创建活动，使系统文明创建工作上了一个新台阶。全市林业系统共有4个单位获得市、县级文明单位，市局机关再次被省委、省政府授予全省文明单位，连续四年被评为市直最佳文明机关。同时，全面完成了市直林业系统“四五”普法和全市林业综合治理工作任务，经市检查组的检查验收，治理效果和学习满意率都达到了100%，综合评分获得了99分的好成绩。继续加强人才队伍建设。市林业局与北京林业大学建立了人才培养与科技合作关系，北京林业大学研究生院在宜昌成立了“三峡教学实验实习基地”，开办了首届研究生班。稳定并加强了乡镇林业管理站建设。举办了乡镇林业管理站长培训班，林业宣传信息等工作也取得好成绩，被省、市录用信息500多条，市以上宣传媒体运用稿件1000多篇。宜昌林业网站建成并开通。

宜昌市大老岭林场

宜昌市大老岭林场为生态公益型林场，1956年11月建场，为宜昌市直副县级事业单位。经营面积为10万亩，森林覆盖率达96%。地处长江三峡库区的兴山、宜昌、秭归三县结合部。大老岭群山起伏，沟壑纵横，最高峰天柱山海拔2005.5米，为宜昌市江北第一峰，山脉水系以天柱山为中心，成放射状向四周延伸，溪水直接注入“两坝一峡”（西陵峡）。大老岭为国家级森林公园，这里春天繁花似锦，夏天绿荫蔽日，秋天野果满园，冬季玉树银枝，四季景色秀丽，气候宜人，是避暑、旅游、赏雪和科研考察的理想场所。

大老岭是植物的宝库，动物的乐园。据调查有植物149科768属2017种，其中国家重点保护植物20种，国家珍稀濒危植物29种；有动物59科134属185种，其中国家重点保护陆生脊椎动物26种。大老岭是《全国林业自然保护区体系规划》中新建的27个国家级自然保护区之一，其重要性排第11位，为全国“重要的自然保护区”，“热点地区和优先建设的保护区”，是全球200个和中国12个生物多样性保护热点地区之一，2001年市政府批准成立“湖北三峡大老岭自然保护区”。

大老岭是湖北省大型国营林场之一，森林蓄积量居全省第一位，是全国500强之一，并荣膺“全国国营林场100佳”和市委市政府“双文明单位”。

进入新世纪，国家实施天然林保护工程，按三峡库区生态优先的原则，林场停止木材采伐，实现向资源保护和生态效益的转型，目前以资源保护为主的湖北三峡大老岭自然保护区已经成立，大老岭正以崭新的面貌在三峡地区生态环境建设中发挥着主力军的作用。

宜昌市市直机关事务管理局

一、严格执行《采购法》，采购工作成效显著

2005年，市政府采购工作紧紧围绕“依法采购、优质服务、规范操作、廉洁高效”的工作思路，坚持“公开、公平、公正”的原则，进一步配合财政管理体制改革，理顺政府采购管理体制和运行机制，各项工作取得明显成效。市政府采购中心全年共受理采购项目159次，已完成157次。受理项目预算金额为8290.73万元，已完成项目采购预算金额为6910万元，实际采购合同金额6056万元，节约资金854万元，资金节约率为12.36%。其中：货物类采购合同金额4440万元，节约资金527万元，节约率为10.7%。工程类采购合同

金额563万元,节约资金90万元,节约率为14.18%。服务类采购合同金额1053万元,节约资金234万元,节约率为18.18%。2005年较2004年同期采购规模同比增长2893.73万元,增长率为34.9%。资金节约率在2004年的基础上提高了近四个百分点。

二、积极履行职能,国有资产管理不断加强

一是按照市委、市政府批准的《关于政府机构改革中有关部门和单位办公用房调整的通知》[宜直管〔2005〕9]号文件精神,坚持行政事业性国有资产所有权政府所有的原则,合理调配相关单位办公用房资源,保证了市政府机构改革中涉及的市国资委、市经委等13个单位办公用房在规定期限内全部调整到位,及时满足相关单位正常办公需求。

二是加强直管公房管理,合理调剂存量资产。根据机关部门单位职能工作要求,进一步整合直管公房资源,对有关单位办公用房进行合理调剂,充分发挥行政性国有资产效益。为市物价局、老年书画协会等单位解决了急需的办公用房困难。

三是以全市先进性教育活动为契机,加大腾空房源的清收力度。通过逐一发放催交通知书,由所在单位协助做深入细致的思想工作等方式,先后回收房改后腾空房34套,新安置入户28户,缓解了新调入机关工作人员的住房困难。

四是加强调查研究,推进领导周转房建设。为尽快解决交流领导干部的住房问题,先后赴省直机关、黄石等地进行考察,拟定领导周转房建设和管理方案,供市委、市政府领导决策参考。

三、开展机关环境整治,促进文明社区建设

以桃花岭集中整治为突破,机关大院治理和建设成效显著。桃花岭机关大院办公、居住、经营并存,大院通道多,人员、车辆多,产权单位多,管理难度大。群众对机关大院环境存在的脏、乱、差的现象反映十分突出,市领导对此也十分重视,为此,2005年,我们以桃花岭大院为重点,集中整治了乱搭乱建、乱停乱放、乱牵乱挂等不良现象;封堵了部分对外门洞;清理了一批长期滞留的闲杂人员;拓宽了大院外围人行通道等。共拆除违章临时建筑831.2平方米。通过综合整治,机关大院公共设施、设备进一步完善,小区面貌焕然一新。同时社区活动室的建设和各项社区配套管理制度也相继完成,并与西陵区有关部门共同开展社区共建活动,充分发挥业主在社区两个文明建设中的作用,将物业管理、社区党建和社区治安综治工作融为一体,建立小区管理长效机制。

四、抓好绿化保洁,营造机关优美环境

我们按照美丽、干净、实用的要求,将市委、市政府办公区的绿化美化、卫生保洁、垃圾清运工作全部委托给专业公司,精心实施绿化、亮化、净化、美化工程。一是刷新维护了市委通透式围墙,重新整理了市委国旗平台。二是全年更新改造绿地159.2平方米,完成草坪补植、接种或抑种恢复800余平方米,绿化管养面积达4万多平方米,生产培植常青植物和时令花卉50多个品种,40000余盆,对院内10多种珍稀树木实施防虫灭害和保护性措施,使市委、市政府机关大院绿化成果得到进一步巩固和提高。三是探索建立机关卫生工作长效机制,以机关爱国卫生委员会为工作平台,组织市直机关各部门开展春节、爱国卫生月、"除四害"等专项活动,平时通过定期不定期对各单位卫生状况进行检查,促进机关环境卫生工作全面深入开展。

五、创建服务品牌,幼教工作再创佳绩

市直机关桃花岭和童欣幼儿园,坚持以"一切为了孩子,一切为了未来"为宗旨,把"全心全意的付出,真心真意的对待"作为幼儿园对家长的承诺。不断深化教育改革,推进素质教育,努力提高幼教工作质量和水平,机关幼教办园工作再上新台阶。在已被评为市级示范幼儿园的基础上,经过努力,2005年,又被评为省级示范幼儿园,取得了良好的社会声誉。

宜昌市老干部局

2005年,全市老干部部门以先进性教育活动为契机,坚持以人为本,树立和落实科学发展观,积极探索工作新途径、新方法,不断优化工作环境,努力创建管理服务新体制,着力解决重点和难点问题,全面落实老干部政治生活待遇,全市老干部工作取得了新的成绩和进步。

一、扎实开展先进性教育活动,老干部思想政治建设不断深化

1、以活动为载体,积极推动老干部党员先进性教育

全市老干部部门按照中央、省、市委的统一部署和要求,在扎实抓好自身先进性教育的同时,积极抓好全市老干部党员先进性教育活动,取得了明显成效。市委组织部、市委老干部局联合开展了经典革命老歌拉力赛大型广场文艺汇演活动,参赛节目达73个,参演人员近千人,观众上万人。这项活动持续时间长,参与的老同志多,社会反响好,较好地推动了全市先进性教育活动的开展。全市共组织动员6391名离退休干部参加了全省老干部党员先进性教育知识竞赛,有12名老同志获得了一等奖,市委老干部局获得了组织奖,并在全省的总结表彰大会上作了典型发言。

2、以制度为保障，全面落实老干部政治待遇

各级老干部部门在先进性教育活动中，通过不断完善和健全老干部的政治学习、阅读文件、走访慰问、情况通报、住院看望、参观工农业生产等制度，确保了老干部政治待遇的全面落实。今年，在纪念抗日战争胜利60周年活动中，我市对500多名抗日老战士进行一次普遍的走访慰问，为他们发放了纪念章和慰问金。11月份，市委、市政府组织86名厅级离退休干部到宜化集团和宜都华新水泥厂等企业进行了参观考察。各县市区也组织了老同志就地就近参观工农业生产项目，让老同志们亲身感受了各地日新月异的变化。

3、以实施"安家"工程为重点，切实加强离退休干部党支部建设

全市老干部部门抓住先进性教育活动这一良机，采取健全组织、加强培训、开展活动等措施，切实加强了离退休干部党支部建设，使支部的创造力、凝聚力和战斗力有了明显的增强。针对部分改制、破产企业和家住农村的离退休干部党员中存在的有党员无组织、有组织无活动的情况，各地积极实施党员"安家工程"，使离退休干部党组织建设得到进一步落实。今年，市直破产企业离休干部管理所新成立了离退休干部党总支，下设两个党支部，为长期无人管理的57名党员安了"新家"。为加强支部班子建设，我市举办了第八期离退休干部党支部书记培训班，对全市150多名离退休干部党支部书记、副书记进行了为期三天的培训，提高了老干部党支部书记的整体素质。

二、推进"三个机制"有效运转，老干部生活待遇得到较好落实

*一是加强协调督办，确保离休干部"两费"落实。*针对"三个机制"在实际运行过程中出现的新情况、新问题，市委老干部局主动与市财政、劳动、卫生等部门多次联合召开协调会，就医药费的管理、统筹金征收标准等问题进行了认真研究和改进；对市直特困企业进行了审核、认定和调整，重新确定了31家破产和特困企业，由财政为这些企业离休干部解决医疗统筹资金140.5万元；同时与医疗统筹部门及相关医院建立联系制度，定期召开离休干部看病就医协调会，出现问题及时商讨解决，确保不出现停医停药的现象。目前，全市"三个机制"运行平稳，离休干部"两费"得到了较好落实。

*二是提高待遇标准，让老干部分享改革成果。*年初，根据省委组织部、省委老干部局等五部门联合下发的《关于进一步落实离休干部有关政策和提高离休干部有关待遇的通知》精神，我市及时出台文件，将离休干部的护理费标准提高到400元/月，公用经费标准提高到1500元/年。各县市区也根据实际情况，相应提高了标准。

*三是积极排忧解难，解决老干部的特殊困难。*2005年，市委老干部局通过与有关部门积极协商，对商业步行街拆迁区域内14名企业离休干部的住房给予了从优照顾，按政策发放了住房货币化补贴，妥善解决了他们住房面积不达标、拆迁安置难的问题，有效化解了矛盾，保证了城市重点建设项目的顺利进行。今年，通过向市委、市政府汇报情况，市财政共拿出了3万元对60名有特殊困难的老干部进行了特殊困难补助。

三、努力开拓创新，企业离休干部管理新体制初步形成

针对企业改革中离休干部安置管理不落实的问题，市委老干部局在多次与国资委、商务局等部门协商的基础上，由市委组织部、市委老干部局等部门联合下发了《关于认真做好市直部分工贸企业离休干部安置管理工作的通知》，将管理责任不够明确的191名市直工贸企业离休干部分别落实到市国资委、市商务局、市直破产企业离休干部管理所负责管理服务，从而使市直部分企业离休干部管理工作不落实的问题得到了较好解决。目前，市直破产企业离休干部管理所已将13家破产、关闭、改制企业的74名离休干部收归集中管理，市国资委已将9家企业的63名离休干部接收管理，为这些企业的老同志安了"新家"。同时，各县市区也都将破产、改制企业离休干部的安置管理工作作为重点，根据各自情况，一次性提取安置管理经费或全部由财政兜底，交由主管部门或休干所负责管理。目前，我市企业离休干部的安置管理新机制已初步形成。

四、以老年社团组织为依托，组织引导老干部发挥作用

各地各单位继续以"三讲五好"活动为载体，以老年社团组织为依托，积极组织和引导老同志在三个文明建设中发挥了重要作用。市委老干部局不断加强对老年社团组织的领导和扶持力度，充分发挥其组织优势和骨干带动作用，促进了老同志群体作用的有效发挥。市老年科协、市老促会积极发挥其在我市经济建设中的人才优势、智力优势和经验优势，组织和引导离退休科技工作者和离退休老领导在科技开发和扶贫、发展城乡经济中做了大量而有效的工作，深受基层干部群众的欢迎和好评。市老干部读书会坚持每季一次的集中学习研讨活动，并发挥理论联系实际的学风，定期开展调查研究，认真探讨改革开放中面临的理论和现实问题，积极为在职领导当参谋、出主意，对城市建设、旅游开发、科技扶贫、社会治安等方面工作提出了许多合理化的建议和意见。市老年书画研究会以书画会友，网络了全市的老年书画精英，会员已发展到300多人。元旦春节期间他们送春联下乡，还多次举办书画展览，在社会上产生了较大影响。

五、开展丰富多彩的文体活动，不断满足老同志精神文化需求

市老干部活动中心不断优化内外环境，丰富活动内容，开展优质服务，做到了天天有活动，月月有比赛。全年共组织演出、比赛10多次。组织老干部百人合唱团参加了市先教办等部门主办的"唱响主旋律，弘扬先进性"大型歌咏晚会，承办了首届经典老歌拉力赛大型广场文艺汇演等活动，

既丰富了老同志的精神文化生活，又使大家在活动中受到了教育，社会反响很好。

市老年大学通过改善办学条件，加强师资队伍建设，教学质量不断提高，办学规模不断扩大，成为老年教育的重要阵地。今年开设了书法、电脑、英语、绘画、诗词、音乐、理疗等7门课程11个班，招收学员528人。学校还组织学员开展了诗歌朗诵会、老年书画、诗词比赛等系列活动，展示了老同志的精神丰采。

六、切实加强宣传调研，促进了老干部工作深入发展

*一是加强业务培训，提高骨干队伍素质。*今年，市委老干部局表彰了全市老干部宣传调研工作先进个人，对宣传调研骨干队伍进行了重新调整，召开了全市老干部工作部门宣传调研信息工作通讯员笔会，重点培训了50名骨干通讯员，提高了通讯员队伍的整体素质。

*二是深入基层单位，扎实开展调研。*今年，市委老干部局根据省委老干部局的统一安排，牵头与荆门、荆州、天门、神农架等地老干部局联合承担了"离退休干部党组织设置和党员管理"的课题调研任务，成立调研组深入到各县市区和市直有关单位进行了广泛而深入的调研，发放问卷调查表800余份，召开座谈会8次，形成了质量较高的课题调研报告，由省委老干部局作为重要调研成果上报中组部。

*三是突出典型宣传，扩大社会影响。*通过与《宜昌日报》、《三峡晚报》、《三峡商报》等地方媒体联办专版和专栏的形式，定期宣传老干部和老干部工作的先进典型和经验，先后重点宣传了唐纯家、郑琦、李国普以及市老干部读书会、老年书画研究会、市公安局老公安义务巡逻队等一批先进个人和先进集体，激发了更多的老同志老有所为，为我市的经济建设、文化建设、城市发展、社会治安、青少年教育、反腐倡廉等工作奉献余热，发挥了重要作用。

七、着力加强自身建设，老干部工作队伍整体素质明显提高

*一是突出班子建设，执政水平明显加强。*全市老干部部门在先进性教育活动中，把提高领导班子的执政水平作为重点，切实加强了班子建设。市委老干部局领导班子成员通过交心谈心、党性分析、民主生活会、群众评议、走访座谈等多种形式，共征集意见和建议111条，找准了班子存在的4个方面的20个具体问题，进行了深刻的剖析和认真的整改，进一步树立了求真务实、勇于创新、开拓奋进的工作作风，党性修养、工作能力、创新意识和工作水平明显加强。

*二是狠抓制度建设，机关管理明显加强。*在先进性教育中，市委老干部局进一步规范了机关管理制度和各项工作制度，对原有的各项制度进行了修订、补充和完善，形成了四个方面的25项新制度，并在实际工作中抓好贯彻落实，大大加强了机关作风建设，提高了机关管理水平。工作人员的工作纪律明显加强，工作作风明显改进，服务质量明显提高。一年来，局机关干部职工共深入基层调查研究和解决实际问题88次，上门走访看望老干部231人次，接待处理老同志来信来访343件次。

*三是强化服务意识，提高服务质量。*我们在全市老干部工作人员开展了以增强"四个意识"和提高"四种能力"为内容的学习教育活动，即要求全体老干部工作人员要增强政治素质意识、大局意识、服务意识、与时俱进意识和提高学习能力、沟通协调能力、调查研究能力、开拓创新能力，促进了老干部工作队伍整体素质和服务意识的明显提高。全年共为84名企业离休干部解决了生活补贴不落实的问题，为7名离休干部协调解决了医药费报销中的实际问题，为4名离休干部及老干部遗属解决了住房中的实际问题，为7名建国前参加工作的退职女同志提高了生活困难补助标准。

2006年，我们将继续以邓小平理论和"三个代表"重要思想为指导，坚持和树立科学发展观，认真贯彻落实全国老干部局长会议和全省老干部工作会议精神，紧紧抓住离休干部政治、生活待遇的落实这条主线，着力解决改革发展中老干部工作面临的重点难点问题，切实加强离退休干部党支部建设，不断完善企业离休干部管理服务新体制，努力提高老干部工作部门自身建设水平，进一步开创老干部工作的新局面。

宜昌市归国华侨联合会

［市侨联三届二次全委（扩大）会成功召开］ 1月27日，宜昌市侨联召开三届二次全委（扩大）会议。市委副书记乔余堂在会上要求，全市各级侨联组织要结合宜昌实际，做到"三个突出"和"一个加强"，即做到"突出开拓创新、突出为侨服务、突出联谊交友"和"加强组织建设"，同时要努力做好"五个服务"，为宜昌经济建设和社会发展作贡献。"五个服务"即：把促进发展作为侨联履行职能的第一要务，为经济建设和社会全面发展服务；积极参政议政，为发展社会主义民主政治服务；促进中外文化交流，为建设社会主义先进文化服务；开展侨界群众工作，为构建社会主义和谐社会服务；反独促统，为实现祖国完全统一服务。

会上，市侨联主席牟敦莉回顾了2004年全年工作，并安排部署了2005年工作计划。会议还表彰了一批全市侨联系统先进集体。

［中国侨联副主席李祖沛来宜参观考察］ 9月23至27日，中国侨联副主席李祖沛，在湖北省侨联赵春生主席、杜式新副主席的陪同下，对我市进行了为期五天的参观考察。

9月24日，李祖沛副主席参加了宜昌市海外联谊会第二届一次理事大会，并作了重要讲话。期间，李祖沛副主席还参加了第六届“中国宜昌三峡国际旅游节”开幕式、焰火晚会和宜昌市经贸洽谈会，考察了落户宜昌开发区的侨资企业金宝乐器公司，弘讯管业有限公司等，参观了三峡大坝、神农架景区，并与四十余名海外华人华侨及宜昌市有关领导一起观看了由宜昌市侨联侨心艺术团自编自演的精彩演出。李主席希望宜昌市侨联在市委领导下，勇于开拓、努力工作，不断开创侨联工作新局面，为宜昌各项事业大发展服务。

［**省侨联副主席吴秀凤来我市调研**］ 6月7日，省侨联党组副书记、副主席吴秀凤率省侨联文化交流部部长李松蕾、联络工作部副部长欧梁峰一行四人来宜调研。

调研组一行听取了市侨联主席牟敦莉关于全市老归侨分布及生活情况、我会外事活动经费情况、后备干部培养情况、职工福利待遇情况及党组织建设情况等方面的汇报，对我市侨联为广大归侨侨眷所做的工作给予了充分肯定，并勉励我们在人手不足、经费困难的情况下继续努力，争创侨联事业再上新台阶。吴主席还特别针对老归侨的工作、生活情况进行详细的询问了解，并带领调研组一行走访慰问了贫困归侨彭海燕和日本归侨同时也是台胞的林天枫，并各送上慰问金500元。

调研组一行还为我市十一名优秀贫困中小学生送来了5500元的贫困助学款。

［**市委副书记乔余堂关心侨资企业发展**］ 11月18日，市委副书记乔余堂在市委副秘书长赵红继、市委统战部常务副部长徐安洛、市侨联主席牟敦莉的陪同下，专程来到我市侨资企业——兴乐房地产有限公司视察，并现场办公。乔余堂首先来到兴乐房地产有限公司项目所在地，详细查看和了解工程进展情况，询问工程在拆迁过程中遇到的困难和问题。在听取公司情况汇报后，乔余堂说，宜昌正在研究制定城市发展总体规划和“十一五”规划，给城市的定位是将宜昌建成世界水电旅游名城，这其中很重要的一项就是吸引更多的包括华外华人华侨在内的外资来支援宜昌城市建设。他希望兴乐房地产有限公司能够用一流的规划和一流的建设，将工程建设成宜昌的一个样板工程，同时帮助介绍更多的朋友来宜投资兴业。

乔余堂副书记、宜昌市副市长王宏强和宜昌市人大常务副主任周水舟还分别宴请了兴乐房地产有限公司董事长叶克清先生、总经理刘新国先生一行。

［**市人大副主任张治国检查侨法贯彻落实情况**］ 10月13至14日，宜昌市人大副主任张治国、市侨联主席牟敦莉、市人大民宗外侨委主任陶远震及市外侨办负责同志一行7人，赴宜都、枝江两地进行了为期二天的贯彻侨法检查。检查组一行分别听取了宜都市吴宏亮副市长、枝江市委统战部副部长吴光明关于两市宣传贯彻侨法的汇报，参观考察了宜都侨资企业宜昌东阳光有限公司、宜昌新星企业有限公司和枝江市港资企业宜昌奥美纺织有限公司、南辉电子有限公司和稳健纺织有限公司。张治国副主任对两地认真宣传侨法，依法维护侨益工作给予充分肯定，并希望两地侨联继续扩大侨法宣传范围，加大贯彻侨法力度，依法维护归侨侨眷和在宜侨资企业利益，使侨联真正成为“侨胞之家”。

［**百名法国华裔青少年来宜开展夏令营活动**］ 7月17日至20日，来自法国的112名华裔青少年在宜昌市开展了为期四天的夏令营活动。此项活动是今年侨联系统开展“文化交流年”的一项重要内容，活动由法国潮州会馆、湖北省侨联和宜昌市侨联共同组织。

代表团一行于7月17日到20日，先后参观了三游洞、三峡工程、中华鲟园、三峡人家风景区等宜昌著名景点。19日，法国华裔青少年与市一中的学生们进行了联欢交流，尽管他们和中国的学生们在语言交流上存在着一些障碍，但他们用音乐、游戏很好的表达了相互之间的情谊。一曲中法学生合唱的《我的中国心》，更是将联欢会的气氛推向了高潮。晚上，市委副书记乔余堂、市政府副市长廖达凤宴请了“法国华裔青少年三峡夏令营”代表团的全体成员。

法国潮州会馆还向我市的40名优秀贫困中小学生捐赠了6万元助学金。

［**数十名侨界人士参加宜昌市政协三届四次全会**］ 2月25日至28日，中国人民政治协商会议宜昌市第三届委员会第四次全体会议在宜昌城区成功召开，归侨侨眷政协委员、特邀在宜侨资企业代表十六人参加或列席会议。

市政协常委、侨联主席牟敦莉《关于为下岗、失业的归侨、侨眷提供再业服务的建议》、《关于为回国满30年的老归侨回原居住地探亲给予照顾和帮助的建议》的提案得到了大会的重视，其在分组讨论时关于进一步营造招商引资的环境、关心和解决归侨人员的困难的发言更是引起了与会人员的热烈反响。

大会还特邀了在宜的10名华商列席会议。这些特邀人士成为政协会上的亮点。会议以简报的形式对华商的讨论情况进行了刊发，并连续刊发了两期。副市长焦红、市政协副主席易行运等领导认为，侨界人士的发言实事求是，充分反映出了当地情况，对政府、政协今后的工作很有好处，并希望与侨界人士进一步加强沟通和联系，为宜昌的经济发展作出更大贡献。

［**2005宜昌市侨界迎春联谊会隆重召开**］ 1月27日晚，宜昌市侨联与市侨办联合举行了2005宜昌市侨界迎春联谊会，参加联谊会的包括归侨、侨眷、海外侨胞、侨资企业代表、侨务干部100余人。

联谊会由市侨联副主席高潮主持，与会侨界人士围桌而坐，相互交流感情，谈论宜昌发展。在大家的欢声笑语中，在大家高举酒杯的庆祝声中，市侨联侨心艺术团、部分县（市区）侨联（侨联小组）和侨资企业为大家献上了精彩的文艺表演。

市委副书记乔余堂、市政府副市长廖达凤、市政协副主席易行运、市政府副秘书长郑兴华等市领导出席了会议。

[美国中国远东商贸考察团来宜考察] 5月13日晚，"美国中国远东商贸考察团"一行22人在省侨联主席赵春生的陪同下来宜考察。市委副书记乔余堂在宜昌城区国际大酒店会见了考察团一行，并致欢迎辞，还将一面长江三峡挂盘赠给了考察团。乔余堂说："宜昌是世界最大的水电枢纽三峡工程所在地，是中国优秀旅游城市，真诚地欢迎海外华人华侨及各界朋友来宜昌观光、旅游、考察和投资，与宜昌在更广领域、更大范围、更高层次上开展有效的交流和全作。"美国福建公所主席、美国通恒国际集团总裁王维华说："我们都是第一次来宜昌，心情很激动，深切感受到宜昌的热情、真情。相聚是短暂的，交流和合作是长远的，我们将把这次相会记在心里，把更多的海外华人华侨介绍到宜昌。"王维华先生还回赠了"侨梓同心，共创繁荣"的匾牌。

[市侨联、市科协、市第二人民医院携手"送科技、送文化、送医疗"下乡] 4月27至28日，由宜昌市侨联主席牟敦莉带队，在秭归县委统战部、县侨联的热情支持下，市侨联、市科协、市第二人民医院一行36人来到了秭归县沙镇溪镇马家山村，开展"送科技、送文化、送医疗"活动。为广大村民提供了科技、医疗咨询服务，并向村民免费发放了300册科技图书，市侨联为农民朋友捐赠衣物180余件。三峡职业技术学院的科技专家刘方玉，为乡亲们就牲猪养殖进行了两个小时的讲解。市第二人民医院的内科、外科、儿科、妇科、五官科中的知名医生，为乡亲们进行了义务诊治并向他们宣传卫生防病常识。市侨联侨心艺术团为村民们带去了一台贴近农民生活的文艺节目，赢得了乡亲们一阵阵热烈掌声。

27日晚，应沙镇溪镇领导要求，侨心艺术团的全体演员不顾一路颠簸劳累，以饱满的热情在沙镇溪镇中心小学操场上再次为观众表演了精彩的文艺节目。

[市侨联召开三届三次常委会学习《反分裂国家法》] 4月16日上午，市侨联在灯影峡宾馆召开了三届三次常委会，市侨联法律顾问委员会主任林东平同志从《反分裂国家法》制定的背景、目的、宗旨等九个方面，为各位常委进行了深入的讲解，着重讲了胡锦涛同志在对台湾问题上的讲话，并谈了自己学习《反分裂国家法》的体会和感受。常委们都纷纷表示，《反分裂国家法》是统一意志对分裂企图的坚决回击，是国家意志的体现和对"台独"势力的震慑，也是千百万爱国华侨华人的共同呼声，制定这部法律非常必要，也十分适时。我们要充分发挥"侨"的独特作用，以侨为桥，多层次、多渠道、多形式地开展《反分裂国家法》宣传，为促进祖国和平统一做出应有的贡献。

[市侨联召开"颂祖国、话统一"老年归侨侨眷座谈会] 6月2日，市侨联机关活动室一片肃然，近三十名老归侨侨眷聚集在一起，学习海峡两岸形势，分析台湾问题原因，畅谈心中感想。本次活动以"颂祖国、话统一"，学习两岸形势为主题，市台办副主任周智为老归侨侨眷作了台湾岛情、胡锦涛就新形势下发展两岸关系提出的四点意见、制定《反国家分裂法》的意义、胡连会胡宋会开启两岸发展新阶段、"和平统一、一国两制"提出的历史背景、美国对华对台政策等十个方面的报告，三峡大学教授陈声洽、原宜昌大学校长叶淑毅等老归侨作了发言，各位老归侨联也都畅谈了心中感想。大家一致认为《反国家分裂法》出台的及时、重要，表示坚持拥护"一个中国"和"一国两制"，并纷纷表示将把国内对台政策向海外亲朋好友广为宣传，为祖国和平统一、早日统一做出应有的贡献。

[我市归侨侨眷集会纪念抗战胜利60周年] 8月30日上午，我市40余名老年归国华侨、侨眷齐聚在市侨联，以多种形式回顾了60年前那段烽火硝烟的艰难岁月，共同缅怀先烈，展望美好未来。

73岁的马来西亚归国华侨廖群祥回忆了自己少年时代所经历的抗日热潮；侨眷谢海风讲述了自己的父亲谢耀南（泰国归侨）历尽艰难，参与创立"南洋华侨筹赈祖国难民总会"，并积极筹款，组织华侨支援祖国抗日的事迹。老年归国华侨、侨眷们还通过曲艺表演、诗歌朗诵等形式，表达了对祖国的无限热爱。他们表示，在纪念中国人民抗日战争胜利六十年的今天，更要继承和发扬抗战精神，要珍惜当前的和平和幸福生活，并共同祝愿伟大祖国更加繁荣昌盛。

[市侨联关注"侨心工程"实施情况] 12月1日至2日，宜昌市侨联主席牟敦莉一行4人，在五峰县委统战部、县侨联的陪同下，赴五峰县采花乡侨心小学"湖北书伍爱心小学"，就该校"侨心工程"实施情况进行调研。牟主席一行参观了该校翻修后面貌一新的教学楼、新建的学生宿舍楼和"一个孩子一个蛋"计划中的鸡蛋贮存室，并在学校办公室里与校领导、教师进行了座谈。牟主席指出，侨心小学是中国侨联倡导的，以"动员、组织和引导海内外有识之士关心、帮助和扶持贫困山区，支援山区学校及贫困学生"为主要内容的爱心工程，我们各级侨联应该关心侨心小学的建设、发展，学校领导及教师也应该为了学校的发展和学生的未来支持侨心工程的开展。

"侨心工程"实施以来，学校环境有了很大改善，特别是"一个孩子一个蛋"计划的顺利实施大大改善了学生们的营养状况，周围学生纷纷转入该校，从2004年的526人增加到了今年的628人，周围适龄孩子入学率达100%。

[认真组织第六届世界华人小学生作文大赛] 在中华全国归国华侨联合会、全华全国台湾同胞联谊会、人民日报海外版、中国国际广播电台、《快乐作文》杂志社共同组织的第五届世界华人小学生作文活动中，市侨联在全市范围内共组织5万多名小学生参加比赛，评选出400余篇优秀作品寄送至大赛组委会，经大赛组委会评选共有90余名小学生获奖，另外有90余名小学教师获辅导奖。

中共宜昌市委党校

2005年，我校在市委、市政府的正确领导下，按照市委提出的创建“全国知名、全省一流”党校的要求，积极推进教学科研改革，切实加强行政后勤服务建设，圆满地完成了市委市政府下达的各项工作任务和校委确定的年度工作目标。

一、完成了市委下达的年度干部培训任务，教学改革取得新进展

全年共举办主体班15期，培训学员659人，举办短训班2期，培训194人。开设各类专题课程125门(个)，其中新专题42门(个)。举办“领导干部讲坛”讲座18次，“专家讲坛”讲座3次；录制中央党校远程教学课程74门(个)。

一是初步建立了以提高领导干部执政能力为重点的教学新体系。二是在主体班教学中进一步推广了研究式教学、互动式教学和案例教学等方法，在县干班、中青班等班次开展了“2+1”教学、课堂案例教学、课题研究、专题调研等教学活动。三是初步建立了网上教学点播系统。四是正式启动了主体班次专题课教案备案制度、新专题课集体备课制度。五是组织完成了校函授部、继续教育部各类学历班次的课程教学、论文写作指导与评审、考试阅卷等教学工作。全年共完成面授教学860学时，组织考试21次。680名党校函授学员顺利毕业(本科375人，专科305人)。高校函授毕业94人(本科15人，专科79人)。

二、取得了一批具有一定社会影响力的科研成果，打造宜昌党校科研品牌形象

全年共完成科研成果131项。其中，出版专著、参编著作、公开刊号发表论文、省级以上研讨会入选及成果评奖等合计70项，占科研成果总数的53.4%，其中包括出版专著1部，参编著作1部，科研成果获奖28件，入选省级各类研讨会论文7篇，在各级各类公开报刊上发表论文33篇(其中11篇论文在中文核心期刊及人文社会科学核心期刊上发表，2篇论文被人大复印资料索引)。另外，各级调研课题结题10项(其中校内课题5项，市委调研课题1项，市社科联课题4项)，内刊发表论文51篇。

三、以健全管理制度、创新管理手段为抓手，学员管理工作取得新突破

一是构建“五位一体”的管理体制。即组织部跟班督学制、党校领导跟班联系制、组织员日常管理责任制、教研室挂钩联系制、单位带队负责制。二是建立岗位责任制、办公例会制度和民主议事制度。三是建立学员管理信息通道。

四、以拓展服务功能为重点，稳步推进信息化建设

一是全年组织编写了以“关于保持共产党员先进性教育活动与构建和谐社会”、“十六届五中全会及中部崛起”为主要内容的两期《图书情报信息》，定期制作了10期、约1万字的新书推介黑板报，为学员及教职工提供信息咨询服务，并提供了农村税费改革等方面的专题咨询服务。二是基本完成了数字图书馆的改造工作。三是录制远程网节目138次；开展多媒体教学643次；完成《第二次世界大战全景纪实》、《世纪中国》、《世界执政党兴衰史鉴》等多部多媒体资料和中央党校B级站半年来转播节目的录入工作。

五、以开展保持共产党员先进性教育活动为重点，党务工作取得了新成效

一是圆满完成了先进性教育活动的各项工作任务，市委授予“先进性教育活动先进单位”光荣称号。二是以贯彻落实市委7号文件精神为重点，党建工作得到了进一步加强。三是以贯彻落实《实施纲要》为重点，加强了党风廉政建设。2005年，我校先后被市人事局、市财政局表彰为全市财会工作先进单位，被市财政局、市预算外资金管理局表彰为预算外收入管理先进单位。四是创造性地开展了“双争”活动。先后被宜昌市精神文明建设委员会评为“2003—2004年度文明单位”；被宜昌市精神文明建设委员会、宜昌市学雷锋协会评为“学雷锋先进集体”；被宜昌市直机关“双争”活动领导小组评为“文明机关”；被西陵区评为“2003—2004年度文明单位”。

宜昌市农村信用社

【概况】 宜昌市农村信用社所辖10个县(市、区)农村联社，经营网点214个，员工人数2403人。2005年，宜昌市农村信用社砥身推进改革，砺志机制转换，加大支农力度，强化经营管理，实现了各项业务的迅猛发展。

2005年全市农信社各项存款余额达到531814万元，比年初增加30709万元，增长6.13%。各项贷款余额289168万元，全年净投28707万元，比年初增长11.02%，其中“三农”贷款余额251846万元，占贷款总额的87.09%。“三农”贷款中，小额农户信用贷款余额48175万元，占贷款总额的16.65%；农户联保贷款余额5923万元，占贷款总额的2.05%。实现经营利润5176万元，同比增长144 %。全市92个独立核算单位盈利面达到96 %。全市10个农信联社连续两年保持整体盈利，盈利额在全省地、市级联社位居第一。

【全面推进改革，转换经营机制】 一是全面完成了10个县(市、区)联社和82家信用社清产核资工作。二是当年募集股金60589万元，清退旧股金13233万元，资本金充足率达到9.2%，拨备率达到12.94 %。三是成功申请中央银行专项票据39468万元，置换不良贷款34909万元，置换历年亏损4559万元，申报中央财政储蓄利息保值贴补728万元。四是夷陵区联社统一法人的改革试点工作完成,全市统一法人改革工作即将全面启动。

【做实"四大品牌",架成支农金桥】 一是做实小额农贷品牌。通过开展农户小额信贷"扩面、增量、延伸"工作,对全市79万农户重新进行了信用评级,增发贷款证1.5万本,将贷款对象拓展到个体工商户和下岗失业人员。全年发放小额信贷84000万元,比去年同期增加6.7%。二是做实"联保贷款"品牌。按照"自愿组合,风险共担"的原则,筛选确认联保小组7562个,将单户贷款最高限额提高到5万元。三是做强"个私贷款"品牌。通过实行"评定级别、区别授信、提供担保、余额控制、周转使用"的管理办法,全年发放百万元以上大额贷款25000万元。四是做好"扶贫贷款"品牌。共为全市557名下岗人员和282名困难学生发放贷款1200万元,满足了弱势群体的就业和入学资金需求。

葛洲坝集团国际工程有限公司

中国葛洲坝集团国际工程有限公司作为中国葛洲坝集团公司的子公司,代表集团公司全面负责海外拓展业务。自1994年集团公司取得对外经贸业务权、外事审批权和国际招标业务权,开始初涉国际承包市场以来,目前在建项目分布在老挝、柬埔寨、科威特、埃塞俄比亚、伊朗、巴基斯坦、印度等国家,涉及水电、公路、市政等多个领域,累计合同金额超过40亿元,在国际市场上树立了"葛洲坝"金字品牌,被国家有关部委、湖北省人民政府授予实施"走出去"战略先进单位和优秀外经企业,2005年被国家商务部认定具有对外援助成套项目A级实施企业资格,目前葛洲坝国际公司拥有各类专业技术硕士、双学士60人。是一支拥有多年海外工程和国际市场开发经验的外经队伍。

2005年是国际工程有限公司在跨越中求发展的一年,是科学规避风险的一年,也是深化改革中求发展的一年。这一年我们的海外事业投标签约达12亿元人民币,取得了辉煌业绩,先后中标巴基斯坦塘萨坝修复及改建工程、印度东西走廊RJ6标段和埃塞俄比亚特克泽水电站钢管制安分包工程和特克泽水电站混凝土浇筑分包工程,项目中标金额较大,投标质量较高。这一年我们将风险作为对项目一票否决的因素加以研究,先后放弃了科威特BOUBIYAN岛项目、巴基斯坦GREAT THAL渠道项目等风险难以控制的项目,在巴基斯坦MANGLA大坝项目投标中,不为标底及代理所左右,理性投标,确保了项目投标的质量,体现稳中求发展的市场策略,这一年我们开展了一些高层次商务活动,加强了高端项目运作,避免了中国公司在国际市场上的恶性价格竞争,走差异性竞争之路,以实现跨越式发展的宏伟目标。

2005年葛洲坝国际公司拥有海外在建工程5个(不包含2005年新签合同),即伊朗莫拉萨德拉水电站工程、埃塞俄比亚特则水电站土建工程、科威特苏比亚配水工程C1标、柬埔寨金边市郊水塔项目、缅甸耶涯电站RCC运输和浇筑。目前科威特苏比亚配水工程总体施工形势良好,预计于2006年1月31日将实现通水目标,2006年2月份主体工程全部完工,2006年10月31日全面竣工。伊朗莫拉萨德拉项目主要工程形象进度基本满足进度计划要求,可望实现2006年11月6日的工程竣工目标。埃塞俄比亚特克则项目和柬埔寨金边市郊水塔项目也已进展顺利,目前已超前完成赶工目标。老挝乡村公路C1标已于2005年6月底按合同工期全部完工并进入质保期,结算产值达3403.53万元。2005年海外在建项目共完成产值7.3亿元。

中国建设银行股份有限公司三峡分行

2005年10月27日,中国建设银行在香港成功挂牌上市,成为首家内地赴港发行H股并实现全流通的国有商业银行。中国建设银行也从此步入了全新的发展时期。作为中国建设银行直管的一级分行,三峡建行通过不断深化改革、提升管理能力、外塑形象、内强管理,综合竞争能力明显增强,各项业务得到长足发展。截止到2005年底,该行业务规模、发展速度、资产质量、经营效益在宜昌市银行同业均居首位。

近年来,该行围绕产品抓创新,不断加大业务产品创新力度,新产品层出不穷,极大地满足了客户的需求。产品系列已发展到8大类150多个品种,涵盖公司、个银、房贷、中间和科技等业务领域,触角伸及各类细分客户、市场和管理。具有三峡特色的产品如金融网关、机组收购银团贷款、三峡资金结算网络等深受客户欢迎。同时,他们以提高质量为目标,狠抓服务水平的提升。在综合服务手段上,该行不断推出适应客户需要的新型业务品种,成功开发了医疗保险代收系统、话费代收系统及网上银行、电话银行、短信平台等多项应用系统,得到了广大客户的肯定。加强精品网点建设,改造柜面服务环境,开展了服务质量全面管理,推出了"800"免费服务投诉电话、95533语音平台、储蓄延时服务、"乐当家"专家理财讲座等多项创新举措,服务品质深受广大市民的认同。在网点建设上,该行不断加大投入,努力改善服务环境,辖内全部网点拥有统一的VI设计、高标准的硬件设施和完备的服务功能,成为宜昌城市建设一道亮丽的风景线。

作为服务三峡工程的主办行,该行切实履行国家赋予的职责,全力把好资金关。2005年作为副牵头行为三峡工程建设提供了20亿元银团贷款。同时,积极贯彻国家宏观调控政策，合理把握信贷投向，在电力、化工、交通、城建、文教卫生、招商引资、住房信贷、中小企业等领域的信贷支持上全面提速，累计向地方企业投放贷款34亿元，占宜昌市全部信贷投放总量的三分之一强，为推动宜昌地方经济发展和城市建设发挥了积极作用。

为了把该行打造成为效益优良、实力雄厚、管理规范、客户认同的有竞争力的分支机构，该行一直非常注重经营和管理的合规性，强化以战略指导实际，以管理控制风险的理念。在发展战略上，坚持贯彻科学发展观，确立了以"一主两翼"为核心的发展思路，着力打造水电金融特色，大力拓展地方优质企业客户和个人中高端客户，努力提高市场驾驭能力、风险控制能力、财务和资产负债管理能力、人力资源管理能力和企业文化凝聚力。在管理架构建设上，按照商业化运作的要求推进扁平化改革，将三峡建行从机构臃肿、效率低下的传统银行组织体系逐步转化为精简高效、市场化的现代银行组织体系，集约经营水平大幅提高。在业务管理体制上，加大垂直管理力度，建立了审、贷制衡的信贷管理机制，推行了业务单元制的营销体系，完成了审计条线的垂直管理，实现了资金集中调度、财务集中核算、成本集中控制，全行业务在后台集中处理，优化了资产结构，大大降低了风险成本，提高了资产盈利能力。在内控管理上，按照银监会的监管要求，始终加强资产质量管理，完善风险预警体系和信贷管理制度，强化不良贷款责任认定，资产质量逐年大幅好转。多年来，三峡建行始终坚持依法合规经营，实现了连续五年安全运行，为业务的发展和效益的提升提供了坚强的保障。

三峡建行良好的服务和规范的经营管理也得到了社会的广泛认同，2005年度再次被省委、省政府授予"最佳文明单位"，被宜昌市委、市政府授予"文明系统"荣誉称号。

中国农业银行三峡分行

【概况】 农行三峡分行认真贯彻落实省分行工作会议精神，坚持"以客户为中心，以市场为导向，以效益为目标"的经营理念，围绕提高综合竞争能力和市场份额，强力推进市场营销，全面创新经营机制，继续强化内部管理，着力加速业务发展，各项工作呈现持续、快速、健康的发展态势。2005年，全年实现经营利润4521万元，同比增盈3983万元。本外币存款净增12.4亿元，同比多增7701万元；实现日均增存9.7亿元，同比多增1.2亿元。各项贷款净增12.7亿元，同比多增1.1亿元；实现日均增贷11.36亿元，同比多增3.9亿元。贷款增量投放全部用于优良客户、优质项目和低风险业务，AAA级及以上客户贷款净增6.7亿元，占比提高2.63个百分点。清收不良贷款本息13552万元，盘活1380万元，不良贷款比年初下降3.59个百分点。新增发卡18万张，POS交易额5.6亿元，网银交易额59亿元，代理保费规模1.08亿元。完善了以效益为核心的考核考评体系，对客户（产品）经理、风险经理、会计监管员进行岗位试评级，继续推行会计基础管理工程和信贷资产管理工程，进一步强化业务部门的自律监管行为，加强安全保卫工作，开展案件查处和执法监察行动，促进了"大安全"责任制的落实。扎实开展保持共产党员先进性教育活动，狠抓文明优质服务，开展群体性活动，弘扬执行力文化，推进了文明创建工作，是全省农行系统唯一获省委、省政府授予"最佳文明单位"称号的二级分行。

【联合举办"宜昌市2005年春节文艺晚会"】 2月2日，三峡农行与宜昌市委宣传部、宜昌市文化局、宜昌市广电局联合举办了"宜昌市2005年春节文艺晚会"，并在宜昌市五一剧场举行。

【农总行与宜昌市人民政府签定银政合作协议】 9月27日，中国农业银行与宜昌市人民政府银政合作协议在宜昌桃花岭饭店成功举行。仪式由中共宜昌市委副书记、宜昌市人民政府市长郭有明主持，中国农业银行副行长杨琨、湖北省人民政府副秘书长李新华和中共宜昌市委书记李佑才出席仪式并分别致辞。总行机构部总经理陈捷、省分行行长字如钧、副行长万水庭出席了签字仪式，总行机构部、省分行机构处、信贷管理处、公司业务处、农业信贷处、国际业务部、办公室的相关领导、三峡分行行级领导、各支行行长、直管分理处主任、分行本部各部室负责人参加了签字仪式。

【以"沿江突破"为牵引，倾力支持磷化工、载电工业、农业产业化和中小企业的发展】 当年累计发放各类信用24亿元，其中：贷款17亿元，保函1亿元，承兑汇票6亿元。在选择支持近10家比较规范的磷矿开采企业的同时，突出支持磷化工和开采一体化的大型企业完成技术改造和产品升级。全面介入载电工业重点客户，满足其流动资金需求。正确把握全市农业产业化发展的新趋势和新变化，从全市70多家大型农业产业化企业中筛选了稻花香集团、宜昌双汇、宜昌正大等10多家省、市级龙头企业进行重点支持，累计投放贷款近3个亿，争取中央财政贴息资金1200多万元。配合地方政府提出的工业兴市、工业强县的发展战略，重点支持了夷陵区、远安县的磷化工企业，五峰、长阳的小水电企业，枝江、当阳的粮棉油加工企业等一批具有明显自然资源优势中小企业的发展，投放贷款3200多万元。

中国农业发展银行宜昌市分行

【支农能力明显增强】 2005年，农发行宜昌市分行累计发放粮棉油贷款18.49亿元，比上年增加6.07亿元，增幅

48.87%。认真执行政策，切实履行政策性金融职能。全年投放各级储备贷款642万元，支持中央储备粮轮出4927万公斤、省级储备粮1500万公斤；积极主动、认真负责地做好最低收购价资金供应与管理工作，累计发放调控贷款3.38亿元，支持收购库点按最低收购价收购早籼稻1869万公斤、中晚稻2.1亿公斤。累计投放夏季油菜籽收购贷款8.2亿元，贷款投放量占全省农发行夏油投放总额的67%，支持企业收购量占全省的64%。以龙头企业为依托，支持农业产业化经营，全年采取直贷方式向裕宏、稻花香、白银纺贸等10家省、市级农业产业化龙头企业发放贷款3.27亿元。信贷业务的大幅增长，保护了农民利益，直接增加了农民收入，维护了国家粮食安全，也给企业带来了一定的利润，农发行自身效益得到了提高。

【资产质量明显改善】 2005年，农发行宜昌市分行始终将信贷风险防范贯穿于业务发展中，强化管理措施，改善资产质量，年末全行不良贷款占比较年初下降6.38个百分点。紧盯清场目标不动摇，加大粮棉油促销收贷工作力度。按照“边购边销、有利即销、均衡销售、常年销售”的原则，顺利实现了2004年度商品粮棉油清场目标，贷款本息全部收回。认真执行前后台分离、审贷分离等新的信贷管理制度，进一步完善了贷款风险管理体系。严格执行价格控制、质量监督、风险准备金以及资产抵押和日常巡库查库等措施，进一步降低了贷款风险。不断完善贷款监测评价体系。做好企业信用等级评定和贷款资格认定工作，对工商联营、直贷等商业性贷款项目，实施全程服务，重点监测，督导整改，防止了新的不良贷款发生。积极主动做好不良贷款清收工作。一方面重点跟踪与日常监测相结合，积极拓展清收盘活渠道，以增量盘活存量；另一方面积极协调配合，较好地完成了1998年6月1日后粮食政策性财务挂帐审计清理、帐务处理及贷款剥离工作，实现了清收盘活工作的良性循环，超额完成了不良贷款“双降”任务。

太平保险有限公司宜昌中心支公司

2005年，太平保险宜昌中心支公司在上级公司领导的支持下，在公司全体员工的共同努力之下，公司实现了规模和效益的同步增长，整体业绩水平在宜昌新设保险主体中遥遥领先。同时，公司的营销团队不断壮大，当阳、枝江两个地区的四级机构也成功开业。2005年的宜昌太平在自身做大做强的同时，也在市场中逐渐树立了太平保险诚实信用的良好形象。

【经营业绩】 2005年，公司完成净保费1300多万元，是2004年的1.5倍，增幅52.4%，满期保费赔付率为30.36%，人均净保费达到89.7万元。被总公司评为2005年度太平系统先进集体，被省公司评为“太平品牌宣传大使”，并被宜昌媒体评为“2005年度宜昌十佳保险公司”之一。

【团队建设】 2005年，公司提出了按照以科学发展观统领我们工作的要求，我们提出了建设“和谐团队的口号”在团队建设上既追求规模更注重质量，我们要求各个团队不仅在精神上保持一致，在行动上也要保持统一。我们坚信，建设一支高质量的业务团队不仅会为公司带来高回报更会为公司的长远发展打下坚实基础。现在，我公司员工平均年龄32岁，全部具有大学专科以上学历，其中具有本科以上学历员工占90%以上。员工从入司开始，有步骤地接受企业文化、管理制度、业务知识、法律法规、商务礼仪培训，使员工更新了观念，更好地适应“太平”的工作；最后开展一流的活动。为激发员工的敬业精神和创业豪情，公司经常用心地开展独具特色旅游、体育竞赛等文体的活动，活跃公司气氛，融洽团队友谊，使员工很好地融入到“太平”的企业文化氛围中。

【客户服务】 公司以提高质量、改进方法为手段加强客户服务工作。一是服务承诺：快捷、专业、透明；二是服务保障：建立有24小时的服务热线电话0717－6450000，能及时回答客户提出的问题和接受客户报案；配备有查勘定损车，随时赶赴事故现场；建立有专业的信息平台，随时发布相关信息，并在客户的生日、节假日送上真挚和温馨的祝福；三是超值服务项目：推出独具特色的“太平客户服务卡”，在任何一家与太平保险签订消费协议的单位消费，均能得到热情的接待和不同比例的折扣优惠。

【机构设置】 2005年，伴随公司整体经营效益的增长，公司团队规模进一部增加，在中心支公司中形成了四大内勤部门和四大营业部门的管理结构，同时在2005年，公司在枝江和当阳两地成功的开设了分支公司，使得宜昌太平的业务范围和服务网络得到了拓展和延伸，为公司今后的发展打下了良好的基础。

宜昌太平保险开业两年多来，我们用辛勤和汗水去培育太平保险的卓越品牌，为宜昌市的经济发展和人民的幸福安康提供稳定的保障，我们坚信宜昌太平必将随着宜昌经济的蓬勃发展而蒸蒸日上，为宜昌保险市场的发展做出更为重要的贡献。

宜化集团

宜化集团是全国520家重点企业之一，是中国石化行业最具影响力十大代表企业之一。企业拥有总资产65亿元，下辖10多家子公司，其中1家上市公司，3家中外合资公司，产品涵盖化肥、化工、热电、矿山开发四大领域30多个品种，2005年实现销售收入63亿元。预计2006年实现销售收入100亿元。

宜化集团是全球最大的季戊四醇生产基地，年产6.5万吨季戊四醇，在全国市场占有率达60%，年出口创汇3000万美元，同时，宜化集团成功开发出年产1万吨TMP，填补了省内空白。

宜化集团是全国最大的合成氨生产企业，全国第二大尿素生产企业，年产160万吨合成氨、200万吨尿素，集团核心控股公司"湖北宜化"1996年上市，被称为"中国氮肥第一股"。

宜化集团是全国最大的磷酸一铵生产厂家，全国五大磷复肥生产基地之一，年产50万吨磷酸一铵、50万吨磷酸二铵、100万吨NPK。

宜化集团是华中地区最大的氯碱生产企业，年产12万吨PVC、12万吨烧碱。

在未来五年内，宜化集团将进一步把煤化工、磷化工、盐化工做大做强。煤化工将形成年产500万吨尿素、40万吨甲醇、10万吨多元醇的规模，成为中国最大的尿素和多元醇生产企业；磷化工将建成年产300万吨磷复肥基地，其中NPK100万吨、磷酸一铵100万吨、磷酸二铵100万吨，成为中国最大的磷复肥生产企业；盐化工建成年产120万吨纯碱、50万吨烧碱、50万吨PVC、70万吨电石生产能力，成为中国最大的联碱生产企业，2008年达到200亿元销售收入。"积跬步以致远，纳百川而自华"，宜化人将向着"中国百强、百年宜化"的目标奋进。

宜昌金宝乐器制造有限公司

宜昌金宝乐器制造有限公司是香港柏斯琴行有限公司于2000年在湖北省人民政府招商引资的优惠政策下落户于宜昌经济技术开发区的一家专业制造中高挡钢琴的香港独资企业。

香港柏斯琴行有限公司【HK Parsons Music】简称柏斯琴行，创建于1986年，是亚洲地区专业从事乐器经营的大型营销公司。柏斯琴行在香港有18家连锁店，在中国内地建立了七大营销网络，48家连锁店，100多个品牌代理商，3家生产型企业。与此同时，与世界上20多个国家建立了贸易往来，代理经营世界30多个顶级产品。

2001年公司进入"全球音乐与音响225强"第47名，2002年公司列第44名，2003年列第35名，2004年列第30名。

宜昌金宝乐器制造有限公司主要生产以钢琴为主的各类乐器及零配件，于2002年通过了ISO9001：2000质量管理体系认证，现有员工800余名，拥有一批优秀的国内技术人才和来自韩国、日本、英国、奥地利的乐器制造专家，配备有一流的现代化技术设备，目前已具备年产15000套外壳、12000台码克，12000台成品钢琴的能力，且还在不断稳步发展中，预计在3年内，钢琴产量翻两番，并逐步开发、生产其他乐器，可创产值5亿元。

由于产品品质上乘，柏斯琴行良好的商誉及强大的销售网络，我公司生产的产品在市场上呈现出供不应求的状态。沈阳音乐学院、四川音乐学院、武汉音乐学院、天津音乐学院、福建师范大学音乐学院、贵州师范大学音乐学院、深圳但昭义钢琴中心等高级艺术学府选用我公司产品，对该钢琴质量给予了高度评价。同时，我公司产品远销到德国、日本、奥地利、英国、美国、香港等地，得到世界各国音乐爱好者的喜爱。

宜昌金宝乐器愿为所有爱乐人士创造出更多更好的产品！

金宝乐器地址：宜昌市东山经济技术开发区珠海路1号
联系电话：0717－66336750　　传真：0717－6341101
香港柏斯琴行宜昌分店：国贸大厦五楼柏斯琴行
联系电话：0717－6449143　　传真：0717－6445889

蒙牛乳业(当阳)有限责任公司

蒙牛乳业(当阳)有限责任公司坐落于湖北省当阳市坝陵经济技术开发区，公司于2002年11月破土动工，2003年5月22日正式投入生产。占地面积6.7万平方米，建筑面积1.2万平方米，总投资7000万人民币，总资产逾亿元。现拥有8条国际领先的冰淇淋生产线，日生产量达150吨，年产值1.6亿元，利税900多万元。

蒙牛乳业(当阳)有限责任公司是内蒙古蒙牛乳业(集团)股份有限公司所属的冰淇淋分公司下设的骨干子公司之一，现拥有员工941名。

公司生产的"蒙牛"牌冰淇淋产品以其优质价廉倍受全国各地消费者喜爱，并形成以湖北当阳、浙江金华为中心，辐射周边地区的市场格局，进一步促进两市及周边地区的乳业、奶牛业、养殖业的发展，对农业产业化的实施起到十分明显的推动作用。公司现已通过四大体系认证，即：质量管理体系(GB/T ISO9001:2000)、环境管理体系(GB/T24001:2000)、职业健康安全管理体系(GB/T28001:2001)和食品安全管理体系(GB/T19001-2000),并获得QS市场准入标志。

公司在2003年被宜昌市消费者协会评为"放心消费单位";被当阳市委、市政府评为"财政贡献先进单位"。2004年被宜昌市评为"经济社会发展红旗单位"。2004-2005年度被宜昌市消费者协会评为"蒙牛牌冰淇淋系列消费者满意商品"。2005年被宜昌市评为"创建学习型团组织先进单位"。

在现代企业的发展中,蒙牛乳业(当阳)有限责任公司将以"勇于拼搏,追求卓越"的企业精神,以质量优势、管理优势、服务优势、信誉优势去赢得市场优势的态度,全力以赴,建立起科学高效的市场经营竞争机制,乘风破浪、快速发展,向"百年蒙牛"的宏伟目标奋进。

宜昌市物资总公司

宜昌市物资总公司是经宜昌市人民政府批准设立,由宜昌市物资局转体组建,由宜昌市人民政府国有资产监督管理委员会履行出资人职责的国有独资公司。总公司位于宜昌市胜利三路10号,内设办公室、党务人力部、财务审计部、资产营运部、综合管理部和法律事务部共六个职能部室。公司现下属国有全资企业5家,控股企业6家,分公司2家。

宜昌市物资总公司主要经营黑色及有色金属、机电产品及配件、化工轻工原材料及产品、橡胶及制品、石油及制品、汽车(含小汽车)及配件、木材、煤炭、水泥、炉料、矿产品、废金属回收与报废汽车回收及拆解、旧车交易、物资储运及中转、五金工具、家用电器、日用百货、建筑材料、房地产开发、住宿饮食、娱乐旅游服务等。公司以深厚的经营经验、完善的营销网络、丰富的物资资源和优良的服务手段,在宜昌及三峡区域物资流通市场上拥有良好的企业形象和市场信誉,在报废汽车回收拆解、民用爆破器材、旧机动车交易等特种行业经营中发挥主渠道作用。

2005年,总公司在市委市政府、上级党委的正确领导和各级职能部门的大力支持下,深入贯彻"三个代表"重要思想和党的十六届五中全会精神,全面落实科学发展观,抢抓最佳发展机遇期,加大改革改制、资产重组和企业内部监控的力度,着力提高企业盈利水平,着力推进项目建设,着力打造核心企业、企业文化、和谐企业三大工程,为物资总公司实现跨越式发展打下了坚实的基础。2005年全公司实现销售(营运)收入4545万元,三项费用总额1440万元,正常经营企业当年实现利润80万元,完成税收近130万元,职工整体收入增长近10%,呈现平稳发展的态势。招商引资常抓不懈。发展后劲显著增强。废旧金属回收市场搬迁重建项目全面启动,三峡木材批发交易市场稳步推进。改革改制有序推进。2005年正式终结破产程序企业1家(重油公司),全年通过土地变现及处置闲置资产等多种方式变现筹集资金128万元,安置职工26人、遗属2名,并全部解决了特困企业拖欠职工的工资、生活费。离退休老干部各项政策待遇全面落实。企业管理不断加强,安全稳定常抓不懈,党建工作成效显著,"和谐"企业建设扎实开展。各项工作都取得了长足的进步。

目前,宜昌市物资总公司正围绕市三次党代会确立的"三大目标"、"四大战略"要点,以邓小平理论、"三个代表"重要思想和党的十六届五中全会精神为指导,坚持把发展作为第一要务,全面落实科学发展观,以湖北率先在中部地区崛起为契机,以发展为主题,以结构调整为主线,以深化改革为动力,着力实施"一二三四五"发展战略(即:一个发展方向、二大经济指标、三项发展目标、四大重点项目、五项工作举措),大力招商引资,推进科学管理,建设企业文化,构建和谐企业,全面实现跨越式发展,积极向以资本营运为纽带,以现代物流、现代商贸、房地产开发、餐饮娱乐及传统优势产业为载体的大型企业集团迈进。

宜昌市物资总公司倡导"与时俱进、励精图治"的企业精神,奉行"信誉为本、顾客至上"的经营宗旨。公司总经理邓乐之先生携全体员工竭诚欢迎海内外有识之士亲临指导、商务合作、考察投资、兴办实业,愿与各位仁人志士精诚合作,共同发展。

宜昌市物资储运公司

宜昌市物资储运公司是宜昌市物资总公司(局)下属企业,正式成立于1991年。公司现有在册职工18人。

公司地处宜昌市东效(伍家岗花艳李家湾),毗邻汉宜高速公路、三峡机场,与郑州铁路局襄樊分局花艳车站仅一墙之隔,构成水陆空立体交通网,地理位置得天独厚,交通便利、运输条件十分优越。

公司总的占地面积约217.7亩(约16.4万m^2),露天货场80000m^2,拥有55个装卸货位,两条铁路专用线长达1808m,可以同时停放近80个车皮,库房面积1260m^2,相关配套设施完善，可以保证存放物资的安全与质量。目前货场内的作业情况运转正常，公司现有的15吨大型露天龙门吊、30吨电子磅、16吨汽车吊等多台装卸、计量设备能够充分确保大批量物资作业的顺畅。

货场目前的主要功能是组织商品的铁路运输、货物的储存、装卸、搬运及中转。由于货场的硬件设施完备，货物品种多样化（钢材、煤炭、废旧钢材、糖蜜、液化气、酒精、磷矿石、灰渣等），目前已具备年100万吨的吞吐能力，已经逐步成为我市工农业生产和各项大型工程建设物资存储、中转的主要场地。

宜都市财政局

宜都市财政局紧紧围绕全市中心工作，通过培植财源、强化征管、深化改革、优化结构、完善监督等措施，实现了全市财政状况进一步好转，财政改革与管理进一步深化，财政收入和工作目标园满完成，经济和社会事业协调发展。局机关连续三届被授予省级和宜昌市级文明单位，2005年被宜昌市委授予保持共产党员先进性教育活动先进单位，被宜都市委授予党风廉政建设先进单位和“五好”基层党组织，财政四项改革在全省量化考核评比中荣获A类第四名，连续两年位居宜昌各县市榜首，政风行风测评又以99.68分领先全市其他被评部门。

【支持发展新跨越】 争取国家投资参股、新产品技术开发等10多个项目和6780万元资金，为21家企业提供担保贷款9950万元；运用税收减免、财政贴息等手段，促进企业加快发展，全市规模企业已达59家，其中产值过亿元达到13家，纳税过千万元的达到5家；规模工业实现产值53.8亿元，增长41.2%；工业增加值实现16.1亿元，增长29.1%；全市16家重点企业实现税收2.37亿元，占全口径财政收入的38%。

【组织征管新力度】 完善“以票控费”的非税收入监管机制，收缴、罚缴并重，着力推行“三制”、“六统”管理模式，构建了宜都市非税收入新体系。全市财政收入在诸多政策性减收因素情况下仍保持着强劲增长态势。全市完成全口径财政收入5.76亿元，同比净增1.28亿元，增长28.58%；地方一般预算收入完成2.02亿元，可比增长28.95%。

【保障支出新方略】 支出结构进一步调优。全年社保支出9430万元，其中预算支出4910万元，占全市一般预算支出的12.53%；全市干部教师工资按“三核一代”管理模式，实行预算单列、银行直达；在全省率先推行被征地农民基本生活保障机制，率先对特困国有、集体企业大龄下岗人员给予社保医保补贴。“三农”支出达到8000万元，仅预算支出达到2930万元，同比增长36.3%。向农民兑现各项补贴资金992.8万元，兑现计生奖扶资金87.2万元；参加新型农村合作医疗270759人，参合率达92.9%，城乡贫困群体大病救助380名，累计救助农村特困2847户8176人；改造农村中小学危房7栋，“两免一补”惠及4258名贫困学生，办理生地源助学贴息贷款45笔，支持农村劳动力转移培训4300人；公检法司、科教、环保等重点预算支出1.18亿元，增幅达22.7%。

【力促改革新突破】 荣获全省财政改革与管理量化考核A类第四名佳绩，位居宜昌各县（市）第一。部门预算逐步规范，编制率达86.5%。国库集中收付改革逐步推进，已涵盖市直47个一级预算单位、30多个二级预算单位和10个乡镇，国库集中支付13372笔，3.45亿元金额，直接支付率达87%。“金财工程”建设步伐加快，二期网络改造如期完工，国库收付系统试行成功；政府采购效率逐步提高，全年实施采购事项415次，集中采购3500万元，节约资金409万元，采购资金财政国库集中支付92.2%；收支两条线改革逐步完善，清理取消收费项目52个，撤销不合规银行帐户65个，检查票据使用单位45个，催缴入库资金80万元，全市147个行政事业单位纳人非税管理系统，当年非税收入突破亿元大关；农村税费改革逐步深人，免征农业税1834万元，人平减负62.62元，核发土地经营权证80175本，完成村级财务审计127个，化解村级债务4713万元，占锁定债务总额的55.1%。

【实施监管新举措，创新国有资产管理】 制定了“非转经”等3个管理办法，组织专班帮助163个行政事业单位建台帐、清家底，全省行政事业资产管理及绩效评价现场会在宜都召开，该局在会上作典型发言；创新教育资金监管。组织专班对义务、非义务教育学校进行财务收支调查，制定相应管理办法，组建“教育经费管理中心”，实行资金管理等“八统一”；创新财政专项资金管理。制定专项资金管理办法，检查移民资金财务管理和项目资金的使用情况；农发项目推行“五一”管理模式，扶贫资金实行专人专账专户管理；创新财政监督检查。全年内审面达100%，各类项目资金检查面达60%以上，审核小额退税241家24.3万元，审核国债支出项目14个742.6万元；创新农发资金投人方式。以投资参股方式争取了国家农发项目资金1500万元，用于丰岛集团宜都果蔬罐装食品加工项目，成为全省率先投资参股规模最大的试点县（市）之一。

昭君故里兴山县

兴山县是汉明妃王昭君的故里，始建于公元260年，因“环邑皆山，县治兴起于群山之中”而得名。位于长江西陵峡北侧，东接宜昌市，南临秭归，西连巴东，北倚神农架，是“两山一江”黄金旅游线的重要通道。

2005年，县委、县政府以邓小平理论和“三个代表”重要思想为指导，树立和落实科学发展观，大力 实施“项目强县、科教兴县、开放活县、生态立县”战略，紧紧围绕优热资源，着力培育壮大县域支柱产业。2005年，全县实现生产总值18.5亿元，同比增长12%；完成财政收入1.85亿元，增长10.1%；外贸出口7796万美元，增长3.42%；完成全社会固定资产投资6.6亿元，同比增长0.8%；农民人均纯收入2560元，增长9.4%；社会消费品零售总额6.78亿元，增长36.04%。

农业特色产业初步形成。以增加农民收入为根本出发点，大力发展畜牧、烟叶、果茶、药材、蔬菜等产业，农业特色产业初步形成。全年农村投入达6000多万元，完成了村级道路硬化、沼气池建设、农村安全饮水、广播电视县乡光纤联网、非移民乡镇集镇建设规划、村级卫生室建设、城乡困难群众和贫困学生求助体系建设等八件实事的既定任务。2005年全县第一产业实现增加值4.3亿元，占全县GDP总量的24%。五大特色产业已成为农民增收的主要来源。

工业主导地位初步确立。磷化工和食品加工等主导产业健康发展，主导产品黄磷、五钠、六偏磷酸钠、次磷酸钠、肉制品等产量大幅增长；积极创新山区工业发展思路，兴发集团先后在宜昌城区、保康、神农架等地投资办厂，基本形成了以水电、磷化工和食品加工为主体的县域工业经济体系。兴发集团、宜昌双汇有限公司等重点骨干企业发展态势良好，支撑作用继续增强。2005年，全县规模以上企业实现销售收入25亿元，同比增长92.69%；利税1.96亿元，同比增长84.53%；经济效益综合指数达到141.9%，同比提高5.9个百分点。

第三产业快速发展。大力发展以旅游业为重点的第三产业，县域经济增长质量明显示改善。2005年，全县新发展个体经营户741家，实现产值5.5亿元，同比增长10%以上；发展私营企业45家，实现产值3亿元，第三产业增加值占全县GDP总量的34%。

项目建设进展顺利。全县进一步加强项目建设，全年施工项目个数达到83个，同比增长15.28%；全社会固定资产投资完成65996万元，比上年增长0.8%；全年投资在1000万元以上项目占投资总额的60%，其中投资5000万元以上的项目3个，投资额1.93亿元。新上了1万吨黄磷、5万吨草苷膦、5万吨有机硅、5万吨食品级磷酸盐等工业项目；开工建设了平邑口化工园、新县城民营经济园。

三期移民全面推进。三峡库区最后一个移民集镇——高阳集镇一期工程区域房屋拆迁全部结束。二期拆迁已经展开，筑堤造地一期工程最高海拨已达175.6米。完成了集镇迁建性详规。高峡移民复建公路路基基本贯通；香溪河右岸交通功通恢复勘测设计基本完成。二期地灾治理工程通过国家终验，三期地灾治理全面展开。完成农村搬迁安置60户150人，划地建房和签订搬迁合同150户520人。坚持边搬迁边清库，已拆除建构筑物35万平方米，卫生清理完成50%以上。

各项改革稳步推进。依法完善农村土地二轮延包，全面取消农业税，农民负担大幅减轻，基本完成乡镇综合配套改革；企业改革步伐加快，库区61家淹没工矿企业关破终结，现代企业制度逐步完善，所有制结构进一步优化；全面深化财政四项改革，调整了县乡财政体制，财税改革稳步推进。

社会事业全面进步。科技、教育、卫生、文化、广播电视、体育、计划生育等各项社会事业蓬勃发展。社会保障体系进一步完善，人口、资源、环境协调发展。兴山县城继获“全国最佳人居环境范例奖”后，又荣获“全国文明村镇创建先进单位”、“省级文明城”和“楚天杯”称号，全县7个单位获省级文明单位称号，34个单位被命名为市级文明单位。

2006年，县委、县政府坚持以邓小平理论和三个代表重要思想为指导，全面贯彻党的十六届五中全会精神，坚持以科学发展观统领经济社会发展全局，紧紧围绕“两个走在前列”和建设和谐社会的奋斗目标，进一步加大改革放力度，加大经济结构调整和经济增长方式转变力度，加大自主创新工作力度，加快推进新刑工业化，加快建设社会主义新农村，加快三期移民进程，加快发展社会事业，切实把经济社会发展转人科学发展的轨道，确保实现“十一五”的良好开局。

秭归县人口与计划生育局

秭归县启动创建计划生育优质服务先进县工作以来，坚持“一年打基础、两年上台阶、三年上水平”工作目标，不断创新，努力工作。先后被市委市政府，省委省政府授予“计划生育优质服务先进县”，2005年又荣膺“全国计划生育优质服务先进县”称号。在这一过程中，秭归县注重管理创新，规范行政行为，突出优质服务，普写了一曲又一曲状歌。

一、创新计划生育服务理念，实行三大转变

1、由强制向指导转变。尊重群众生育自主权，不下达出生人口数量指标，取消一孩生育准生证，建立生殖保健手册。由过去持证生育转为只要符合国家生育政策，育龄群众自主决定生育时间。全县人口出生率一直控制在8‰以下，符合政策生育率始终保持在98%以上。

2、由封闭向开放转变。保障群众生殖保健知情权。实行服务和管理行为开放，计划生育信息开放，技术服务窗口开放。

3、由管理向服务转变。维护群众的健康保健权。把改善育龄群众生殖健康状况作为政府的一项基本职责，把群众参与率、知晓率、满意率作为计划生育目标管理评估的重要标尺，倡导避孕方法多样化、生殖健康服务个性化、管理服务人性化的理念，开展生殖保健和计划生育技术服务。

二、健全服务网络，构建三大体系

1、加强宏观管理体系建设。一是加强领导，落实一把手亲自抓、负总责，分管领导具体抓、负专责的责任体系，将人口与计划生育工作纳入国民经济和社会发展总体规划，纳入各级党委、政府重大事项的督查范围，作为考核各级党政主要领导工作业绩的重要内容。二是强化"一票否决"制度。三是强化目标管理考核。在考核方式上，坚持党政领导、计划生育部门、流动人口管理职能部门"三线"考核制度。在考核内容上，党政线侧重责任、措施、投入"三到位"，相关职能部门侧重领导、职责、工作"三落实"，计生部门的考核内容则加重了"群众的参与率、知晓率和满意率"的比重。四是强化部门职责。县政府在出台土地、企业、医疗、社会保障、户籍、劳务、教育、财政等制度和政策时，对人口综合治理问题统筹考虑。

2、加强技术服务体系建设。一是稳定服务机构。二是加强服务机构建设。三是注重提高专业技术队伍整体素质。先后投资80多万元分期分批对县乡服务中心进行了改造和改建，县计生服务中心业务用房面积达到1780平方米，8个乡镇独立服务中心业务用房有6个达到了300平方米以上。技术人员学历结构明显改善，专业技能大大提高。

3、健全民主管理体系建设。推进计划生育村民自治，构建育龄群众在实行计划生育工作中自我教育、自我管理、自我服务、自我监督的基层管理服务机制。各级计生协会积极参与基层计划生育管理服务，建立以村"两委"、村计生协会和会员小组、群众代表"三位一体"的民主管理体系。推行政务公开，接受群众监督，畅通信访渠道。有访必接、有信必复，群众满意。

三、把握三大环节，营造计划生育优质服务环境

抓宣传教育环节。加强阵地宣传，注重营造氛围；抓部门配合环节。强化部门职责，注重优化环境。抓经费投入环节，加强财务监督，保障财政投入。在县财政十分困难的情况下，计划生育事业费的投入严格按中央、省定投入标准落实到位，计划生育事业费从2000年的106万元逐年上升到2005年的304万元。在计划生育财务管理方面，出台了计划生育财务管理暂行办法，实行计划生育事业费专项审计，保证计划生育经费的合理使用。

四、构建三导模式，提升计划生育服务质量

1、示范村引导。确定部分计划生育优质服务示范村。围绕生育文明建设开展"查、治、访、训、送、帮、建、创"八个方面进行规范服务，对全县计划生育技术服务工作进行示范引导。

2、面对面指导。设立悄悄话室、男性科和热线电话，进行个别咨询诊治，为育龄群众提供个性化需求服务。实行干部倡导、医师指导、同伴引导、育龄群众自主选择避孕节育方法的知情选择活动。

3、优惠政策倡导。认真落实农村独生子女、双女户的优惠政策。对农村实行计划生育的困难家庭采取社会救助、民政救济、小额贷款、税收减免等优惠政策进行帮扶；在城镇优先安排和照顾实行计划生育的下岗职工再就业。

五、突出三个规范，确保计划生育服务质量

1、规范行政行为。一是加强执法监管。二是规范执法程序。三是加大对违法行为的查处力度。

2、规范技术服务。建立健全规章制度，强化服务质量监督，建立经常性质量监督评估机制。人口计生部门每年开展一次服务站考核评估，卫生、药监部门定期对县乡镇服务中心的服务范围、诊疗项目和治疗药品、器械进行检查。制定计划生育技术服务责任事故分析追究制度，对医疗差错、医疗事故的责任人严肃处理。三是强化出生人口性别比监控。建立孕妇跟踪管理服务信息制度，加强B超技术管理，加强对终止妊娠手术的管理，加强对终止妊娠药品的管理。

3、规范基层基础管理。建立健全村级例会制度和"两单"使用通报制度，利用信息交换平台和育龄妇女信息管理系统以及全国流动人口信息交换平台，夸地区、夸单位进行信息交换和访问，实现资源共享。

枝江市白洋镇

白洋镇地处宜昌市东郊，位居长江北岸，与古城宜都隔江相望，是通往川东鄂西的必经之地。全镇国土面积135平方公里，耕地面积5.3万亩，辖15个行政村，1个居委会，74个村民小组，总人口38488人，其中城镇人口7297人，农村人口31004人。

白洋镇滨临长江黄金水道，毗邻三峡国际机场，境内焦枝铁路、雅来、雅澧省道纵贯南北，三一八国道横穿东西，全镇基础设施齐全，现有110千伏的变电站2座，电力容量30000千伏安；自来水厂两家，其中日供水3万吨的自来水厂一家；镇域通车里程486公里，已硬化20公里；城乡电网改造已全部结束,电讯网络四通八达。2005年末,全镇固定电话达5800部,移动电话3000部,电话普及率为每百人20部;计算机互联网用户达到220户。全镇现有中小学校七所,幼儿园四所,在校师生3212人,适龄人口入学率100%;有卫生医疗机构28家,中心卫生院一所,拥有床位35张。

近年来,白洋镇坚持"科技立镇、项目强镇"发展战略,聚精会神抓建设,一心一意谋发展,镇域经济实力明显增强,农村经济全面进步。2005年,实现农业总产值20977万元,同比增长7.8%,全年粮食总产25300吨,油料总产3425万吨,水果总产25200万吨,蔬菜总产11483吨,肉类总产5256吨,生猪出栏7000万头,水产品3848吨,全镇初步建成了以沙湾为主体的优质"白洋牌"柑桔标准化示范基地5万亩,以雅石溪流域为主的优质粮油基地2万亩,以三一八国道为轴线的5万头良种生猪养殖基地,以张梅路、四梅路为重点的1万亩红薯基地等四大优质农产品基地。其"白洋牌"柑桔被列为三峡地区十大特产品牌之一,荣获2004年湖北省首届林博会产品一等奖,2005年被省技术监督局和省名牌战略推进委员会确定为名牌产品,在建的"白洋牌"柑桔标准化示范区项目已被国家标准化管理委员会正式纳入全国第五批农业标准化示范区,目前正在抓紧建设。"白洋牌"柑桔内销国内30多个省市,加工的桔瓣罐头远销美国、日本、西欧等国家。全镇现有工业企业420家,其中规模企业8家,2005年,实现工业产值40000万元,同比增长13%,其中规模企业总产值达14000万元,同比增长25.03%,实现销售收入8680万元,利润800万元,上交税金500万元。先后通过盘活存量资源引进了隆华、农盛、雅源薯业为龙头的农业产业化企业;利用丰富的陶土资源培育了亚泰、宏泰为骨干的陶瓷企业,重点培育了食品罐头、高中低墙地砖、金属包装、矿机、砂布等优质工业产品。全镇形成了以建材、食品罐头、机械制造、精细化工为主导的四大支柱产业。截止2005年末,全镇社会总产值达到81857万元,其中农业总产值达到20977万元,企业总产值达到60880万元。全地域财政收入达到833.42万元,农民人均纯收入达到3840元,全年城镇居民人均可支配收入达到3564元,农村居民人均生活消费支出达到3694元,年末金融机构各项存款余额1.4026亿元,人均储蓄存款余额3644元。2002年——2003年中共白洋镇委、镇人民政府先后两度被枝江市委、市人民政府授予为红旗单位荣誉称号。

枝江市安福寺镇

安福寺镇地处宜昌市东郊,枝江市西北部,与夷陵区、猇亭区、当阳市毗邻。2001年3月由原安福寺镇、瑶华乡、紫荆岭镇合并而成,现全镇辖25个行政村,121个村民小组,3个社区居委会,1.7万户,5.1万人,其中农业户1.1万户,3.8万人,耕地面积8.5万亩,国土面积223平方公里,是枝江市国土面积最大的镇。

——*农村经济持续稳步发展,农民收入较大幅度增加*。2005年,实现农业总产值37997万元,比2001年24047万元增加13950万元,年递增12.12%;传统农业稳中有升,农业结构不断优化。其中粮食总产50837吨,油料总产9745吨,与2001年基本持平;生猪出栏11.5万头,比2001年8.36万头增加3.14万头,年递增8.3%;水果总产6.8万吨,比2001年3.79万吨增加3.01万吨,年递增15.74%。多种经济产值占农业总产值的比重由2001年的35%提高到73%。全镇农民人均纯收入达到3917元,比2001年2665元增加1252元,年递增10.11%。

——*工业经济快速增长,运行质量日渐提高*。鸿新食品、湘宜水产品、天元罐头、楚豹机械、福鑫材料、中元公司等企业等企业纷纷落户,使安福寺镇逐步由农业大镇向工业重镇、农业强镇转变。2005年实现工业总产值5.72亿元,比2001年3.19亿元增加2.53亿元,年递增15.72%;完成工业增加值4560万元,比2001年2797.5万元增加1762.5万元,年递增12.99%,其中规模以上工业企业由2001年零家发展到5家,工业总产值1.33亿元比2001年增加1.33亿元。

——*招商引资力度加大,园区建设卓有成效*。每年组织专班外出考察招商10次以上,对200余家企业进行了跟踪考察,先后与20余家企业建立了紧密联系,与10余家企业签订了合作意向书,确保了每年落户投资过5000万元的项目1个以上。举全镇之力规划建设的宜昌(安福寺)果蔬食品工业园,挤身为湖北省104家工业园区之一,累计投入2620万元完成了园区专供水、双回路电、道路硬化、亮化、绿化等基础设施建设,园区建成面积达到了620亩,落户企业7家,成为宜昌农产品加工基地规模最大、品种最多的专业园区。

——*财政收入大幅增长,收入质量明显改善*。2005年,在政策性减收因素增多的情况下,着力培育财源,全年完成财税收入816.2万元,剔出农业税等不可比因素,比2001年396.2万元增加420万元,年递增19.8%。全镇金融储蓄存款余额首次突破2亿元,贷款余额6200万元,分别年递增19.88%、24.86%。

——*农村各项事业全面发展,精神文明建设取得新成绩*。集镇规划修编工作已经完成,集镇管理和通村公路建设进一步加强。"普九"验收合格,校点布局合理,教育债务得到有化解。卫生事业协调发展,群众医疗卫生水平不断提高,有效防控了"非典"、"猪链球菌"和"禽流感"等疫情。文化旅游成效显著,新建文化中心户60户。成功举办了五届"三峡桃花艺术节",广电宽带逐步向农村延伸,收视质量明显提高。村级债务得到有效化解，与2001年相比化债51.78%。各项改革稳妥推进，运行机制更加完善。

——*农村基层组织建设得到加强，党的领导不断完善。*扎实开展保持共产党员先进性学习教育活动，创新的分类选学、“惠农连心卡”主题实践活动，“红色资源教育”、“百分制目标考核”等举措，得到上级领导的高度肯定，受到新闻媒体的广泛关注。全镇党员素质明显提高，各级党组织凝集力、战斗力显著增强。反腐败进一步加强，重大支出集体研究，镇直单位负责人离任审计制、重大项目招投标制以及机关日常管理等制度得到完善，从源头上遏制了腐败。

我镇“十一五”期间的总体发展目标为：

*实现“三大新跨越”：*一是经济总量的新跨越。实现工农业生产值过20亿元的奋斗目标，其中工业产值过15亿元、固定资产累计投资过10亿元的奋斗目标，其中工农业总产值年均增长12%以上，规模工业产值年均增长50%以上。二是财政收入的新跨越。“十一五”期末，全镇财政收入过3000万元，地方一般预算收入年均增长15%以上；三是农民收入的新跨越。到2010年，城镇居民人均可支配收入达到1.2万元，农民人平纯收入超过6000元。

*实现“三镇”目标：*就是要通过五年的艰苦奋斗，使全镇经济规模大幅扩张，综合竞争力显著增强，全镇农民收入水平和生活质量普遍提高，各项社会事业进一步发展，民主法制和精神文明建设取新进展，构建和谐社会取得新进步，初步实现“枝江经济重镇、宜昌市重要的卫星城镇、湖北省果蔬食品产业大镇”目标。

枝江市马家店街道办事处

枝江市马家店街道办事处位于江汉平原与鄂西山地交界处的长江之滨，是宜昌东部的工业重镇。国土面积56平方公里，现辖10个村、5个社区居委会，现有总人口11.5万人。2005年，全处共完成工农业总产值19.5亿元，同比增长28.3%；全社会固定资产投资完成4.2亿元，同比增长37.0%；全地域财政收入达到5382.2万元，同比增长47.6%；城镇居民人均可支配收入达到8800元，农民人均纯收入达到4653元。2005年，办事处以辉煌的发展业绩，被枝江市委、市政府授予三个文明建设红旗单位荣誉称号，所属的五柳树社区获全省最佳示范社区、全省城市社区党建工作示范区等荣誉称号；其中，鑫源村小区、张垸小区获宜昌市级文明小区荣誉称号。

近几年来，全处坚定不移贯彻实施沿江突破战略，始终坚持以打造宜昌新兴的工业经济增长为目标，以省级枝江经济技术开发区为载体，以招商引资和项目建设为抓手，以环境建设为切入点，奋力推进工业化，实现了工业经济的跨越式发展。2005年，全处实现工业总产值18亿元，同比增长29.5%；其中规模以上工业实现产值7.7亿元，同比增长44.8%；实现工业增加值9.5亿元，同比增长21.8%，纺织卫材、食品饮料、精细化工、电子电器四大支柱产业进一步发展壮大，已在全国具有了一定的知名度和影响力。全处已拥有开元、奥美、南辉等年产值过亿元、税收过500万元的企业3家；拥有大江、香青、金叶、稳健、明绅、帝元、晶华、长源、永盛等年产值过5000万元、税收过100万元的企业近10家，规模企业总数达到18家，已发展成为一座现代化的工业新城。目前，投资1.5亿元的开元化工扩规项目、投资1.2亿元的晶华工业园、投资8000万元的博达生物能源项目等一批项目正在加速建设中，处属重大在建项目总投资达到4.5亿元。与此同时，办事处作为枝江市工业经济的主要承载地和聚集区，还拥有枝江酒业、湖北化肥等年产值过10亿元、税收过亿元的企业2家，拥有华润啤酒、迅达厨具等一批年产值过亿元、税收过千万元的企业。投资12亿元的湖北化肥厂改扩建项目、投资4亿元的美国美高工业园项目即将竣工投产。这些项目全部建成投产后，办事处的整体经济实力和区域带动能力将进一步增强。

全处初步形成了“六区一园”农业产业格局，围绕城市发展，已形成花卉苗木、无公害蔬菜、优质水产品三大农业特色产业。2005年，名优花卉苗木种植面积已达到1500亩，无公害蔬菜种植面积已达到2万亩，优质淡水鱼养殖面积达到1万亩，产量超过1万吨。已成为宜昌最重要的花卉苗木生产基地，无公害蔬菜和淡水鱼产品畅销全国十多个省市。

全处第三产业迅猛发展，基础设施日臻完善，居住环境不断改善，发展环境日益优良，文明之花遍地盛开，和谐社会建设成就斐然，“十一五”期间，必将成为长江经济带上的一颗璀璨明珠。

宜昌燕狮科技开发有限责任公司

宜昌燕狮科技开发有限责任公司地处风景优美的长江三峡，交通便捷。宜黄高速从旁划过，长江水道距其不足五公里。她北探神秘的原始生态林—神农架自然保护区，南达张家界国家森林公园。燕狮科技园成为金色三峡、绿色宜昌又一风景线。

公司主要从事液压气动及净水设备等流体领域产品的设计、开发、生产、销售，是集科、工、贸、旅游于一体的省级高新技术企业，已通过国家ISO9001：2000认证。公司下辖三峡工业设计研究院（环境工程研究所）和中南液压气动设计研究所两个核心技术研究机构及生产制造中心、试验检测中心、销售分公司和旅游度假中心。公司占地面积20000平方米，建筑面积20000平方米，公司员工具有大专以上学历的占总人数的70%以上。2003年，公司被湖北省科学技术厅认证为“湖北省优秀科技性企业”。2005年，公司承担的“YQZ3030环保型气动开铁口机项目被列入“2005年度国家火炬计划项目”。

公司产品不仅适用于冶金行业，而且广泛应用到矿山、建筑和市政工程等领域，并正以独特的优势（安全、环保、低能耗、高效率）赢得用户的青睐。公司研制的具独立自主知识产权的主导产品“两机一炮”和净水设备，即YQD系列气液结合式开铁口机、YYD系列液压开铁口机，YQLD系列液压堵渣机，以及YNP系列液压泥炮能满足100—4000立方米高炉使用，SS抹虮L系列净水设备能够满足各种标准的生产和生活用水需要，荣获“中国星火计划名优产品奖”。

数年来，公司液压气动产品在武钢、首钢、本钢、邯钢、太钢、昆钢、重钢、济钢、承钢、韶钢、新钢、南（京）钢、威钢、西钢、天钢、北钢、凌钢、三钢、新疆八钢、杭钢、青钢、海鑫等63家钢铁企业的118座高炉推广使用，取得良好的效果。同时，为便于炼铁界同仁的学习与交流，以及使用、掌握、分析、判断、维护炉前设备，我公司长期与《炼铁》杂志编辑部合作，每两年举办一次“全国炉前设备技术交流会”，采用专家授课和用户相互交流形式，进行技术上的研讨和推广应用，受到了客户首肯与赞誉。

展望未来，燕狮人将只争朝夕，继续坚持“精工细作塑造一流品牌，开发创新优化顾客追求”的质量方针和“创绿色环境，对未来负责”的行动指南。秉承对客户、对员工、对社会负责的庄严承诺，构筑经典、追求卓越。依靠国家知识产权保护体系，以技术创新、管理创新与营销创新提升自有品牌，争创国内炉前设备领域一流企业。最终成为以气动产业为主导，以液压及水处理产业为两翼，以旅游产业为补充的特色集团产业格局。

我们愿为各行业的腾飞举燕狮之力，为您的发展真诚服务到永远。

美丽的三峡欢迎您！绿色的宜昌恭迎您！燕狮科技期盼您！

接待中心

标准化厂房

荣誉

地　　址：湖北宜昌市伍家区前坪街2号
法人代表：燕相彪
电　　话：0717-6560851/6560799
邮　　编：443001
电子信箱：ycyq4528@163.com

数控加工中心

宜昌第十一中学

市教育局领导亲临学校检查工作

学校邮协二十周年庆典

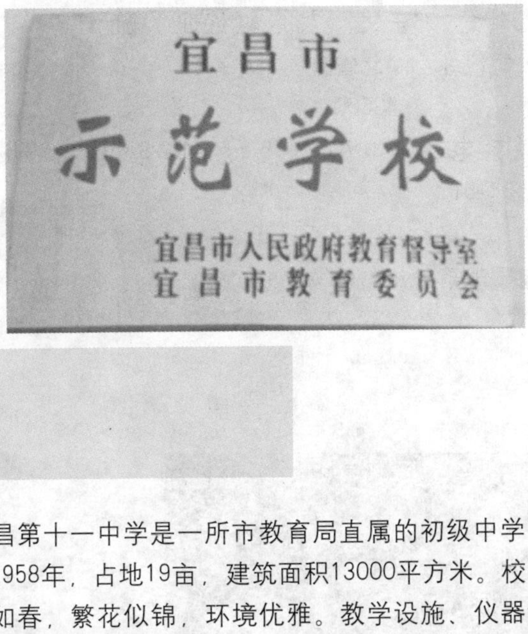

宜昌第十一中学是一所市教育局直属的初级中学，创建于1958年，占地19亩，建筑面积13000平方米。校园内四季如春，繁花似锦，环境优雅。教学设施、仪器设备均达到国家一类标准，拥有现代化的计算机、多媒体教学网络及校园网，是一所名副其实的网络化、数字化学校。2006年春季有20个教学班，学生1040人，教职工75人。专任教师学科配套，结构合理，力量雄厚。有“湖北省教育科研100佳”2人，市级课改专家组成员5人，市级学科带头人1人，高级教师28人、中级教师55人，本科以上学历教师占教师总数的64%。

学校坚持以人为本、全面发展的办学宗旨，开齐课程、开足课时、开好活动，注重给学生提供发展的机会并在活动中得到提高，坚定不移地推行素质教育；以质量一流、特色鲜明为办学目标，近几年中考质量稳步提高，学校声誉越来越好，学生日常行为规范的养成教育、校本课程、集邮活动等方面彰显学校特色，其中尤以良好的卫生为骄傲，校内已经连续六年取消了垃圾桶，且校园整洁无瑕。积极推行以德立校、依法治校、科研兴校、质量强校的办学策略，倡导“敬业、爱生、合作、创新”的师德师风，努力塑造一支师德高尚、业务精良、身体健康的教师队伍。强调全员育人：教书育人、管理育人、服务育人；注重全过程育人，看结果更重过程；构建良好的育人环境：校园内一年四季苍翠欲滴、鲜花绽放——校园犹如公园，楼台橱窗格调高雅，文化氛围浓郁，催人向上。积极推行以制度管理为核心、以民主管理为保证的过程管理，达到了管理育人、管理出质量的理想效果；科研氛围浓厚，承担了多项国家、省、市级教育科研课题，一半以上的成果得到了上级及专家的认可，结题的有三项，每年有近50篇研究论文在国家、省、市级报刊上发表。

1999年以来，学校先后被授予“湖北省安全文明校园”、“楚天集邮明星学校”，“湖北省日常行规养成教育先进实验学校”、“宜昌市花园式学校”、“宜昌市学校民主管理先进单位”、“宜昌市示范学校”、“宜昌市文明单位”等荣誉称号。学校以“规范管理有特色，严谨教学有特点，和谐发展有特长”而成为三峡地区一颗耀眼的明星。

宜昌物产报废车辆回收拆解有限公司

总经理 杨世红

宜昌物产报废车辆回收拆解有限公司成立于一九九八年 九月九日，是宜昌市为贯彻落实全国、全省关于整顿报废车辆回收拆解企业，而组建的报废汽车回收专业公司，公司注册资本100万元，是湖北省15家经国家商务部（原经贸委）认定的具有报废汽车回收拆解资格并已核发资格认证书的企业之一，公司全面负责宜昌市（含各县市）所有机动车辆的回收拆解工作。公司现有职工42人（其中专业技术人员30人）。主要经营：报废车辆、船舶、国有资产报废物资、军队退役报废装备及其它废旧金属、物资回收。公司经营场地2万多平方米，年销售收入400余万元，年实现利税50余万元，年回收报废汽车1000多台。

过去的三年我们面对严峻的经济形势和激烈的市场挑战，始终坚持以车辆报废更新工作为主，不断加强优质服务，完善报废汽车更新手续，并积极配合公安、工商、经委、商务局等行政管理部门严厉打击非法收购，建立和完善各项规章制度，取得较好的社会效益和经济效益。2005年我们公司全体员工面对严峻的经济形势和激烈的市场挑战，在物资总公司和公司董事会的领导支持下，认真贯彻党的十六届四中全会精神和全国循环经济工作会议精神，坚持以车辆报废更新工作为主，不断加强优质服务，与时俱进，积极开拓市场，不断寻找新的经济增长点。2005年全年，我公司报废汽车回收1063辆，废金属回收3368吨，销售总额486万元，实现利润37.5万元，较圆满的完成了年初物资总公司下达的各项经济指标，让报废车辆回收工作在原有基础上，跨上了新的台阶。

董事长：邓乐文　　　　总经理：杨世红
公司地址：湖北省宜昌市中南路7号
邮　　编：443000
联系电话：0717－6351128　　6355342　6554151
传　　真：0717－6351118
电子邮箱：yc—ysh@sina.com

懂事长邓乐文在会议上讲话

人物风采

RREN WU FENG CAI

李　杰　男,出生于1955年7月,河北邢台人,现任宜昌人福药业有限责任公司董事长、党委书记。

李杰同志在担任宜药集团、宜昌人福药业公司董事长、党委书记期间,始终坚持以邓小平理论和"三个代表"为指导,模范执行党的路线和方针政策。一是深化企业改革,先后培植了两个销售收入全国最高的产品,盘活了三家亏损企业,成功地将宜药集团改革改制园满完成;二是坚持以人为本,处处关心爱护职工,使职工收入年年增长,深受全体职工的忠心拥护和爱戴;三是加强企业民主管理,贯彻落实非公企业职工代表大会制度,率先在全市第一家建立职代会,并坚持每年召开职代会,坚持执行工资集体协商和集体合同制度,推行厂务公开;四是坚持以生产经营为中心,大力开拓市场,2005年实现销售收入2亿元,利润3400万元,社会贡献额5700万元;五是坚持发展是硬道理,他大胆决策,成功与武汉人福科技合资合作,组建了宜昌人福药业,并投资建成了十条制剂生产线和二条特殊原料合成生产线、符合GMP要求,具有国内一流水平的宜昌人福医药工业园。李杰同志先后被评为"湖北省劳动模范"、"湖北省杰出创业家"、"宜昌市优秀科技带头人",企业被省政府授予"企业改革与发展先进企业"、"省级文明单位"、全国"安康杯"优胜单位、"国家级高新技术企业"等荣誉称号。

兰金堂　男,出生于1958年7月,湖北省应城市人,现任中船重工中南装备有限责任公司(国营第三八八厂)董事长兼总经理。

他是三峡工程建设先进工作者,中国船舶重工集团公司劳动模范,国防系统"511人才工程"高级管理人才。兰金堂于2000年12月底任三八八厂厂长,可谓受命于危难之际,当时企业已连续五年亏损,累计亏损达3700万元;经营规模不到8000万元,不能满足企业生存的基本要求;资金紧缺,人才匮乏。兰金堂上任后,以力挽狂澜的气魄,求真务实的作风,带领全厂职工苦干巧干,改革创新,使企业迅速摆脱了生存危机,步入发展的快车道。五年来,企业的经营总量每年按33%的速度增长,经济效益大幅度提高。2005年,企业实现工业总产值2.66亿元,承接合同4.2亿元,实现利润847万元,一个曾经濒临破产的传统制造企业正在发展成为现代化的高科技创新型企业。企业的发展凝聚了兰金堂的智慧、辛劳和汗水。思路决定出路,兰金堂根据企业的技术特点和产品优势,为企业找到了准确的战略定位,清晰的发展思路,明确的发展目标。市场是企业发展的基础,兰金堂将主要精力扑在市场上,每年跑市场的时间在200天以上,他的敬业、奉献精神和真诚打动了一个又一个用户,使企业的主导产品市场占有率不断提高,成为国内最大的液压启闭机成套设备制造基地、最大的抽油泵生产企业和最具竞争力的工程油缸制造基地,光电产品、民用光学产品在市场上享有独特的声誉。技术创新是企业发展的不竭动力,兰金堂十分注重技术开发和新产品开发,组织技术人员开发新产品上百项,新技术、新产品对经济增长的贡献率达到50%以上。

李涛宇　男,1952年出生,湖北汉川人,中共党员,研究生毕业,高级会计师,现任中国葛洲坝集团财务公司党工委书记、副董事长、总经理;兼任宜昌市金融学会常务理事。1971年参加工作以来,长期从事财会、金融工作,致力于国有企业的经营管理和改革实践。特别是任现职以来,始终以邓小平理论和"三个代表"重要思想为指导,认真贯彻国家的经济金融方针政策和集团公司"五个一"经营理念,坚持"依托集团、服务集团"的经营宗旨和"规范稳健、开拓创新"的经营方针,以服务集团经济发展、促进集团效益增长为中心,充分发挥财务公司金融职能,为集团成员企业提供优质高效金融服务,支持了葛洲坝集团参与三峡工程等国家重点工程项目的建设和集团经济的发展;注重内控制度建设,牵头制订100多项业务规章、操作规程及岗位责任制,并完善了公司法人治理结构,提高了经营管理水平;善于对外交往,较好处理了与监管部门和周遍金融机构的关系,为集团公司创造良好的金融环境做出了重要贡献;任职期间,公司先后获得国家电力公司双文明单位标兵、湖北省企业工委先进基层党组织、集团公司最佳文明单位、宜昌市优秀金融企业等一系列荣誉称号。

李小红　男,出生于1969年9月16日,汉族,现任中国葛洲坝集团国际工程有限公司总经理。

李小红同志于1992年毕业于太原理工大学水利水电建筑工程专业,先后在葛洲坝集团各项目部及海外项目部从事技术、商务及管理工作,具备过硬的技术能力和丰富的工程施工经验。工作期间撰写了《系统工程在招投标工作中的应用》、《波迪科西地下工程设计与施工》和《从尼泊尔波迪科西工程EPC合同的实施谈国际工程EPC合同的管理》等论文

2002年任集团公司海外事业部部长以来,内建团队,外树管理,坚持从严管理,并不断优化管理,向管理要效益,使葛洲坝集团外经事业一年上一个台阶,海外工程中标捷报频传。承揽的海外项目遍布东南亚、南亚、中东、非洲等地区,近30个项目,合同金额超过40亿元。不仅建立了一支专业门类齐全、结构趋于合理的120多人的外经人才队伍,促进

了葛洲坝外经事业有序健康的发展，而且成功开发了国际工程投标报价系统，将现代化信息技术运用到编标投标工作当中，提高了我集团公司编标投标工作的质量和效率。2004年度，在其努力之下，葛洲坝集团公司获得“湖北省优秀外经企业”荣誉称号。

姜良闽 中国葛洲坝集团第一工程有限公司董事长、总经理、党委副书记。现年45岁，硕士研究生，高级工程师。

1978年8月参加工作以来，先后参加了江西铜鼓电站、四川二滩电站、广西左江电站、湖北兴山古洞口电站、湖北建始小溪口电站、三峡水利枢纽及四川瀑布沟电站等大中型工程项目的现场施工和技术管理工作。其任项目经理的湖北建始小溪口电站，工程总投资1.2亿元，提前2个月完工，被湖北省授予“优质工程”奖；作为中国葛洲坝集团三峡指挥部副指挥长兼三峡三期RCC围堰工程项目部经理，他坚持科技创新，不断优化施工工艺，通过精心组织，科学管理，比计划工期提前55天将全长380米、宽60米的碾压混凝土围堰浇筑到140米高程，创下了单日浇筑碾压混凝土2.16万立方米的世界最高纪录。2003年10月，中国葛洲坝集团公司三峡工程施工指挥部RCC围堰项目部荣获全国五一劳动奖状。

从事工程施工管理24年来，姜良闽同志始终坚持走施工技术创新之路，取得了一系列优秀成果。2003年撰写的《三峡工程二期下游围堰混凝土防渗墙爆破拆除技术研究》荣获葛洲坝集团科学技术进步一等奖；《塑料导爆管接力起爆技术在深孔微差爆破中的应用》于2002年6月在《爆破》杂志上发表；《三峡工程III期RCC围堰快速施工研究》于2003年7月被评为优秀硕士学位论文。由于在施工技术管理上的突出表现，2002年姜良闽荣获葛洲坝集团“优秀专业技术人员”称号，2003年被中国建筑业协会评为“优秀项目经理”。

2004年9月，姜良闽出任中国葛洲坝集团第一工程有限公司董事长、总经理。通过对市场的理性分析，他确定了未来三年把公司建成具有“专、精、尖”特色的综合性施工企业的跨越式发展战略。他坚持以人为本抓管理，诚信守约拓市场，精细管理创效益，创造效益聚人心的工作思路，带领公司广大干部职工，奋力搏击市场，不断扩大市场份额；深化企业改革，完善了公司的法人治理结构；健全管理制度，强化以责任制为核心的在建工程管理，理顺了在建工程的管理体制；加大科技创新力度，增强了公司的核心竞争力；大力推进职工素质工程，提升了员工的整体素质。2005年公司创下了投标签约、完成产值双双突破十亿元的历史佳绩！2006年，姜良闽带领一公司班子成员又定下了投标、产值双超十二亿元的奋斗目标。葛洲坝集团一公司这支施工劲旅将以更加优秀的业绩回报社会，创造辉煌！

任生春 男，1963年2月出生，湖北公安县人，中共党员，学士学位，高级工程师，现任中国葛洲坝集团公司总经理助理、第五工程有限公司董事长兼总经理。曾荣获中国水电总公司“百名优秀中青年专业技术人员”、建设部2004年度“全国优秀项目经理”、中国电力企业联合会2004年度“全国电力行业优秀企业家”等多项荣誉称号。

任生春针对“老国企”冗员多，技术落后、设备老化、历史包袱沉重的痼疾，带领公司党政“一班人”大胆改革，锐意进取，奋发有为，把所领导的公司建成了集团公司的龙头企业。他提出了“诚信为本、效益立身、追求卓越、谋求双赢”的经营理念，以身作则打造诚信大厦，建立和巩固了水电、路桥、金结、造船、港航等五大支柱产业，2004年投标签约达到17.02亿元，企业年总产值以10.55%的速度连年递增，2004年完成8.63亿元，不仅在集团公司内处于领先地位，而且居于国内同行业先进水平。同时成功实施了“科技兴企”战略，科技开发处于同行业领先地位，形成了较强的核心竞争力。

宋兴福 男，汉族，1952年2月出生，研究员、副主任医师，硕士生导师，现任宜昌市中心人民医院党委书记、院长，宜昌市第三届人大代表，宜昌市人大常委会科教文卫委员会委员，《中国卫生》杂志常务理事，湖北省医院管理学会理事，宜昌市卫生经济学会会长，中华医学会宜昌分会副会长，宜昌市政治思想工作研究会理事。自担任现职以来，坚持思维创新，工作创新，制度创新，科技创新，实行了“四推行、四建立”的全面改革，在他的带领下，医院科研教学硕果累累，专科建设成绩斐然，各项指标创历史新高，实现了跨越式发展，先后获得“全国卫生先进集体”、“湖北省文明单位”等百余项荣誉，其本人撰写的10多篇文章先后在《人民日报·时代潮》、《中国卫生》等杂志上发表并有多篇论文获奖。2004年被湖北省医院管理学会评为湖北省首届医院优秀院长。

谢明万 宜昌万友集团公司董事长兼总经理，70年代毕业于中国地质大学，为我市历届政协委员，也是国务院跟踪调查的企业家。2003年被湖北省人民政府确定为行政执法监督员，他是宜昌第一个下海经商、领取合法经营执照“宜个字0001号”的商人。近日又获得由国务院发展研究中心、中国国际行业组织研究会颁发授予的“中国百名行业创新杰出人物·金像奖”奖牌，奖牌上的“中国创新报道”等字为胡锦涛主席亲自题写，他是我市唯一获得此殊荣的企业家。

1997年，他在枝江仙女镇鲁港村投资300多万元，建造了100多亩大棚蔬菜，请宜昌市多名专家给农民授课，把知识和财富帮扶到每一农户，实实在在地让当地农民富了起来。因此他获得了枝江仙女镇“荣誉镇民”的殊荣。1998年，宜昌市八一钢厂破产，数千职工失业，他立即在八一钢厂办起了“下岗蔬菜店”，安置下岗职工，为政府解困，稳定民心起到了作用，受到市委领导的高度赞赏。2000年春节前，在宜昌市统战部和总工会的联系下，他特地为14个特困户送去了鱼、肉、食用油、大米一汽车的春节物资，把温暖送到了千家万户。他以更多的义举和善行，以最日常的行为，把他内心深处对党、对社会的情感，融写在他的种种捐赠之中——2001年他为长阳、五峰贫困地区捐款数千元；2002年，他给恩施敬老院捐款数千元；2003年他不仅给战斗在“非典”前线的医务人员捐款3000元，而且全力支持夫人在一线“隔离病区”工作达一月之久；同年，他领养资助了数名五峰特困失学儿童……

开发、农业开发、室内外设计装饰、饮食娱乐、营销业为一体、资产近亿的集团公司董事长，在多个领域建树卓越。“万友北正街商住楼”、东山“绿苑小区”、枝江“万友仙女农庄”是他在商海历程中一个又一个的代表杰作。时下，他正在开发的“滨江国际花园”，以其新型建材抗震、保暖、隔音等无与伦比的创造，成为备受关注的“全国第一栋”新品质楼盘，将在宜昌、全省乃至全国产生深远影响，市民商家更是翘首以待它的“横空出世”。

2003年底，他以3000万元竞拍获得了沿江大道滨江国际项目的开发权，总投资1亿元。“滨江国际”其主要框架结构所用的材料，是我国正在加大力度进行开发、研究的高强陶粒混凝土，而生产这种高强的主要材料是页岩陶粒，页岩陶粒资源在我市周边地区贮藏极为丰富，生产出的陶粒比美国同类型陶粒还好。“滨江国际”将是我国第一座用高强陶粒混凝土做成的高楼，必将在宜昌、湖北乃至全国产生深远的影响，获得地产界新的“金像奖”。

2004年11月，中国建筑界权威专家30多人，齐聚宜昌南湖宾馆，对“滨江国际”使用的新型建材——“页岩陶粒”环保、长久、抗震、隔音、保暖等独特品质，作出了权威论证，一座贵乎独有的“最佳江景楼盘”将不久崛起在美丽的长江之滨。该楼将拉动宜昌页岩陶粒产业的发展，将宜昌形成全国页岩陶粒试验、开发、运用基地。谢明万说，争取不久世界陶粒研讨会将在宜昌召开。一场楼盘品质的提升和革命，将像“0001号”的历史意义一样，在他手里翻开里程碑似的第一页。他就是这样，以其独有气魄，在多个领域，在不同历史时期，书写着他永远“第一”的人生。

燕相彪 中共党员，高级工程师，1952年出生，1981年毕业于沈阳冶金学院，历任中南冶金机械厂设计科科长、中南冶金气动设计研究所所长，现任燕狮科技开发有限责任公司董事长兼总经理。湖北省优秀专家，宜昌市第五届市管优秀专家，伍家岗区科学技术协会兼职副主席，三峡大学兼职教授。中国金属学会会员，中国民营科技促进会会员，中国管理科学研究院经济论坛理事，中国人事部专家服务中心专家顾问委员，中国科联经济发展研究中心研究员，伍家岗区科学技术协会第二届委员会副主席，宜昌企业家协会副理事长。其研究方向为机械制造和流体传动与控制。

一个人的社会价值体现于社会责任之中，燕相彪就是这样一种人。因此，在1994年年底，他辞去原单位所长职位，放弃优厚待遇，创立中南液压气动设计研究所，并于95年在此基础上成立燕狮科技开发有限责任公司。以事业和利益并存的信念起步，在追踪产业、探索体制、完善自我的渴求中飞翔。以其扎实的专业知识、不屈不挠的工作态度和敢为人先的工作作风，在短短的10年间就将一个仅2万元资产的作坊式企业发展成为现今注册资本1880万元、自有土地面积近30亩的现代化企业，集科研、开发、生产、测试、销售于一体的现代化高新技术产业平台。成为中南地区集科研、生产、开发、测试于一体的液压气动及净水设备产业基地。

他依靠这个技术创新平台，成功完成了三峡工程部分进口设备的国产化，解决了一系列液压、自动化控制方面的难题；主持了昆钢6BF开口机国产化项目；主持气动、液压开铁口机系列及其总成；泥炮系列；堵渣机、军品液压油缸、GV80、TY03气动马达等产品的设计制造工作，使之成功转化为成熟产品，并实现了“惊险的一跃”，成功将其打入市场，受到市场普遍欢迎。

30多年的岁月，从一名共和国军人，到国企的部门负责人，再到一名民营企业家，他在人生的舞台上完成了一次次嬗变，完成了从优秀到卓越的跃进。每一次进步，都是一次思想的升华。10年前，一批志同道合者在他的倡导下，聚集在飞燕和雄狮的图腾下，以2万元的资本起步，在磨合中逐渐形成一个极富战斗力和创造力的团队，毕人生十年之功，依靠国家产业政策和地方政府的大力支持，共同缔造出一个销售额逐年稳步上升的流体产业现代化企业。这一连串的经历，好像一个个跳动的音符，谱写出燕相彪同志不平凡的人生乐章。

燕相彪同志常说，科技，是一个企业的生产力；创新，是一个企业的核心竞争力。搞科研，就要有一种严谨的科学态度和求实的工作作风，来不得半点虚假，付出的是汗水，得到的是硕果。他是这么说的，也是这么做的，并始终贯穿于工作之中。公司的科研项目列入市级科技计划 10 项，省级计划 3 项，国家星火计划 1 项，国家火炬计划 1 项。到目前为止，共开发出 20 余项具有独立知识产权的技术和产品，液压气动及净水设备获得了国家星火计划名优产品称号，液压类产品还得到了装备部的认可。

燕相彪同志在科研上精益求精，在日常工作和生活中更是严以律己。他一直以来不断加强党性修养，坚持把"三个代表"的重要思想作为自己的行动指南，并应用于指导企业的体制创新、管理创新工作中，取得了一定的成绩。他在企业建立了党组织，成立了工会、共青团等群团组织，并自觉发挥先锋模范作用，使党的政策能够最直接传达、贯彻到基层。他一直都非常关心企业职工的学习、生活情况，积极为科技人员排忧解难，努力让员工"老有所养、病有所医、学有所用、安居乐业"，从而受到职工的信任和拥护。在他主持下，2002 年 12 月公司通过了 ISO9001 质量体系认证，多年来公司人均上缴税收额居同行业之首。多年以来，他积极支持三峡工程及地方建设。公司自 1995 年成立以来，共累计解决就业达 500 多人次，安排移民及下岗工人实施再就业达 200 多人次。2004 年，坚决支持企业申报"市阳光工程"转移农村劳动力培训基地。带动民营科技园周边地区的经济建设发展：公司外协加工优先满足周边地区，改善当地的就业环境及就业状况，积极支持当地政府的市政工程及基础环境建设。1998 年参与了抗洪救灾捐赠；2002 年在李家湖小学捐赠组建了"燕狮足球队"；2003 年参加区民政局举办的非典捐款活动。

长风破浪会有时，直挂云帆济沧海。面对成功，燕相彪同志并没有满足，他的目光又盯在了与国际技术接轨上，带着对事业的执著，他将带领燕狮公司的员工去迎接更高挑战。

中国统计出版社最新资料书简目

（仅供参考，以最后出书为准）

中国统计年鉴—2006
中国统计摘要—2006
2006 中国发展报告
中国城市统计年鉴—2005
中国劳动统计年鉴—2006
中国人口统计年鉴—2006
中国工业经济统计年鉴—2006
中国市场统计年鉴—2006
2005 中国经济景气年鉴
中国建筑业统计年鉴—2005
中国城市调查年鉴—2006
中国商品交易市场统计年鉴—2006
中国连锁餐饮企业统计年鉴—2005、2006
中国连锁零售业统计年鉴—2005、2006
中国能源统计年鉴—2004、2005
全国农产品成本收益资料汇编—2005
国际统计年鉴—2006
中国对外经济贸易统计年鉴—2005
中国基本单位统计年鉴—2005
中国民政统计年鉴—2006
中国高技术产业统计年鉴—2006
中国房地产行业名录
中国农村统计年鉴—2006
中国农村住户调查年鉴—2006(中文)
中国农村住户调查年鉴—2006(英文)
中国乡镇统计资料—2006
中国县(市)社会经济调查年鉴—2006
中国西部农村统计资料—2006
中国建制镇统计资料—2006
中国农产品价格调查年鉴—2006
中国国民经济核算年鉴—2006
中国经济普查年鉴—2004
中国棉花年鉴—2004、2005
中国百强县(市)发展年鉴—2006
中国教育经费统计年鉴—2005

北京统计年鉴—2006
天津统计年鉴—2006
河北经济年鉴—2006
山西统计年鉴—2006
内蒙古统计年鉴—2006
辽宁统计年鉴—2006
吉林统计年鉴—2006
黑龙江统计年鉴—2006
上海统计年鉴—2006
江苏统计年鉴—2006
浙江统计年鉴—2006

安徽统计年鉴—2006
福建统计年鉴—2006
江西统计年鉴—2006
山东统计年鉴—2006
河南统计年鉴—2006
湖北统计年鉴—2006
湖南统计年鉴—2006
广东统计年鉴—2006
广西统计年鉴—2006
海南统计年鉴—2006
重庆统计年鉴—2006
四川统计年鉴—2006
贵州统计年鉴—2006
云南统计年鉴—2006
西藏统计年鉴—2006
陕西统计年鉴—2006
甘肃年鉴—2006
青海统计年鉴—2006
宁夏统计年鉴—2006
新疆统计年鉴—2006
新疆生产建设兵团统计年鉴—2006
石家庄统计年鉴—2006
唐山统计年鉴—2006
邯郸统计年鉴—2006
张家口统计年鉴—2006
朔州统计年鉴—2006
呼和浩特经济统计年鉴—2006
鄂尔多斯市统计年鉴—2006
包头统计年鉴—2006
沈阳年鉴—2006
大连统计年鉴—2006
鞍山统计年鉴—2006
长春统计年鉴—2006
吉林市社会经济统计年鉴—2006
四平统计年鉴—2006
延吉统计年鉴—2006
哈尔滨统计年鉴—2006
齐齐哈尔经济统计年鉴—2006
黑龙江垦区统计年鉴—2006
上海浦东新区统计年鉴—2006
南京统计年鉴—2006
苏州统计年鉴—2006
无锡统计年鉴—2006
常州统计年鉴—2006
徐州统计年鉴—2006
南通统计年鉴—2006
盐城统计年鉴—2006
镇江统计年鉴—2006
江阴统计年鉴—2006

杭州统计年鉴—2006
宁波统计年鉴—2006
绍兴统计年鉴—2006
台州统计年鉴—2006
舟山统计年鉴—2006
温州统计年鉴—2006
金华统计年鉴—2006
嘉兴统计年鉴—2006
安庆经济统计年鉴—2006
福州统计年鉴—2006
福州年鉴—2006
厦门经济特区年鉴—2006
福州经济技术开发区年鉴—2006
南昌经济社会统计年鉴—2006
上饶经济社会统计年鉴—2006
九江经济统计年鉴—2006
济南统计年鉴—2006
青岛统计年鉴—2006
潍坊统计年鉴—2006
淄博统计年鉴—2006
郑州统计年鉴—2006
洛阳统计年鉴—2006
三门峡统计年鉴—2006
南阳经济统计年鉴—2006
武汉统计年鉴—2006
宜昌统计年鉴—2006
十堰统计年鉴—2006
荆州统计年鉴—2006
长沙统计年鉴—2006
广州统计年鉴—2006
东莞统计年鉴—2006
惠州统计年鉴—2006
深圳统计年鉴—2006
南宁统计年鉴—2006
桂林经济社会统计年鉴—2006
柳州经济统计年鉴—2006
来宾统计年鉴—2006
河池地区经济社会统计年鉴—2006
海口统计年鉴—2006
成都统计年鉴—2006
贵阳统计年鉴—2006
昆明统计年鉴—2006
西安统计年鉴—2006
兰州年鉴—2006
西宁统计年鉴—2006
银川统计年鉴—2006
乌鲁木齐统计年鉴—2006
巴音郭楞统计年鉴—2006
吐鲁番统计年鉴—2006